谨以此书献给

为中国水运基础设施建设事业作出贡献的决策者、建设者、管理者

"十四五"时期国家重点出版物出版专项规划项目

Record of
Port and Waterway Engineering
Construction in

China

中国水运工程建设实录

（1978 — 2015）

第六卷·内河航道工程

中华人民共和国交通运输部

人民交通出版社股份有限公司

北 京

内 容 提 要

本书分为发展篇、管理篇、科技篇、开放篇、成就篇，共九卷十三章。内容包括改革开放以来的中国水运事业、水运基础设施建设规划及前期工作、水运工程建设法律法规、水运工程建设与管理、水运工程建设技术标准、水运工程建设科技创新与应用、水运工程建设对外合作与交流、沿海港口与航道工程、内河港口工程、内河航道工程、内河通航建筑物（船闸与升船机）、水运支持保障系统工程、重要水工工程等。

本书集中梳理了改革开放以来我国水运事业的发展历程，特别是水运基础设施建设方面的巨大成就，较为系统地总结了我国水路交通发展的实践经验，具有很强的学术价值和史料价值，可供水运工程建设行业相关人员阅读、学习与查询参考。

图书在版编目（CIP）数据

中国水运工程建设实录：1978—2015／中华人民共和国交通运输部组织编写. — 北京：人民交通出版社股份有限公司，2021.6

ISBN 978-7-114-17354-7

Ⅰ.①中…　Ⅱ.①中…　Ⅲ.①航道工程—工程建设—中国—1978—2015　Ⅳ.①U61

中国版本图书馆 CIP 数据核字（2021）第 100900 号

审图号：GS（2021）2063 号

Zhongguo Shuiyun Gongcheng Jianshe Shilu(1978—2015)　　Di-Liu Juan · Neihe Hangdao Gongcheng

书　　　　名	中国水运工程建设实录（1978—2015）　第六卷·内河航道工程
著　　作　　者	中华人民共和国交通运输部
本卷责任编辑	崔　建　齐黄柏盈　张维青
本卷责任校对	席少楠
责 任 印 制	张　凯
出 版 发 行	人民交通出版社股份有限公司
地　　　　址	（100011）北京市朝阳区安定门外外馆斜街 3 号
网　　　　址	http://www.ccpcl.com.cn
销 售 电 话	（010）59757973
总　经　销	人民交通出版社股份有限公司发行部
经　　　　销	各地新华书店
印　　　　刷	北京印匠彩色印刷有限公司
开　　　　本	787×1092　1/16
印　　　　张	354.75
字　　　　数	6620 千
版　　　　次	2021 年 6 月　第 1 版
印　　　　次	2021 年 6 月　第 1 次印刷
书　　　　号	ISBN 978-7-114-17354-7
定　　　　价	2980.00 元（全九卷）

组织协调工作委员会

综合编纂工作委员会

参 编 单 位

交通运输部办公厅

交通运输部政策研究室

交通运输部综合规划司

交通运输部人事教育司

交通运输部财务审计司

交通运输部水运局

交通运输部科技司

交通运输部国际合作司

交通运输部海事局

交通运输部救助打捞局

天津市交通运输委员会

河北省交通运输厅

辽宁省交通运输厅

黑龙江省交通运输厅

上海市交通委员会

江苏省交通运输厅

浙江省交通运输厅

安徽省交通运输厅

福建省交通运输厅

江西省交通运输厅

山东省交通运输厅

河南省交通运输厅

湖北省交通运输厅

湖南省交通运输厅

广东省交通运输厅

广西壮族自治区交通运输厅

海南省交通运输厅

重庆市交通局

四川省交通运输厅

贵州省交通运输厅

云南省交通运输厅

陕西省交通运输厅

中国远洋海运集团有限公司

招商局集团有限公司

中国交通建设集团有限公司

交通运输部长江航务管理局

交通运输部珠江航务管理局

交通运输部规划研究院

交通运输部科学研究院

交通运输部水运科学研究院

交通运输部天津水运工程科学研究院

水利部交通运输部国家能源局南京水利科学研究院

人民交通出版社股份有限公司

中国交通通信信息中心

中国船级社

大连海事大学

重庆交通大学

上海海事大学

上海航运交易所

中国引航协会

参 编 人 员

丁军华	丁武雄	于广学	于传见	于金义	于海洋
万东亚	万宇	万亨	马兆亮	马进荣	马良
马绍珍	马格琪	马朝阳	王大鹏	王义青	王文博
王平义	王东	王目昌	王仙美	王永兴	王吉刚
王吉春	王达川	王伟	王多银	王庆普	王阳红
王如正	王纪锋	王孝元	王杨	王坚	王岚
王灿强	王宏	王坤	王奇	王欣铭	王建华
王建军	王洪海	王艳欣	王晓明	王晖	王敏
王烽	王琳	王辉	王瑞成	王魁	王鹏
王新	王嘉琪	王慧宇	韦世荣	韦华文	韦国维
牙廷周	毛元平	毛亚伟	毛成永	尹海卿	邓川
邓志刚	邓晓云	邓强	孔令元	孔华	孔德峰
石晨	卢永昌	申霞	叶建平	叶智	田红旗
田佐臣	田轶群	田浩	史超妍	付广	付向东
付秀忠	付昌辉	付春祥	白雪清	冯小香	冯玥
边恒	母德伟	邢艳	曲春燕	吕春江	吕勇刚
吕海林	朱立俊	朱吉全	朱红俊	朱昊	朱剑飞
朱晓萌	朱逢立	朱悦鑫	朱焰	乔木	仲晓雯
任宏安	任建华	任建毅	任胜平	任舫	任超
向阳	庄明刚	庄儒仲	刘广	刘广红	刘元方
刘亚平	刘光辉	刘华丽	刘如君	刘孝明	刘虎
刘国辉	刘明志	刘岭	刘建纯	刘俊华	刘洋

刘晓东	刘晓峰	刘润刚	刘雪青	刘常春	刘 祺
刘 颖	刘新勇	刘德荣	闫 军	闫岳峰	关云飞
许贵斌	许 麟	牟凯旋	纪成强	孙卫东	孙小清
孙百顺	孙林云	孙相海	孙洪刚	孙 敏	孙智勇
严 冰	严超虹	杨文武	杨立波	杨 华	杨宇民
杨远航	杨 武	杨国平	杨明昌	杨宝仁	杨建勇
杨树海	杨胜发	杨 艳	杨钱梅	杨 靓	杨 瑾
杨 鹤	杨 蕾	李一兵	李广涛	李天洋	李 云
李中华	李文正	李 玉	李东风	李永刚	李光辉
李 刚	李传光	李兆荣	李秀平	李作良	李 坦
李旺生	李国斌	李 明	李 凯	李佳轩	李金泉
李金海	李定国	李建宇	李建斌	李玲琳	李思玮
李思强	李俊涛	李 航	李 涛	李海涛	李培琪
李雪莲	李 博	李景林	李 锋	李 椿	李 群
李 静	李歌清	李德春	李 毅	李鹤高	李耀倩
李 巍	肖仕宝	肖 刚	肖胜平	肖 富	吴 天
吴凤亮	吴 昊	吴相忠	吴 俊	吴晓敏	吴彬材
吴 颖	吴新顺	吴蔚斌	吴 颜	时荣强	时梓铭
岑仲阳	邱志勇	邱逢埕	邱 梅	何升平	何月甫
何 杰	何国明	何海滨	何继红	何 斌	何静涛
何 睿	余高潮	余 辉	佘小健	邹 鸰	邹德华
应翰海	汪溪子	沈 忱	沈益华	宋伟巍	宋昊通
张子闽	张公振	张凤丽	张 平	张光平	张 伟
张 华	张华庆	张华麟	张 军	张红梅	张远红
张志刚	张志华	张志明	张 兵	张宏军	张 玮
张幸农	张金善	张怡帆	张学文	张宝华	张建林
张俊勇	张俊峰	张娇凤	张晓峰	张 涛	张 婧

张绪进	张越佳	张筱龙	张 鹏	张 黎	张 霞
张 懿	张懿慧	陆永军	陆 彦	陆培东	陈一梅
陈 飞	陈小旭	陈长荣	陈凤权	陈正勇	陈 竹
陈传礼	陈 冰	陈志杰	陈良志	陈 明	陈明栋
陈 佳	陈治政	陈 俊	陈美娥	陈娜妍	陈 勇
陈振钢	陈晓云	陈晓欢	陈晓亮	陈 峻	陈 鹏
陈源华	陈 飚	邵荣顺	范亚祥	范明桥	范海燕
范期锦	茅伯科	林一鹏	林小平	林 鸣	林和平
林鸿怡	林 琴	林 巍	易涌浪	易 纛	罗小峰
罗 冬	罗 军	罗春艳	罗海燕	罗 毅	季荣耀
金宏松	金晓博	金震宇	金 鏐	周大刚	周小玲
周世良	周立伟	周 兰	周永盼	周永富	周发林
周安妮	周欣阳	周 炜	周承芳	周柳言	周炳泉
周 培	周隆瑾	周 朝	庞雪松	郑艺鹏	郑文燕
郑 东	郑冬妮	郑尔惠	郑学文	郑惠明	郑锋勇
孟祥玮	孟德臣	封建明	赵玉玺	赵世青	赵吉东
赵志垒	赵岸贵	赵洪波	赵 晖	赵培雪	赵德招
赵 鑫	郝建利	郝建新	郝晓莹	郝润申	胡亿军
胡文斌	胡玉娟	胡 平	胡亚安	胡华平	胡旭跃
胡旭铭	胡冰洁	胡 军	胡 浩	胡瑞清	柳恩梅
哈志辉	钟 芸	钮建定	俞 晓	逢文昱	饶京川
施海建	姜正林	姜 帅	姜兰英	洪 毅	宣国祥
祝振宇	姚二鹏	姚小松	姚育胜	姚 莉	班 铭
班 新	袁子文	袁 茁	耿宝磊	聂 锋	贾石岩
贾吉河	贾润东	贾 楠	夏云峰	夏 炜	夏炳荣
顾祥奎	柴信众	钱文勋	徐 力	徐 飞	徐子寿
徐业松	徐思思	徐宿东	高万明	高江宁	高军军

高纪兵	高敏	高超	高翔成	郭玉起	郭枫
郭钧	郭剑勇	郭晓峰	郭超	唐建新	唐家风
谈建平	陶伟	陶竞成	桑史良	黄风华	黄东旭
黄召标	黄克艰	黄昌顿	黄明毅	黄河	黄莉
黄莉芸	黄铠	黄维民	黄超	黄淼	黄锦
黄群	黄磊	梅蕾	曹民雄	曹桂榕	曹辉
曹慕蠡	龚正平	盛乐	鄂启科	崔乃霞	崔坤成
崔建	崔洋	麻旭东	梁正	梁桁	梁雪峰
梁雄耀	寇军	宿大亮	绳露露	彭职隆	董成赞
董政	董徐飞	董溪涧	蒋龙生	蒋江松	蒋昌波
韩亚楠	韩庆	韩俊	韩振英	韩敏	韩静波
覃规钦	程永舟	程泽坤	焦志斌	储祥虎	童本标
童翠龙	曾光祥	曾莹	曾越	谢臣伟	谢殿武
谢耀峰	赖炳超	赖晶	雷林	雷潘	詹永渝
雍清赠	窦运生	窦希萍	蔡正银	蔡光莲	蔡晶晶
廖原	翟征秋	翟剑峰	樊建华	樊勇	黎江东
滕爱国	潘军宁	潘峰	潘展超	薛扬	薛润泽
薛淑	薛翠玉	戴广超	戴济群	戴菊明	戴葳
鞠文昌	鞠银山	魏巍			

参与咨询的专家

奋力谱写加快建设交通强国水运篇

习近平总书记强调，经济要发展，国家要强大，交通特别是海运首先要强起来。水运业是经济社会发展的基础性、先导性、战略性行业和服务性产业，是综合交通运输体系的重要组成部分，在支撑经济发展、促进国土开发、优化产业布局、促进对外贸易、维护国家安全等方面发挥着重要作用。

自古以来，水运以其舟楫之利成为十分重要的运输方式。新中国成立后，海运是最先走出去的领域。改革开放40多年来，我国水运业走过了不平凡的发展历程。改革开放初期，沿海港口吞吐能力严重不足，对经济社会发展形成瓶颈制约。之后，港口率先改革开放，依托港口设定经济特区和开放14个沿海港口城市。1983年交通工作会议提出了"有河大家走船，有路大家走车"，在放宽搞活方针指引下，水运进入快速发展时期，逐步缓解水路运输"瓶颈"制约，解决了"有没有"的问题。1992年，邓小平同志南方谈话后，交通运输行业加快培育和发展水运市场体系，港口和内河航道建设成绩斐然，船舶运力加快发展，涵盖散货船、油船、集装箱船等主要船型和LNG船等高技术、高附加值船舶，运输全面紧张状况得到缓解，"瓶颈"制约状况得到改善。2001年我国加入世界贸易组织（WTO），水运行业抓住机遇，实现了大发展，高等级航道和港口建设成绩突出，深水泊位大幅增加，吞吐能力显著增强，专业化水平不断提高，基本适应了经济社会发展需要，解决了"够不够"的问题。

党的十八大以来，习近平总书记高度重视水运事业发展，强调经济强国必定是海洋强国、航运强国，强调要努力打造世界一流的智慧港口、绿色港口。推动我国水运事业发展取得历史性成就、发生历史性变革，进入高质量发展的新阶段。截至2020年底，全国内河高等级航道达标里程1.61万公里，长江南京以下12.5

米深水航道全线贯通,黄金水道发挥黄金效益。西江航运干线扩能升级加快推进,通航能力显著增强。沿海港口万吨级及以上泊位数 2530 个。我国水运量、港口货物吞吐量和集装箱吞吐量等指标均稳居世界第一。世界前十的集装箱港口中,我国占据 7 席。运输船队运力跻身世界前列,船舶大型化趋势明显,30 万吨级原油船、40 万吨级铁矿石运输船舶等陆续投入使用。水运科技创新能力大幅跃升,高坝通航、离岸深水港和巨型河口航道整治等建设技术迈入世界先进或领先行列,洋山港四期、青岛港等自动化码头引领全球港口智能化发展。上海国际航运中心基本建成,国际航运网络进一步完善,投资建设运营"一带一路"支点港口成绩斐然,希腊比雷埃夫斯港成为"一带一路"合作旗舰项目,在服务国家重大战略中彰显力量,为畅通国际物流大通道发挥了重要作用。期间涌现出许振超、包起帆等一批行业先锋,生动诠释了新时代奋斗者的深刻内涵,凝聚起新时代交通精神的磅礴伟力。

总的来看,水运对经济社会需求的适应程度经历了由"瓶颈制约"到"初步缓解"再到"总体缓解""基本适应"的历史性变化,并在"基本适应"的基础上向"适度超前"迈进了一大步,探索走出了一条具有中国特色的水运发展道路。这些成绩的取得,根本在于以习近平同志为核心的党中央的坚强领导和习近平新时代中国特色社会主义思想的科学指导,在于发挥了我国社会主义制度集中力量办大事的制度优势,在于坚持人民交通为人民的根本宗旨,在于不断深化改革、扩大开放、创新驱动,解放和发展了水运生产力。

"十四五"时期是我国开启全面建设社会主义现代化国家新征程的第一个五年,是加快建设交通强国的第一个五年,水运业面临加快建设、提升发展能级等重大机遇。要把握新发展阶段、贯彻新发展理念,按照构建新发展格局的要求,充分发挥水运运能大、成本低、能耗小、占地少、污染轻等比较优势,加快补齐内河水运基础设施短板,加快服务功能升级,推进安全绿色智慧发展,提高支撑引领水平,打造安全、便捷、高效、绿色、经济的现代水运体系,更好服务经济社会发展和高水平对外开放,为加快建设交通强国当好先行。要着力加快高等级航道建设,提升航道区段间、干支间标准衔接水平,推进运河连通工程建设,打造与城市、文化、旅游等融合的旅游航道。要着力打造高能级港口枢纽和辐射全球的航运枢纽,推进区域港口高质量协同发展,提升服务现代产业发展、促进国内国际双循环的能力。要着力发展高水平运输,优化运输组织,发展现代物流,改善营商环境,提升客运服务品质,加快构建现代化物流供应链体系。要着力提升智慧运输发展水平,推动5G、区块链、北斗、大数据等现代技术在水运领域的深度应用,推进水运安全绿色发展。要着力提升港航服务国际化水平,提高海运船队国际竞争力,深化国际港航海事合作。要着力完善治理体系,强化法规制度保障、深化行业管理改革,提升治理能力与水平。

潮平岸阔催人进,风起扬帆正当时。写好加快建设交通强国水运篇这篇大文章,使命光荣、责任重大、机遇难得。让我们更加紧密地团结在以习近平同志为核心的党中央周围,砥砺奋进、不懈努力,奋力谱写加快建设交通强国水运篇,为全面建设社会主义现代化国家当好先行。

2021 年 2 月 1 日

前言
Foreword

习近平总书记指出:"中国特色社会主义是全面发展、全面进步的伟大事业,没有社会主义文化繁荣发展,就没有社会主义现代化。要坚定文化自信,推动中华优秀传统文化创造性转化、创新性发展,继承革命文化,发展社会主义先进文化,不断铸就中华文化新辉煌,建设社会主义文化强国。"❶2017 年 6 月,交通运输部决定编纂《中国水运史(1949—2015)》和《中国水运工程建设实录(1978—2015)》,并印发了交办政研〔2017〕86 号文件,明确指出"编纂《中国水运史(1949—2015)》和《中国水运工程建设实录(1978—2015)》是我国交通文化工程的重要内容,也是一项光荣而艰巨的重要历史任务,必须以高度的责任感和使命感抓紧抓好"。三年多来,在承办单位交通运输部水运科学研究院及各参编单位的共同努力下,完成了《中国水运工程建设实录(1978—2015)》(以下简称《实录》)的编纂工作。

《实录》集中梳理了改革开放近 40 年来我国水运事业,特别是水运基础设施建设方面的历史进程和巨大成就,较为系统地总结了我国水路交通发展的实践经验。改革开放初期的 1978 年,我国主要港口(不含港、澳、台地区,以下同)的生产性泊位只有 735 个,其中万吨级泊位 133 个。经贸快速发展带动港口吞吐量快速增长,港口再次出现严重的"三压"(压船、压车、压货)现象,成为制约国民经济发展的"瓶颈"。经过艰苦努力,到 2015 年,全国港口生产性泊位达到了 31259 个,其中万吨级泊位 2221 个,分别增长了 41.5 倍和 15.7 倍,10 万吨级以上泊位达到 331 个,大型化、专业化供给结构明显改善。我国轮驳船达到

---

❶ 习近平在教育文化卫生体育领域专家代表座谈会上的讲话(2020 年 9 月 22 日),《人民日报》2020 年 9 月 23 日 01 版。

16.6 万艘,净载重量 2.7 亿吨,集装箱箱位 260 万 TEU,载客量 101.7 万客位,海运运力规模跃居世界第三位,形成初具规模的上海国际航运中心和多个区域性航运中心。水路交通对经济社会需求的适应程度经历了由"瓶颈制约""初步缓解""全面缓解"到"基本适应"并迈向高质量发展的历史性变化。特别是 2001 年我国加入世界贸易组织(WTO)后,经济发展融入全球化,水路国际运输航线通达全球逾 100 个国家和地区,1000 多个港口。2015 年,全国港口吞吐量 127.5 亿吨,是 1978 年 2.8 亿吨的 45 倍,其中外贸吞吐量增长了 61 倍。港口集装箱吞吐量自改革开放初期由几乎为零起步,到 2015 年达到 2.1 亿 TEU。2015 年,全国已有 33 个港口(沿海 23 个、内河 10 个)货物吞吐量超亿吨,其中 10 个港口位列世界前 20 位。集装箱吞吐量世界前 20 位中,中国占有 10 席(包括香港特别行政区、台湾地区的港口)。中国已是名副其实的航运大国,水路交通包括水运基础设施建设,许多领域已处于国际领先的位置,这不仅是国家综合实力的重要体现,更是中华民族伟大复兴的重要标志。中国水运发展受到了国际社会的高度关注和称誉,世界银行列专题组织专家进行了"新时代的蓝色航道:中国内河水运发展"(Blue Route for a New Era: Developing Inland Waterways Transport in China)和"中国港口发展回顾"(Retrospective Review of China Port Sector Development)的研究,将中国发展经验介绍给世界。2020 年 10 月 13 日,世界银行发布研究报告指出,中国目前拥有世界上最繁忙的内河水运体系,2018 年中国内河水运货运量已达到 37.4 亿吨,是欧盟或美国的 6 倍。报告认为,中国内河水运发展成就,源于持续有力的政策支持、分工明确的管理体制、大量投入的建设资金、与基础设施建设同步进行的船型标准化和航道等级划分、完善的水运教育体系等,值得更多国家学习借鉴。世界银行的报告分析全面,评价中肯,体现了国际社会对中国水运发展的肯定。

《实录》全面翔实地反映了改革开放近 40 年,中国水运事业的历史性变化和探索中国特色社会主义交通运输发展道路的历程。回望探索发展的历程,我们始终不能忘记敬爱的周恩来总理在 1973 年 2 月提出的"三年改变港口面貌""力争 1975 年基本上改变主要依靠租用外轮的局面"的重要指示,和 1975 年嘱咐争取到 1980 年建设 250~300 个泊位的遗愿;不能忘记 1978 年 3 月交通部向国务院呈报的《关于实现交通运输现代化的设想(汇报提纲)》;不能忘记 1983 年全国交通工作会议提出了"有河大家走船,有路大家走车"的改革方针,坚决冲破计划经济束缚,开放运输市场;不能忘记1990年交通部提出关于发展交通基础设施"三主一支持"❶的规划设想;不能忘记1998年交通部提出实现交通运输现代化"三阶段"的发展战略❷;不能忘记2006—2008年交通部不断探索转变发展方式,提出了发展现代交通业"三个转变"❸和"三个服务"❹的重大决策;不能忘记2014年全国交通运输工作会议提出了"四个交通"❺的理念,推动交通运输科学发展;我们更不能忘记习近平总书记在党的十九大报告中明确指出要加快建设创新型国家,把"交通强国"作为新时代建设现代经济体系重要战略目标之一……这一项项遵循党中央国务院重大战略部署,结合我国交通运输发展实际做出的具有里程碑意义的决策,使交通运输,特别是水路交通铸就了无愧于时代的历史性变化,走出了一条具有中国特色社会主义交通运输发展的道路。

改革开放以来水路交通走过的历程可谓爬坡过坎,披荆斩棘,取得的成就来之不易。回答中国水运事业特别是水运基础设施建设为什么能实现历史性的变化,是怎样实现历史性变化的,这就是我们编纂《实录》的初衷。回顾总结水运发展可从多方面阐述,但核心的就是三条:没有社会主义制度的优越性,就不能集中力量办大事、办难事、办成事,就没有水运事业的历史性变化;没有改革开放,就不能调动、发挥各方面积极性,就没有水运行业科学的、持续的发展,就没有水运事业的历史性变化;没有人民群众对发展水运事业的殷切期盼,就没有发展水运事业的力量源泉和动力,也就没有水运事业的历史性变化。最根本的一条就是在党中央国务院坚强领导下,全体交通人特别是水运行业的广大干部职工筚路蓝缕、

❶ "三主一支持"是1989年2月27日在全国交通工作会议上正式提出的,从"八五"开始用了几个五年计划实施的交通基础设施建设长远规划。1990在此基础上,增加"三主",就是公路主骨架、水运主通道、港站主枢纽,"一支持"即交通支持保障系统。

❷ "三阶段"发展战略即第一阶段从"瓶颈制约,全面紧张"走向"两个明显"(交通运输的紧张状况有明显缓解,对国民经济的制约状况有明显改善);第二阶段2020年前从"两个明显",再到"基本适应";第三阶段2040年前从"基本适应"到"基本实现现代化"。

❸ "三个转变"即交通发展由主要依靠基础设施投资建设拉动向建设、养护、管理和运输服务协调拉动转变;由主要依靠增加物质资源消耗向科技进步、行业创新、从业人员素质提高和资源节约环境友好转变;由主要依靠单一运输方式的发展向综合运输体系发展转变。

❹ "三个服务"是交通运输部提出的交通发展要服务国民经济和社会发展全局、服务社会主义新农村建设、服务人民群众安全便捷出行。

❺ "四个交通"是交通运输部综合分析形势任务,立足于交通运输发展的阶段性特征,更好地实现交通运输科学发展,服务好"两个百年目标",由部党组于2014年研究提出的当时和此后一个时期的战略任务,即全面深化改革,集中力量加快推进综合交通、智慧交通、绿色交通、平安交通的发展。

砥砺奋进,水运事业才取得了令世人瞩目和彪炳史册的巨大成就,成为国民经济发展的"先行官"。

《实录》在谋篇布局上紧扣编纂初衷,由五篇十三章及附录构成,力求回答国际、国内社会特别是交通运输行业人士关注的问题,也为今后研究分析改革开放以来,我国水运基础设施建设的历程和规律提供了翔实的资料。《实录》分为九卷,每卷既是《实录》的一部分,又是水运基础设施建设一个相对独立的领域,便于研读分析。

第一卷为"综合",由四篇七章组成。第一篇"发展篇"中的第一章"改革开放以来的中国水运事业",对改革开放以来我国水运事业发展进行了系统回顾总结,分为历史性变化的阶段性特征、发展成就、基本经验和结语四个方面,全面阐述了在探索中国特色社会主义交通发展道路进程中实现了水运事业的历史性变化。第二章为"水运基础设施建设规划及前期工作",重点阐述了四个规划,即1993—1994年编制的《全国水运主通道、港口主枢纽总体布局规划》,2006年编制的《全国沿海港口布局规划》,2007年编制的《全国内河航道与港口布局规划》《国家水上交通安全监管和救助系统布局规划》。这是20世纪80年代交通部提出"三主一支持"规划设想,以及1998年交通部关于实现交通运输现代化"三阶段"设想的交通发展战略,在我国水运事业特别是基础设施建设方面的重要布局规划,指导了改革开放尤其是"八五"之后的水运基础设施建设,体现了交通发展的规划引领作用。重点项目的前期工作作为从规划安排到项目建设的重要转换环节,是水路交通建设可持续发展的保证,也是基础设施建设不可或缺的重要工作。第二篇"管理篇"的第三章"水运工程建设法律法规"和第四章"水运工程建设与管理",阐述了改革开放以来,我国水运工程建设吸收国际先进管理经验,结合我国工程建设实践建立起一套行之有效的法律法规,体现了全面依法治国理念在水运基础设施建设中的实践。第三篇"科技篇"的第五章"水运工程建设技术标准",展示了水运工程主要技术标准的发展,体现了我国水运工程建设的软实力。新中国成立之初,向苏联学习,采用的是"苏标"。历经几代水运建设者的艰苦奋斗,在水运工程实践中逐步形成了完整的中国水运工程标准规范体系,涵盖了水运工程所有领域,标志着中国水运工程标准从'无'到'有',由'弱'变'强'。第六章"水运工程建设科技创新与应用",从水运领域的港口、航道、枢纽、海工、疏浚吹填、地基处理、港口设备、环境保护、综合技术等方面,总结了改革开放近40年来水运工程技术创新与进展,体现了水运基础设施建设践行"科学技术是第一生产力"的理念和水运事业发展中的"亮点"。第四篇"开放篇"的第七章"水运工程建设对外合作与交流",记载了以企业为主的市场主体在国际水运工程,如港口码头建设、航道疏浚开发和营运管理等方面开展的国际合作与交流,特别是党中央提出"一带一路"倡议之后,水运工程在援建、施工承建、项目总承包以及投资和技术装备等方面取得的业绩,共收录了84个项目,反映了改革开放近40年来水运工程建设领域由"引进来"迈向"走出去"的历史性变化。

第二卷至第五卷为第五篇"成就篇",包括第八章"沿海港口与航道工程"(第二卷、第三卷)与第九章"内河港口工程"(第四卷、第五卷)。由于沿海港口的航道一般是港口(港区)的公共或专用航道,所以沿海的港口航道工程与港口码头泊位建设合并阐述,但内河航道是公共、公益性水运基础设施,为航道沿线各港口和航行的船舶服务,故对内河航道的工程建设单设一章(第十章)。第八章"沿海港口与航道工程"和第九章"内河港口工程"的最大区别在于收录入书的标准不同,第八章收录的是拥有万吨级泊位的沿海港口,第九章收录的是拥有500吨级泊位的内河港口。根据2015年《全国交通运输统计资料汇编》,港口货物吞吐量1000万吨以上沿海港口和200万吨以上内河港口为规模以上港口,沿海港口39个、内河港口54个,本书全部收录。对规模以下的港口,有万吨级以上泊位的8个沿海港口收录入书,有500吨级以上泊位以及国际河流边境贸易口岸港口等有特别典型意义的53个内河港口也收录入书。这样,第八章"沿海港口与航道工程"共收录港口47个,第九章"内河港口工程"共收录港口107个。第二卷至第五卷对沿海、内河港口的编撰内容,按港口的管理体制及地域位置,分省区市、港口、港区、工程项目四个层面展开。第八章"沿海港口与航道工程"共录入大中小型工程项目1054个(包括1978年和2015年在建项目),万吨级以上泊位1739个。第九章"内河港口工程"共录入工程项目1133个,500吨级以上泊位3028个。由于从20世纪90年代开始的长江口深水航道治理工程和长江南京以下12.5米深水航道整治工程实施完成,长江南京以下港口可接纳5万吨级船舶直接靠泊、10万吨级船舶乘潮或减载靠泊,实现了海港化的功能,故《实录》收录的码头泊位视同海港,按万吨级泊位入书标准收录。此外,长江干线上的水富港是云南进入长江的"北大门",黑龙江、澜沧江边境河流的港口,泊位等级有些达不到500吨级,但这些港口在对外开放、发展边境贸易方面意义重大,也都收录入书。

第六卷为"成就篇"的第十章"内河航道工程",遵循2007年国务院批准的《全国内河航道与港口布局规划》明确的"两横一纵两网十八线"和我国通航河流分布特征设置"节、目"。2015年,我国内河通航里程12.7万千米,其中等级航道6.62万千米,四级以上的航道为2.22万千米,占等级航道的33.5%,故确定通航500吨级船舶的四级及以上航道工程收录入书。此外,对"两横一纵两网十八线"规划以外,一些在区域经济发展中有突出意义的内河航道建设工程,如赤水河等十二条河流的航道建设工程也收录入书。共收录了包括长江口深水航道治理工程、长江南京以下12.5米深水航道整治工程在内的256个项目工程。对"寸水寸金"的内河航道来说,这些工程极大地发挥了基础设施的服务能力,对发展我国水运事业的意义和作用不言而喻。

第七卷为"成就篇"的第十一章"内河通航建筑物(船闸与升船机)"。按我国大江大河(包括运河)水系分布状况以及航道发展"两横一纵两网十八线"的规划与分布设置"节、目"。发展内河航运是水资源综合利用的重要方向,船闸、升船机是内河通航建筑物中较为常见的工程设施。改革开放以来,我国在发展水利事业的同时,通过船闸、升船机建设,极大地改善了航道条件,提高了我国内河航运能力,助推国民经济的发展。第十一章收录改革开放以来,通过能力500吨级及以上船舶的船闸、升船机建设项目;对不在规划河流上或通过能力不够500吨级船舶的船闸、升船机,但对区域经济发展和科技创新有典型意义,如澜沧江景洪水力式升船机也收录入书。第十一章共收录改革开放以来工程项目168个,含220座船闸、9座升船机。

第八卷为"成就篇"的第十二章"水运支持保障系统工程"。水运支持保障系统由海事管理、救助打捞、船舶检验、科技教育、通信导航、船舶引航等构成,是水路运输不可或缺的重要组成部分。改革开放以来,我国在大力发展港口、航道水运基础设施的同时,高度重视支持保障系统建设,不断提高为水运发展的服务能力。第十二章按上述系统构成设置"节、目",共收录工程项目396个。相对港口、航道建设项目,支持系统的中小型项目居多,由于数量较大,在收录入书时对部分项目进行了汇总合并。

第九卷为"成就篇"的第十三章"重要水工工程",收录了六项重大水运工程。改革开放以来,我国的水运工程建设项目多达数千项,奠定了中国在全球的航运大国、交通大国地位,也为我国从航运大国、交通大国向航运强国、交通强国迈进奠定了坚实的基础。第十三章收录的六项工程,建设规模大,科技创新突出,对我国经济社会发展有重大意义,在国际上有重要影响,是我国水运发展辉煌成就的标志性工程。葛洲坝水利枢纽航运工程与长江三峡水利枢纽航运工程,特别是三峡工程的双线连续五级船闸和升船机为当今世界规模最大的内河通航建筑物。长江口深水航道治理工程,建成了12.5米的深水航道,获得了2007年国家科学技术进步奖一等奖,是世界上巨型河口航道治理的成功范例,连同长江南京以下12.5米深水航道整治工程,不仅使长江南京以下港口功能海港化产生巨大的经济社会效益,而且是党中央国务院关于建设长江黄金水道重大决策的基础性工程。上海国际航运中心洋山深水港区工程,不仅标志着我国在外海深水建设港口的技术进步,而且洋山深水港区四期工程自动化集装箱码头建成投产,使我国集装箱码头智能化建设处于世界领先地位。港珠澳大桥岛隧工程是极为复杂的水工工程,取得了一系列技术突破,标志着我国水工工程技术水平处于国际领先的第一方阵,大桥建成通车有力支撑了粤港澳大湾区发展。这六大工程是我国水工工程中的典型,在《实录》第十三章中做了比较细致的阐述。这一卷还有大事记、纪年图表等内容,不仅体现《实录》作为史书的完整性,而且便于读者查阅,比较直观地反映了改革开放以来,我国水运工程建设取得的成就。

在交通运输部的领导下,经过三年多的努力,《实录》编纂工作如期完成。编纂这部作为交通文化建设工程的书籍,凝聚了全行业的力量,众多的参编者为之付出了心血和智慧。特别是改革开放初期的文献,由于时间久远、机构变化、人员更迭,很多资料缺失,参编者千方百计,走访老同志,翻阅档案,力求《实录》的完整性、准确性。《实录》综合了改革开放近40年的水运基础设施建设项目,对此我们组织水运工程方面的专家编写了项目模板,并委托上海国际港务(集团)股份有限公司开发了电脑软件;第一次项目综合时,请重庆交通大学河海学院20多位师生进行了系统合成。《实录》编纂过程中,召开了多次专家咨询会、评审会,专家们为《实录》编纂建言献策,助推了编纂工作。交通运输部水运科学研究院承办《实录》

综合编纂工作,组织编写人员全力以赴,深入调查研究,及时解决编纂中存在的专业问题,确保《实录》编纂质量。本着对历史负责、对子孙负责的精神,参加综合编写的同志兢兢业业,按照时间节点的进度要求,完成各自的编写工作。人民交通出版社股份有限公司的编审同志,认真校审,为确保《实录》的出版质量做了大量的工作。最后,我们还要对支持《实录》编纂工作的中国远洋海运集团有限公司、招商局集团有限公司、中国交通建设集团有限公司表示衷心的感谢。

《中国水运史》《中国水运工程建设实录》
编审委员会

黄镇东 李盛霖

2020 年 11 月 10 日

总目录
Contents

第二卷　沿海港口与航道工程（上）

五、成就篇（一）

第三卷　沿海港口与航道工程（下）

五、成就篇（二）

第四卷　内河港口工程（上）

五、成就篇（三）

第五卷　内河港口工程(下)

五、成就篇(四)

第六卷　内河航道工程

五、成就篇(五)

第七卷　内河通航建筑物

五、成就篇(六)

第八卷　水运支持保障系统工程

五、成就篇(七)

第九卷 重要水工工程

五、成就篇(八)

《中国水运工程建设实录(1978—2015)》纪年图表

《中国水运工程建设实录(1978—2015)》大事记

附 录

目录
Contents

五、成就篇（五）

Record of
Port and Waterway Engineering
Construction in
China
中 国 水 运 工 程 建 设 实 录
（1978 — 2015）

五、成就篇（五）

第十章
内河航道工程

2007年,国务院批准了交通部《全国内河航道与港口布局规划》。内河航道布局规划可归纳为"两横一纵两网十八线",其中,长江水系高等级航道布局为"一横一网十线",珠江水系高等级航道布局为"一横一网三线",京杭运河与淮河水系高等级航道布局为"一纵二线",黑龙江和松辽水系高等级航道布局为"二线",其他水系高等级航道布局为"一线"(闽江)。本章以全国内河航道布局设置"节""目"。规划实施过程中,经批准还有一些建成和未定的内河航道工程,故增加一节"其他重要航道工程",以全面表述改革开放以来我国内河航道工程取得的成就。长江水系高等级航道布局中的"一横"为长江干线航道,其中长江南京以下12.5米深水航道整治工程与长江口深水航道治理工程两个工程项目在第九卷重要水工工程中已做全面表述,本卷不再重复。

第一节 长江干线航道

(一)河道自然特征

长江发源于青藏高原的唐古拉山主峰格拉丹冬雪山西南侧,干流全长约6300千米,总落差5400米,自西向东流经青海、四川、西藏、云南、重庆、湖北、湖南、江西、安徽、江苏、上海11个省(自治区、直辖市),于上海市郊注入东海,流域面积180多万平方公里,水量充沛、终年不冻,是我国第一、世界第三长河。

长江江源沱沱河,长约358千米;青海当曲河口至玉树巴塘河口称通天河,长约815千米;青海玉树至四川宜宾称金沙江,长约2308千米;四川宜宾至长江口称长江,长约2808千米。按照河道水文和地理特征划分,长江干流湖北宜昌以上为长江上游,湖北宜昌至江西湖口河段为长江中游,湖口以下为长江下游。

长江上游云南水富至湖北宜昌河段,长约1074千米,属山区河流。流经峡谷、丘陵和阶地间,平面形态复杂,急、弯、卡口多,两岸岩石褶皱断裂较剧烈,易发生岩石崩塌或滑坡。汇入的主要支流,北岸有岷江、沱江、嘉陵江,南岸有赤水河、乌江。水位涨落幅度大,水流湍急,江中明暗礁石林立、水流流态差、滩险密布,航道急、弯、浅、险并存,航行条件差。长江上游养护段上起四川宜宾，下至湖北宜昌，以重庆为界，分为上下两段，上段宜宾至重庆长约384千米，处于四川盆地南部边缘，河谷开阔，洪水期河宽500～1000米，枯水期河宽300～400米，江心洲和边滩发育，河床多为卵石，河岸为砾岩，间有砂岩，岸线和航道较为稳定；下段重庆至宜昌长约660千米，位于四川盆地东南缘和鄂西山区，河床多由砾石组成。从奉节起进入三峡地区，两岸群山峻岭，流路曲折，江面狭窄，枯水期河宽150～200米。该河段已建葛洲坝和三峡枢纽，三峡工程蓄水后，库区呈现"高峡出平湖"的壮丽景观，水流平缓，航道条件大大改善，受三峡电站泄流及调峰影响，两坝间水流条件有所恶化。

长江中游湖北宜昌至江西湖口河段，长约900千米，属平原区河流。河道比降变小、水流平缓，枝城以下沿江两岸均筑有堤防，并与众多的大小湖泊相连，汇入的支流南岸有清江及洞庭湖水系的湘、资、沅、澧四水和鄱阳湖水系的赣、抚、信、饶、修五河，北岸则有汉江。宜昌至枝城59千米为山区河流向平原河流转变的过渡段，两岸多低矮的山丘，阶地发育。枝城至城陵矶河段称为荆江，两岸平原广阔，地势低洼，以藕池口为界分为上、下荆江。上荆江长约175千米，属微弯型河段，河槽平均宽度为1300～1500米，平面摆动较小；下荆江长约165千米，为蜿蜒型河段，两岸崩塌剧烈，河道迂回曲折，素有"九曲回肠"之称，河槽平均宽度约1000米。历史上河势不稳，裁弯切滩频繁，浅滩变化复杂，经两次人工裁弯和一次自然裁弯后，河道条件有了较大改善。城陵矶至湖口河段长约502千米，主要为宽窄相间的藕节状分汊河道，有洞庭湖水系、汉江、鄱阳湖水系等汇入，流量增大，江面较宽，河道较顺直，两岸间有断续的孤独山丘，形成节点，节点间河道展宽，常有心滩或江心洲出现，总体河势较荆江段稳定，呈现顺直段主流摆动，分汊段主、支流交替消长的河道演变特点。

长江下游江西湖口至长江口河段，长约864千米，流经平原地区，两岸地势平坦，沿岸有堤防保护，汇入的主要支流有南岸的青弋江、水阳江水系、太湖水系和北岸的巢湖水系，淮河部分水量通过淮河入江水道汇入长江。长江下游多为分汊型河段，河道宽窄相间，水流平缓，航行条件优越。狭窄河段，一般是一岸或两岸有山丘或矶头控制，水深较深，河槽单一稳定；放宽河段，水流分散，沙洲淤张，形成分汊，有的多次分汊。大通以下属感潮河段，出江阴后江面呈喇叭形逐渐展宽，在南通附近宽达18千米，至口门处宽约90千米。其中徐六泾以下属长江口河段，总体上呈三级分汊、四口入海格局：一级分汊在徐六泾附近，由崇明岛分为南、北二支；二级分汊在新浏河沙附近，由长兴岛和横沙岛将南支分为南、北两港；三级分汊在横沙岛南侧，由江南亚沙和九段沙将南港分为南、北二槽。入海水道分别为北支、北港、北槽及南槽，长江径流95%以上经南支下泄入海，南支河段中南、北两港分流比基本稳定在40%～60%，南港北槽在南港中落潮分流比基本稳定在50%左右。

（二）主要航道现状和建设情况

长江干流全长约6300千米，是我国第一、世界第三长河。长江干线航道自云南水富至长江口，流经云南、四川、重庆、湖北、湖南、江西、安徽、江苏、上海七省二市，连接了重庆、武汉、南京、上海等大型交通枢纽城市及其他33个中小城市，是国家综合运输体系长江运输大通道的核心，也是我国唯一贯穿东、中、西部地区的水路运输大通道，一直是全国内河水运发展与建设的重点。长江沿线七省二市工农业基础雄厚，集聚了我国35%以上的经济总量，在全国经济发展中占有十分重要的地位。长江水运承担了沿江85%的煤炭和铁矿石、83%的石油、87%的外贸货物运输量，2015年完成货运量21.8亿吨，货物周转量更是达到了1.13万亿吨公里，是世界上运量最大、运输最繁忙的通航河流，为促进流域经济协调发展发挥了重要作用。

长江干线航道上起云南水富，下至长江入海口，全长2843千米。其中：云南水富至四川宜宾合江门河段30千米航道由四川省交通运输厅负责养护管理，湖北秭归庙河至宜昌中水门段59千米航道由长江三峡通航管理局负责养护管理，其余河段2754千米航道由长江航道局负责养护管理。

按照不同河段航道的特点，长江航道划分为：宜昌以上为长江上游航道，宜昌至汉口为长江中游航道，汉口至浏河口为长江下游航道，浏河口至长江口灯船为长江口航道。

1. 上游航道

宜宾合江门（上游航道里程1044.0千米）至宜昌九码头（上游航道里程0.0千米）段为上游航道，习称川江航道，长1044.0千米，是典型的山区河流航道。三峡水库175米蓄水运行后，宜昌至重庆段成为库区，回水末端至重庆江津红花碛。宜宾合江门至江津红花碛为山区天然航道，重庆境内江津红花碛至长寿与涪陵交界的黄草峡为三峡水库变动回水区航道（145～175米），重庆涪陵至三峡大坝为常年库区航道。

（1）宜宾合江门—重庆羊角滩段

宜宾合江门（上游航道里程1044.0千米）至重庆羊角滩（上游航道里程660.0千米）段航道，长384千米。航道技术等级为三级，航道养护类别为一类航道养护，航标配布类别为一类航标配布，可通航1500吨级船舶。

该段流经峡谷、丘陵和山地，河床多为卵石，间有基岩，航槽相对稳定，航道弯曲狭窄，滩多流急，流态紊乱。峡谷河段航道弯窄急险，丘陵地带河谷开阔，洪水期河宽500～1000米，枯水期一般为300～400米。枯水期水流流速一般为1.5～3.0米/秒，个别滩险河段最大流速可达4.2米/秒，洪水期流速一般为3.0～5.0米/秒，部分礁石处最大流速达6.0米/秒。年径流量达2060亿立方米（李庄水文站统计资料）。该河段共有30余处碍航滩险，以卵石浅滩碍航为主。

（2）重庆羊角滩—宜昌九码头段

重庆羊角滩（上游航道里程 660.0 千米）至宜昌九码头（上游航道里程 0.0 千米）段航道，长 660 千米。航道技术等级为二级，航道养护类别为一类航道养护，航标配布类别为一类航标配布。

三峡水库蓄水后，三峡大坝至重庆段形成了库区航道。175 米蓄水后，库尾回水抵达重庆江津红花碛，通航条件得到显著改善，可通航由 3000 吨级内河船、千吨级驳船组成的万吨级船队。处于常年库区的三峡大坝至丰都段航道水流平缓，航道条件得到根本改善；处于常年库区的丰都至涪陵段航道因存在多处礁石，汛期水流条件仍呈现天然状态的特征，航道条件较丰都以下河段差，航道维护难度大；涪陵以上航道处于变动回水区，随着三峡水库蓄水位在 145 ~ 175 米调度运行，航道条件呈现天然航道和库区航道的特征。三峡大坝至涪陵段已实施船舶定线制，两坝间已实施分道航行规则。蓄水后，该段航道面临的主要问题是三峡水库变动回水区累积性淤积碍航问题及礁石碍航问题。

2. 中游航道

宜昌九码头（中游航道里程 626.0 千米）至武汉长江大桥（中游航道里程 2.5 千米）段为中游航道，长 623.5 千米。航道技术等级为二级，航道养护类别为一类航道养护，航标配布类别为一类航标配布。中游河道蜿蜒曲折，局部河段主流摆动频繁，航槽演变剧烈，有 10 多处碍航浅滩，遇特殊水文年时极易发生碍航情况，三峡水库运行后清水下泄进一步加剧了中游航道变化的复杂程度。枯水期水流流速一般为 1.0 ~ 1.7 米/秒，洪水期流速一般为 2.0 ~ 3.0 米/秒，多年平均径流量 4510 亿立方米（宜昌站统计资料）。宜昌至武汉可通航由 1000 ~ 5000 吨级内河船舶组成的船队，其中城陵矶至武汉利用自然水深可通航 3000 吨级海船。

宜昌以下为平原区河流，按河道特性可分为三段：

（1）宜昌—枝城段

宜昌（中游航道里程 626.0 千米）至枝城（中游航道里程 570.0 千米）段航道，长 56 千米，是山区河流航道进入平原区河流航道的过渡段，两岸有低山、丘陵和阶地控制，河岸抗冲能力强，河床组成物较粗。河道多为顺直微弯河型，河床稳定，航道条件较好。

（2）枝城—城陵矶段

枝城（中游航道里程 570.0 千米）至城陵矶（中游航道里程 230.0 千米）段航道，又称荆江河段，长 340.0 千米，以藕池口为界分为上、下荆江。上荆江航道长 175 千米，河段内弯道较多，弯道内有江心洲，属微弯型河段，河槽宽度平均为 1300 ~ 1500 米；下荆江航道长 165 千米，属蜿蜒型河段，河道迂回曲折，河槽平均宽度约 1000 米。该河段大部分严重崩岸，已通过人工护岸得到控制，总体上河势已趋稳定，但少数河段崩岸仍然严重。荆江河段九曲回肠、滩多水浅，历来是长江防洪的重要险段和航道建设维护的重点与难点。

（3）城陵矶—武汉

城陵矶(中游航道里程230.0千米)至武汉(中游航道里程2.5千米)段航道,长227.5千米,江面较宽,河道较顺直,航道较荆江河段稳定,多为宽窄相间的藕节状分汊河段,窄段一般有节点控制,河道单一、稳定;宽段河道内有洲滩,形成分汊。河床演变主要表现为局部河段的深泓摆动、洲滩的冲淤和主支汊交替消长。

3. 下游航道

武汉长江大桥(中游航道里程2.5千米)至浏河口(下游航道里程25.4千米)段为下游航道,长1020.3千米。航道技术等级为一级,航道养护类别为一类航道养护,航标配布类别为一类航标配布。

该河段水流平缓,河道开阔,航道条件较为优越。武汉至南京河段有汉江、鄱阳湖水系和皖南诸支流汇入,河床宽窄相间,多形成分汊河段;南京至浏河口河段江面进一步展宽,特别是出江阴后江面呈喇叭形逐渐展宽,在南通附近宽达18千米,至口门处宽约90千米,河段内洲滩群生,航道多变,江阴以上为径流河段,江阴以下为潮汐河段,受潮汐影响较大。枯水期水流流速一般为0.8~1.2米/秒,洪水期流速一般为1.6~1.9米/秒,汉口、大通站多年径流量分别为7380亿立方米、8940亿立方米。武汉至浏河口河段内有10多处碍航浅滩,其中白茆沙、通州沙、福姜沙(称为"三沙")是大型海船进江的主要瓶颈,也是长江下游航道治理的重点和难点。下游航道的主要问题是大部分航段缺乏系统治理,遇特殊水文年时,部分水道极易发生淤浅并碍航。此外,近年来南京以下河段维护疏浚量大幅增加,维护工作量较大。至2015年,武汉至南京可通航5000~10000吨级海船,南京以下可通航3万吨级海船。

4. 长江口航道

浏河口(下游航道里程25.4千米)至长江口灯船段航道,长125.2千米。长江口航道三级分汊、四口入海,崇明岛将长江口分为南、北二支,南支在吴淞口附近被中央沙、长兴岛分为南港和北港,南港又由九段沙分为南槽和北槽。长江口段江面开阔,常年受风、浪、流影响,回淤大,变化复杂。南支南港北槽为主航道,满足5万吨级集装箱船全潮、5万吨级散货船满载乘潮双向通航;北港航道满足3万吨级集装箱船乘潮通航,兼顾5万吨级减载散货船乘潮通航;南槽航道满足万吨级船乘潮通航;北支利用自然水深通航。

（三）航道工程项目

1. 长江兰叙段航道整治一期工程

（1）项目概况

项目于1987年1月开工建设,1991年2月竣工。

项目建设依据:1978年11月,交通部《关于长江兰家沱至宜宾段航道整治工程初步设计的批复》(〔78〕交水基字2171号)。

项目工程区域上起宜宾(长江上游航道里程1044.0千米),下至兰家沱(长江上游航道里程742.2千米),航道建设等级为三级,航道设计尺度为宽度50米、水深2.7米、最小弯曲半径560米,航道设计通航保证率98%。

项目共整治滩险11处。整治建筑物主要为坝体类,包括丁坝、顺坝和锁坝等多种类型,主要结构形式为抛石坝体,建设整治建筑物10处,合计长度3668米,筑坝工程量19.2万立方米。疏浚土方共计21.76万立方米,分别为火焰碛滩(上游航道里程924千米)疏浚6951立方米;金钟碛滩疏浚5714立方米;神背咀滩(上游航道里程872.6千米)疏浚5.98万立方米;叉鱼碛滩(上游航道里程868千米)疏浚1.18万立方米;莲石滩疏浚8340立方米;斗笠子滩疏浚3.15万立方米;东溪口滩(上游航道里程811千米)疏浚4万立方米;水师坝滩疏浚8572立方米;哑巴碛滩(上游航道里程800千米)疏浚3.26万立方米;三眼灶滩疏浚3406立方米;甑柄碛滩(上游航道里程746.2千米)疏浚8934立方米。本工程完成水下炸礁2.2万立方米,分别为斗笠子滩水下炸礁1万立方米;东溪口滩(上游航道里程811千米)水下炸礁1990立方米;哑巴碛滩(上游航道里程800千米)水下炸礁7351立方米;三眼灶滩水下炸礁2682立方米。建设6.7米航道标志船200套及充电设备。项目总投资1871.48万元,均为交通部水运建设资金。

(2)项目建设实施情况

项目建设单位为长江航道局;设计单位为长江航道局规划设计研究所重庆勘察设计室、长江航务管理局通讯导航处设计室;施工单位为长江航道局重庆工程局、机电部七一六厂;接收单位为长江航道局重庆工程局、长江航道局泸州航道分局。

(3)项目投产后的运营情况

整治的11处滩险航道尺度标准均达到50米×2.7米×560米(宽度×水深×弯曲半径,下同)的设计要求,改善了航行条件,提高了通航标准,运输单位、驾引人员、航道部门和维护单位对整治效果均给予了较高的评价,发挥了经济效益和社会效益。

2. 长江兰叙段航道整治二期工程

(1)项目概况

项目于1990年3月开工建设,1997年4月竣工。

项目建设依据:1978年11月,交通部《关于长江兰家沱至宜宾段航道整治工程初步设计的批复》(〔78〕交水基字2171号)。

项目工程区域上起宜宾(长江上游航道里程1044.0千米),下至兰家沱(长江上游航道里程742.2千米),航道建设等级为三级,航道设计尺度为宽度50米、水深2.7米、最小弯曲半径 560 米,航道设计通航保证率 98%。

项目共整治滩险 15 处。整治建筑物主要为坝体类,包括丁坝、顺坝等多种类型,主要结构形式为抛石坝体,建设整治建筑物 19 处,合计长度 4655 米,筑坝工程量 21.5 万立方米。疏浚土方共计 37.75 万立方米,其中红花碛滩(上游航道里程 817 千米)疏浚 7200 立方米,冰盘碛滩清淤 1658 立方米,螃蟹碛滩(上游航道里程 887 千米)疏浚 8386 立方米,红灯碛滩(上游航道里程 955 千米)疏浚 4.14 万立方米,风簸碛滩(上游航道里程 958.5 千米)疏浚 5.67 万立方米,香炉滩(上游航道里程 984 千米)疏浚 4.37 万立方米,吊鱼咀滩疏浚 6760 立方米,油榨碛滩疏浚 1.77 万立方米,铜鼓滩(上游航道里程 993.8 千米)疏浚 2.76 万立方米,筲箕背滩(上游航道里程 1005 千米)疏浚 7.12 万立方米。本工程完成炸礁约 9.52 万立方米,分别为母猪碛滩(上游航道里程 770.2 千米)水下炸礁 5050 万立方米,石门滩水上炸礁 1.51 万立方米,大吉脑滩水上炸礁 1.03 万立方米,桅杆石滩水下炸礁 9300 立方米,冰盘碛滩水下炸礁 4.4 万立方米,螃蟹碛滩(上游航道里程 887 千米)水下炸礁 900 立方米,鸡心石滩水下炸礁 1514 立方米,铜鼓滩(上游航道里程 993.8 千米)水下炸礁 8500 立方米,筲箕背滩(上游航道里程 1005 千米)水下炸礁 500 立方米。本项目建设 6.7 米航标浮具 400 套。项目总投资 8174.29 万元,均为交通部水运建设资金。

（2）项目建设实施情况

项目建设单位为长江航道局;设计单位为长江航道局规划设计研究所重庆勘察设计室;施工单位为长江航道局重庆工程局、长江航道局泸州航道分局;使用(管理)单位为长江航道局泸州航道分局、长江航道局重庆工程局。

（3）项目投产后的运营情况

兰叙段航道整治二期工程包括航道整治项目(整治建筑物、挖槽、炸礁等)、航标、通信及其他配套设施等。项目单位工程 22 项,其中滩险整治 15 项,信号、标志及配套设施 7 项,优化单位工程为 17 项,优良率为 77%,工程质量总评为优良。

兰叙段航道整治二期工程针对各滩险的滩势特点,分别或者综合采取疏浚、炸礁、筑坝等工程措施,于 1990 年 3 月开工至 1997 年 3 月全部完工,历时 7 个枯水期。二期工程是兰叙段航道取得整体效益的关键,通过整治前后滩段航道尺度、航道地形和不同水位期整治前后的流速、流向、流态、比降等对比分析,以及水面线和河床冲淤的变化分析,整治后较整治前航道尺度得到增加,航行水流条件、流态、滩势明显改善。母猪碛滩、红花碛滩、螃蟹碛滩流向顺直、流态改善,航道尺度达到设计要求。桅杆石滩、冰盘碛滩、鸡心石滩水下炸礁后,航道尺度扩大。石门滩、大吉脑滩施工后达到设计要求。香炉滩、风簸碛滩从根本上解决了航槽弯窄的问题;油榨碛滩、吊鱼咀滩水深增大达到规定航道尺度;铜鼓滩流态改善;红灯碛滩、筲箕背滩浅区水深增大,流态改善。兰叙段航道整治二期工程是在一期工程整治的基础上进行的，整治效果良好。通过兰叙段航道整治，兰家沱至宜宾304千米航道尺度全部达到50米×2.7米×560米的设计要求。

3. 长江中游界牌河段综合治理航道整治工程

（1）项目概况

项目于1994年1月开工建设，2000年4月竣工。

项目建设依据：1993年6月，国家计划委员会批复长江航道规划设计研究院编制的工可报告（计交通〔1993〕967号）；1994年10月，交通部、水利部批复长江航道规划设计研究院编制的初步设计（交基发〔1994〕1077号）。

航道建设等级为一级，航道设计尺度为宽度80米、水深3.7米、最小弯曲半径1000米。设计代表船型（船队）包括：2354千瓦拖轮顶推3艘3000吨级油驳，尺度长193米、宽31.4米，满载吃水3.3米。航道设计通航保证率98%。

项目共整治滩险1处。整治建筑物在右岸上边滩建设14座固滩丁坝，新淤洲与南门洲间建1座锁坝，坝体均采用系袋软体排护底，沙枕填芯、块石护面的混合坝体结构形式。疏浚挖槽长度700米航道，疏浚土方共计9.9万立方米，分别为新淤洲头1处固滩分流鱼咀、1处洪湖港进港航道疏浚。本工程在新淤洲鱼咀守护工程采用平顺护岸结构，以枯水平台为界，平台以下部分工程在水下，结构为系袋软体排护底、抛枕、抛石镇脚，平台以上部分在陆上，结构为无纺布反滤层，其上覆盖碎石垫层，再压六边形预制块或干砌块石。项目总投资9176.7万元，均为交通部水运建设资金。

（2）项目建设实施情况

项目建设单位为长江航道局；设计单位为长江航道规划设计研究院；施工单位为长江重庆航道工程局、长江武汉航道局、长江武汉航道工程局等；监理单位为长航监理有限公司；质监单位为交通部长江航务工程质量监督中心站。

（3）科技创新成果及获奖情况

本工程大力推广土工织物应用技术，处于国内领先地位；成功研制深水沉排导轨牵引法施工；成功研制远距离充灌沙枕施工工艺。

项目荣获2000年中国勘察协会国家设计铜奖，2000年中国水运协会优秀设计一等奖。

（4）项目投产后的运营情况

界牌河段按设计方案进行综合整治后，提高了航道尺度，改善了航行条件。已建工程经5个水文年的考验，整治建筑物总体稳定，发挥了应有的作用，满足了设计要求。通过成功的设计和施工，界牌河段在航道条件方面得到较大改善，并因此产生了良好的经济和社会效益。

从航道条件方面来看，整治工程的实施，首先是调整并改变了恶劣的滩槽结构，基本形成了正常浅滩形态；其次是控制了河势，保持了航道稳定；最终较好解决了过渡航槽不稳定及浅、窄、弯等问题，改善了航行条件，保证了船舶航行安全。界牌河段整治前，由于河势的极不稳定，导致航道也极不稳定，从 20 世纪 60 年代中期至 90 年代中期，近 30 年间大部分年份都有浅情发生。由于该河段不仅水深不足，而且航道弯曲，致使航行船舶出现擦浅、搁浅、断揽等事故的频率较大。航道整治后，该河段的河势基本得以控制，航道较为稳定，河段的航行条件有了极大的改善。近几年，在该河段未出现因航道尺度不足而发生水上交通事故的情况，航行船舶在该河段能畅通无阻。

从航道维护及航运效益看，整治工程的实施，不仅结束了枯水期旷日持久的被动的消耗战，避免了该段航道碍航、阻航及交通事故的发生，每年减少航道维护费用近百万元，同时也为长江中游沿江经济带的腾飞提供了良好的交通环境。据初步了解，在界牌河段整治后，两岸的大型企业，如长岭炼油厂、荆门炼油厂、洪湖港等单位因航运增加的经济效益比较明显。货船在该河段畅通无阻，产生的经济和社会效益巨大。

界牌河段整治工程的实施，开创了长江中下游浅滩河段综合治理的先河，为长江中下游航道的治理提供了宝贵的经验。在对界牌河段整治前后航道条件进行比较后可以看出，影响航道恶变的不稳定的边滩、倒套、串沟均得到有效治理，过渡段也稳定下来，航道已趋于稳定。该水道枯水航道维护的难度已大大减小，仅通过调标等措施即能保证计划维护尺度。

4.长江三峡水利枢纽施工期变动回水区航道整治工程

（1）项目概况

项目于 1996 年 1 月开工建设，2002 年 5 月竣工。

项目建设依据：1994 年 1 月，中国长江三峡工程开发总公司（甲方）与三峡工程现场航运指挥部（乙方）签订《关于三峡工程航运部分"三项费用"分年拨款协议书》；1996 年 12 月，三峡工程现场航运指挥部与长江航道局签订《长江三峡水利枢纽施工期变动回水区航道整治工程委托建设管理协议》。

项目整治重庆市丰都县蚕背梁（长江上游航道里程 481 千米）至重庆市渝北区洛碛镇（长江上游航道里程 603 千米）航道，建设等级为一～二级航道，航道尺度：针对 135 米或 156 米蓄水期，整治碍航浅滩，设计宽度 60 米、水深 2.9 米、最小弯曲半径 750 米；针对 175 米蓄水期，整治急流滩，设计宽度 100 米、水深 3.5 米、最小弯曲半径 1000 米。设计代表船型（船队）包括：在 135 米或 156 米蓄水位运行期，通航船队标准为上水 1942 千瓦拖轮顶推 2 艘 1000 吨驳船与 1 艘 500 吨驳船，载量 1400 吨，下水 1942 千瓦拖轮顶推 3 艘 1000 吨驳船，载量 3000 吨；在 175 米蓄水位运行期，通航船队标准为 1942 千瓦推轮配合 1000～3000 吨驳船组成 5 种万吨级船队，600 千瓦推轮配合 500 吨驳船组成的干支流直达 3000 吨级船队。航道设计通航保证率 98%。

项目共整治滩险 9 处。整治建筑物主要为坝体类，包括丁坝、顺坝等类型，主要结构形式为抛石坝体、浆砌坝顶及坝根守护等，建设整治建筑物 5 处，合计长度 1120 米，筑坝工程量 3.86 万立方米。疏浚土方共计 4.7 万立方米。本项目共有炸礁滩险 8 处，炸礁工程量 91.2 万立方米，分别为炸低蚕背梁滩左侧瓦子航槽，炸除观音滩、和尚滩、郭家咀、花滩（鸡飞梁、牛脑壳、老虎梁、纤台角、白浅）等碍航石梁突咀，炸除灶门子、马风堆等江中碍航孤礁，炸除青岩子滩原航道左侧腰卡子处暗礁。项目总投资 8758.07 万元，均为国有投资。

（2）项目建设实施情况

项目建设单位为长江航道局；设计单位为长江航道规划设计研究院重庆勘察设计所；施工单位为长江重庆航道工程局；监理单位为长航监理有限公司；质监单位为交通部长江航务工程质量监督中心站。

（3）项目投产后的运营情况

本工程主要包括炸礁、疏浚和筑坝项目，共划分单位工程 15 个，经竣工评定质量等级均为优良，工程质量等级总评为优良。

从该工程陆续投入运用的实践来看，该工程改善现行通航条件的作用十分明显，整治前以青岩子滩为代表的浅险滩不再出浅，以观音滩为代表的洪水急流滩在汛期当地水位 13.0 米时不再扎水停航；撤销了部分通行控制河段，如灶门子、马风堆所在的控制河段，给船舶安全通航创造了条件。

5. 长江太子矶水道整治工程

（1）项目概况

项目于 1996 年 2 月开工建设，1998 年 2 月试运行，2000 年 4 月竣工。

项目建设依据：1996 年 2 月，交通部批复长江航道规划设计研究院编制的工可报告（交计发〔1996〕151 号）；1996 年 10 月，交通部批复长江航道规划设计研究院编制的初步设计（基内字〔1996〕204 号）。

长江航道规划设计研究院于 1995 年 6 月开展了工程定床模型试验研究，1996 年 4 月开展了工程初步设计阶段模型试验研究。

项目整治航道里程 21 千米，航道建设等级为一级，航道设计尺度为宽度 180 米、水深 4.5 米、最小弯曲半径 1050 米，航道设计通航保证率 98%。

项目共整治滩险 2 处。基建性疏浚工程 9.4 万立方米，临时航道疏浚工程 23.09 万立方米。本工程炸低拦江矶外礁、鱼泡石、江龙石等零星礁石，并切除部分心滩头和浅梗，炸礁清渣工程量 7.1 万立方米。项目总投资 2976 万元，均为交通部水运建设资金。

（2）项目建设实施情况

项目建设单位为长江航道局；设计单位为长江航道规划设计研究院；施工单位为长江重庆航道工程局；监理单位为长江航运建设工程监理总公司；质监单位为交通部长江航务

工程质量监督中心站。

组织实施中,临时航槽开工前测图工程量计算达 26 万立方米,大大超过初设工程量,为解决投资缺口,利用研究多年心滩头部冲淤特性,采用适当调整临时航槽位置,分槽分层开挖引水进槽,以水攻沙利用自然水深减少开挖深度,进而减少挖槽工程量,两个阶段总开挖量为 13.1 万立方米,节省了一半工程量,节省投资 70 余万元。

与北港仅一礁之隔的南港,为石质河床,由于该河道内有零星未知暗礁,历史上未曾作为通航水道。经测图显示,此段水道仅一处礁石碍航,工程量 4489 立方米,炸除此礁,航道宽度可达 200 米。于是工程实施中增加了炸除该礁石内容,开通了东港下口航段南槽。由于新增该处炸礁工程投资不大,没有超出工程概算。

(3)项目投产后的运营情况

由于外礁的炸除和心滩头部的两次临时航槽和一次基建性挖槽的疏浚,使东港上口断面逐步扩大,水流取直,流量增加,在新增水流顶冲下,心滩头部大幅度冲刷后退,5 米线后退幅度达 500 米,东港上口门最大宽度达 800 米,最小宽度 400 米,最小水深 5 米,最小弯曲半径 1200 米,均大大超过设计航道尺度。由于东港上口门扩宽,水流与航道的夹角明显减小。

太子矶航道整治工程完成后,东港上口航道尺度大幅度增加,水流条件有所改善,同时西港继续回淤,东港通航时间和密度大大增加。东港下口由于太子矶礁石影响,枯水航道尺度不足问题已日益突出。航道、港监部门和船方,迫切要求炸除太子矶礁石,使本水道通航条件更加完善。

6.长江下游马当河段沉船打捞工程

(1)项目概况

项目于 2000 年 2 月开工建设,2002 年 2 月试运行,2005 年 3 月竣工。

项目建设依据:1999 年 11 月,交通部批复长江航道规划设计研究院编制的工可报告(交规划发〔1999〕578 号);1999 年 12 月,交通部批复长江航道规划设计研究院编制的初步设计(交水发〔1999〕823 号)。

项目整治航道里程 8 千米,航道建设等级为一级,航道设计尺度为宽度 100 米、水深 4 米、最小弯曲半径 1000 米,航道设计通航保证率 98%。

项目共整治滩险 1 处。基建性挖槽平面尺度为 1125 米 × 120 米(长 × 宽),基建性挖槽深度为航行基面以下 4 米。项目总投资 2600 万元,均为交通部水运建设资金。

(2)项目建设实施情况

项目建设单位为长江航道局;设计单位为长江航道规划设计研究院;施工单位为长江武汉航道工程局;监理单位为长航监理有限公司;质监单位为交通部长江航务工程质量监督中心站。

马当打捞工程的工序主要分勘察定位、吸泥清淤、潜水探摸、爆破解体、分段打捞等几部分。在确定沉船方位的过程中,中国地质大学和海军工程大学的专家们运用先进的全球定位系统(GPS)和磁探法、浅震法对沉船位置进行准确定位;同时,九江航道处的职工也利用扫床、测深等传统手段进行勘察。经过多方努力,共探明2000米宽的航道内共有大型沉船19艘,需打捞的有7艘,并有两处水雷疑点。2000年3月26—28日,施工单位对两处水雷疑点进行爆破后认定,这两处疑点并非水雷。

经过清淤、爆破和打捞,马当打捞第一期工程共完成了M2-1、M2-2、M3-3共3艘大型铁质沉船残骸的打捞清除工作,并从江底抓起了大量的石块、木板、废钢等障碍物,一艘沉船上的吊杆、锚链也相继打捞出水,首期工程清除的沉船残骸达到近4000吨,打捞取得了显著的成果。

马当打捞第二期工程于2000年11月24日开始施工,这一期工程的主要目标是完成M2、M3、M4共3个沉船点的打捞。经过探摸,这几艘沉船皆被石头和泥沙覆盖,打捞难度极大。施工单位根据实际情况,决定先在沉船周围挖基坑,待吸沙清淤后再在沉船上安放管状炸药,实施爆破解体,最后用抓斗分段抓起。这一期工程不仅打捞了大量的石块、钢板,还将一个直径5米多、重约30吨的大蒸汽锅炉整体打捞出水。

2000年11月28日—12月2日采用钢套箱施工方案对Mb1水雷疑点进行施工,经探摸初步认为是沉船残骸。12月8—9日,经中国地质大学运用精密仪器进行磁探测量,证实Mb1不是水雷,是沉船残骸,经施工后进一步认定,Mb1沉船残骸是M3沉船的一部分,对Mb1与M3采用了相同的施工方案。

(3)项目投产后的运营情况

马当水道的通航条件得到了根本改善,航道水深枯水期达到5米,航道宽度增加至120~150米,通航保证率达到98%,3.2万吨级顶推船队可顺利通行,绵延多年的长江瓶颈从此成为通途,长江黄金水道的作用也将得到进一步发挥。

完成沉船打捞工程后,主要任务是疏浚,最终目标是航行基面下9米不能有障碍物。工程全部完工后,马当水道的通航条件得到根本改善,枯水期船舶航行安全有一定保证。

7. 长江航道清淤应急工程

(1)项目概况

项目于2001年1月开工建设,2002年6月试运行,2006年7月竣工。

项目建设依据:2000年11月,交通部批复长江航道规划设计研究院编制的工可报告(交规划发〔2000〕198号);2001年3月,交通部批复长江航道规划设计研究院编制的初步设计(交水发〔2001〕133号)。

长江航道清淤应急工程要求项目整治航道里程2000千米,航道建设等级为一~二级,航道设计尺度:重庆至宜昌航道,宽度60米、水深2.9米、最小弯曲半径750米;宜昌至临湘航道宽度 80 米、水深 2.9 米、最小弯曲半径 750 米；临湘至武汉航道，宽度 80 米、水深 3.2 米、最小弯曲半径 1000 米；武汉至安庆航道，宽度 100 米、水深 4.0 米、最小弯曲半径 1000 米；南京至龙爪岩航道，宽度 200 米、水深 10.5 米、最小弯曲半径 1000 米。设计代表船型(船队)包括：重庆至宜昌通行 3000 吨级船队，宜昌至临湘通行 6000 吨级船队，临湘至武汉通行 9000 ~ 12000 吨级油运船队，武汉至安庆通行 3000 吨级船队，南京至龙爪岩乘潮通行 2.5 万吨级海轮。航道设计通航保证率 98%。

项目共整治滩险 13 处。疏浚 25 千米航道，疏浚土方共计 518.3 万立方米，分别为渝万河段下洛渍(挖槽长 440 米)、码头碛(挖槽长 460 米)、折枙子滩(挖槽长 250 米)疏浚总量 4.46 万立方米；芦家河水道(挖槽长 6260 米)疏浚量 37.35 万立方米；太平口水道浅区(挖槽长 1760 米)、北汊疏浚总量 75.36 万立方米；马家咀水道(挖槽长 1100 米)疏浚量 26.46 万立方米；周天河段(挖槽长 60 米)疏浚量 17.29 万立方米；碾子湾水道藕池口(挖槽长 1200 米)、过渡段(挖槽长 1498 米)疏浚总量 17.46 万立方米；监利河段(2000—2001 年枯水期挖槽长 2110 米，2001—2002 年枯水期挖槽长 2260 米)疏浚量 107.1 万立方米；武桥水道疏浚量 64.98 万立方米；武穴水道(2000—2001 年枯水期挖槽长 1100 米)疏浚量 21.19 万立方米；张家洲水道南港下浅区(挖槽长 840 米)疏浚量 22.68 万立方米；东流水道(挖槽长 1460 米)疏浚量 47.19 万立方米；福姜沙水道(疏浚区上口长 2200 米，中段长 2000 米)疏浚量 76.78 万立方米。本工程全部炸除沌口水道黄牛石邻近主航道江中暗礁，炸礁工程量为 7552 立方米；部分炸除沌口水道金口礁伸向江中长石梁，炸礁工程量为 2.09 万立方米。项目总投资 2 亿元，均为中央财政预算资金、交通部水运建设资金。

(2)项目建设实施情况

项目建设单位为长江航道局；设计单位为长江航道规划设计研究院、长江重庆航运工程勘察设计院；施工单位为长江武汉航道工程局、长江武汉航道局、长江南京航道工程局；监理单位为长航监理有限公司、黑龙江黑航工程建设监理有限公司；质监单位为交通部长江航务工程质量监督中心站。

长江航道清淤应急工程，因原批准需要通过清淤疏浚整治的碍航浅滩通航条件逐步好转，为提高投资效果，取消了胡广水道和张家洲水道南港上浅区疏浚工程，另外增加了长江界牌河段新淤洲鱼咀守护应急加固工程。

由于水利部门未及时按规划实施碾子湾右岸鲁家湾一线堤防工程，该段岸线处在持续崩退状态，为确保实现控制过渡段航槽、稳定相对有利的滩槽形势的治理目标，增加了右岸鲁家湾 1000 米护岸工程。

为保障横跨太平口水道内三八滩的荆州长江大桥通航安全，稳定该水道相对有利的航道条件，为实施其系统整治工程奠定基础，根据实际情况，分别在 2003—2004 年枯季和 2004—2005 年枯季内变更实施了沙市河段三八滩应急守护工程。

（3）科技创新成果及获奖情况

项目可行性研究获得2001年度交通部优秀水运工程咨询成果二等奖。

（4）项目投产后的运营情况

长江航道清淤应急工程旨在维持现行航道尺度不变的前提下,通过工程措施,缓解1998年、1999年特大洪水造成的重点浅滩碍航问题,减轻枯季航道维护的巨大压力,恢复浅滩的正常维护条件,维持干流航道畅通,避免近期内再度出现严重碍航局面,保证船舶航行安全。

工程选择受1998年及1999年特大洪水影响最严重的14处浅滩作为治理对象。针对各浅滩的具体情况,分别采用集中疏浚、疏浚与整治相结合等措施予以治理。其中,对受特大洪水影响,浅滩淤积严重、碍航问题十分突出的水道,通过集中疏浚改善航道条件,此类浅滩有芦家河、太平口、监利、武桥、东流、福姜沙6处;对已完成前期研究或河势呈恶化趋势的浅滩,采取疏浚与整治相结合的方法,既解决当前碍航问题,又控制了河道的不利变化趋势,为今后的系统整治打下基础,这类浅滩有马家咀、周天、碾子湾、界牌、武穴、张家洲南港水道下浅区6处;对历史上碍航本来不严重的礁石,因受大洪水造成的影响,滩槽位置发生变化,礁石碍航程度显著加剧,予以炸除,这类水道有渝万段、沌口2处。

长江航道清淤应急工程实施后,从整体上看,基本达到了预期效果:

①整治建筑物工程。建筑物工程在稳定河势及为系统治理创造有利条件方面起到了至关重要的控制作用。已建的碾子湾水道、张南水道系统整治工程已取得了良好效果,东流水道系统整治工程效果显著,这都在一定程度上得益于清淤应急工程奠定的基础;马家咀水道、周天河段及武穴河段也已相继开展前期研究工作。分析表明,清淤应急工程抓了关键河段和时机,采取有效工程措施,花费不大的代价,起到了明显的控导作用,为系统治理赢得了机遇(条件和时机);界牌新淤洲鱼咀加固工程对1998年、1999年特大洪水造成的水毁部位进行了修复、巩固,保证了已建工程的正常运行,使其整治效果得以继续发挥。

②疏浚工程。除太平口水道因处于河道剧烈调整期,航道条件改善不明显外,其余实施了疏浚工程的河段,其航道条件均得到不同程度的改善,近3个枯季基本靠常规的维护手段即可满足航行条件要求;部分浅滩效果显著,并可在今后一定时期内持续发挥作用,如芦家河水道、福姜沙水道等。

③炸礁工程。滩险碍航局面得到根除,如沌口水道等。

工程实施以来,在取得显著工程效果的同时,社会效益和经济效益明显,主要体现在以下方面:

①确保了长江上航道的畅通,避免了再度出现碍航现象,确保了沿江大中型工矿企业原材料供应和成品的及时运输,避免了这些工矿企业因此而造成经济损失。

②确保了长江干流船舶营运的正常进行,从而有力支持长江干流港口的生产。

③有效降低浅险航段的航行事故发生率,保证船舶安全。

④为重点浅滩的系统整治奠定了良好的基础,避免因滩势的进一步恶化引起整治工程投入的增加。

为全面了解长江航道清淤应急工程整治效果,工程方面于2005年7月5日组织了出船舶运输单位、航道维护单位和海事部门等参加的座谈会,征求、座谈工程整治效果。会议认为,该工程实施以前,工程所属的13处滩段航道浅点多、狭窄弯曲、流态较坏,通航能力严重不足,存在一定的通航安全隐患。工程实施后,多数航段水深、航宽、弯曲半径、流速、流态得到了改善和提高,基本满足通航要求,通航能力得到提高,船舶通航安全得到一定保障,基本达到正常维护的通航条件。

总体而言,长江航道清淤应急工程实施以后,遏制了1998年、1999年特大洪水后部分滩(段)河势的不利演变趋势,防止了部分浅滩的进一步恶化,解决了当时碍航最为突出、维护难度最大的浅滩浅险状况,缓解了特大洪水后长江干线航道维护面临的严峻局面,确保了干线航道的畅通。

8.长江下游张家洲南港航道整治工程

(1)项目概况

项目于2002年2月开工建设,2003年5月试运行,2007年3月竣工。

项目建设依据:2001年12月,交通部批复长江航道规划设计研究院编制的工可报告(交规划发〔2001〕777号);2002年2月,交通部批复长江航道规划设计研究院编制的初步设计(交水发〔2002〕60号)。

航道建设等级为一级,航道设计尺度为宽度120米、水深4.5米、最小弯曲半径1050米。设计代表船型:4413千瓦推轮下水顶推15艘2000吨级分节驳船(上水16驳船)。航道设计通航保证率98%。

项目共整治滩险1处。整治建筑物主要为结构形式为丁坝、护滩带和护岸,工程由6座丁坝、2道护滩带和长边滩护岸组成。坝体部分采用沉排护底、沙枕填芯、块石盖面结构。护岸部分采用无纺布、碎石反滤层、干砌块石护面结构。护滩工程结构采用X形系混凝土块软体排;护岸结构枯水平台以下采用D形系混凝土块软体排护底,抛枕、抛石镇脚;枯水平台以上至坡顶设置排水盲沟;坡顶以上采用X形系混凝土块软体排守护,混凝土块缝隙间充填碎石。护底采用D形混凝土块软体排、块石棱体针脚结构。护坡采用无纺布、碎石反滤层、干砌块石护岸结构。布置15米标志船2艘、钢筋混凝土塔形岸标1座。项目总投资5290万元,均为交通部水运建设资金。

(2)项目建设实施情况

项目建设单位为长江航道局;设计单位为长江航道规划设计研究院;施工单位为长江重庆航道工程局、长江南京航道工程局、长江宜昌航道工程局等;监理单位为长航监理有限公司;质监单位为交通部长江航务工程质量监督中心站。

(3)科技创新成果及获奖情况

项目提出了在迎流顶冲条件下的新型丁坝结构形式——有勾头的阶梯形丁坝。在长江中下游沙质河床的航道整治工程中尚属首次,该成果具有创新性,且对提高航道整治的技术水平和科技含量具有重要作用。

(4)项目投产后的运营情况

工程总体效果分析:南、北港两汊分流比变化不大;而南港两夹套分流比与往年同期相比均明显减少。丁坝起到了对水流结构的调整作用,主流右移,边滩(左边滩)上流速减小,航槽内流速加大,断面流速分布由平坦型转为相对集中型;丁坝坝田间普遍淤积,保持了新洲边滩的完整并使淤积扩大,限制了深泓左摆的趋势,官洲尾护岸及梅家洲护滩带起到了控制边滩冲刷的作用,使其保持稳定;下浅区深泓右摆,航道内普遍冲刷,航道条件明显改善,枯水期船舶畅通,工程达到了预期目的;坝头外侧的河床冲刷,但冲刷幅度不大,坝头内侧的河床淤积,坝体保持稳定。

9.长江中游碾子湾水道航道整治工程

(1)项目概况

项目于 2003 年 1 月开工建设,2008 年 6 月竣工。

项目建设依据:2002 年 3 月,交通部批复长江航道规划设计研究院编制的工可报告(交规划发〔2002〕111 号);2002 年 10 月,交通部批复长江航道规划设计研究院编制的初步设计(交水发〔2002〕474 号);2001 年 9 月,国家环境保护局对工程环境影响登记表进行了登记备案。

航道建设等级为一级,航道设计尺度为宽度 100 米、水深 3.5 米、最小弯曲半径 1050 米。设计代表船型(船队)包括:2339 千瓦推轮顶推 6 艘 2000 吨级驳船,尺度 269 米×32.4 米×2.6 米(总长×型宽×设计吃水,下同)。航道设计通航保证率 98%。

项目共整治滩险 1 处。整治建筑物主要在左岸建 3 道丁坝,由坝体、坝体护底、坝根护岸组成,坝体采用全抛块石结构,坝顶采用干砌块石护面,聚丙烯编织布系混凝土块软体排(D 形)护底,坝根采用平顺护岸;在左岸建 2 道护滩带,采用聚丙烯编织布系混凝土块软体排(X 形)护底,排根采用平顺护岸;在右岸建 2 道护滩带,采用聚丙烯编织布系混凝土块软体排(X 形)护底,排根采用平顺护岸;在右岸建 1000 米长护岸,采用 D 形排护底,抛枕、抛石镇脚,坡面为无纺布、碎石反滤层上铺块石平顺守护。项目总投资 4338 万元,均为交通部水运建设资金。

(2)项目建设实施情况

项目建设单位为长江航道局;设计单位为长江航道规划设计研究院;施工单位为上海航道局、长江武汉航道工程局、长江宜昌航道工程局等;监理单位为长航监理有限公司

（武汉）、黑龙江黑航工程建设监理有限公司；质监单位为交通部长江航务工程质量监督中心站。

（3）科技创新成果及获奖情况

项目可行性研究报告荣获 2003 年度交通部水运工程优秀咨询成果三等奖。

（4）项目投产后的运营情况

工程总体效果：整治工程建成后，碛子湾水道河势基本稳定，岸线稳定，上、下边滩淤积完整，过渡段浅区普遍冲刷，航道条件明显改善，枯水期船舶畅通，整治建筑物结构稳定，航道尺度已超过设计标准，可满足设计船队通航要求，工程达到了预期的目的，航道整治效果明显。

①工程平面布置合理，工程结构稳定，上、下边滩保持了高大完整，遏制了上边滩尾窜沟的发展和下边滩滩头的冲刷后退，上、下深槽连续贯通，过渡段平顺，过渡段浅滩由交错浅滩转变为正常浅滩，过渡段 3.5 米航槽宽度超过 400 米，全水道航道最小尺度达到了 300 米×3.5 米（宽度×水深），最小弯曲半径大于 4000 米，航道内最大流速 1.80 米/秒，最小流速 0.6 米/秒，航道轴线与水流最大夹角为 4 度，流态较好，适合船舶安全航行。说明航道整治效果日趋完善，航道尺度达到了设计标准。

②整治工程实施后，在下边滩丁坝群和 13 号、14 号护滩带的联合守护下，下边滩淤积抬高，保持高大完整；在上边滩护滩带群的守护下，下边滩继续保持高大完整，同时封堵边滩根部的窜沟；由于上、下边滩高大完整，过渡航槽内流速加大，断面流速分布由平坦型转为相对集中型。

③整治工程实施以来，丁坝坝田间普遍淤积，保持了下边滩的完整并使淤积扩大，限制了上深槽的下移。过渡段浅区普遍冲刷，航道条件明显改善，枯水期船舶畅通，工程达到了预期目的。坝体结构稳定，坝头外侧的河床有所冲刷，但冲刷幅度不大，坝头内侧的河床淤积，坝头保持稳定。

④2003 年护岸工程完工后，经过 5 年的运行考验，护岸前沿河道有所冲刷，护岸工程结构完好，遏制了多年来该处岸线持续崩退的现象，使过渡段保持良好的整治线形。

⑤工程建成的各条护滩带结构完好，起到守护上、下边滩的良好作用，同时堵塞和抑制边滩根部窜沟的发展。

10. 长江下游东流水道航道整治工程

（1）项目概况

项目于 2004 年 2 月开工建设，2008 年 3 月试运行，2010 年 3 月竣工。

项目建设依据：2003 年 7 月，交通部批复长江航道规划设计研究院编制的工可报告（交规划发〔2003〕292 号）；2003 年 12 月，交通部批复长江航道规划设计研究院编制的初步设计（交水发〔2003〕567 号）；2003 年 4 月，安徽省环境保护局批复安徽省环境科学研究院编制的《长江下游东流水道航道整治工程环境影响报告书》(环然〔2003〕53 号);2004 年 9 月,水利部长江水利委员会批复南京水利科学院编制的《长江下游东流水道航道整治工程防洪评价报告》(江务函〔2004〕81 号)。

航道建设等级为一级,航道设计尺度为宽度 200 米、水深 4.5 米、最小弯曲半径 1050 米。设计代表船队为 4413 千瓦 + 16 × 2000 吨级分节驳船队。航道设计通航保证率 98%。

项目共整治滩险 1 处。整治建筑物主要对江心洲滩(玉带洲)进行守护,在洲头建 1 座鱼骨坝、4 道鱼刺坝;建设玉带洲护岸;在左岸娘娘树一侧建 3 道丁坝;在老虎滩上建设 10 道护滩带及滩头守护工程。对江心洲滩(玉带洲)进行守护,建设滩头护滩,采用 X 形软体排结构;建设玉带洲护岸,采用平顺式护岸结构,工程结构由护坡、护脚和护底三部分组成,枯水平台以上护坡由砂石垫层、无纺布反滤层、排水盲沟及干砌六方块面层构成,枯水平台以下铺设 D 形软体排护底,坡脚采用抛石;在老虎滩上建设 10 道护滩带及滩头守护工程,护滩带工程采用 X 形软体排结构。项目总投资 1.86 亿元,均为交通部水运建设资金。

(2)项目建设实施情况

项目建设单位为长江航道局;设计单位为长江航道规划设计研究院;施工单位为长江重庆航道工程局、长江宜昌航道工程局、长江南京航道工程局等;监理单位为长航监理有限公司(武汉);质监单位为长江航务工程质量监督中心站。

施工图设计中调整了原均匀分布于中下部的 7 ~ 10 号护滩带平面位置,使这 4 条护滩带相对集中于老虎滩中部;施工图设计阶段将 1 号丁顺坝调整为带勾头的下挑丁坝;施工图设计中将 4 号刺坝左侧由堆石坝调整为护滩带;调整了左岸丁坝群施工顺序及鱼骨坝施工顺序。

(3)科技创新成果及获奖情况

①采用护滩带边缘设立预留变形区最新设计理念,采用铰链排、四面六边透水框架等新结构在 7 ~ 10 号护滩带边缘设立预留变形区。

②第一次在长江内河使用先进的水下铺排船;第一次在水下护底铺排设中采用 DGPS 全球定位系统控制铺排轨迹,实现铺排轨迹的及时跟踪监测。

③引入潜水员水下探摸技术,对水下沉排搭接情况进行质量监测,增强了水下沉排搭接质量的可靠性,进行水下摄影的应用、研究和试验,引进海军工程学院水下摄影技术,对水下隐蔽工程进行影像描绘,为检验水下工程质量提供了更加直接的证据。东流工程将水下摄影技术应用作为一个科技攻关项目,进行了可行性研究和试验,取得了初步的研究和应用成果。

④应用多波束扫测系统监测抛石质量,利用这套系统高覆盖、高精度的特性,监测抛

石层是否达到了设计要求的厚度和密度。

项目可行性研究获2004年度交通部优秀水运工程咨询成果二等奖,项目获中国水运建设行业协会2011年度水运交通优秀设计一等奖。

(4)项目投产后的运营情况

东流水道航道整治工程主体工程实施后,经过了2006—2009年4个汛期的考验,工程建筑物总体稳定,航道尺度明显改善,达到预期目的。工程的实施,体现了良好的综合效益,为长江中下游多分汊河段碍航浅滩的整治提供了有益的借鉴作用。

①工程效果。

东流水道航道整治工程实施后,具有以下工程效果:

a.整治工程实施后,西港枯水期宽度超过200米,水深超过5米,满足200米×4.5米的设计航道尺度,提高了航道通过能力和航运效益,降低了航道维护成本。

b.左岸丁坝群工程防止了左岸沿岸槽与上深槽的贯通,并促使左边滩的形成,保持了河势的稳定,有效防止莲花洲港的发展,有利于水流平顺过渡到西港。

c.鱼骨坝工程遏制了玉带洲洲头低滩冲刷后退的趋势,并促使玉带洲洲头低滩淤高,稳定了玉带洲洲体,一定程度上限制了天玉窜沟的快速发展,有利于集中水流冲刷西港。

d.老虎滩中上部的守护工程对防止老虎滩上冲下淤有一定作用,虽然老虎滩头部仍有一定冲刷,但冲刷幅度已大为减小,对稳定老虎滩头部已发挥作用,起到了稳定老虎滩左侧主河槽的作用,避免了上段河道的过度展宽、淤浅,同时,可减少老虎滩中下部泥沙来源,减缓老虎滩尾淤积下延速度,有利于西港的稳定。

e.整治建筑物稳定性情况:从2007—2009年枯水期多次现场查勘来看,已实施的整治建筑物总体稳定。由于工程实施后第一年和第二年为河床剧烈调整期,部分建筑物局部出现了一定冲刷,主要集中在2号滩带边缘左翼、3~6号护滩带下游、1~3号丁坝下游、1~2号刺坝两侧坝头、3~4号刺坝右坝头,冲刷部位一般都在施工区域以外。经过2006—2008年工期的维护,主要对部分护滩带边缘、1~3号丁坝下游进行了维修加固,效果较好。整治后,丁坝下游保持稳定,2号护滩带已修复区域边缘普遍淤积,头部圆弧线形流畅,周边未发现新的冲刷变形,2号及3号护滩带间护滩工程区域淤积体一直完好,与2号、3号护滩带连接部分完好无损。

②取得的综合效益。

工程实施前,由于在枯水期东流港的航道尺度难以满足以4413千瓦+16×2000吨、1940千瓦+9×1500吨为代表的大型船队通过的要求,船队必须减驳、减载,这意味着运相同数量的货物需要增加船队的运输次数,花费更多的费用,按2008年运量水平计算,一年增加费用达3032万元。工程实施后,航道水深增加,大型船队减驳、减载费用得到有效节约。

工程实施前,东流水道在枯水期航道狭窄,只能进行单向通航,大型船队必须候槽才能通过,根据现场情况统计,船队一次候槽时间为 2.5 小时,按 2006 年水平统计,候槽将使运输公司减少收入 209 万元。工程实施后,由于航宽增加,可以双向通航,大型船队候槽损失的费用得到有效节约。

工程实施前,由于航道条件较差,航道尺度难以满足维护标准要求,需经常进行调标、改泓及爆破清淤等维护。工程实施后,这项费用得到减免。

此外,随着国家生产力布局的调整,一批能耗大、耗水量大的生产企业沿长江布设,这些国家建设和国民经济发展不可缺少的物资如矿石、煤炭、石油、矿建材料等,适合于水运,且长江沿江港口众多,实施东流水道航道整治工程,确保航道的畅通,为全面提高武汉—安庆河段的航道维护尺度奠定了一定的基础,对促进长江航运的发展、沿江大型厂矿企业生产的发展和港口功能的充分利用具有十分重要的意义。

实施东流水道航道整治工程,还能给当地提供更多的就业机会,拉动当地消费,推动第三产业发展。并且工程实施后,由于稳定了主航道,使得西港下段深水岸线的长远利用成为可能,为池州市东流港区的建设与发展创造了有利条件,从而有利于推动地方经济的发展。

③为长江中下游分汊河段碍航浅滩的整治提供了有益的借鉴。

长江中下游分汊河段众多,且大多数分汊河段均存在碍航问题,需进行航道整治,如沙市河段、窑监河段、马当河段等,均涉及对各汊道分流比的控制、对江心滩的守护等问题。

东流水道航道整治工程是在流速大、洲滩冲刷剧烈的情况下实施的,成功地经受住了2006—2009 年汛期的考验,自身的结构整体安全稳定,体现出良好的工程效果。这说明在工程设计中对该河段河床演变规律的把握是正确的,提出的工程的控制范围总体是恰当的,在将西港作为主航道进行整治的过程中加强对莲花洲港、天玉窜沟的控制的设计思路是合理的,所采用的几种结构形式是能够抵御水流冲刷的:丁坝工程及鱼骨坝工程能够较好地控制各汊道的分流比,透水框架能够较好地防止建筑物局部冲刷。

东流水道航道整治工程的成功实施和运用,以及在工程建设、设计、施工、监理、质监等方面的经验为长江中下游各分汊河道的航道整治提供了有益的借鉴。

11. 长江中游陆溪口水道航道整治工程

(1)项目概况

项目于 2004 年 11 月开工建设,2008 年 4 月试运行,2011 年 12 月竣工。

项目建设依据:2003 年 9 月,交通部批复长江重庆航运工程勘察设计院编制的工可报告(交规划发〔2003〕358 号);2004 年 2 月,交通部批复长江重庆航运工程勘察设计院编制的初步设计(交水发〔2004〕49 号);2003 年 6 月,湖北省环境保护局批复中交二航院编制的《长江中游陆溪口水道航道整治工程环境影响报告表》(鄂环函〔2003〕138号);2003年11月,水利部长江水利委员会批复长江科学院编制的《长江中游陆溪口水道航道整治工程防洪评价报告》(长江务〔2003〕729号)。

航道建设等级为一级,航道设计尺度为宽度150米、水深3.7米、最小弯曲半径1000米。设计代表船队为1942千瓦+4×3500吨级油驳顶推船队和1942千瓦+6×1500吨级顶推驳船队。航道设计通航保证率98%。

项目共整治滩险1处。整治建筑物主要建设新洲洲脊顺坝;建设新洲头部靠直港侧鱼咀顺坝;在洲脊顺坝和鱼咀顺坝中间建设格坝;建设窜沟锁坝;建设中洲护岸。本工程在新洲洲脊顺坝护滩采用X形排结构;中洲护岸的护岸形式采用斜坡式护岸,主要结构形式为干砌块石护坡,D形排护底。项目总投资9960万元,均为交通部水运建设资金。

(2)项目建设实施情况

项目建设单位为长江航道局;设计单位为长江重庆航运工程勘察设计院;施工单位为长江宜昌航道工程局、长江武汉航道局、长江武汉航道工程局等;监理单位为长航监理有限公司(武汉)、武汉四达工程建设咨询监理有限公司;质监单位为长江航务工程质量监督中心站。

项目实施过程中,对原整治目标进行调整,变更为"以中港作为通航主航道,保持直港和中港通航功能";取消直港进口挖槽工程;对新洲筑坝工程和中洲护岸工程进行维护和加固。

(3)科技创新成果及获奖情况

筑坝实施过程中,解决了超长度船上沉D形排和斜向水流条件下的抛石筑坝两大航道整治施工技术难题,整体提升了筑坝工艺质量。

(4)项目投产后的运营情况

陆溪口水道航道整治工程主体工程实施后,经过了2006—2008年3个汛期的考验,工程建筑物总体稳定,航道尺度明显改善,工程效果明显,基本达到预期目的。工程的实施,体现了良好的综合效益,为长江中下游多分汊河段碍航浅滩的整治提供了有益的借鉴作用。

整治工程实施后,中港航道最窄处航宽达到200米,最小弯曲半径可达1600米,枯水期水深普遍在5米以上,满足150米×3.7米×1000米的设计航道尺度,提高了航道通过能力和航运效益,降低了航道维护成本。

新洲洲头的洲脊顺坝、鱼咀顺坝、格坝及窜沟锁坝工程防止了新中港的形成,促进新洲的淤积,保持了河势的稳定,有效防止新中港的发展,对于稳定洲滩起到了良好的作用。中洲护岸工程遏制了中洲岸线的崩退,阻止了中港汊道继续弯曲。

工程实施前,由于在枯水期陆溪口的航道尺度难以满足以1942千瓦+4×3500吨、

1942千瓦+6×1500吨为代表的大型船队通过的要求,船队必须减驳、减载,这意味着运相同数量的货物需要增加船队的运输次数,花费更多的费用。工程实施后,中港航道水深增加,大型船队减驳、减载情况大大减少。

工程实施前,由于航道条件较差,航道尺度难以满足维护标准要求,需经常进行调标、改泓及爆破清淤等维护。工程实施后,此段航道的日常维护工作量得到减少。

此外,随着国家生产力布局的调整,一批能耗大、耗水量大的生产企业沿长江布设,这些国家建设和国民经济发展不可缺少的物资如矿石、煤炭、石油、矿建材料等,适合于水运,需要通过长江沿江众多港口实现集疏转运。实施陆溪口水道航道整治工程,确保航道的畅通,为全面提高城陵矶—武汉河段的航道维护尺度奠定了一定的基础,对促进长江航运的发展、沿江大型厂矿企业生产的发展和港口功能的充分利用具有十分重要的意义。

综上所述,陆溪口水道航道整治工程的实施,不仅能够促进航运事业的发展,确保上下游物资交流的顺利进行,满足上下游工农业生产发展,而且能够推动地方经济的发展,体现了良好的综合效益。

陆溪口水道航道整治工程是在洲滩冲刷剧烈的情况下实施的,成功地经受住了2006—2009年汛期的考验,自身的结构总体安全稳定,体现出良好的工程效果。这说明在工程设计中对该河段河床演变规律的把握是基本正确的,提出的工程的控制范围总体是恰当的,所采用的几种结构形式是能够抵御水流冲刷的。

陆溪口水道航道整治工程的成功实施和运用,以及在工程建设、设计、施工、监理、质监等方面的经验为长江中下游各分汊河道的航道整治提供了借鉴。

12. 长江中游罗湖洲水道航道整治工程

(1)项目概况

项目于2005年1月开工建设,2007年6月试运行,2008年12月竣工。

项目建设依据:2004年1月,交通部批复长江航道规划设计研究院编制的工可报告(交规划发〔2004〕30号);2004年10月,交通部批复长江航道规划设计研究院编制的初步设计(交水发〔2004〕593号);2003年5月,湖北省环境保护局批复中交二航院编制的《长江中游罗湖洲水道航道整治工程环境影响报告表》(鄂环函〔2003〕115号);2004年1月,水利部长江水利委员会批复长江科学院编制的《长江中游罗湖洲水道航道整治工程防洪评价报告》(长江务〔2004〕15号)。

航道建设等级为一级,航道设计尺度为宽度200米、水深4.5米、最小弯曲半径1050米。设计代表船型(船队)包括:船型5000吨级海船;由2000吨级或5000吨级驳船组成的2万~4万吨级船队。航道设计通航保证率98%。

项目共整治滩险1处。整治建筑物主要为坝体类,包括丁坝、顺坝等多种类型,主要结构形式为抛石坝体。建设整治建筑物东槽洲护岸工程,采用平顺式护岸,由护底和护坡组成,护底采用 D 形混凝土块软体排、块石(沙枕)棱体压载镇脚结构,护坡采用无纺布、砂石反滤层、干砌块石(混凝土块)护岸结构,其中 2086 米采用干砌块石护面,1014 米采用干砌六方块护面;洲头心滩建设护滩工程,采用 X 形混凝土块软体排结构,头部及右缘的边缘区域为铰链排结构;洲头心滩与东槽洲之间建 2 道潜锁坝,采用 D 形软体排护底,坝体采用块石筑坝结构。项目总投资 1.33 亿元,均为交通部水运建设资金。

(2)项目建设实施情况

项目建设单位为长江航道局;设计单位为长江航道规划设计研究院;施工单位为长江南京航道工程局、长江武汉航道工程局、上海航道局;监理单位为长航监理有限公司(武汉)、武汉四达工程建设咨询监理有限公司;质监单位为交通部长江航务工程质量监督中心站。

项目建设过程中的设计变更有:

①S1 号心滩护滩带滩尾下游 X 形排基槽右外侧原地面高程较低,而且存在陡坎,为防止冲刷,保持基槽稳定,在该处 X 形排基槽外缘用碎石袋镶边,中间用破碎的 X 形块堆砌后再进行基槽的土方开挖和面层砌石。

②对原设计的排水盲沟布置形式进行更改,将竖向盲沟每间隔一段距离往外延伸。

③在工程的 04 标段中部从坡顶至坡脚设计一条明沟,以便及时将积水排出。

④在 K0 - 90 和 K0 + 130 两处设置 2 条坡面纵向明沟。

⑤设计将 S2 号锁坝根部护滩带头部原设计方案的铰链排更换为 X 形排,原铰链排下的无纺布取消。X 形排边缘基槽与其他部位 X 形排边缘基槽一致,原排上铺石改为水上抛石,厚度和范围不变。

(3)科技创新成果及获奖情况

项目可行性研究报告获 2004 年度交通部优秀水运工程咨询成果三等奖,项目获中国水运建设行业协会 2009 年度水运工程优秀设计二等奖,项目设计获 2009 年度交通运输部水运工程优秀设计二等奖。

(4)项目投产后的运营情况

整治工程实施后,碛矶港凹岸边界稳固,枯水期控制边界线增长,形成水深航宽充裕、弯曲半径适宜的微弯型航槽。

以东槽洲右缘作为左边界的碛矶港航槽出口段治理效果明显,不仅航槽稳定,而且航宽和弯曲半径较工程前增大。以洲头心滩为左边界的碛矶港航槽进口段得到有效治理,航槽稳定,水深航宽较工程前增大。心滩护滩建筑物的实施,抑制了水流对滩体的切割,横流作用减弱,中枯水航行条件得以改善。

通过竣工测量及实船适航行试验表明,罗湖洲水道整治后,通航条件得到改善,可满足设计船队通航要求。

13. 长江干线泸州纳溪至重庆娄溪沟航道建设工程

(1)项目概况

项目于 2005 年 3 月开工建设,2008 年 11 月试运行,2009 年 4 月竣工。

项目建设依据:2004 年 7 月,交通部批复长江重庆航运工程勘察设计院编制的工可报告(交规划发〔2004〕398 号);2005 年 2 月,交通部批复长江重庆航运工程勘察设计院编制的初步设计(交水发〔2005〕59 号);2007 年 1 月 25 日,四川省环境保护局批复中交第二航务工程勘察设计院有限公司编制的环境影响报告书(川环建函〔2007〕115 号)。2010 年,四川省珍稀鱼类国家级保护区管理局宜宾管理处批复中国科学院水生生物研究所编制的长江上游珍稀特有鱼类国家级自然保护区影响评估专题报告(宜渔保〔2010〕3 号)。2006 年 5 月 11 日,水利部长江水利委员会批复重庆市水利电力建筑勘测设计研究院和重庆交通大学编制的《长江干线宜宾合江门至泸州纳溪航道建设一期工程防洪评价报告》(长许可〔2006〕39 号)。

项目整治泸州纳溪(上游航道里程 944.0 千米)至重庆娄溪沟(上游航道里程 674.2 千米)航道,航道里程 269.8 千米,航道建设等级为三级,航道设计尺度为宽度 50 米、水深 2.7 米、最小弯曲半径 560 米。设计代表船型为 1000 吨级货船。航道设计通航保证率 98%。

项目修筑整治建筑有:苦竹碛修复丁坝;鲤鱼碛修筑 1 道顺坝和 1 道潜坝;关刀碛修筑 2 道丁坝;斗笠子新筑岛尾坝,旋转顺坝,修复锁坝和岛尾锁坝;神背咀修筑 4 道丁坝、1 道锁坝、3 道潜坝,对北槽进行护底,修复 1 道顺坝;瓦窑滩修复 2 道潜坝;金钟碛修筑 2 道丁坝和护底;对砖灶子、渣角、小南海、燕子碛、母猪碛、东溪口、冰盘碛、叉鱼碛、小米滩、火焰碛和秤杆碛共 11 处整治建筑物进行修复。整治建筑物主要为坝体类,包括丁坝、顺坝、潜坝、堵坝等类型,主要结构形式为抛石坝体、现浇混凝土坝顶,浆砌坝顶,扭王字块、钢丝石笼及混凝土块铰链排等。建设及修复整治建筑物 17 处,合计长度 2547 米,坝体抛筑及维修工程量 19.7 万平方米。项目共整治滩险 10 处:苦竹碛疏浚工程量 1.63 万立方米;浅碛子疏浚工程量 1.23 万立方米;关刀碛(上游航道里程 763 千米)疏浚工程量 17.39 万立方米;斗笠子(上游航道里程 811.3 千米)疏浚工程量 2105 立方米;莲石滩疏浚工程量 1.58 万立方米;神背咀(上游航道里程 873 千米)疏浚工程量 15.69 万立方米;金钟碛(上游航道里程 912.5 千米)疏浚工程量 7851 立方米;斗笠子(上游航道里程 811.3 千米)水下炸礁 1.37 万立方米;莲石滩水下炸礁 3.39 万立方米;螃蟹碛炸礁 1665 立方米。项目对神背咀北槽进行护底。设置建设各类航行标志 847 座,其中岸标 204 座、浮标 630 座、通行信号标 13 座。项目总投资 2.34 亿元,均为交通部水运建设资金。

(2)项目建设实施情况

项目建设单位为长江航道局;设计单位为长江重庆航运工程勘察设计院;施工单位为长江重庆航道工程局、重庆航源建筑工程有限公司;监理单位为长航监理有限公司(武汉);质监单位为长江航务工程质量监督中心站。

(3)科技创新成果及获奖情况

①整治建筑物创新技术。

a.钢丝石笼潜坝。用钢丝(如马克菲尔格宾)编织成笼,坝体采用袋状块石笼抛筑,钢丝笼直径0.95米、长2米。钢丝笼装卵石作抛筑坝体材料,条形石笼进行错缝平铺。卵石直径要求大于10厘米。钢丝的抗拉强度大于472兆帕,伸长率大于10%。根据钢丝笼在水位变动区易于氧化生锈的特点,将钢丝石笼结构用于水流紊乱的神背咀滩左汊上潜坝中。根据本工程实际应用效果,表明坝体稳定良好。

b.钢丝石笼+块石坝体+混凝土块铰链排护面组合坝体。为充分利用钢丝笼个体较大、耐久性较好的特点,同时又需避开其在水位变动区易于氧化生锈的缺点,将其利用在易于毁坏的丁坝建筑物中,考虑将钢丝石笼用在丁坝的下部,在设计水位以下1米之上的坝体结构仍采用传统的抛石结构,为避免上部及坝面的毁坏,用预制混凝土块铰链排护坝面,将抛石体保护起来。护坝面的范围为坝体的整个坝面和迎、背水坡从坝顶至设计水位以下1米的部分。断面形式为梯形,为有效改善坝脚易淘刷的现象,将坝脚进行1.5米加宽。从实际应用情况来看,仅局部混凝土块铰链排存在掀翻破坏的情况,但钢丝石笼和抛石坝体总体稳定,未受到破坏,该结构整体稳定良好。

c.钢丝石笼+块石坝体+预制钢筋混凝土箱体组合坝体。本结构坝体由下部抛石坝体和上部预制空心箱形坝体两部分组成。坝身上部1米高范围内采用预制C25钢筋混凝土箱体和浆砌块石的混合结构。在箱体的上、下游分别采用强度等级为M10的砂浆浆砌块石将坝身下部抛石体和上部箱体平顺连接。坝面箱体为中空、无盖、有底的钢筋混凝土空心结构,壁厚150毫米。箱体为长方体,其尺寸为长3米、宽1.5米、高1米。箱体吊安完毕后再回填砂卵石,然后在箱体顶部现浇150毫米厚强度等级为C20的混凝土封顶。使用过程中发现只有在箱体上、下游两侧的浆砌块石有少量剥落,但对坝面结构的安全无明显影响。

d.抛石坝体+混凝土与浆砌条石组合坝面。为了增加坝面的整体性与稳定性,防止坝面在水流和砂卵石的作用下被破坏,在以往在川江中使用的干砌条石坝面的基础上进行改进,将1米厚坝面改为迎水坡一侧为混凝土,背水坡一侧为浆砌条石。从使用情况上看,该结构形式的坝面经过一个水文年,坝体仍保持完好,未见明显破坏。

②航标及配套设施工程创新技术。

本工程中开发出高强铝合金螺杆升降式杆标、6.7米聚乙烯(PE)塑料标志船和工程塑料合金(ABS)组合式标体3项创新技术。

升降式杆标在重量上较以往整体式杆标轻一半,外形尺寸更加合理、美观,安装维护方便灵活,适合川江山区航道环境,实现了标志的标准化和科技化。

6.7米PE塑料标志船具有结构牢固、稳定性好、维护成本低和设标方便的特点,在使用过程中,经船舶的反复碰撞、骑压而不发生沉没、位移和流失。但在水流较急的滩险适应性能上还需要更进一步的改善。

ABS新型组合式标体避免了以往竹篾标体或铁制标体易破坏、维护量大的缺点,其重量轻、可塑性强、抗腐蚀耐老化,并可通过标准化生产实现统一更换、反复使用。

长江干线泸州纳溪至重庆娄溪沟航道建设工程可行性研究报告获得2007年度交通部优秀水运工程咨询成果二等奖,项目获2010年度水运交通工程优秀勘察二等奖、2010年度水运交通工程优秀设计二等奖。

(4)项目投产后的运营情况

航道条件的改善促使船舶通行运输数量得到较快增长,为地方经济的发展起到了很好的促进作用。据泸州市地方海事局统计:2006年泸州港货物吞吐量达1001万吨,比2005年增长36%,集装箱3.8万TEU,比2005年增长73%;2007年泸州港货物吞吐量达1047万吨,比2006年增长4.6%,集装箱5.31万TEU,比2006年增长40%。泸渝段航道建设工程实施效果良好,航道条件得到明显改善,航道维护标准得以提高,航行船舶数量明显增加,船舶运力得到明显增长,促进了港口经济的迅猛发展,成为地方经济增长的新亮点。

存在的问题和建议:

①浅碛子滩因多次观测浅区相对稳定,河床质卵石粒径相对较大且紧密,首次采用单纯疏浚、不抛筑整治建筑物的措施,保持了疏浚区的有效水深。实践证明该方案是合理的,这对以后同类滩险治理有借鉴作用。

②治理横流浅险滩,通常采用疏浚配以整治建筑物的方法,但在本工程中鲤鱼碛滩航槽浅区水深基本能够满足设计尺度要求,仅个别时段偶现不足,整治方案首次没有考虑疏浚,而是仅使用整治建筑物进行滩段治理。效果观测和分析表明,该滩的整治方案解决了滩段横流严重的问题,同时还调整水流冲刷浅区,增加了航槽水深,既保障了航道尺度满足设计要求,又有效改善了航道水流条件,这对以后同类滩险治理有借鉴作用。

③斗笠子滩曾在20世纪60年代和80年代末进行过治理,但效果不理想,本次治理在充分吸取以往经验与教训的基础上,确定方案有其独到之处。治理急滩,通常采用扩大过水断面法,本次采用清炸不规则河床底与移动原顺坝减小束水挑流力度来扩大过水断面,并且建岛尾坝成功壅水创造缓流区以便行船利用上滩,从效果看治理方案是合理的。通过清炸河底扩大过水断面,采用岛尾坝壅水制造缓流,这种措施的应用值得借鉴。

④莲石滩治理方案为疏浚关刀碛碛翅和炸除二莲花、三莲花碍航礁石以及修复原有顺坝。该方案拓宽了航道,解决了该滩浅窄的问题。但航槽外头莲花礁石未炸除,该处紊流乱水仍然对过往船舶造成影响。同时,顺坝修复加长后归顺水流作用较强,枯水期航槽流速较大,对船舶的上行有一定的影响。今后若再修复此类顺坝,宜考虑降低坝顶高程修

复,以防止滩段流速增大过多,同时建议将头莲花礁石予以炸除。

⑤神背咀滩开辟右槽,解决了滩段水深不足、流急水乱、弯曲半径过小的问题,航道条件较整治前得到改善,效果较好。但也有两点不足需要总结:首先是右槽丁坝的勾头段与丁坝段夹角偏小,勾头外侧有紊流产生,水位漫坝,坝后块石易被淘刷;其次是小灌口锁坝处在中洪水主流顶冲位置,水位上涨,造成锁坝坝前与坝后形成落差,当水位刚翻坝而坝后水位未抬高时,形成强烈的翻坝水,造成坝体毁坏(该坝进行过加固处理)。类似锁坝,在以后应进行坝体稳定性研究。另外,从工程运行来看,适当降低锁坝高程(为水上5米)也不影响航槽的稳定性。

⑥瓦窑滩通过2道潜坝的合理布置,调整和改善滩段的流态,针对性强,潜坝位置和高程布置合理。但因对滩段整治后的变化情况估计不足,滩段碍航流态有下移的趋势,若在下游布置第三道潜坝,整治效果将会更好。由于潜坝受到水流淘刷有流失,需要对处于急流区域的坝体的结构防冲性做进一步加强。

14.长江涪陵至铜锣峡河段航道炸礁工程

(1)项目概况

项目于2005年10月开工建设,2006年8月竣工。

项目建设依据:2004年10月11日,国务院三峡工程建设委员会《关于研究2006年汛后三峡蓄水156米有关问题会议纪要》(第2期总第5期);2005年7月4日,三峡总公司《三峡水库涪陵至铜锣峡河段航道整治炸礁工程第一次协调会议纪要》(中国长江三峡工程开发总公司枢纽管理部会议纪要2005年第30期);2005年11月1日,交通部《关于长江涪陵至铜锣峡河段航道炸礁工程建设方案的批复》(交规划发〔2005〕540号);2005年12月30日,长江航务管理局《关于长江三峡水库涪陵至铜锣峡河段航道炸礁工程技术方案的批复》(长航基〔2005〕548号);2005年12月1日,重庆市环境保护局《重庆市建设项目环境保护批准书》(渝(市)环准〔2005〕069号);2005年12月30日,长江水利委员会《关于三峡水库156米蓄水前涪陵至铜锣峡河段航道整治炸礁工程建设方案涉及河道管理有关事宜的批复》(长许可〔2005〕49号)。

航道建设等级为一级,航道设计尺度为宽度150米、水深3.5米、最小弯曲半径1000米。设计代表船队为由1942千瓦拖轮与1000~3000吨级驳船组成的万吨级船队。航道设计通航保证率99%。

项目共整治滩险14个河段、30座礁石,共炸礁84.79万立方米,其中水下炸礁10.72万立方米、陆上炸礁74.07万立方米。本工程清炸的碍航礁石共分为14个单位工程,即剪刀峡、青岩子、中堆、黄草峡、王家滩、黄果梁、炉子梁、断头梁、搬针梁、大箭滩、马铃子、明月峡、水葬、野土地。项目总投资9789.37万元,其中交通部水运建设资金4343万元,三峡总公司投资5446.37万元。

（2）项目建设实施情况

项目建设单位为长江三峡工程开发总公司、长江航道局；设计单位为长江重庆航运工程勘察设计院；施工单位为长江重庆航道工程局；监理单位为长航监理有限公司（三峡总公司投资部分）、黑龙江黑航工程建设监理有限公司（交通部投资部分）；质监单位为交通部长江航务工程质量监督中心站。

（3）科技创新成果及获奖情况

2007年6月，长江三峡水库涪陵至铜锣峡河段航道炸礁工程获得2006年度重庆市巴渝杯优质工程奖。

（4）项目投产后的运营情况

本工程炸除江心的孤礁后，两侧水域均得到有效利用，拓宽了有效航宽，如青岩子河段的鸡心石部位，有效航宽由140米拓宽至250米左右，炉子梁的有效航宽由110米拓宽至180米，且航道顺直，碍航流态得以根治，水流平顺，完全满足万吨级船队安全航行的需要。对于岸边的石梁突咀，因礁石较高大，即使水深增加，航道也不能自然拓宽。由于本次炸礁深度达到航行水深的要求，且切除部分突咀后，有些部位完全消除了岸线突出的情况，与上、下游能平顺衔接，不良流态也可完全消除。本工程为今后配合采用疏浚、整治建筑物等措施，彻底治理淤沙问题和扩大过水面积治理峡谷河段急流，提高万吨级船队通航流量，整治碍航问题打下了坚实基础，较大程度改善了三峡水库按175米蓄水位运行前的航行条件。

三峡库区涪陵至铜锣峡河段航道炸礁工程的全面完工，不但保证了三峡工程156米蓄水位按期蓄水，而且通过参建各方的相互支持、协调配合，以及对施工工艺的不断优化，创造了我国航道整治史上有史以来在一个枯水期内完成炸礁整治工程量的最大纪录，为今后铜锣峡以上河段航道炸礁整治等类似工程的建设积累了宝贵经验；更为重要的是，为三峡工程建成后万吨级船队创造了安全的通行环境，为实现建设三峡工程的航运效益目标奠定了坚实的基础。

15. 长江中游嘉鱼至燕子窝河段航道整治工程

（1）项目概况

项目于2006年2月开工建设，2008年4月试运行，2010年4月竣工。

项目建设依据：2004年11月，交通部批复长江航道规划设计研究院编制的工可报告（交规划发〔2004〕670号）；2005年11月，交通部批复长江航道规划设计研究院编制的初步设计（交水发〔2005〕545号）；2004年8月，国家环境保护局对《工程环境影响登记表》进行登记备案；2005年7月，水利部长江水利委员会批复工程防洪报告（长江务〔2005〕417号）。

航道建设等级为一级，航道设计尺度为宽度150米、水深3.7米、最小弯曲半径1000

米。设计代表船队及尺度:1942 千瓦推轮顶推 6 艘 1500 吨级分节驳船,尺度 271 米 × 40 米 × 2.7 米;1942 千瓦推轮按双排双列顶推 4 艘 3500 吨级油驳船,尺度 179.6 米 × 41.6 米 × 3.4 米。航道设计通航保证率98%。

项目在复兴洲洲头滩脊线建设 1 道 JR1 护滩带,主要由 X 形排守护滩脊及护滩带根部处理两部分组成,其头部和 JR2 护滩带相连,根部和复兴洲岸坡相接,护滩带根部护岸主要由陆上护坡、基平台、软体排护滩三部分组成;在复兴洲洲头及左边缘布置 1 道弧形的 JR2 护滩带,护滩带外边缘由 D 形排护底,其内侧头部为 X 形排,X 形排两头及内缘接铰链排;沿着燕子窝心滩头部前端及边缘布置 1 道弧形 YR1 护滩带,护滩带外侧边缘由 D 形排护底,内侧为 X 形排结构,X 形排内缘(除 YR1、YR2 交接处外)均由铰链排搭接,护滩带头部布置长螺旋压灌桩防冲墙;在心滩头部滩脊线上布置 1 道护滩带 YR2,由 X 形系混凝土块软体排组成;在燕子窝右槽进口建设 2 道 YH3、YH4 护底带,由 D 形系混凝土块软体排组成。项目共整治滩险 2 处。项目总投资 8435 万元,均为交通部水运建设资金。

(2)项目建设实施情况

项目建设单位为长江航道局;设计单位为长江航道规划设计研究院;施工单位为长江重庆航道工程局、长江宜昌航道工程局;监理单位为黑龙江黑航工程建设监理有限公司、长航监理有限公司(武汉);质监单位为长江航务工程质量监督中心站。

(3)科技创新成果及获奖情况

①在护岸结构设计方面,创新性地将钢丝笼生态护坡工艺应用到航道整治工程中,适应了国家提倡建设环保型航道的要求。与传统的护坡技术相比,生态型护坡具有效率高、适应性好、环境景观协调性好等优点,在坡面不稳定时,可以调整自身状况以适应坡面变化,维持较高侵蚀控制能力,不断发挥护坡的工程潜能。

②依托项目系统地开展了生态护坡技术应用研究,并对具有护坡护滩生态效果的植物物种和植被类型进行了筛选和分析,初步确定了在长江中游堤岸或洲滩消涨带生长的耐淹植物 13 种及适宜推广的具有护坡护滩生态效果的植被类型 14 个。

③在洲滩的头部守护结构设计方面,采用了防冲墙新结构。这种新型守护结构与传统的洲头鱼咀守护结构相比,具有工程投资少、施工时间短、工程结构更稳定等优点。在工程实施过程中,成功克服了在高地下水位的粉质沙滩上打桩这一难题,由此积累了大量工程施工经验。实施后测图情况表明,工程结构稳定,滩头守护情况良好。

项目获 2005 年中国水运协会优秀咨询三等奖。

(4)项目投产后的运营情况

嘉鱼至燕子窝河段航道整治工程主体工程实施后,经过了 2007—2009 年 2 个洪枯水的考验,工程整治建筑物稳定,航道尺度改善明显,达到了预期目的。

整治工程实施后,对河势产生了有利影响:主流摆动得到控制,嘉鱼水道汪家洲边滩的淤长得到了有效抑制,复兴洲洲头心滩稳定,左槽进口处冲刷加强,滩槽形态趋于稳定;稳定了燕子窝心滩,限制了右槽的发展,巩固了左槽主航道的地位。工程实施后总体格局未变,有利于河势稳定。

嘉鱼至燕子窝河段经过治理后,改善了航道条件,实际航道尺度达到并超过设计航道尺度。随着此水道航道条件的改善,必将提高航道通过能力,降低航道维护成本,充分发挥航运效益。

16.长江中游马家咀水道航道整治一期工程

(1)项目概况

项目于2006年10月开工建设,2008年5月试运行,2010年4月竣工。

项目建设依据:2004年9月,交通部批复长江重庆航运工程勘察设计院编制的工可报告(交规划发〔2004〕518号);2006年3月,交通部批复长江重庆航运工程勘察设计院编制的初步设计(交水发〔2006〕131号);2004年10月,湖北省环境保护局批复湖北省环境科学研究院编制的《长江马家咀水道航道整治一期工程环境影响报告书》(鄂环函〔2004〕339号);2004年7月22日,水利部长江水利委员会批复武汉大学编制的《长江马家咀水道航道整治一期工程防洪评价报告》(长江务〔2004〕400号)。

航道建设等级为二级,航道设计尺度为宽度80米、水深2.9米、最小弯曲半径750米。设计代表船队为由1000吨级或1500吨级驳船组成的6000吨级船队。航道设计通航保证率95%。

项目在南星洲洲头至白渭洲之间修建L1号护滩带,由根部护坡、护滩及抛石体组成,根部护坡主要采用钢丝网护垫护面,护滩采用D形排,并进行局部抛石覆盖;在南星洲洲头至白渭洲之间修建L2号护滩带,由护滩及抛石体组成,施工水位以下护滩结构采用D形排,并进行局部抛石覆盖,施工水位以上护滩结构采用X形排、铰链排和钢丝网护垫;在左汊内建N1号护底带,由护底与抛石体组成,施工水位以下护底结构采用D形排,施工水位以上护底结构采用X形排、无纺布和铰链排。项目共整治滩险1处。项目总投资8246万元,均为交通部水运建设资金。

(2)项目建设实施情况

项目建设单位为长江航道局;设计单位为长江重庆航运工程勘察设计院;施工单位为长江重庆航道工程局、中交第二航务工程局有限公司、长江武汉航道局等;监理单位为南京公正工程监理有限公司;质监单位为长江航务工程质量监督中心站。

(3)科技创新成果及获奖情况

①首次探索深水顺水沉排,提高航道整治工程技术水平,为提高沉排工程质量,减少排布因水流影响造成扭转、折皱影响水下沉排搭接,本工程改变过去使用成熟的垂直水流

沉排,大胆实践深水顺水沉排。为当前长江下游整治工程顺水沉排关键技术的全面推广积累了宝贵经验。

②推广卵石箱笼护岸新结构,改变过去块石预制块体护岸结构形式,不仅达到了护岸工程稳定岸坡结构要求,同时通过箱笼结构中植草、使用透水结构,增强水体与植被、土壤的交换自净能力,体现建设环境友好型生态航道、建设"绿色航道"的新理念。

③此工程在总结已实施的其他航道治理工程建筑物变形情况的基础上,深入分析了护滩排体的破坏机制,对排体边缘提出了许多改进措施,如增设铰链排,钢丝网护垫对 X 形排排体边缘结构进行改进,有利于提高排体边缘的变形能力,改进后的工程结构达到预期目标。

④改变以前 X 形排与 D 形排系结的方式,将 X 形排搭接在 D 形排上,搭接宽度为 5 米,D 形排搭接部分不系混凝土块。通过增加两种排体的搭接,增加排体衔接处的强度和稳定性,实践证明这种衔接处理是成功的。

项目获得 2005 年度交通部水运工程优秀咨询成果三等奖。

(4)项目投产后的运营情况

长江中游马家咀水道航道整治一期工程实施后,马家咀水道总体趋势为冲槽淤滩,白渭洲边滩和南星洲滩体前沿低滩连成一体,右汊沿岸槽中间放宽段有所冲宽,枯水期左汊分流大幅度减小,枯水航槽稳定在右岸沿岸侧,工程实现了以固滩促淤为主的目的,效果良好,达到了工程的整治目标。

①实现了维持南星洲洲头前沿低滩完整的目标。整治工程实施后,白渭洲边滩不断淤积、长大并下移,与南星洲滩体前沿低滩航行基面下 1 米等深线连成一体,基本上封堵了左汊进口前端的窜沟,实现了维持南星洲洲头前沿低滩完整的目标。

②有效防止了左汊的冲刷发展,遏制了三峡工程对水道的不利影响。整治工程实施后,左汊进口以上区域普遍淤积,枯水期分流比大幅度减小,有效防止了左汊的冲刷发展。整治工程实施后,河道内的滩体完整,浅滩为正常型浅滩,避免了河道向宽浅方向发展,遏制了三峡工程对水道的不利影响。

③航道条件略有改善,有效防止了航道条件的恶化。整治工程实施后,汛后该水道 3 米等深线全线贯通,宽度在 300 米以上;5 米等深线也全程贯通,最小宽度为 250 米左右,航道条件比整治工程实施前略有改善,有效防止了航道条件的恶化。

17. 长江中游周天河段航道整治控导工程

(1)项目概况

项目于 2006 年 12 月开工建设,2009 年 5 月试运行,2011 年 12 月竣工。

项目建设依据:2005 年 11 月,交通部批复长江航道规划设计研究院编制的工可报告(交规划发〔2005〕533 号);2006 年 11 月,交通部批复长江航道规划设计研究院编制的初步设计(交水发〔2006〕656号);2006年2月,湖北省环境保护局审查通过湖北省环境科学研究院编制的《长江中游周天河段航道整治控导工程环境影响报告书》;2005年10月,水利部长江水利委员会批复长江科学院编制的《长江中游周天河段航道整治控导工程防洪评价报告》(长许可〔2005〕18号)。

航道建设等级为一级,航道设计尺度为宽度150米、水深2.9米、最小弯曲半径1000米。设计代表船队为1655千瓦+6×1500吨(驳船),尺度为271米×26米×2.6米。航道设计通航保证率98%。

项目共整治滩险1处:在周公堤水道进口左岸九华寺一带,建设Z1~Z5号共5道潜丁坝,采用抛石坝体结构,D形软体排护底和抛石压载,其中Z1号潜丁坝护底排边缘抛四面六边形透水框架,钢丝网石笼垫护面;延长蛟子渊边滩上段原清淤应急工程中Y1号潜丁坝、Y2号护滩带,Y1号潜丁坝采用全抛石坝体,水下沉D形排护底,排体上抛块石压载,Y2号护滩带采用水下沉D形排护底,排体上抛块石压载;在上游周公堤一带建Z6号、Z7号共2道潜丁坝,采用抛石结构,D形排护底和抛石压载;对右岸张家榨一带930米范围内进行水下抛石和抛枕护脚加固。项目总投资8956万元,均为交通部水运建设资金。

(2)项目建设实施情况

项目建设单位为长江航道局;设计单位为长江航道规划设计研究院、长江船舶设计院;施工单位为长江重庆航道工程局、长江宜昌航道工程局、益阳中海船舶有限责任公司;监理单位为长航监理有限公司(武汉);质监单位为长江航务工程质量监督中心站。

项目建设过程中的设计变更有:

①去掉Z2号潜丁坝坝头附近护底范围内被卵石堆影响的20米长的沉排及头部10米范围内的抛石,保留10米范围的抛石以连接沉排与卵石堆。

②沿Z5号潜丁坝坝头护底排边缘增加20米宽四面六边形透水框架,按每10立方米抛投两层共30架控制,用来增加Z1号潜丁坝护底边缘迎流顶冲部位抛投四面六边形透水框架抗冲消能保护试验的对比性。

③对Z7号潜丁坝坝根护坡方案进行调整,并在护岸的下游末端坡面上增加一道齿墙。

④取消张家榨抛石镇脚设计水位以上的抛石。

(3)科技创新成果及获奖情况

①实施了混凝土单元排铺设试验。此种结构的试验取得了成功,与D形排相比,其优点是预制件整体浇筑、整体运输、整体铺放,施工机械化程度高,人工用量较少,施工效率高。在今后的航道整治工程中,有着较高的推广应用价值。

②开展四面六边形透水框架结构在航道整治工程中的应用工作。四面六边形透水框架用来护底尚属首次,工程中针对这种结构做了专题试验,进行了专门研究,取得了一定

的成效。此种结构在后来的沙市一期、窑监一期等工程中,得到了成功应用。

③首次采用钢丝网石笼作为潜坝的护面。此种结构一改传统块石坝体面,使得坝面整体稳定性更好,卵石可就近取材,减少了开山采石工程量,符合当前绿色环保的设计理念。针对此结构,本工程在定位、沉放、整平等施工工艺方面,总结了一些经验,为在以后工程中的应用提供参考。

工程获得 2006 年度中国水运建设行业协会优秀咨询三等奖与中国水运建设行业协会 2012 年度水运交通优秀设计三等奖。

(4)项目投产后的运营情况

①整治工程达到了预期的目的。

从工程前后的测图比较来看,对周公堤水道航道条件有利的滩槽形势稳定,周公堤水道上过渡、天星洲水道左槽一次过渡的形式得到维持,3 米等深线之间宽度为 400～1000 米,4 米等深线之间宽度为 380～800 米。航道尺度达到设计标准,航道维护压力减轻,通航条件明显改善,整治建筑物整体保持稳定,仅 6 号坝头余排边缘进行了局部维修加固。控导工程的实施有效地防止了清水下泄带来的不利影响,稳定了有利的滩槽格局,改善了航道条件,为后续工程的实施奠定了良好的基础。

a.周公堤水道进口左岸九华寺一带的 5 道潜丁坝 Z1～Z5 号,主要作用是限制枯水期主流左摆下移,维持周公堤水道的上过渡形式。工程实施后,该区域普遍淤高,过渡段主流稳定在从郝穴至九华寺向戚家台至覃家洲过渡的上过渡形式,过渡段线形平顺,水深良好。

b.蛟子渊边滩上段的 2 道建筑物 Y1 号、Y2 号,以及其上游的 2 道潜丁坝 Z6 号、Z7 号,主要作用是巩固蛟子渊边滩,促进滩头的完整和稳定。工程实施后,该区域普遍淤积,左岸的沿岸深槽及蛟子渊边滩滩头的窜沟得到有效封堵,促进了边滩滩头的完整和稳定,有效防止主流走中过渡和下过渡形式,稳定了周公堤水道中下段航道条件。

c.右岸张家榨护脚,主要作用为稳定张家榨一带的岸线。工程实施后,右岸沿岸深槽有冲有淤,但岸线始终保持稳定。

②整治工程取得了良好的综合效益。

周天河段是长江中游严重碍航浅滩河段。工程实施前,由于河势经常发生变化,航道条件很差,航道尺度难以满足维护标准要求,维护任务繁重,绝大多数年份枯水期都需要进行调标、改泓和疏浚清淤等维护。工程实施后,只需采用常规维护,大大减小了维护压力。

实施周天河段航道整治工程,确保航道畅通,为全面提高荆江河段的航道维护尺度奠定一定的基础,对促进长江航运的发展、沿江大型厂矿企业生产的发展和港口功能的充分利用具有十分重要的意义。控导工程的实施有效地遏制了在三峡工程清水下泄条件下周天河段滩槽形态向不利方向发展的趋势,改善了航道条件,有效地发挥了投资效益,并为今后实施后续整治工程奠定基础。同时,工程的实施进一步有利于两岸的稳定,有利于两岸岸线的开发利用,从而促进地方经济的发展。

③为长江中下游浅滩河段的整治提供了有益的借鉴。

周天河段位于长江中游上荆江末端,属于受三峡蓄水影响较早的河段。工程实施前,演变分析及模型试验研究表明,本河段主流存在左摆的趋势,洲滩冲刷,航道将向不利方向变化。周天河段航道整治控导工程的实施,成功地经受住了水流的冲刷,稳定了有利的滩槽形态,降低了三峡工程可能对其造成的不利影响,保障了枯水期航道的畅通,使河道向着有利于航道稳定或改善的方向发展。这种治理思路值得在长江中游其他类似河段的整治中借鉴。

此工程成功经受住 2007—2009 年汛期的考验,自身的结构整体安全稳定,体现出良好的工程效果。这说明在工程设计中对该河段河床演变规律的把握是正确的,提出的工程的控制范围总体是恰当的,所采用的几种结构形式是能够抵御水流冲刷的:潜丁坝群工程能够较好地控制枯水期主流,防止其摆动,透水框架能够较好地防止丁坝头部及下游面的局部冲刷。同时,本工程还开展了水上沉单元排、水上沉钢丝网石笼垫等新结构新工艺试验,也取得了一定成果。

18. 长江下游太子矶水道中段航道炸礁工程

(1)项目概况

项目于 2007 年 2 月开工建设,2008 年 4 月试运行,2009 年 12 月竣工。

项目建设依据:2006 年 3 月,交通部批复长江航道规划设计研究院编制的工可报告(交规划发〔2006〕86 号);2006 年 10 月,交通部批复长江航道规划设计研究院编制的初步设计(交水发〔2006〕583 号);2006 年 9 月,安徽省环境保护局《关于长江下游太子矶水道中段航道炸礁工程环境影响报告表的复函》(环评函〔2006〕573 号);2006 年 9 月,水利部长江水利委员会《关于长江下游太子矶礁石炸礁工程涉及河道管理有关事宜的批复》(长许可〔2006〕85 号)。

航道建设等级为一级,航道设计尺度为宽度 200 米、水深 6 米、最小弯曲半径 1050 米。设计代表船型(船队)包括:船型 5000 吨级浅吃水海船,尺度为 113 米 × 17.5 米 × 5.5 米;船队上水 4413 千瓦 + 15 × 2000 吨(分节驳船),顶推船队尺度为 248.55 米 × 54 米 × 3.8 米;下水 4413 千瓦 + 16 × 2000 吨(分节驳船),顶推船队尺度为 316.05 米 × 43.2 米 × 3.8 米。航道设计通航保证率 98%。

项目共整治滩险 2 处。本工程对太子矶礁石实施炸礁工程,炸礁工程量为 12.16 万立方米。项目总投资 3645 万元,均为交通部水运建设资金。

(2)项目建设实施情况

项目建设单位为长江航道局;设计单位为长江航道规划设计研究院;施工单位为长江重庆航道工程局;监理单位为黑龙江黑航工程建设监理有限公司;质监单位为长江航务工程质量监督中心站。

项目实施过程中,根据 2006 年交通部对工程初步设计的批复意见"从提高爆破效率、方便船舶通航、确保工程安全、有利环保、弃石综合利用等方面考虑,对爆破设计、弃渣具体要求等做进一步细化、优化",为充分利用弃石,经报请上级批准,将太子矶炸礁工程中 4.79 万立方米的渣石运至东流老虎滩对其受损滩头进行修复加固。

(3)科技创新成果及获奖情况

该工程应用新的高风压水下钻机 SWDW-165,钻机水下钻深达到 40 米,使工程达到全年施工不间断,突破了长江航道洪水期停工的常规情况,炸礁生产效率比原中风压 CQ-150 钻机提高 1 倍,从而加快施工进度,比原计划提前 9 个月完工。

项目于 2010 年 10 月获长江航务管理局长江杯质量奖。

(4)项目投产后的运营情况

2008 年 1 月 23 日,工程全部完工,在一次完成工程硬式扫床和交工验收之两次效果观测,结果均良好,原礁石头部表面流向由原来的左偏变成基本正向下游方,水流变得顺直平缓,流态改善,航线变得相对顺直,太子矶礁石底座及填槽的影响,抑制了心滩的右移,太子矶礁石处航宽远超过设计的 200 米航宽。原礁石区域已成为该水道主通航槽的重要部分,此处航行船舶的驾驶员心理负担大大减轻,海损事故隐患已被完全消除,达到了预期的建设目标与效果。

19.长江中游武穴水道航道整治工程

(1)项目概况

项目于 2007 年 2 月开工建设,2009 年 2 月试运行,2012 年 11 月竣工。

项目建设依据:2005 年 6 月,交通部批复长江航道规划设计研究院编制的工可报告(交规划发〔2005〕248 号);2006 年 11 月,交通部批复长江航道规划设计研究院编制的初步设计(交水发〔2006〕625 号);2005 年 8 月,长江航务管理局出具了环评审查意见(长航安〔2005〕471 号);2006 年 1 月,水利部长江水利委员会批复长江科学院编制的《长江中游武穴水道航道整治工程防洪评价报告》(长许可〔2006〕6 号)。

航道建设等级为一级,航道设计尺度为宽度 200 米、水深 4.5 米、最小弯曲半径 1050 米。设计代表船型为 1000 吨级;船队上水 4413 千瓦 + 15 × 2000 吨(分节驳船),顶推船队尺度为 248.55 米 × 54 米 × 3.8 米;船队下水 4413 千瓦 + 16 × 2000 吨(分节驳船),顶推船队尺度为 316.05 米 × 43.2 米 × 3.8 米。航道设计通航保证率 98%。

项目共整治滩险 1 处。整治建筑物主要为鸭儿洲心滩建设一道长顺坝,由护底、坝体及坝头组成,护底采用系混凝土块软体排结构,坝体主要采用抛石结构,以及沉箱坝结构、沙枕填芯和模袋混凝土盖面结构,坝头采用钢丝石笼结构;建设坝尾护滩带工程。本工程在顺坝尾部护滩带中间60米采用X形排,两侧及尾部10米采用铰链排,两种排的衔接处下设无纺布,X形排混凝土块之间采用碎石、沥青填缝。设置2座施工专用标志、5座禁采区专用标志。项目总投资1.95亿元,均为国家财政性专项资金。

(2)项目建设实施情况

项目建设单位为长江航道局;设计单位为长江航道规划设计研究院;施工单位为长江武汉航道工程局、长江南京航道工程局;监理单位为长航监理有限公司(武汉);质监单位为长江航务工程质量监督中心站。

项目实施过程中的设计变更有:

①由于2006年此河段采取禁采河砂后,河段地形变化受人为影响因素减少,同时自鸭儿洲心滩守护工程完成后,心滩下部得到控制,顺坝中上段出现恢复性淤积,航道条件趋于好转,南槽进口水流条件得到改善。为进一步利用当时有利条件,维持较好的滩槽形态,设计单位对设计方案进行了优化调整,适当降低了顺坝头部坝体高度,工程方案适应了最新地形变化,布置更为合理。

②由于施工期水位上涨较快,工期相对较紧张,滩尾尾部护滩带FG段未及时实施,因此2006—2007年施工期暂缓实施FG段护滩工程。在2008年汛后,随着顺坝作用的发挥,以及禁止采砂政策的良好效果,滩尾出现了较好的淤积态势,滩尾尾部护滩带FG段工程实施已无必要,故予以取消。

(3)科技创新成果及获奖情况

①开展了模袋混凝土盖面、箱体坝等坝体新型结构研究,并首次在武穴工程中进行应用,实施中研制专用整平设备、创新施工工艺,通过武穴工程实践,沙枕—模袋盖面混合坝在后续工程中已得到推广应用。

②应用水下探摸检测技术,确保水下沉排质量。

工程获2006年度交通部优秀水运工程咨询成果二等奖。

(4)项目投产后的运营情况

长江中游武穴水道航道整治工程经历了几届洪水期的考验,工程整体稳定,整治效果初步显现。工程实施后,武穴水道南槽水深条件良好,航道尺度已达到设计要求。工程整治效果主要有:

①稳定了鸭儿洲心滩,防止了心滩缺口的发育,保持了航槽的稳定。

工程实施前,特别是1998年特大洪水之后,受洪水及采砂活动的影响,鸭儿洲心滩滩头逐年后退,且在漫滩水流的作用下,在鸭儿洲心滩出现缺口。本工程通过长顺坝将鸭儿洲心滩的头部稳定在火焰山附近,对心滩上的缺口进行了封堵,使鸭儿洲心滩连为一体,改变了武穴水道多槽通航的局面。

②拦截了横向漫滩水流,加大了南槽进口的单宽流量,促进了南槽进口的冲刷。

整治工程通过拦截漫滩水流,增加南槽进口的单宽流量,促进了南槽进口浅区的冲刷,与工程实施前相比南槽进口浅区的冲刷幅度约为2米,进口河床明显降低,水深增加。工程实施后,南槽航行基面下5米等深线全线贯通,进口段航槽冲宽,浅区航道条件得到改善,南槽成为全年通航的稳定航槽。

③提高了水道的航道尺度,大大改善通航条件。

工程实施前武穴水道航道条件恶劣,多数年份汛后枯水期4米等深线不能贯通,最大断开距离超过1500米,维护极为困难。自20世纪50年代以来,多数年份靠挖泥维护,特别是1987—1997年,几乎年年挖泥,但挖槽容易回淤,效果差,且挖泥施工与通航矛盾突出,常规的维护性挖泥难以缓解碍航局面。武穴水道是长江中下游仅有的需要在枯水期设置信号台控制行轮单向通航的水道。

工程实施后,南槽进口5米等深线拓宽,进口浅、窄的问题得到解决。南槽航宽基本稳定,5米等深线全年贯通,航道尺度达到了200米×4.5米×1050米的设计标准,通航条件大大改善。

④整治工程有利于防洪和堤防的安全。

工程实施后,长顺坝拦截了横向漫滩水流,增加南槽进口流量,北槽的流量减少。从工程实施前后的分流比对比看,工程实施前,在汛后退水期及枯水期,北槽流量占全江的84%~90%;工程实施后,鸭儿洲心滩顺坝有效拦截了横向漫滩水流,使水流集中于南槽进口,加大南槽浅区的冲刷速度,汛后退水期及枯水期北槽分流比大幅度减小,北槽流量占全江的5%~20%。北槽流量大幅减少,大大减小了黄广大堤的防洪压力。因此,整治工程有利于防洪和堤防安全。

20.长江干线宜宾合江门至泸州纳溪航道建设一期工程

(1)项目概况

项目于2007年3月开工建设,2009年4月试运行,2011年7月竣工。

项目建设依据:2006年3月,交通部批复长江重庆航运工程勘察设计院编制的工可报告(交规划发〔2006〕96号);2007年3月,交通部批复长江重庆航运工程勘察设计院编制的初步设计(交水发〔2007〕117号);2007年1月,四川省环境保护局批复中交第二航务工程勘察设计院有限公司编制的环境影响报告书(川环建函〔2007〕115号);2006年5月,水利部长江水利委员会批复重庆市水利电力建筑勘测设计研究院和重庆交通大学编制的《长江干线宜宾合江门至泸州纳溪航道建设一期工程防洪评价报告》(长许可〔2006〕39号)。

项目整治宜宾合江门(上游航道里程1044.0千米)至泸州纳溪(上游航道里程944.0

千米)航道,建设等级为三级,航道设计尺度为宽度50米、水深2.7米、最小弯曲半径560米。设计代表船型为1000吨级驳船。航道设计通航保证率98%。

项目共整治滩险6处。整治建筑物主要为杨柳碛左岸新建2道勾头丁坝;箬箕背右侧倒套内筑2条潜丁坝,建设1条护底带,修复加固2道丁坝;吊鱼咀原丁坝加高0.5米;落锅滩右侧建1道碛头顺坝及齿丁坝;金鱼碛左岸建1道丁顺坝;风簸碛修复原倒置丁顺坝的丁坝段,对坝头冲刷坑护底,左槽采用混凝土铰链排护底,修复碛坝尾;整治建筑物主要为坝体类和护底带类,包括丁坝、顺坝、护底带等类型,主要结构形式为抛石坝体、现浇混凝土(箱体)坝顶,扭王字块、钢丝石笼及混凝土块铰链排等;建设整治建筑物8处,合计长度1736米,坝体抛筑及维修工程量共12万立方米。共疏浚滩险6处,疏浚土方共计24万立方米,分别为杨柳碛(上游航道里程1018千米)疏浚过渡段浅区;箬箕背(上游航道里程1004.0千米)疏浚左侧浅区;吊鱼咀疏浚过渡段浅区;落锅滩(上游航道里程984.5千米)疏浚浅区;金鱼碛(上游航道里程967.3千米)疏浚过渡段浅区;本工程箬箕背滩建设有3号护底带1道,钢丝石笼结构。建设各类航行标志404座,其中塔形岸标21座、塔形示位标1座、杆形岸标83座、浮标299座。项目总投资1.27亿元,均为交通部水运建设资金。

(2)项目建设实施情况

项目建设单位为长江航道局;设计单位为长江重庆航运工程勘察设计院;施工单位为长江重庆航道工程局、四川宜宾兴业集团有限公司、长江泸州航道局;监理单位为长航监理有限公司(武汉);质监单位为长江航务工程质量监督中心站。

项目实施过程中的设计变更有:

①杨柳碛滩筑坝区域冲深,筑坝抛石工程量增加,杨柳碛丁顺坝的顺坝段加设铰链排护背水坡。经过一个汛期后,坝根处浆砌块石护坡有部分毁坏,对其进行修复。对背水坡磨损的铰链排及其下块石淘空的部分先将铰链排剪断,然后现浇C30混凝土填缝护面。

②箬箕背滩3号潜坝取消修筑,改为以3号潜坝轴线为基准,上下游各10米的范围内抛筑钢丝石笼护底,石笼护底厚1米。1号、2号潜坝抛筑钢丝石笼。对丁坝背水坡磨损的铰链排及其下块石淘空的部分先将铰链排剪断,然后现浇C30混凝土填缝护面。对混凝土坝面卵石磨损严重的部分先凿去20厘米厚然后浇C30混凝土并嵌12~18厘米的卵石,外露2~3厘米,以抗磨。

③吊鱼咀滩经过一个汛期后,坝根处浆砌块石护坡有部分毁坏,对其进行修复。

④落锅滩经过一个汛期后,齿丁坝坝头坡达不到1:3的设计边坡要求,采用抛石及扭王字块对其进行修复。

⑤金鱼碛滩浆砌块石护坡区域扩大,坝根点位置向河心移动6米。经过一个汛期,坝根段长约20米被水毁,坝根下游岸坡被淘出深潭。对坝根段进行修复,下游侧用抛石及

块石混凝土挡墙进行护岸。对背水坡磨损的铰链排及其下块石淘空的部分先将铰链排剪断,然后现浇 C30 混凝土填缝护面。对混凝土坝面卵石磨损严重的部分先凿去20 厘米厚然后浇 C30 混凝土并嵌 12~18 厘米的卵石,外露 2~3 厘米,以抗磨。

⑥风簸碛滩倒置丁顺坝的丁坝段淤积区域先开挖后筑坝体。由于川江近年枯水期水位比以往高,且保持时间很短,导致风簸碛倒置丁顺坝的丁坝段坝面高强混凝土无法完整实施,故对丁坝坝面混凝土实施变更设计。取消原有的坝面 C30 混凝土浇筑,取消原有坝体背水坡侧铰链排护坡。对原坝体采用一层扭王字块护面。

本工程主要包括航道整治工程、航标工程、维护设施和测量工程,共划分为 14 个单位工程,其中 12 个单位工程质量评定为优良,2 个单位工程质量评定为合格,项目总体质量等级为优良。

(3)科技创新成果及获奖情况

①整治建筑物新结构设计。

a. 钢筋混凝土箱体坝面 + 混凝土块铰链排护背水坡 + 抛石坝体。坝体由下部抛石坝体、上部钢筋混凝土空心箱形坝体及混凝土块铰链排护面三部分组成。坝体下部仍采用散抛块石,迎坡面铺混凝土块铰链排护坡,然后在其上用钢筋混凝土箱体压顶,箱体为中空、截面为梯形,内部回填砂卵石,顶部现浇 150 毫米厚 C30 混凝土封顶。铰链排护底上端压于钢筋混凝土箱体之下,下端护至坝体坡脚。

b. 块石混凝土坝面 + 混凝土块铰链排护背水坡 + 抛石坝体。坝面在结构 a 的基础上由钢筋混凝土箱体改为块石混凝土,将铰链排护面结构优化为只对背水坡进行守护,即坝体下部采用块石结构,在距坝顶高程差 0.6 米处坝轴线的下游一侧和背水坡铺混凝土块铰链排,然后在其上浇块石混凝土坝面压住混凝土块铰链排。坝体的顶面由块石混凝土保护,整体性较强,背水坡又用混凝土块铰链排进行袒护,合理地增加了建筑物整体的稳定性和耐久性。

c. 扭王字块护面 + 抛石坝体。将海港工程中防波堤护面结构中常用的扭王字块首次用于长江上游整治建筑物的坝面结构中,坝心仍采用块石,在迎、背水坡及坝顶约 1 米厚的坝面抛一层扭王字块进行护面,扭王字块的高度为 1.09 米,单块重 0.8 吨,混凝土标号为 C30。

d. 混凝土嵌卵石坝面。坝体下部仍为抛块石,距离坝顶高程 0.6 米时的坝面为块石混凝土,只是在面层 20 厘米厚范围内嵌入卵石,呈梅花状布置:即 C30 混凝土坝面嵌入直径为 12~18 厘米的大卵石,卵石外露 2~3 厘米。该结构主要是用于卵石输移带的坝体顶面,增强坝面的卵石耐磨性能,用于筲箕背、金鱼碛等滩险的卵石输移带坝段。经过汛后查看,坝面的抗磨性能增强,效果良好。

②航标新材料、新结构运用。

a.本工程采用的 10 米铝合金组合式塔形岸标材质更轻、强度更高。尝试采用的外墙氟碳漆替代以往的一般性油漆涂料,色泽更靓丽醒目,耐久性更好,而且完全能达到工厂加工级效果。

b.半月池 1 号塔标由于位于南溪古城对岸,将其基座设计为仿古八角亭的造型,融入了古风古味,与当地建筑风格和文化氛围保持一致。合江门示位标标位突出,且为"万里长江第一标",在外观设计上,大胆运用较大面积的玻璃幕墙,与氟碳漆相辉映,增强了立面效果,标体顶部的玻璃灯房和大功率航标灯的选用更是增强了景观性和夜间视觉效果。这两座塔形标志一改以往塔标呆板枯燥的纯功能性建筑形象,体现了景观化的要求。

c.工程中选用的新型 HD155 型太阳能一体化航标灯是长江上游的首次试用。该航标灯是灯器和电源的集成,安装维护方便是其最大的优点,但其功率和电容量在长江上游航道日照偏少的情况下的适用性还有待验证。

本工程获得 2012 年度水运交通优秀设计三等奖。

(4)项目投产后的运营情况

工程完工后,经过试运行,主要取得以下几个方面的建设效果:

①浅、险、弯、急等重点滩险得到有效治理,航道尺度明显提高。项目共整治滩险 6 处,修复整治建筑物 2 处。各滩险经系统治理,航道尺度明显提高。根据效果观测资料分析表明,工程完工后,各滩险航道尺度均超过 50 米 × 2.7 米 × 560 米的三级航道的设计标准。根据实船适航试验情况,各整治滩险水流流态、弯曲半径等得到了明显改善,完全满足船舶上滩要求。

②整治河段历史性的开通夜航,船舶航行条件明显改善。工程实施后,该段航道实现了两侧设标,按照一类航标进行维护,一改以往长江上游航标设施落后的局面,助航效果十分明显,航行条件得到了根本改善。

③航道通过能力大幅提高,有力地促进了上游水运行业的快速发展。

21.长江中游瓦口子水道航道整治控导工程

(1)项目概况

项目于 2007 年 5 月开工建设,2007 年 10 月试运行,2011 年 11 月竣工。

项目建设依据:2007 年 5 月,交通部批复长江航道规划设计研究院编制的工可报告(交规划发〔2007〕238 号);2007 年 10 月,交通部批复长江航道规划设计研究院编制的初步设计(交水发〔2007〕600 号);2006 年 10 月 10 日,湖北省环境保护局审查通过湖北省环境科学研究院编制的《长江中游瓦口子水道航道整治控导工程环境影响报告书》;2007 年 3 月 13 日,水利部长江水利委员会批复长江科学院编制的《长江中游瓦口子水道航道整治控导工程防洪评价报告》(长许可〔2007〕27 号)。

航道建设等级为一级,航道设计尺度为宽度 150 米、水深 3.2 米、最小弯曲半径 1000

米。设计代表船队为 1942 千瓦 + 4 × 3000 吨级顶推船队和 1655 千瓦 + 6 × 1500 吨级顶推船队。航道设计通航保证率 98% 。

项目在右岸野鸭洲边滩及金城洲头部低滩上建设 3 道护滩带，由系混凝土软体排和根部护岸组成，施工水位以下采用 D 形系混凝上软体排护底，施工水位以上采用 X 形系混凝土软体排护滩，根部一定范围内采用新型钢丝网护垫进行护岸处理；对左岸约 5.3 千米现有护岸范围内的部分水下坡脚实施抛石加固。项目共整治滩险 1 处。设置建设各类航行标志，其中包括 6 条 10 米标志船与 5 座专用标。项目总投资 1.08 亿元，均为交通部水运建设资金。

（2）项目建设实施情况

项目建设单位为长江航道局；设计单位为长江航道规划设计研究院；施工单位为长江宜昌航道工程局、上海长通疏浚工程有限公司、中交第二航务工程局有限公司等；监理单位为南京公正工程监理有限公司；质监单位为长江航务工程质量监督中心站。

（3）科技创新成果及获奖情况

①首次在航道整治工程中开发应用远程视频监控，利用信息技术强化管理手段，确保工程质量和施工安全。

②积极引进水下工程摄像，强化探摸检测，提高了水下隐蔽工程施工质量。

③探索水下抛石质量控制计量管理的新方法，确保了抛石工程质量与施工安全，提出了"船舶相对固定，首船称重计量，船首船尾标识，超载不计、欠载拒收"的水下抛石质量控制新方法。

④在护岸工程中大规模采用钢丝网护垫新型生态环保新结构，镀一层高尔凡的钢丝网护垫不仅解决了钢丝防锈问题，也大大延长了使用寿命。充填的卵石材料可就地取材，避免了炸山采石对植被环境的破坏。这种钢丝网石笼护垫新结构透水性好、适应岸坡沉降变形，落淤在缝隙中的泥沙能适合植被生长，撒上草籽后，不出一年护坡面层即郁郁葱葱，与周边环境融为一体，体现了建设"绿色"航道的新理念。

（4）项目投产后的运营情况

瓦口子水道航道整治控导工程以通过对现有有利滩槽的守护，维持有利的航道条件、尽量减小三峡水库蓄水运行后清水下泄的不利影响为目标，即在不改变现有河道格局、不影响两岸堤防及防洪条件下，对现有滩槽的关键部位进行守护，避免三峡建库后不利局面的出现，同时为后续整治工程的实施奠定基础。

①控导工程实施后稳定了进口主流，限制了右槽进口的发展。

工程实施前，受三峡蓄水的影响，主流右摆，右槽进口冲刷发展；从控导工程实施后的效果来看，护滩带限制了进口段深泓的不断右摆，2003—2008 年，进口段深泓年均右移约 100 米，2008—2010 年，进口段深泓平面位置基本稳定，控导工程在一定程度上稳定了进

中国水运工程建设实录(1978—2015)

第六卷·内河航道工程

口段主泓,限制了右槽进口的发展。

②控导工程实施后初步遏制了三峡工程蓄水运行后的不利趋势,维持了瓦口子水道较好的滩槽形态。

工程实施前,受三峡蓄水的影响,金城洲洲头不断冲退,右槽处于不断发展之中,如不进行适当的控制,右槽有可能进一步发展并最终成为主航槽。工程实施后,右槽进口自三峡工程蓄水以来的持续冲刷受到遏制,1~3号护滩带间及1号护滩带的上游由大幅度冲刷转为有所淤积,自2008年来淤积厚度平均约为1米。金城洲头部冲刷后退也受到遏制,2007年与2005年相比,金城洲头部冲刷后退达2千米;工程实施后,金城洲头基本稳定在3号护滩带附近,洲体相对完整、高大。工程的实施,防止了金城洲被冲散,维持了瓦口子水道较好的滩槽形态。

③控导工程防止了航道条件的恶化,有利于堤防的稳定和港口的发展。

瓦口子水道位于上荆江河段,左岸为荆江大堤,右岸为荆南长江干堤,该段堤防长期以来一直是长江中游的重点堤防之一。控导工程在设计上充分考虑整治工程可能对堤防产生的影响,对左岸5.1千米长的已建护岸进行了水下加固。左岸护岸加固工程实施后,保证了荆江大堤的进一步稳定,有利于堤防安全。因此,控导工程的实施对左岸荆江大堤有一定的保护作用,有利于行洪。

瓦口子水道左岸有长江中游重要的港口——盐卡港,由于瓦口子水道很不稳定,枯水期航槽频繁改道。分析表明,当主泓走右槽时,右槽进、出口均存在浅区,且左槽淤塞,枯水期沿左岸各码头前沿水域与上、下游进出港的航道尺度不足,船舶不能进、出港区作业。

控导工程实施后,基本保持了较好的河道格局,使得主航槽一直位于左槽,盐卡港前的作业水深能常年维持在4米以上,保证了港区的正常作业。因此,控导工程的实施有利于荆州盐卡港的发展,进一步推动当地经济的发展。

工程实施前,河道正向不利方向发展,如不进行适当的控制,右槽有可能进一步发展并最终成为主航槽,航道条件将出现恶化,并影响港区的正常作业。工程实施后,由于初步稳定了滩槽格局,左槽基本上保持稳定,成为常年通航的主航槽,能维持航道尺度为150米×3.2米×1000米、保证率为98%的通航标准,港口前沿水深满足港区的正常作业要求。同时,工程对荆江大堤长5.1千米的护岸进行了水下加固,保证了大堤的安全。

22. 长江下游黑沙洲水道航道整治工程

(1)项目概况

项目于2007年12月开工建设,2010年8月试运行,2011年12月竣工。

项目建设依据:2007年5月,交通部批复长江航道规划设计研究院编制的工可报告(交规划发〔2007〕236号);2007年10月,交通部批复长江航道规划设计研究院编制的初步设计(交水发〔2007〕594号);2007年3月,安徽省环境保护局批复安徽省环境科学研究院编制的《长江下游黑沙洲航道整治工程环境影响报告书》（环评函〔2007〕152 号）；2007 年 3 月，水利部长江水利委员会批复南京水利科学研究院出具的《长江下游黑沙洲航道整治工程防洪评价报告》（长许可〔2007〕38 号）。

航道建设等级为一级，航道设计尺度为宽度 200 米、水深 6 米、最小弯曲半径 1050 米。设计代表船型（船队）包括：船型为 5000 吨级浅吃水海船，尺度为 113 米 ×17.5 米 ×5.5 米；船队上水 4413 千瓦 ＋15×2000 吨（分节驳船），顶推船队尺度为 248.55 米 ×54 米 ×3.8 米；下水 4413 千瓦 ＋16×2000 吨（分节驳船），顶推船队尺度为 316.05 米 ×43.2 米 ×3.8 米。航道设计通航保证率 98%。

项目共整治滩险 1 处（长江下游 481.5 千米）。整治建筑物主要建设南水道左槽 4 道潜坝，1 号、2 号和 3 号潜坝坝体采用沙枕—块石混合坝和钢丝网石笼盖面，护底采用 D 形排结构，1 号潜坝坝体下游 250 米范围岸坡和 2 号潜坝坝根部上下游坡脚采用 D 形排护底和抛石压载，3 号潜坝下游侧护岸采用抛石、抛枕及铺石压载，4 号潜坝坝体采用抛石结构，护底采用 D 形排结构，坝头及排体边缘采用抛石压载，根部护岸主要由陆上护坡及水下护底组成；建设心滩水下护滩带，采用软体排结构，排体上抛石压载；建设天然洲洲头守护工程，主要采用 D 形排护底、排上抛石压载结构。本工程建设一道 4 号潜坝坝根护岸，主要由陆上护坡及水下护底组成，陆上护坡为抛石，水下护底采用 D 形系混凝土块软体排，排上抛石；建设心滩水下护滩带，采用软体排结构，排体上抛石压载；建设天然洲洲头守护工程，主要采用 D 形排护底、排上抛石压载结构。项目总投资 1.82 亿元，均为交通运输部水运建设资金。

（2）项目建设实施情况

项目建设单位为长江航道局；设计单位为长江航道规划设计研究院；施工单位为长江重庆航道工程局、长江宜昌航道工程局、长江武汉航道工程局等；监理单位为长航监理有限公司（武汉）；质监单位为长江航务工程质量监督中心站。

项目实施过程中的设计变更有：

①在 2 号潜坝 5 条复合排体间搭接处中心位置处，自潜坝坡脚（下游为抛石棱体外缘）分别向上、下游护底外缘侧间顺水流铺设 10 米宽、0.5 米厚沙枕。

②将 2 号潜坝加固工程崩窝口门下游内侧 1～4 号排予以取消，在此区域内原抛石范围保持不变，区域内无抛石处抛石 80 厘米。

③调整 3 号、4 号潜坝坝顶高程。

④对 1 号潜坝、2 号潜坝、3 号潜坝根部护岸进行加固。

（3）科技创新成果及获奖情况

①首次成功探索深水顺水流沉排工艺，提高了航道整治工程技术水平。为提高沉排工程质量，减少排布因水流影响造成扭转、折皱而影响水下沉排搭接质量，本次工程改变

过去使用成熟的垂直水流沉排，首次大胆实践深水顺水沉排，为当时长江下游整治工程顺水沉排关键技术的全面推广积累了宝贵经验。

②首次使用开体驳抛枕技术，代替传统的翻枕架抛投施工工艺。由于沙枕是在水下沉入河床的，且全部操作采取电动控制开口阀门，因此既保证了抛枕的质量，又确保了施工安全。

③首次设计在潜坝坝面上覆盖一层钢丝网石笼垫，由于该工程最枯水位时钢丝网施工水深都大于 8 米，因此施工难度非常大。在施工过程中采取沉排船滑板沉放钢丝网，仿效沉排施工工艺，计算好飘移距，通过 GPS 精确定位及实时测图分析，质量能达到要求。

项目可行性研究报告获 2008 年度交通运输部优秀水运工程咨询成果三等奖。

（4）项目投产后的运营情况

黑沙洲航道整治工程选择黑沙洲南水道右槽为主通航槽，将采用整治建筑物减少漫滩水流，增加浅滩流速、流量，改善右槽航道条件为目标。即通过巩固洲头，稳定分流条件；在左槽内筑潜坝适当封堵左槽，限制倒套的发展，并调整断面形态，减少分流，集中水流冲刷主通槽，改善航道条件。

①整治工程实施后限制了南水道的进一步展宽，稳定了南水道的进流条件。

工程实施前，南水道处于发展时期，天然洲洲头冲刷后退，断面扩宽，进流条件改善，分流比呈逐渐增加的趋势，南水道总体上呈发展趋势，如任其发展会造成水流再度分汊，心滩形成，出现交错型浅滩，航道形势恶化的不利局面及南水道航道浅、窄的问题也将继续发生。整治工程实施后，限制了南水道的进一步展宽，稳定了南水道的进流条件，促进了南水道右槽浅区的冲刷，改善了主航槽的航道条件。

②整治工程增加了浅滩流速、流量，改善右槽航道条件。

工程实施前，由于南水道的展宽，上下深槽之间存在交错浅滩，多数年份航道条件只能维持 4.5 米水深的标准，航道维护困难。工程实施后，限制了漫滩水流，增加了浅区的流速，使上深槽的水流能够集中冲刷浅区，改善右槽的航道条件。航道整治后，枯水期最小能维持 200 米 × 6.0 米 × 1050 米的航道条件，船舶通过能力大幅提高。

③整治工程实施后有利于堤防的稳定。

黑沙洲水道左岸是无为大堤，是长江下游重点防洪河段，右岸是抗冲性较强的丘陵山坡。在此水道的治理上选择南水道右槽为主通航槽进行整治，并通过对天然洲洲头进行守护，稳定分流条件，保证了大堤的安全。工程实施后，南水道分流比基本上保持稳定，没有增加北水道左岸无为大堤的防洪压力。因此，整治工程的实施不影响左岸无为大堤的行洪。

④整治工程实施后带来的间接经济效益明显。

工程开工前，天然洲右缘侧已建护岸（水利部门建设）下段出现崩窝，如不对其进行处理,崩窝有可能发展扩大,同时也将影响到 3 号潜坝工程的稳定和航道整治功能的发挥。因此,本次工程对其进行了抛枕及抛石应急抢护,确保了崩窝未进一步发展,保持岸线稳定。整治工程顺利实施后,不仅达到了预期的整治效果,同时对天然洲护岸进行局部加固,确保岸线持续稳定,防止了沿江局面财产的进一步损失,保护了有限的土地资源,为当地经济发展起到良好的推动作用。

南水道的右岸为新港港区,是地方码头作业的通航水域,有岸线开发利用的经济价值。选择南水道右槽为主通航槽进行整治,能带动地方经济的发展。

工程实施前,由于南水道的进一步展宽,上下深槽出现交错浅滩,航道条件恶化,并将影响港区的正常作业。整治工程实施后,稳定了分流条件,调整了南水道的断面形态,减少分流,集中水流冲刷右槽主通槽,改善了航道条件。该水道达到了 200 米 × 6.0 米 × 1050 米的航道条件,并将主航槽稳定在南水道右槽。虽然新港边滩大水年有所发展,滩尾向河心方向略有淤积,但滩尾与右岸之间的倒套仍保持较好的水深条件,保证了港区的正常作业。因此,整治工程的实施有利于新港港区的发展,进一步推动当地经济的发展。

23. 长江干线宜宾合江门至泸州纳溪航道建设二期工程

(1)项目概况

项目于 2008 年 1 月开工建设,2010 年 12 月试运行,2011 年 12 月竣工。

项目建设依据:2007 年 4 月,交通部批复长江重庆航运工程勘察设计院编制的工可报告(交规划发〔2007〕147 号);2007 年 10 月,交通部批复长江重庆航运工程勘察设计院编制的初步设计(交水发〔2007〕593 号);2003 年 4 月,安徽省环境保护局批复安徽省环境科学研究院编制的《长江下游东流水道航道整治工程环境影响报告书》(环然〔2003〕53 号);2004 年 9 月,水利部长江水利委员会批复南京水利科学院编制的《长江下游东流水道航道整治工程防洪评价报告》(江务函〔2004〕81 号)。

项目建设宜宾合江门(上游航道里程 1044.0 千米)至泸州纳溪(上游航道里程 944.0 千米)航道,建设等级为三级,航道设计尺度为宽度 50 米、水深 2.7 米、最小弯曲半径 560 米。设计代表船型为 1000 吨级船。航道设计通航保证率 98%。

项目共整治滩险 3 处。整治建筑物主要在铜鼓滩江心潜碛上建设 1 条顺坝,在顺坝上段左侧建 3 条齿丁坝,在顺坝右侧深槽建连接右岸的 1 条潜坝;香炉滩修复已建 1 道丁坝,对坝根进行护底;整治建筑物主要为坝体类,包括丁坝、顺坝、潜坝等类型,主要结构形式为抛石坝体、现浇混凝土坝顶,浆砌坝顶,扭王字块、钢丝石笼及混凝土块铰链排等。建设整治建筑物 5 处,合计长度 835 米,坝体抛筑及维修工程量约 7 万立方米。疏浚滩险 3 处,疏浚土方共计 37 万立方米,分别为过兵滩疏浚航道左侧谢家坝碛翅,铜鼓滩(上游航道里程 996.0 千米)疏浚江心潜碛左侧航槽 1100 米,黑石碛疏浚过渡河段碛航浅区。改建信号台房 6 处。项目总投资 1.07 亿元,均为交通部水运建设资金。

（2）项目建设实施情况

项目建设单位为长江航道局；设计单位为长江重庆航运工程勘察设计院、武汉金鼎船舶工程设计有限公司；施工单位为长江重庆航道工程局、重庆建安建设(集团)有限公司、泸州市佳乐建筑安装工程有限公司、长江泸州航道局等；监理单位为四川省水运工程监理事务所、长航监理(武汉)有限公司。

项目实施过程中的设计变更有：

①航道整治工程设计变更。

过兵滩疏浚弃渣区设计时选在过兵滩石梁背水侧的深槽内，由于该抛泥弃渣区在中枯水期，水流较急，流态较坏，施工时船舶不能安全停留弃渣，因此施工单位提出对弃渣区位置进行变更，将弃渣区由原设计的过兵滩石梁背水侧深槽调整到滩段下游约1千米的乌木桩深槽。

香炉滩工程内容为丁坝修复，施工发现，坝根遭受水流严重冲刷，下游侧部分区域无法进行块石砌筑施工，因此将坝根部分区域浆砌块石变更为抛石。

②航道码头工程设计变更。

宜宾码头的方案调整主要有两点：一是码头陆域平台开挖后原有岸线老挡墙基础露出地面较高，存在安全隐患，为此采取了相应护脚加固措施。二是为增加码头平台面积，将原设计与岸线垂直的人行连接梯道轴线改为与岸线平行。

江安码头进行了多次方案调整，主要集中在受征地范围和使用需求变化影响的进场道路和码头陆域的位置和边坡调整。设计方案变更主要为将绿化带边坡由1:3调整为1:1.5，增加了浆砌块石护坡。

本工程主要包括航道整治工程、维护设施和测量工程，共划分为7个单位工程，7个单位工程质量评定为合格，项目总体质量等级为合格。

（3）科技创新成果及获奖情况

①铜鼓滩治理突破固有思维，开辟新航槽。

铜鼓滩整治方案在治理思路上有所突破，是该滩取得良好治理效果的重要原因。铜鼓滩右槽曾历经多次整治，效果都不太理想。右槽受滩段大的河势条件限制，治理方案存在先天的不足，右槽弯曲狭窄的问题始终得不到根本性解决，治理方案只能在一定程度上改善滩段航道条件。

在方案研究阶段结合数学模型、物理模型进行多方案比选和论证，最后确定左槽方案，在思路上突破了既有思维方式的束缚，顺应河势，符合"因势利导"的原则。

②整治建筑物结构材料创新，如扭王字块和钢丝石笼的创新应用，有效地提高了新建和维修整治建筑物的稳定性和耐久性。

③简单的过渡段浅滩可通过单纯疏浚整治。黑石碛滩是碍航成因相对简单、碍航程

度不大的一般过渡段浅滩。设计时未采用筑坝的整治措施，只采用增加挖槽宽度和深度的措施进行疏浚整治。疏浚后，经过一个水文年，效果观测显示，挖槽稳定，效果较好，且上深槽向下游和左侧方向发展，这对该滩消除浅区非常有利。实践证明，单纯疏浚措施治理方案是成功、合理的。

④动态管理、动态设计使工程建设更加贴合实际。

叙泸段一期工程于2007年3月开工，到2008年上半年，整治建筑物基本完工，经一个洪水期后，到年底发现，部分滩险所抛筑的整治建筑物有部分水毁，部分整治建筑物的结构（如铰链排护丁坝背水坡）并不适用于上游河段。设计单位及时作出设计变更，将二期工程铜鼓滩整治建筑物中与一期工程整治建筑物结构类似的部分进行变更处理。通过变更，避免了二期工程出现一期工程的类似问题，提高了工程质量，同时也节约了工程费用。工程实施中，设计单位需要实时跟踪观测工程效果和河道演变情况，及时动态地提出设计意见，快、好、省地完成工程建设。

工程可行性研究报告获2009年度交通运输部优秀水运工程咨询成果三等奖，项目获2012年度水运交通优秀设计三等奖。

（4）项目投产后的运营情况

整治工程完工后，经过试运行，主要取得以下几个方面的建设效果：

①整治工程达到了预期的目的。

根据工程实施前后各个滩险航道水深、流速流态、河心比降等条件的对比，叙泸段航道水深由1.8米提高到2.7米，航道等级由四级提高到三级，1000吨级船舶或3000吨级船队全年能够直达宜宾，提高了航道通过能力和航运效益，降低了航道维护成本。叙泸段航道整治后，碛航滩险航槽航宽增加、航深增大、弯曲半径增大，水流条件得到改善，航行条件较整治前有明显改善，经千吨级船舶通航验证，航道尺度及适航的水流条件达到设计要求。工程实施的整治建筑物结构基本稳定，总体效果较好，已发挥出良好的整治作用。实船适航试验表明，新建设的航标布设合理，标位正确，航标醒目明亮，各通信站通信控制清晰准确，通信效果好，总体上配套设施对助航效果较好。

②整治工程取得了良好的综合效益。

工程实施后结束了宜宾至重庆河段不夜航的历史，实现了长江干线2688千米航道昼夜通航。工程实施前，千吨级船舶枯水期只能航行至重庆，工程实施后进一步发挥"黄金水道"的运输优势，使枯水期的船舶运载量从500吨级上升到1000吨级，并能全年上行至宜宾，帮助航运企业降低运营成本，刺激上游航运事业的发展，进而促进宜宾乃至川、滇、黔地区经济的繁荣。长江干线叙泸段航道整治工程试运行以来，据宜宾市航务管理局统计，宜宾港货物吞吐量、集装箱吞吐量相对于整治前，均增长了30%以上。叙泸段航道建设工程实施效果良好，航道条件得到明显改善，航道维护标准得以提高，航行船舶数量明显增加，船舶运力得以明显增长，促进了港口经济的迅猛发展，成为西部地方经济增长的新亮点。

③为长江上游浅滩的整治提供了有益的借鉴。

卵石浅滩是长江上游的主要碍航滩险，其中铜鼓滩等枯水期重点碍航卵石浅险滩具有明显的典型性。通过对铜鼓滩治理措施的研究，在治理技术方面可为其他山区河段类似滩险提供有益的借鉴，归纳起来主要有以下几点：首先是治理思路上，方案的思考不一定局限于已有的治理思路，有时可跳出这个思维束缚，换个角度思考问题，从而提出好的方案。其次是结构创新上，整治建筑物结构材料应结合实际情况进行选定，必要时进行创新是保障建筑物稳定、发挥整治效果的重要因素。但并不是为创新而创新，创新一定要符合实际需要。再次是整治方法上，类似铜鼓滩这样的川江弯曲汊道浅险滩，航槽弯浅、通航水流条件较差，在航行条件难以彻底改善时，可开辟碛槽通航。以疏浚与筑坝相结合的枯水整治方法，维护挖槽稳定。最后是挖槽设计上，挖槽的方向与主流方向一致，并位于主流线上，与主流向交角不应超过15°；挖槽在平面上宜设计成微弯型；挖槽断面宜采取窄深型断面形式，效果较好。

存在的问题和建议：

①对出现的新工艺新结构新材料应及时进行归纳总结。

长江上游河段通过"十一五"以来大量工程建设，涌现出一大批新工艺新结构新材料，比如首次应用到内河的扭王字块、混凝土空心箱体及钢丝石笼等，建议及时对这些结构材料进行研究总结，分析适用性，以利于进一步改进，并更好地应用到今后的航道整治工程中。

②加强维护管理工作，保障千吨级航道畅通。

首先，加强观测、保护和巩固工作。对整治滩险要注意观测其发展变化情况，采取必要的维护措施，进一步巩固工程效果，使之成为稳定合格的航道。要防止对整治工程的人为破坏，做好保护工作。

其次，航道发展受水文、地质、泥沙、地形地貌等多种复杂因素的影响，川江航道更是如此。有的滩险成因复杂，滩势多变，整治后满足千吨级船舶航行要求，但应经过多个水文年的检验，必要时还需进一步采取工程措施彻底稳定滩势，达到最终整治目的。

③进一步推进航道建设，创造更好的航行条件。

叙泸段航道建设工程整治了9处碍航滩险，对3处滩险的整治建筑物进行了修复，并建设了配套助航设施，大大改善了航行条件，获得了船舶驾引人员的高度评价。千吨级船队可以直达宜宾，叙泸段千吨级航道的开通，其经济效益和社会效益是显著的。叙泸段千吨级航道已建成，但该河段的船舶大型化趋势明显，对航道的等级标准越来越高，有必要进行航道等级提高的建设，以创造更好的航行条件，促进流域和腹地经济的发展。

24. 长江三峡水库铜锣峡至娄溪沟河段航道炸礁工程

(1)项目概况

项目于 2008 年 2 月开工建设,2010 年 12 月竣工。

本项目无预可、工可报告。

项目建设依据:2006 年 10 月,重庆市渔政渔港监督管理处《重庆市渔政渔港监督管理处文件》(渝渔文〔2006〕26 号);2006 年 12 月,重庆市环境保护局《重庆市建设项目环境保护批准书》〔渝(市)环准〔2006〕341 号〕。

项目整治航道里程 32 千米,建设等级为一级,航道设计尺度为宽度 100 米、水深 3.5 米、最小弯曲半径 1000 米。设计代表船队为由 1942 千瓦拖轮与 1000~3000 吨级驳船组成的万吨级船队。航道设计通航保证率 99%。

项目共整治滩险 14 个河段、30 座礁石。共炸礁 32.11 万立方米,其中水下炸礁约 19 万立方米、陆上炸礁约 13 万立方米。本工程清炸的碍航礁石共分为 5 个单位工程,即铜锣峡、猪脑滩、门闩子、夫归石、龙碛子。项目总投资 9000 万元,均为中国长江三峡集团公司投资。

(2)项目建设实施情况

项目建设单位为中国长江三峡集团公司;设计单位为长江重庆航运工程勘察设计院;施工单位为长江重庆航道工程局;监理单位为黑龙江黑航工程监理咨询有限公司;质监单位为长江航务工程质量监督中心站。

项目实施过程中,夫归石单位工程由于受到历史传说的影响,于 2008 年 4 月 28 日被迫停工,经多方协调和推进,工程于 2010 年 2 月 2 日复工,5 月 12 日通过交工验收。夫归石单位工程工期的延误原因属于承包人不可抗拒的因素,根据合同规定,发包人不追究承包人责任。

(3)项目投产后的运营情况

该工程是三峡水库在达到 175 米蓄水位前的重要工程内容之一。通过本次炸礁工程,铜锣峡至娄溪沟河段内的碍航礁石一经炸除后,泄水断面拓宽,航道尺度增大,流速减缓,航道条件改善。工程效果主要体现在以下四个方面:

①为 175 米蓄水期万吨级船队汉渝直达的安全畅通打下了基础,从而充分地发挥三峡工程的航运效益,促进三峡工程的可持续发展。

②促进了重庆港区的发展,重庆港的运量将大大增加,而水运成本也将进一步下降,将会吸引更多的货物、集装箱和大量件散货物经重庆港中转运输。保证航道畅通是将重庆建设成为长江上游航运中心的基础。

③经"7250 工程"和"长江涪陵至铜锣峡河段航道炸礁工程"等航道整治项目的相继实施,前阶段库区航道已整治工程的工程效果得到充分发挥,整个库区航道的整体效益得到充分体现。

④在175米蓄水位抬高之前,尽早清除这些碍航礁石,保证航行安全,避免碍航礁石淹没深度增大,施工难度与工程投资大大减少。

本工程点多线长,工程量大,工期紧迫,安全责任重。参建各方高度重视,采取了强有力的措施,确保了工程质量、安全和进度。炸礁工程实施后,铜锣峡至娄溪沟河段航道条件得到较大改善,航道通过能力得到提高,充分发挥了三峡工程的航运效益,满足万吨级船队汉渝直达的需要,推动三峡工程的可持续发展。同时也为充分发挥三峡工程综合效益,促进长江库区水运的快速发展起到了重要作用。

25.长江中游沙市河段航道整治一期项目

(1)项目概况

项目于2009年1月开工建设,2010年6月试运行,2011年5月竣工。

项目建设依据:2008年7月,交通运输部《关于长江中游沙市河段航道整治一期工程可行性研究报告的批复》(交规划发〔2008〕208号);2008年11月,交通运输部《关于长江中游沙市河段航道整治一期工程初步设计的批复》(交水发〔2008〕439号)。

项目整治航道里程20千米(距宜昌市下游约133千米,河段上起陈家湾,下至玉和坪),建设等级为一级,航道设计尺度为宽度150米、水深3.2米、最小弯曲半径1000米。航道设计通航保证率98%。

项目在已实施的三八滩应急守护工程的基础上,采用护底与固滩相结合,对三八滩中上段滩体、滩脊进行加固守护,采用D形系混凝土块软体排进行护底(滩),采用抛石进行补坡加固,在排体边缘布置防冲石,在工程尾部衔接段采用四面六边形透水框架进行衔接处理,顺水流方向自上而下分为4个工程区域:1区和3区采用D形排护底和抛石补坡;2区采用抛石坝体对窜沟进行封堵,采用D形排护底,排上抛石筑坝;4区采用两层四面六边形透水框架进行工程尾部封闭守护及滩体守护。项目共有滩险1处。项目总投资1.03亿元,均为交通运输部水运建设资金。

(2)项目建设实施情况

项目建设单位为长江航道局;设计单位为长江航道规划设计研究院;施工单位为长江重庆航道工程局;监理单位为南京公正工程监理有限公司;质监单位为长江航务工程质量监督中心站。

(3)科技创新成果及获奖情况

①试验并总结了透水框架新结构在长江中游不同工况条件下的应用效果。获得了透水框架新结构在长江中游沙质河床不同工况条件下,在抗冲、缓流、促淤等方面的不同应用效果。

②首次在长江中游航道整治迎流顶冲的关键部位中开展扭王字块护面抗冲的探索试验,显著增强了滩头整治建筑物的抗冲性能,提高工程的耐久性。

③积极探索逆水沉排施工新工艺,妥善解决了滩头低水位沉排护底遇到的难题。

（4）项目投产后的运营情况

沙市河段航道整治一期工程以三八滩应急守护工程为基础,通过加固和完善,确保三八滩中上段滩脊的稳定,维持沙市河段下段分汊的基本格局,防止航道条件进一步恶化,为后续沙市河段的治理工程奠定基础。

①一期工程实施后保持了三八滩中上段滩脊的稳定,阻止了三八滩滩头的后退,维持了沙市河段下段分汊的基本格局。

工程实施前,受清水下泄及河道自身条件的影响,三八滩再次面临受冲肢解的情况,由于三八滩逐年缩小,加上杨林矶边滩的淤长以及南汊展宽后出现的心滩,导致南北汊都出现两槽争流、航槽极不稳、年年疏浚的局面。一期工程实施后,三八滩头部的位置被稳固下来,保持了三八滩中上段滩脊的稳定,维持了沙市河段下段分汊的基本格局。

②一期工程实施后改善了沙市河段的航道条件,防止了航道条件的进一步恶化,维持了荆州大桥主通航孔通航的目的。

1998年特大洪水后,原有的三八滩冲失,北设计通航孔所在的北汊淤积严重,枯季难以通航,南设计通航孔淤塞,为了保证航道畅通及荆州长江大桥与过往船舶的安全,航道维护部门每年都投入大量的人力、物力、财力,采用疏浚、清障、改槽、调标等手段进行维护。在北汊进口疏浚维护过程中,经常出现挖不胜淤现象,船舶多次被迫改走非设计通航孔。一期工程实施后,三八滩的滩头位置得以固定,稳定了下段的分流点,过渡段的水深有所增加,北汊的进流条件有所改善,北汊的航道条件明显好转。工程实施后,此水道的维护尺度按照150米×3.2米×1000米进行维护,实际可利用水深可以达到5米,宽度可达到200米,航道尺度明显高于80米×2.9米×750米的设计标准。一期工程的实施明显改善了沙市河段的航道条件,防止了航道条件的进一步恶化,维持了荆州大桥主通航孔通航的目的。

③一期工程的实施为沙市河段后续治理工程奠定了良好的基础。

工程实施前,沙市河段演变剧烈,河道内主流频繁摆动、洲滩互为消长、主支汊频繁易位。由于沙市河段滩体之间的关系较为密切,下段滩体的平面位置及大小变化频繁,因三八滩的不断冲刷缩小,杨林矶边滩的淤长以及南汊展宽后出现的心滩,下段航槽极不稳定,出现四槽争流的局面,滩槽关系十分复杂。

工程实施后,稳定了三八滩的中上段滩脊,保持了此河段的分汊格局,三八滩稳定后也基本固定了下段滩体之间的平面位置,为腊林洲守护工程的实施奠定了良好的基础。

④一期工程的经济效益和社会效益显著。

一期工程实施前,由于枯水期航道条件不能满足80米×2.9米×750米的要求,每年需要进行4~5个月的疏浚施工,在此期间,船舶的正常通行受到限制,每天上下水船舶需在航道外等候。一期工程实施后,不再需要进行疏浚维护,航道维护尺度达到 150 米 × 3.2 米×1000 米。本河段由限制性的单向航道变为自由通航的双向航道,大大提高了船舶的通过能力,经济效益和社会效益显著。

26. 长江中游戴家洲河段航道整治一期工程

(1)项目概况

项目于 2009 年 1 月开工建设,2010 年 5 月试运行,2012 年 10 月竣工。

项目建设依据:2008 年 5 月,交通运输部批复长江航道规划设计研究院编制的工可报告(交规划发〔2008〕69 号);2008 年 11 月,交通运输部办公厅批复长江航道规划设计研究院编制的初步设计(交水发〔2008〕427 号);2010 年 2 月,湖北省环境保护局批复中交第二航务工程勘察设计有限公司编制的《长江中游戴家洲河段戴家洲右缘下段守护工程环境影响报告书》(鄂环函〔2010〕69 号);2010 年 6 月,水利部长江水利委员会批复长江科学院编制的《长江中游戴家洲河段戴家洲右缘下段守护工程防洪评价报告》(长许可〔2010〕92 号)。

航道建设等级为一级,航道设计尺度为宽度 100 米、水深 4.5 米、最小弯曲半径 1050 米。设计代表船型(船队)包括:由 1000 吨级或 1500 吨级驳船组成的 6000 吨级船队,设计载量 2000 立方米,尺度 84.0 米×14.8 米×4.0 米;船队 4413 千瓦推轮上水顶推 15 艘分节驳船(下水顶推 16 艘分节驳船);由 2000 吨级或 5000 吨级驳船组成的 2 万~4 万吨级船队。航道设计通航保证率 98%。

项目新洲头建设鱼骨坝 1 座(由 1 道脊坝、4 道刺坝、3 道刺形护滩带组成)、窜沟锁坝 1 道,左右岸抛石镇脚。项目共有滩险 1 处。项目护岸、护滩、护底的情况:脊坝前段护底采用 D 形排,后段护底采用 X 形排和铰链排;刺坝护底采用 D 形排;刺形护滩带护底采用 D 形排;根部护岸采用平顺式护岸结构;窜沟锁坝护底主要采用钢丝笼护垫。项目配布 6 座专用航标。项目决算总投资 1.71 亿元,均为交通运输部水运建设资金。

(2)项目建设实施情况

项目建设单位为长江航道局;设计单位为长江航道规划设计研究院;施工单位为长江武汉航道工程局;监理单位为长航监理有限公司(武汉);质监单位为长江航务工程质量监督中心站。

(3)科技创新成果及获奖情况

在结构上进行了多处的改进和创新,护滩排体边缘防冲结构采用了坝埋处理和加铰链排结构,对护滩排体边缘形成了双保险防护,有效地解决了护滩排体边缘防冲问题。鱼骨坝头部纵横交错式沉 D 形排代替弧形沉排,解决了弧形区域沉排施工困难,避免了排体重叠浪费,提高了护底效果,提高整治建筑物的稳定性。

项目可行性研究报告获得 2009 年度交通运输部优秀水运工程咨询成果二等奖。

(4)项目投产后的运营情况

戴家洲河段航道整治一期工程,制止了新洲头滩地冲刷后退趋势,稳定直水道枯水期分流条件,改善直水道进口段弯道形态和进口浅区航道条件,航道尺度已经达到了设计要求,整治效果初步显现。

①一期工程实施后制止了新洲头滩地冲刷后退趋势,新洲头滩地普遍淤积,形成了汊道进口段较好的边界条件。

新洲头滩地的完整、高大是戴家洲河段直水道航道条件好转的必要条件,工程实施前,受上游来水来沙及河道自身条件的影响,新洲头滩地持续表现为冲刷后退,导致两汊争流,直水道浅区多,航槽不稳定,枯水期需改道圆水道。一期工程实施后,制止了新洲头滩地冲刷后退趋势,鱼骨坝区域普遍淤积,为圆直水道塑造了良好的进口边界条件。

②一期工程实施后改善了直水道进口的航道条件,防止了航道条件的进一步恶化。

本河段是长江中游重点浅滩河段之一,其碍航特性主要表现为水深不足和航槽不稳定。自2002年以来,直水道发生严重淤积,不得不连续6年开辟圆水道作为枯水主航道,而圆水道一直为支汊,进口容易发生浅情,航道较窄,航路长,出口流态较差,开辟为枯水主航道后为保证通航也需要采取疏浚等措施进行维护。由于直水道具有航程短、水域开阔及便于航行船舶进入黄石水道等优势,航运部门希望尽量通行于直水道,因此当水位上涨后,航道部门又将主航道改走直水道,为此需投入大量人力、物力和财力。直水道存在上、中、下三处浅区,航道状况是:浅区多,出浅严重,航道维护极为困难,工作量大,影响船舶通航安全。一期工程的实施稳定了直水道枯水期分流条件,制止了新洲头滩地冲刷后退趋势,其进口浅区得到改善,近期进口段4.5米线贯通,明显改善了直水道进口浅区航道条件,防止了航道条件的进一步恶化。

③一期工程的实施为河段后续治理工程奠定了良好的基础。

一期工程是总体工程的一部分,戴家洲水道的总体治理主要包括三方面内容:确保直水道所需要的分流条件;对直水道中枯水河床形态进行适当调整,使之适度弯曲;适当缩窄直水道枯水河宽,加大浅区的冲刷。

工程实施后,稳定了直水道枯水期所需分流条件,改善了直水道进口段弯道形态,形成了直水道较好的进口边界条件,为总体工程的实施奠定了良好基础,达到了预期目标。

27.长江下游张家洲南港上浅区航道整治工程

(1)项目概况

项目于2009年1月开工建设,2012年2月试运行,2013年12月竣工。

项目建设依据:2008年6月,交通运输部批复长江航道规划设计研究院编制的工可报告(交规划发〔2008〕132号);2008年11月,交通运输部批复长江航道规划设计研究院编制的初步设计(交水发〔2008〕426号);2007年11月,江西省环境保护局批复中交第二航务工程勘察设计院有限公司编制的《长江下游张家洲南港上浅区航道整治工程环境影响报告表》(赣环督字〔2007〕367号)。

航道建设等级为一级,航道设计尺度为宽度200米、水深4.5米、最小弯曲半径1050米。设计代表船队为4413千瓦推轮下水顶推15艘2000吨级分节驳船(上水顶推16艘2000吨级分节驳船)和1942千瓦推轮顶推4艘5000吨级驳船。航道设计通航保证率98%。

项目在官洲头部修建梳齿坝1座(包括1道顺坝和3道齿坝)、官洲夹护底带1条。项目共有滩险1处。护岸、护滩、护底的情况:顺坝由坝体和尾部护滩带组成,坝体采用系混凝土软体排进行护底,施工水位以下河床采用D形排守护,施工水位以上采用X形排;尾部护滩带采用X形排和钢丝网石笼护垫两种结构形式。齿坝由护底和坝身组成,护底采用D形系混凝土软体排;护底带施工水位以下河床采用D形排守护,施工水位以上采用X形排。项目配布8座专用航标。项目决算总投资1.49亿元,均为交通运输部水运建设资金。

(2)项目建设实施情况

项目建设单位为长江航道局;设计单位为长江航道规划设计研究院;施工单位为长江南京航道工程局、鄂州市光大船业有限公司;监理单位为南京公正工程监理有限公司、长航监理有限公司(武汉);质监单位为长江航务工程质量监督中心站。

(3)科技创新成果及获奖情况

①采用了顺水流沉排新工艺,更加有利于水下沉排质量。水下沉排是航道工程质量控制的重点,排与排直接的搭接能否到位,直接关系到水下沉排的质量。为了提高沉排的到位率,依托黑沙洲工程开展顺水流沉排工艺研究,取得了应用成果,在本次整治工程中,顺水流沉排新工艺得到大面积推广应用。

②应用水下探摸检测技术,确保水下沉排质量。

③使用抛石计量新方法,确保水下抛石工程质量和施工安全。

④采用沙枕＋模袋混凝土新的结构形式,更加有利于坝体的稳定。模袋坝可减少石料用量,施工效率高,整体性好,充填沙袋用的河沙可就地取材。

(4)项目投产后的运营情况

①通过整治工程,使得官洲洲头低滩淤积、枯水期深泓左偏、汛后水流归槽、浅滩冲刷比较明显,中枯水河槽保持稳定,水流平顺。解决了工程实施前,上浅区浅滩形态向交错型态势发展,汛后水流分散,致使维护困难,从而导致每逢枯水期船舶搁浅事故频繁发生的局面。

②水道提前达到了2020年航道建设标准。测图显示,2010年10月2日,航槽5米线贯通,最窄处4米线宽度达到230米;2011年2月,最窄处5米线宽度达到320米;2013年

3 月浅滩区域测图显示,张南上浅区最窄处 5 米线宽度也达到了 310 米。可见,浅滩完全满足 200 米 ×4.5 米 ×1050 米的设计标准。

③抑制了官洲夹进口的进一步发展,使张家洲南港下浅区良好的航道条件保持稳定。工程实施前,官洲夹进口存在一定的发展趋势,官洲夹出口正对南港下浅区,一旦官洲夹进口冲刷发展,一方面易导致南港上段水流分散,影响上浅区集中水流冲刷浅区;另一方面可能对良好的下浅区航道条件造成影响。通过在官洲夹进口建设护底带后,护底带上方河床有所淤积,抑制了南港进口段右岸侧深槽的下探发展;虽因低水期梳齿坝顺坝拦截了一部分水流,导致官洲夹枯水期分流比略有增加,但由于低水期流速较小,且中高水水位期梳齿坝顺坝拦截作用大幅减弱,因而对官洲夹内的影响很小。因此,官洲夹的发展总体上被抑制,不会影响官洲左侧浅滩的冲刷发展,也避免了对下浅区整治工程效果产生影响。

④对沿岸防洪和区域社会经济有积极作用。本工程方案与水利部门的规划保持充分的协调,工程对南港左岸江州—大套口一带岸线进行了水下抛石加固,保护了江堤的安全。同时,工程实施以来,水道左右汊的分流比基本稳定,未对本水道的行洪产生不利影响。另外,随着水道航道条件和航行安全形势的改善,区域水运地位得到提升,对沿岸港口及社会经济将起到积极的促进作用。

⑤积累了工程建设新经验,改善了工程区域的生态环境。工程实施过程中,对沙枕 + 模袋的施工工艺做了进一步的完善,采用模袋坝可减少石料用量,施工效率高,整体性好,充填沙袋用的河沙可就地取材。另外,积极实践生态护坡结构形式,如梳齿坝顺坝根部中高水位时出露,具备生态护坡条件,在初步设计阶段将顺坝根部护岸由 X 形排改为钢丝网石笼护垫。这种生态护坡结构保留了植物的生长条件,工程实施后生态迅速恢复。

综上,工程方案服从了河道治理总体规划的要求,较好地体现了"恢复并适当加高洲头低滩形态,调顺水流及抑制官洲夹发展"的设计思路。工程施工安排合理、科学,工程不同阶段根据实际变化及时调整、优化了设计方案,对工程实行了动态管理。工程区域总体上保持稳定,工程结构和工艺改进有利于生态保护,节约了工程材料,易于施工或维护。工程实施后,航道条件得到了明显改善,达到了设计航道尺度。且本工程对防洪、堤防、港口、锚地等基本无不利影响。因此,本工程实现了工程预期目标,改善了张家洲南港上浅区航道条件,并使航道尺度达到 2020 年《长江干线航道发展规划》标准,整治效果十分明显。

28. 长江下游太子矶水道拦江矶炸礁工程

(1)项目概况

项目于 2009 年 1 月开工建设,2011 年 5 月试运行,2014 年 12 月竣工。

项目建设依据:2008 年 1 月,交通部批复长江航道规划设计研究院编制的工可报告

（交规划发〔2008〕21 号）；2008 年 10 月，交通运输部批复长江航道规划设计研究院编制的初步设计（交水发〔2008〕387 号）；2007 年 2 月，安徽省环境保护局《关于长江下游太子矶水道拦江矶礁石炸礁工程环境影响报告表的批复》（环评函〔2007〕117 号）；2007 年 10 月，水利部长江水利委员会《关于长江下游拦江矶炸礁航道整治工程涉河建设方案的批复》（长许可〔2007〕132 号）。

航道建设等级为一级，航道设计尺度为宽度 200 米、水深 6 米、最小弯曲半径 1050 米。设计代表船队为由 5000 吨级浅吃水海船和 2000～5000 吨级驳船组成的船队。航道设计通航保证率 98%。

项目对东港进口上心滩头部进行切滩疏浚。按两级平台炸除拦江矶外侧礁石。设置建设各类航行标志，更新替换浮标 9 座、岸标 3 座，改建岸标 1 座。项目总投资 1.56 亿元，均为交通运输部水运建设资金。

（2）项目建设实施情况

项目建设单位为长江航道局；设计单位为长江航道规划设计研究院；施工单位为长江重庆航道工程局；监理单位为黑龙江黑航工程建设监理有限公司；质监单位为长江航务工程质量监督中心站。

（3）项目投产后的运营情况

经完工后的多次测图及航道维护情况表明：心滩上段冲刷明显，滩头下挫，5 米线后退约 780 米，加之对东港进口进行了疏浚挖槽，东港进口段 5 米线宽度达到 480 米，航槽内流态平稳，东港进口段航道条件有了明显改善。工程的实施减轻了航道维护的压力，降低了航道维护成本。

工程总体设计合理，施工质量优良，施工工艺先进，工程交、竣工后投入使用社会反响较好，确保运输船舶的安全，提高了社会效益，基本满足长江下游水运发展的需要。

29. 长江中游窑监河段航道整治一期工程

（1）项目概况

项目于 2009 年 4 月开工建设，2010 年 8 月试运行，2012 年 11 月竣工。

项目建设依据：2008 年 8 月，交通运输部批复长江航道规划设计研究院编制的工可报告（交规划发〔2008〕284 号）；2009 年 1 月，交通运输部批复长江航道规划设计研究院编制的初步设计（交水发〔2009〕41 号）；2008 年 7 月，湖北省环境保护局批复湖北省环境科学研究院编制的《长江中游窑监河段航道整治一期工程环境影响报告书》（鄂环函〔2008〕458 号）；2008 年 10 月，水利部长江水利委员会批复长江科学院编制的《长江中游窑监河段航道整治一期工程防洪评价报告》（长许可〔2008〕132 号）。

航道建设等级为二级，航道设计尺度为宽度 80 米、水深 2.9 米、最小弯曲半径 750 米。设计代表船队为 1942 千瓦 + 4 × 3000 吨级顶推船队和 1655 千瓦 + 6 × 1500 吨级顶推船队。航道设计通航保证率98%。

项目在乌龟洲洲头心滩上布置鱼骨坝,由1道心滩滩脊护滩带LH1号、2道横向护滩带LH2号、LH3号和3道横向鱼刺坝LB4号、LB5号、LB6号组成;在乌龟洲洲头及右缘上段布置护岸。项目共整治滩险1处。护岸、护滩、护底的情况:LH1号采用D形、X形、SX形3种软体排护底(滩);LH2号与LH3号护滩带采用D形排护底(滩),护滩带边缘采用透水框架、基槽开挖抛石棱体促淤护滩。LH1号洲头窜沟建锁坝1条,轴线其他区域构建10米宽抛石棱体;LH3号抛枕填芯块石盖面坝体;在乌龟洲洲头及右缘上段布置护岸,包括枯水平台、陆上护坡、水下护底、水下镇脚四部分。项目建设10米钢制警示标船5座,将5座6.7米标志船更新为10米钢制标志船。项目总投资为1.96亿元,为交通运输部港口建设资金。

(2)项目建设实施情况

项目建设单位为长江航道局;设计单位为长江航道规划设计研究院;施工单位为长江宜昌航道工程局、长江重庆航道工程局、武汉航道船厂;监理单位为武汉长航科达工程监理有限公司;质监单位为长江航务工程质量监督中心站。

(3)科技创新成果及获奖情况

①创新地使用了改进的X形排,即SX形排,有效防止排体变形破坏和排体因混凝土块间缝隙过大而造成排体出露,从而在阳光的长期照射下出现老化。

②推广了透水框架新型结构应用,在心滩滩体边缘、刺坝背侧等缓流区及在刺坝坝头和乌龟洲护岸迎流顶冲等急流区抛投布置了一定的透水框架结构。透水框架结构不仅能在缓流区起到促淤、护滩的作用,也在急流区起到减缓流速的作用,增强了整治建筑物的抗冲能力。

③单元排护滩效果好,施工高效。成功将单元系结混凝土软体排新型结构应用于护滩,从源头上有效杜绝偷工减料,确保工程质量。

④钢丝石笼护岸,绿色环保,有效延长钢丝网笼的使用寿命,提高工程耐久性。

⑤引进大型浮式起重机设备抛石和采用抓斗式挖掘机清理排头,进一步提高了施工效率、减轻了工人的劳动强度。应用船载固定式和单兵移动式远程视频监控系统,保证了施工全过程、全方位的监控管理,提高了管理水平。

项目可行性研究报告获得2009年度交通运输部优秀水运工程咨询成果三等奖,项目获2013年度水运交通优秀设计二等奖。

30.长江下游江心洲—乌江河段航道整治一期项目

(1)项目概况

项目于2009年9月开工建设,2011年6月试运行,2012年6月竣工。

项目建设依据:2008年4月,交通运输部批复长江航道规划设计研究院编制的工可报告(交规划发〔2008〕46号);2009年1月,交通运输部批复长江航道规划设计研究院编制的初步设计(交水发〔2009〕42号);2008年3月,安徽省环境保护局批复中交二航院编制的《长江下游江心洲—乌江河段航道整治一期工程环境影响报告书》(环评函〔2008〕211号);2008年10月,水利部长江水利委员会批复南京水利科学研究院编制的《长江下游江心洲—乌江河段航道整治一期工程防洪评价报告》(长许可〔2008〕123号)。

航道建设等级为一级,航道设计尺度为宽度200米、水深6.5米、最小弯曲半径1050米。设计代表船队为5000吨级江海直达船和由2000吨级分节驳船或5000吨级油驳船组成的2万~4万吨级顶推船队。航道设计通航保证率98%。

项目建设牛屯河边滩护滩带3条,建设彭兴洲洲头及左缘护岸、江心洲洲头及左缘护岸。项目共有滩险1处。护岸、护滩、护底的情况:建设牛屯河边滩3条护滩带,均采用系混凝土块软体排结构,施工水位以下的河床采用D形排护底,施工水位以上的河床采用X形排护滩,锁坝采用抛石坝;护岸的水下护脚采用D形排护底,并在排体上抛筑块石,彭兴洲洲头及左缘护岸面层采用钢丝网护垫结构,江心洲洲头及左缘护岸采用六角混凝土块结构。项目抛设7座施工专用标,建设8座安全航行专用标志。项目总投资1.78亿元,均为交通运输部水运建设资金。

(2)项目建设实施情况

项目建设单位为长江航道局;设计单位为长江航道规划设计研究院;施工单位为长江南京航道工程局、江苏金洋造船有限公司、武汉长通航道工程有限公司;监理单位为南京公正工程监理有限公司、长航监理有限公司(武汉);质监单位为长江航务工程质量监督中心站。

(3)科技创新成果及获奖情况

利用多波束系统进行水下扫测,对水下地形进行三维效果分析,为检验水下工程质量及研究水下地形提供了更加直观的依据。

(4)项目投产后的运营情况

长江下游江心洲—乌江河段航道整治一期工程历经2个洪水期考验,工程整治效果良好。整治工程实施后,牛屯河边滩冲刷切割的不利态势得到有效控制,江心洲、彭兴洲护岸虽然出现了几次局部崩岸,但岸线整体稳定,有效地抑制了岸线的冲刷后退。固滩护洲,控制河势,防止航道条件向不利方向发展的建设目标基本实现。

整治工程实施以前,江心洲水道过于长直(从西梁山至小黄洲洲头长达22千米),主流摆动频繁,航槽也经常发生大幅度摆动,上、下深槽之间的过渡段也随之上提下挫,航道维护部门需要不断调标才能维持船舶的正常航行。在航槽摆动过程中,个别年份过渡段航道的水深也出现不足6.5米的情况。整治工程实施以来,岸线的冲刷后退得到有效遏制,航道变得更加顺直,航道条件明显改善,达到了设计所要求的200米×6.5米×1050

米的航道尺度,并将主航槽稳定在江心洲左汊。江心洲港区长年的水深能维持在 6.5 米以上,可以保证港区的全年正常运营。因此,整治工程的实施有利于江心洲港区及郑埠作业区的发展,进一步推动当地经济的发展。

整治工程实施后,限制了左汊的进一步展宽,有效地抑制了岸线的冲刷后退,改善航道形式恶化的不利局面。整治工程守护了牛屯河边滩,有效遏制了江心洲岸线的冲刷回退,改善了航道条件,枯季最小能维持 200 米 × 6.5 米 × 1050 米的航道条件,船舶通过能力大幅提高。工程的实施有利于堤防的稳定和港口的发展,同时,航道整治建筑物总体稳定。

总体而言,整治工程实施后,牛屯河边滩冲刷切割的不利态势得到有效控制,江心洲、彭兴洲护岸岸线整体稳定,有效地抑制了岸线的冲刷后退,改善了航道条件,实现了航道整治工程的预期目标。

31. 长江中游牯牛沙水道航道整治一期工程

(1)项目概况

项目于 2009 年 9 月开工建设,2010 年 5 月试运行,2012 年 10 月竣工。

项目建设依据:2008 年 10 月,交通运输部批复长江航道规划设计研究院编制的工可报告(交规划发〔2008〕379 号);2009 年 8 月,交通运输部批复长江航道规划设计研究院编制的初步设计(交水发〔2009〕456 号);2008 年 7 月,湖北省环境保护局批复湖北省环境科学研究院编制的《长江中游牯牛沙水道航道整治一期工程环境影响报告表》(鄂环函〔2008〕457 号);2008 年 10 月,水利部长江水利委员会批复长江科学院编制的《长江中游牯牛沙水道航道整治一期工程防洪评价报告》(长许可〔2008〕130 号)。

航道建设等级为一级,航道设计尺度为宽度 100 米、水深 4.5 米、最小弯曲半径 1050 米。设计代表船队为 4413 千瓦推轮上水顶推 15 艘分节驳船(下水顶推 16 艘分节驳船),由 2000 吨级或 5000 吨级驳船组成的 2 万 ~ 5 万吨级船队。航道设计通航保证率 98%。

项目右岸建设牯牛沙边滩护滩带 3 道,分为陆上护滩、水下护滩;左岸护岸加固。项目共整治滩险 2 处。疏浚 2.72 千米航道,底宽 100 米,两侧坡比 1∶8,土方共计 18.73 万立方米。项目护岸、护滩、护底的情况:陆上护滩采用 X 形排守护,碎石沥青填缝,排上下游侧分别设预埋防冲结构。护脚采用 D 形排,排上抛石,排外缘设透水框架;水下护滩带采用 D 形排护底,在护底排体的纵轴线两侧排上抛石,护底排体边缘及外缘分别抛石和抛透水框架;护岸加固采用抛石结构。项目配布 7 座专用航标。项目决算总投资 1.44 亿元,均为交通运输部水运建设资金。

(2)项目建设实施情况

项目建设单位为长江航道局;设计单位为长江航道规划设计研究院;施工单位为长江宜昌航道工程局、武汉航道船厂、长江武汉航道局黄石航道处等;监理单位为武汉长航科达工程监理有限公司、长航监理有限公司（武汉）；质监单位为长江航务工程质量监督中心站。

（3）科技创新成果及获奖情况

①首次探索使用定型钢模预制透水框架，提高了构件观感质量。透水框架消能、促淤效果良好，本项目是首次大规模在航道整治工程中应用该透水框架。参建单位共同研究，通过试验，采用定型钢模内附塑料薄膜的施工工艺，并优化生产及养护工艺，成功解决了冬季生产条件差、脱模养护周期短、生产批量大和观感质量要求高的难题，为后续工程透水框架制作积累了宝贵的经验。

②首次大规模水上、水下应用透水框架促淤、防冲。本工程3道护滩带作用主要是抑制牯牛沙边滩受冲后退，工程在施工过程中及完工后都会受到水流的剧烈冲刷，采用传统抛石抛枕施工费用高且效果较差，建设单位在吸收其他项目小规模试用透水框架取得的经验的基础上，大规模使用了透水框架压载排体边缘进行防冲促淤，达到了良好的工程效果。

③在施工现场建立大型预制厂，对小型预制件进行集中预制、集中管理，有效预防质量通病的发生；对混凝土块实行机械化吊装，大大降低混凝土块破损率，克服了以混凝土块转运环节中多采用人工搬运，作业效率低且混凝土块在转运过程中破损量大的问题。

（4）项目投产后的运营情况

整治工程完工后，经历了2010年、2011年和2012年洪水期考验，整治建筑物整体稳定，达到了预期的建设目标。

一期工程实施后，遏制了牯牛沙边滩受冲后退，牯牛沙边滩整体淤高展宽，防止了航道条件的进一步恶化，缓解了航道维护的困难局面，总体河势更趋稳定。

牯牛沙边滩的完整高大是牯牛沙水道航道条件好转的必要条件。整治工程实施前，受清水下泄及河道自身条件的影响，从2003年开始，牯牛沙边滩受冲变窄，枯水河道逐渐放宽，主流右摆，上下深槽逐步交错，航道维护工作出现紧张局面，2007年枯水期时成为长江中下游重点碍航水道，需要采取疏浚等措施来维持通航。该水道浅区位于西塞山至茅山港之间的过渡段内，一般汛期过短段淤积形成浅埂，汛后水流冲刷不力而发生碍航。一期工程实施后，枯水期过渡段浅区已由以往的交错型变为正常型。

左岸护岸加固工程区域整体淤积，未发生冲刷后退现象，护岸加固区域稳定。本次航道整治工程的实施为牯牛沙水道后续治理工程奠定了良好的基础。一期工程是总体工程的一部分，总体工程是在牯牛沙边滩上建丁坝，一期工程构筑的3道护滩建筑物工程，也是后续丁坝工程的护底。一期工程构筑了护滩建筑物，经历了多个水文年的考验，整体保持稳定，为后续治理工程在其上构筑丁坝做好了稳定的护底准备。同时由于一期工程的及时实施，遏制了牯牛沙边滩的冲刷后退、变窄变低，使后续丁坝工程工程量和成本减少，工程风险也有所降低。

整治工程顺利实施后,不仅达到了预期的整治效果,同时对左岸护岸进行了加固,确保岸线持续稳定,避免了水土流失,为保护沿岸百姓的生命和财产安全作出了贡献,为当地经济的发展起到良好的推动作用。

32. 长江中游枝江—江口河段航道整治一期工程

(1)项目概况

项目于 2009 年 9 月开工建设,2013 年 9 月竣工。

项目建设依据:2009 年 3 月,交通运输部批复长江航道规划设计研究院编制的工可报告(交规划发〔2009〕143 号);2009 年 8 月,交通运输部批复长江航道规划设计研究院编制的初步设计(交水发〔2009〕453 号);2009 年 4 月,湖北省环境保护局批复湖北省环境科学研究院编制的《长江中游枝江—江口河段航道整治一期工程环境影响报告书》(鄂环函〔2009〕334 号);2009 年 6 月,水利部长江水利委员会批复长江科学院编制的《长江中游枝江—江口河段航道整治一期工程防洪评价报告》(长许可〔2009〕88 号)。

航道建设等级为二级,航道设计尺度为宽度 150 米、水深 2.9 米、最小弯曲半径 1000米。设计代表船队为 1942 千瓦 +4×1500 吨级顶推船队、1942 千瓦 +6×1000 吨级顶推船队。航道设计通航保证率 98%。

项目建设水陆洲洲头低滩河右缘边滩护滩带 7 条,水陆洲洲头及右缘中上段护岸760 米,水陆洲窜沟锁坝 1 道,张家桃园边滩护滩带 4 条,柳条洲右缘及尾部护岸 2282 米,吴家渡边滩护底带 5 条,七星台护脚加固 1400 米。项目共整治滩险 1 处。项目护滩带主要采用 D 形排守护,上设抛石压载,垂直水流方向布置;护岸采用平顺斜坡式护岸;坝体为抛石结构,平台面层采用干砌块石。项目配布 10 座专用航标。项目决算总投资 2 亿元,均为交通运输部水运建设资金。

(2)项目建设实施情况

项目建设单位为长江航道局;设计单位为长江航道规划设计研究院;施工单位为长江宜昌航道工程局、中交第二航务工程局有限公司、公安县荆堤建设工程有限公司等;监理单位为四川省水运工程监理事务所、武汉长航科达工程监理有限公司;质监单位为长江航务工程质量监督中心站。

(3)科技创新成果及获奖情况

①创造性地将扭王字块结构应用于中游航道整治,提高了整治建筑物的整体稳定性和耐久性。

②进一步推广应用了透水框架结构在护滩、护底、镇脚等不同工况条件下的适用性,取得较好的抗冲消能、促淤固滩效果。

③试验研究了钢丝网笼垫生态护坡的植草方案,率先践行了"生态航道建设"的

理念。

④首次应用了钢丝网兜坝芯、联锁砖护面等新型结构,提高了整治建筑物的整体稳定性。

⑤积极探索了钢丝网笼垫溜槽填充卵石工艺,在提高施工效率的同时,也降低了施工成本。

项目获得2014年度水运交通优秀设计三等奖。

(4)项目投产后的运营情况

枝江—江口河段航道整治一期工程自2009年开工以来,经过2010—2012年3个汛期的考验,整治建筑物整体稳定,滩槽趋于稳定,航道条件得到一定改善,河段内水位快速下降的趋势也受到一定程度的控制,基本达到了预期的目标。整治工程的实施,体现了良好的综合效益,为长江中游近坝砂卵石河道的整治提供了借鉴。

枝江—江口河段是长江中游最早受到三峡水库蓄水影响的砂卵石浅滩河段之一,近坝砂卵石河段不仅存在自身航道问题,还涉及水位下降问题,航道治理难度非常大。本河道在工程实施以前,河段内水陆洲、柳条洲出现了洲头及右缘退缩、洲滩面积减小等变化,张家桃园、吴家渡等边滩高程也有冲刷降低趋势,随着三峡水库清水下泄持续影响,洲滩萎缩变化更大,引起河床较大变化,有可能造成枯水期水流分散、航槽不稳、水深不足等严峻局面,并且可能使一些起关键控制作用的部位对上游水位的控制作用减弱,造成昌门溪水位大幅下降。以上碍航现象的任何一种一旦出现,将影响现行船舶(队)及将来大型船队安全通过。有鉴于此,要想从根本上解决枝江—江口河段的碍航及水位下降问题,必须实施航道整治工程,而当务之急是采取洲滩守护型整治工程措施,稳定洲滩,增强禾草形态对水位的控制作用,消除浅滩碍航,改善航道条件。因此采用了归顺枯水流路,改善航道条件;通过洲滩守护,稳定基本的滩槽格局,控制水位降幅;上下兼顾、系统治理、远近结合、分期实施的整治原则,较好地达到了工程预期。不仅成功地经受住了2010—2012年汛期的考验,自身的结构整体安全稳定,还体现出了良好的工程效果。这说明在工程设计中对该河段河床演变规律的把握是正确的,提出的工程的控制范围总体是恰当的,选择对水陆洲、张家桃园、柳条洲、吴家渡等关键洲滩实施守护是合理的,所采用的几种结构形式能够抵御水流冲刷。护滩、护岸能较好地稳定洲滩,窜沟锁坝也能够较好地控制各汊道的分流比,水下护底排 + 抛石能够较好地防止建筑物局部冲刷。当然,本工程的成功实施和运用也是与业主、监理、质监等单位付出的努力分不开的。

枝江—江口河段航道整治一期工程的成功实施和运用,以及在工程建设、施工、监理、质监等方面的经验,为即将开展的宜昌至昌门溪河段航道系统治理及其他流域近坝砂卵石河段同类工程提供了有益的借鉴。

33. 长江下游土桥水道航道整治一期工程

(1)项目概况

项目于 2009 年 10 月开工建设,2011 年 7 月试运行,2012 年 12 月竣工。

项目建设依据:2009 年 4 月,交通运输部批复长江航道规划设计研究院编制的工可报告(交规划发〔2009〕181 号);2009 年 8 月,交通运输部批复长江航道规划设计研究院编制的初步设计(交水发〔2009〕454 号);2009 年 3 月,安徽省环境保护局批复中交二航院编制的《长江下游土桥水道航道整治一期工程环境影响报告书》(环评函〔2009〕169号);2009 年 5 月,水利部长江水利委员会批复南京水利科学研究院编制的《长江下游土桥水道航道整治一期工程防洪评价报告》(长许可〔2009〕78 号)。

航道建设等级为一级,航道设计尺度为宽度 200 米、水深 6 米、最小弯曲半径 1050米。设计代表船队:上水 4413 千瓦 + 15×2000 吨(分节驳船),顶推船队尺度为 248.55米×54 米×3.8 米;下水 4413 千瓦 + 16×2000 吨(分节驳船),顶推船队尺度为 316.05米×43.2 米×3.8 米。航道设计通航保证率 98%。

项目在成德洲左侧上段建设护岸,包括枯水平台、陆上护坡、水下护底、水下镇脚四部分;在成德洲左侧边滩上建设护坎及 2 道护滩带,在护坎前沿建设 5 道护底带;在沙洲和成德洲之间的夹槽建设 2 道锁坝;在左岸灰河口建设护岸。项目共整治滩险 1 处。护岸、护滩、护底的情况:水下护底建筑物主要采用 D 形排 + 抛石压载(护底边缘采用四面六边形透水框架);陆上护滩建筑物主要采用 X 形排(边缘采用预埋处理),护坡采用联锁式护坡砖;岸线守护采用 D 形排 + 抛石压载,护坡采用钢丝网石笼护垫;锁坝采用 D 形排护底,坝体为抛石坝,护坡采用钢丝网石笼护垫。项目设置 5 座 10 米安全航行专用标志。项目决算总投资 2.98 亿元,均为交通运输部水运建设资金。

(2)项目建设实施情况

项目建设单位为长江航道局;设计单位为长江航道规划设计研究院;施工单位为长江重庆航道工程局、武汉长通航道工程有限公司、长江重庆航道局丰都航道处船舶公司;监理单位为长航监理有限公司(武汉)、武汉长航科达工程监理有限公司;质监单位为长江航务工程质量监督中心站。

(3)科技创新成果及获奖情况

①首次应用直立式格宾挡墙,丰富了航道整治工程护岸结构类型。此结构具有一定的适应变形能力,另外应用此结构可减少土方开挖,有利于环境和土地资源的保护,完工后还可以进行植草绿化,达到生态护坡的效果。通过汛后观测,整体结构稳定,达到了预期目的。

②首次应用联锁块护坡,增加了生态护岸新手段。在护滩带根部接岸部分护坡施工中首次使用了联锁式混凝土块护坡新型施工工艺。这种结构具有较强的适应性,块体之

间联锁紧密,整体性较强,能抵抗较大的冲刷;空隙率较大,有较好的透水性,能有效降低岸坡渗水压力,保持岸坡的稳定性;混凝土块空隙内可植草,在美化环境的同时又可以形成自然坡面以改善生态环境。

③实践不良地质处理新手段,提高航道整治工程技术水平。通过采取调整排水盲沟布设方式及枯水平台结构形式、加大排水盲沟的密度和断面尺寸等一系列措施,同时对土质更差的区域采取小块石大面积换填,从而成功解决了护岸坡脚大面积渗流等问题。左岸渗流段岸坡实施两年以来保持了较好的稳定性和工程效果。

(4)项目投产后的运营情况

根据开工与完工测量、施工中期测量、汛期及效果观测等历次观测成果,整治建筑物总体保持稳定,航道整治效果明显。

整治工程实施后,成德洲中上段守护工程维持了滩体的完整,增强了滩体的束水归槽作用。通过在夹套内修建锁坝,控制了夹套的发展,抑制了灰河口一带水流分散,同时增加了左汊中段枯水期的分流比。一期工程实施后促进了左汊浅区冲刷,航道条件得到改善,6米航槽内未出现零星浅包,航道尺度大大提高,6米航槽最小宽度在250米以上,达到了200米×6.0米×1050米的航道设计标准。

一期工程治理目标是遏制左汊不利变化趋势,防止左汊浅区流速进一步分散,并适当改善左汊浅区(重点是灰河口一带)航道条件,降低航道维护难度,实现2010年规划治理目标。工程主要是对成德洲左缘中上段进行守护,防止因成德洲左缘崩退引起河道展宽;在成德洲与沙洲之间的夹套内建锁坝,限制夹套冲刷发展;对灰河口一带岸线进行守护,防止岸线崩退。从工程实施后的情况看,一期工程整治思路正确,工程方案布置合理,达到了改善航道条件的目的。

本次整治工程积极开展了新结构的试验性运用和不良地质条件下岸坡渗流的试验研究,提高了整治建筑物的稳定性和耐久性,丰富了内河航道治理技术。在成德洲左缘上段护岸工程中开展了直立式挡墙护岸的试验,该结构形式可减少岸坡的开挖,有利于环境和土地资源的保护;在护滩带根部采用了护坡新结构——联锁式护坡砖,该结构形式有较好的透水性,同时具有生态环保性能。依托左岸护坡开挖后出现的大范围渗流现象,开展了渗流处理的试验研究和施工工艺的现场试验,根据试验成果提出了合理的解决不良地质条件下的岸坡渗流方案,为今后的航道整治积累了经验。

整治工程对防洪、堤防、铜陵港等基本无不利影响,通过环保工程措施最大限度地降低了对淡水豚国家级自然保护区的影响。

一期工程实施后,有效遏制了左汊不利变化趋势,防止了左汊浅区流速进一步分散,有利于枯水期水流归槽,促进了浅区的冲刷,明显改善了左汊浅区航道条件,在疏浚工程没有实施的情况下,达到了规划标准。

34.长江下游马当河段航道整治一期工程

(1)项目概况

项目于2009年10月开工建设,2011年7月试运行,2013年9月竣工。

项目建设依据:2009年5月,交通运输部批复长江航道规划设计研究院编制的工可报告(交规划发[2009]258号);2009年9月,交通运输部批复长江航道规划设计研究院编制的初步设计(交水发[2009]471号);2009年8月,江西省环境保护厅批复中交第二航务工程勘察设计院有限公司编制的《长江下游马当河段航道整治一期工程环境影响报告书》(赣环督字[2009]320号);2009年6月,水利部长江水利委员会批复南京水利科学研究院出具的《长江下游马当河段航道整治一期工程防洪评价报告》(长许可[2009]105号)。

航道建设等级为一级,航道设计尺度为宽度200米、水深4.5米、最小弯曲半径1050米。设计代表船型(船队)包括:利用自然水深通航5000吨级海船,并延长通航期;船队为由2000吨级或5000吨级驳船组成的2万~4万吨级船队。航道设计通航保证率98%。

项目在瓜子号洲左汊布置2道潜坝,在瓜子号洲洲头布置5条鱼骨护滩带,右缘布置护岸,洲尾布置2条护滩带;在右岸娘娘庙一带布置护岸。项目共整治滩险1处。护岸、护滩、护底的情况:水下护滩建筑物采用D形排+抛石压载+透水框架,陆上护滩建筑物主要采用X形排;锁坝采用D形排护底,坝体为抛石坝,护坡采用钢丝网石笼护垫;护岸工程枯水平台以下为水下软体排护底及抛石镇脚,枯水平台以上为干砌混凝土块或块石护坡。项目布置新建标志船9座。项目总投资2.91亿元,均为交通运输部水运建设资金。

(2)项目建设实施情况

项目建设单位为长江航道局;设计单位为长江航道规划设计研究院;施工单位为长江武汉航道工程局、江苏通洋船舶有限公司、武汉长通航道工程有限公司、安庆航道管理处;监理单位为长航监理有限公司(武汉)、武汉长航科达工程监理有限公司、南京公正工程监理有限公司;质监单位为长江航务工程质量监督中心站。

(3)科技创新成果及获奖情况

①首次应用联锁块护坡,增加了生态护岸新手段。

本工程在瓜子号洲洲尾部分护坡施工中首次使用了联锁式混凝土块护坡新型施工工艺。这种结构具有较强的适应性,块体之间联锁紧密,整体性较强,能抵抗较大的冲刷;空隙率较大,有较好的透水性,能有效地降低岸坡渗水压力,保持岸坡的稳定性;混凝土块空隙内可植草,在美化环境的同时又可以形成自然坡面以改善生态环境。

②实践不良地质处理新手段,提高航道整治工程技术水平。

针对瓜子号洲护岸下段出现的渗流现象,深入探讨了渗流出现的原因及处理方案,通过采取调整排水盲沟布设方式、加大排水盲沟的密度和断面尺寸等一系列措施,同时对土质更差的区域采取小块石大面积换填,从而成功解决了护岸坡脚大面积渗流等问题。左岸渗流段岸坡实施两年以来始终保持了较好的稳定性。

项目可行性研究报告获得 2010 年度交通运输部优秀水运工程咨询成果二等奖,项目可行性研究报告获得 2010 年度全国优秀工程咨询成果三等奖,项目获得 2014 年度水运交通优秀设计二等奖。

（4）项目投产后的运营情况

整治工程实施后,主航道的航道条件明显改善,瓜子号洲洲头稳定,滩形有所恢复,左汊淤积,分流大幅减少,右汊冲刷,浅区航道条件改善,工程实现了固滩促淤、稳定滩槽格局、适当改善浅区航道条件的目的,航道条件满足了规划标准。另外工程区均以淤积为主,整治建筑物结构稳定,达到了一期工程的整治目标,整治效果十分明显。

①整治工程实施后,稳定了瓜子号洲洲头,适当恢复了洲头低滩滩形,实现了维持两汊格局并抑制马阻水道沉船打捞区主流左摆的目标。整治工程实施前,瓜子号洲洲头及右岸线缘持续冲刷后退,河床向宽浅方向发展,沉船打捞区附近主流向左偏移,瓜子号洲洲头护滩带工程和瓜子号洲护岸工程对洲头低滩和岸线进行了有效的守护和控制。一期工程实施后,瓜子号洲洲头低滩淤长,滩形有所恢复,左汊在两道潜坝工程的作用下,整体淤积,左汊分流比减小,右汊分流比增加,在两者共同作用下,成功抑制了马阻水道沉船打捞区主流左摆,稳定了航道条件。

②整治工程实施后,有效防止了左汊的冲刷发展,遏制了汊道分流比的不利调整。一期工程实施前,瓜子号洲左汊持续冲刷发展,分流比增加,对主汊稳定在右汊极为不利。整治工程实施后,左汊冲刷得到有效控制,整体表现为淤积,左汊分流比减小,相应的右汊分流比增加,遏制了汊道分流比的不利调整。

③整治工程实施后,浅区航道条件明显改善,航道尺度达到规划标准。一期工程实施后,汛后东流直水道 5 米等深线全线贯通,宽度在 300 米以上,到 2013 年 2 月,5 米等深线在 500 米以上;6 米等深线也全程贯通,航道条件比整治工程实施前明显改善,航道尺度达到规划标准。

竣工前测图及现场检查情况表明:整治建筑物结构稳定,工程区以淤积为主,达到了预期目的。

35. 长江中游瓦口子—马家咀河段航道整治工程

（1）项目概况

项目于 2010 年 10 月开工建设,2012 年 3 月试运行,2013 年 8 月竣工。

项目建设依据:2010 年 1 月,交通运输部批复长江航道规划设计研究院编制的工可报告(交规划发〔2010〕25号);2010年8月,交通运输部批复长江航道规划设计研究院编制的初步设计(交水发〔2010〕406号)。

项目整治长江中游航道452～478千米,航道建设等级为一级,航道设计尺度为宽度150米、水深3.5米、最小弯曲半径1000米。设计代表船队为由2000～3000吨级驳船组成的6000～10000吨级船队。航道设计通航保证率98%。

项目在金城洲中下段建设2条护滩带;南星洲右缘建设1条护滩带;南星洲左汊建设1条护底带,并对已建N1号护底带进行加固;雷家洲边滩建设2300米长护岸;对盐卡—郑江寺长2015米和西湖庙一带长2520米的已建护岸进行加固。项目共整治滩险1处。护岸、护滩、护底的情况:水下护底建筑物主要采用D形排+抛石压载,护底下游面边缘采用四面六边形透水框架;陆上护滩建筑物主要采用X形排,轴线左右设置5米宽的透水框架带,护滩上游面边缘部分采用预埋处理,上游面边缘部分、头部和下游面边缘采用四面六边形透水框架;护坡采用钢丝网格;N1号护底带加固采用沉排、抛石和四面六边形透水框架结构;护岸加固采用抛石结构。项目布置警示专用标8座。项目总投资2.76亿元,均为交通运输部水运建设资金。

(2)项目建设实施情况

项目建设单位为长江航道局;设计单位为长江航道规划设计研究院;施工单位为长江武汉航道工程局;监理单位为长航科达监理有限公司;质监单位为长江航务工程质量监督中心站。

(3)科技创新成果及获奖情况

在结构上进行了多处改进和创新,护滩排体边缘防冲结构采用了预埋处理,有效地解决了护滩排体边缘防冲问题。针对雷家洲边滩存在不利土层——淤泥质粉质黏土的情况,在结构设计中增大盲沟尺寸、加密盲沟间距、改变盲沟填充物以增强岸坡表层排水能力;并在枯水平台的后方设置铺石挡墙结构,增强了雷家洲护岸工程的稳定性,并在其他不良地质岸段得到了广泛推广。

36.长江中游窑监河段乌龟洲守护工程

(1)项目概况

项目于2010年10月开工建设,2012年4月试运行,2013年11月竣工。

项目建设依据:2010年2月,交通运输部批复长江航道规划设计研究院编制的工可报告(交规划发〔2010〕101号);2010年8月,交通运输部批复长江航道规划设计研究院编制的初步设计(交水发〔2010〕397号);2010年2月,湖北省环境保护厅批复湖北省环境科学研究院编制的《长江中游窑监河段乌龟洲守护工程环境影响报告书》(鄂环函〔2010〕95号);2010年6月,水利部长江水利委员会批复长江科学院编制的《长江中游窑监河段乌龟洲守护工程防洪评价报告》（长许可〔2010〕99 号）。

航道建设等级为二级，航道设计尺度为宽度 80 米、水深 3.2 米、最小弯曲半径 750 米。设计代表船队为由 1000 吨级或 1500 吨级驳船组成的 6000 吨级船队。航道设计通航保证率 95%。

项目对乌龟洲右缘中下段采用平顺斜坡式护岸进行守护。主要工程结构为沉排护底、抛枕和抛石镇脚、干砌枯水平台以及六方块护坡等。项目共整治滩险 1 处。本工程采用 D 形系混凝土块软体排护底，并在受水流作用较强的部位加抛四面六边形透水框架，枯水平台采用干砌块石结构，枯水平台以上采用混凝土六边块护坡，下设置黄沙、无纺布及碎石构成反滤层，护脚工程采用抛石和抛枕结构。项目布置 4 座 10 米钢制标志船专用标。项目总投资 1.28 亿元，均为交通运输部水运建设资金。

（2）项目建设实施情况

项目建设单位为长江航道局；设计单位为长江航道规划设计研究院；施工单位为长江重庆航道工程局、常州交运集团有限公司、中国水产广州建港工程公司；监理单位为武汉长航科达工程监理有限公司；质监单位为长江航务工程质量监督中心站。

（3）科技创新成果及获奖情况

①在水流强烈、地形冲刷较大区域成功运用四面六边形透水框架进行促淤。透水框架具有增加局部糙率、降低流速、促进淤积、保护河床的作用。透水框架的使用有效地减弱了该冲刷部位的继续发展，同时还起到了促淤的效果。

②在工程实施期间，克服了工程区水深、流急施工与通航矛盾突出等种种困难，通过合理布置沉排顺序和起止点、增设反向搭接，顺利完成水上沉排施工，取得了较好的效果。积极运用水下声呐扫描和水下探摸相结合的方式，提高了水下隐蔽工程的检测水平，保证了作业人员的安全。应用船载固定式和单兵移动式远程视频监控系统，实现了施工全过程、全方位的监控管理，提高了管理水平。引进大型浮式起重设备，进一步提高了施工效率，减轻了工人劳动强度。设置大理石里程标识，加强了现场定位、沉降观测，便于项目的管理。

（4）项目投产后的运营情况

窑监河段位于长江中游下荆江河段，左岸为湖北监利县，右岸为湖南华容县，全长 16 千米，素有"长江中游咽喉"之称。窑监河段乌龟洲守护工程自 2010 年开工以来，经过 2011 年、2012 年两个汛期的考验，整治建筑物整体稳定，航道条件明显改善，达到了预期目标。工程的实施，体现了良好的综合效益。

①守护工程进一步稳定和巩固了主航道左边界，稳定了窑监河段的出流条件。

②建筑物总体稳定，结构安全，结构设计合理可行。工程设计在总结窑监河段航道整治一期工程结构设计的基础上，对岸坡排水设施、水下顶冲部位和护底排边缘等部位进行

了细化设计。在坡顶布置了截流沟,并每隔 100 米的坡面布置一条排水明沟,将乌龟洲上大面积的径流导引至排水明沟,保护岸坡免遭降水时径流的冲刷;根据岸坡渗流点的高程,优化了排水盲沟的布置形式,加快了地下渗流水的排泄;根据水流、水深、水下近岸地形坡度,对重点部位进行加强设计,并根据动态管理、动态设计的原则,增设了备填枕,将备填枕用于工程实施后的河床调整期的冲刷部位。工程实施后,守护工程总体稳定,达到了预期的设计目标。

37. 长江中游戴家洲河段戴家洲右缘下段守护工程

(1)项目概况

项目于 2010 年 10 月开工建设,2012 年 5 月试运行,2013 年 12 月竣工。

项目建设依据:2010 年 2 月,交通运输部批复长江航道规划设计研究院编制的工可报告(交规划发〔2010〕81 号);2010 年 8 月,交通运输部批复长江航道规划设计研究院编制的初步设计(交水发〔2010〕405 号);2010 年 2 月,湖北省环境保护厅批复湖北省环境科学研究院编制的《长江中游戴家洲河段戴家洲右缘下段守护工程环境影响报告书》(鄂环函〔2010〕69 号);2010 年 6 月,水利部长江水利委员会批复长江科学院编制的《长江中游戴家洲河段戴家洲右缘下段守护工程防洪评价报告》(长许可〔2010〕92 号)。

航道建设等级为一级,航道设计尺度为宽度 100 米、水深 4.5 米、最小弯曲半径 1050 米。设计代表船队为由 2000 吨级或 5000 吨级驳船组成的 2 万 ~ 4 万吨级船队;利用自然水深通航 5000 吨级海船,并延长通航期。航道设计通航保证率 98%。

项目对戴家洲右缘下段岸线进行守护,洲尾建设 2 道护底带,护岸采用斜坡护岸形式,枯水平台以上采用六角混凝土块护坡,再沉 D 形排护底,枯水平台外侧采用厚抛石进行镇脚,局部排边进行抛石、抛枕加固;在戴家洲洲尾建设 2 道护滩带,并在护底带 D 形排边缘设防冲备填沙枕。项目共整治滩险 1 处。项目布置 5 艘 10 米标志船。项目决算总投资 1.29 亿元,均为交通运输部水运建设资金。

(2)项目建设实施情况

项目建设单位为长江航道局;设计单位为长江航道规划设计研究院;施工单位为中交第二航务工程局有限公司;监理单位为长航监理有限公司(武汉);质监单位为长江航务工程质量监督中心站。

(3)项目投产后的运营情况

①整治工程达到了预期目的。

戴家洲一期工程中洲头鱼骨坝工程的实施有效延长了直水道枯水期进口段凹岸边界,增强了进口段枯水期直水道弯道水流特性及两岸稳定性,解决了洲头滩地刷低后退的问题,使变低后退的滩地得到一定程度的恢复,形成有利滩地形态。河道的平面形态调整后,直水道内的滩槽分布及水流条件发生了相应变化,航道条件向有利方向转化,为总体整治方案的全面实施奠定基础。

戴家洲右缘下段守护工程实施后,戴家洲右缘下段守护岸线的崩退和洲尾低滩的冲刷得到控制,直水道下段平面形态没有向过直过宽方向变化,形成了较为稳定的航道左边界,有利于直水道一次过渡滩槽形态的保持和航道条件的进一步改善;洲尾段水下护底带,归顺主航槽与下游深槽平顺衔接。因此,戴家洲右缘下段守护工程的实施为后续工程的实施创造了条件。

在戴家洲右缘守护工程和一期工程的共同作用下,直水道下浅区 4.5 米航槽展宽,200 米航宽内水深均能保持在 4.5 米以上,满足 100 米 × 4.5 米 × 1050 米的设计航道尺度。

②建筑物总体稳定,结构安全,结构设计合理可行。

在结构设计上,充分借鉴了近年来航道整治工程的经验,采用技术相对成熟、在工程实践中应用较好、施工经验丰富的护岸结构。通过对局部结构进行优化和改进,取得了较好的效果,提高了整治建筑物的稳定性和耐久性。

对于本护岸工程而言,由于护岸段深泓贴岸,流速较大,对岸坡及水下护底的冲刷较为强烈。水下护底是本工程的关键部位,因此在工程设计时,考虑将枯水平台以下部分地形坡度陡于 1:2.5 的坡先进行抛枕补坡,从而加强水下岸坡的稳定性。另外,针对不同护岸段,进行了强度不同的设计,主要体现在深泓近岸段,排上镇脚抛石强度要高于其他岸段,从而保证岸坡镇脚的稳定性。

枯水平台以上建筑物完整稳定,枯水平台以下抛石镇脚区域整体淤积,仅局部位置出现了一定变形,主要体现在深泓近岸段排体边缘区域呈冲刷状态,经过 3 个汛期的考验,再加上局部维护加固工程,整治建筑物依然稳定。由此可知,整治建筑物总体稳定,结构安全,结构设计合理可行。

③取得了良好的综合效益。

戴家洲河段位于武汉—安庆航段内,属于《长江干线航道发展规划》列入的长江中游重点整治浅滩之一。戴家洲一期航道整治工程的实施,直水道基本形成了一次过渡航道的有利河道格局,戴家洲右缘守护工程的实施,使直水道出口端凹岸边界稳定,有利于一期工程形成的有利河道格局的稳定,为总体治理目标的实现奠定了良好的基础。

38. 长江中游沙市河段腊林洲守护工程

(1)项目概况

项目于 2010 年 10 月开工建设,2012 年 3 月试运行,2013 年 12 月竣工。

项目建设依据:2010 年 4 月,交通运输部批复长江航道规划设计研究院编制的工可报告(交规划发〔2010〕203 号);2010 年 8 月,交通运输部批复长江航道规划设计研究院编制的初步设计(交水发〔2010〕404 号);2010 年 2 月,湖北省环境保护厅批复湖北省环境科学研究院编制的《长江中游沙市河段腊林洲守护工程环境影响报告书》(鄂环函〔2010〕94号);2010年4月,水利部长江水利委员会批复长江科学院编制的《长江中游沙市河段腊林洲守护工程防洪评价报告》(长许可〔2010〕57号)。

航道建设等级为二级,航道设计尺度为宽度80米、水深3米、最小弯曲半径750米。设计代表船队:上水1942千瓦+4×1500吨,顶推船队尺度为196米×26米×2.5米;下水1942千瓦+6×1000吨,顶推船队尺度为248米×21.6米×2.4米。航道设计通航保证率95%。

项目建设腊林洲边滩中上段护岸工程,对腊林洲边滩中上段岸线采用斜坡式护岸,护岸尾部设置过渡段;对杨林矶已建护岸工程的重点部位进行抛石加固;对荆州航道处柳林洲航标维护中心进行改扩建。项目共整治滩险1处。护岸、护滩、护底的情况:腊林洲护岸采用斜坡式护岸,护岸结构主要包括陆上护坡、枯水平台、水下护底和水下镇脚,陆上护坡和枯水平台采用钢丝网石笼结构,水下护底采用D形排和抛石结构,水下镇脚采用抛石结构,护岸尾部过渡段施工水位以上采用铺石结构,施工水位以下抛投四面六边形透水框架2层,排体外缘90米范围抛投沙枕3层;左岸杨林矶一带已建护岸的水下加固主要采用抛石结构。项目配置工程区警示专用标4座。项目决算总投资1.69亿元,为交通运输部水运建设资金。

(2)项目建设实施情况

项目建设单位为长江航道局;设计单位为长江航道规划设计研究院;施工单位为长江武汉航道工程局、中交天航港湾建设工程有限公司;监理单位为武汉中澳工程项目管理有限责任公司;质监单位为长江航务工程质量监督中心站。

(3)科技创新成果及获奖情况

①大规模采用钢丝网石笼护垫新型生态环保结构。本工程由坡顶至枯水平台全部采用了钢丝网石笼护垫生态环保结构,通过在钢丝网石笼结构中植草,实现了绿色护坡,体现建设绿色航道新理念。施工过程中采用"钢管边界固定、分层装填"和"溜槽装填"的方法,保证了边线顺直,提高了充填效率,取得了较好的效果。

②利用信息技术,在本工程建立了远程视频监控系统。利用最新的计算机、通信和图像处理技术,通过计算机网络传输数字图像方式,将被监控区各种设备运行、人员活动情况等以"现场直播"的方式实时反映在各终端监控人员手中;同时,本项目积极推进单兵视频监控,改变了以往视频监控点固定的弊端,"单兵视频"可使参建各方特别是建设单位监控面更广、及时性更强,在质量管理、安全防范等方面真正做到监控有效、管理及时到位。同时,视频资料能够自动储存,后期能随时备查。

③严格推行首船计量管理的新方法,极大地减小了抛石质量安全隐患。为了杜绝偷工减料、杜绝施工"三无"船舶、减少超载现象发生,在总结以往现场施工管理经验的基础

上,推行"船舶相对固定,首船称重计量,船首船尾标识,超载不计、欠载拒收"的抛石计量方法,较好地控制了"三无"船舶和施工超载现象。同时,采用大型浮式起重机抛石,提高了施工效率,确保了施工安全。

(4)项目投产后的运营情况

腊林洲守护工程的工程目标为:通过对腊林洲边滩进行守护,防止因其继续崩退使得河道进一步展宽而导致沙市河段洲滩形态、水流结构等发生不利变化,配合已实施的沙市河段航道整治一期工程对三八滩的控制守护,稳定沙市河段滩槽形态,基本形成稳定河势格局,为系统治理后续措施的逐步实施奠定基础。

腊林洲守护工程在不影响堤防安全及河道行洪的基础上,对腊林洲上段崩退较为严重的部位进行了守护,防止了因其崩退导致上段河道展宽而使洲滩发生较大变化,有利于中枯水期主流从南槽过渡至北汊,维持了南北航线的稳定,为系统治理后续措施的逐步实施奠定了基础。同时,工程实施后改善了沙市河段桥区河段船舶的通航环境,有利于荆州长江大桥的安全施工,推动了当地经济的发展。

39. 长江中游藕池口水道航道整治一期工程

(1)项目概况

项目于 2010 年 10 月开工建设,2012 年 4 月试运行,2013 年 12 月竣工。

项目建设依据:2009 年 11 月,交通运输部批复长江航道规划设计研究院编制的工可报告(交规划发〔2009〕702 号);2010 年 8 月,交通运输部批复长江航道规划设计研究院编制的初步设计(交水发〔2010〕398 号);2010 年 2 月,湖北省环境保护厅批复湖北省环境科学研究院编制的《长江中游藕池口水道航道整治一期工程环境影响报告书》(鄂环函〔2010〕91 号);2010 年 5 月,水利部长江水利委员会批复长江科学院编制的《长江中游藕池口水道航道整治一期工程防洪评价报告》(长许可〔2010〕82 号)。

航道建设等级为一级,航道设计尺度为宽度 80 米、水深 2.9 米、最小弯曲半径 750米。设计代表船队为由 1000 吨级或 1500 吨级驳船组成的 3000 ~ 6000 吨级船队。航道设计通航保证率 98%。

项目对藕池口水道左岸陀阳树边滩建设 4 道护滩带;建设天星洲护岸左缘下段护岸,两端各布置 50 米衔接段,在天星洲护岸下游布置顺岸护滩带;建设藕池口心滩左缘中段护岸,两端各布置 50 米衔接段;建设沙埠矶至夹河口护岸,下游布置 50 米衔接段。项目共整治滩险 1 处。项目护底采用 D 形排,上设抛石镇脚;护岸主要采用斜坡式护岸及混合式护岸。项目配置工程区专用标 12 座。项目总投资 2.09 亿元,均为交通运输部水运建设资金。

(2)项目建设实施情况

项目建设单位为长江航道局;设计单位为长江航道规划设计研究院;施工单位为长江

宜昌航道工程局、湖北铭城建设工程有限公司;监理单位为南京公正工程监理有限公司;质监单位为长江航务工程质量监督中心站。

（3）科技创新成果及获奖情况

①采用浮式起重机抛石。浮式起重机吃水较浅、吊臂长,能够充分靠近并覆盖抛石区域,满足大部分护脚石的抛投施工,且浮式起重机抛投护脚石施工的可控性较强,能有效避免水上抛石对枯水平台的破坏,提高了抛石的施工效率和安全性。

②采用钢丝网石笼挡墙新结构。钢丝网石笼挡墙实质为充填满块石的规则的矩形钢丝笼单元体,在钢丝笼中装填块石后,封闭盖板,可形成一个大型的、具备一定柔韧性和整体性的工程模块,具有整体性和透水性好、可适应变形、耐久、防水流冲刷和减少土方开挖等优点。由于石笼垫表面粗糙,泥沙易于落淤在石笼内,可以长出青草,起到环保绿化的效果,改善了河道的生态环境,效果良好。

③采用单元排护滩,护滩效果明显。在天星洲护滩带采用单元系结混凝土软体排新型结构,此结构与传统的系结混凝土压载软体排相比,优点有:预制件整体浇筑、整体铺放,排体间采用丙纶绳及绳卡进行连接固定,排体可现场预制,排体整体稳定性好,施工效率高,护滩效果好。此工程单元排制作过程中,在确保制作质量的前提下提高施工效率,积累了丰富经验,为单元排在后续航道整治工程(杨林岩、荆江航道整治)中的推广使用提供了支撑。

④采用长臂挖机和 U 形钢制溜槽装填卵石。天星洲护岸由于坡面长度较短,且多为软基坡面,渗水严重,大型设备上坡安全隐患较大,故采用长臂挖机进行坡面施工和钢丝网格的卵石填充施工,长臂挖机能够从坡顶直接定位填充至坡面任何位置。沙埠矶护岸和藕池口心滩护岸坡面长度在 20 ~ 30 米之间,工程中制作了多个 U 形钢制溜槽,溜槽由多个 2 米长的单元拼接组成,上部有一个漏斗形接口。施工中,将溜槽放于坡面,挖掘机将卵石铲运至溜槽漏斗形接口中,让卵石顺溜槽滑下,依次进行坡面的卵石填充,减轻了工人的劳动强度,提高了施工效率,施工效果较好。

项目获得 2014 年度水运交通优秀设计一等奖。

（4）项目投产后的运营情况

藕池口水道航道整治一期工程整治建筑物总体稳定,航道条件明显改善,达到预期目的,工程总体效果明显。

①工程初步达到了预期目标。

一期航道整治工程实施以后,航道条件进一步改善,满足 80 米×2.9 米×750 米、通航保证率 98% 的航道设计尺度要求,提高了航道通过能力。

整治工程实施后,陀阳树边滩的冲刷后退得到控制,天星洲洲尾也得到守护,倒口窑心滩进口处在中枯水条件下的水流分散得到了限制,从而起到了束水冲槽的作用,航道条件得到明显改善。

航道整治一期工程把握了较好的整治时机,进口航道条件、航槽左边界得以稳定。可见,整治工程的实施初步稳定了水道左汊进口的滩槽格局,抑制了航道条件的不利发展趋势;维持和巩固现有较为有利的滩槽格局,并为后续系统治理创造了有利条件。

②整治建筑物总体稳定,结构安全可靠。

工程设计在总结以往长江上航道整治工程结构设计的基础上探索结构创新,例如,护岸工程中护坡采用了钢丝网格生态护坡,通过加大排水盲沟设计尺寸解决渗流问题,创新地使用了新结构钢丝网石笼挡墙和混凝土单元排进行护滩。

从工程实施后多次测图反映出的情况看,整治建筑物总体稳定,部分整治建筑物的局部冲刷范围集中在天星洲护岸上端衔接段、护底排边缘和陀阳树 H4 号护滩带下游侧,其余部位护滩、护岸工程促淤防冲效果明显。在经过两个汛期的考验后,通过局部维护工程,整治建筑物依然稳定。综上所述,整治建筑物总体稳定,达到了预期的设计目标,加大排水盲沟设计尺寸可以更好地防止渗流,值得后续整治工程借鉴。

③取得了良好的经济和社会效益。

藕池口水道位于长江中游下荆江首段,是长江中游重点碍航水道之一。三峡水库蓄水运用后,随着由此造成的沿程冲刷的影响越来越明显,藕池口水道航道条件出现向不利方向变化的趋势。为进一步适应沿江经济和社会发展的需求,从根本上解决藕池口水道的碍航问题,确保长江中游航道整体畅通,对藕池口水道实施航道整治工程不仅是必要的,而且是十分紧迫的。

a. 一期工程主要建筑物为护滩带和护岸,采用的材料主要为块石、混凝土块和聚丙(乙)烯编织布,它们在长江、汉江的航道整治工程中已得到广泛应用,其应用情况表明这些材料对水质总体影响不大。整治工程实施后,将有效遏制洲滩剥蚀和岸线崩塌,冲入江中的泥沙将大大减少。在枯水季节,伴随着凹岸岸线的逐渐形成,恶化情况渐趋稳定,能够引导水流及时归槽,单宽流量增大,水流顺畅,有利于污染物的纵向扩散和水体的自净,对改善水质是有利的。

b. 藕池口水道地处长江中游下荆江首段,长期以来一直是长江防洪的重点区域,本工程主要对洲滩进行守护。根据模型试验成果,在各级流量下,最大水位壅高值均在 0.05 米以内,并且流量越大壅高值越小。考虑到整治建筑物建成后河床会重新调整,最大壅高值还会有所减小,且工程实施前后工程区外的近岸流速几乎没有变化,基本也不改变高水流路,河道深泓也未发生变化,因而不会使本河段河势发生改变,也不可能对下游河段的河势产生影响,整个工程不会对防洪构成威胁,反而对防洪起到了积极的作用。一期整治工程控制了河势,稳定了洲滩格局,有利于河势向好的方向调整,其中陀阳树边滩带对左岸崩岸险情有缓解作用,工程实施后出现淤积,消除了崩岸隐患。

c.藕池口水道航道整治工程实施后,弯曲半径变大,航道更加顺直,说明工程对航道线路有调整作用,改善了航道条件。整治工程的实施,确保了航道安全畅通,大型船舶船队在枯水期通过本水道时不再需要减驳、减载或者候槽航行,从而减免由此产生的运力和营运损失,同时还能减轻枯水期航道维护的压力。从航道维护情况来看,工程实施以后两年内疏浚维护量为零,大大降低了航道维护成本。

40.长江下游口岸直水航道治理鳗鱼沙心滩头部守护工程

(1)项目概况

项目于2010年11月开工建设,2012年6月试运行,2014年10月竣工。

项目建设依据:2010年6月,交通运输部批复长江航道规划设计研究院编制的工可报告(交规划发〔2010〕269号);2010年8月,交通运输部批复长江航道规划设计研究院编制的初步设计(交水发〔2010〕401号);2010年7月,江苏省环境保护厅批复中交二航院编制的《长江下游口岸直水道航道治理鳗鱼沙心滩头部守护工程环境影响报告书》(苏环审〔2010〕165号);2010年8月,水利部长江水利委员会批复南京水利科学研究院编制的《长江下游口岸直水道航道治理鳗鱼沙心滩头部守护工程防洪评价报告》(长许可〔2010〕148号)。

航道建设等级为一级,航道设计尺度为宽度500米、水深10.5米、最小弯曲半径1050米。设计代表船型通航2.5万吨级海船,采用乘潮方式通航5万吨级海船;设计代表船队为由2000吨级或5000吨级驳船组成的2万~4万吨级船队。航道设计通航保证率98%。

项目建设鳗鱼沙心滩头部梭形护滩带,主体工程护滩结构由D形系混凝土块软体排和块石压载组成,变形区采用混凝土联锁块软体排结构,排体边缘抛设备填石,在护滩带转角处采用圆弧平顺抛石;对左岸白沙洲和右岸东新港现有护岸进行加固,采用抛石结构。项目共整治滩险1处。项目建设工程区域警示专用标8座(其中1座备用)。项目总投资3.79亿元,均为交通运输部水运建设资金。

(2)项目建设实施情况

项目建设单位为长江航道局;设计单位为长江航道规划设计研究院;施工单位为长江重庆航道工程局;监理单位为武汉长航科达工程监理有限公司;质监单位为长江航务工程质量监督中心站。

(3)科技创新成果及获奖情况

①积极进行水上抛石工艺改进,采用网兜抛石新工艺。网兜抛石施工工艺采用浮吊船起吊网兜进行抛石施工,具有较高的安全性,特别是在长江下游江面宽阔、经常突起阵风的施工工况下,施工的安全性更能凸显。而且网兜抛石施工可以精确定位抛石,大大提高抛石到位率,进而提高施工质量。

②创新使用混凝土联锁块软体排结构,在排体结构、排体制作及铺排施工工艺方面较

传统 D 形排均有改进。混凝土联锁块软体排采用较大的混凝土块压载,压载体之间缝隙较小,排体抗冲刷能力强,自身稳定性好,同时有较好的保沙护滩效果,虽然造价较高,但是可减少铺排后抛石压载。在预制过程中,采用大型专用磨具一体成型。在沉排施工过程中,采用铺排船上吊机起吊安放整体的联锁片,提高了设备应用效率,铺设时提高了铺排施工速度。且混凝土联锁块软体排绑系点少,需要人工数量少,在提高铺排速度的同时减少了安全隐患。

项目可行性研究报告获得 2011 年度交通运输部优秀水运工程咨询成果三等奖。

(4)项目投产后的运营情况

鳗鱼沙心滩头部守护工程经过 3 个汛期的考验,整治建筑物总体稳定,航道条件改善,达到预期目的,工程总体效果明显。

①整治工程达到了守护工程目标。

整治工程实施以后的 2012 年和 2013 年,航道条件没有继续恶化且有所改善,满足 500 米×10.5 米×1050 米、通航保证率98%的航道设计尺度要求,提高了航道通过能力。

整治工程实施后,由于鳗鱼沙心滩的冲刷后退得到抑制,心滩头部得以稳定,两槽进口水流得到控制,从而起到了束水冲槽的作用,航道条件得到改善。

心滩守护工程把握了较好的整治时机,两槽进口航道条件、心滩头部得以稳定,可见,工程的实施初步稳定了鳗鱼沙心滩头部冲刷后退的不利变化,抑制了航道条件的不利发展趋势;维持和巩固现有较为有利的滩槽格局,并为下阶段实施后续工程创造了有利条件。

②整治建筑物总体稳定,结构安全可靠。

工程设计在总结以往长江上航道整治工程结构设计的基础上,根据工程区水文地质特点,在不同区域采用不同的护底结构形式,同时结合结构专题成果,对排体边缘进行了有针对性的处理;对排体上抛石压载提出了多道(24 道)抛石棱体压载的平面布置,有效适应了工程区域水流特点,为工程的稳定和促淤效果的发挥奠定了基础。经过 3 个汛期的考验,通过局部维护工程,整治建筑物依然稳定。整治建筑物总体稳定,达到了预期的设计目标,采用结构专题对结构进行有针对性的设计的思路,值得后续整治工程借鉴。

③取得了良好的经济和社会效益。

长江下游口岸直水航道地处长江下游南京—浏河口段,上距南京约 100 千米,下距上海约 200 千米,是南京—浏河口河段重点水道之一。自 2006 年以来,鳗鱼沙心滩头部开始持续冲刷后退,口岸直水航道鳗鱼沙段航道条件出现向不利方向变化的趋势。为进一步适应沿江经济和社会发展的需求,解决口岸直水航道鳗鱼沙段的碍航问题,确保长江下游南京—浏河口段航道整体畅通,对口岸直水航道鳗鱼沙段实施航道守护工程不仅是必要的,而且是十分紧迫的。

a. 守护工程主要建筑物为护滩带和护岸加固,采用的材料主要为块石、混凝土块和聚丙(乙)烯编织布,它们在长江、汉江的航道整治工程中已得到广泛应用,其应用情况表明这些材料对水质总体影响不大。工程实施后,将有效遏制洲滩剥蚀和岸线崩塌,冲入江中的泥沙将大大减少,且能够引导水流及时归槽,单宽流量增大,水流顺畅,有利于污染物的纵向扩散和水体的自净,对改善水质是有利的。

b. 口岸直水航道地处长江下游,长期以来一直是长江防洪的重点区域,本工程主要对心滩进行守护。根据模型试验成果,工程实施后守护工程附近河段沿程潮位过程及潮位值变化很小,只是低潮位略有壅高 0.01~0.02 米,河段整体潮流流场及潮流过程基本没有变化,河道深泓也未发生变化。虽然工程实施后工程近岸流速略有增大,但幅度较小,在多年平均洪峰流量和防洪设计流量情况下,左岸最大增幅均为 0.06 米/秒,右岸最大增幅分别为 0.06 米/秒和 0.07 米/秒。因而工程不会使本河段河势发生改变,也不可能对下游河段的河势产生影响,整个工程不会对防洪构成威胁,而且工程的实施稳定了洲滩格局,有利于河势向好的方向调整,对防洪起到了积极的作用。

c. 口岸直水航道治理鳗鱼沙心滩头部守护工程实施后,浅区航道条件得到改善,两槽13 米深槽贯通,航道更加稳定。工程的实施,确保了航道安全畅通,大型船舶在枯水期通过本水道时不再需要减载航行,从而减免由此产生的运力和营运损失,同时还能减轻枯水期航道维护的压力。从航道维护情况来看,工程实施以后 3 年内疏浚维护量为零,大大降低了航道维护成本。

41. 长江下游安庆水道航道整治工程

(1)项目概况

项目于 2010 年 11 月开工建设,2012 年 4 月试运行,2014 年 3 月竣工。

项目建设依据:2009 年 11 月,交通运输部批复长江航道规划设计研究院编制的工可报告(交规划发〔2009〕723 号);2010 年 8 月,交通运输部批复长江航道规划设计研究院编制的初步设计(交水发〔2010〕396 号);2010 年 2 月,安徽省环境保护厅批复中交二航院编制的《长江下游安庆水道航道整治工程环境影响报告书》(环评函〔2010〕101 号);2010 年 5 月,水利部长江水利委员会批复南京水利科学研究院编制的《长江下游安庆水道航道整治工程防洪评价报告》(长许可〔2010〕73 号)。

航道建设等级为一级,航道设计尺度为宽度 200 米、水深 6 米、最小弯曲半径 1050 米。设计代表船型(船队)包括:5000 吨级海船,利用自然水深通航 1 万吨级海船;由 2000 吨级或 5000 吨级驳船组成的 2 万~4 万吨级船队。航道设计通航保证率 98%。

项目在新洲头部建设 2 条护滩带和 12 条透水框架促淤带;新中汊中上段建设 2 道护底带;新中汊 2 道护底带接岸部位各建设护岸工程,鹅毛洲左缘中段建设护岸工程。项目共整治滩险 1 处。护岸、护滩、护底的情况:在新洲头部建设 H0 号护滩带,采用 D 形排 +

抛石和 X 形排结构,D 形排边缘设透水框架防冲;建设 H1 号护滩带,采用钢丝网格、单元排和加筋三维网垫结构;在 H0 号护滩带内侧建 12 条透水框架促淤带。在新中汊上段建设 2 道护底带,采用系混凝土块软体排护底 + 抛石结构,D 形排下游边缘设透水框架防冲。对新中汊 2 道护底带接岸部位各建设护岸工程,鹅毛洲左缘中段建设护岸工程,下游建设 50 米衔接段,护岸工程采用斜坡式护岸结构,陆上护坡为钢丝网格结构,枯水平台为干砌块石结构,枯水平台以下采用 D 形排护底,采用抛石进行水下镇脚,护底带边缘设透水框架防冲,衔接段为铺石和透水框架结构。项目设置工程警示专用标 5 座。项目总投资 2.09 亿元,均为交通运输部水运建设资金。

(2)项目建设实施情况

项目建设单位为长江航道局;设计单位为长江航道规划设计研究院;施工单位为长江宜昌航道工程局、江苏天舜交通工程有限公司、江苏润港工程集团有限公司等;监理单位为四川省水运工程监理事务所、长航监理有限公司(武汉);质监单位为长江航务工程质量监督中心站。

(3)科技创新成果及获奖情况

①通过抛石挤淤、基础换填等方法保证护岸结构稳定。针对鹅毛洲左缘中段护岸工程出现渗流现象,通过采取调整排水盲沟布设方式及枯水平台结构形式、加大排水盲沟的密度与断面尺寸等一系列措施,同时对土质更差的区域采取小块石大面积换填,从而成功解决护岸坡脚大面积渗流问题,该渗流段岸坡实施两年以来保持了较好的稳定性和工程效果。

②应用了滩面上预制单元排新型结构,其优点有:压载体相互串联,单元体相互连接,整体性较好,不易脱落错位;排垫不需要连接压载,不受拉力,可以用无纺布替代排垫;改变了系结方式,不需要每块系结,压载缝隙可以调节到很小,便于防老化;可以现场进行浇筑,免去了二次搬运和安装,减少了破损率,提高了施工效率。

③首次将三维加筋网垫应用于整治工程护滩中。三维加筋网垫通过将塑料和金属材料相混合,优势互补,可方便人工现场安装,是一种具有高效的促淤作用的生态护滩结构,能使得泥沙落淤,有利于植被生长,具有适应变形能力强、抗拉强度高的特点,并具有一定的抗冲刷和保沙能力,整体性好。此外,由于三维加筋网垫空隙率高、透水性好,空隙内可以植草,美化环境的同时也能形成自然坡面改善生态环境。整治工程实施后,效果较好,丰富了航道整治工程护滩结构形式,并在后期实施的马当水南水道和荆江河段航道等整治工程中得到了较为广泛的应用。

项目获得 2015 年度水运交通优秀设计二等奖。

(4)项目投产后的运营情况

安庆水道整治工程实施后,左汊主航道的航道条件得到稳定,进口浅区冲刷,枯水期分流比增加,工程对新洲头部起到了守护固定作用,新洲头部低滩冲刷后退的现象减缓,新中汉河床淤积量增加。整治工程实现了稳定滩槽格局、保持现有航道条件的目的,达到了工程建设目标,整治效果较好,具体表现在以下方面:

①整治工程实施后,新洲头部得到守护,实现了维持汉道滩槽格局的目标。

整治工程实施前,新洲河床为细沙质,洲头低滩在分汉越滩流的带动下易冲刷后退,洲体存在整体右移趋势,导致左汉进口区河道展宽,河床向宽浅方向发展。整治工程实施后,在洲头护滩带的作用下,新洲头部稳固,低滩后退的速度得到抑制,洲体的面积、长宽及滩顶高程处于相对固定的状态,稳定了航道条件,维持了汉道滩槽格局。

②整治工程实施后,抑制了新中汉的不利发展趋势。

整治工程实施前,受安庆水道进口主流取中影响,新中汉得到了快速发展,其分流比变化幅度较大,对主汉稳定在左汉极为不利。整治工程实施后,在枯水期对新中汉进一步冲刷发展起到了控制作用,汉道水流流速降低,分流比减小,相应的左右汉分流比增加,遏制了汉道分流比朝不利方向变化的趋势。

③整治工程实施后,浅区航道条件得到稳定,航道尺度达到了建设目标。

整治工程实施后,左汉进口浅区段 6 米等深线全线贯通,最小宽度在 200 米以上,航道条件得到稳定,弯曲半径也保持在 1050 米以上,航道尺度达到了建设目标。

42.长江下游福姜沙水道航道治理双涧沙守护工程

(1)项目概况

项目于 2010 年 12 月开工建设,2012 年 5 月试运行,2014 年 5 月竣工。

项目建设依据:2010 年 6 月,交通运输部批复中交上海航道勘察设计研究院有限公司编制的工可报告(交规划发〔2010〕268 号);2010 年 8 月,交通运输部批复中交上海航道勘察设计研究院有限公司编制的初步设计(交水发〔2010〕402 号);2010 年 6 月,江苏省环境保护厅批复中交二航院编制的《长江下游福姜沙水道航道治理双涧沙守护工程环境影响报告书》(苏环审〔2010〕128 号);2010 年 8 月,水利部长江水利委员会批复南京水利科学研究院编制的《长江下游福姜沙水道航道治理双涧沙守护工程防洪评价报告》(长许可〔2010〕147 号)。

航道建设等级为一级,航道设计尺度:福南水道为宽度 200 米、水深 10.5 米、最小弯曲半径 1050 米,福中水道为宽度 200 米、水深 4.5 米、最小弯曲半径 1050 米,福北水道为宽度 250 米、水深 7.5 米、最小弯曲半径 1050 米。设计代表船队为 3000 载重吨及以上船舶、拖带量 3000 吨及以上船队收到单向航行控制。航道设计通航保证率 90%。

项目在双涧沙建设南顺堤及北顺堤各 1 条,堤身采用抛石斜坡堤和袋装砂斜坡堤相结合的结构,护面采用抛填块石护面,护底为砂肋堤身排和混凝土联锁块余排构成的混合软体排;双涧沙头部建设护滩潜堤 1 条,采用抛石斜坡堤结构,护面采用块石护面,护底采用混凝土联锁块软体排；加固如皋港附近护岸，在已建工程外侧加抛防崩层，采用抛石结构。项目共整治滩险 1 处。项目配套建设警示桩标 9 座和浮标 2 座。项目决算总投资4.67 亿元，均为交通运输部水运建设资金。

（2）项目建设实施情况

项目建设单位为长江航道局；设计单位为中交上海航道勘察设计研究院有限公司；施工单位为长江南京航道工程局；监理单位为长航监理有限公司（武汉）；质监单位为长江航务工程质量监督中心站。

（3）科技创新成果及获奖情况

①应用远程视频监控系统，积极探索雷达、船舶自动识别（AIS）系统在工程中的运用，实现了项目部、监理部、指挥部横跨数百千米的全方位的无线联通、实时远程视频监控，并及时显示周边船舶运行情况，确保夜间值班人员能及时发现并处理问题。

②积极进行工艺改进，开展新结构研究应用，其中水下铺排活动加筋条系统获得实用新型专利，袋装砂坝芯施工经过半个月的试验摸索出一套可行的施工方法，其结合联锁排铺设整理成的工法获交通运输部部级一级工法。采用网兜抛石新工艺进行水上抛石施工，网兜抛石施工工艺采用浮吊船起吊网兜进行抛石施工，具有较高的安全性，特别是在长江下游江面宽阔、经常突起阵风的施工工况下，施工的安全性更能凸显。网兜抛石施工可以大大提高抛石到位率。

沉联锁排质量控制 QC 成果获得 2012 年度全国工程建设优秀 QC 小组三等奖。

袋装砂坝芯施工方法结合联锁排铺设整理成的《感潮河段联锁排铺设及袋装砂筑堤施工工法》获交通运输部部级一级工法。

项目可行性研究报告获得 2010 年度水运工程优秀咨询成果二等奖，水下铺排活动加筋条系统获得实用新型专利。

（4）项目投产后的运营情况

福姜沙水道航道治理双涧沙守护工程的实施实现了预期的工程建设目标，较好地守护了双涧沙体，改善了局部地形和水沙环境，为深水航道的建设和维护创造了良好的条件。

工程实施后，双涧沙得到有效守护，沙头冲刷后退现象基本中止，腰部窜沟开始淤积，为稳定福中、福北分流口位置与福姜沙河势奠定了基础。

工程实施后，福姜沙河段局部流场、地形和泥沙环境等都有了明显的改善；实测水文、地形条件的变化总体上与前期预测研究成果基本一致；双涧沙守护工程的实施对福南水道的影响总体不大，碍航浅区水深条件略有改善；福北水道进口段仍受上游靖江边滩的切割及底沙下移的影响，水深变化较为剧烈，工程基本稳定了福北和福中水道的分流口位置，所引起的水动力的改变对福北水道进口段长期利好；福中水道进口段冲刷发展，浏海沙水道槽宽水深,工程后深槽总体表现为南淤北冲、总体容积略有增加。工程对上下游河段影响很小。

43.长江下游口岸直水道航道治理落成洲守护工程

(1)项目概况

项目于2011年9月开工建设,2013年5月试运行,2015年9月竣工。

项目建设依据:2010年12月,交通运输部批复长江航道规划设计研究院编制的工可报告(交规划发[2010]753号);2011年6月,交通运输部批复长江航道规划设计研究院编制的初步设计(交水发[2011]282号);2010年7月,江苏省环境保护厅批复中交二航院编制的《长江下游口岸直水道航道治理落成洲守护工程环境影响报告书》(苏环审[2010]165号);2010年8月,水利部长江水利委员会批复南京水利科学研究院编制的《长江下游口岸直水道航道治理落成洲守护工程防洪评价报告》(长许可[2010]148号)。

航道建设等级为一级,航道设计尺度为宽度500米、水深10.5米、最小弯曲半径1050米。设计代表船型为通航2.5万吨级海船,采用乘潮方式通航5万吨级海船;船队为由2000吨级或5000吨级驳船组成的2万~4万吨级船队。航道设计通航保证率98%。

项目建设落成洲洲头低滩一纵三横4条护滩带,建设落成洲洲头护岸,加固左岸三益桥、三江营部分护岸,对右岸丰乐桥段岸线实施守护。项目共整治滩险1处。护岸、护滩、护底的情况:建设落成洲洲头低滩一纵三横4条护滩带,呈梭形布置,分梭头段、纵向护滩带及3条横向护滩带,梭头采用满抛石结构,沿护滩带轴线进行抛石压载,护底采用系结压载软体排结构,排体为D形排及混凝土联锁块软体排混合排,护滩带排体边缘采用抛石+B形混凝土联锁块软体排、透水框架及抛石结构,护滩带采用抛石及透水框架结构;建设落成洲洲头护岸,采用平顺护岸方式,两端设有衔接段,由陆上护坡、枯水平台、水下护底和水下镇脚组成,陆上护坡采用钢丝网格结构,枯水平台采用干砌块石结构,水下护底采用D形排,水下镇脚采用抛石结构,同时对较陡岸坡进行抛枕补坡,并对护岸排体边缘采用抛石备填;加固左岸三益桥、三江营部分护岸,采用水下抛石加固;对右岸丰乐桥段岸线实施守护,陆上采用铺石,水下采用抛石。工程区域设置警示专用标4座、备用标1座、禁航浮标2座。项目决算总投资3.61亿元,均为交通运输部水运建设资金。

(2)项目建设实施情况

项目建设单位为长江航道局;设计单位为长江航道规划设计研究院;施工单位为长江南京航道工程局、长江宜昌航道工程局、长江宜昌航道局船舶修造厂;监理单位为长航监理有限公司(武汉);质监单位为长江航务工程质量监督中心站。

(3)科技创新成果及获奖情况

①积极进行水上抛石工艺改进,大规模推广网兜抛石新工艺。网兜抛石施工工艺采用浮吊船起吊网兜进行抛石施工,具有较高的安全性,而且网兜抛石施工可以精确定位抛

石,大大提高抛石到位率,进而提高抛石施工质量。

②科技创新攻克深水沉排施工难题,工程 D 形排铺排施工区域最大水深达到 30 米,混凝土联锁块软体排施工区域最大水深达到 21 米,受涨落潮及顺岸流影响,流态紊乱,最大流速 2 米/秒,且国内尚未有感潮河段深水铺设联锁排施工的成熟经验,施工难度极大,工程质量、现场安全难以保障。故针对已经生成完成的排垫,采取增加活动加筋条、绑系相邻联锁块的创新施工方法,较好地解决了深水铺排施工难题。

《感潮河段深水铺设联锁排施工技术研究》获 2012 年交通运输部水运工程一级工法。项目获得 2012 年度全国工程建设优秀 QC 小组三等奖。

(4)项目投产后的运营情况

落成洲守护工程经过多个汛期的考验,整治建筑物总体稳定,航道条件能够达到建设标准,工程总体效果明显。

①达到了守护工程目标。

a. 航道整治落成洲守护工程把握了较好的整治时机,落成洲洲头低滩及高滩岸线得到有效控制,为下阶段实施总体工程方案创造了有利条件,主要目标得到了实现。

b. 落成洲守护工程实施后航道条件能够满足 500 米×10.5 米×1050 米的设计航道尺度标准。

②整治建筑物总体稳定,结构安全可靠。从工程实施后多次测图反映出的情况看,整治建筑物总体稳定,护滩、护岸工程促淤防冲效果明显,局部冲刷范围小且主要位于建筑物边缘,经过多个汛期的考验,整治建筑物稳定;左岸护岸加固区域总体淤积,右岸丰乐桥岸线守护工程区微冲微淤。综上所述,整治建筑物总体稳定,达到了预期的设计目标。

③取得了良好的经济和社会效益。长江下游口岸直水航道实施落成洲守护工程,维持了 500 米×10.5 米×1050 米的航道尺度,保障了航道的安全畅通,大型船舶船队在枯水期通过本水道时不再需要减驳、减载,从而减免由此产生的动力和营运损失,同时还能产生显著的社会效益,包括保证航行安全、促进沿江经济发展、节约社会资源等。

44. 长江南京以下 12.5 米深水航道一期工程

国家从 1998 年开始实施长江口航道整治工程。2002 年一期工程建成,长江口航道水深从 7 米增深至 8.5 米并上延至南京;2005 年二期工程建成,航道水深达到 10.5 米并上延至南京;2010 年三期工程建成,航道水深达到 12.5 米并上延至江苏太仓。为充分发挥长江口航道治理工程效益,推进长江干线航道系统治理,支撑长江经济带发展,交通运输部于 2009 年 9 月批准实施长江口 12.5 米深水航道向上延伸建设工程。2012 年 8 月,长江南京以下 12.5 米深水航道一期工程开工,2014 年 7 月交工投入试运行,12.5 米深水航道向上延伸至太仓;二期工程于 2015 年 6 月开工,2017 年 5 月交工,至此南京至长江出海口总长 408.2 千米的 12.5 米深水航道全线贯通。详见本书第十三章第 5 节。

(1)项目概况

项目于 2012 年 8 月开工建设,2015 年 12 月竣工。

项目建设依据:2012 年 2 月,国家发展改革委批复项目建议书(发改基础〔2012〕499号);2012 年 7 月,国家发展改革委批复工程可行性研究报告(发改基础〔2012〕2190 号);2012 年 7 月,交通运输部批复工程初步设计(交水发〔2012〕358 号);2011 年 9 月,环境保护部批复环境影响报告书(环审〔2011〕239 号);2011 年 11 月,水利部长江水利委员会下达涉河方案行政许可(长许可〔2011〕223 号)。

项目整治航道里程 56 千米,航道建设等级为一级,航道设计尺度为宽度 500 米、水深12.5 米、最小弯曲半径 1050 米。设计代表船型满足 5 万吨级集装箱船舶全潮,5 万吨级散货船、油船乘潮双向通航,以及 10 万吨级及以上海轮减载乘潮通航。航道设计通航保证率 98%。

项目新建潜堤 34.95 千米,新建丁坝 11 座、护堤坝 4 座,加固护岸 2000 米。潜堤和丁坝护底主要采用软体排结构,堤身排为砂肋软体排,余排采用混凝土联锁块软体排;按堤段的不同,潜堤堤身分为抛石斜坡堤与混凝土构件混合堤两种结构形式,丁坝堤身采用全抛石结构。项目共整治滩险 2 处。通州沙北侧两处区域和白茆沙南侧两处区域,疏浚长度分别约为 4.4 千米和 2.0 千米,疏浚土方共计 205 万立方米。项目配布助航标志 59座,其中浮标 58 座、岸标 1 座,更换浮标 35 座;调整浮标 14 座;设置专用浮标 10 座。项目决算总投资 39.23 亿元,资金来源为交通运输部水运建设资金和江苏省财政厅拨款。

(2)项目建设实施情况

项目建设单位为长江南京以下深水航道建设工程指挥部;设计单位为长江航道规划设计研究院、中交上海航道勘察设计研究院有限公司、中交第一航务工程勘察设计院有限公司等;施工单位为长江航道局、中交第一航务工程局有限公司、中交上海航道局有限公司等;监理单位为天津中北港湾工程建设监理有限公司、上海东华建设管理有限公司、北京水规院京华工程监理有限公司等;质监单位为长江航务工程质量监督中心站。

(3)科技创新成果及获奖情况

此项目获得 2015 年中国港口科技进步二等奖,中国交建 2014—2015 年度科学技术进步二等奖,中国港口协会二等奖,中国企业管理协会一等奖,《长江南京以下深水航道整治一期工程深水铺排关键技术与设备研发应用》获 2014 年全国交通运输企业科技创新成果二等奖,中国交建 2016 年度科学技术一等奖,中国航海学会科学技术一等奖,2016年度水运交通优质工程,2015"水沙动力观测和模拟"水运协会一等奖。

取得专利:主动式钩连体结构研究;新型堤身结构研究;生态型软体排结构研究;长江南京以下 12.5 米深水航道建设工程滩槽水沙运移与演变综合观测;联锁片止浆条技术改进研究与应用。

(4)项目投产后的运营情况

一期工程实施后,通州沙及狼山沙左缘得到守护,稳定了航道右边界。但新开沙—裤子港沙仍处于自然演变状态,局部滩槽水沙运动状态未发生明显改善,呈"上冲下淤,整体下移"趋势,沙体尾部下移过程中左岸近岸低边滩淤长挤压主航槽。由于通洲沙东水道中下段左侧航道边界新开沙—裤子港沙尚未得到控制,受涨落潮流共同作用年内冲淤交替导致通洲沙东水道航道条件宽度不足。总体而言,裤子港沙体尾部淤长的泥沙不仅来源于上游河床冲刷,还来自沙尾左缘涨潮流冲刷,涨潮流和落潮流携带的泥沙在此汇集,使得沙尾右缘淤长南压。

根据历史演变及近期演变分析成果,预期白茆沙水道将长期维持节点段主流偏靠南岸,分汊段两汊并存,主流走南水道的河势格局。2014年7月实施完成长江南京以下12.5米深水航道一期工程后,从一定程度上遏制了白茆沙头部持续后退、南水道进口河道断面向宽浅方向发展的不利变化趋势,稳定了局部河势,南水道航道条件总体稳定。

45. 长江南京以下12.5米深水航道二期工程

(1)项目概况

项目于2015年6月开工建设,2018年4月完工。

项目建设依据:2015年5月,国家发展改革委批复工程可行性研究报告(发改基础〔2015〕1084号),交通运输部批复工程初步设计(交水函〔2015〕387号)。

长江南京以下12.5米深水航道二期工程位于长江下游南通(天生港区)至南京(新生圩港区)河段,航道全长约227千米,主要治理仪征、和畅洲、口岸直和福姜沙4个重点碍航水道,并结合疏浚措施,实现12.5米深水航道由南通(天生港区)上延至南京(新生圩港区)。航道设计水深为12.5米(其中江阴以下起算基面为当地理论最低潮面,江阴以上起算基面为长江干线航道航行基准面),优良河段通航宽度为500米,受限河段单向航道通航宽度为230~260米,双向航道为350~500米;无须疏浚区段转弯半径为3000米,疏浚区段转弯半径为1500米。航道设计尺度为宽度500米、水深12.5米、最小弯曲半径1500米,满足5万吨级集装箱船(实载吃水≤11.5米)双向通航、5万吨级其他海轮减载双向通航,兼顾10万吨级散货船减载通航(江阴长江大桥以下兼顾10万~20万吨级散货船减载通航),其中和畅洲水道右汊12.5米水深单向通航。

项目新建潜堤20.36千米、丁坝18.81千米、护底带1.51千米、护滩带4.75千米。其中,共完成护底软体排铺设994万平方米,抛石529万立方米,构件安装635个,抛填沙袋105万立方米。基建疏浚工程量837万立方米。加固护岸48.3千米,其中抛石268万立方米。工程概算总投资71亿元,其中中央投资57亿元、江苏省投资14亿元。

(2)项目建设实施情况

项目建设单位为长江南京以下深水航道建设工程指挥部;设计单位为中交上海航道

勘察设计研究院有限公司、长江航道规划设计研究院、长江勘测规划设计研究有限责任公司等；施工单位为中交第三航务工程局有限公司、长江航道局、中交天津航道局有限公司等；监理单位为天津中北港湾工程建设监理有限公司和天津天科工程监理咨询事务所联合体、北京水规院京华工程管理有限公司和武汉中澳工程项目管理有限责任公司联合体、广州华申建设工程管理有限公司和江苏科兴项目管理有限公司联合体等。

（3）科技创新成果及获奖情况

项目可行性研究报告获2016年度水运工程优秀咨询成果一等奖等。

（4）项目投产后的运营情况

至2018年5月，长江南京以下深水航道一期工程运行3年多，二期工程试运行3个月。已有实测资料显示：工程后航道条件改善，碍航浅段减少，经维护可满足深水航道尺度要求。

（四）航道的发展成就与经验启示

1. 长江干线航道建设内容

长江干线航道一直是我国内河水运建设的重点。20世纪90年代以前，国家重点对长江上游航道进行了治理，先后实施了宜宾至兰家沱、兰家沱至重庆、重庆至宜昌河段航道整治工程，共治理各类滩险150余处，零星清障115处，初步改善了长江上游航道条件。宜昌以下航道则主要利用自然水深通航，在局部河段需年年"战枯水"，采取维护措施，保障航道畅通。

20世纪90年代以后，以长江中游界牌河段综合治理工程为标志，长江中下游航道建设拉开了序幕。"九五"和"十五"期，在长江中下游先后实施了界牌河段综合治理、太子矶水道航道整治、马当水道沉船打捞、张家洲南港航道整治、碾子湾河段航道整治和清淤应急等工程，其中界牌河段综合治理工程为交通部、水利部及湖南省、湖北省联合治水的综合治理工程，以上工程的实施有效缓解了长江中游航道年年"战枯水"的紧张局面。在长江口，实施了长江口深水航道治理一期、二期工程，航道水深由7米提高到10米，可满足3万吨级海船全天候进出长江口的通航要求。在长江上游，结合三峡枢纽建设，实施了库区航道设施淹没复建工程，相应改善了库区航道条件。

进入"十一五"时期，国家对长江干线航道建设的投入力度明显加大，航道建设进展顺利。长江上游先后实施了宜宾至泸州、泸州至重庆河段三级航道整治工程，涪陵至铜锣峡、铜锣峡至娄溪沟河段炸礁工程和两坝间乐天溪航道整治工程，宜宾至重庆河段达到三级航道标准，重庆至宜昌河段基本达到一级航道标准。长江中游相继实施了枝江—江口、沙市、马家咀、周天、藕池口、窑监、嘉鱼—燕子窝、戴家洲、牯牛沙等水道航道整治工程，中游宜昌至城陵矶河段最低航道维护水深从2.9米提高到了3.2米，及时控制了三峡清水下泄对中游造成的不利影响，促进了航道条件向有利方向演变，为后续更大规模的系统治理奠定了坚实基础。长江下游重点对东流、安庆、土桥、黑沙洲、口岸直、双涧沙等水道进行了航道治理，完成了长江口深水航道治理三期工程。

"十二五"时期长江干线航道初步得到系统治理，基本实现《长江干线航道总体规划纲要》确定的 2020 年规划标准。长江上游巩固完善"十一五"时期宜宾至重庆河段航道建设成果，进一步改善三峡库尾和三峡至葛洲坝两坝间航道条件，开展了长江三峡水库变动回水区碍航礁石炸除一期工程、长江上游九龙坡至朝天门河段航道整治工程等项目。长江中游突破碍航瓶颈，重点实施了宜昌至昌门溪河段航道整治一期工程、荆江河段航道整治工程昌门溪至熊家洲段工程；巩固完善"十一五"时期城陵矶至武汉河段航道建设成果，主要实施了杨林岩水道航道整治工程、界牌河段航道整治二期工程、赤壁—潘家湾河段航道整治工程、武桥水道航道整治工程；加快建设武汉以下航道，主要实施了天兴洲河段航道整治工程、湖广—罗湖洲河段航道整治工程、戴家洲河段航道整治二期工程、牯牛沙水道航道整治二期工程、鲤鱼山水道航道整治工程、新洲—九江河段航道整治工程等。长江下游重点实施了长江南京以下 12.5 米深水航道一期工程（太仓至南通段）、长江南京以下 12.5 米深水航道二期工程（南通至南京段），初步实现 12.5 米深水航道上延至南京；巩固完善"十一五"时期航道建设成果，还实施了长江下游马南水道航道整治工程、东流水道航道整治二期工程。

2. 航道治理成效

（1）长江干线航道尺度基本提前实现规划标准

长江干线航道尺度基本提前实现《长江干线航道总体规划纲要》确定的 2020 年规划标准。

经过近年来的大规模建设，长江干线航道通航条件明显改善，特别是经过"十二五"时期长江干线航道系统治理，长江干线航道尺度将实现规划目标。各航段具体情况如下：

长江上游宜宾至重庆河段 384 千米航道标准由四级提高到三级，最小维护水深由 1.8 米提高到 2.7 米，并且实现了全年昼夜通航；重庆至三峡大坝河段 622 千米航道标准提高到一级，其中重庆至涪陵河段最小维护水深提高到 3.5 米，涪陵至三峡大坝河段最小维护水深提高到 4.5 米。

长江中游航道条件不断改善。宜昌至城陵矶河段枯水期航道维护尺度 2009 年前为 80 米×2.9 米×750 米，2015 年，水深提升至 3.5 米，航道等级由二级提高到一级；城陵矶至武汉河段、武汉至安庆河段枯水期航道维护尺度分别由 2009 年前的 80 米×3.2 米×750 米、100 米×4.0 米×1050 米，提高至 150 米×4.0 米×1000 米、200 米×4.5 米×1050 米，实现了规划目标。

长江下游主要碍航水道得到治理，深水航道稳步推进。枯水期安庆至芜湖河段航道维护尺度为 200 米×6.0 米×1050 米,芜湖至南京河段航道维护尺度为 500 米×9.0 米× 1050 米,12.5 米深水航道已上延至南通,基本实现航道规划目标。

(2)初步掌握了三峡工程蓄水后长江中下游河道演变规律及碍航特性

随着大量河势控制工程及护岸工程的实施,长江中下游河道总体河势稳定,但由于河床抗冲性较弱,受来水来沙条件波动影响,滩槽形态多变,航道条件极不稳定。长江中下游主要存在弯曲、分汊、顺直 3 种河型浅滩,航道条件的好坏与洲滩规模、汊道分流情况密切相关。三峡水库蓄水后,长江中下游河段的枯水流量有不同程度增加,有利于枯水位的维持。对于一些洲滩边界稳定、洪枯水主流较一致的浅滩段,下泄沙量减少造成枯水河槽不断刷深,水深有所增加。但受水库清水下泄影响,近坝段河床冲刷明显,造成同流量枯水位下降,又削弱了三峡枯水期下泄补偿效应,三峡工程蓄水后大埠街以上砂卵石河段航道水浅、坡陡流急问题仍较突出。而且,对于洲滩、岸线稳定性差的浅滩段,长江中下游普遍出现局部岸线崩退、洲滩冲刷、断面展宽、支汊发展等航道边界不利变化,使航道条件变差或更不稳定。

(3)形成了适应大江大河治理的建设理念

长江上游为大型山区河流,河势稳定,河床年际间冲淤变化小,河流特征利于航道的疏导治理,形成了统筹规划、系统治理的建设理念。针对位于三峡水库下游的长江中下游而言,已建航道整治工程初步控制了三峡清水下泄造成的不利影响,有利的滩槽格局得到一定程度的保护,碍航滩险航道条件明显改善,有效缓解了枯水期中下游航道的紧张局面,航道尺度达到了规划标准,为后续系统治理奠定了较好基础。同时,形成了"系统治理、分步实施、因势利导、统筹兼顾"的建设思路和治理理念。特别是针对三峡工程蓄水后的一系列变化,形成了"守滩稳槽、局部调整"的总体治理思路。具体对于不同类型的浅滩也形成了针对性的治理对策:对于砂卵石河段,在改善各滩险自身航深条件和水流条件的同时,还要考虑到如何兼顾浅滩自身的水位控制能力,其治理应将改善航道条件与控制水位下降相结合,如宜昌至昌门溪和枝江至江口河段;对于沙质河段,一是对于滩槽格局不稳、航道边界向不利方向发展的碍航水道,应守护其重要的洲滩岸线,稳定主流流路,利用三峡水库清水下泄作用起到冲刷航槽效果,从而实现航道治理目标,比如已实施整治工程的瓦口子、马家咀、铁铺、莱家铺、天兴洲等河段;二是对滩槽形态较差、浅滩碍航严重的水道,在守护关键部位的基础上,采用低水整治建筑物调整浅区断面形态,适当调整水流结构,束水攻沙冲刷航槽,从而引导航道向有利方向发展,以达到治理目标,如周天、窑监、武穴、张家洲等河段。

(4)形成了成熟的航道整治技术

长江上游结合水利枢纽建设使干流特大洪水减小、疏浚设备发展使枯水期疏浚能力增强的特点,弄清演变特点,选择开通顺直航槽,辅以必要的整治建筑物使之稳定,有力地改善了航道条件,如神背咀、铜鼓滩等。而且,对于枯水急流滩险,采取扩大过水断面和在急滩下游建坝壅水的措施减小流速、比降,在长江上游的斗笠子滩得以成功应用。

长江中下游砂卵石和沙质河段航道整治工程在结构设计和施工工艺等方面积累了大量的成功经验,洲滩守护、固滩促淤、土工织物护底、水下隐蔽工程质量控制与检测等关键技术也日渐成熟。其中,形成了长江航道特有的护滩技术、成熟的江心洲守护技术、高流速顺水流深水沉排护底技术及水下炸礁技术。特别是首创土工织物大规模护底,已成为沙质河床航道整治工程的核心技术。同时,摸索出一批适应长江航道的整治建筑物新材料、新结构、新工艺,如铰链排护坡脚、扭王字块压顶护面、箱体混凝土坝体、桩基防冲墙等。

第二节　长江干线主要支流航道

一、岷江航道

(一)河道自然特征

岷江是长江上游的主要支流,发源于四川省西北部岷山山脉南麓,自西北向南流,经松潘、汶川、都江堰、成都、眉山、乐山等 13 个县市于宜宾市城东汇入长江,干流全长 793 千米,流域面积 13.25 万平方公里。流域西部邻青藏高原,海拔 2000 ~ 5000 米;东侧接浅丘山地。干支源流,大多为高丘陵山区,山高谷深,支流众多,主要支流有大渡河、青衣江、马边河、茫溪河、越溪河等。岷江流域径流主要来源于降水,其次为高山融雪水和地下水补给。5 月至 10 月的径流主要由降雨形成,11 月至次年 3 月的径流主要来源于地下水,4 月、5 月的径流则由降雨和融雪混合补给。流域内气候温和,雨量丰沛,年降雨量 800 ~ 1200 毫米,径流量年均约 935 亿平方米,是长江总水量的 9.1%。岷江干支流从高山峡谷进入平川或浅丘陵后,景象迥异,开敞的河谷,宽阔的平原,河床展宽,岸滩发育,深槽、浅滩、岔流随处可见,河床纵坡相对减缓。岷江流域产沙区主要由干流产沙区和支流大渡河流域产沙区两部分组成。根据四川省多年平均悬移质年输沙模数等值线图可以看出,岷江自都江堰以下流域年侵蚀模数为 400 吨/平方公里,属于轻微侵蚀区。大渡河流域的产沙状况大致可分为上、中、下三个区域。据泸定水文站悬移质实测资料统计,上游产沙区多年平均侵蚀模数为 171 吨/平方公里,多年平均含沙量为 0.35 千克/立方米,属于微度侵蚀区。中游产沙区泸定至峨边河段,区间年侵蚀模数为 1670 吨/平方公里,属强侵蚀区,是大渡河流域的主要产沙区。大渡河峨边以下至汇入口为下游产沙区,区域内地形由低山向丘陵宽谷过渡,岩体完整,植被良好,水土流失不严重。据高场水文站 1953—2002

年共 50 年完整悬移质泥沙实测资料显示,高场水文站多年平均悬移质输沙量 4810 万吨,多年平均含沙量 0.55 千克/立方米,多年汛期(6—9 月)平均含沙量 0.83 千克/立方米。

根据河道的河床、地貌、水文情况,全流程分为上游、中游、下游三段。

都江堰以上为上游,全长 351 千米,落差 2800 米,平均比降 8‰,河道自源头经草地迂回于崇山峻岭之中,水流湍急,全年积雪期和降水期各占一半,平均降雨量 700 毫米,不具备通航条件。

都江堰至乐山段为中游,长 232 千米,平均比降 1.8‰。河道在都江堰分流成内、外两江,外江以泄洪为主。内江从都江堰至成都段,沿途落差大、水浅流急,无法通航;成都至江口段,处于川西平原,河道曲窄,洪水期水深 0.5 ~ 0.8 米,枯水期处于断流状态;江口至乐山段,系砂卵石河床,落差 70 米,平均比降 1.65‰,洪枯水位变幅 6 ~ 9 米,仅可季节性通航 100 马力(约 73500 瓦)以下的小船。

乐山至宜宾段为下游,长 162 千米,是岷江的主要通航河段。落差 96.8 米,平均比降 0.6‰,水面开阔,洪枯水位变幅 5 ~ 22 米,乐山境内的变幅 5 ~ 15 米。五通桥水文站 1956—1982 年所测资料显示,最大流量为 2.52 万立方米/秒,最小流量为 330 立方米/秒。

(二)主要航道现状和建设情况

岷江流域有通航河流 45 条,通航总里程 1979.5 千米。其中四 ~ 七级航道 4 条(岷江、大渡河、青衣江、马边河),通航里程 601.9 千米,七级以下航道 41 条,通航里程 1377.6 千米。流域内通航水库、湖泊 25 个,通航里程 234.5 千米。

岷江被列为国家高等级航道,干流起点为成都市锦江区九眼桥,终点为宜宾市翠屏区合江门,长 348 千米。乐山市城区九龙滩至宜宾合江门段,长 162 千米,航道现状等级为四级,是岷江的主要通航河段。此段航道系砂卵石河床,有滩险 65 个,河段总落差 96.8 米,平均水面比降 0.6‰,流速 1.5 ~ 3.0 米/秒。河床形态:乐山至石板溪段江宽水阔,多汊道;石板溪至岗子坪段大多为单一河槽,枯水期河宽 200 ~ 350 米;岗子坪至关刀碛以下进入 18 千米峡谷段,门坎滩以下河床宽窄相间,至宜宾合江门汇入长江。九眼桥至九龙滩段,长 186 千米,航道现状等级为六、七级,只能实行季节性、区间通航。

新中国成立以来,岷江航道乐山至宜宾段经过了几次大的整治,消除了凶滩恶水,航道最小水深从 1.1 米提高到 1.5 米,航道条件大大改善,使下游航道等级从不足六级提高到四级。历时保证率 95%时的航道尺度达到 45 米×1.5 米×500 米;历时保证率 70%时的航道尺度达到 50 米×1.8 米×750 米,中水位时可通行由 365 千瓦拖轮与 750 吨级重型驳船组成的大件专用船队。建设发展历程具体为:

新中国成立至 1969 年以前,岷江航道虽然经过多次局部整治,主要整治了解放滩、干龙子、下连山口、朱石滩、石鸭子、龙漩子、新开河和杨家滩等 10 处滩险,但整治后航道条件仍然很差,弯、窄、浅、险表现突出,航道尺度为槽宽 15~18 米、水深 1.1~1.3 米、弯曲半径 150~250 米,枯水期只能通过较小吨位的船舶。

1969—1979 年间,四川省对岷江航道实施了大规模整治。1969—1973 年间,整治了上乌木桩、分泾水、上连山口、朱石滩、盐锅滩、南瓜滩、石鸭子、解放滩、偏窗子和铜锣湾等 11 处滩险,共完成筑坝 11.68 万立方米,疏浚 2.62 万立方米,炸礁 0.12 万立方米,投资 461.77 万元。1973—1979 年间又完成了对老木孔、长滩、龙溪口、老君碛、白甲滩、杨家滩和庙鸡子 7 个滩险的整治,共完成筑坝 7.18 万立方米,疏浚 4.65 万立方米,投资 323.29 万元。经过 10 年的整治,岷江航道航行条件明显改善,通过能力大幅度提高,航道尺度已达到槽宽 25~30 米、水深 1.2~1.5 米、弯曲半径 200~300 米。在正常情况下,枯水期可通行 240 马力(约 176.4 千瓦)、200 吨级驳船,中水期可满载航行 300 吨级货船,洪水期可通行 1000 吨级驳船。

1986 年,四川省建委批准将岷江乐山到宜宾段扩建为四级航道,由四川省内河勘察设计研究院设计。

岷江乐山至宜宾段航道扩建工程完工以后,由于洪水冲击,水毁严重,加之维护不足,几年之后航道条件便无法满足大件运输要求。在交通部的支持下,启动了"岷江大件运输航道续建工程"。

为保障彭州石化特大生产设备的运入,2008 年 12 月—2011 年 6 月,在四川省交通运输厅批准实施的大件通道加固改造工程中,在不改变航道等级和尺度的情况下,同意对岷江乐山至宜宾段航道再次进行维护性加固整治。整个工程分两期实施,一期工程主要完成疏浚 13.6 万立方米,筑坝 2.95 万立方米,护岸、护坡 3000 立方米;二期工程主要完成疏浚 21.91 万立方米,筑坝 3.82 万立方米,护坡、护底 1.15 万立方米,并建造航标艇 1 艘、船形浮标 24 艘、信号船 1 艘和维修信号台等,工程共完成投资 2576.42 万元。

为综合利用岷江上游成都至乐山段 186 千米河道的灌溉、供水、航运等多种功能,适应水运发展和沿线两岸工农业合理布局,促进第三产业发展,1999 年 6 月,四川省交通厅批准启动了岷江上游成都至乐山段航运建设工程。经过 5 年工程建设,共整治滩险 64 个,修建六级船闸 1 座、旅游码头 4 座,改建桥梁 8 座和过江天然气管道 2 处,完成工程投资 4633.8 万元。工程结束后,186 千米岷江上游航道通航水位保证率 90% 时航道尺度达到 20 米 × 1.0 米 × 180 米,满足六级航道标准,可通行 100 吨级驳船和 100 客座客轮。

为了进一步提升岷江航道等级,提高通航能力,按照保障大件运输、完善综合交通运输体系、综合利用水资源等原则,2005 年 5 月,四川省交通厅安排四川省交通勘察设计研究院开展了《岷江(乐山—宜宾段)航运发展规划》研究编制工作。2008 年 9 月,四川省发展和改革委员会又组织四川省交通厅交通勘察设计研究院和四川省水利水电勘测设计研究院共同开展《岷江(乐山—宜宾段)航电规划》的编制工作,2009 年该报告获得四川省政府批复。报告提出拟将岷江下游乐山至宜宾 162 千米航道,通过采取梯级渠化加整治的方式建设成三级航道。同时,由四川省发展和改革委员会、省交通运输厅、省水利厅于 2009 年联合批准的《岷江(彭山—乐山岷江三桥段)航电规划》中,拟通过梯级渠化方式,将岷江中游江口到乐山 115 千米航道建设达到四级标准。截至 2015 年,汉阳枢纽已建成,犍为枢纽于 2015 年正式开工建设。

岷江配布重点航标,实行二类航道维护。航道两岸已建过河桥梁 38 座、跨江电缆 154 处。距河口 161 千米的乐山岷江二桥,通航净高只有 5 米,为乐山至宜宾段岷江航道上所有桥梁最低者。

(三)航道工程项目

1.岷江乐山宜宾段航道扩建工程

(1)项目概况

项目于 1986 年 11 月开工建设,1991 年 4 月竣工。

项目建设依据:1985 年 11 月,四川省计划经济委员会《关于岷江航道扩建工程设计任务书的批复》(川计经〔1985〕交 917 号);1989 年 6 月,四川省计划经济委员会《关于岷江航道整治概算的批复》(川计经〔1989〕交 764 号)。

按四级航道标准建设航道里程 162 千米;航道设计尺度为宽度 45 米、水深 1.5 米、最小弯曲半径 400 米;设计代表船型尺度为 56 米×10.5 米×2.5 米×1.5 米(总长×型宽×型深×设计吃水);水位历时保证率 95%。

项目整治滩险 28 个,新建工程 16 处,改建工程 13 处,共计土石方 100.81 万立方米,其中:疏浚 41.14 万立方米,炸礁 9100 立方米,护岸 5.8 万立方米,切咀 16.72 万立方米,挖基 1.66 万立方米;配套工程:建造工程船舶 11 艘,购置各种无线电通信设备 111 部,修建信号台 12 座、江岸电台站 4 个。新筑整治建筑物均为梯形抛石坝,有顺坝、丁坝、潜坝和锁坝 39 座,改建和延长 13 座,共筑、补坝 34.59 万立方米,总长 14.58 千米。项目总投资 3089 万元,为交通部水运建设资金。

(2)项目建设实施情况

项目建设单位为四川省交通厅,具体工作由 1986 年 6 月成立的四川岷江航道扩建工程指挥部负责;设计单位为四川省交通厅内河勘察设计研究院;施工单位为四川省交通厅第一航道工程处、四川省交通厅第二航道工程处、四川省交通厅第三航道工程处、四川省岷江水系航道管理处。

1991 年 4 月,由交通部、四川省交通厅、省计划经济委员会、省航务管理局组织建设、设计、施工、接养、使用单位组成验收小组,对工程正式进行竣工验收,整体工程评为优良。

（3）项目投产后的运营情况

经过实施岷江航道扩建工程，共整治 28 个滩险，整治后每个滩险的航道尺度均达到四级标准，特别是对 7 个重点滩险的整治，消除了险情，改善了流态，导顺了水流，航道顺直，增大航道宽度 15～20 米，增加水深 0.3～0.6 米，弯曲半径大有改善，航道条件改善，装载量增加，通过能力大为提高，社会效益特别是当时乐山市东方红航运公司、四川省乐山分公司等水运企业效益明显增加。

2. 岷江大件运输航道续建工程

（1）项目概况

项目于 1996 年 2 月开工建设，2001 年 10 月试运行，2002 年 11 月竣工。

项目按四级航道标准建设航道里程 162 千米，航道设计尺度：水位历时保证率 95% 时，宽度 45 米、水深 1.5 米、最小弯曲半径 500 米；水位历时保证率 70% 时，宽度 50 米、水深 1.8 米、最小弯曲半径 750 米。设计代表船队为由 365 千瓦拖轮和 750 吨级重型专用驳船组成的大件运输专用船队。水位历时保证率 95%、70%。

项目整治滩险令牌石、黄院子、新开河、长滩、干龙子、朱石滩、萝卜寺、碓窝滩、保证滩、盐锅滩、铜锣湾 11 处，完成筑坝 15.43 万立方米，疏浚 29.67 万立方米，护脚棱体 0.96 立方米；工程建设期间同时对航道进行了维护，并维修疏浚船舶 5 艘，建造 460 吨级机驳船 1 艘，修复改建朱石滩、猪圈门和喳口石信号台。新筑整治建筑物均为梯形抛石坝，有顺坝、丁坝、潜坝和锁坝 16 座，延长顺坝 3 座。项目总投资 2400 万元，资金来源于政府投资。

（2）项目建设实施情况

项目建设单位为四川省交通厅航务管理局；设计单位为四川省交通厅内河勘察设计研究院；施工单位为四川省路桥建设集团路航有限责任公司四分公司；监理单位为四川省水运工程监理事务所；质监单位为四川省水工质监站。

四川省交通厅川交函建〔1999〕515 号文同意总工期延至 2001 年；2001 年 10 月实船试航成功；2002 年 11 月，由交通部、四川省交通厅、省发展计划委员会、省航务管理局组织省质监站、设计、施工及监理等单位，对工程正式进行竣工验收，整体工程评为优良。

（3）项目投产后的运营情况

经过实施续建工程，岷江航道通过能力大为提高，水情正常年份的 4—11 月，完全能够通行 600 吨级槽型驳船，其余月份也能通行 500 吨级船舶，保障了三峡电站建设的重大设备和四川省进出口物资在岷江航道的运输。

（4）航道的发展成就与经验启示

经过新中国成立后几十年的航道建设与维护，岷江下段乐山至宜宾 162 千米航道的弯、浅、窄、险得到了有效治理，通航条件极大改善，通过能力大大提高，枯水期航道尺度达到了国家四级航道标准，能满足 500 吨级货船的通行需要，保障了三峡电站和彭州石化重特大件的水上运输。同时,岷江航道等级的提高,有力地支持和带动了沿江两岸工农业生产的发展。在山区航道整治建设方面也积累了一些成功的经验和方法,形成了《岷江不稳定流航道设计最低通航水位计算方法探讨》《岷江航道封弯走直研究》《岷江整治建筑物的形成和使用效果浅析》等技术报告。采用疏浚、筑坝、炸礁、切咀、护岸等传统的经验和方法,整治山区航道,其效果是明显的,但是,由于该河道河床主要为砂卵石,人为开采砂石对航道破坏突出,加之受上游电站非恒定流作用,整治成果难以保存,水毁严重,重复整治建设情况多,日常维护工作量大。要区间或流域性提高航道标准,稳定航道尺度,有条件时还是宜实行渠化整治或梯级渠化开发建设航道。

二、嘉陵江航道

(一)河道自然特征

嘉陵江是长江的重要支流,东源起于陕西省凤县西北凉水泉沟,西源起于甘肃省天水市平南川,两源南流至陕西省略阳县白水江镇相会,合流向南经阳平关进入四川省广元市昭化区昭化镇。有主要支流白龙江汇入,又经苍溪于阆中、南部县境分别接纳东、西两河,进蓬安、南充、武胜至合川入渝,左岸接纳渠江,右岸纳涪江,于重庆朝天门河口汇入长江,全长1119千米,落差2300米,平均比降2.05‰,流域面积15.98万平方公里,地理位置介于东经102°30′~109°00′,北纬29°30′~34°30′。广元铁路桥以上为上游,广元铁路桥以下至合川为中游,合川至重庆朝天门为下游。

嘉陵江干线从四川广元、南充,经重庆合川、北碚,到长江入汇处,河源至广元铁路桥379千米为峡谷河段,两岸高山陡峻,岩岸壁立,河床乱石林立,滩险水急。广元铁路桥至重庆长江入汇处长近740千米,地势北高南低,河底平均坡降约0.41‰。按河道自然条件状况,整条河流可分为广元至昭化、昭化至苍溪、苍溪至合川、合川至重庆4段。广元至昭化段25千米,落差21.3米,平均比降0.81‰,洪枯水位、谷宽变化很大,水流挟沙能力不足,上游带来的砂卵石沿程停淤形成河滩。昭化至苍溪段145千米,落差84.2米,平均比降0.58‰。昭化至亭子口段两岸高山陡峻,岩岸壁立,由砾岩、砂岩和页岩组成,岩层倾角小,几乎成水平状,亭子口至苍溪段山势逐渐放低,进入丘陵区边缘。苍溪至合川段467千米,落差176米,平均比降0.37‰,为浅丘陵区,宽浅河段,滩洲较多,支、岔流较发达,河床一般为卵石或卵石夹砂,稳定性差。合川至重庆段94千米,是嘉陵江下游,河道由丘陵区进入川东山区峡谷地带,两岸谷壁陡立,岸线不齐,多为石灰岩峡谷河段,岔流较少,河槽稳定。嘉陵江径流来源,洪水期主要是降水,枯水期靠地下水补给。通常每年7—9月雨量充沛,是洪水期,12月至次年3月是枯水期,其余为平水期,洪枯水位差值一般在6~30米。根据北碚站实测成果,嘉陵江最大洪水年份的年输沙量约为2.5亿吨,一般洪水年份为 1.5 亿吨。嘉陵江梯级渠化后,受各级大坝的拦沙作用,每年输沙量大为减少。

(二)主要航道现状和建设情况

嘉陵江在四川境内沿途主要支流有白龙江、东河、西河、渠江、涪江等,流域内有通航河流 10 余条,通航里程 1374 千米,其中广元市辖区 569 千米,南充市辖区 726 千米,广安市辖区嘉陵江 79 千米(不包含渠江航道)。除嘉陵江干流及其支流渠江已渠化的河段达四级航道外,其余均为六、七级航道。

嘉陵江被列为国家高等级航道,干流航道起于四川省广元市昭化区的铁路桥,止于重庆市渝中区的朝天门滩。在天然状态下,通航里程 740 千米,共有滩险 344 个,平均每 2.14 千米就有一个滩。滩险主要分为石质滩险和卵石滩险两类,石质滩以险为主,卵石滩以浅为主,往往一个滩又是浅、险、急并存。在经过梯级渠化开发建设后,通航里程缩短为 688 千米,从起点至川渝交界处广安市武胜县黄帽沱,四川境内长 534 千米,有滩险 48 处。嘉陵江上游对溪至广元铁路桥 63 千米河段又称略阳河,有滩险 62 处,枯水期流量小,最小水深仅有 0.4 米,只能季节性通航,航道现状等级为七级。

嘉陵江是航运出川的又一主要通道,新中国成立后,为改善通航条件,国家投入资金对其进行了两次大型建设。

1958—1960 年,国家投入 420 多万元,对南充至重庆段 320 千米航道的 57 处滩险进行了建设整治,累计完成筑坝、疏浚、炸礁 132 万多立方米。为巩固整治成果,整治结束后成立了嘉陵江航道养护机构。

1966—1975 年底,国家又组织对广元至南充段 419 千米航道进行建设整治,整治滩险 129 处,耗资 1800 万元。在两次大型集中整治之间,还进行了多次维护性零星整治。

通过整治建设,嘉陵江航道枯水期分段能够达到的尺度为:广元至昭化段 15 米×0.6 米×200 米,昭化至阆中段 25 米×1.0 米×250 米,阆中至合川段 30 米×1.2 米×300 米,合川至重庆段 40 米×1.5 米×400 米。

2005 年 6 月,长江水利委员会编制完成《嘉陵江干流综合规划报告(征求意见稿)》,2008 年 12 月形成最终报告。报告以干流规划为重点,推荐嘉陵江干流中下游河段航运梯级开发方案为:亭子口(458 米)+苍溪(373 米)+沙溪(364 米)+金银台(352 米)+红岩子(336 米)+新政(324 米)+金溪(310 米)+马回(292.7 米)+凤仪(280 米)+小龙门(269 米)+青居(262.5 米)+东西关(248.5 米)+桐子壕(224 米)+利泽场(213 米)+草街(203 米)+井口(177.5 米),共 16 级。1993 年 10 月,四川省政府批准了由长江水利委员会 1992 年编制的《嘉陵江干流广元至苍溪河段规划报告》。该报告提出在亭子口电站上游再建设水东坝、上石盘两级枢纽。2016 年 11 月,广元市发展与改革委员会以广发改函〔2016〕182号文件批准了嘉陵江上石盘电航综合枢纽船闸工程。上石盘枢纽为嘉陵江上游第一梯级,正常挡水位472.5米,渠化航道11千米。

按照"综合利用、航电结合、联合建设、滚动开发"的指导思想,1989年1月,嘉陵江上第一座航电枢纽马回电站正式开工建设。至2015年,嘉陵江干流梯级渠化开发广元以下已建成亭子口、苍溪、沙溪、金银台、红岩子、新政、金溪、马回、凤仪、小龙门、青居、东西关、桐子壕、草街14座梯级。上石盘枢纽正处于建设之中。由于嘉陵江各级枢纽之间皆以正常蓄水位衔接,在各梯级库尾均存在不同长度的滩段,枯水期航道尺度不足需要整治。在交通运输部的大力支持下,2015年12月,四川开展了嘉陵江川境段航运配套工程。工程完工后,每级枢纽的库区航道等级均达到四级标准,航道尺度为45米×1.9米×480米,常年可通航2×500吨级船队。

川境段嘉陵江配布重点航标,实行二类航道维护。航道两岸有过河桥梁41座,跨江电缆及管道171处。距河口298千米的南充公路大桥,修建于1975年,系拱桥,通航净高只有7.2米,为南充至重庆段嘉陵江航道上所有桥梁净空高度最低者。

嘉陵江在重庆境内航道里程154千米,处于嘉陵江中下游,其间左岸接纳渠江,右岸纳涪江,桐子壕船闸至合川59千米河段属嘉陵江中游,2015年时航道维护等级为五级,航道维护尺度为(25~30)米×1.3米×(250~300)米,通航保证率95%,可通航300吨级船舶;合川至重庆95千米河段为嘉陵江下游,航道维护等级为三级,航道尺度为60米×2.0米×480米,可通航1000吨级船舶,通航保证率为95%。

(三)航道工程项目

1.嘉陵江川境段航运配套工程

(1)项目概况

项目于2015年12月开工建设,截至2015年,该项目仍在建。

项目建设依据:2014年4月,四川省发展和改革委员会以川发改基础〔2014〕221号文出具工可批复;2014年10月,四川省交通运输厅以川交函〔2014〕547号文出具初设批复;2014年1月,四川省环境保护厅以川环审批〔2014〕53号文出具环评批复。

按四级航道标准建设航道534千米;肖家河(亭子口枢纽死水位回水末端)以下航道设计尺度为宽度50米、水深1.9米、最小弯曲半径480米,肖家河以上航道设计尺度为宽度30米、水深1.6米、最小弯曲半径330米,设计代表船型500吨级,尺度为58.0米×10.8米×1.6米;亭子口以下航道设计通航保证率95%。

项目整治滩险49处;整治建筑物有块石砌筑丁坝、顺坝49处;完成疏浚量260万立方米,炸礁工程量125万立方米;护岸工程采用连续平顺式结构,共计5处。项目估算总投资15.6亿元。主要来源为申请国家部委补助,其余资金由项目业主自筹和四川省及广元、南充、广安三市配套解决。

（2）项目建设实施情况

项目建设单位为四川省港航开发有限责任公司；工可及设计单位为四川省交通运输厅交通勘察设计研究院；监理单位为四川省水运工程监理事务所；环保监理为四川众望安全环保技术咨询有限公司；水保监理为四川嘉源生态发展有限责任公司；施工单位为中交第四航务工程局有限公司、四川路航建筑工程有限责任公司、重庆市渝航交通工程有限公司、四川港航建设工程有限公司。

项目实施过程中，为保障安全度汛，2016 年 5 月 12 日，A 标、B 标、C 标暂停施工，工程复工时间为 2016 年 11 月 1 日。2017 年 7 月 1 日，A 标、D 标、E 标、F 标暂停施工，工程复工时间 A 标为 2017 年 10 月 8 日、D 标为 2017 年 10 月 5 日、E 标为 2017 年 10 月 1 日、F 标为 2017 年 10 月 3 日。

（3）科技创新成果及获奖情况

嘉陵江川境段航运配套工程可行性研究报告获 2015 年度四川省优秀工程咨询成果二等奖，获 2017 年度水运工程优秀咨询成果三等奖。

（4）项目投产后的运营情况

项目建成完成后进一步提高了四川省航道建设和管理维护水平，对加快发展四川水路运输、完善西部综合交通运输体系、促进腹地经济社会发展、实现国家可持续发展具有重要意义。

2. 嘉陵江草街以下至河口航道整治工程

（1）项目概况

项目一期工程于 2008 年 3 月 17 日正式开工建设，2009 年 5 月全部完工；二期工程于 2010 年 1 月 10 日正式开工建设，2011 年 4 月 29 日全部完工；三期工程于 2011 年 3 月 29 日正式开工建设，2014 年 6 月 10 日全部完工。航道支持保障系统各施工标段在 2011 年初相继开工，2012 年 1 月工程船舶建造、航标及交通安全标志、浮标建造 4 个标段相继完工通过交工验收并投入使用，2012 年 11 月 VHF 通信及航道视频监控系统建成并通过交工验收投入使用。

项目建设依据：2008 年，重庆市发展改革委《关于嘉陵江草街以下至河口航道整治工程可行性研究报告的批复》（渝发改交〔2008〕1751 号）；2009 年，重庆市交通委员会《关于嘉陵江草街以下至河口航道整治工程初步设计的批复》（渝交委港〔2009〕2 号）。

项目整治航道里程为 68 千米，航道建设等级为三级，航道设计尺度为宽度 60 米、水深 2.0 米、最小弯曲半径 480 米，设计通航保证率 95%。按内河一类航标配布，航道年单向通过能力 2070 万吨。

项目建设主要内容包括 27 处滩险的航道整治，以及航标、航行水尺、航道趸艇等航标建设和航道维护设施建设。交通运输部以交函规划〔2009〕137号文件下达了交通运输部水运建设资金1.25亿元的资金计划,地方配套资金3275万元。

　　嘉陵江是国家规划的水运主通道,是国家综合运输大通道的重要组成部分。嘉陵江草街枢纽至河口段68千米航道,是嘉陵江与长江干支贯通,实现通江达海的咽喉河段。根据《长江流域综合利用规划简要报告》(国发〔1990〕56号)和交通部、水利部、国家经济贸易委员会《关于内河航道技术等级的批复》(交水发〔1998〕659号)的相关内容,草街以下68千米航道规划定级为三级航道,只有对该段航道的碍航滩险进行整治,并配套建设支持保障系统,该段航道才可达到三级航道标准,实现昼夜通行1000吨级船舶。受三峡工程蓄水和草街航电枢纽断航施工等外界因素影响,项目划分为草街至北碚段、北碚至井口段、井口至河口段3段实施,航道支持保障系统实行一次性建设。

　　(2)项目建设实施情况

　　①航道整治一期工程(北碚至井口段):项目建设单位为重庆航运建设发展有限公司;设计单位为中交上海航道勘察设计院有限公司、重庆市交通规划勘察设计院;施工单位为四川路桥、第二航道工程处、长江重庆航道工程局;监理单位为四川省水运工程监理事务所。

　　②航道整治二期工程(草街至北碚段):项目建设单位为重庆航运建设发展有限公司;设计单位为长江重庆航运工程勘察设计院;施工单位为长江重庆航道工程局、中海工程建设总局、葛洲坝集团第五工程有限公司;监理单位为长航监理有限公司。

　　项目实施过程中,二期工程正式开工后,由于B标段施工单位中海工程建设总局对嘉陵江航道水情不够了解、内河设施设备缺乏,施工进度滞后,经多方协商后,将B标段分割一部分给重庆渝航公司实施,以加快施工进度。

　　③航道整治三期工程(井口至河口段):项目建设单位为重庆航运建设发展有限公司;设计单位为长江重庆航运工程勘察设计院;施工单位为葛洲坝集团第五工程有限公司、长江重庆航道工程局、中交第四航务工程局有限公司;监理单位为黑龙江黑航工程监理咨询有限公司。

　　由于第三期工程施工区域在主城区,受到市政设施安全、周边居民安全、陆上和水上交通安全等各方面的制约,尤其是石门大桥桥下炸礁涉及大桥安全,通过和市公安局、市市政委、路桥公司等单位多次沟通,并请全国著名专家对炸礁方案进行论证,采取较为保守的施工措施,因此施工进度较慢。

　　(3)项目投产后的运营情况

　　该项目经济内部收益率为12%,大于社会折现率8%;经济净现值大于零。同时,项目的实施有效降低货物运输成本,该河段在整治前为五级航道,通行300~500吨级船舶,整治后为三级航道,水深增加,流速减少,可通航1000吨级船舶,吨位增大,运输成本下降,产生的效益为 285.65 万元。该项目建成后,进一步提高了嘉陵江水运的竞争力和中小型船舶的航行安全。

嘉陵江梯级渠化实施后,辅以航道整治工程,实现嘉陵江与长江干支相通、江海直达,对长江上游航运中心聚集辐射能力的进一步增强、绿色航运发展、沿江产业带的形成和发展、水资源的综合利用起到积极的促进作用。

(四)航道的发展成就与经验启示

嘉陵江航道在历经几次大型建设整治后,虽然航道等级得到了提高,通航条件得到了极大改善,有效提升了通过能力,但是,全江仍然存在 344 处滩险,航道等级不高,每年水毁严重,航槽变化频繁,维护投资大、内容繁多,航道尺度难以保持。嘉陵江能够从根本上整体改善航道,建设成为国家高等级航道,主要原因是正确采取了全江梯级渠化开发的建设方式。

嘉陵江是全国第一条全江渠化的内河山区航道。从 20 世纪 80 年代开始,嘉陵江渠化工程进行了 30 年,至 2015 年还在进行中。通过渠化开发,嘉陵江航道滩险减少了 80%,航道里程缩短 52 千米,通航条件整体得到了极大改善,通过能力进一步提升,各级枢纽电站的建成运行发挥了水资源的水电利用效益。

嘉陵江的梯级开发实践,主要启示包括:一是全江梯级开发或连续建设的梯级枢纽,为保证航道的渠化效果,在规划、设计阶段,应当采取"渠化加整治"的技术思路,同时应将死水位作为枢纽间的衔接水位,避免出现建成后电站运行时库尾端回到天然状态,航道尺度达不到标准的情况,造成航运与水电在水资源利用方面的矛盾。二是为了减少枢纽施工建设期间对航运的影响,相邻枢纽应依次开建或同期建设,不宜采取"插花式"开工建设方式,适宜采取从下游向上游逐级建设的模式。同时,尽量避免实行断航施工方案,减少枢纽建设期间对航运的不利影响,保障水运企业克服短期困难,能够较好地生存和发展。三是为了保障枢纽建成后其通航建筑物能正常投入使用,积极服务航运,应在江河开发的同时研究制定好通航建筑物的运行、维护方案,制定统一的管理机制,避免出现"航道通了而通航建筑物通而不畅"的情况。

三、乌江航道

(一)河道自然特征

乌江发源于贵州省乌蒙山东麓,有南北两源。南源三岔河发源于威宁县境,北源六冲河发源于赫章县境,两源在化屋基汇流后始称乌江。乌江横穿贵州中部地区,在东北部出贵州进入重庆,经重庆市涪陵区进入长江,全长 716 千米,在贵州境内长 526 千米,贵州、重庆界河段长 72 千米,重庆境内长 118 千米。乌江河谷深切,河道弯曲,滩多流急,峡谷与宽谷交替出现,其中 70% 是峡谷,水位落差大,河道坡降陡,具有典型的山区河流特征。乌江航道河床位于扬子准地台,黔北台隆,遵义断拱,凤冈北北东向变形区内,无活动断裂分面,岩土体分为硬质岩类、较硬质岩类、软质岩类和松散岩类工程地质岩组四个大类。

整体河段水流量主要由上游六冲河、三岔河来水和沿线支流来水汇集,多年平均流量 1600 立方米/秒,年径流量 505 亿立方米,汛期 5—10 月来水量占全年的 77%,12 月至次年 3 月占年径流量的 10% 左右,最大和最小年径流量比约 2.6;泥沙主要来源于沿线支流,重庆武隆站实测多年平均输沙量 3200 万吨。从乌江渡至龚滩建有构皮滩水电站、思林水电站、沙沱水电站和彭水水电站,4 座电站均建有 500 吨级船舶的通航设施。航道穿越贵阳市、毕节市、遵义市、黔南州、铜仁市和重庆市涪陵区 6 个市州 12 个县(区)。乌江沿岸布置有开磷集团、瓮福磷矿、遵义氧化铝厂等大型工业企业和思南石材城等沿线各市县的工业园区。

(二)主要航道现状和建设情况

乌江航道贵州段:乌江渡至龚滩航道里程 407 千米,航道等级四级,穿越贵阳市、遵义市、毕节市、黔南州、铜仁市和重庆市彭水、武隆、涪陵六个市州 11 个县(区),经过乌江、龙水、大乌江、文家店、思林、潮砥、长堡、望牌、淇滩、黑獭、万木、思渠、龚滩 14 个乡镇和思南、沿河 2 个县城。各座水电站建设后,形成 4 个渠化航段,分别为彭水库区 65.65 千米、沙沱库区 114.4 千米、思林库区 89 千米、构皮滩库区 137 千米;4 座水电站分别建有 500 吨级升船机,其中彭水、沙沱、思林水电站升船机已经建成通航。

上游乌江渡水电站尚无通航设施规划,水电站上下游航道无法连通。水电站库区航道穿越贵阳、遵义和毕节 3 个市 5 个县,航道总里程 113 千米,其中:干流 73.5 千米,偏岩河支流 29.5 千米,息烽河支流 10.0 千米。四级航道建设工作正在开展。

乌江渡至龚滩航道现有跨河桥梁 24 座,白果沱大桥最低通航净空 5.55 米,跨河线缆 30 道。乌江支流清水河航道,由于构皮滩水电站建成蓄水,形成河口至洛旺河 24 千米四级航道,有跨河桥梁 1 座、跨河线缆 5 组。乌江渡库区干流至 2015 年有跨河桥梁 4 座,偏岩河和三涨水支流 3 座。

乌江航道随着 1957—1958 年打通龚滩、新滩、潮砥三大断航滩险,龚滩至大乌江 264 千米航道实现全线贯通;经过 20 世纪 60 年代、70 年代、80 年代的航道整治,龚滩至文家店 207 千米航道已达到六级航道标准。经"九五"时期航道(大乌江至龚滩)建设,乌江成为贵州省第一条五级航道,可通航 300 吨级船舶。"十一五"期间,实施乌江(乌江渡至龚滩)航运建设工程,整治彭水、沙沱、思林、构皮滩 4 个水电站的回水变动段航道 84 千米、重点滩险 68 处,配套建设乌江 407 千米和清水河(乌江支流)24 千米航道的航标、通信、航道管理、航运安全支持保障系统设施，新建乌江渡、楠木渡、江界河、沿江渡、河闪渡、思南太平、共和 8 个码头 15 个 500 吨级泊位。乌江航道已达到四级航道标准，码头货运年吞吐能力 329 万吨、年客运吞吐量 168 万人次。

乌江航道重庆段：重庆境内乌江航道，始于龚滩止于涪陵乌江河口，长 188 千米，航道等级为五级，常年通航船舶在 500 吨以上，在水位条件合适下，全线可通航 800 吨级船舶。三峡大坝蓄水后，乌江河口至白涛冉家沱 26 千米航道尺度常年满足三级航道通航标准；冉家沱至中咀 52 千米属回水变动区，在三峡蓄水水位 155 米以上，白马以下 45 千米航道能够满足三级航道通航标准，1000 吨级船舶可通航至白马，在三峡蓄水水位低于 155 米时，需通过航道整治才能满足常年三级航道标准，2012 年 5 月—2015 年 10 月，贵州省已按三级航道标准对该航段进行了整治。乌江彭水水电站蓄水后，库区航道完全满足四级航道标准，已进行库区支持保障系统建设。通过航道整治和银盘、白马电站建成蓄水，乌江重庆段 188 千米航道将全线达到规划等级。

此段航道维护类别为二类，按三类航标配布，现设置棒标 84 标位，控制河段 18 处，设置控制导航信号台 25 处，配备甚高频电话，进行船与台通信联系。本江段共有 18 处绞滩站，经历年整治，现有凉水井、钱粮铺 2 处绞滩站，安装了设计牵引力 12 吨卧式鼓轮式绞滩机助航。河段内现有公路大桥 8 座、铁路大桥 3 座、人行桥 2 座。涪陵河口建有水下天然气管道、污水管道各 1 条及多处跨河电缆、电力线，所有跨河建筑物均不碍航。

（三）航道工程项目

1. 乌江（乌江渡—龚滩）航运建设工程

（1）项目概况

项目于 2010 年 9 月开工建设，2014 年 12 月试运行，2016 年 12 月竣工验收。

项目建设依据：2009 年，贵州省发展和改革委员会批复《乌江（乌江渡—龚滩）航运建设工程可行性研究报告》（黔发改交通〔2009〕2692 号）；2010 年，贵州省交通运输厅批复《乌江（乌江渡—龚滩）航运建设工程初步设计》（黔交建设〔2010〕20 号）；2007 年，贵州省水利厅《关于乌江（乌江渡至龚滩）航运建设工程水土保持方案的批复》（黔水保〔2007〕18 号）；2009 年，贵州省环境保护局《关于乌江（乌江渡—龚滩）航运建设工程环境影响报告书的批复》（黔环函〔2009〕25 号）；2009 年，贵州省国土资源厅《关于乌江（乌江渡—龚滩）航运建设工程用地预审意见》（黔国土资预审字〔2009〕4 号）。

乌江干流乌江渡至龚滩 407 千米，支流清水河洛旺河码头至河口 24 千米，共计 431 千米航道，重点整治构皮滩库区（含支流清水河）44.8 千米回水变动段，整治重点滩险 34 处；沙沱库区 23.1 千米回水变动段，整治重点滩险 16 处；彭水库区 16 千米回水变动段，整治重点滩险 18 处。航道建设等级为四级，航道设计尺度为宽度 30 ~ 50 米、水深 1.6

米、最小弯曲半径330米;设计代表船型为500吨级机动驳船,船型尺度为55米×10.8米×2.4米×1.6米;设计通航保证率95%。

项目共完成筑坝工程量为10.39万立方米;疏浚河段(K14+500～K16+000)长度1500米,疏浚工程量为1.42万立方米;炸礁河段(K1+000～K14+500、K14+500～K17+000)长度15.5千米,炸礁工程量为10.94万立方米;护岸工程量为3015立方米;共计配布岸标(含警示标、桥涵标、导航标、地名标)194座、浮标(灯标)22座、鸣笛标17块、指路标10块、航道尽头标6块、地名与里程标30块。

该项目由交通运输部、贵州省联合投资建设,概算投资5.85亿元,实际投资5.54亿元,其中交通运输部水运建设资金2.28亿元,国家发展改革委投入资金6840万元,省交通运输厅补助资金2.19亿元,移民资金1312.8万元,地方政府筹资等资金2597.86万元。

(2)项目建设实施情况

项目建设单位为贵州省航务管理局;设计单位为贵州顺达水运规划勘察设计所、四川省交通运输厅内河勘察规划设计院;施工单位主要为贵州远航交通工程有限公司、贵州黔航交通工程有限公司、长江重庆航道工程局、云南路港工程公司、广东省基础工程公司、湖南省中源航务工程有限责任公司等;监理单位为贵州兴航水运工程监理事务所;质监单位为贵州省水运工程质量监督站。

(3)科技创新成果及获奖情况

依托"乌江(乌江渡—龚滩)航运建设工程"与"乌江构皮滩枢纽通航建筑物建设工程"进行的"山区河流两坝间航道治理关键技术研究"项目,攻克制约重大工程建设中的技术瓶颈,针对山区河流推移质运动泥沙理论及基于此理论开发三维河流数值模拟技术、山区河流枢纽间变动回水区及水位不衔接段航道治理的设计参数理论、枢纽调度影响下石质、砂卵石河床的碍航特性、航道整治技术、枢纽口门区及中间渠道通航水力学等问题,采用调查研究、理论研究、数学模型、物模试验及船模航行试验等相结合的手段,开展了山区河流两坝间航道治理关键技术的研究。研究所解决的关键技术不仅可直接应用于乌江的航道整治工程,还可推广应用到其他类似河流航道整治工程及黄河、长江上游等河段的前期工作和设计中,可提高整治工程投资利用率,加快前期工作进度,尽快发挥航运效益,具有良好的市场应用价值和推广前景。经鉴定,该成果与国内外同类技术相比,处于先进水平。研究获2017年度中国水运建设行业协会科学技术一等奖。

(4)项目投产后的运营情况

随着乌江(乌江渡—龚滩)航运建设工程的完工投入使用,航运带领水运经济发展,工程效益、社会效益均十分显著。一是航道条件的改善,伴随乌江水电站通航设施的建成,乌江近20年断航将成为历史,标志着贵州"北入长江"重要水运通道基本建成。二是水运管理、搜救等交通基础设施的完善,旅游效应凸显,有力推动当地旅游业的发展,为库区群众生活水平的提高增加途径。三是水路运输条件获得极大的改善,船舶逐渐实现大型化,运输效益凸显,有力带动航运、物流企业发展。四是乌江复航有力带动了沿江产业布局发展,沿江工业园区如雨后春笋般突起,如思南灯油坝重化工业聚集区、黔东北"石材产业集聚中心"石阡、瓮安江界河工业园区等依水而建,强力推动航运发展,形成良性循环。五是完善了水上搜救和水运管理交通设施,有力缓解了水上交通安全管理压力,确保了库区水上交通安全形势的稳定。

2.乌江白马以下至河口航道整治工程

(1)项目概况

项目于2012年5月开工建设,2015年10月竣工。

项目建设依据:2010年8月,重庆市发展改革委《关于乌江河口至白马段航道建设工程可行性研究报告的批复》(渝发改交〔2010〕934号);2011年4月,重庆市交通运输委员会《关于乌江河口至白马段航道建设工程初步设计报告的批复》(渝交委港〔2011〕11号);2012年4月,重庆市交通运输委员会《关于乌江河口至白马段航道建设工程(航道整治)施工图设计的批复》(渝交委港〔2012〕7号);2013年10月,重庆市交通运输委员会《关于乌江河口至白马段航道建设工程(支持保障系统)施工图设计的批复》;2014年5月,重庆市交通运输委员会《关于乌江狮子口滩航道整治工程(航道整治部分)施工图设计的批复》(渝交委港〔2014〕14号);2015年1月,重庆市交通运输委员会《关于乌江河口至白马段航道建设工程支持保障系统白涛航道维护基地码头工程施工图设计的批复》(渝交委港〔2015〕2号)。

项目整治乌江白马至河口航道45千米,航道建设等级为三级,航道设计尺度为宽度45米、水深2.7米、最小弯曲半径480米。

项目建设内容包括小角邦、曲石子、庙门滩、大角邦、大溪河口滩等处的疏浚、炸礁、清渣,修筑黄角扁折坝,整治狮子口滩群。经重庆市发展和改革委员会审核总概算,项目总投资为2.33亿元,资金来源为中央水运专项资金及市级交通专项资金,其中中央水运专项资金1.64亿元,其余业主自筹6886.17万元。

(2)项目建设实施情况

项目建设单位为重庆航运建设发展有限公司;设计单位为重庆航运工程勘察设计院;施工单位为中交第四航务工程局有限公司、广东宏大广航工程有限公司、长江宜昌航道工程局、长江重庆航道工程局;监理单位为黑龙江黑航工程监理咨询有限公司。小角邦、曲石子、庙门滩和大角邦标段的施工单位为中交第四航务工程局有限公司;上下边滩和大溪河口标段的施工单位为广东宏大广航工程有限公司;郭母子滩群标段的施工单位为长江宜昌航道工程局;狮子口滩群标段的施工单位为长江重庆航道工程局。

（3）项目投产后的运营情况

航道整治工程完成后移交给当地海事部门进行巡查维护,乌江白马至河口45千米航道达到内河三级航道标准,通航1000吨级船舶,航运条件显著改善,保障能力明显提高,形成与长江高等级航道干支直达,对区域经济发展起到了重要的带动作用。

（四）航道的发展成就与经验启示

乌江贵州段:乌江渡至龚滩及乌江渡水电站库区航道从五级升至四级,航道条件明显改善,运输船舶从300吨提高到了500吨、1000吨,水路运输不再受季节变化的限制,运输效率得到很大的提升,带动了沿江地区的经济发展和产业布局,如思南县编制了《思南乌江综合港区发展规划》、德江县编制了《德江县水运发展规划（2018—2030）》等。乌江航道已成为在2020年实现全面建成小康社会的有力抓手和构建综合交通运输体系的重要组成部分,为实现贵州"北入长江"水运大通道、积极融入长江经济带和实现交通强省打下了坚实的基础。

通过乌江航道工程建设,加快了乌江沙沱、思林、构皮滩等水利枢纽通航设施的建设,解决了长期以来贵州水资源综合利用没有解决的闸坝碍航问题,形成了贵州江河开发利用中的"以航为主,航电结合,综合利用,循环发展"的新理念。

乌江渡库区航运建设工程项目是对乌江高等级航道建设的有效延伸和必要补充,将进一步促进库区周边地区社会经济发展,加快脱贫攻坚的步伐。但是,也应该看到,由于乌江渡水电站枢纽未建设通航设施,乌江渡水电站库区航道不能有效衔接乌江水运通道,水路运输优势未能充分发挥,解决闸坝碍航问题以实现乌江高等级航道真正意义上的上延,仍是贵州今后很长一段时期的艰巨任务。

乌江重庆段航道整治工程实施后,彭水枢纽以下147千米航段已达到三级航道标准。500～1000吨级的船舶从乌江渡可直达河口而进入长江。乌江流域通江达海、快捷便利的黄金水运通道得以形成,有利于充分发挥水运优势,促进腹地煤炭、磷矿、铝土矿等矿产资源的开采、外运,进一步促进黔渝地区与长江中下游地区经济交流,降低物流成本、提升区域竞争力,对加快乌江流域经济社会发展具有深远意义。

四、湘江航道

（一）河道自然特征

湘水亦称湘江,纵贯湖南南北,为湖南境内第一大河,源出广西壮族自治区灵川县海洋乡龙门界。其主源为海洋河,流至广西兴安分水塘经灵渠导引后分二支,西支注入漓水,东支为湘水。湘水流经广西兴安、全县,由斗牛岭入境,经永州、衡阳、株洲、湘潭、长沙、岳阳等市,于城陵矶汇入长江。湘水干流全长 970 千米,湖南境内 773 千米,流域面积 9.68 万平方公里。广西兴安县至苹岛河段(原湘江上游)为湘江支流。湘江干流在最上游(蓝山县境内)称大桥河,蓝山县往下游至苹岛河段一般称潇水。

湘江湖南段从牛头岭开始至苹岛 56 千米为等外航道,苹岛至松柏 222 千米为六级航道,松柏至衡阳 56 千米段为五级航道。衡阳至长沙 267 千米段为中游河段。中游河段沿程多为丘陵区,台地发育,多洲汊、台地;平均坡降 0.07‰,河宽达 500～1200 米;河床质多为泥沙、卵石,亦有昭陵、满天星等小数石质浅滩;中游河段内有大小滩险 49 处,重点滩险有关湘洲、错石滩、下摄司、铜锣滩等;该河段于 1995 年和 2002 年分别兴建了大源渡和株洲两个航电枢纽,株洲航电枢纽以上至衡阳 44 处滩险被淹没,航道条件得以根本性改善。

长沙至濠河口 59 千米段为下游河段。该段水流平缓,平均坡降 0.03‰,河宽 800～1200 米;两岸筑有防洪大堤,河床质多为砂卵石,河床相对稳定;河段内有大小滩险 14 处,重点滩险有霞凝滩、铜官滩、北门滩等。该段航道经过 20 余年建设,于 1992 年建成为三级航道。

濠河口至城陵矶 113 千米段为湖区段(亦称洞庭湖湖区航道)。湘水流至濠河口分东西二支,东支经湘阴至芦林潭,西支经临资口至芦林潭,东西支汇合后经营田、鹿角、岳阳于城陵矶入长江,沿程在临资口、挖口子和鲇鱼口分别纳入资水南北分流和沅水。该段的特点是:枯水季节为河,河床显露,水面宽约 300～600 米;中洪水季节为湖,水面宽约 1000～4000 米,最宽处达到 30 千米。该段有大小滩险 15 处,重点滩险有煤炭湾、营田滩、刘家坝等。该段航道经过几十年治理,濠河口东支及以下航道于 1992 年建成为三级航道;西支从濠河口经临资口至芦林潭 33 千米于 2006 年建成为三级航道。

(二)主要航道现状和建设情况

湘江是湖南省航道体系的主骨架,新中国成立后,对湘江衡阳松柏至洞庭湖城陵矶 530 千米航道实施了一系列治理工程。1950—1960 年,对部分碍航滩险进行整治、部分航道进行维护性疏浚,使株洲至城陵矶基本达到全年通航。1961—1982 年,采取筑坝、疏浚、炸礁相结合的措施,先后整治了湘江的 60 多处浅滩。

1983—1989 年,实施了湘江松柏至城陵矶 497 千米河段的航道整治工程,使松柏至湘潭、湘潭至城陵矶航段分别达到五级、四级通航标准,同时湘江全航段配布了一类航标,实现了全线可昼夜通航。

"八五"时期(1991—1995 年)完成了湘江航运建设一期工程,使株洲至城陵矶 257 千米航段达到了三级航道标准。

"九五"时期(1996—2000 年)采用梯级渠化、流量调节和疏浚工程相结合的措施,实施了以大源渡航电枢纽为骨干项目的湘江航运建设二期工程,使库区航道即大源渡坝址至衡阳62千米航道达到三级航道标准。

"十五"时期(2001—2005年)开始实施株洲航电枢纽工程,2007年全部建成,株洲枢纽库区航道由建库前通航300吨级船舶的五级航道提高到通航1000吨级船舶的三级航道。2009年12月开工建设湘江长沙综合枢纽工程,2015年全部建成。

通过多年的系统治理和建设,湘江航道中下游航段通航条件明显改善。

截至2008年,湘江干流衡阳以上278千米航段为五级及以下标准,通航标准偏低,其中苹岛至松柏222千米航段为六级航道标准,松柏至衡阳56千米航段为五级航道标准。湘江干流衡阳以下439千米航段除局部河段通航标准较低外,大部分河段基本达到三级航道标准,通航条件较好,其中衡阳至株洲枢纽158千米为三级航道标准,航道维护尺度为90米×2.2米×720米,可通航1顶4×1000吨级船队;株洲枢纽至株洲市24千米为五级航道标准,航道维护尺度为40米×1.6米×300米,可通航1顶2×300吨级船队;株洲市至湘潭37千米航段为三级航道标准,航道维护尺度为60米×2.0米×720米,可通航1顶2×1000吨级船队;湘潭至城陵矶220千米航段为三级航道标准,航道维护尺度为90米×2.2米×720米,可通航1顶4×1000吨级船队。受湘江乱采乱挖引起河床下切、气候变化航道枯水期延长等因素影响,湘江航道枯水期水位呈下降趋势,已整治的众多滩险出现恶化趋势,重点物资运输保障与船舶通航安全受到威胁和挑战。

(三)航道工程项目

1.湘江(松柏—城陵矶)四、五级航道整治工程

(1)项目概况

项目于1982年12月开工建设,1988年12月试运行,1998年12月竣工。

项目建设依据:1983年1月,湖南省计划委员会批复《湘江干流松柏至城陵矶航道开发整治工程计划任务书》[湘计基(83)001号];1984年3月,湖南省建设环保厅《关于湘江航道整治工程初步设计的批复》(湘建科设字[1984]第74号)。

项目建设株洲一桥至松柏240千米航道,等级为限制性四级航道,航道设计尺度为宽度30米、水深1.3米、最小弯曲半径200米。设计代表船队为单线1顶2×300吨级船队,尺度92.84米×9.2米(总长×型宽,下同),双线1顶2×100吨级船队,尺度74米×7.5米。航道设计通航保证率:松柏至衡阳90%,衡阳至湘潭95%。

建设内容包括瓦洲滩至萝卜洲滩共49处滩险的整治;整治建筑物包括筑坝和站房建造,完成筑坝37处,工程量12.31万立方米,完成衡阳航道分局办公生活用房共10栋,面积5749平方米。疏浚1个滩段,工程量69.48万立方米。炸礁14处滩段,工程量2.7万立方米。完成码头护岸2740立方米。建造航标艇7艘,造价75.4万元;投入湘江四、五级航道整治工程施工专用船舶2艘,造价281万元,全长240千米完成一类标改造,建岸

标 97 座、浮标 451 座。项目总投资 1827 万元,因施工期间燃油料价格上涨、政策性因素及工程量变更,实际投资 2074 万元。项目建设资金为交通部水运建设资金和湖南省计委各承担 50%。

（2）项目建设实施情况

项目建设单位为湖南省航道管理局;设计单位为湖南省交通规划勘察设计院、湖南省航务勘测队、湖南省航务工程设计研究所。

（3）项目投产后的运营情况

整治后航道通过能力得到较大提升,如瓦洲至衡阳由整治前的 15 米航宽提高到 30 米航宽,水深由 0.6 米提升到 1.3 米,弯曲半径由 150 米提升到 400 米;其他航段通过整治,航道尺度都有大幅提高,为开发湘江三级航道创造了条件。

2. 湘江株洲至城陵矶 1000 吨级航道整治工程

（1）项目概况

项目于 1989 年 1 月开工建设,1994 年 12 月试运行,1994 年 12 月竣工。

项目建设依据:1987 年,交通部《关于湘江(株洲至城陵矶)三级航道整治可行性研究报告的审查意见的通知》(交计字〔1987〕770 号);1989 年,交通部《关于湘江(株洲至城陵矶)三级航道整治工程初步设计的批复》(交工字〔1989〕311 号);1987 年 11 月,湖南省环境保护局《关于湘江(株洲至城陵矶)三级航道整治工程有关环境保护情况的函》;1987 年 11 月,湖南省国土局《关于对湘江(株洲至城陵矶)三级航道整治工程方案的意见》;1987 年 10 月,湖南省水利厅《对湘江(株洲至城陵矶)三级航道整治工程的原则意见》。

项目整治航道里程株洲一桥白石港至岳阳城陵矶三江口 257 千米,航道建设等级为三级,航道设计尺度:株洲至湘潭宽度 60 米、水深 2 米、最小弯曲半径 720 米;湘潭至城陵矶宽度 90 米、水深 2 米、最小弯曲半径 720 米;濠河口特殊弯道宽度 240 米、水深 4 米、最小弯曲半径 480 米。设计代表船型尺度 67.5 米×10.8 米×2.2 米;株洲至湘潭枯水期通航二排一列、洪水期二排二列千吨级驳船队;湘潭至城陵矶枯水期通航二排二列、洪水期三排二列千吨级驳船队。航道设计通航保证率 98%。

建设内容为株洲至城陵矶段 257 千米航道整治工程,共计完成土方 620.7 万立方米;挖槽累计长度 57.6 千米;抛筑堆石坝 39.7 万立方米,建新坝 95 座、维修老坝 105 座;炸礁 3.35 万立方米,护岸 6.3 万立方米,拆除老坝 10.8 万立方米,清石 2 万立方米。新建航道站房 7 处,面积 3683 平方米,改建及购买旧房宿舍 6 处,面积 8664 平方米;新建航标机艇 8 艘,总功率 352.4 千瓦;新建单浮船航标 248 座,更新岸标 40 座。建设长沙通信枢纽综合楼 3204 平方米;在岳阳、长沙、湘潭改建程控交换机 3 台、744 门;改建长沙江岸电台、新建单边带无线电话和甚高频无线电话系统。航道站点通信在建设河段沿线 11 个航道站点及测量施工船舶、交通车辆均实现甚高频无线通信联络。新建斗容 1 立方米的反铲挖泥船 1 艘,60 立方米开体石驳 2 艘,功率 176.4 千瓦的拖轮 1 艘,起锚艇、宿舍船各 1 艘。就地取材,采用堆石丁坝和顺坝,有少量抛泥坝。丁坝的角度多与整治线正交,浅滩进口第一座丁坝做成下挑,挑角一般为 15~30 度,也有部分上挑丁坝,挑角约 15 度。丁坝间距一般为坝长的 2~2.5 倍,按地形特点和用途灵活运用。顺坝多用于洲头或岛尾,坝轴方向与江心洲纵轴基本平等,偏离在 5~10 度之间。根据湘江整治工程经验,丁坝、顺坝都设计成梯形断面,坝顶宽 1 米,迎水、背水坡 1:1,向河坡 1:3,丁坝坝顶纵坡 1:300。坝根均河岸结合,多数坝根在坝上 5 米和坝下 10 米采用块石护坡,不另作护岸工程。项目总投资 9470 万元(其中湘江航道建设为 8800 万元,航运通信为 670 万元)。资金来源为交通部水运建设资金 7500 万元,占投资总额的 79.20%,湖南省自筹资金 1970 万元,占投资总额的 20.80%。

（2）项目建设实施情况

项目建设单位为湖南省航道管理局;设计单位为湖南省航务工程设计研究院;施工单位为湖南省水下工程公司、长江航道局汉口分局、长江航道局宜昌分局;湘江一期虽然未实行监理制度,但实行了建设单位、质量监督部门及测、设、施单位自检互检的质量管理制度;质监单位为湖南省水运工程质量监督站。

项目实施过程中,1989 年由经交通部交工字 311 号文批准的湘江三级航道整治工程初步设计概算投资为 7630 万元。1990 年湖南省计划委员会根据实际需要,同意增列航运通信建设项目,增加投资 640 万元。1992 年,交通部根据国家计委 382 号文《关于重新核定在建工程投资概算的通知》,重新核定调整了该工程的概算,并以交通部工发〔1993〕第 462 号文件批复调整后的湘江三级航道整治工程的概算总投资为 9470 万元,其中:交通部投资 7500 万元,占投资总额的 79.20%,湖南省自筹资金 1970 万元,占投资总额的 20.80%。

（3）科技创新成果及获奖情况

濠河口至芦林潭航道整治工程试验研究获湖南省科技进步二等奖,煤炭湾裁弯取直工程、濠河口切咀填潭工程获湖南省优秀设计三等奖。

（4）项目投产后的运营情况

①航运效益。

湘江一期航道建设改善了湘江航道条件,结束了湖南无千吨级航道的历史。工程建设大大提高了湘江航道的通过能力,为原来的 3 倍,为湖南省调整交通运输结构、发展湘江至长江干支直达运输提供了有利条件,为湘江航运的进一步发展奠定了基础。工程投资 9470 万元,约 37 万元/千米,仅相当于一条新建铁路的 1/14,不及同期建设的长潭高速公路的 1/122,是一项投资少、效益大、见效快的优质工程。按 2000 年运量水平核算,全部投资可在 15 年内收回。

工程建设改善了航运安全条件,降低了运输成本。由于消除了煤炭湾、濠河口、霞凝礁石等航运险区,排除了航运隐患,提高了航道尺度,增大了通过能力,加快了航运速度,航运成本得到较大降低。按 1000 吨级航道与 500 吨级航道比较,可降低运输成本18.5% ~20.2%,每千米可节省柴油消耗 1.21 ~1.67 千克。按 2000 年预计货物周转量计算,一年可节省运输成本 2080 万元,节省柴油 1.2 万吨。

②社会效益。

提高了河道行洪能力,有利于堤防安全。航道疏浚降低了河底高程,航道炸礁减小河床阻力,航道丁坝固定了边滩、调整了流向,优化了通航条件,改善了投资环境,促进了沿江经济建设的发展。湘江千吨级航道一期工程的建成,为岳阳市港口作业、湘潭电厂和钢铁厂工业取水、易俗河城市建设、望城和湘潭大型火电厂建设,以及岳阳楼、月亮岛、水陆洲旅游区开发,提供了方便条件。

3. 湘江 2000 吨级航道建设一期工程

(1)项目概况

项目于 2010 年 12 月开工建设,2015 年 12 月试运行,2018 年 12 月竣工。

项目建设依据:2009 年,湖南省发展和改革委员会《关于湘江 2000 吨级航道建设一期工程预可行性研究报告的批复》(湘发改基础〔2009〕431 号);2010 年 10 月,湖南省发展和改革委员会《关于湘江 2000 吨级航道建设一期工程(株洲—城陵矶)可行性研究报告的批复》(湘发改基础〔2010〕1206 号);2011 年 1 月,湖南省交通运输厅批复《湘江 2000吨级航道建设一期工程(株洲—城陵矶)初步设计报告》(湘交计统〔2011〕34 号);2010年 9 月,湖南省环境保护厅《关于湘江 2000 吨级航道建设一期工程(株洲—城陵矶)环境保护报告书的批复》(湘环评〔2010〕252 号)。

项目整治航道里程从株洲航电枢纽坝址至城陵矶 281 千米,航道建设等级为二级,航道设计尺度为宽度 90 米、水深 3 米、最小弯曲半径 550 米。设计代表船型尺度:驳船 75米×16.2 米×2.6 米,货船 90 米×14.8 米×2.6 米。航道设计通航保证率 98%。

建设内容包括纳入工程中跨河桥梁 23 座(在建 3 座、碍航 4 座);整治建筑物包括丁坝、顺坝两种,主要分布在渌口滩、辰州滩、错石滩、铜官滩、黄泥—金钩寺滩群、鱼尾—文经滩群、黄猫滩群和营田滩群。丁坝、顺坝均采用堆石坝,顶宽均为 1.0 米,丁坝迎水坡1:1,背水坡 1:1.5,顺坝两侧边坡 1:1,坝头向河坡 1:3,坝顶纵坡 1:300。设计水位以下抛石,设计水位以上整平干砌。坝根处上、下游各 20 米范围内干砌块石护坡。该项目共整治 21 处滩险,除煤炭湾滩以外,其余滩均需疏浚,故工程量比较大,主要集中在鱼尾滩、濠河口滩和营田滩。濠河口切咀部分施工水位以上采用挖机进行开挖,施工水位以下土方量计入疏浚量中。疏浚断面为梯形断面,每边计算超宽为 2.0 米,计算超深为 0.3 米,边坡为 1:3;该项目河段仅有辰州滩、错石滩和萝卜洲滩这三个滩为礁石滩。根据《航道整治技术规范》的要求,卵石和岩石质河床的航槽水深应略大于设计水深,即增加0.1~0.2米的富裕深度。炸礁断面为梯形断面,每边计算超宽为1.0米,计算超深为0.4米,边坡为1:0.5;该项目护岸工程分为干砌块石护岸和雷诺护垫护岸两种。干砌块石护岸用来保护坝根,主要分布在有整治建筑物的滩险中。雷诺护垫护岸共有6处,分别在鱼尾滩、濠河口滩、老鼠夹滩、凤凰滩、煤炭湾滩和岳阳滩。湘江株洲至城陵矶河段全长约281千米,按二级航道维护,均设置一类航标,航标均采用遥测监控,共布设浮标438座、岸标98座、示位标8座;设服务区2个,分别为株洲服务区和长沙服务区。项目建成后,长沙航道局实行大站管理,共设9个站和2个航政大队。根据实际情况和航道管理的需要,新购用房8800平方米,维修改造用房2893平方米,新建靠船平台9座,新购公务艇1艘、工作艇10艘、小快艇10艘、航标维护车3台。整治工程量:疏浚量256.56万立方米,筑坝45.51万立方米,炸礁6.70万立方米,浆砌石护岸4.68万立方米,雷诺护垫护岸101.42万平方米,拆坝4.69万立方米,围堰3.1万立方米,砂卵垫层2.34万立方米。护坡则采用干砌块石护坡,其优点是结构形式简单、施工便捷、材料来源广泛、造价低。该护岸工程主要原则为保持心洲、边滩,稳定河势边界条件,平顺水流,改善水流流态;采用斜坡式平顺护岸结构形式。丁坝坝根保护采用干砌石,其余则采用雷诺护垫。坝根护坡高度根据地质和地形情况确定,护坡高出坝根顶部1.0米。该项目总投资8.53亿元,资金来源为交通运输部补助3.7亿元,其余资金申请在湖南省交通建设资金水上部分中解决。

(2)项目建设实施情况

项目建设单位为湖南株岳航道建设开发有限公司;设计单位为湖南省交通规划勘察设计院、湖南省航务勘察设计研究院;施工单位为湖南省航务工程公司、江西省路港工程有限公司、湖南省中源航务工程有限责任公司;监理单位为湖南省三湘交通建设监理有限公司;质监单位为湖南省航务勘察设计研究院公路水运工程试验检测中心。

2014年5月,湖南株岳航道建设开发有限公司整体划分到湖南省水运建设投资集团有限公司,并更名为湖南三湘航道建设开发有限公司。

(3)项目投产后的运营情况

一是该项目全部投资经济内部收益率为10.85%,大于设定为8%的社会折现率,累计经济净现值为2.31亿元,说明该项目国民经济效益较高。二是提高航道通过能力,为沿江经济发展提供运输保障。该项目(及相关项目)实现后,株洲以下航道将由三级提高到二级,形成一条长281千米的高等级航道,扩大了航道通过能力。这条高等级航道有效地覆盖了株洲、湘潭、长沙、岳阳4个湖南省内工业较发达的城市,并为湘江两岸对外物资交流和外贸、集装箱运输提供一条通畅、高效和有竞争力的通江达海运输大通道。三是改善投资环境,提高运输效益。湘江航道条件的改善,将促进沿江港口建设和以港口为依托的临港工业、现代物流业的发展,港口经济的发展将增加就业机会、吸纳大量劳动力。航道通航保证率得到提高,船型增大带来运输费用的大量节约。四是促进干支直达运输,提高商品竞争力。湘江滩险碍航问题从此得到根本治理,进一步推动运输船舶大型化和专业化,2000吨级船舶从长江中下游可直达衡阳,促进干支直达运输的发展。而干支直达运输的发展,又能很有成效地降低船舶运输的成本,降低湖南省内外贸货物运输价格,提高湖南省商品的市场竞争力。五是体现了社会可持续发展的科学发展观。合理利用了湘江水资源,提高了交通运输供给能力,水运相比其他运输方式能够减少基础设施对土地的占用、对环境的污染,降低交通运输的能源消耗,体现了社会经济可持续发展的科学发展观要求。

4. 湘江 2000 吨级航道建设二期工程

(1)项目概况

项目于 2015 年 11 月开工建设,2018 年 11 月试运行,2018 年 11 月竣工。

项目建设依据:2015 年,国家发展和改革委员会《关于湘江二级航道二期工程可行性研究报告的批复》(发改基础〔2015〕284 号);2015 年,交通运输部《关于湘江二级航道二期工程初步设计的批复》(交水函〔2015〕2385 号);2014 年,湖南省环境保护厅《关于湘江二级航道二期工程环境影响报告书的预审意见》(湘环评函〔2014〕56 号);2016 年,国土资源部《关于湘江二级航道二期工程工程建设用地的批复》(国土资函〔2016〕292 号);2014 年,湖南省水利厅《关于湘江 2000 吨级航道建设二期工程(蒸水河口—株洲航电枢纽)建设方案涉河事项的批复》(湘水许〔2014〕33 号)。

项目建设衡阳蒸水河口至株洲航电枢纽 154 千米航道,航道建设等级为二级,航道设计尺度为宽度 75 米、水深 3 米、最小弯曲半径 550 米。设计代表船队及尺度:双线 1 顶 2 驳双排单列,尺度 182 米×16.2 米×2.6 米。航道设计通航保证率 98%。

项目疏浚河段的长度为 5.11 千米,疏浚工程量 33.84 万立方米。主要为砾石夹卵石,采用 350 立方米链斗挖泥船施工。经计算挖槽回余量不大,断面较为稳定。衡阳至株洲 158 千米航道建设 9.5 米塔形岸标 97 座、HF6.7 米单船标 90 座、HF10 米单船标 60 座(桥区、枢纽),建设指路牌、告示牌等标志牌 90 座,建设智能数字航道、遥控遥测终端、自动水位站、重点航段水域视频监控。在衡阳已建锚地的上游建设一个水上服务区,陆域区占地面积 49 亩(1 亩≈666.67 平方米),岸线长度 500 米,建设 2000 吨级泊位 2 个、航道站专用泊位 1 个。项目总投资 31.24 亿元,其中:中央预算内资金 3.21 亿元,交通运输部水运建设资金 6.78 亿元,省级投资 21.26 亿元。

(2)项目建设实施情况

项目建设单位为湖南省水运建设投资集团有限公司;设计单位为湖南省交通规划勘察设计院;施工单位为中交二航局第三工程有限公司;监理单位为湖南省三湘交通建设监理事务所。

(四)航道的发展成就与经验启示

湖南湘江2000吨级航道建设一期工程,是湖南水运人继在全国内河建设进程中首先建成了千吨级航道后,在全国内河航道建设中首先建成的2000吨级航道。湖南湘江航道建设的成功给予人们的启迪,一方面是敬畏水资源"魅力",要对其实施保护性统筹兼顾开发利用,务必要从实际出发,遵循"绿水青山就是金山银山"的发展规律;另一方面,要将"河长制""湖长制"的常态管理提升至法律层面,旨在用法律制度约束违法行为,用法律制度保护水资源开发利用,不仅要让绿水青山颐养当代人,更要为后代人留下更多的碧水蓝天。

湖南湘江2000吨级航道建设二期工程,严格按照绿色发展理念,高度重视环保生态工作,在设计阶段全面落实批复要求,鱼道等环保水保工程投资达2.61亿元,占批复总概算的8.35%,同时召开水产种质资源生态补偿工作专题推进会议,部署鱼类资源人工繁殖放流、辅以人工鱼巢增加鱼类繁殖工作,后期将进行鱼道过鱼效果观测与评价。

严格落实项目环保水保设施与工程建设"三同时"制度,制定了耕植土剥离与临时堆存专项施工方案,湖南省国土资源厅对该方案做了充分肯定;整个项目范围内原有树木全部进行移栽,以城市市政工程标准严格控制扬尘,扬尘和掉潭现象得到有效控制,社会反应良好。通过优化大体积混凝土配合比,尽可能地降低单位水泥用量,采用"三低(低砂率、低坍落度、低水胶比)、三掺(掺高性能减水剂、掺粉煤灰、掺高炉矿渣)、一高(高工作性能室)"设计,确保混凝土质量的同时节省水泥15万余吨。

五、沅水航道

(一)河道自然特征

沅江,又称沅水,长江流域洞庭湖支流。其发源于贵州东南部,有南北二源,南源龙头江,北源重安江。南源为主干,源出贵州省黔南州都匀市云雾山鸡冠岭,又称马尾河。两江在螃蟹上汶河口相汇合后称清水江,先后流经台江、剑河、锦屏、天柱等县,至金紫入湖南境内,东流至托口镇纳渠水,至黔城汇潕水后始称沅江❶。沅水流经湖南省芷江、怀化、会同、黔阳、洪江、溆浦、辰溪、泸溪、沅陵、桃源、鼎城、武陵等县市(区),于常德德山入洞庭湖,德山以下及汉寿境内为流入洞庭湖的尾闾。沅水全长1033千米,湖南境内568千米,流域面积11.54万平方公里。多年平均径流量393.3亿立方米,落差1462米,河口多年平均流量2170立方米/秒。

沅江流域涉及贵州省、湖南省、湖北省和重庆市的63个县(市、区)。沅江流域四周高山环绕,东以雪峰山与资水分界,南以苗岭与柳水为界,西以梵净山与乌江相隔,北以武

---

❶　亦有托口汇渠水和洪江汇巫水后称沅水的说法。

陵山与澧水为邻。水系跨湘西、黔东、渝东和鄂西部分地区。南北长,东西窄,呈自西南斜向东北的矩形。平均比降为0.25‰,天然落差187米。沅水源远流长,支流众多,流域面积在100平方公里以上的河流有162条,其汇集形成羽毛状河系,而左岸的流域面积约为右岸的2.3倍,主要支流有左岸的潕水、辰水、武水、酉水及右岸的渠水、巫水、溆水等。

沅江流域大多为山区,城镇化水平较低。沅江流域除下游尾闾地区的常德市属湖南省"3+5"城市群一体化范围内而经济发展水平相对较高外,其他地区大多属于山区,经济发展相对滞后。

沅江流域水能资源丰富,按照湖南省水利部门2013年的规划,沅江干流规划按25级开发,总装机容量5199.34兆瓦,多年平均发电量为181.37亿千瓦时。

(二)主要航道现状和建设情况

1.沅水干流航道基本情况

沅水干流航道全长568千米,按河道自然状况分为金紫至黔城、黔城至桃源、桃源至德山3段。

金紫至黔城段长68千米,属上游峡谷河段,岩石河床,有滩险30处,滩情险恶。黔城至桃源段长450千米,属中下游河段,河谷为丘陵、峡谷相间,有滩险97处,峡谷段内的滩险,河道浅、险、弯、急俱备,中游以黄狮洞峡谷为最险,下游则以清浪峡谷为最险。黔城至桃源航道分黔城至洪江、洪江至大江口、大江口至桃源3段。桃源至德山段长50千米,为下游平原河段,有滩险7处,砂砾石河床,95%水位保证率时,航道水深1.2米、航宽15米、弯曲半径165米,通航80~150吨轮驳船。

2.沅水干流航道整治情况

沅水干流航道滩险较多,金紫至常德有滩险134处,其中主要滩险有29处,以沅陵境内的九矶、横石、清浪、瓮子洞最为著名。沅陵为湖南省境内沅水流程最长的县,经太常、凉水井、北溶、麻溪洑4个区16个乡镇65个村,至柳林汊乡界首村出,计146千米。县内平均水位89.22米,最高水位100.27米,最低水位86.66米;最大流量2.73万立方米/秒,最小流量181立方米/秒。航道中有大小滩险23处,滩流里程79.5千米,约占过境航道的54%,滩距离平均6.3千米,落差集中于滩上,具有浅、险、弯、窄的特点,昔有"三垴九洞十八滩,滩滩有座紫金山,十条(个)艄公九条溶,除了南溶和北溶"之说。

(三)航道工程项目

1.湖南沅水凌津滩至茅草街四级航道整治工程

(1)项目概况

项目于1996年8月开工建设,1999年10月试运行,1999年10月竣工。

项目建设依据：1990 年，湖南省计划委员会《关于沅水航道整治工程计划任务书的批复》（湘计基〔1990〕466 号）；1990 年，湖南省建设委员会、湖南省交通厅《关于沅水四级航道整治工程初步设计的批复》（湘建设〔1990〕340 号）。

项目整治航道凌津滩至茅草街 202 千米，其中起点凌津滩至常德 83 千米，常德至终点茅草街 119 千米。航道建设等级为限制性四级，航道设计尺度：调整前凌津滩至常德的航宽、水深和弯曲半径依次为 50 米、1.8 米、330 米，常德至茅草街的航宽、水深和弯曲半径依次为 80 米、1.8 米、340 米；调整后凌津滩至常德的航宽、水深和弯曲半径依次为 50 米、1.6 米、330 米，常德至茅草街的航宽、水深和弯曲半径依次为 80 米、1.6 米、340 米。设计代表船型（船队）包括：单排二列 1 顶 2×500 吨船队，二排二列 1 顶 4×500 吨船队。调整前凌津滩至常德、常德至茅草街的通航保证率均为 98%，调整后均为 95%。

项目共整治浅滩 16 处，其中单滩 13 处、滩群 1 处。按河床地质分类，整治卵石浅滩 6 处，卵石及岩石混合浅滩 2 处，黏土及砂质浅滩各 4 处。全河段基建挖槽 16 处，挖槽总长 10.88 千米，疏浚土方 72.36 万立方米，维护挖泥 4 处，挖泥土方 9.69 万立方米。整治建筑物就地取材，采用堆石坝和顺坝及少量抛泥坝。筑坝工程新建丁坝、顺坝 9 座，总长 1747 米，维修老坝 5 座，总长 288 米，完成筑坝石方 2.45 万立方米。拆除或部分拆除老坝 3 座，总长 973 米，拆除老坝 7900 立方米。炸礁浅滩 2 处，炸礁石方 4700 立方米。建设过程中，新建航道站房，建筑面积 2300 平方米；新建航标机艇 4 艘，总功率 147 千瓦；新建岸标 70 座、防撞浮标 100 座、单浮标 7 座；在五强溪及凌津滩库区设立示位标 10 座。项目总投资 1833 万元，其中交通部水运建设资金 750 万元（其中，1996 年和 1997 年分别拨款 400 万元和 350 万元）；湖南省及交通部门自筹投资 933 万元（其中湖南省财政 213 万元，湖南省交通厅自筹 720 万元），桃源大桥桥区航段整治工程专项补偿 150 万元。实际投资较概算投资（含大桥专项补偿）增加经费 110.25 万元，增加 6.4%。原因主要是：桃源大桥桥位不当，造成桥区两处浅滩实际整治工程经费 428.37 万元（未含模型试验及水文测验费 39 万元），抵除桥区专项补偿及两处浅滩原概算投资（109.6 万元）后，仍超支 168.77 万元；为改变双向水流河段畔山洲、附山洲每年需要维护挖泥的被动局面，对两滩进行筑坝导治，增加工程经费 54.9 万元；原调整要看未列入监理费、定额使用及质监费等，增加经费 32.5 万元；航道站房原概算造价偏低，增加 63 万元。沅水凌津滩至茅草街四级航道工程决算投资与实际到位资金一致（1833 万元），其中，整治工程经费 1232.79 万元，占总费用的 67.2%；航标工程经费 392 万元，占总费用的 21.4%；勘测、设计、模型试验费 109.59 万元，占总费用的 6%；建设、监理等其他费 52.93 万元，占总费用的 2.9%；整治工程效果观测费 45.19 万元，占总费用的 2.5%。

（2）项目建设实施情况

项目建设单位为湖南省航道（务）管理局；设计单位为湖南省航务工程勘察设计研究

院;施工单位为湖南省航务工程公司;监理单位为湖南省水运工程监理事务所;质监单位为湖南省交通建设质量监督水运站。

沅水四级航道整治工程复工情况简介:1990年5月,湖南省航务工程设计研究院和湖南省交通勘察设计院共同完成了《湖南省沅水四级航道整治可行性研究报告》。同年10月,湖南省计委、湖南省交通厅联合主持召开对该报告的审查会议并予以通过。根据审查会议纪要的要求,湖南省交通厅编制并以湘交计基字〔1990〕478号文向湖南省计划委员会报送了《湖南省沅水四级航道整治工程计划任务书》。11月2日,湖南省计划委员会以湘计基〔1990〕466号文批复了该计划任务书。12月,湖南省航务工程设计研究院完成了《沅水四级航道整治工程初步设计》。湖南省建委、湖南省交通厅以湘建设〔1990〕340号文批准了该初步设计,批准概算4990万元。

1991—1993年,湖南省安排投资195万元,用于沅陵航道站站房和宿舍的拆迁(在五强溪电站库区回水淹没区内)及罗家洲滩疏浚等,后因资金来源困难,工程自1994年起停建。

根据部、省对沅水四级航道整治工程压缩规模、减少投资的意见,湖南省航务工程设计研究所于1995年1月完成《湖南四级航道整治工程修改初步设计及概算调整书》。同年4月经湖南省交通厅以湘交计基字〔1995〕134号文批准。修改初设明确沅水凌津滩至茅草街航道仍按四级航道进行整治,主要设计参数做如下调整:通航保证率由98%调整至95%,重现期由5年调整至2年,设计水深由1.8米调整至1.6米(四级航道下限),航宽50~80米,弯曲半径不小于330米。工程概算1572.75万元(不含已投资的195万元)。1996年,沅水四级航道整治工程复工建设,1996—1998年,部、省拨款及部门自筹共投资1833万元。

(3)项目投产后的运营情况

湖南沅水凌津滩至茅草街四级航道建设工程建成投产后,社会效益与经济效益显著。

一是提高了通过能力,首先能保证五强溪电站超大、超重件设备的运输需要,为枢纽按期建成提供良好的水运条件,促进湖南工农业生产的发展。

二是该整治航段上游与五强溪、凌津滩枢纽库区连接,下游与湖南开湖航线和湘江衔接,可以形成一条长达537千米的贯通湖南西部地区、连接长江500吨级水运主通道,实现干支直达运输。

三是由于航道条件改善,航道等级提高,水运企业运输成本降低,吸引大宗物资走水运,使得萎缩的内河航运得到新的转机。

四是节省能源。与原有航道条件相比,仅与沅沪航线比较,或节约燃油每千米6.17千克,在正常生产期,每年可节约燃油1.27万吨。

五是沅水凌津滩至茅草街202千米四级航道建设,是一个投资少、见效快、事半功倍的项目。工程经费仅用 1833 万元,平均不到 10 万元/千米,在国内同类工程中造价是较低的。

2.湖南常德至鲇鱼口三级航道整治工程

(1)项目概况

项目于 2001 年 12 月开工建设,2005 年 12 月试运行,2005 年 12 月竣工。

项目建设依据:2001 年 5 月,国家发展计划委员会《关于湖南洞庭湖区常德至鲇鱼口航运建设工程可行性研究报告的批复》(计基础〔2001〕779 号);2001 年 9 月,交通部《关于洞庭湖区常德至鲇鱼口航运建设工程初步设计的批复》(交水发〔2001〕493 号);2001 年 1 月,国家环境保护总局《关于洞庭湖区常德至鲇鱼口航运建设工程环境影响报告书审查意见的复函》(环审〔2001〕10 号);2004 年 10 月,湖南省水利厅《关于洞庭湖区常德至鲇鱼口航运建设工程水土保持方案的批复》(湘水保〔2004〕70 号)。

项目整治航道主线常德至鲇鱼口 192 千米,支线安乡至茅草街 53 千米,建设等级为:主线由常德途经西洞庭湖汉寿、南洞庭湖沅江,下至东洞庭湖鲇鱼口 192 千米航道,按三级航道标准建设;支线由安乡经武圣宫至茅草街 53 千米航道,按四级航道标准建设。航道设计尺度:主线为宽度 90 米、水深 2 米、最小弯曲半径 500 米,支线为宽度 80 米、水深 1.8 米、最小弯曲半径 340 米。设计代表船型(船队)及其尺度:主线 1 顶 4×1000 吨船队,尺度 167 米×21.6 米×2 米;支线 1 顶 4×1000 吨船队,尺度 115 米×21.6 米×8 米。航道设计通航保证率 98%。

整治建筑物的结构形式主要是堆石坝,水下为抛石棱体,设计水位以上整平干砌。整治建筑物主要有丁坝 4 座、顺坝 5 座。共整治浅滩 43 处,基建疏浚挖槽 104 处,土方 788.5 万立方米;筑丁坝、顺坝 17 座,筑坝石方 2.07 万立方米;护岸 6 段,护岸石方 1.18 万立方米;拆除老坝 10 座,石方 7561 立方米;填潭护底 1 处,袋装卵石 1.98 万立方米;清除乱石等障碍物 1.62 万立方米,打捞大小沉船 14 艘。常鲇航道整治施工以疏浚为主,筑坝及护岸工程量较少,筑坝工程仍采用中高水期水下抛石,枯水季节人工整平干砌。疏浚工程则针对各滩土质、开挖宽度、泥层厚度、排泥要求、施工工况,选择合适施工船型,优化施工方案。工程实施中,根据河道变化的实际情况,及时调整优化方案,实行动态管理。常鲇航道疏浚施工的最大难点在茅草街至鲇鱼口河段,全长 73 千米。该河段浅滩分布密度大,尤其是响水坟滩群挖槽长、水流急、土质硬(84%以上为六类黏土)、工程量大,开挖质量要求高,施工与通航矛盾突出。常鲇护岸工程中,航道整治的措施主要是疏浚,整治建设物布置得很少,且整治河段绝大多数已做了护岸,故只有个别浅滩需要采取护岸措施。护岸包括护坡和护脚两部分。自枯水位至河底边坡稳定处,采用抛石护脚,厚约 1.0 米。自枯水位至设计水位以上 4.0 米采用干砌块石护坡,厚度 0.4 米,下面铺 0.1 米的碎石垫层。配套航标工程包括新建航道站房 5 处,面积 4641 平方米,维修改建老站房 4 处;

新建航标机艇 8 艘;新建助航标志 447 座(其中岸标 139 座、浮鼓标 129 座、单船标 155 座、灯塔式示位标 7 座、标志牌 17 座)。项目总投资 3 亿元,资金来源为交通部水运建设资金 1.06 亿元;常德、益阳两市自筹征地拆迁经费 503 万元;其余资金 1.9 亿元由湖南省交通厅自筹。

(2)项目建设实施情况

项目建设单位为湖南常鲇航运建设开发有限公司;设计单位为湖南省航务勘察设计研究院;施工单位为湖南省航务工程公司、上海交通建设总承包公司、湖南湘西航务工程有限公司;监理单位为湖南三湘交通建设监理事务所、育才—布朗监理有限公司、南华建设监理所。

项目实施过程中方案变更情况:①畔山洲滩 1 号顺坝移位。变更原因为河床地形发生变化。施工前的测量资料表明,部分设计挖槽处河床明显回淤,少数坝基河床有冲深掏空现象,畔山洲洲头老顺坝坝根被冲毁,洲头严重坍塌、后退。如果照原坝的轴线延长,顺坝无法平顺接岸。变更措施:将畔山洲洲头顺坝坝根段向左筑成折线形接岸,并对洲头采取护岸措施。②大湾滩 9 号挖槽突咀切除。变更原因为大湾滩 9 号挖槽开挖后,航道尺度完全达到了三级航道标准。原型观测发现,在漫滩水流的影响下,有的时段出现不良流态,船舶下行时,有挂扫左岸白浮标的现象,不利船舶航行。变更措施:将 9 号挖槽左岸突咀部分切除,平顺水流,彻底改善该段航行条件。

(3)科技创新成果及获奖情况

①白沙至鲇鱼口河段航道整治关键技术研究。

常鲇公司联合交通部天津水运工程研究所、武汉大学、长沙理工大学等科研单位和院校进行了白沙至鲇鱼口河段航道整治关键技术专题研究。该项目是交通部"十五"行业联合科技攻关项目之一。

在响水坝急流滩险整治设计中,通过数值计算、物理模型试验、遥感影像分析和地质变迁调查等手段,揭示响水坝滩险成因,深入分析研究了滩险河段整治前后比降、流速及水位降落情况,并在施工过程中和竣工后加强了原型观测。工程完工后,通过两年多的运行,航槽内流速明显降低,船舶实现自航上滩,且长河段水位降落得到有效控制,全线航道水深达到设计要求。

课题研究取得了具有创新性质的成果,解决了常鲇航道整治技术的难点,研究成果应用于工程实践,优化了施工图设计,使河段整治取得了巨大成功,节约工程投资 700 万元以上,经济和社会效益显著,对发展湖区航运、确保船舶航行安全有重大意义。

研究成果还丰富和发展了我国内河平原、湖泊、河口航道整治技术,也可为相关技术规范标准的修订积累经验和技术资料。研究成果经专家鉴定一致认为达到了国际先进水平,并获得 2007 年度湖南省科技进步二等奖。

②新型 PE 防撞浮标和新型单船标。常鲇公司联合湖南省航务管理局等开发研制了新型 PE 防撞浮标和新型单船标。新型航标获得 3 项国家专利，研究成果经鉴定达到国内领先水平。其中新型 PE 防撞浮标研究成果获得了 2003 年度交通部航海科技进步三等奖，内河新型单船标研究成果获得了 2005 年度交通部航海科技进步二等奖。新型系列航标不仅在常鲇工程和湖南省其他干线航道中得到很好应用，还在福建、重庆、安徽等 9 省市推广应用。

③GPS 测控技术首次在湖南航道应用。

在航道测量、施工放样、交工验收检查中，全面采用 GPS 测控技术，改变过去沿袭的经纬仪测角交会、量角器扯线上图老办法，使测图、定线放样、交工验收检查精度大为提高，配合电子成图技术，使测量成果迅速而直观地显示出来，既保证了工程质量又减轻了劳动强度，使水上测控技术上了一个新台阶。

《洞庭湖区常德至鲇鱼口航运建设工程预可行性研究报告》获湖南省工程咨询协会颁发的 2000 年度优秀工程咨询成果二等奖。

《洞庭湖区白沙至鲇鱼口河段航道整治关键技术研究》获湖南省政府颁发的科学技术进步二等奖。

(4) 项目投产后的运营情况

常鲇航运建设工程自 2005 年 12 月完工以来，各项目均相继投入使用。从试运行情况来看，该项目施工质量优良，各设施设备运行良好，工程收到了满意的效果。

常鲇工程三、四级航道建设总里程 245 千米，整治浅滩 43 处，基建挖泥 788.5 万立方米，建设期维护挖泥 23.81 万立方米，年均维护率仅为 0.8%，远小于预计年均维护率 6%。

航标工程采用了自主研制开发的具有专利技术的新型单船标和浮鼓，同时也是第一次在湖南内河航道设置了多种指路和宣传标牌，各标志标牌均设计合理、外形美观、使用正常，为湖南文明样板航道建设打下了良好基础。

常鲇航道工程的建设，使常鲇航线货物运输量明显增加，2007 年通过常鲇航道的货物运输量为 2281 万吨，较工程前的 1998 年提高了 36.5%。沿河产业布局不断优化，众多大中型企业关注和依赖常鲇航道。随着常鲇工程的建成，许多大中型骨干企业开始在沿河建厂，充分利用水运运量大、运价低的优势，优先选择水路运输方式来承运其货物特别是大宗货物。常鲇航道整治工程取得了理想的工程效果和良好的经济与社会效益。

3.湘西自治州（大洑潭—泸溪）航运建设四级航道一期工程

(1) 项目概况

项目于 2012 年 1 月开工建设。

项目建设依据:2009年12月,湖南省发展和改革委员会批复了项目可行性研究报告(湘发改交能〔2009〕1330号);2010年11月,湖南省交通运输厅批复了项目初步设计(湘交计统〔2010〕543号);2009年,湖南省环境保护厅审核通过项目环境影响报告(湘环评〔2009〕63号);2008年12月,湖南省国土资源厅通过项目地质灾害危险性评估;2009年,湖南省水利厅批复同意河道范围内建设项目报告(湘水保〔2009〕100号)。

项目建设航道沅水干流大洑潭至泸溪约48.6千米,航道建设等级为限制性四级,航道设计尺度为宽度50米、水深1.6米、最小弯曲半径330米;设计代表船型为500吨级机动货船;航道设计通航保证率98%。建设沅水支流酉水保靖酉水大桥至碗米坡电站坝址里程约18千米及沅水支流酉水罗依溪约3千米,航道建设等级为限制性六级,航道设计尺度为宽度30米、水深1.2米、最小弯曲半径180米;设计代表船型为300吨级机动货船;航道设计通航保证率90%。并建设沅水支流沱江凤凰县城至桃花岛约4.2千米,航道建设等级为限制性七级,航道设计尺度为宽度24米、水深0.9米、最小弯曲半径130米;设计代表船型为100吨级机动货船;航道设计通航保证率90%。

沅水支流酉水罗依溪约3千米,切除大桥附近右岸突咀,保证船舶通行安全;修建情人桥、凤鸣谷、迁陵1号、三百洞、罗依溪、贮木场6个旅游停靠点;设置相应航道航标和站房设施。项目总投资2.32亿元,资金来源为国省补助及地方自筹。

(2)项目建设实施情况

项目建设单位为湘西自治州西沅航运建设有限公司;设计单位为湖南省交通规划勘察设计院、湖南省航务勘察设计研究院;施工单位为湖南省航务工程公司、广西壮族自治区航务工程处、湖南省中源航务工程有限责任公司等;监理单位为湖南省三湘交通工程监理事务所。

4.沅水浦市至常德航道建设工程

(1)项目概况

项目于2014年11月开工建设,2019年1月试运行,2019年1月竣工。

项目建设依据:2013年,湖南省发展和改革委员会《关于沅水浦市至常德航道建设工程可行性研究报告的批复》(湘发改基础〔2013〕1696号);2014年,湖南省交通运输厅《关于沅水浦市至常德航道建设工程初步设计的批复》(湘交计统〔2014〕271号);2013年,湖南省环境保护厅《关于沅水浦市至常德航道建设工程环境影响报告书的批复》(湘环评〔2013〕30号);2012年,湖南省水利厅《关于沅水浦市至常德航道建设工程方案涉河管理的事项的批复》(湘水许〔2012〕248号)。

项目整治浦市至常德296千米航道,其中,浦市至桃源枢纽段248千米航道按四级航道标准整治,桃源枢纽至常德(德山)段48千米航道按三级航道标准整治。航道建设等级为限制性三级,航道设计尺度为宽度50米、水深1.9米、最小弯曲半径330米,航道设计通航保证率98%。

建设内容主要包括采用疏浚、炸礁、筑坝、护岸等整治措施,共整治滩险12处,引航道改造1处、桥梁防护1处、候闸停泊段靠船墩2处,并对浦市至常德296千米航道重新配布航标和航标遥测系统;其中桃源至陬市航道整治工程、泸溪至沅陵段整治工程包括丁家巷滩、龙头脑滩、上钟舫洲、下钟舫洲和洋洲滩5处滩险,总计疏浚量约50万立方米、筑坝1.8万立方米、石笼护坡5万平方米、干砌块石护坡5000立方米。猴儿滩、施怡滩整治工程包括猴儿滩、施怡滩2处滩险,总计炸礁量20万立方米、疏浚量19万立方米。凌津滩整治工程炸礁量3.2万立方米。部分管理站房重建和改扩建;配备工作船、航标维护车,新建靠船平台,相应配备13艘28米趸船、1艘60米趸船、11艘15米快艇、1艘17米快艇、2艘22米执法艇、1艘32米公务艇、9艘25米航标工作艇等;航标及配套设施工程包括单船标434座、各类岸标(含基础)149座、桥涵标9座、桥梁净高标尺9组、各类标牌42块、单船标遥控终端434个、各类岸标遥控终端149个、CORS站(连续运行参考站)建设9座。航道站房及靠船平台建设工程包括建设泸溪、沅陵、五强溪、凌津滩、桃源、常德6处航道站房及其靠船平台;锚地与锚地管理区建设工程包括桃源陬市、常德马家吉、汉寿岩汪湖、沅陵黄草尾4个锚地管理区及靠船平台。项目总投资7.74亿元,资金来源为交通运输部内河水运建设资金3.54亿元,申请国家发展改革委中央预算内资金补助1.77亿元,其余2.43亿元由湖南省交通运输厅在省级交通建设资金中安排。如中央资金不能足额到位,资金缺口由项目法人负责筹措。

(2)项目建设实施情况

项目建设单位为湖南三湘航道建设开发有限公司;设计单位为湖南省航务设计研究院;施工单位为湖南省航务工程有限公司、湖南省中源航务工程有限责任公司;监理单位为湖南省三湘交通建设监理事务所;质监单位为湖南省航务设计院公路水运检测中心。

(四)航道的发展成就与经验启示

五强溪船闸下游引航道改造推荐的增建300米浮式导航堤方案建成后,船舶航行的难点已不在口门区,而在沅水大桥及下游的主航道。由于河道较窄,洪水期流速较大,流量为7800立方米/秒,沅水大桥下游主航道水面流速已达4.0米/秒以上,船舶需要采用5.0米/秒以上的静水流速才能上行,而这种航速是两种代表船型难以达到的。因此,建议可以加大船舶的主机功率或增加推轮助航设施;同时,还可采用上行船舶近岸错峰航行和减小枢纽泄流量变化幅度、延长枢纽调度时间的调度方式,有效减小水流对行船的阻力,改善船舶自航上滩条件。

由于浮堤堤头至沅水大桥间的距离较近,仅700米左右,根据水流条件和船模航行试验结果分析,并按桥区通航要求,当流量大于 6250 立方米/秒时,按船舶斜流的航行方式,建议将浮堤堤头以下至大桥下游一定距离作为单向限制性航道,即不能在该段航道内会船,以保证船舶(队)航行安全。

应积极培育沅水的航运市场,加大航线开发力度;加快推进船舶大型化和标准化进程,鼓励发展与湘江航道等级相匹配的大吨位、专业化运输船舶,充分发挥沅水高等级航道通江达海的运输优势。

对工程河段的采砂活动应加强管理、严格控制,避免因长期无序采砂而导致航道变迁、水位下切和流态恶化。

六、汉江航道

(一)河道自然特征

汉江是长江中游最大支流,发源于陕西秦岭南麓,全长 1567 千米,总落差 1964 米。汉江自陕西省安康市旬阳县白家坡进入湖北省境内,流经十堰、襄樊、荆门、潜江、天门、仙桃、汉川、武汉 8 个市,至汉口龙王庙汇入长江。流域总面积 15.9 万平方公里,约占长江流域总面积的 8.8%。据 2003 年航道普查勘测核定,汉江通航里程 1342 千米,湖北省境内汉江航道里程 866.78 千米(其中,湖北、陕西两省一江两岸界河航道里程 41.78 千米)。

汉江干流按河谷特征分为 3 个典型河段,丹江口以上为上游,丹江口至皇庄为中游,皇庄以下为下游。

上游白河旬阳至丹江口枢纽段航道里程 249.7 千米。自 1968 年丹江口水库建成后,白河至丹江口河段受水库回水影响,常年库区和回水变动区河床质发生了较大变化,原来的卵石、石质河床被泥沙覆盖,转化为沙质河床。2014 年丹江口水利枢纽完成大坝加高,正常蓄水位 170 米时库区回水里程 185 千米至孤山。湖北省"十二五"期间已实施完成丹江口至孤山 185 千米航道四级标准的整治;规划中的夹河(白河)水电站、孤山梯级分别于 2015 年、2016 年开工建设,计划于 2022 年完工。

中游丹江口至皇庄段航道里程 246 千米,河谷以丘陵阶地及平原相间,平均比降 0.2‰,该段滩多、水浅,河床以卵石夹沙和沙质为主,为宽浅型游荡性河段,枯水期水面宽度仅 300~400 米,洪水期水面宽度达 2000~5000 米,河床冲淤变化大,极不稳定。丹江口水库建成蓄水后,改变了该河段来水来沙过程,由于洪峰消减、中水期延长、枯水流量增加,以及清水下泄、沿途冲刷等,致使该河段河床拓宽、下切。2001 年建成王甫洲水利枢纽后,坝上 30 千米航道基本成为常年回水库区航道。王甫洲大坝以下河段,河床质已由原来沙质粗化为卵石河床,河床可动性减少,平均比降为 0.25‰。新集以下河段河床为宽浅型游荡性河段,流经丘陵及河谷盆地。该河段"八五"期间实施襄樊至皇庄(钟祥)段

153千米航道整治工程,经过整治,河势得到控制,航道基本稳定,航行条件大为改善,通航标准达到四级航道。丹江口至襄樊117千米航道整治工程也于"十五"期间实施,通航标准达到四级航道。距丹江口下游航道里程125千米的汉江崔家营航电枢纽工程于2005年开工建设,2009年船闸通航,并形成33千米常年库区1000吨级航道。

下游皇庄至河口段航道里程370余千米,流经平原湖区,河床坡降小,平均比降约0.1‰,该段河道弯曲,洲滩较多,沙质河床,颗粒较细。上段钟祥至泽口137千米仍具有游荡性河段的特征,下段泽口至汉口234千米具有蜿蜒性河段的特征,有马口、新沟、柴林湾等著名弯道。下段河槽上宽下窄,河宽逐渐缩窄,至河口段仅200米左右,属蜿蜒性单一河道。河段两岸均筑有堤防,泽口以上,干堤堤距开阔,在880~4700米之间;泽口以下,河槽基本受两岸护岸和堤防控制,堤距在500~2400米之间。汉江河口至兴隆265千米航道经过多次对航道提等升级的整治后全面达到1000吨级航道标准;兴隆枢纽已于2009年2月开工建设,2013年船闸通航,并形成约55千米常年可通航1000吨级船舶的库区航道。

汉江中下游堤防总长1563.4千米,根据其重要性分为确保堤、干堤、支民堤、分洪道堤等。其中左岸从钟祥上罗汉寺至汉口龙王庙,右岸从沙洋至汉阳晴川阁,共长727千米,除长55.3千米的遥堤及长79.6千米的武汉市城区堤段为确保堤外,其余均属干堤,堤顶高程超过1964年当年最高水位约1.0米;支民堤右岸在沙洋以上,左岸在上罗汉寺以上,两岸堤长406千米;东荆河两岸堤防共长317千米,堤顶高程均超过1964年当地最高水位0.5~1.0米。

汉江干堤堤防堤顶宽度一般为4~8米,少数堤段只3米,堤顶欠高0.5~1.84米,东荆河右堤洪湖分蓄洪区围堤段最大欠高达2.7米;汉江丹江口坝下至沙洋小江湖的中游段,堤防标准普遍较低,堤身较单薄,堤顶宽度一般为3~6米,堤顶高程普遍欠高1米左右。

汉江航道陕西境跨河建筑物有石泉、喜河、安康、蜀河等水利水电枢纽大坝4座。含与陕西省交界处的夹河(白河)枢纽,湖北省境内汉江共规划了9级枢纽,截至2015年已建成丹江口、王甫洲、崔家营、兴隆枢纽4级,剩余5级枢纽处于在建阶段,夹河(白河)、孤山、雅口枢纽已开工建设,新集、碾盘山正处于前期工作阶段,通过梯级渠化改善航道通航条件,实现2020年以前汉江丹江口大坝以下达到通行千吨级船舶航道的规划目标。

（二）主要航道现状和建设情况

汉江陕西安康至白河164千米河段,属汉江干流上游的中下段,基本达到内河四级标准,该河段绝大部分穿越两山夹峙的深山峡谷,谷深壁陡,两岸植被比较茂密,水土流失不甚严重,河岸多为石质或部分坚质黄土组成,河床质由砂卵石或基岩组成,滩多、水急、比

第六卷·内河航道工程

降大,属山区性河流,历史上为陕南地区的主要交通线。由于多种原因,未进行过系统的治理,只是在零星疏浚、炸礁的基础上局部改善碍航滩险的通航条件。

湖北省经过历时多年的系统治理,汉江干流中、枯水河势得到控制,河道通航条件得到明显改善,正逐步向汉江航道规划目标迈进。截至2015年,汉江航道现状情况如表10-2-1所示。

汉江航道现状通航里程及航道等级统计表　　　　　　　表10-2-1

河流名称	航道起讫点		通航里程(千米)				现状等级	航道属性
	航道起点	航道终点	小计	全年通航	季节通航	不通航		
汉江	河口	旬阳白家坡	866.78	—	—	—	—	—
其中	河口	汉川	75	75	—	—	三	天然
	汉川	兴隆	190	190	—	—	三	
	兴隆	马良	55.4	55.4	—	—	三	
	马良	碾盘山	54.6	54.6	—	—	四	
	碾盘山	丹江口	242	242	—	—	四	
	丹江口	孤山	185	185	—	—	四	
	孤山	白河县下卡子	23	23	—	—	七	
	白河县下卡子	旬阳白家坡	41.78	41.78	—	—	六	

20世纪90年代,按恢复汉江航运的方针,在交通部支持下,陕西优先安排整治有客、货运输需求、治理难度较小的内河航段。按六级航道技术标准,重点实施汉江安康至白河段145千米航道整治。安康至白河段航道整治以治理滩和滩群为主,炸礁疏浚,调整比降,改善流态,固滩保槽,改善通航条件,维持安康水电站大坝下游船舶运输。

随着汉江水运主通道规划的实施,"十五"时期,陕西内河航道整治转向以汉江干流为主。陕西省政府作出加快汉江梯级开发的重大决策,着力推进水、电、航联合开发。结合喜河、蜀河水电枢纽建设,交通部门组织实施漩涡至安康段航道整治一期工程,重点建设紫阳和安康市汉滨区5个港口,治理火石岩水电梯级以下3处碍航滩险。通过筑坝、炸礁,疏滩导流,整修岸线,稳定河床,调整比降,匀缓流速,改善流态,使该航段达到六级航道技术标准。之后,汉江航道整治工程分段上延,2007年起动工建设喜河库区97千米航运工程;重点进行航道整治、码头与停靠点及配套设施建设,使石泉水电站大坝至喜河水电站大坝段航道得以畅通。

2011年开工建设的汉江安康至白河航运建设工程164千米河段中航道工程主要是整治旬阳、蜀河、白河、孤山4个电站枢纽33.5千米回水变动段和不衔接段的滩险,主要内容包括坝体修筑及护岸、航道疏浚、库区挖泥、库区炸礁等。航道按内河双向通行四级航道标准进行航道及各枢纽回水变动段整治建设,达到宽度50米、水深1.9米、弯曲半径330米。

汉江安康火石岩至紫阳文明样板航道创建,是陕西内河航道高标准建设的一个标志。

安康水电站大坝建成蓄水后,形成长达 80 千米、航宽 200～500 米、水深 20～90 米、弯曲半径 200 米以上的优良航段,并逐步成为陕西省内河船舶最多、运输量最大的航段。

汉江在湖北省境内的白河至丹江口 209 千米属上游河段,为山区河流;丹江口至钟祥 270 千米属中游河段,为半丘陵、冲积平原相间的游荡性河流;钟祥以下至河口 379 千米属下游河段,为蜿蜒性河流。汉江航道治理始于 20 世纪 50—60 年代,对急需整治的重点碍航浅滩采用单丁坝导流措施。20 世纪 70—80 年代,对金蛙滩、白沙盘滩段进行了试验性整治,为汉江整治积累了成功的经验。20 世纪 90 年代开始对汉江襄樊至汉口段 532 千米长河段进行整治,汉江襄阳以下基本达到四级航道标准。

2000 年以后,加快了汉江航道提等升级的步伐。先后相继开工建设了汉江丹江口至襄阳段航道整治工程(四级航道标准)、蔡甸至河口段航道整治工程(三级航道标准)、崔家营航电枢纽工程(库区航道三级标准)、孤山至丹江口段航道整治工程(四级航道标准)、汉川至蔡甸段航道整治工程(三级航道标准)、兴隆水利枢纽工程(库区航道三级标准)、兴隆至汉川段航道整治工程(三级航道标准)、汉江中下游局部航道整治工程(四级航道标准)、汉江碾盘山至兴隆段航道整治工程(三级航道标准)等,重点航道整治工程实施概况详见表 10-2-2。

2000 年以后汉江(湖北省段)航道整治工程实施情况统计表　　表 10-2-2

整治工程名称	整治河段范围	建设标准	建设年份	目标完成情况	备　注
汉江(丹江口至襄樊)航道整治工程	项目整治航道里程 117 千米	四级(3)	2003—2006	达标	—
汉江河口段航道整治工程	汉江武汉段(南岸嘴至蔡甸)33 千米	三级(2)	2003—2005	达标	—
汉江白河至丹江口段航道整治工程	孤山至丹江口 185 千米	四级(3)	2008—2016	达标	—
汉江汉川至蔡甸航道整治工程	汉川至蔡甸河段 42 千米	三级(2)	2008—2011	达标	—
汉江兴隆至汉川段航道整治工程	兴隆至汉川 189.7 千米	三级(2)	2010—2014	达标	—
汉江中下游局部航道整治工程(丹江口至汉川段)	丹江口以下至汉川的 542 千米航道,不含兴隆、崔家营、王甫洲库区	四级(3)四级(2)	2012—2014	达标	该工程是南水北调中线一期工程的补偿性工程,通过局部航道整治工程建设,有效改善通航条件
汉江碾盘山至兴隆段航道整治工程	碾盘山至兴隆段 110 千米	三级(2)	2014—2017	达标	—

(三)航道工程项目

1. 汉江安康至白河航运建设工程

(1)项目概况

项目于 2011 年 3 月开工建设,2016 年 7 月试运行,2016 年 12 月竣工。

项目建设依据:2010 年 7 月,陕西省发展和改革委员会《关于汉江安康(火石岩)至白河航运建设工程可行性研究报告的批复》(交规划发〔2007〕238 号);2010 年 11 月,陕西省发展和改革委员会以陕发改基础〔2010〕1814 号文出具初设批复。

项目建设安康至白河航道 164 千米,航道建设等级为四级,航道设计尺度为宽度 50 米、水深 1.9 米、最小弯曲半径 330 米。设计代表船型尺度 111.0 米×10.8 米×1.6 米。航道设计通航保证率 98%。

项目共建丁坝 9 条,总长 1870 米。整治滩险 9 处。疏浚河段长度 8501 米,疏浚量 47.42 万立方米。炸礁河段 6 处,共 70000 米。项目总投资 1.96 亿元,其中航道工程投资 1.09 亿元,港口工程投资 8750 万元。投资来源主要是国家财政资金。

(2)项目建设实施情况

项目建设单位为陕西省交通运输厅航运管理局;设计单位为陕西省公路设计院、天津水运工程勘察设计院;施工单位为华北水利水电工程集团有限公司;监理单位为大连港口监理咨询有限公司。

2. 汉江(襄樊至汉口)航运建设航道整治工程

(1)项目概况

项目于 1990 年 5 月开工建设,1996 年 1 月试运行,1997 年 4 月竣工。

项目建设依据:1988 年 4 月,国家计划委员会《关于汉江(襄樊至汉口)航运建设工程设计任务书的批复》(计交〔1988〕555 号);1988 年 12 月,交通部《关于汉江(襄樊至汉口)航运建设工程初步设计的批复》(交函基〔1988〕839 号)。

项目建设襄樊至汉口航道里程 532 千米,航道建设等级为限制性四级,航道设计尺度为宽度 80 米、水深 1.6 米、最小弯曲半径 340 米,边坡 1:3。设计代表船队 1 顶 4 驳,尺度 112 米×21.6 米×1.6 米。航道设计通航保证率 97%。

项目疏浚土方共计 55.32 万立方米。襄樊至皇庄河段航道内助航标志由三类升为一类,新建航标艇 2 艘、侧面标志船 160 条、侧面标罐体 260 个、侧面标锥体 260 个、过河标 50 副、沿岸标 30 副。完成整治工程有:丁(锁)坝 169 座,坝长 69.97 千米,护岸 9 滩 17 处总长 23.66 千米;坝体、护岸(滩)工程总体积 170.7 万立方米;护底面积 246.25 万平方米;疏浚挖泥 7 处,疏浚挖方 55.32 万立方米。项目总投资 1.27 亿元,其中交通部水运建设资金 8877.33 万元,地方政府投资 3404 万元。

(2)项目建设实施情况

项目建设单位为湖北省汉江航道工程建设处;设计单位为湖北省交通规划设计院;施工单位为湖北省航务管理局航道处、湖北省十堰市航务管理局港航工程公司;监理单位为湖北省水运工程咨询监理公司;质监单位为湖北省航务管理局。

(3)项目投产后的运营情况

汉江襄樊至汉口段航道整治后,河势得到控制,航道畅通,该河段达到四级航道标准,提高了通过能力,基本可全年通航 500 吨级船舶或者 2000 吨级船队,降低了运输成本,恢复了濒临淤废的宜城港,并改善了转斗湾、利河等港区码头作业条件;抑制了部分崩岸,有利于防洪和灌溉,形成坝田滩地 5000 余亩,取得了较好的综合效益。

3. 汉江河口段航道整治工程

(1)项目概况

项目于 2003 年 1 月开工建设,2005 年 4 月试运行,2011 年 1 月竣工。

项目建设依据:2001 年 6 月,湖北省发展计划委员会《关于汉江河口段航道整治工程可行性研究报告(代项目建议书)的批复》(鄂计交通〔2001〕721 号);2001 年 12 月,湖北省发展计划委员会《关于汉江河口段航道整治工程初步设计的批复》(鄂计投资〔2001〕1437 号);2001 年 11 月,湖北省环境保护局出具审批意见。

项目整治航道里程 33 千米,按内河三级航道标准建设,航道设计尺度为宽度 90 米、水深 2.4 米、最小弯曲半径 500 米。设计代表船型(船队)及其尺度:通航 1000 吨级船舶组成的 1 顶 4 驳船队,设计代表船队尺度为 167 米×21.6 米×2.0 米。航道设计通航保证率为 98%。

主要建设内容包括疏浚工程、航标工程等。项目疏浚土方共计 536.6 万立方米。工程建设岸标 44 座、浮标 70 座、标志牌 35 座。项目总投资 9474.37 万元,其中交通部水运建设资金 3870 万元。

(2)项目建设实施情况

项目建设单位为武汉汉江航道整治工程指挥部;设计单位为长江航道规划设计研究院;施工单位为湖北省航务管理局航道处、湖北省十堰市航务管理局港航工程公司;监理单位为湖北省水运工程咨询监理公司;质监单位为湖北省交通运输厅质量监督站。

(3)项目投产后的运营情况

工程建成后为沿江水运企业、生产厂家及国家级经济开发区的生产建设与发展提供了必要条件,为武汉市实施环境创新、还亲水空间于民、改善投资环境提供了有力保障。随着沿江两岸"一控双达标"的实施,该河段水环境质量得到明显改善,在一定程度上加大了河道的过流面积,对防洪起到一定的积极作用。该工程对受到大江大河顶托作用、比降较大、流速较大河段的整治工程设计提供了有益的借鉴作用。整治工程实施后,效果明显,体现了良好的综合效益。

有关统计数据表明:整治后,河口段江汉桥断面观测点船舶通过量由 2002 年的 2.68 万艘(队)次,提高到 2005 年的 3.38 万艘(队)次,较整治前增长了 26% ;2006 年为 3.65 万艘(队)次,较 2005 年增长 7.91% 。港口吞吐量由 2002 年的 418.5 万吨,增加到 2005 年的 666.4 万吨,增长 59.24% ;2006 年为 728.42 万吨,较 2005 年增长 9.31% 。

4. 湖北省汉江(丹江口至襄樊)航道整治工程

(1)项目概况

项目于 2003 年 7 月开工建设,2006 年 7 月试运行,2007 年 5 月竣工。

项目建设依据:2002 年 3 月,湖北省发展计划委员会《关于汉江白河至襄樊航道整治工程可行性研究报告的批复》(鄂计交通〔2002〕308 号);2002 年,湖北省发展计划委员会《关于汉江白河至襄樊航道整治工程初步设计的批复》(鄂计交通〔2002〕876 号);2006 年 3 月,湖北省发展和改革委员会《关于汉江丹江口至襄樊段航道整治工程初步设计变更的批复》(鄂发改重点〔2006〕179 号)。

项目整治航道里程 117 千米,航道建设等级为四级,航道设计尺度为宽度 80 米、水深 1.7 米、最小弯曲半径 340 米。设计代表船型为 500 吨级货船。航道设计通航保证率 95% 。

主要工程措施有筑坝、疏浚、护岸、切滩(咀)、平堆、航标等。项目疏浚总计 40.5 千米航道,疏浚土方共计 271.42 万立方米;护岸 3 处,护岸长度 2447 米,护岸方量 6882 立方米;切滩 5 处,切滩长度 2680 米,切滩方量 17.86 万立方米;平堆 8 处,平堆长度 6462 米,平堆方量 13.61 万立方米;航标 223 座。项目总投资 1.26 亿元,其中 7100 万为交通部水运建设资金,地方政府投资 5472.48 万元。

(2)项目建设实施情况

项目建设单位为湖北省汉江襄白段航道整治工程项目部;设计单位为湖北省交通规划设计院;施工单位为湖北省航道工程公司、长江武汉航道局、长江宜昌航道工程局;监理单位为武汉通衢工程建设监理所、湖北省水运工程咨询监理公司、湖北省公路水运工程咨询监理公司;质监单位为湖北省交通厅质量监督站。

(3)项目投产后的运营情况

汉江丹江口至襄樊段航道整治后,一方面通航能力由原来的 100 ～ 300 吨级提高到 500 吨级,能通航 300 ～ 500 吨级船舶(队),提高了航运效益;另一方面降低了王甫洲枢纽同丹江口水库同步运行造成的日调节不稳定流的影响。

5. 汉江白河至丹江口段航道整治工程

(1)项目概况

项目于 2008 年 1 月开工建设,2016 年 3 月试运行。

项目建设依据:2007 年 7 月,湖北省发展和改革委员会《关于汉江白河至丹江口段航道整治工程可行性研究报告(代项目建议书)的批复》(鄂发改交通〔2007〕533 号);2007 年 10 月,湖北省发展和改革委员会《关于汉江白河至丹江口河段航道工程初步设计的批复》(鄂发改重点〔2007〕1052 号);2007 年 3 月,湖北省环境保护局《关于汉江上游航道整治工程(白河—丹江口段)环境影响报告书审查意见的复函》(鄂环函〔2007〕100 号);2007 年 4 月,十堰市国土资源局《关于同意建设汉江上游航道整治工程(白河—丹江口段)的函》(十国土函〔2007〕6 号);2007 年 2 月,湖北省水利厅《关于汉江上游航道整治工程(白河至丹江口段)涉及河道管理有关事宜的批复》(鄂水利堤复〔2007〕60 号)。

项目整治丹江口至孤山 185 千米航道,按内河四级航道标准建设,航道设计尺度为宽度 50 米、水深 1.6 米、最小弯曲半径 300 米,设计代表船舶尺度为 111 米 ×10.8 米 ×1.6 米;另外,整治孤山至白河 24 千米航道,按内河六级航道标准建设,航道设计尺度为宽度 30 米、水深 1.2 米、最小弯曲半径 180 米,设计代表船舶尺度为 45 米 ×5.5 米 ×1.0 米。

主要工程措施有筑坝、疏浚、炸礁、护岸、切滩(咀)、清障、航标等。工程完成筑坝(丁坝、顺坝、锁坝)87 座,35.96 万立方米;疏浚工程 21 处,挖方 90.74 万立方米;炸礁 31 处,炸清方 18.4 万立方米;布设航标 236 座;新建航道管理站 1 处,建设航道站房 1200 平方米,配备航标艇 1 艘、钢质趸船 1 艘;新建郧县(今郧阳区)港货运码头 500 吨级泊位 2 个;工程永久占地 40.5 亩。项目总投资 2.28 亿元,其中交通运输部水运建设资金 1.16 亿元,其余由地方政府投资。

(2)项目建设实施情况

项目建设单位为十堰市港航局;设计单位为湖北省交通规划设计院;施工单位为湖北省航道工程公司、葛洲坝集团第五工程有限公司、湖南省航务工程公司等;监理单位为湖北省水运工程咨询监理公司、武汉四达工程建设咨询监理有限公司;质监单位为十堰市交通基本建设质量监督站。

6. 汉江汉川至蔡甸航道整治工程

(1)项目概况

项目于 2008 年 12 月开工建设,2011 年 6 月试运行。

项目建设依据:2008 年 10 月,湖北省发展和改革委员会《关于汉江汉川至蔡甸航道整治工程可行性研究报告的批复》(鄂发改交通〔2008〕1051 号);2008 年 10 月,湖北省发展和改革委员会《关于汉江汉川至蔡甸航道整治工程初步设计的批复》(鄂发改重点〔2008〕1118 号);2006 年 10 月,湖北省环保局《关于汉江下游航道整治工程(汉川至蔡甸段)环境影响报告表审查意见的复函》(鄂环函〔2006〕333号)。

项目整治航道里程42千米,航道建设等级为限制性三级,航道设计尺度为宽度90米、水深2.4米、最小弯曲半径500米,边坡1:3。设计代表船队:通航1000吨级船舶组成的1顶4驳船队,设计代表船队尺度为167米×21.6米×2.0米。航道设计通航保证率98%。

主要工程内容包括疏浚工程、护岸工程、航标工程。项目疏浚总计3.8千米航道,疏浚土方共计37.72万立方米;护滩带79道;镇脚9处;填槽11处;疏浚挖槽4处。工程建设岸标40套、浮标160艘、标志牌25座、航标灯200套。项目总投资1.22亿元,其中交通运输部水运建设资金7070万元,其余由地方政府投资。

(2)项目建设实施情况

项目建设单位为武汉汉江汉川至蔡甸航道整治工程指挥部;设计单位为长江航道规划设计研究院;施工单位为湖北省航道工程公司、长江武汉航道工程局、长江武汉航道局等;监理单位为湖北省水运咨询监理公司;质监单位为武汉市交通基本建设工程质量监督站。

(3)科技创新成果及获奖情况

该工程主体工程充分吸收汉江河口段航道整治工程的经验,研究并利用了新技术,在护滩带上增加了透水框架结构。经效果分析,运用该结构的护滩带促淤效果良好,航道条件明显改善,达到了三级航道通航要求,透水框架结构已成功在汉江上游航道整治工程中得到运用并推广。

该工程的配套工程也加大了新技术、新材料的运用。一是开发了汉江75千米电子航道图系统,该系统可实时发送水位、水深、航宽、天气等信息,实现全程卫星导航,方便船员驾驶,保障船舶航行安全,提高船舶运输效率,并对公众进行发布。二是配合研究了船舶交通流量自动控制系统,该平台解决方案通过在航道及沿岸近域建立包括以自组织无线传感网和各种传感单元在内的物联网,实现对航道基础数据及交通航运信息的自动化采集。通过网络互联,搭建多部门相互协调、一体化、高效优质、信息共享、互联互通的业务应用系统,构筑综合信息服务平台和科学、智能化、可视化的决策支撑体系。

(4)项目投产后的运营情况

工程建成后为沿江水运企业、生产厂家及国家级经济开发区的生产建设与发展提供了必要条件,为武汉市实施环境创新、还亲水空间于民、改善投资环境提供了有力保障。

7.湖北省汉江兴隆至汉川段航道整治工程

(1)项目概况

项目于2010年5月开工建设,2014年9月试运行,2019年3月竣工。

项目建设依据:2010年1月,湖北省发展和改革委员会《关于汉江兴隆至汉川段航道整治工程项目可行性研究报告的批复》(鄂发改交通〔2010〕41号);2010年2月,湖北省发展和改革委员会《关于汉江兴隆至汉川段航道整治工程初步设计的批复》(鄂发改重点

〔2010〕136 号）;2007 年 4 月,湖北省环境保护局《关于汉江下游航道整治工程(兴隆—汉川段)环境影响报告书审查意见的复函》(鄂环函〔2007〕169 号)。

项目整治航道里程 189.7 千米,按内河三级航道、通航 1000 吨级船舶组成的 1 项 4 驳船队标准建设,航道设计尺度为宽度 90 米、水深 2.4 米、最小弯曲半径 500 米,设计代表船型尺度为 67.5 米 ×10.8 米 ×2.0 米,设计代表船队尺度为 167 米 ×21.6 米 ×2.0 米。航道设计通航保证率 98%。

兴汉段航道整治工程主要包括筑坝工程、护滩带工程、护岸工程、疏浚工程、填槽工程、航标及配套设施工程。其中丁坝 109 条、护滩带 211 条、护岸及护岸加固 65 处、挖槽 5 处、填槽 2 处;航标工程共布设标志 656 座,其中过河标 84 座、沿岸标 19 座、桥涵标 8 座、侧面浮标 466 座、鸣笛标 16 座、界限标 8 座、信号标 4 座、管线标 42 座、指路牌 2 座、地名牌 7 座。项目概算总投资 9.26 亿元,其中:交通运输部水运建设资金 4.58 亿元,中央补助资金 150 万元,地方预算内投资 2.42 亿元,剩余资金自筹。

(2)项目建设实施情况

项目建设单位为湖北省汉江兴隆至汉川段航道整治工程建设指挥部;设计单位为湖北省交通规划设计院、湖北省港路勘测设计咨询有限公司;施工单位为湖北省航道工程有限公司、长江宜昌航道工程局、中交第二航务工程局有限公司等;监理单位为武汉中澳工程项目管理有限责任公司、湖北省水运工程咨询监理公司;质监单位为湖北省交通运输厅工程质量监督局。

(3)科技创新成果及获奖情况

西部交通建设科技项目“复杂水沙条件下汉江下游长河段长低水历时航道整治关键技术研究”,于 2013 年 11 月 28 日通过交通运输部西部项目管理中心组织的验收与鉴定,鉴定该项目研究成果达到国际领先水平。该项目研究围绕解决汉江下游航道整治工程中存在的技术难题开展,通过运用分析、数学模型、物理模型和船模试验相结合的研究手段,对复杂水沙条件下汉江下游长河段河床冲淤特性及碍航特点、长低水历时的航道整治参数确定、汉江下游典型滩段整治方案进行研究,为汉江兴隆至汉川段航道整治设计、施工提供了强有力的理论支撑。

(4)项目投产后的运营情况

湖北省汉江兴隆至汉川段航道整治工程主体工程于 2014 年 9 月全部通过交工验收,丁坝、护坡、护滩带等安全运用 4 年多,通航保证率达 98%,以前经常受阻的航段已基本无船舶搁浅现象发生,得到了船舶运输单位的认可,取得了良好的社会效益。

8.南水北调中线一期工程汉江中下游局部航道整治工程项目

(1)项目概况

项目于 2012 年 11 月开工建设,2014 年 7 月试运行,2018 年 10 月竣工。

项目建设依据:2008 年 11 月,国家发展和改革委员会批复《南水北调中线一期工程可行性研究总报告》(发改农经〔2008〕2973 号);2011 年 8 月,国务院南水北调工程建设委员会办公室《关于南水北调中线一期汉江中下游局部航道整治工程初步设计报告的批复》(国调办投计〔2011〕185 号);2006 年 7 月,国家环境保护总局《关于南水北调中线一期工程环境影响复核报告书的批复》(环审〔2006〕323 号)。

该工程是南水北调中线工程调水后对汉江航运的补偿工程,按照原有等级予以补偿性建设。汉江丹江口至襄樊 117 千米河段,按四级航道、通航 500 吨级船舶组成的双排单列 2 驳 1 推船队标准建设,航道设计尺度为宽度 50 米、水深 1.8 米、最小弯曲半径 330 米,设计船队尺度为 111.0 米×10.8 米×1.6 米。

汉江襄樊至汉川 457 千米河段,按四级航道、通航 500 吨级船舶组成的 1 顶 4 驳双排双列标准建设,航道设计尺度为宽度 80 米、水深 1.8 米、最小弯曲半径 340 米,设计船队尺度为 112.0 米×21.6 米×1.6 米。航道设计通航保证率97%。

项目总计疏浚 7 千米航道,疏浚土方共计 58.26 万立方米。项目总投资 4.61 亿元,均为交通运输部水运建设资金。

(2)项目建设实施情况

项目法人为湖北省南水北调建设管理局;建设单位为湖北省汉江兴隆至汉川段航道整治工程建设指挥部;设计单位为湖北省交通规划设计院(甲级)、广西壮族自治区交通规划勘察设计研究院;施工单位为湖北省航道工程公司、长江武汉航道工程局、长江宜昌航道工程局等;监理单位为武汉中澳工程项目管理有限责任公司、武汉长航科达工程监理有限公司;质监单位为湖北省交通运输厅工程质量监督局。

(3)项目投产后的运营情况

南水北调中线一期工程汉江中下游局部航道整治工程自 2014 年 7 月主体工程完工进入试运行,以前经常受阻的航段已无船舶搁浅现象发生,得到了船舶运输单位的认可,取得了良好的社会效益。

9.湖北省汉江碾盘山至兴隆段航道整治工程

(1)项目概况

项目于 2014 年 8 月开工建设,2017 年 6 月试运行。

项目建设依据:2014 年 1 月,湖北省发展和改革委员会《关于汉江碾盘山至兴隆段航道整治工程可行性研究报告的批复》(鄂发改审批〔2014〕21 号);2014 年 2 月,湖北省发展和改革委员会《关于汉江碾盘山至兴隆段航道整治工程初步设计的批复》(鄂发改审批〔2014〕79 号);2014 年 1 月,湖北省环境保护厅《关于汉江碾盘山至兴隆段航道整治工程环境影响报告书的批复》(鄂环审〔2014〕51 号)。

汉江碾盘山至兴隆 110 千米河段按三级航道、通航 1000 吨级船舶组成的 1 顶 4 驳船队标准建设,航道设计尺度为宽度 90 米、水深 2.4 米、最小弯曲半径 500 米,设计代表船型尺度为 67.5 米×10.8 米×2.0 米,设计代表船队尺度为 167 米×21.6 米×2.0 米;设计通航保证率 98%。

碾兴段航道整治工程主要包括筑坝工程、护滩带工程、护岸工程、疏浚工程、填槽工程、航标及配套设施工程。其中项目总计疏浚 1 千米航道,疏浚土方共计 6.47 万立方米,修筑丁坝 51 条、护滩带 21 条、护岸 15 处、填槽 2 处,新建助航标志 210 座;建设汉江航道监控维护中心及航道维护管理船舶、钢质趸船和其他信息化系统。汉江碾盘山至兴隆 110 千米河段共配布航标 208 座,其中侧面浮标 158 座、过河标 36 座、沿岸标 7 座、港口地名牌 7 座,并在施工期临时设置施工专用标志 36 座。项目总投资 7.81 亿元,其中交通运输部水运建设资金 4.07 亿元,地方财政资金 1.58 亿元(2019 年),剩余资金自筹。

（2）项目建设实施情况

项目建设单位为湖北省汉江碾盘山至兴隆段航道整治工程建设指挥部;设计单位为湖北省交通规划设计院;施工单位为湖北省航道工程有限公司、长江武汉航道工程局、长江南京航道工程局等;监理单位为武汉长航科达工程监理有限公司;质监单位为湖北省交通运输厅工程质量监督局。

（3）项目投产后的运营情况

湖北省汉江碾盘山至兴隆段工程航道整治工程主体工程于 2017 年 6 月完工进入试运行,丁坝、护坡、护滩带等安全运用近 1 年期间,船舶载重近 1000 万吨,通航保证率达 98%,以前经常受阻的航段已无船舶搁浅现象发生,得到了船舶运输单位的认可,取得了良好的社会效益。

（四）航道的发展成就与经验启示

1990 年以后,特别是"十一五"和"十二五"期间,国家对汉江航运建设加大了开发力度,先后对汉江襄阳至钟祥段、丹江口至襄阳段、河口至汉川段、兴隆至汉川段、碾盘山至兴隆段航道进行了整治,并加快了航运（电）枢纽建设的步伐,先后建成了王甫洲、崔家营、兴隆枢纽。随着上述工程的建成,汉江的航运条件得到了很大改善。

截至 2015 年,汉江兴隆以下已达到 1000 吨级航道标准,长江—江汉运河—汉江 810 千米高等级航道圈已经形成;兴隆至丹江口段航道整段达到 500 吨级通航标准。汉江碾盘山至兴隆段航道整治工程正在进行,汉江航道碾盘山以下 375 千米航道将全部达到 1000 吨级标准。汉江的航运得到了较快发展,2015 年货运量达到 2278.37 万吨。

七、江汉运河航道

(一)河道自然特征

引江济汉通航工程(航道名称为江汉运河)是利用南水北调中线一期工程引江济汉干渠实施通航的湖北省水运重点工程,是全国高等级航道网重点建设项目之一。该工程进口位于长江中游荆州市荆州区李埠镇龙洲垸,途经荆门市沙洋县,在潜江市高石碑镇汇入汉江,航道里程长 67.22 千米。进口所处的荆江河段,洪水期具有高水位出现频繁且持续时间长、洪峰流量大等特点。江汉运河进口河段泥沙特性:枯水期悬砂粒径相对较粗,中值粒径变化范围在 0.03 ~ 0.15 毫米之间,中水期次之,高水期(7—9 月)悬砂粒径较细,中值粒径变化范围在 0.01 ~ 0.03 毫米之间,悬砂中的最大粒径,一般以洪水或高洪过后的退水期为大,最大粒径变化范围为 0.29 ~ 0.57 毫米。出口位于汉江高石碑河段,为游荡型向弯曲型过渡的河段,兼有游荡和弯曲河段的特点。出口河段泥沙特性:丹江口水库建库后,输沙情况发生很大变化,主要表现为大量泥沙被拦在库内,汉江中下游基本是清水下泄,河床发生严重冲刷,中下游泥沙主要来自河床冲刷补给和区间支流入汇,年输沙量大幅减少。

(二)主要航道现状和建设情况

江汉运河进口位于长江中游荆州市荆州区李埠镇龙洲垸,出口位于潜江市高石碑镇,全长 67.22 千米,为限制性三级航道,从长江上荆江河段引水到汉江兴隆河段,地跨荆州、荆门两个地级市所辖的荆州区、沙洋县,以及省直管市潜江市。主要建设进出口航道8.51 千米,千吨级船闸 2 座(长江进口处的龙洲垸船闸、出口处的高石碑船闸),回旋水域(纪南、后港、邓州)3 处;与调水工程共建防洪闸(荆江大堤)1 座、节制闸(拾河桥)1 座,交叉工程中公路桥梁 54 座、铁路桥梁 1 座、倒虹吸 2 座。

(三)航道工程项目

引江济汉通航工程项目

(1)项目概况

项目于 2009 年 11 月开工建设,2014 年 9 月试运行。

项目建设依据:2008 年 11 月,国家发展和改革委员会批复《南水北调中线一期工程可行性研究总报告》(发改农经〔2008〕2973 号);2009 年 7 月,交通运输部批复《引江济汉通航工程初步设计》(交水发〔2009〕401 号);2006 年 7 月,国家环境保护总局《关于南水北调中线一期工程环境影响复核报告书的批复》(环审〔2006〕323 号);2005 年 11 月,国土资源部《关于南水北调中线一期工程建设用地预审意见的复函》(国土资预审字〔2005〕489号)。

江汉运河是联通长江中游与江汉中游航道的一条便捷通道,利用南水北调中线一期工程引江济汉干渠同步实施引江济汉通航工程,其主要任务是利用引江济汉引水干渠,沟通长江、汉江航运,促进地方经济社会发展。主要建设内容为进出口航道工程8.51千米,新建龙洲垸、高石碑千吨级船闸2座,回旋水域3处,以及相应的航道配套设施等;与调水工程共建防洪闸1座、节制闸1座、交叉工程中公路桥梁54座、铁路桥梁1座、倒虹吸2处。通航标准按限制性三级航道建设,航道设计尺度为宽度45米、水深3.2米、最小弯曲半径480米,设计代表船型为1000吨级货船和1+2×1000吨级船队,船队设计尺度为160米×10.8米×2.0米。航道设计通航保证率为97%。

项目疏浚土方共计536.6万立方米。纳入工程中跨河桥梁共有54座,其通航净高尺度为8.5米×60米(净高×净宽,下同)。布设位标2座、侧面标3座、界限标12座、节制闸标3座、专用标4座、桥涵标2块、桥名标412块、航道标牌19个、桥柱灯224个。项目总投资17.07亿元,其中中央投资6.19亿元,地方政府投资10.89亿元。

(2)项目建设实施情况

项目建设单位为湖北省引江济汉通航工程建设指挥部;设计单位为湖北省交通规划设计院;施工单位为湖北省航道工程公司、中交第二航务工程局有限公司、中铁十一局集团第一工程有限公司等;监理单位为湖北省水运工程咨询监理公司;质监单位为湖北省交通工程质量监督局。

2010年交通运输部办公厅以《关于引江济汉通航工程初步设计变更的批复》(厅水字〔2010〕100号)批复初步设计变更,总概算由16.19亿元调整到17.07亿元。

(3)项目投产后的运营情况

自2014年9月建成通航至2020年4月30日,江汉运河已运行2000余天,无安全事故发生。累计通航船舶3.73万艘次,船舶总吨2743.87万吨,货物1535.37万吨。

(四)航道的发展成就与经验启示

作为新中国第一条运河通航工程,开拓了交通、水利共建新模式,是实现湖北水运重点规划"一港一圈"(千吨级航道圈)的重要链接。其利用引江济汉引水干渠,在保证调水的情况下,满足航运要求,沟通长江和汉江航运,形成一条新的长江中游和汉江中游间的千吨级航道,不仅缩短船舶绕道武汉的水运里程680千米,而且形成一条环绕江汉平原、内连武汉城市圈的810千米千吨级高等级航道圈,对服务长江经济带建设,形成湖北高等级航道网络,构建湖北综合交通运输体系,优化湖北产业布局,加快湖北区域经济发展具有重要的基础性、加速器作用。

八、赣江航道

(一)河道自然特征

赣江发源于赣闽交界武夷山江西省石城县石寮嵊,自南向北纵贯江西南北。自石寮嵊经梅江、白沙江入贡江,于赣州市龟角尾与章江汇合后始称赣江,再流经万安、吉安、樟树、南昌,最后注入鄱阳湖,在湖口流入长江。赣江全长747.2千米,流域面积8.35万平方公里,约占全省总面积的50.03%。全线通航里程2565千米,通航河流32条。赣江流域呈山地丘陵为主的地貌格局,山地丘陵占赣江流域面积的64.7%,海拔200米以下低丘岗地占31.5%,平原、水域等仅占3.9%。赣江流域西部罗霄山脉是赣江水系与湘江水系的分水岭,南部南岭东段是赣江水系与珠江水系的分水岭,东部武夷山是赣江水系与闽江水系的分水岭,北部雩山是赣江水系与抚河水系的分水岭。流域南部花岗岩低山丘陵区其中夹有若干规模较小的红岩丘陵盆地,流域中部为吉泰红岩丘陵盆地,流域北部赣江下游是一个以山地、丘陵为主体兼有低丘岗地和少量平原的地貌组合类型。这种地貌格局自南向北沿着赣江的流向呈阶梯状分布。赣江流域属亚热带湿润季风气候,气候温和,雨量充足,非常适宜动植物生长。南北平均气温17.8摄氏度。年平均温差约3摄氏度,年均降水量1400~1800毫米,其中,泰和年均降水量仅1413.2毫米,比流域平均值低247.7毫米。流域雨季均在每年4—6月。赣江水质在南昌以上水质达标率为78.7%。流域地表水资源量为702.89亿立方米,占全流域地表水资源量的48.2%,占全省的45.5%。赣江径流量以赣江下游控制性水文站(南昌外洲水文站)实测值计算,多年(1956—2000年)平均为687亿立方米,河流含沙量0.14千克/立方米。赣江流域土地面积占鄱阳湖流域土地面积的51.5%。土壤类型以山地黄壤、黄棕壤、红壤、紫色土和水稻土为主,海拔800米以上主要是黄壤和黄棕壤,800米以下的丘陵岗地广泛分布有红壤、紫色土,水稻土分布在丘间谷地、河谷平原和阶地,海拔1400米以上还分布有山地草甸土。流域生态环境总体良好,森林覆盖率高于鄱阳湖流域平均值。全流域森林面积541.4万立方米,占全省森林面积的57.0%,活立木蓄积量1.55亿立方米,占全省活立木蓄积量的53.5%。

(二)主要航道现状和建设情况

新中国成立后,先后对上段万安十八滩和中段家滩等进行整治。通过整治和维护,赣州至万安95千米,枯水期可通航500吨级船舶组成的船队;万安至樟树259千米,枯水期可通航50~100吨级船舶组成的船队;樟树以下,航道尺度可达到航宽40米、水深1.0~1.2米、弯曲半径300米,可通航100~300吨级船舶组成的船队。1981年,赣江航道整治投入资金 60.8 万元,共完成堆石坝 13 座,其中新建 8 座,改建加高老坝 5 座。1982—1983 年,用于赣江上游河段航道整治的资金为 239.2 万元,其中万安水利枢纽工程和泥沙挖掘资金 183.11 万元。1984 年 2 月,南昌至湖口 156 千米四级航道整治工程开工,拉开赣江大规模治理帷幕。同年 10 月,禾水复航工程竣工,投资 65 万元。1984—1986 年,江西省人民政府将国家拨发的粮、棉补贴折合人民币 215.21 万元投入贡江于都至赣县段 50 千米和桃江信丰江口至赣县段 28 千米航道整治,使水深提高到 0.6 米。1989 年 10 月,赣江上游梅江新街复航工程竣工,投资 180 万元。1990 年,完成南昌港河段筑坝、护岸及全部疏浚工程,投资 3933 万元。1991 年 1 月,赣江上游贡江会昌至庄口 33 千米航道整治一期工程竣工,投资 45.2 万元。1992 年 1 月,贡江会昌至庄口 33 千米航道整治二期工程竣工,投资 57.8 万元。1992 年 2 月,赣江赣州港区内宜分村至龟角尾 4 千米航道整治工程竣工,投资 40 万元。1993 年 4 月—1994 年 12 月,赣江上游贡江庄口至澄江桥航道整治一、二、三期工程竣工,总投资 90 万元。1996 年 1 月,赣江万安至塘上 13.5 千米航道整治工程竣工。1996 年 12 月,赣江南昌至湖口河段张洲滩 2 千米航道整治工程竣工,投资 60 万元。1998 年,赣江蔓坊张家滩航道整治工程竣工,投资 59 万元。2000 年 1 月,赣江南昌至湖口河段鸡心滩 4.6 千米航道整治工程竣工,投资 84.13 万元。2003 年 3 月,赣江樟树至南昌五级航道整治工程竣工,投资 9933 万元。至 2000 年末,全省水深 1 米以上的航道通航里程从 1976 年的 854 千米增加到 983.5 千米,其中,机动船舶通航里程 3011 千米,设置航标里程 1678 千米。2004 年,赣江南昌至湖口三级航道整治工程竣工,投资 1.36 亿元,可常年通航 1000 吨级轮驳船舶。2006 年,赣江吉安至樟树五级航道整治工程竣工,投资 1.96 亿元,可常年通航 300 吨级并兼顾中洪水位 500 吨级双排双列顶推船队。2012 年,赣江东河(南昌至瓢山)四级航道整治工程竣工,投资 1.09 亿元,常年可通航 500 吨级货船。2013 年底,赣江南昌至湖口二级航道整治工程竣工,投资 1.83 亿元,常年可通航 2000 吨级以上轮船。

(三)航道工程项目

1.南昌至湖口三级航道建设工程

(1)项目概况

项目于 2002 年 11 月开工建设,2004 年 12 月试运行。

项目建设依据:2002 年 3 月,江西省发展计划委员会《关于赣江(南昌—湖口)航道整治工程可行性研究报告的批复》(赣计基础字〔2002〕163 号);2002 年 6 月,江西省发展计划委员会《关于赣江(南昌—湖口)航道整治工程初步设计的批复》(赣计设审字〔2002〕671 号);2001 年 12 月,江西省环境保护局以赣环督字 128 号文同意赣江(南昌—湖口)航道整治工程实施。

赣江南昌至湖口航道地处赣江下游的尾闾地区，工程起于南昌市外洲水文站经赣江西支至湖口，由南昌市港区航道、赣江西支和湖区航道三部分组成，全长 156 千米。全线航道建设等级为 1000 吨级的三级航道；通航船型船队为单列双排船队即 278 千瓦推轮 + 2×1000 吨船队，尺度为 157 米 × 10.8 米 × 2 米；航道设计尺度为航宽 60 米、水深 2.2 米、最小弯曲半径 480 米，设计通航保证率为 95%。

该工程采取疏浚、整治、护岸工程相结合的方法，共治理浅滩 22 处，共完成永久性堆石丁顺（锁）坝 174 座，其中新建丁（锁）坝 59 座、维修老丁顺坝 115 座，合计坝长 24.41 千米，块石工程量 47.36 万立方米；布设浅滩疏浚挖槽 13 条，合计总长 19.9 千米，疏浚土方工程量 96.57 万立方米；护岸工程 18 段，合计长 11.22 千米，抛（砌）块石工程量 23.65 万立方米，混凝土预制块工程量 6300 立方米，反滤层 5.26 万立方米，回填 7.79 万立方米，挖方 1.97 万立方米，沟槽吹填 4.4 万立方米；布设双船标 111 座、φ1100 号浮鼓 94 座、灯塔 5 座、沿岸标 7 座，共计 217 座；航道维护管理站房总建筑面积 1900 平方米，总造价 320 万元。项目总投资 1.35 亿元，其中交通部水运建设资金 5760 万元，江西省交通厅自筹 7782.08 万元。

（2）项目建设实施情况

项目建设单位为江西省赣江整治工程指挥部，全面负责该工程的建设管理工作，履行项目法人职责；设计单位为江西省交通厅航务设计所；施工单位为江西省航务管理局港航工程处、江西省航务管理局疏浚工程处、南昌航务工程处等；监理单位为江西交通工程监理公司；质监单位为江西省交通工程质量监督站。

2. 吉安至樟树五级航道建设工程

（1）项目概况

项目于 2003 年 11 月开工建设，2006 年 3 月试运行。

项目建设依据：2003 年 7 月，江西省发展计划委员会《关于赣江（吉安—樟树）航道整治工程可行性研究报告的批复》（赣计基础字〔2003〕656 号）；2003 年 9 月，江西省发展计划委员会《关于赣江（吉安—樟树）航道整治工程初步设计的批复》（赣计设审字〔2003〕857 号）；2003 年 4 月，江西省环境保护局《关于赣江（吉安—樟树）航道整治工程环境影响报告表的批复》（赣环督字〔2003〕85 号）。

项目工程全长 151 千米，航道规划等级为四级，全线按 300 吨级的五级航道标准建设；通航船型船队为中洪水位通航 500 吨级双排双列顶推船队，枯水减载航行。航道设计尺度为航宽 80 米、水深 1.5 米、最小弯曲半径 340 米；设计通航保证率为 95%。

该工程采取疏浚、整治、护岸工程相结合的方法，共治理浅滩 48 处，完成永久性堆石丁顺（潜）坝 257 座，其中新建丁坝 111 座、维修老丁顺坝 144 座、尾工完善工程丁坝、潜坝各 1 座,抛(砌)石工程量 92.18 万立方米,砂卵石回填与反滤料 6.93 万立方米;布设浅滩疏浚挖槽 44 条,其中实施阶段 30 条、尾工完善工程 14 条,合计总长 29.72 千米,疏浚土方工程量 196.10 万立方米;全线护岸工程 19 段,合计长 14.06 千米,抛(砌)石工程量 12.40 万立方米,混凝土预制块工程量 1.46 万立方米,砂卵石回填与反滤料 32.31 万立方米;恢复和完善草皮护坡面积 4.6 万平方米,植树 1000 棵;设防撞浮标 274 套、9 米过河标 78 套、9 米沿岸标 19 套;航道维护管理站房总建筑面积 4786 平方米,总造价 1050 万元。项目总投资 1.96 亿元,其中交通部水运建设资金 8460 万元,江西省交通厅自筹 1.12 亿元。

(2)项目建设实施情况

项目建设单位为江西省航务管理局赣江吉樟航道整治项目建设办公室;设计单位为江西省航务勘察设计院;施工单位为赣州市富水航务工程处、江西吉安市航务工程处、江西省航务管理局港航工程处等;监理单位为江西星海监理咨询所、江西交通工程监理公司;质监单位为江西省交通工程质量监督站。

建设期间的重大事项:

①交工验收:根据交通部《内河航运建设项目(工程)竣工验收办法》的规定,建设单位江西省交通厅航务管理局赣江吉樟航道整治项目建设办公室于 2006 年 3 月 14—15 日组织了交工验收。交工验收委员会由项目办、质监站和项目设计、监理、接养单位代表组成。

②工程变更:工程建设过程中,项目办严格按照江西省交通厅《水运工程项目工程变更、费用索赔管理办法(试行)》处理工程变更,按变更管理权限,重大变更均报省厅批复后实施。主体工程共办理各类变更 35 项,其中设计单位主动签发变更通知 8 份,施工单位提出设计变更 27 项,变更增加费用 1002.16 万元,占建安投资的 6.25%。航道维护管理站房工程办理变更 1 项,增加费用 750.4 万元,占建安投资的 4.68%。航道维护设备采购办理变更 1 项,增加费用 315.05 万元,占设备投资的 35.48%。

3. 南昌至瓢山四级航道建设工程

(1)项目概况

项目于 2007 年 12 月开工建设,2012 年 3 月试运行。

项目建设依据:2006 年 11 月,江西省发展和改革委员会《关于赣江东河(南昌—瓢山)航道整治工程可行性研究报告的批复》(赣发改交运字〔2006〕1322 号);2007 年 7 月,江西省发展和改革委员会《关于赣江(南昌—瓢山)航道整治工程初步设计的批复》(赣发改设审字〔2007〕916 号);2006 年 11 月,江西省环境保护局《关于赣江(南昌—瓢山)航道整治工程环境影响报告表的批复》(赣环督字〔2006〕183 号)。

赣江东河(南昌—瓢山)航道整治工程起自南昌八一大桥,止于鄱阳湖中的瓢山滩,全长 87 千米。按内河四级航道标准进行整治。设计代表船型(船队)及尺度:货船 500 吨级,67.5米×10.8米×1.6米;双排单列顶推船队,111.0米×10.8米×1.6米。航道设计尺度为航宽50米、水深1.6米、最小弯曲半径330米,设计通航保证率为95%。

该工程由疏浚工程、筑坝工程、护岸工程、航标及配套设施工程、环境保护工程、安全监控通信系统工程6类工程组成。工程采取疏浚、整治、护岸工程相结合的方法,共治理浅滩15处,共完成筑坝30座(其中在非通航支汊布置潜坝1座、丁坝2座),筑坝累计总长4693米,筑坝工程块石方量10.08万立方米;护岸6段,总长4926米,护岸工程块石方量4.3万立方米;疏浚挖槽14条,总长3.07万米,疏浚工程方量314.32万立方米;共布设防撞浮鼓54套(制作81套,其中27套为备用)、双船标3套(制作5套)、岸标29座。项目总投资1.09亿元,其中交通运输部水运建设资金5450万元、江西省交通运输厅自筹5497.1万元。

(2)项目建设实施情况

项目建设单位为江西省航务管理局赣江东河航道整治项目建设办公室;设计单位为江西省航务勘察设计院;施工单位为江西省路港工程有限公司、江西省航务管理局疏浚工程处、江西省航道工程局;监理单位为江西星海监理咨询所;质监单位为江西省交通工程质量监督站。

4. 南昌至湖口二级航道建设工程

(1)项目概况

项目于2011年8月开工建设,2013年底竣工。

项目建设依据:2008年11月,江西省发展和改革委员会《关于赣江(南昌—湖口)二级航道整治工程可行性研究报告的批复》(赣发改交运字〔2008〕1680号);2010年9月,江西省发展和改革委员会以赣发改设审字〔2010〕1630号文件批复工程初步设计文件;2008年3月,江西省环境保护局《关于赣江(南昌—湖口)二级航道整治工程环境影响报告表批复》(赣环督字〔2008〕102号)。

赣江(南昌—湖口)二级航道整治工程上起南昌市姚湾滩,下至九江市湖口县,全长175千米。其中南昌至吴城94千米为赣江尾闾航道,吴城至湖口81千米为湖区航道。工程按2000吨级的内河二级航道标准进行整治。设计代表船型(船队)及尺度:2000吨级货船,90.5米×16.2米×2.6米;双排单列2000吨级顶推船队,150.0米×16.2米×2.6米+660千瓦推轮32米×9.0米×2.0米;160TEU集装箱船,87.0米×15.8米×2.6米。航道设计尺度为水深2.8米、航宽75米、最小弯曲半径550米;设计通航保证率为98%。

该工程由筑坝工程、护岸工程、疏浚工程、航标工程、配套设施工程及环境保护工程6类工程组成。该工程采取疏浚、整治、护岸工程相结合的方法,共治理浅滩25处,完成新建和维护丁坝共171座(新建丁坝23座、维护老丁坝148座),累计总长度21.1千米(新建丁坝3.27千米),块石方量30.36万立方米;新建和维修护岸20段(新建护岸6段、维修老护岸 14 段),累计总长度约 11.2 千米(新建护岸 2.67 千米、维护老护岸 8.5 千米),块石方量 6.48 万立方米;布设挖槽 23 条,累计总长度 18.9 千米,疏浚工程方量 131.91 万立方米;制作及抛设完成防撞浮鼓 202 只(其中 47 只为备用)、双船标 96 只(其中 22 只为备用),制作及埋设杆形岸标 42 座;制作及安装完成 1 组标志牌(3 毫米厚铝合金通航净高水尺);制作完成 240 马力航标工作船(总长 27.65 米、船长 25.63 米、船宽 6.5 米、型深 2.1 米)、300 马力航标工作船(总长 27.65 米、船长 25.63 米、船宽 6.8 米、型深 2.3 米)各 1 艘;新建 1 处地方海事工作船码头,涉及岸线 178.5 米;建设了 2 个数据处理中心、15 处监控终端、23 处固定视频监控点(共 69 个监控探头)。项目总投资 1.83 亿元,其中包括交通运输部水运建设资金 3650 万元、交通运输部补助 7700 万元和江西省交通运输规费 1455.37 万元。

(2)项目建设实施情况

项目建设单位为江西省港航管理局赣江(南昌—湖口)航道整治工程项目建设办公室;设计单位为江西省航务勘察设计院;施工单位为江西省路港工程有限公司、江西省航道工程局、江西省通安工程船厂等;监理单位为江西星海监理咨询所;质监单位为江西省交通工程质量监督站。

(四)航道的发展成就与经验启示

经过多年的努力建设,赣江干流通航里程达到约 606 千米,其中:二级航道 175 千米,三级航道 251 千米,五级航道 80 千米,六级航道 100 千米。

从已建成的航道情况看,不仅大大改善了区段航行条件,并大幅度地提高了区域运量,加速了船舶向大型化发展的进程,有力促进了江西省水运事业的健康、稳步发展。

九、信江航道

(一)河道自然特征

信江位于江西省东北部,地处北纬 27°32′~28°58′,东经 119°19′~118°31′。信江发源于浙赣两省交界的怀玉山南的玉山水和武夷山北麓的丰溪,在上饶汇合称信江。干流自东向西流经玉山、上饶、铅山、弋阳、贵溪、横峰、鹰潭、余江、余干等县(市),在余干县新渡万家分为东、西两支注入鄱阳湖,全长 313 千米,流域面积 1.76 万平方公里,干流通航总里程 250.1 千米,其中,乐安村至流口为信江主航道上段,全长 139.1 千米。信江西支称西大河,为行洪通道,经瑞洪镇至三江口与赣江东河和抚河汇合注入鄱阳湖;信江东支又称余水河,为水运通道,在鄱阳县乐安村与安乐河汇合后经饶河干流于龙口注入鄱阳湖。信江沿途汇纳石溪水、铅山河、陈坊水、葛溪、罗塘河、白塔河等 18 条支流,全长 1091

千米。信江主流自东向西，众多支流呈南北流向。主要通航支流有白塔河、铅山河、信江东河 3 条和七一水库库区航道，通航里程 133.5 千米，流域面积 1.76 万平方公里。信江分上、中、下游 3 段：上饶至弋阳为上游段，河宽一般为 200～300 米，两岸多为山区，河床较稳定，底质多为砾石；弋阳至鹰潭为中游段，河宽一般为 250～350 米，河谷渐宽，河床较稳定，河床底质多为砂砾，属信江盆地；鹰潭至鄱阳县乐安村为下游段，河宽一般为 300～500 米，河谷宽阔，河床底质多为泥沙，属鄱阳湖平原。信江流域气候温和，雨量充沛，多年平均气温 18 摄氏度，多年平均雨量 1845 毫米左右，多年平均径流量 165.8 亿立方米。据梅港水文站资料统计，历年最大流量为 1.36 万立方米/秒，最小流量为 17 立方米/秒，通航保证率 95% 的枯水流量为 40 立方米/秒；历年最高水位 28.76 米，最低水位 17.61 米，平均含沙量 0.14 千克/立方米。上饶至鹰潭河段平均比降 0.28‰，鹰潭以下河段平均比降 0.28‰。信江流域地势东南高西北低，东西直线长 196 千米，南北宽 86 千米，南北边缘均为山区，下游为湖滨平原区。流域内河源段属深山区，紫湖至玉山段属浅山区，玉山至上饶、贵溪、余江段属丘陵区，余江至分流口段属平原区。

（二）主要航道现状和建设情况

信江流域地势是东南高西北低，按航道特征分上、中、下 3 段。

信江上游：紫湖至上饶全长 98.5 千米，两岸地势起伏较大，以中低山为主，属山区河流，张岭以上及七一水库库尾水位变动区通航困难；张岭及七一水库大坝长 22 千米，航宽 20 米、水深 1 米、弯曲半径 200 米，常年可航行 30 吨级机驳船；七一水库大坝以下至上饶河段，水浅航窄，加上筑有十余座拦河闸坝，自 20 世纪 70 年代起已不通航。

信江中游：上饶至鹰潭全长 144.9 千米，河道穿行于信江盆地，间有山丘。上饶至流口长 111 千米，共有浅滩 40 处，枯水航宽 10～15 米，航深 0.45 米，河床底质为砾卵石，滩上最大流速 2 米/秒，常年可航行 10 吨左右机帆船，季节航行 50 吨级机帆船；流口至界牌全长 45.8 千米，1997 年界牌枢纽工程建成蓄水运行后，形成库区深水航道，鹰潭港区通航条件随之改善。

信江下游：鹰潭至鄱阳县乐安村全长约 106 千米，地势逐渐平坦开阔，进入滨河平原。其中，鹰潭至新渡万家 62 千米，河段有浅滩 13 处，河床底质以沙为主，间有砾卵石，滩上最大流速 0.9 米/秒，枯水航宽 10～30 米，航深 0.7 米，设置终点航标，常年可航行 20 吨左右机帆船，季节航行 50～200 吨级轮驳船；新渡万家至三江口 55 千米，有浅滩 10 处，河床底质为沙，间有沙夹淤泥，枯水航宽 15～30 米，航深 0.5 米，设置终点航标，常年可航行 10 吨左右机帆船，季节航行 100 吨级机帆船；新渡万家至乐安村河段全长 44 千米，河床底质为沙，两岸台地表层为沙壤土，底层为黏土，有浅滩 14 处，枯水航宽 15～30 米，航深 0.75 米，设置终点航标，常年可航行 10～30 吨级机帆船，季节航行 100～200 吨级机帆船。

20 世纪 80 年代末,信江航道原处于自然状态。为改善通航条件和能力,1978 年,江西省航道主管部门对信江上饶至柴家埠 47 千米和鹰潭至新渡万家 62 千米航道进行整治,投资 120 余万元,枯水航深分别由 0.3~0.4 米提高到 0.5~0.7 米。多年的航道整治对信江通航状况改善起了很大作用,至 1979 年末,信江上游张岭至双明 22 千米为七一水库库区航道,可常年通航 30 吨级机驳船;上饶至鹰潭 144.9 千米航道,可常年通航 5~15 吨木帆船;鹰潭至新渡万家 62 千米航道,可常年通航 10~20 吨木、机帆船,并可季节通航轮驳船;新渡万家至三江口 55 千米航道,可常年通航 10 吨木帆船;新渡万家至乐安村 44 千米航道,可常年通航 10~20 吨木、机帆船,并可季节通航轮驳船。自 1980 年起,信江航道萎缩,河床淤高增大,腹地经济迅速发展,一批大中型企业相继建成投产,客货运量增多,交通部和省航道部门对信江航道整治开始向全河流渠化方向发展。1981 年、1984 年、1985 年、1986 年,共投资 30 多万元,对鹰潭至余家渡航段进行重点整治,对东溪南滩老坝进行维修,并在港口滩、炭埠滩、陈家滩、坪上滩、余家渡滩建坝 29 座,通航条件得到改善。但信江东支贵溪流口至鄱阳双港 156 千米仍为天然河流,枯水航深 0.6 米,只可通航 15~20 吨机帆船,中洪水位时受跨河桥梁限制,只有 4 个多月可通航 100~200 吨级轮驳船队。1981 年,交通部水运规划设计院和江西省交通厅提出江西铜业基地水路运输工可方案,次年进行航道渠化和枢纽测量等前期工作,共完成河道、地势测图 266 平方公里,钻孔进尺 1804.08 米,设立水位、流量观察所 24 处;至 1983 年,共提出水位资料 4.31 万份、流量资料 1354 份,工可报告正式形成。1985 年国家计委批准信江渠化工程项目设计任务书,1988 年交通部批准初步设计,1990 年进入施工图设计阶段。1991 年 11 月,信江界牌枢纽工程破土开工,1997 年末主体工程竣工,1998 年 2 月通过验收,2002 年 8 月蓄水发电,其中,流口至界牌河段可常年通行 1000 吨级船队。信江界牌枢纽工程以航运为主,兼之灌溉、防洪、发电等。主体工程有 1000 吨级船闸 1 座、2 万千瓦电站 1 座,设泄水闸 20 孔,完成土石方 274 万立方米、混凝土 23 万立方米。项目总投资为 4.96 亿元。

信江高等级航道工程是以航道渠化和疏浚整治为主体的综合性水资源开发利用工程,它利用 3 个梯级 4 个枢纽,即界牌枢纽、貊皮岭枢纽(位于信江西河支线)、马背咀枢纽、双港枢纽,抬高航道枯水期水位,渠化自贵溪流口至鄱阳双港 156 千米天然航道,辅以库尾段的局部整治,裁弯取直建成三级航道,其中,双港梯级可回水至乐安河的鸣山和昌江的凰岗,同时形成鸣山至乐安村 48 千米三级航道和自凰岗至姚公渡 49 千米五级航道。以疏浚整治等工程治理双港至褚溪河口 88 千米的湖区航道,形成三级航道。信江航道工程建成后,信江可航行 1000 吨级船舶,单向通过能力达 580 万吨,长江支流增加 344 千米三级航道和 49 千米五级航道,使信江贵溪以下、乐安河鸣山以下、昌江景德镇以下航段均与长江对接。

2015 年,江西省交通运输厅以赣交规划字〔2015〕144 号批准信江双港航运枢纽工程正式启动,对该项目环境影响评价技术服务进行第二次公开招标。该项目设计正常蓄水位 12 米,库区各断面水位均低于多年平均流量水面线,没有新增淹没区。工程建设用地主要为 1 座枢纽区(含枢纽区施工及管理区)和 5 座副坝用地,枢纽区用地位于上饶市鄱阳县双港镇信江境内,5 座副坝除磨盘洲副坝用地涉及上饶市余干县,其他都位于上饶市鄱阳县,用地总面积为 366.75 万平方米,其中陆地面积 287.89 万平方米、水域面积 78.86公顷。

信江八字嘴航电枢纽工程计划已于 2017 年 12 月开工建设,该项目是江西省水运重点建设项目之一,由江西省港航建设投资有限公司投资建设,工程总概算约 43.9 亿元,建设工期 60 个月。该项目位于江西省余干县东、西大河分岔处,距上游河道分岔口约 900米,正常蓄水位为 18 米,项目包括建设虎山嘴枢纽和貊皮岭枢纽,是一个以航运为主、兼顾发电等综合利用的航电枢纽工程。总面积为 2695.82 万平方米,其中陆地面积 507.54万平方米、水域及水利设施用地 2188.28 公顷。项目正常蓄水位为 18 米,通航建筑物建设标准为内河三级,航道尺度为航宽 60 米、航深 2.2 米、弯曲半径 480 米,设计通航保证率为 95%。渠化航道 51 千米,电站总装机容量 12.6 兆瓦。主要建筑物包括船闸、泄水闸、电站厂房、鱼道、连接坝、航标工程、坝顶公路桥及相应配套工程设施,枢纽坝顶全长1510 米。建设三级船闸 2 座,虎山嘴船闸有效尺度为 180 米×23 米×4.5 米(长×宽×槛上水深,下同),貊皮岭船闸有效尺度为 180 米×23 米×3.5 米,计划建设工期 54 个月。

十、合裕线航道

(一)河道自然特征

合裕线航道位于安徽省合肥市、马鞍山市、芜湖市境内,起点为合肥市合肥新港,终点为芜湖市裕溪河入江口,由南淝河航道、巢湖航道、裕溪河航道 3 段组成,全长约 138千米。

南淝河是巢湖水系上游较大的支流,地势由西北向东南倾斜,东南部地势坦荡开阔,地面平均坡降约 1/800。径流主要由降水补给,正常流量较小。洪水季节流量较大,坡降陡,流速大,水流挟沙能力强,水位变化幅度大,同时受巢湖水位顶托影响;中、枯水季节流量很小,加之河面较宽,易在口门处泥沙落淤,年平均淤积量约 8~10 厘米。

巢湖东西长 54.5 千米,南北宽 21 千米,湖面面积 780 平方公里,平均水深 2.69 米,库容 20.68 亿立方米。湖底平坦,岸线曲折,湖盆地势西北高东南低,接纳杭埠河、南淝河、兆河等河流来水,经湖泊调蓄后由裕溪河和牛屯河分洪道等注入长江。丰、枯水年际变化较大,泥沙来源主要来自风浪作用引起的湖岸崩塌及支流水流挟带的泥沙。含沙量与径流基本相应,枯水季含沙量很小,洪水期含沙量相对较大,约占全年的 90% 以上。

裕溪河进出口已建巢湖闸枢纽和裕溪闸枢纽。通江出口有裕溪闸江口、牛屯河江口两处。巢湖闸下至裕溪闸下江口全长 60.52 千米，其中巢湖闸下至裕溪闸上长57.44 千米。裕溪河的泥沙来自巢湖闸下泄水流所带的泥沙和支流汇入所挟泥沙，泥沙以悬移质存在于河道中，随裕溪闸泄水排入长江。

（二）主要航道现状和建设情况

南淝河航道：从合肥新港至合肥港综合码头，航道约 6 千米，有弯曲段航道 9 处，弯曲半径大于 320 米，河槽宽 73～106 米，能常年通航 500 吨级船舶；从合肥港综合码头至施口，航道里程约 16.5 千米，大部河段顺直微弯，仅在三汊河、马家渡处河道呈明显弯曲状态，弯曲半径 440～500 米，河槽宽 25～118 米，大部分时间内能通航 1000 吨级船舶。

巢湖湖区航道：从施口至东口门，全长约 53.7 千米。经过 2002 年对施口、东口门等段疏浚后，巢湖湖区航道基本稳定，水深可维持 2.0～2.5 米。巢湖湖区航标按一类航标配布。

裕溪河航道：从东口门至裕溪口，全长约 62 千米。河槽底宽约 100 米，比降 0.5‰，滩地宽 15～20 米，河槽边坡 1:3，堤距约 200 米。东口门、裕溪口各有 1000 吨级船闸一座，正在建设 2000 吨级巢湖、裕溪口复线船闸。

合裕线已建、在建与拟建桥梁共 13 座，均满足三级航道标准。

合裕线航道曾先后实施 3 次大规模的整治工程，包括 1994—1998 年实施的南淝河航道整治工程、2000—2004 年实施的合裕线（施口—裕溪口）航道整治工程及 2011—2017年实施的合裕线航道改造工程。

（三）航道工程项目

1. 合裕线南淝河航道整治工程

（1）项目概况

项目于 1994 年 9 月开工建设，1998 年 6 月试运行，1998 年 9 月竣工。

项目建设依据：1986 年 11 月，安徽省计划委员会通过《合裕线南淝河工程可行性研究报告审查会议纪要》；1987 年 8 月，安徽省计划委员会《关于合裕线南淝河工程初步设计的批复》（计设字〔1987〕601 号）；1992 年 4 月，安徽省城乡建设环境保护厅《关于合裕线—南淝河水运工程环境影响报告书的批复》（建环字〔1992〕190 号）。

项目整治前航道里程 27.8 千米，整治后航道里程 26.6 千米。施口口门至 312 国道桥 17.1 千米按三级航道标准建设，设计底宽 45 米、水深 3.2 米、弯曲半径 480 米；312 国道桥至当涂路桥 7 千米按四级航道标准建设，设计底宽 40 米、水深 2.5 米、弯曲半径 330米；当涂路桥至屯溪路桥 2.5 千米按五级航道标准建设，设计底宽 20～40 米、水深 1.8～

2.0 米、弯曲半径 174 ~ 260 米。设计代表船型（船队）及尺度：1000 吨级驳船，67.5 米 × 10.8 米 × 2.0 米，船队 160 米 × 10.8 米 × 2.0 米；500 吨级驳船，45 米 × 10.8 米 × 1.6 米，船队 109 米 × 10.8 米 × 1.6 米；300 吨级驳船，35 米 × 9.2 米 × 1.3 米，船队 87 米 × 9.2 米 × 1.3 米。航道设计通航保证率为 95%。

项目疏浚河段长度 26.6 千米，总疏浚量 400.4 万立方米，对裁弯取直段及拓宽段新建新堤，对新建堤防边坡、航道狭窄部位等处采取块石护坡，块石厚 0.3 米，设计护坡工程量 20 万平方米。共设浮标 4 个、过河标 8 个、沿岸标 2 个、指路牌 3 个、桥位牌 4 个。项目总投资 1.20 亿元，其中交通部水运建设资金 4760 万元，其余资金由安徽省交通厅和合肥市共同承担。

（2）项目建设实施情况

项目建设单位为南淝河航道建设工程指挥部，具体负责工程建设的组织和实施；设计单位为安徽省港航勘测设计院；施工单位为安徽省机械疏浚工程公司、港航建筑工程公司；监理单位为安徽省水运工程监理公司（中兴监理事务所）；质监单位为安徽省交通工程质监站（代表省交通厅履行政府监督职能）。

施工图设计中，按照三级线型、四级断面对南淝河航道自屯溪路桥至施口口门老河道 27.7 千米进行整治，从上至下实施 6 个裁弯取直工程，设计航道全长 25.8 千米。在工程实施过程中，考虑节省投资，尽可能减小征地、拆迁和交叉工程费用，将航道标准全线修改为三、四、五 3 个等级标准实施，保留 3 个裁弯取直工程，调整后设计航道全长 26.6 千米。1998 年 9 月 24 日，受省计划委员会委托，安徽省交通厅主持对工程进行竣工验收。

（3）科技创新成果及获奖情况

该项目的实施为合裕线（施口—裕溪口）航道整治工程及合裕线航道改造工程提供了宝贵的经验。项目获得 2000 年度交通部优秀工程设计三等奖、2004 年度交通部水运工程优秀设计二等奖（船闸、橡胶坝工程）。

（4）项目投产后的运营情况

该项目建成投产后，南淝河航道通航条件得到显著提升，通航船舶吨级由 100 吨级提升至 300 ~ 500 吨级，水运企业经济效益明显提升，船舶流量明显增加，货运量大幅增长，促进了合肥市城市建设进程和区域社会经济发展。

2. 合裕线（施口—裕溪口）航道整治工程

（1）项目概况

项目于 2000 年 3 月开工建设，2004 年 4 月试运行，2006 年 10 月竣工。

项目建设依据：1997 年 12 月，安徽省计划委员会《关于合裕航道施口至裕溪口段整治工程可行性研究报告的批复》（计交能字〔1997〕1016 号）；1999 年 5 月，安徽省计划委员会《关于合裕线（施口—裕溪口）航道整治工程初步设计的批复》（计设字〔1999〕289

号);1996年11月,安徽省环境保护局《关于〈合裕线(施口—裕溪口)航道整治工程环境影响报告书〉的批复》(环然〔1996〕217号)。

项目航道建设里程139.2千米,按照三级线型、四级断面实施,永久建筑物按三级标准一次性建设。巢湖湖区航道设计底宽80米、水深2.5米、弯曲半径1500米、边坡1:5;巢湖闸至裕溪闸段航道设计底宽50米、水深2.0米、弯曲半径480米;裕溪闸下至江口段航道设计底宽45米、水深2.5米、弯曲半径480米。设计代表船型(船队)为:分节驳一列顶推,2×120马力拖轮+2×500吨级,尺度为109米×10.8米×1.6米。航道设计通航保证率为95%。

主要建设内容包括:巢湖湖区54千米航道清障打捞,疏浚拓宽东西口段航道;裕溪河航道疏浚、护坡,闸下裁弯取直;设置高标准航标灯桩22座;改造巢湖船闸公路桥;新建裕溪船闸公路桥、改建老桥;新建裕溪河铁路桥等。项目总投资1.43亿元,其中交通部水运建设资金5210万元,其余资金由安徽省交通厅承担。

(2)项目建设实施情况

项目建设单位为安徽省合裕航道整治工程建设指挥部,具体负责工程建设的组织和实施;设计单位为安徽省港航勘测设计院、上海铁路城市轨道交通设计研究院;施工单位为安徽省机械疏浚工程公司、安徽省路港工程公司、安徽省淮河航道段等;监理单位为安徽中兴工程建设监理所、上海先行建设监理有限公司;质监单位为安徽省交通基本建设工程质量监督站、铁道部工程质量监督总站上海监督站蚌埠站。

2006年10月21日,受安徽省发展和改革委员会委托,安徽省交通厅主持对工程进行竣工验收。

(3)科技创新成果及获奖情况

项目获得2008年度交通运输部水运工程优秀勘察设计二等奖。

(4)项目投产后的运营情况

该工程建成投产后,合裕线航道全线基本达到三级航道标准,常年通航500~1000吨级船舶,合肥及巢湖周边大宗物资可通过水运直达沿江、沿海各地,实现了江河干支直达,合肥港货物吞吐量尤其是集装箱吞吐量快速增长,进一步提升合肥省会城市、中心城市的地位。

3.合裕线航道改造工程

(1)项目概况

项目于2011年12月开工建设,2017年4月试运行。

项目建设依据:2010年8月,安徽省发展和改革委员会《关于合裕线航道改造工程可行性研究报告的批复》(皖发改基础〔2010〕855号);2012年7月,安徽省发展和改革委员会《关于合裕线(施口—裕溪口)航道改造工程初步设计的复函》(皖发改设计函〔2012〕

750 号);2012 年 8 月,安徽省发展和改革委员会《关于合裕线南淝河航道改造工程初步设计的复函》(皖发改设计函〔2012〕919 号);2011 年 10 月,安徽省环境保护厅《关于合裕线航道改造工程环境影响报告书的批复》(环评函〔2011〕1072 号);2010 年 8 月,安徽省国土资源厅《关于合裕线航道改造工程建设用地预审意见的函》(皖国土资函〔2010〕1572 号)。

项目自合肥港综合码头至裕溪河入江口,建设里程 131.2 千米,南淝河航道采用限制性航道二级标准,设计航道底宽 60 米、水深 4.0 米、最小弯曲半径 550 米;巢湖湖区采用天然及渠化河流航道二级标准,巢湖湖区口门段设计航道底宽 100 米、水深 3.7 米、最小弯曲半径 550 米;巢湖湖区段航道设计底宽 100 米、最小通航水深 3.7 米、最小弯曲半径550 米;裕溪河采用限制性航道二级标准,航道底宽 60 米、最小通航水深 4.0 米、最小弯曲半径 550 米。设计代表船型(船队)及尺度:1000 吨级货船,80 米 × 10.8 米 × 2.0 米;150TEU 集装箱船,87.6 米 × 13.6 米 × 2.8 米;2000 吨级货船,90 米 × 15.4 米 × 2.6 米。航道设计通航保证率为 98%。

项目疏浚河段长度 131.2 千米,总疏浚量 1303.7 万立方米;护岸 38.6 千米;配备 191 座助航航标及内河交通安全标志;全线共设置 4 个待闸锚地、1 个待港锚地。项目总投资12.83 亿元,占工程总投资 70% 的项目资本金由交通运输部水运建设资金、安徽省交通建设财政性资金和项目法人自有资金组成,资本金以外的 30% 由项目法人利用银行贷款解决。

(2)项目建设实施情况

项目建设单位为安徽省港航建设投资集团有限公司,设计单位为安徽省交通勘察设计院有限公司;施工单位为天津港航工程有限公司、天津市水利工程有限公司、安徽省路港工程有限责任公司等;监理单位为广州港工程管理有限公司、广州南港工程监理咨询公司、山东省交通工程监理咨询公司等;质监单位为安徽省交通建设工程质量监督局。

(3)科技创新成果及获奖情况

①湖区航迹带研究。该项目针对巢湖湖区航道特点,开展了湖区航迹带研究。研究时首先测出船舶自然航迹带,再根据已有的固定航标,结合湖区风向、地质条件及航行安全等,合理确定航道线型和宽度。

②湖区航道设计。合裕线航道湖区航道长达 53.1 千米,湖区风浪大,水文复杂,开挖后航道枯水期受风浪影响,挖槽易淤积。在充分吸收以往工作经验并进行湖区淤积分析论证的基础上,开展了湖区航道专项设计。湖区航道选择回淤量小、工程量较少的线路,并注意风浪掀沙的影响,必要处加大了疏浚断面,预留备淤深度。

③数字化航道。合裕线航道是安徽省除长江、淮河外第三繁忙的航道,项目研究以视频监控系统、电子航道图、航标遥测遥感系统和航道信息发布系统为基础,构建数字化航

道,有效保障航运安全畅通。

项目可行性研究报告获得 2012 年度水运工程优秀咨询成果三等奖,项目获得 2017 年安徽省土木建筑创新奖(交通工程)三等奖。

(4)项目投产后的运营情况

工程实施后,合裕线航道等级由三级提高到二级,航道通航条件得到进一步改善,能够满足 2000 吨级船舶常年通航需要,水运比较优势得到进一步凸显,进一步带动沿线腹地社会经济发展。

(四)航道的发展成就与经验启示

合裕线航道是国家内河水运主通道的重要组成部分,是合肥及巢湖周边地区通往长江的唯一黄金水道。经过三次大规模的整治,合裕线航道通航条件得到显著提升,常年可通航 2000 吨级船舶,实现干支直达,满足了合巢芜地区区域经济和社会发展需要,完善了以合肥为中心的铁路、公路、水运、航空综合交通运输网络,犹如将合肥搬到长江边上,提高了合肥市省会城市、中心城市的地位。

第三节　京杭运河航道

一、综述

大运河始建于公元前 486 年春秋时期,包括隋唐大运河、京杭大运河和浙东大运河三部分,全长 2700 千米,地跨北京、天津、河北、山东、河南、安徽、江苏、浙江 8 个省(直辖市),纵贯在中国华北平原上,通达海河、黄河、淮河、长江、钱塘江五大水系,是中国古代南北交通的大动脉。至今,大运河历史已延续 2500 余年。

隋唐大运河分为四段:永济渠、通济渠、邗沟、江南河。隋文帝仁寿三年(603 年)开凿的从洛阳经山东临清至河北涿郡(今北京西南)的永济渠长约 1000 公里;隋炀帝大业元年(605 年)开始开凿的洛阳到江苏清江(今淮安市)的通济渠长约 1000 公里,直接沟通黄河与淮河的交通,并改造邗沟和江南运河。从洛阳沟通黄、淮两大河流的水运,连同隋文帝开皇四年(584 年)开凿的广通渠,形成多枝形运河系统。再于隋炀帝大业六年(610 年)开凿的江苏镇江至浙江杭州(当时的对外贸易港)长约 400 公里的江南运河;同时对邗沟进行了改造。洛阳与杭州之间全长约 1700 公里的河道建成,可以直通船舶。扬州是里运河的名邑,隋炀帝时在城内开凿运河,从此扬州成为南北交通枢纽,借漕运之利富甲江南,是中国最繁荣的地区之一。

在 13 世纪末元朝定都北京后,为了使南北相连,不再绕道洛阳,必须开凿运河以贯通南北,方便货运。为此先后开凿了3段河道,把原来以洛阳为中心的隋朝横向运河,修筑成以大都为中心,南下直达杭州的纵向大运河。元政府耗费10年时间,先后开挖了洛州河和会通河,把天津至江苏清江之间的天然河道和湖泊连接起来,清江以南接邗沟和江南运河,直达杭州。而北京与天津之间,原有运河已废,又新修通惠河。这样,新的京杭大运河比绕道洛阳的隋唐大运河在长度上缩短了900公里以上。

明清两代维持元运河的基础。明朝时重新疏浚元末已淤废的山东境内河段。从明中叶到清前期,在山东微山湖的夏镇(今微山县)至清江浦(今淮安)间,进行了黄运分离的开泇口运河、通济新河、中河等运河工程,并在江淮之间开挖月河,实施了湖漕分离的工程。运河的通航,促进了沿岸城市的迅速发展。

到了近代,鸦片战争中,英国军队为夺取京杭大运河与长江交汇处的镇江,封锁了运河漕运,使道光帝迅速作出求和的决定,不久签订了《中英南京条约》。1853年后,太平天国占据南京和安徽沿江一带十多年,运河漕运被迫中断。1855年,黄河在铜瓦厢决口改道北徙,由山东夺大清河入海,鲁运河淤塞,运河中断。之后清政府、北洋军阀政府、南京国民政府都曾研究治理运河措施,但由于社会条件限制,均未能实现。从此,漕运主要改经海路。1911年,津浦铁路全线通车,从此京杭大运河及其沿线城市的地位一落千丈。

新中国成立后,随着国家经济建设发展和北煤南运的需要,国家组织力量,拟定规划意见,对天津以南运河陆续进行了改扩建工程。

(一)山东段

1. 梁济运河

梁济运河是京杭运河的组成部分,位于山东省黄河南岸,由东平湖流经梁山、汶上、嘉祥、济宁至南四湖上级湖,流长79.32千米。

1855年,黄河在河南省铜瓦厢决口北徙。在山东省张秋镇,京杭运河被拦腰冲断。

新中国成立后,揭开了京杭运河的新篇章。1952年,交通部责成部属单位水运勘察规划设计院对运河进行航道测量。新中国成立初期,百废待兴,国家就对运河进行初步整治,开挖灌溉总渠,培修运河大堤,兴建三河闸和淮安、皂河水利枢纽。1955年起,在交通部的领导下,水运勘察规划设计院先后派员在海河、淮河、长江等水资源综合开发利用规划中,对运河所在河段建设方案进行规划研究。1957年,为兴水利、灭水害,分别在黄河以南的京杭运河段,兴建宿迁水利枢纽。在黄河以北的京杭运河段,兴建杨柳青和四女寺水利枢纽,并各建有效尺度为长210米、宽15米、槛上水深3.2米的船闸1座。同年,交通部水运勘察规划设计院在各流域运河航运建设规划的基础上,对京杭运河全线进行统一规划,综合平衡,向交通部报送了京杭运河航运建设规划报告,为京杭运河建设做好了总体建设布局规划和部分建设前期准备工作。

1958年4月,国家批准了交通部提出的整治京杭运河工程计划。同年,交通部会同水利部和沿运河各省市,组成京杭运河建设委员会,按照统一规划、综合利用、分期建设、保证重点、依靠地方、依靠群众的治运方针,根据淮河水利综合治理规划。因南四湖湖东各河流比降较陡,洪水喷沙严重。京杭运河建设委员会、交通部、水利部共同研究,认为南四湖湖西工程可以综合利用,结合湖西修建大堤、徐州市用水和农田灌溉工程,开挖运河湖西堤内运河和下游的不牢河河道,从而揭开了由南四湖湖东线运河改道到湖西堤内运河路线的序幕。

1958年,山东省京杭运河建设指挥部成立,在查勘、测量运河路线后,编制了《京杭运河十里铺至龙公河航道设计》。1958年7月,交通部会同山东省京杭运河建设指挥部,在济宁召开京杭运河改线方案实施座谈会,对济宁附近运河路线进行论证。原则确定龙公河口至济宁以北的运河改道方案。1959年10月,山东省京杭运河建设指挥部编报《京杭运河山东段黄河以南航道工程扩大初步设计》,交通部水运建设总局于1959年12月批复。

1959—1967年,交通、水利部门为恢复和发展航运,解决排泄东平湖滞蓄洪水和沿运河涝水,曾先后4次扩建梁济运河。1967年,由山东省交通部门投资,按六级航道标准整治,新建郭楼船闸、节制闸和临黄国那里船闸,航道底宽15米,河底高程在郭楼以上为33.50米,以下为31.50米。1967年12月,郭楼船闸、节制闸和国那里船闸建成,航道未达到六级标准。

1959年10月—1967年12月,梁济运河工程共完成土方5858.5万立方米,投资3463.9万元。1968年汛期,梁山至济宁段通航,济宁市的老运河随即废弃。

2. 济宁至大王庙段

随着国家经济的迅速发展,利用京杭运河北煤南运的需求也更显迫切。在进行徐州至扬州段运河续建工程的同时,为解决南四湖周边地区和晋东南铁路来煤2000万吨的南运问题,1982年3月,国家计划委员会经国务院批准,下达《对〈京杭运河(济宁至杭州)续建工程计划任务书〉的批复》,交通部会同水电部调查研究,协调江苏、山东两省意见,组织开展工作。

1982—1983年,在交通部的组织领导和江苏、山东两省的支持下,交通部水运规划设计院会同两省规划设计和流域水利规划部门,开展了"京杭运河(济宁至徐州)续建工程可行性研究"工作,对扩建续建湖区运河的必要性、运河建设路线及其通航标准进行了实地调查和建设规划研究。

上级湖运河路线:由原湖西堤内调整改道到湖中偏东的深水区。自济宁至南四湖上级湖走梁济运河,自湖口沿湖西堤内运河,南行5千米至东北村,由东北村向东折向湖中,避开湖西支流洙赵新河和湖东支流泗河河口淤积区,过南阳镇,由湖中向南至桩号68千米,避开红卫河河口淤积区,折向西南行至二级坝曲房船闸,长78千米。

下级湖运河路线:为充分利用运河已有工程,便于东、西两岸煤炭运输,自曲房船闸下游引航道出口,调整为东、西两线。西线仍沿堤内运河继续开挖,至蔺家坝57千米,过蔺家坝入不牢河至大王庙。东线出下游引航道口,以600~800米的弯曲半径左转,顺东股引河继开深槽,过微山岛东,至韩庄,长50千米。曲房船闸趋于饱和,二级坝东端的常口船闸建成后,运河东线由上级湖过常口船闸,继经43千米的韩庄运河,南行至大王庙。

上述运河调整续建路线,东线由济宁过曲房船闸,经韩庄运河至大王庙,全长182.5千米;西线由济宁过曲房船闸,经不牢河至大王庙,全长207千米。东、西两线既是北煤南运的京杭运河路线,又是南水北调东线向北调送水路线。

规划东西两线运河均按二级航道标准建设。1995年12月,国家计委批准了京杭运河济宁至大王庙段续建工程的建设。1995年,交通部、山东省政府批准了由交通部水运规划设计院和山东省交通设计部门提出的济宁至台儿庄段续建工程总体设计。

此前,国家在解决统筹安排沂沭泗水系洪水东调南下出路时,国家计委曾于1988年12月批准了韩庄运河航道工程建设,兴建二级台儿庄船闸,船闸有效尺度为长230米、宽23米、槛上水深4.0米,按三级航道标准,疏浚台儿庄至大王庙航道19.0千米。工程于1989年动工建设,1995年建成。

继1995年韩庄运河航道工程建设之后,1996年开展济宁至台儿庄段续建工程。济宁至台儿庄段的续建疏挖路线,既是运河航道,也是南水北调东线向北送水渠道,工程量由南水北调与运河共同承担。共建设韩庄、万年闸、台儿庄3座二级船闸,闸室有效尺度为长230米、宽23米、槛上水深5.0米;建万年节制闸1座;在韩庄、万年闸、台儿庄梯级各建抽水泵站1座,沿韩庄运河和不牢河,分别向北抽水75立方米/秒和100立方米/秒,注入下级湖。

京杭运河济宁以南,沿下级湖湖东路线至大王庙的续建工程,于2002年建成,即结合南水北调东线工程,进行京杭运河梁山至济宁的运河建设工程。工程的具体路线是从南四湖上级湖北端向北,经长沟、邓楼,由八里弯入东平湖,利用九长河到东平湖老湖区,主航道长98千米,其中南四湖至八里弯长79.32千米,九长河到东平湖老湖区长18.68千米。航道尺度按三级航道标准设计,底宽50米、水深3.2米、弯曲半径600~800米,桥梁净孔尺度为净高不小于20年一遇洪水位以上7.00米、净跨度不小于50米。并在长沟、邓楼、八里弯抽水泵站梯级各建二级船闸1座,闸室有效尺度为长230米、宽23米、槛上水深5.0米。

2010年12月,京杭运河西航线整治一期工程开工建设,2013年底竣工,二级航道增加29千米。

（二）苏北段

1958—1960 年间，京杭运河开工建设的首要河段是结合修建南四湖湖西大堤，开挖由济宁至蔺家坝的南四湖西岸堤内运河，长 130 千米，开挖由蔺家坝至大王庙的不牢河段运河，长 72 千米。扩浚由大王庙，经中运河、里运河（淮阴至淮安，高邮至邵伯），过扬州至长江（弯头至六圩段）的运河航道工程，长 202.5 千米，并先后开展济宁、淮阴、扬州、丹阳、常州、无锡等市区运河的改道工程。

20 世纪 60 年代初期，因国家经济困难，按照压缩基本建设战线、分期建设、保证重点的原则，削两头保中段，着重整治江苏省徐州至扬州段运河，长 404.5 千米。

规划确定徐州至扬州段运河的扩建任务和通航标准为双线航行 2×2000 吨级驳船顶推船队或 2000 吨级机动货驳船，2000 吨级驳船的尺度为长 79.6 米、宽 13 米、吃水 2.4 米，航道底宽 70 米，在最低通航水位保证率98%的情况下，航道最小水深 4.0 米、弯曲半径 800 米。船闸闸室有效尺度为长 230 米、宽 20 米、水深 5.0 米。在满足上述通航标准的前提下，考虑必要时不牢河排泄微山湖洪水 300～500 立方米/秒，排泄邳苍地区洪水 1500 立方米/秒，分泄骆马湖洪水 1000 立方米/秒，扬州改道段排泄淮河洪水 1000 立方米/秒。同时要承担灌溉面积47.5 万平方米，排涝面积 5224 平方公里，城市用水等输供水任务，并将高邮、宝应和邵伯各湖段的运河西堤按千年一遇洪水予以加高培厚。

在综合利用方针指导下，按上述任务标准，布置徐州至扬州段航运梯级。该段地形北高南低，水位总落差 31.00 米，全程布置 10 座航运梯级，建节制闸 4 座，建解台、刘山、泗阳、淮阴、淮安、邵伯、施桥 7 座能通航 2000 吨级驳船队的二级船闸，闸室有效尺度为长230 米、宽 20 米、槛上水深 5.0 米，设计单向通过能力 2100 万吨。此前已建成的宿迁梯级，船闸闸室有效尺度为长 210 米、宽 15 米、槛上水深 3.2 米，设计单向通过能力 1100 万吨。皂河、刘老涧梯级留用原有能通航 100 吨级船舶的六级船闸。

时至 1973 年、1978 年，先后增建皂河、刘老涧 2 座通航梯级，增建能通航 2000 吨级驳船队的二级船闸 2 座，闸室有效尺度为长 230 米、宽 20 米、槛上水深 5.0 米。从而在江苏省北部京杭运河上，建成能通航 2000 吨级驳船队的航运梯级 10 座，能通航 500 吨级驳船队的运河航道 404.5 千米。

1988 年，在完成徐州至扬州段扩建工程后，经过 20 年的运行，不牢河航道淤积严重。泗阳以南运河航道残留土埂未除，骆马湖以北航运用水紧张，每逢旱年，断流停航。同时运河货运量迅速增长，1978 年货运量达到 1900 万吨，其中煤炭占30%、矿建占35%，较扩建工程前 1957 年 72 万吨的货运量，增加约 25 倍。到 1980 年，皂河梯级以南各梯级船闸通过量达到 1000 万船吨，其中淮安船闸达到 1377 万船吨（1014 万货吨）；单向通过量达到 693 万船吨（600 万货吨），接近扩建工程设计船闸通过能力的 50%，实际通过能力已趋近饱和,船闸堵塞严重,过闸船舶等候过闸时间长达 7 天之久。货运量的迅速增长,绝非运河现状和船闸通过能力所能承担。

1981 年 3 月,时任国务院副总理万里视察京杭运河,作出充分利用水运、继续整治和充分利用京杭运河、分流北煤南运的指示。1981 年 7 月,在交通部的组织领导下,交通部水运规划设计院、江苏省规划设计部门经现场调查研究,编制了《京杭运河(济宁至杭州)续建工程可行性研究初步报告》。同年 9 月,交通部向国家计划委员会报送了《京杭运河(济宁至杭州)续建工程计划任务书》。1982 年 3 月,国家计划委员会经国务院批准,下达《对〈京杭运河(济宁至杭州)续建工程计划任务书〉的批复》。批复提出,根据国家财力物力的实际情况,结合运输需要,京杭运河济宁至杭州段续建工程要分段、分期进行安排,"六五"期间,先集中力量按二级航道标准建设徐州至扬州段,把通过能力尽快搞上去;新增南运煤炭每年 1000 万吨,以分担津浦铁路南段一部分煤运任务。1983 年,交通部水运规划设计院会同江苏省交通、水利设计部门,完成京杭运河徐州至扬州段续建工程总体设计,1984 年国家批准总体设计。续建工程于 1984 年 10 月动工建设,1988 年 6 月竣工,1989 年 12 月经国家计委验收,工期历时 6 年。

续建工程的航道工程主要是在扩建工程所选路线和标准尺度要求下,对泗阳至淮阴、淮安至邵伯和不牢河的零星、窄、浅河段进行疏浚。徐州至淮阴段长 124.5 千米,航道尺度为底宽 50 米、水深 3.2 米、弯曲半径 600～800 米。淮阴以南航道长 280 千米,航道尺度为底宽 60 米、水深 4.0 米、弯曲半径 800 米,通航水位保证率 98%,共完成土方 6754 万立方米。

续建工程的船闸工程主要是在扩建工程的皂河、宿迁、刘老涧、泗阳、淮阴、淮安、邵伯和施桥梯级中,加建船闸有效尺度为长 230 米、宽 23 米、槛上水深 4.0 米的复线二级船闸 8 座;在高邮建运西船闸 1 座。在扩建工程中未建船闸的蔺家坝梯级,补建船闸有效尺度为长 230 米、宽 23 米、槛上水深 4.0 米的二级船闸 1 座。

扩建工程的运河用水靠沿岸南四湖、骆马湖和洪泽湖等湖泊供给,但随着运河沿岸工农业的发展,湖泊供水日趋紧张,特别是在少水年的枯水期,下泄流量不足,运河虽以节节建闸控制,但各梯级最低通航水位仍难以保证。为进一步妥善解决运河航运用水、农田灌溉用水、电厂和城市用水,续建工程在原江都抽水站抽长江水 400 立方米/秒,调入洪泽湖 200 立方米/秒,沿运河逐级向北抽送水工程的基础上,增建和扩建淮安、淮阴、刘老涧、皂河、刘山和解台 6 座抽水站,合计新增抽水流量 415 立方米/秒,其中解台站抽水能力 50 立方米/秒,航运用水不小于 12.5 立方米/秒,以保证运河船舶过闸用水和各梯级设计最低通航水位。

续建工程新增二级航道 280 千米,新增三级航道 124.5 千米,新增船闸单向通过能力 2100 万吨,为南水北调东线工程奠定了输水河道和扬水梯级。

在前述徐扬段皂河以下 8 座复线船闸建成后，运河 1993 年的货运量达到 6000 万吨，其中煤炭 1500 万吨。1994 年，皂河以下各梯级船闸的年货运通过量已超过 2000 万吨，其中淮阴船闸年货运通过量达到 2700 万吨。淮安和邵伯船闸达到 2650 万吨左右。解台、刘山梯级一线单闸的年货运通过量为 1400 万～1500 万吨，年均每个船闸的年通过量为 1274 万吨，达到单闸设计通过能力的 60%～70%，其中淮阴、淮安船闸达到 63%～76%。为适应货运发展的需求，进一步提高运河通过能力，2003—2011 年，在原 10 座梯级船闸的基础上，各增建船闸 1 座，并将 404.5 千米航道一律扩宽浚深到底宽 70 米、水深 4.0 米、弯曲半径 800 米的二级航道标准。

京杭运河湖西航道整治一期工程（蔺家坝至房村段）项目于 2010 年 5 月开工建设，2013 年 12 月建成试运行。项目整治航道里程 31.23 千米，按二级航道标准进行建设，航道底宽不小于 60 米、最小水深 4.0 米、最小弯曲半径 540 米。设计代表船队为 1 顶 2 × 2000 吨级船队。航道设计通航保证率 98%。2013 年 12 月 30 日，江苏省交通运输厅航道局在徐州市主持对工程进行交工验收。

（三）苏南段

京杭运河长江以南镇江至杭州段长 318 千米，俗称江南运河。新中国成立初期，运河河道窄、浅、弯曲，跨河桥梁低矮，城镇方河更甚，仅能通航 20～40 吨级木船和由木船组成的一列式拖带船队，部分河段通行小火轮。早在 1952—1953 年，为改善运河与长江之间的直达运输，扩宽浚深锡澄运河，在江阴黄田港兴建了一座能通航近百吨级船舶的船闸。该船闸虽尺度不大，通过能力也小，却从此揭开了将江南运河古老通江单闸或复闸门的通航建筑物改建为现代船闸的序幕。

随着江浙地区社会经济的迅速发展，运河上出现由 50～80 吨级木船组成的千吨级一列式拖带船队，窄、浅、弯曲的运河河道已不能适应运输船队发展的需求。至 20 世纪 70 年代末期，以江南运河为骨干的太湖平原航道网的货运量，已占到宁、沪、杭地区水陆货运总量的 80%。沿河各市镇河段运输航行船舶和船队密度过大，拥挤不堪，时有堵塞断航。为扩大运河通过能力，20 世纪 60 年代初期，曾对常州、无锡、丹阳市运河进行改道。1979—1992 年间，开始对运河河道由零星治理到分河段扩宽浚深、裁弯取直、改建桥梁的全面综合治理。同时相继开展了与相邻流域间的沟通工程。

江南运河由北向南，沿岸有江苏省苏南地区的镇江市、常州市、无锡市和苏州市，浙江省浙西地区的湖州市、嘉兴市和杭州市，各市在 20 世纪 80 年代对所辖运河河段进行了局部改造工程。

1982 年 3 月，国家计委经国务院批准，下达《对〈京杭运河（济宁至杭州）续建工程计划任务书〉的批复》。批复指出，镇江至杭州段运河建设，由江苏、浙江两省根据地方财政的实际情况,国家补助,分期建设,逐步达到标准。

江苏省依据国家计委批准的计划任务书,经交通部组织审查批准。江南运河苏南段全面整治工程总体设计,经江苏省委批准实施方案后,对所辖运河全长208千米河段,全线按四级航道标准进行整治。除1992年前已陆续完成的镇江市丹阳、陵口段,常州、无锡、苏州市河段52千米外,这期列入全面整治,要拓宽、浚深的航道长156千米,改建碍航桥梁42座。整个工程量共征用土地7739亩,压废土地1.49万亩,拆迁房屋57.83万平方米,开挖土方3500万立方米,新建护岸135.42千米,新建桥梁42座,投资15.02亿元。新增标准化美化工程,增建护岸160千米,绿化岸线367千米,并设置标志、标牌等,共投资27亿元,工程于1992年8月动工建设,1997年10月完工。

2004年12月京杭运河常州市区段改线工程项目开工建设,2008年1月试运行,2009年6月竣工,整治航道里程25.76千米,永久性水工建筑物按三级航道标准建设,现阶段航道底宽及水深按四级标准实施。2007年7月开始,苏南运河苏州市区段、镇江段、无锡段、常州段、吴江段三级航道整治工程陆续开工建设,部分航段已投入试运营。

(四)浙江段

江南运河浙江省浙西段,全长121.6千米,其中湖州市42.7千米,嘉兴市17.9千米,杭州市61.0千米。1992年后,进行了大规模改造,全面加宽浚深航道,加大航道弯曲半径,改造碍航桥梁,提高桥梁净空。1999年,投资6.44亿元,将五级航道改建扩建为航宽40米、水深2.5米、弯曲半径350米的四级航道。

随着运河续建工程的推进实施,运河通过能力增大,货运量迅速增加,2010年仅江南运河苏南段货运量就已达到2.5亿吨。为适应区域货运量的增长,周边淮河、长江、钱塘江中下游干支流航道标准的提高和货运船舶吨位的增大,江南运河及其主要支流必须继续改善其航道条件。现江苏、浙江两省正在或已经完成由四级升三级的航道建设,将运河航道尺度扩建为航宽45米、水深3.2米、弯曲半径480米;桥梁净孔20年一遇洪水位以上净高不小于7.0米,净跨不小于50米。与此同时,2010年,湖嘉申线航道湖州段现状等级达到三级。2017年,丹金溧漕河完成整治。截至2020年,长湖申线、苏申外港线、锡澄运河整治尚未完成。

江南运河浙江段三级航道整治工程可行性研究报告已获国家发展改革委批复,该整治工程项目覆盖杭州、湖州、嘉兴三市,合计航道里程121.6千米,总投资117亿元。工程建设项目包括扩建航道95.2千米,新开航道26.4千米,改建桥梁17座,新建桥梁32座,新建服务区6处,新建船闸1座等。工程推进的时间节点为:2015年湖州市启动建设;2016上半年杭州、嘉兴、湖州三市,由四级扩建升级为三级的河段全面开工;2016年底由杭州市钱塘江左岸八堡船闸,向北新开航道26.4千米的钱运沟通二通道开工建设;2020

年全线 121.6 千米达到三级航道规划建设目标。该工程项目建成后,航道通过能力将大大提高,有效改善航道条件,保障航行安全。

基于上述情况,以三级航道标准,建成与相邻流域的沟通工程已是发展的必然要求。太湖流域的江南运河,本有多口北通长江,南通钱塘江,西通水阳江、青弋江,后由于江道变迁,边滩淤涨,或人为壅堵,互不相通,或通而不畅。随着江南运河与相邻流域航道条件的改善提高,为开展与相邻流域的直达运输,流域间的沟通工程也随之提上建设日程。

历史上镇江京口是主要通江运口。多年来,因长江江岸边滩淤涨伸延,京口运道淤积严重,航运受阻,1978—1980 年,根据京杭运河穿越长江路线要求,江南运河入江口门由镇江京口改道到镇江谏壁口。在运河与谏壁间,开挖通江运道,建造二级谏壁船闸,船闸闸室有效尺度为长 230 米、宽 20 米、水深 40 米,能通航 2×2000 吨级驳船顶推船队,2003年再建二级二线谏壁船闸,使运河与长江间畅通无阻。

在江南运河的南端,本有南北纵穿杭州市的中河,由闸口通钱塘江,后因江潮潮向改变,闸口一带滩涂淤涨,钱运间航道淤堵,仅有咫尺之地相隔,数百年来,互不相通,近百万吨货物在杭州市盘驳倒载不止。

1983 年,根据杭州市建设总体规划,自京杭运河南端的艮山门作业区,向东转南开挖钱运沟通运河,长 6.97 千米、水深 2.5 米、河面宽 66~70 米、底宽 30~45 米,至三堡与钱塘江沟通。1988 年、1992 年在三堡分别建成一线、二线五级船闸,闸室有效尺度为长160~200 米、宽 12 米、槛上水深 2.5 米,从而沟通了运河与钱塘江航运。

1979 年,浙江省决定将杭甬运河沟通整治工程作为省交通建设三项重点工程之一列入计划,整个工程于 1983 年 7 月 1 日完成通航。该运河西连京杭大运河,东达宁波-舟山港,全长 239 千米,沟通了长江、京杭大运河以及钱塘江、甬江水系。从 2002 年起,浙江省对杭甬运河按四级航道标准改造,是浙江省至 2015 年止投资最大的单体水运工程项目。2007 年 12 月 29 日,杭甬运河改造工程基本完成。这不仅标志着京杭大运河向东延伸有了出海口,由此开启了浙江水运江河海联运的新时代,同时也给一体化效应日益显著的宁波-舟山港构筑了一条疏港货运大通道。

从 1996 年开始,京杭运河(除杭州市区段外)按四级航道标准进行全面改造。2008年 4 月,浙江省发展改革委等联合省各有关部门及杭州、嘉兴、湖州市政府,对京杭运河浙江段三级航道整治工程的预可行性研究报告进行了预评审。2015 年 9 月 30 日,京杭运河浙江段三级航道整治工程可行性研究报告获国家发展改革委批复。

二、京杭运河山东段航道

(一)河道自然特征

京杭运河济宁至台儿庄段,地处山东省西南地区,经梁济运河下游穿越南四湖区,经韩庄运河,在台儿庄闸下接京杭运河苏北段。整治河段全长 164.2 千米。南四湖流域多年平均降雨量 800 毫米,变化在 600~1000 毫米之间。年内降雨季节性很强,夏季 3 个月的降雨量约占全年降雨量的 60%~70%,冬季 3 个月的降雨量则仅占全年降雨量的10%。极不均匀的降雨特征,使该地区常出现集中暴雨、旱涝急转交替、阴雨连绵或连年干旱现象。该区地处中准地台南部的鲁西台降。北部济宁、昭阳湖区为济宁凹陷,微山湖西侧丰沛地区为丰沛中新断陷。南四湖流域入湖河流大多经过渠化,设有拦水闸,故工程区段泥沙来源极少。由于水资源的匮乏,济宁至枣庄段航道沿线建有较为完善的水利设施,如二级坝、韩庄、万年闸、台儿庄节制闸及入湖支流节制闸,在南四湖防洪、流域灌溉中发挥了极大作用。

京杭运河自山东二级坝至徐州大王庙段航道分湖东、湖西两线。湖西航道是京杭运河西航线沛县、铜山境内 57.44 千米航道,起点为南四湖二级坝微山湖船闸,终点为蔺家坝船闸。航道全部在紧邻湖西大坝的湖区滩地上,系修筑微山湖大堤时人工开挖而成,工程于 1958—1972 年分段完成。1979 年以后从沿河北 950 米处至大屯河南 1000 米处共9.74 千米实施湖腰扩大工程。2010 年 12 月,京杭运河西航线整治一期工程开工建设,2013 年底竣工,二级航道增加 29 千米。

航道穿越区河道均为清水河道,两岸植被良好,河道比降小,水流冲刷产生的淤积很少,各河道河势基本稳定,河道含沙量较小。航道地处南四湖下级湖西侧,处于黄淮冲湖积平原区。

(二)主要航道现状和建设情况

以前,济宁到台儿庄段一直维持六级航道。经国家计委和交通部批准,从 1996 年开始实施了济宁至苏鲁交界处台儿庄三级航道工程。工程起点为梁济运河下游济宁船厂,终点为台儿庄船闸。航道总长 164.2 千米。该工程途经济宁、枣庄两市。拦河建筑物共有二级坝、韩庄、万年闸、台儿庄 4 座拦河建筑物;跨河公路、铁路桥梁共计 35 座,最小净空高度不小于 7 米,全部达到 2000 吨级船舶通航要求。

京杭运河西航线起点为南四湖二级坝微山湖船闸,终点为蔺家坝船闸,通航里程57.44 千米,航道规划、维护等级为二级。航道上有拦河建筑物 1 座,即蔺家坝船闸;跨河桥梁 3 座,净高 7 米;没有渡槽、架空管道,架空电线 51 道,水下过河管道 1 道。

跨河桥梁 3 座:八一大桥老桥于 1976 年修建,系单孔石拱桥,是原航道上唯一一座桥梁,为耕种收获盐河湖东线以北万亩湖田农作物的机耕桥,严重碍航。现状新改建八一大桥,通航净空高度 7 米;新建三段桥、河涯桥,净空高度均为 7 米。架空电线 51 道,水下过河管道 1 道。

(三)航道工程项目

京杭运河(济宁至台儿庄段)续建工程项目

(1)项目概况

项目于1996年9月开工建设,2000年11月试运行,2003年11月竣工。

项目建设依据:1993年12月,国家计委批复交通部水运规划设计院编制的《京杭运河(济宁至徐州)续建工程济宁至台儿庄段工程可行性研究报告》(计交能〔1993〕2443号);1995年1月,交通部、山东省政府批准交通部水运规划设计院编制的《京杭运河(济宁至徐州)续建工程济宁至台儿庄段总体设计》。1995年9月,山东省建委批复交通部水运规划设计院和山东省交通规划设计院联合编制的《万年闸枢纽工程初步设计》(鲁建设发〔1995〕35号)、交通部水运规划设计院与林同炎李国豪桥梁设计有限责任公司联合编制的《韩庄枢纽工程初步设计》(鲁建设发〔1995〕36号)、济宁航运工程设计室编制的《济宁至台儿庄航道工程初步设计》(鲁建设发〔1995〕48号)。2000年7月,山东省交通厅批复济宁航运工程设计室编制的《泗河口港、留庄港进港航道初步设计》(鲁交计〔2000〕77号)、《滕州港进港航道初步设计》(鲁交计〔2000〕80号)。2000年11月,山东省交通厅批复济宁航运工程设计室编制的《太平港进港航道初步设计》(鲁交规划〔2000〕20号)。2000年8月,山东省交通厅批复济宁航运工程设计室编制的《航标工程初步设计》(鲁交计〔2000〕94号)。1995年11月,山东省环保局批复山东省环境保护设计院编制的《京杭运河(济宁至徐州)续建工程济宁至台儿庄段环境影响报告书》(鲁环管二〔1995〕129号)。

工程起点为梁济运河下游济宁船厂,终点为台儿庄船闸。航道总长164.2千米,航道建设等级为三级,航道设计尺度为底宽50米、水深3米、弯曲半径600~800米。设计代表船型(船队)及尺度:1000吨级顶推船队,160米×10.6米×2.2米;2000吨级顶推船队,185米×14米×2.8米;500吨级拖带船队。

项目改建韩庄、万年闸两座公路桥,净跨70米,净空7.0米。疏浚济宁至韩庄130千米航道(韩庄至台儿庄段由水利部门河道治理时统一实施),土方1825万立方米。航标按一类配布,配布里程164千米。项目总投资初步设计概算为9.28亿元,实际完成投资7.06亿元。资金来源为交通部水运建设资金4.15亿元,山东省交通厅自筹资金7542万元,地方预算拨款资金1000万元,基建投资借款2.06亿元(其中:国债转贷款5000万元,委托贷款7050万元,统贷资金8500万元),合计收到建设资金7.07亿元。由于交通部水运建设资金中含港口资本金4284万元为经营性项目支出,故交通部拨款为3.69亿元。

(2)项目建设实施情况

1996年2月7日,山东省机构编制委员会办公室以鲁编办〔1996〕5号文批准成立了山东省交通厅京杭运河续建工程建设办公室,作为项目一级法人负责京杭运河续建工程建设的组织管理工作。济宁、枣庄航运局组建了市京杭运河续建工程建设办公室,代表二级法人分别负责济宁、枣庄市辖区京杭运河续建工程有关建设管理工作。

设计单位为中交水运规划设计院、山东省交通规划设计院、林同炎李国豪土建工程咨询公司等;施工单位为山东省筑港总公司、中交一航局二公司、中交二航局等;监理单位为山东省交通工程监理咨询公司;质监单位为山东省交通厅基本建设工程质量监督站。

(3)科技创新成果及获奖情况

2005 年,工程获中国土木工程学会颁发的第五届詹天佑土木工程奖。

三、京杭运河苏北段航道

(一)河道自然特征

苏北运河,位于北纬 32°27′~34°17′,东经 117°18′~119°29′,北起徐州蔺家坝,南讫扬州六圩口,沿线经徐州市的铜山区、鼓楼区、贾汪区、邳州市、新沂市,宿迁市的宿豫区、宿城区、泗阳县,淮安市的淮阴区、清江浦区、淮安区,扬州市的宝应县、高邮市、江都区、广陵区、邗江区等 4 个地市 16 个县区,航道里程为 404 千米。

苏北运河跨越黄淮平原与江淮平原,徐州、宿迁、淮安等地为黄淮平原,区域内以平原为主,约占总面积的 90%,海拔一般在 20~30 米(废黄河高程)。河流流经的扬州市属里下河地区,区域内河流密布,素有"鱼米之乡"之称,海拔一般在 9.0 米左右。

苏北运河自然气候以淮河为界,从亚热带向暖温带过渡,具有黄河和长江流域的过渡性气候特点,四季分明,雨量充沛。年平均温度 14~14.8 摄氏度,历年最高气温北端为 43.3 摄氏度、中部为 41 摄氏度、南部为 38.7 摄氏度,历年最低温度北端为 -22.6 摄氏度、中部为 -20 摄氏度、南部为 -17.7 摄氏度,气候温和,四季明显,全年平均温差不大。全年无霜期由北端 216 天渐变到南端 224 天,日照充足,年平均相对湿度为 80% 左右。常年主导风向,冬季多东北风,夏季多东南风,雨量充沛,多集中于 6—8 月,历年平均降水量北端为 851.3 毫米、中部为 987.3 毫米、南端为 1030 毫米。

苏北运河流经区域属沂沭泗、淮河、长江水系,区域内河网密布,湖荡众多,沟通淮河、长江两大流域;串联微山湖、骆马湖、洪泽湖、高邮湖、邵伯湖等湖泊;区域中的主要航道有通榆河、苏北灌溉总渠、徐洪河、盐河、通扬线、盐宝河、盐邵河、秦东河等,干支航道蛛网交织,衔接上海港、连云港港两大海港,构成苏北和苏中地区通江达海的水运航网。

蔺家坝、解台、刘山、皂河、宿迁、刘老涧、泗阳、淮阴、淮安、邵伯、施桥上游最低通航水位为 31.0 米、31.0 米、26.0 米、20.5 米、18.5 米、18.0 米、16.0 米、10.5 米、8.5 米、6.0 米、3.5 米,下游最低通航水位为 31.0 米、26.0 米、20.5 米、18.5 米、18.0 米、16.0 米、10.5

米、8.5 米、6.8 米、3.5 米、0.4 米。

(二)主要航道现状和建设情况

京杭运河苏北段北起徐州蔺家坝,南讫扬州六圩口,沿线经徐州市的铜山区、鼓楼区、贾汪区、邳州市、新沂市,宿迁市的宿豫区、宿城区、泗阳县,淮安市的淮阴区、清江浦区、淮安区,扬州市的宝应县、高邮市、江都区、广陵区、邗江区等 4 个地市 16 个县区,航道全长404 千米。全程水位落差 31 米,沿程设有 11 个航运梯级,建有 28 座大型船闸(不含徐州市交通运输局负责管养的蔺家坝船闸 2 座),均为四级以上船闸。为国家二级航道,航道底宽不小于 60 米,航道最小通航水深不小于 4.0 米。设计最大船舶等级为 2000 吨级。

截至 2017 年底,京杭运河苏北段共有桥梁 118 座,最低净空高度 5.5 米,架空电线219 道。

新中国成立后,国家先后投巨资分别于 1958 年、1982 年、2000 年对京杭运河苏北段进行了大规模的整治,即京杭运河徐州至扬州段一期扩建工程、续建工程及续建二期工程。整治后的京杭运河苏北段航道全线达到了二级航道标准,常年可通航 2000 吨级船舶。

(三)航道工程项目

1. 京杭运河徐州至扬州段续建工程——里运河中梗切除项目

(1)项目概况

项目于 1982 年 10 月开工建设,1984 年 12 月竣工。

项目建设依据:1982 年 3 月,国家计委《关于京杭运河(济宁至杭州段)续建工程计划任务书的批复》(计交[1982]171 号);1982 年 4 月,交通部《关于京杭运河(济宁至杭州)续建工程初步设计的批复》(交计字[1982]791 号)。

项目整治航道里程为 58.1 千米,航道建设等级为二级,航道设计尺度为宽度 70 米、水深 4 米、最小弯曲半径 800 米、边坡 1:5。设计代表船队:1 顶 2×2000 吨级驳船船队,其驳船尺度为 75 米×14 米×(2.6～2.8)米,船队为 185 米×14 米(总长×型宽,下同)。航道设计通航保证率 95%。

项目疏浚土方共计 1257.85 万立方米。对 87.47 千米航道的护岸进行新建,块石护坡长 87.47 千米,护坡砌石 14.2 万立方米。项目总投资 5406 万元。

(2)项目建设实施情况

项目建设单位为扬州市京杭运河续建工程指挥部;设计单位为江苏省水利勘测设计院。

2.京杭运河徐州至扬州段续建工程——不牢河拓浚项目

(1)项目概况

项目于1983年11月开工建设,1984年1月竣工。

项目建设依据:1982年3月,国家计委《关于京杭运河(济宁至杭州段)续建工程计划任务书的批复》(计交〔1982〕171号);1983年10月,国家计委《关于京杭运河(济宁至杭州)续建工程初步设计的批复》;1982年3月,国家计委《关于京杭运河(济宁至杭州段)续建工程使用岸线的批复》(计交〔1982〕171号)。

项目整治航道里程为71.69千米,航道建设等级为二级,航道设计尺度为宽度60米、水深4米。设计代表船队:1顶2×2000吨级驳船船队,其驳船尺度为75米×14米×(2.6~2.8)米,船队为185米×14米。航道设计通航保证率95%。

项目疏浚土方共计812万立方米。对21千米航道的护岸进行新建,并对已建护坡进行维修加固,完成涵洞及护坡块石10.8万立方米。项目总投资3636万元。

(2)项目建设实施情况

项目建设单位为徐州市京杭运河续建工程指挥部;设计单位为江苏省水利勘测设计院。

该工程主体土方工程于1984年1月10日基本完成,江苏省人民政府受交通部委托,于1984年1月11—15日进行了现场检查验收。航道施工不牢河工程由徐州市京杭运河不牢河工程指挥部负责,组织动员丰县、沛县、铜山、睢宁、邳县5个县民工21.3万人,于1983年11月3日开始打坝排水,筑截流坝2处,支河上截流小坝24处,土方计16万立方米。主体工程于11月27日全线动工。施工采用人工挑抬与平车运土、拖拉机运土,以及动力拉坡相结合的方法,各种运土机具,计有汽车105辆、大中型拖拉机355辆、手扶拖拉机1.31万辆、平车4.32万辆,计完成主体工程土方,连同解台、刘山一线船闸的引航道和万寨、双楼、孟家沟港池计土石方812万立方米。1984年1月15日组织竣工验收,2月1日拆大王庙坝,2月11日起恢复通航。

3.京杭运河徐州至扬州段续建工程——高邮临城段航道拓浚项目

(1)项目概况

项目于1984年10月开工建设,1985年5月试运行,1985年12月竣工。

项目建设依据:1982年3月,国家计委《关于京杭运河(济宁至杭州段)续建工程计划任务书的批复》(计交〔1982〕171号);1984年2月,交通部《关于京杭运河(济宁至杭州)续建工程初步设计的批复》(交基字〔1984〕204号);1982年3月,国家计委《关于京杭运河(济宁至杭州段)续建工程使用岸线的批复》(计交〔1982〕171号)。

项目整治航道里程为4千米,航道建设等级为二级,航道设计尺度为宽度70米、水深

4 米、最小弯曲半径 800 米,边坡 1∶5。设计代表船队∶1 顶 2×2000 吨级驳船船队,其驳船尺度为 75 米×14 米×(2.6～2.8)米,船队为 185 米×14 米。航道设计通航保证率 95%。项目总投资 1020 万元。

(2)项目建设实施情况

项目建设单位为高邮县京杭运河续建工程指挥部;设计单位为扬州市水利勘测设计院。

1985 年 12 月上旬,除正在施工的水下土方(尚余约 2 万立方米)、堤顶公路路面恢复及绿化工作外,其他绝大部分工程已经完成。共完成土方 99.6 万立方米(其中∶人工开挖 71.8 万立方米,机挖水下方 27.8 万立方米),浆砌块石 2.7 万立方米;混凝土及钢筋混凝土 1627 立方米。1985 年 12 月下旬,江苏省人民政府主持竣工验收。验收前扬州市指挥部测量队先对已完成的竣工断面及平面控制进行检验,均符合设计要求;竣工验收时,又进行抽测,检查了隐蔽工程验收记录。验收结果∶堤身、堤高、边坡和还土干容重、航道底高、底宽、弯和弯曲半径均达到设计标准;块石护坡局部厚度不足,要求灌浆补救。对该工程总体评价为∶工程设计经济合理,施工质量优良,达到设计标准,有关政策、财务制度执行较好,工程档案基本齐全,一致同意验收。在验收后共完成绿化面积 180 亩,植树 2.6 万株,水下方及公路路面恢复亦相继完成,通过了扬州市指挥部组织的验收。

4. 京杭运河徐州至扬州段续建工程——淮泗段疏浚项目

(1)项目概况

项目于 1984 年 11 月开工建设,1985 年 1 月竣工。

项目建设依据∶1983 年 12 月,国家计委《关于京杭运河徐州至扬州段续建工程可行性研究报告的批复》(计鉴〔1983〕1823 号);1984 年 2 月,交通部《关于京杭运河徐州至扬州段续建工程初步设计的批复》(交基字〔1984〕204 号)。

项目整治航道里程为 31.63 千米,航道建设等级为二级,航道设计尺度为宽度 60 米、水深 4 米、最小弯曲半径 800 米、边坡 1∶3。设计代表船队及尺度∶1 顶 2×2000 吨级驳船船队,其驳船尺度为 75 米×14 米×(2.6～2.8)米,船队为 185 米×14 米。航道设计通航保证率 95%。

项目疏浚 31.63 千米航道,疏浚土方共计 582.11 万立方米。对 57.6 千米航道的护岸进行新建,并检修原有护坡。项目总投资 2789 万元。

(2)项目建设实施情况

项目建设单位为淮阴市京杭运河航道疏浚工程指挥部;设计单位为淮阴市水利设计院;施工单位为安徽水利疏浚公司。

江苏省政府于 1985 年 1 月 10 日主持了淮泗段航道土方工程竣工验收,认为工程进度快、质量优良,同意验收。验收委员会对工程存在的问题提出处理意见,于 1986 年 6 月前处理完毕，由淮阴市京杭运河续建工程指挥部主持通过竣工验收。

为避免洪泽湖水情变化影响，淮泗段分为二段、二次和两种方法施工。下游二河口至淮阴一线船闸上游引航道长 1.81 千米，因有二河、大运河、盐河、淮沭河和废黄河等河在此交汇，导流断航影响大，故采用机船开挖，正项土方 16.64 万立方米、杂项土方 8.97 万立方米，工程投资 109.26 万元，由安徽水利疏浚公司 200 方时绞吸式挖泥船一条和江苏省运河航闸管理处疏浚队 80 方时绞吸式挖泥船一条参加施工，于 1988 年 8 月底开工。

泗阳一线船闸下游至二河口，全长 30.12 千米。设计中心线 29.82 千米，正项土方 451.3 万立方米、杂项土方 1052 万立方米。由淮阴市组织泗阳、泗洪等 7 个县（区）民工十余万人开挖土方，于 1984 年 11 月 15 日全面开工，奋战 43 天，土方工程于 12 月 27 日基本完成，1985 年 1 月 10 日竣工验收，1 月 20 日恢复通航。

按照国务院调查组对徐扬段工程总投资和 1990 年前工程规模的调整变更，淮泗段本期工程先按三级航道标准实施，采用机船拓浚底宽至 50 米、最小水深达 3.2 米、最小弯曲半径 800 米，今后再挖足二级航道标准。根据一期工程施工资料和二期工程地质资料，河底有砂姜浅滩，石工钳口坝以及进行试挖发现工效很低的情况，江苏省指挥部做了进一步调查研究，认为分两期疏浚达到二级航道标准虽可以缓和投资紧张的矛盾，但在总体设计所估算的土方 202 万立方米中，136 万立方米系水下开挖土方，占三分之二，机船在浅窄道内施工工程量大，工效又低，需几年时间碍航，如果机船布锚较密，实际上将造成停机通航、开机停航的局面。而且分期挖土对沿线块石护坡的干扰很大，如不及时护砌，将造成冲刷淤积。经分析比较，一次作人工挖足二级航道标准需增加土方量 265.5 万立方米，估计增加经费 1012.57 万元，但可节省第二次开挖时需拆除、重砌护坡和打拆坝、排水等费用，避免断航损失，绿化好的滩地、河堤也可免受破坏，因此一次开挖成二级航道是合理的。经报请江苏省政府和交通部同意，决定在总包干经费内，调度 1000 万元，改按二级航道标准一次实施，底高程为 6.5 米，边坡为 1:3，弯道半径不小于 800 米，两反弯之间保留一个船队的直线段长度，人工施工段增做航道护坡 57.6 千米，上限高程 11.5 米，下限 10.0 米，块石层厚 0.3 米，下设 0.1 米的碎石垫层，堤防险段增高至高程 15～16 米，并检修原有护坡。

（3）科技创新成果及获奖情况

①航道中心线在施工设计中进行调整，淮阴水利设计室依据弯曲半径不小于 800 米、反弯通之同直线段不小于 190 米的设计要求，逐段计算主弯曲半径，同时尽量消除次生弯道。调整航道中心线的具体做法是把平面地形图与断面测量图相对照，量取各断面的设计中心点坐标，以最小二乘方原理进行双变量回归计算，建立直线和圆曲线方程，再用电子计算机进行解析计算，求解合理的中心点坐标，列出偏离线性的点据，绘制出调整后的中心主弯道和 28 处次生弯道中，原有 5 处主弯道和 22 处次生弯道的弯曲半径不足 800 米，均得满意的修正，弯曲半径达到 800 米的要求。经过细致的工作，保证了工程质量，减

少正项土方 202 万立方米,节省投资 7426 万元。

②修改航道边坡,减少切滩土方。初步设计有 4 段航道共长 7.26 千米,须采取加平(高程 11.5 米处设 8~10 米宽平台)、放缓边坡等措施。土方工作量较大,参照原有土质资料,用 DS-130 电子计算机,利用优选法电算程序(瑞典法),假设在河床降水前抽干堤坡背面的沟塘积水,使土体内保持正常地下水位,与施工期河床无水为组合条件,进行多方案边坡稳定计算,经复算 10 个断面,每个断面试算 3~5 种形式,获得了有效的成果。切滩放缓坡的河段减少为 3 段,其中二段仅需在高程 11.5 米处变坡(即 11.5 米以上 1:5,以下 1:3),另一段在高程 11.5 米处留 5 米宽平台(平台以上 1:5,以下 1:3),修改后减少正项土方 16.6 万立方米,节约投资 55.74 万元。

5. 京杭运河徐州至扬州段续建工程——零星浅窄段拓浚工程(大王庙至民便河段)

(1)项目概况

项目于 1985 年 10 月开工建设,1988 年 8 月竣工。

项目建设依据:1982 年 3 月,国家计委《关于京杭运河(济宁至杭州段)续建工程计划任务书的批复》(计交[1982]171 号);1982 年 4 月,交通部《关于京杭运河(济宁至杭州)续建工程初步设计的批复》(交计字[1982]791 号);1982 年 3 月,国家计委《关于京杭运河(济宁至杭州段)续建工程使用岸线的批复》(计交[1982]171 号)。

项目整治航道里程为 38.6 千米,航道建设等级为三级,航道设计尺度为宽度 50 米、水深 3.2 米、最小弯曲半径 800 米。设计代表船队为 1 顶 2×2000 吨级驳船船队,其驳船尺度为 75 米×14 米×(2.6~2.8)米,船队为 185 米×14 米。航道设计通航保证率 95%。

项目疏浚土方共计 334.5 万立方米。总投资 1224.91 万元。

(2)项目建设实施情况

项目建设单位为徐州市政府;设计单位为上海航道局设计研究所、徐州市水利规划设计室和南京三利科技服务公司;施工单位为上海航道局、长江航道局武汉分局、上海航道局南京分局、安徽省水利机械疏浚公司、葛洲坝工程局砂石分局、高邮疏浚队、盐城疏浚队。

工程质量经徐州市指挥部检测,总测航道断面 238 个,底宽皆大于 50 米,超过 60 米的占断面总数的 55.4%,总测点 5250 个,有 0.1 米以内浅点 12 个,合格率为 99.77%。徐州市指挥部于 1988 年 8 月组织竣工验收,工程质量评定为优良。工程完成正项土方 254.7 万立方米、杂项土方 80 万立方米。

6. 京杭运河徐州至扬州段续建工程——零星浅窄段拓浚项目(皂河至泗阳段、淮阴至淮安段)

(1)项目概况

项目于 1985 年 10 月开工建设,1988 年 6 月竣工。

项目建设依据:1982 年 3 月,国家计委《关于京杭运河(济宁至杭州段)续建工程计划任务书的批复》（计交〔1982〕171 号）；1984 年 5 月，国家计委《关于京杭运河（济宁至杭州）续建工程初步设计的批复》（计鉴〔1984〕803 号）；1982 年 3 月，国家计委《关于京杭运河（济宁至杭州段）续建工程使用岸线的批复》（计交〔1982〕171 号）。

项目整治航道里程为 18.52 千米，航道建设等级为三级，航道设计尺度为宽度 50 米、水深 3.2 米、最小弯曲半径 800.0 米。设计代表船队：1 顶 2×2000 吨级驳船船队，其驳船尺度为 75 米×14 米×(2.6～2.8)米，船队为 185 米×14 米。航道设计通航保证率 95%。

项目疏浚土方共计 75.87 万立方米。总投资 5321.81 万元。

（2）项目建设实施情况

项目建设单位为淮阴市政府；设计单位为淮阴市水利勘测设计院；施工单位为江苏省运河航闸处疏浚队。

淮阴市京杭运河续建工程指挥部于 1988 年 6 月组织竣工验收。总测航道断面 350 个，总测点 2220 个，其中有 0.1 米以内浅点 28 个，合格率为 98.7%，底宽皆大于 50 米，工程质量评定为优良。皂河船闸上下游需待皂河复线船闸投产后始能施工。尚有计划新建的淮阴公路桥处 600 米约 2 万立方米土方，确定桥墩建成后由建桥工程处实施。

（3）项目投产后的运营情况

1988 年 12 月以前，整个续建工程边建设、边投产，已经发挥了显著的效益，运河通航保证率均在 95% 以上，1988 年徐州地区遇到罕见的多年大旱，但由于皂河抽水站的投产，水源及补水能力仍有保证。只是由于翻水费用电力十分紧张的特殊情况，刘山以上尤其是解台以上，有过短时间补水不足的情况，使航运水位下跌。航运在运河上的船只虽然船型复杂，航行比较混乱，运河通航的潜在能力远没有发挥出来，但 1987 年的运量，十级船闸合计，总过船吨位已达 2.21 亿吨，货运量已达到 1.4 亿吨，分别比 1982 年增长了 109.9% 和 114.5%。其中北煤南运 1987 年已达到 880 万吨，比 1982 年增长 104.7%。通过运河续建，还增强了江水北调徐淮的能力，改善了灌溉、排涝的条件，保证了沿线工矿企业和徐州铁路枢纽的水源供给。1987 年和 1988 年连续两年徐州遇到少有的大旱，仍然保证了不牢河沿线大面积的水稻种植，水稻种植面积一直稳定在 200 万亩以上。徐州人民称京杭运河是他们的"生命线"，在工程实施过程中，还充分注意建设的综合效益，完善水利枢纽建设，结合环境保护、消灭钉螺，做到一钱多用、一土多用，河成 2172 亩，结合造地 3635 亩，工程的社会效益十分显著。

7. 京杭运河徐扬段续建二期工程——淮安船闸至淮阴船闸段整治工程项目

（1）项目概况

项目于 2004 年 2 月开工建设，2009 年 11 月试运行，2010 年 1 月竣工。

项目建设依据：2002 年 11 月，江苏省发展计划委员会《关于京杭运河（徐扬段）航道整治续建二期工程可行性研究报告（含项目建议书）的批复》（苏计基础发〔2002〕1332

号）;2006 年 6 月,江苏省发展和改革委员会《关于京杭运河徐扬段航道整治续建二期工程初步设计的批复》(苏发改交能发〔2006〕651 号);2002 年 8 月,江苏省环保厅《关于对京杭运河徐扬段航道续建二期工程环境影响报告书的批复》(苏环管〔2002〕88 号);2004 年 10 月,江苏省国土资源厅《关于京杭运河(徐扬段)航道续建二期工程建设用地的批复》(苏国土资函〔2004〕549 号)。

项目整治航道里程为 22.22 千米,航道建设等级为二级,航道设计尺度为宽度 70 米、水深 4 米、最小弯曲半径 800 米。设计代表船队:1 顶 2×2000 吨级船队,尺度为推轮 25.5 米×10.4 米×2.25 米,驳船 67.5 米×15.6 米×2.8 米,船队 160.5 米×15.6 米× 2.8 米。航道设计通航保证率 95%。

项目疏浚土方共计 673.1 万立方米。对 21.5 千米航道的护岸进行新建,改建码头 2.64 千米(含建设预留码头岸线 1.01 千米),软基处理 13.8 千米。全段航道共设置航标 3 座,按 X 类航标配布,标志标牌制作安装 61 块。设置待闸停泊锚地 3 个(总面积 9.12 万平方米)、待港停泊锚地 1 个(面积 1.7 万平方米)。项目总投资 3.22 亿元,资金来源为江苏省交通厅航道局年度航道养护专项工程经费。

(2)项目建设实施情况

项目建设单位为淮安市京杭运河两淮段整治工程建设办公室;设计单位为江苏省交通规划设计院、淮安市园林设计研究院;施工单位为镇江市港航工程公司、苏州大通工程建设有限公司、江苏淮安京杭航务工程有限公司等;监理单位为徐州市交通工程咨询监理有限公司、江苏农垦工程建设监理有限公司;质监单位为江苏省交通厅工程质量监督站。

项目在试运行期间增建了运河两淮段航道水上服务区、苏北处寄泊区道路等配套工程。水上服务区项目于 2009 年 6 月 25 日通过交工质量鉴定,2009 年 7 月 2 日通过交工验收,工程质量优良。2009 年 7 月通过江苏省档案局组织的项目档案专项验收,2009 年 8 月通过竣工决算审计,2010 年 1 月通过江苏省交通运输厅航道局组织的竣工验收,项目总体运行情况良好,运行状况正常,技术性能可靠。

(3)项目投产后的运营情况

两淮段航道整治升级后,通航条件得到极大改善,航道功能进一步完善,航道单向通过量由 5000 万吨提高到 8000 万吨。经统计,2006 年货物通过量为 7958 万吨,到 2008 年达 1.06 亿吨。船舶航行速度提高近 30%,吨公里油耗降低约 20%,节能减排效果十分明显;而生态型护岸工程开发性地保护了原生态,沿线环境得到改善,达到了堤固、水清、流畅、岸绿、景美、生态的整治目标。

8.京杭运河徐扬段续建二期工程——壁虎河口段整治工程项目

(1)项目概况

项目于 2004 年 12 月开工建设,2006 年 1 月试运行,2009 年 4 月竣工。

项目建设依据:2002 年 11 月,江苏省发展计划委员会《关于京杭运河(徐扬段)航道整治续建二期工程可行性研究报告(含项目建议书)的批复》(苏计基础发〔2002〕1332号);2004 年 6 月,江苏省交通厅《关于京杭运河(徐扬段)续建二期工程壁虎河口段整治工程初步设计的批复》(苏交计〔2004〕82 号);2002 年 8 月,江苏省环保厅《关于对京杭运河徐扬段航道续建二期工程环境影响报告书的批复》(苏环管〔2002〕88 号);2004 年 10月,江苏省国土资源厅《关于京杭运河(徐扬段)航道续建二期工程建设用地的批复》(苏国土资函〔2004〕549 号)。

项目整治航道里程为 3.13 千米,航道建设等级为二级,航道设计尺度为宽度 70 米、水深 4 米、最小弯曲半径 800 米。设计代表船队:1 顶 2×2000 吨级船队,尺度为推轮25.5 米×10.4 米×2.25 米,驳船 67.5 米×15.6 米×2.8 米,船队 160.5 米×15.6 米×2.8 米。航道设计通航保证率 95%。

项目疏浚 3.13 千米航道,疏浚土方共计 130.5 万立方米。新建 1.73 千米航道的护岸、1.49 千米的护坡、1 座工作船码头,改建 1 座横流标、1 座示位标灯塔及码头。项目总投资 6607.14 万元,资金来源为江苏省政府投入资金、航道局拨出银行贷款。

(2)项目建设实施情况

项目建设单位为京杭运河续建工程扬州段工程办公室;设计单位为江苏省交通规划设计院有限公司;施工单位为山东省筑港工程总公司、泰州市海通航务工程有限公司;监理单位为江苏科兴工程建设监理有限公司;质监单位为江苏省交通厅工程质量监督站。

该段航道整治工程共划分 JHBHHK-1、JHBHHK-2、JHBHHK-3 三个标段实施,在项目工程实施过程中因各种情况分别进行以下部分设计变更。

①茱萸湾公园侧的护岸线形调整。根据茱萸湾公园生态规划要求,原护岸设计线形过于顺直,改变了公园原有岸线微弯的特点,产生了明显人工斧凿的效果,与公园总体规划不协调。为此,根据建设方的要求对茱萸湾公园一侧的二级挡墙线形进行了调整,增加折点并用不同半径的圆弧过渡,使二级挡墙岸线顺坡微弯,与公园内岸坡相协调。

②茱萸湾公园侧的护岸二级挡墙结构变更。原设计的二级挡墙采用 C15 细石混凝土灌砌块石结构,虽满足航道护岸的要求但与公园景观不太协调,美化效果欠佳。后修改该段二级挡墙结构设计,采用与原生态护岸相近的自嵌式加筋挡土墙,并选用与公园相融合的城堡色彩的面砖。

③文物保护。在茱萸湾公园游船码头南侧护岸施工中发现一口宋代古井,为便于该古井的保护,对该处的二级挡墙结构进行变更设计,在古井的南北两侧各让开 10 米,为古井保护留下空间。

④对被撞坏的局部一级挡墙进行加固变更。针对靠近壁虎河口的红星岛头部运河护岸段有 100 多米长的挡墙因在汛期被船舶撞击而损坏的情况,根据其结构受力特点进行

分析研究,并提出了加固处理方案。

壁虎河口段航道整治各标段工程项目实施情况分述如下:JHBHHK-1 工程施工范围为 1K+718.0~2K+090.8(壁虎河口右岸)、1K+718.0~3K+130.3(京杭运河左岸)。工作内容主要包括新建驳岸 1734 延米,新建工作船码头 60 米、游船码头 40 米各 1 座,壁虎河口(圆弧段)新增驳岸加固工程 110 米,附属工程航标示位标灯塔 1 座、绿化工程(其中茱萸湾河岸段为 1720 米、山河岛京杭运河侧段为 1500 米)等。驳岸采用二级挡墙形式,一级挡墙为直立式灌砌块石结构 1734.0 米,二级挡墙为自嵌块叠砌挡土墙(变更)1688.0 米,一级墙前袋装水泥土护坡。该标段工程于 2004 年 12 月 22 日正式开工,2005 年 4 月 22 日一级挡墙完工,2005 年 6 月 15 日二级挡墙完工,2005 年 6 月 20 日工作码头完工;航标灯塔于 2005 年 7 月 14 日开工,2005 年 12 月 24 日完工;2005 年 10 月 24 日变更增加的公园圆弧段护岸加固工程于 2005 年 11 月 3 日开工,2005 年 12 月 27 日完工。

JHBHHK-2 工程施工范围为 0K+218.7~2K+090.8,长 1494.0 米。工程内容为水上土方开挖 84 万立方米(其中 34 万立方米土方山河岛堆积,50 万立方米土方外运至长江夹江滨),浆灌砌块石护坡约 1494 延米,225 米抛石护坡经变更后取消。该标段工程于 2005 年 1 月 11 日正式开工,2005 年 6 月 29 日完工。

JHBHHK-3 工程施工范围为京杭运河 0+000~3K+130.3 段长 3.13 千米航道中心线以左范围内的航道疏浚工程(包括 JHBHHK-2 合同段留剩的围堰土方)、壁虎河口航段 1K+720.9~2K+090.8 范围内的航道疏浚工程,水下疏浚土方工程量 32 万立方米。该标段工程于 2005 年 4 月 20 日开工,2005 年 12 月 25 日完工,实施完成疏浚土方工程量 46.5 万立方米,其中建筑垃圾抓运长江的工程量为 10.8 万立方米,水下土方疏浚工程量为 35.7 万立方米。由于工程实施过程中壁虎河口段水下存在较厚的建筑垃圾而调整施工方案及历史罕见的汛期影响(99 天),导致该标段工程工期延误。

9. 京杭运河徐扬段续建二期工程——高邮至邵伯船闸段整治工程项目

(1)项目概况

项目于 2006 年 7 月开工建设,2009 年 10 月试运行,2009 年 12 月竣工。

项目建设依据:2002 年 11 月 28 日,江苏省发展计划委员会《关于京杭运河(徐扬段)航道整治续建二期工程可行性研究报告(含项目建议书)的批复》(苏计基础发〔2002〕1332 号);2006 年 6 月,江苏省发展和改革委员会《关于京杭运河徐扬段航道整治续建二期工程初步设计的批复》(苏发改交能发〔2006〕651 号);2002 年 8 月,江苏省环保厅《关于对京杭运河徐扬段航道续建二期工程环境影响报告书的批复》(苏环管〔2002〕88 号);2004 年 10 月,江苏省国土资源厅《关于京杭运河(徐扬段)航道续建二期工程建设用地的批复》(苏国土资函〔2004〕549 号)。

项目整治航道里程为 31.63 千米,航道建设等级为二级,航道设计尺度为宽度 70 米、水深 4 米、最小弯曲半径 800 米。设计代表船队:1 顶 2×2000 吨级船队,尺度为推轮 25.5 米×10.4 米×2.25 米,驳船 67.5 米×15.6 米×2.8 米,船队 160.5 米×15.6 米× 2.8 米。航道设计通航保证率 95%。

项目疏浚土方共计 371 万立方米。对 16.38 千米航道的护岸进行新建,维修老驳岸 2.69 千米;新建停泊锚地 2666.11 米。项目总投资 6.2 亿元,资金来源为江苏省级政府投入资金、航道局拨出银行贷款。

(2)项目建设实施情况

项目建设单位为京杭运河续建工程扬州段工程办公室;设计单位为江苏省交通规划设计院有限公司;施工单位为江苏省水利建设工程有限公司、江苏省镇江市天顺交通工程有限公司;监理单位为江苏科兴工程建设监理有限公司;质监单位为江苏省交通厅工程质量监督站。

JH-GY-1 合同段:高邮至邵伯船闸中高邮城区段(头闸至镇国寺段:0K+000~5K+ 008)航道整治工程施工,主要工程内容为水下土方疏浚 2.2 万立方米,新建一型重力式驳岸 2645 米,二型重力式驳岸 400 米及相关临时工程的施工和保修。合同价 923.99 万元,合同工期 6 个月,自 2008 年 3 月 15 日签发开工令后开始施工。主要变更包括镇国寺岛西侧新建 300 米三型护岸;RP3~RP5 改为灌注桩加小挡墙结构;左岸琵琶洞 4K+820~ 4K+834 改为木桩基础加小挡墙结构;港务码头等处新增绿化景观设计等。GY-1 合同段于 2008 年 3 月 15 日正式动工,12 月 16 日陆上工程全部结束,水下疏浚于 2008 年 10 月 24 日完成检测,基本按期完成。

JH-GYXDD 合同段:本合同段为京杭运河徐扬段续建二期工程高邮先导段,镇国寺至界牌河段 4K+976~18K+870,长约 13.89 千米。主要工程内容为水下土方疏浚工程及相关临时工程的施工,疏浚土方 54.9(54.2)万立方米。合同价 1070.69 万元,合同工期 8 个月,自 2006 年 7 月 26 日签发开工令后开始施工。该标段工程施工前期一度因为弃土区征地困难处于停工状态,在业主和监理部门的协调下,2006 年 9 月上旬征地工作才得以完成。工程于 2006 年 9 月 13 日正式开始航道疏浚,排泥场围堰也相继完成,经过 8 个月的建设,工程于 2007 年 5 月 25 日完工。2007 年 6 月中旬通过江苏省质监站的质量交工质量鉴定。

JH-JD-1 合同段:界牌河至邵伯船闸段 18K+870~31K+627,长约 12.76 千米。主要工程内容为水下土方疏浚工程及相关临时工程的施工,疏浚土方 25.5 万立方米。合同价 519.19 万元,合同工期 7 个月,自 2007 年 5 月 24 日签发开工令后开始施工。该段运河防洪标准为 100 年一遇,运河东、西堤堤防工程等级为一级,由于该标段运河江都段西堤外侧为邵伯湖,且西堤基础土质为淤泥质土,为保证运河江都段西堤的安全,根据扬工办

[2007]117号文件要求,该标段将设计航道中心线向东调整变更。设计航道中心线向东调整 CS512~CS543 中埂切降至高程 4.0 米;拐点 IP06 处的弯道内侧河底加宽 25 米。

在工程实施过程中,由于该段运河航道两侧为一级防洪大堤,为确保防洪大堤的安全,水利部门要求在工程正式开工前对航道两侧的一级防洪大堤进行安全评估,由于洪评该工程施工只能暂停。到 2007 年 5 月 24 日按业主的通知,洪评通过后可以正式施工,施工单位及时对施工工期进行重新调整,6 月中旬对部分弃土区围堰进行加固,月底进行水下土方试开挖。在 9 月水下土方开挖中发现大量块石、木桩、砖块等水下障碍,数量较大,且块石单个体积大,部分木桩较粗,直径达 40 厘米,水下清障难度大,施工进度严重受阻,在原有疏浚设备基础上于 9 月 10 日增添了 2 艘挖泥船、5 艘泥驳船、1 艘吹泥船及 30 名施工人员参与 9 月的突击施工。12 月 1—10 日完成对堆放于 CS530~CS532 断面渣土的处理和块石上岸。

该标段工程调整后的合同工期从 2007 年 5 月 25 日至 2007 年 12 月 25 日,实际完工时间为 2007 年 11 月 15 日,2007 年 12 月 24 日通过江苏省交通厅工程质量监督站质量验收,质量等级为优良。

10. 京杭运河徐扬段续建二期工程——槐泗河口至施桥船闸段整治工程项目

(1)项目概况

项目于 2006 年 7 月开工建设,2008 年 12 月竣工。

项目建设依据:2002 年 11 月,江苏省发展计划委员会《关于京杭运河(徐扬段)航道整治续建二期工程可行性研究报告(含项目建议书)的批复》(苏计基础发[2002]1332号);2006 年 6 月,江苏省发展和改革委员会《关于京杭运河徐扬段航道整治续建二期工程初步设计的批复》(苏发改交能发[2006]651 号);2002 年 8 月,江苏省环保厅《关于对京杭运河徐扬段航道续建二期工程环境影响报告书的批复》(苏环管[2002]88 号);2004年 10 月,江苏省国土资源厅《关于对京杭运河(徐扬段)航道续建二期工程建设用地的预审意见》(苏国土资函[2004]549 号)。

项目整治航道里程为 13.08 千米,航道建设等级为二级,航道设计尺度为宽度 70 米、水深 4 米、最小弯曲半径 800 米。设计代表船队:1 顶 2×2000 吨级船队,尺度为推轮 25.5 米×10.4 米×2.25 米,驳船 67.5 米×15.6 米×2.8 米,船队 160.5 米×15.6 米×2.8 米。航道设计通航保证率 95%。

项目疏浚土方共计 472.7 万立方米。其中,槐泗河口至江阳大桥段、扬州大桥至施桥船闸段,两段长共计 10.62 千米。槐泗河口至江阳大桥段,该段设计开挖土方 410.9 万立方米,其中水上方 179.9 万立方米、水下方 231 万立方米;江阳大桥至扬州大桥段,该段设计全线开挖土方 61.8 万立方米,其中水上方 22.6 万立方米、水下方 39.2 万立方米。槐泗河口至江阳大桥段、扬州大桥至施桥船闸段,新建夹石混凝土重力式驳岸 7501 米(一级驳岸），浆砌块石重力式＋装饰块嵌面驳岸 3144 米（二级驳岸），生态混凝土护坡 2.43 万平方米，停泊锚地（浆砌块石重力式驳岸＋混凝土衬砌）3.31 千米，老驳岸加固 535 米；江阳大桥至扬州大桥段，建夹石混凝土重力式驳岸 3.42 千米，浆砌块石重力式驳岸 2.08 千米，护坡 2996 平方米，踏步 8 座，老驳岸加固 863 米。项目总投资 233.92 万元，资金来源为江苏省政府投入资金、航道局拨出银行贷款。

（2）项目建设实施情况

项目建设单位为京杭运河续建工程扬州段工程办公室；设计单位为江苏省交通规划设计院有限公司；施工单位为长江南京航道工程局、南通市航务工程有限公司、泰州市海通航务有限公司等；监理单位为江苏科兴工程建设监理有限公司；质监单位为江苏省交通厅工程质量监督站。

11.京杭运河徐扬段续建二期工程——大王庙至皂河船闸段整治工程项目

（1）项目概况

项目于 2007 年 6 月开工建设，2012 年 10 月试运行，2012 年 11 月竣工。

项目建设依据：2002 年 11 月，江苏省发展计划委员会《关于京杭运河（徐扬段）航道整治续建二期工程可行性研究报告（含项目建议书）的批复》（苏计基础发〔2002〕1332 号）；2006 年 6 月，江苏省发展和改革委员会《关于京杭运河徐扬段航道整治续建二期工程初步设计的批复》（苏发改交能发〔2006〕651 号）；2002 年 8 月，江苏省环保厅《关于对京杭运河徐扬段航道续建二期工程环境影响报告书的批复》（苏环管〔2002〕88 号）；2004 年 10 月，江苏省国土资源厅《关于对京杭运河（徐扬段）航道续建二期工程建设用地的预审意见》（苏国土资函〔2004〕549 号）。

项目整治航道里程为 48.05 千米（其中大王庙至窑湾段 37.8 千米、窑湾至皂河船闸段 10.25 千米），航道建设等级为二级，航道设计尺度为宽度 70 米、水深 4 米、最小弯曲半径 800 米。设计代表船队：1 顶 2×2000 吨级船队，尺度为推轮 25.5 米×10.4 米×2.25 米，驳船 67.5 米×15.6 米×2.8 米，船队 160.5 米×15.6 米×2.8 米。航道设计通航保证率 95%。

项目疏浚 48.05 千米航道，疏浚土方共计 115.9 万立方米，其中：邳州锚地水下疏浚土方 26.4 万立方米，徐塘节制闸水下疏浚土方 2 万立方米，房亭河至窑湾段航道疏浚工程完成疏浚水下土方 54.5 万立方米，窑湾至皂河船闸段航道整治工程开挖疏浚土方 33 万立方米。新建 400 米航道的护岸，结构形式为扶壁式。项目总投资 3.43 亿元（其中徐州段 3.22 亿元，宿迁段 2105.99 万元），资金来源为江苏省政府投入资金、航道局拨出银行贷款。

（2）项目建设实施情况

项目建设单位为京杭运河徐州段续建二期工程建设管理处；设计单位为江苏省交通

规划设计院有限公司、中交第二航务工程勘察设计院有限公司；施工单位为山东省济宁市航运管理局港航工程处、江苏海通建设工程有限公司、南通市航务工程有限公司；监理单位为徐州市交通工程咨询监理有限公司、江苏智科交通工程咨询监理有限公司；质监单位为江苏省交通厅工程质量监督站。

建设期间的重大事项：

①邳州锚地工程于 2009 年 4 月开工建设，2009 年 12 月完工。

②徐塘节制闸项目于 2009 年 4 月开工建设，2009 年 11 月 17 日 15 时对京杭运河邳州航段徐塘节制闸实施水下爆破拆除施工，拆除混凝土底板 142×97 平方米，2009 年 12 月完工。

③房亭河至窑湾段航道疏浚工程于 2007 年 6 月开工建设，2008 年 6 月完工。2008 年 7 月 10 日通过江苏省交通运输厅航道局组织的交工验收和质量鉴定，工程质量优良。

④窑湾至皂河船闸段航道整治工程于 2008 年 5 月 1 日开工建设，2008 年 9 月 15 日完工。

邳州水上服务区码头项目工程于 2011 年 11 月 8 日开工建设，2012 年 10 月 18 日完工，2012 年 11 月 13 日通过交工验收。完成扶壁式护岸 400 米、港池疏浚 41.7 万立方米、场地回填长 598.6 米（平均宽度 70 米）等，工程质量合格。邳州水上服务区房屋建筑工程等二期项目于 2012 年 8 月 30 日签订工程施工合同，2012 年 9 月中旬开工建设。

12. 京杭运河徐扬段续建二期工程——标志标牌与船艇建造项目

（1）项目概况

项目于 2008 年 7 月开工建设，2009 年 9 月建成试运行，2010 年 10 月竣工验收。

项目建设依据：2002 年 11 月，江苏省发展计划委员会《关于京杭运河（徐扬段）航道整治续建二期工程可行性研究报告（含项目建议书）的批复》（苏计基础发〔2002〕1332 号）；2006 年 6 月，江苏省发展和改革委员会《关于京杭运河徐扬段航道整治续建二期工程初步设计的批复》（苏发改交能发〔2006〕651 号）；2010 年 12 月，江苏省发展和改革委员会《关于京杭运河徐扬段航道整治续建二期工程调整初步设计的批复》（苏发改基础发〔2010〕1663 号）；2002 年 8 月，江苏省环保厅《关于对京杭运河徐扬段航道续建二期工程环境影响报告书的批复》（苏环管〔2002〕88 号）；2004 年 10 月，江苏省国土资源厅《关于对京杭运河（徐扬段）航道续建二期工程建设用地的预审意见》（苏国土资函〔2004〕549 号）。

标志工程项目主要内容为航标的改造及新建，包括侧面标、左右通航标、示位标、横流标等各类航标制作与安装及基础工程施工，共改建、增设航标 70 座。标牌工程项目主要内容为新建标牌施工，包括指向牌、地点距离牌、地名牌、提示牌、宣传牌和里程牌，另外扬州二级驳岸段设 28 个反光膜柱，共七大类，各类标牌共 648 块。累计完成投资 731.1 万元。主塔主结构为钢框架体系，灯塔高 66.9 米。船艇建造工程：新建管理艇 9 艘，其中 5 艘 17

米排挡艇、3 艘 17 米航政艇、1 艘 22 米航标艇。总投资 5577.04 万元,其中标志标牌 3782.92 万元、船艇建造1794.12 万元。

(2)项目建设实施情况

项目建设单位为京杭运河江苏省交通运输厅苏北航务管理处。

标志标牌工程:设计单位为江苏省交通规划设计院有限公司;施工单位为湖南航务工程公司、江苏三友交通设施有限公司;监理单位为江苏省京杭运河交通工程咨询监理有限公司;质监单位为江苏省交通运输厅工程质量监督局。

船艇建造工程:设计单位为江苏海艺船舶科技有限公司、江苏船舶设计研究所有限公司;建造单位为常州交运集团有限公司常州船厂、江苏通洋船舶有限公司;监理单位为江苏省京杭运河交通工程咨询监理有限公司。

(3)科技创新成果及获奖情况

2011 年建设单位与湖北省蓝宇航标器材有限公司进行共同构思和设计制造,创造出多功能航标灯座式太阳能电源补充装置,与免维护智能化航标灯配套使用,形成了新一代一体化免维护智能化航标灯。全线 13 座横流标都安装了一体化免维护智能化航标灯,实现了航标遥控遥测。

(4)项目投产后的运营情况

京杭运河徐扬段续建二期工程标志标牌工程的实施,改善了京杭运河航道基础设施,完善了航道服务水平,建成了与经济发展相适应、结构合理一、系统完善、技术先进、保障有力的内河现代化助航标志体系,为过往船舶提供优质、高效的服务,提升了航道管理形象。同时也减轻了航道管理人员劳动强度,节约了标志标牌维护成本。标志标牌工程标体采用热镀锌外贴反光膜,灯器采用免维护航标灯加接遥测装置,改变了航标维护方式,降低了标志标牌人工维护强度,不需要进行一年一次标志标牌油漆,航标由人工定期现场检查的维护方式转为每天进行定期遥测,降低了日常维护成本,实现航标现代化管理,提高维护水平和工作效率,为实现航道现代化、数字化奠定了基础。

13.京杭运河徐扬段续建二期工程——信息化工程

(1)项目概况

项目于 2008 年 7 月开工建设,2009 年 9 月试运行,2010 年 10 月竣工。

项目建设依据:2002 年 11 月,江苏省发展计划委员会《关于京杭运河(徐扬段)航道整治续建二期工程可行性研究报告(含项目建议书)的批复》(苏计基础发〔2002〕1332号);2006 年 6 月,江苏省发展和改革委员会《关于京杭运河徐扬段航道整治续建二期工程初步设计的批复》(苏发改交能发〔2006〕651 号);2010 年 12 月,江苏省发展和改革委员会《关于京杭运河徐扬段航道整治续建二期工程调整初步设计的批复》(苏发改基础发〔2010〕1663 号);2008 年,江苏省交通厅《关于京杭运河徐扬段续建二期工程信息化建设方案的批复》(苏交计〔2008〕79 号);2002 年 8 月,江苏省环保厅《关于对京杭运河徐扬段航道续建二期工程环境影响报告书的批复》(苏环管〔2002〕88 号);2004 年 10 月,江苏省国土资源厅《关于对京杭运河(徐扬段)航道续建二期工程建设用地的预审意见》(苏国土资函〔2004〕549 号)。

项目以京杭运河徐扬段续建二期整治"三改二"基本建设为依托,完成沿京杭运河徐扬段数据网络通信光纤专网敷设,建立相应光纤网络通信中心,建设重点航段视频监控,实现苏北运河航道、海事可视化数据共享。建设苏北运河数据中心、调度指挥中心,在完善信息安全保障体系和运营管理保障体系条件下,实现苏北运河航道数据公众信息化服务,为在苏北运河航行的船舶和管理部门提供图像、数据、信息资源服务。该项工程内容包括基础平台建设、应用系统建设、苏北运河调度指挥中心建设,工程概算总投资 6317 万元。本着"资源共享、双方互赢"的原则,南水北调江苏水源公司与苏北航务处合作合资共建运河沿线通信管道设施,并利用该通信管道连接沿线水利设施的相关信息点。

信息化系统:基础平台建设包括苏北运河光缆通信传输平台、监控调度指挥平台、电子航道图平台。应用系统建设包括苏北运河船舶 GPS 在线监控调度系统、重点航区航段视频监控系统、数据网络系统扩容升级。基础平台建设概算投资 2890 万元;应用系统建设概算投资 598 万元;信息化系统建设工程概算总投资 3488 万元(含利用原系统设备 89 万元)。

苏北运河调度指挥中心,在苏北航务管理处原办公地点西侧选址建设,新征用地 8400 平方米,占地面积 1.02 万平方米,楼高 9 层,钢筋混凝土框架结构,建筑面积 8058 平方米。调度指挥中心房建概算 2918 万元(不含调度指挥中心装修及有关办公设施等其他费用)。

(2)项目建设实施情况

项目建设单位为京杭运河江苏省交通运输厅苏北航务管理处;设计单位为江苏省交通规划设计院有限公司、江苏省第二建筑设计研究院有限责任公司淮安分公司、合肥达美装饰工程有限公司;施工单位为江苏天成建设工程有限公司、江苏地质基桩工程公司、江苏合发集团有限责任公司;监理单位为江苏万源工程咨询有限公司;质监单位为江苏省交通运输厅工程质量监督局。

信息化系统建设工程光缆通信传输平台项目于 2011 年 8 月 20 日开工建设,2012 年 9 月 20 日完工并通过江苏省交通运输厅航道局组织的交工验收。

苏北运河调度指挥中心工程于 2009 年 10 月开工,2010 年 8 月完成主体工程并通过验收,2012 年 12 月底完工并通过交工验收。

14. 京杭运河徐扬段续建二期工程——徐扬段大王庙—蔺家坝船闸段疏浚工程

（1）项目概况

项目于 2008 年 11 月开工建设，2010 年 10 月建成试运行，2010 年 11 月竣工验收。

项目建设依据：2002 年 11 月，江苏省发展计划委员会《关于京杭运河（徐扬段）航道整治续建二期工程可行性研究报告（含项目建议书）的批复》（苏计基础发〔2002〕1332 号）；2006 年 6 月，江苏省发展和改革委员会《关于京杭运河徐扬段航道整治续建二期工程初步设计的批复》（苏发改交能发〔2006〕651 号）；2010 年 12 月，江苏省发展和改革委员会《关于京杭运河徐扬段航道整治续建二期工程调整初步设计的批复》（苏发改基础发〔2010〕1663 号）；2002 年 8 月，江苏省环保厅《关于对京杭运河徐扬段航道续建二期工程环境影响报告书的批复》（苏环管〔2002〕88 号）；2004 年 10 月，江苏省国土资源厅《关于对京杭运河（徐扬段）航道续建二期工程建设用地的预审意见》（苏国土资函〔2004〕549 号）。

本次京杭运河徐扬段大王庙至蔺家坝船闸段疏浚工程设计起点位于蔺家坝船闸下游 1.7 千米处，终点在刘山船闸下游与中运河交汇处的大王庙，疏浚工程专项整治航道里程为 69.83 千米（包含解台、刘山船闸范围里程），原设计疏浚长度为 65.34 千米，完善施工图设计后疏浚长度为 65.44 千米。航道建设等级为二级；设计驳岸段航道最小口宽为 110 米、设计底宽为 60 米、航宽为 73 米，设计水深 4.0 米、最小弯曲半径 800 米。设计代表船队：1 顶 2×2000 吨级船队，尺度为推轮 25.5 米×10.4 米×2.25 米，驳船 67.5 米×15.6 米×2.8 米，船队 160.5 米×15.6 米×2.8 米。航道设计通航保证率 95%。

项目疏浚水上方 93.2 万立方米，水下方 375.2 万立方米；新建护岸长 2.24 千米，新建护坡长 8.05 千米，修复护岸长 77.3 千米，新做压顶 5.42 千米。总防护数量 93.06 千米。驳岸前沿距离航道中心线的最小距离为 55 米。护岸结构按三级水工建筑物设计，工程内容包括航道护岸修复、土方疏浚等。总投资 1.85 亿元。

（2）项目建设实施情况

项目建设单位为京杭运河江苏省交通运输厅苏北航务管理处；设计单位为江苏省交通规划设计院有限公司；施工单位为南通市航务工程有限公司、江苏海通建设工程有限公司、中交第一航务工程局有限公司；监理单位为山东省交通工程监理咨询公司。

15. 京杭运河徐扬段续建二期工程——徐州城区段综合整治交通专项整治工程项目

（1）项目概况

项目于 2009 年 4 月开工建设，2009 年 7 月建成试运行，2012 年 8 月竣工验收。

项目建设依据：2002 年 11 月，江苏省发展计划委员会《关于京杭运河（徐扬段）航道整治续建二期工程可行性研究报告（含项目建议书）的批复》（苏计基础发〔2002〕1332 号）；2006 年 6 月，江苏省发展和改革委员会《关于京杭运河徐扬段航道整治续建二期工程初步设计的批复》(苏发改交能发〔2006〕651号);2010年12月,江苏省发展和改革委员会《关于京杭运河徐扬段航道整治续建二期工程调整初步设计的批复》(苏发改基础发〔2010〕1663号);2008年6月,徐州市发展和改革委员会《关于京杭运河徐州城区段综合整治交通专项整治工程可行性研究报告的批复》(徐发改投资〔2008〕290号);2008年6月,徐州市发展和改革委员会《关于京杭运河徐州城区段综合整治交通专项整治工程初步设计的批复》(徐发改投资〔2008〕364号);2002年8月,江苏省环保厅《关于对京杭运河徐扬段航道续建二期工程环境影响报告书的批复》(苏环管〔2002〕88号);2004年10月,江苏省国土资源厅《关于对京杭运河(徐扬段)航道续建二期工程建设用地的预审意见》(苏国土资函〔2004〕549号)。

京杭运河徐州城区段综合整治交通专项整治工程的整治范围为0K+000~11K+294,整治里程共计11.29千米。该段航道按二级航道通航标准设计建设,设计驳岸段航道最小口宽100米、航道底宽60米、航宽74米,设计水深4.0米、最小弯曲半径540米。设计代表船队:1顶2×2000吨级船队,尺度为推轮25.5米×10.4米×2.25米,驳船67.5米×15.6米×2.8米,船队160.5米×15.6米×2.8米。航道设计通航保证率95%。

徐州城区段水上服务区选址于丁万河至孟家沟港区段,占地119.56亩,房屋建筑面积为3141平方米。服务区采用挖入式港池,其岸线距离京杭运河航道中心线120米,有效靠船岸线长400米左右(京杭运河岸线),管理船艇停靠岸线长130米(丁万河岸线)。工程设计范围内实际完成护岸10.99千米,其中直立式护岸2.01千米、斜坡式护岸8.98千米,累计浇筑混凝土2361立方米、砌石1.58万立方米。项目完成疏浚土方57万立方米。项目总投资1.79亿元。该工程为省市共建项目,工程费用由江苏省航道局承担,征地拆迁费用由地方政府承担。

(2)项目建设实施情况

项目建设单位为京杭运河徐州城区段综合整治交通专项整治工程建设处;设计单位为江苏省交通规划设计院有限公司;施工单位为山东省济宁市航运管理局港航工程处、南通市港航工程有限公司;江苏国港交通工程有限公司;监理单位为江苏智科交通工程咨询监理有限公司;质监单位为徐州市交通工程质量监督处。

徐州城区段交通专项整治护岸工程于2009年4月25日开工建设,2010年12月30日完工,2011年5月10日通过交工验收,工程质量合格。徐州城区段交通专项整治疏浚工程于2011年10月27日开工,2012年4月27日完工,2012年8月27日通过交工验收。徐州水上服务区工程于2012年12月开工建设,2014年4月建设完成并交付使用。

项目实施过程中的重大变更:①施工过程中,由于施工现场地形地貌及施工条件限制,对10K+886~11K+294段航道中心线弯曲半径由1800米调整为2100米。②在施工断面 CSⅡ263～CSⅡ334 断面之间,高程▽29.2～28.0 米以下,通过挖上来的岩石(以灰色、青灰色中厚层状石灰岩和泥质灰岩为主,为中风化岩)分析,为荆山山根。山根表层为松散风化岩石,山根下层为山体基岩,该段航道土质与原设计图纸提供的土质资料不符,其中岩石 4205.99 立方米,含风化岩的土方为 1 万立方米。因岩石坚硬,两岸建筑物、码头、护坡及来往船舶较多,无法实施爆破施工,工程施工难度极大。原施工方案用绞吸船,改为采用抓斗船清渣、泥驳船运输、长臂挖机卸船的施工工艺进行施工,增加了施工难度,降低了施工工效。CSⅡ263～CSⅡ311 断面河底边缘水域存在松散风化岩石和基岩,对该段内表层松散风化岩进行清除,部分河底边缘基岩高出设计河底高程 10～40 厘米(在设计航道边缘宽度约为 4～8 米)。考虑实施清除需要爆破,影响过往船舶航行安全,按照二级航道设计船型 2000 吨级船舶吃水深度为 2.9 米,富裕水深为 0.5 米,船舶安全行驶最小水深为 3.4 米,故该段基岩不清除。③该工程施工断面 CSⅡ614～CSⅡ620 断面范围内,因受国防光缆和通信光缆(CSⅡ618～CSⅡ619 处为通信光缆、中国电信通信光缆;CSⅡ615～CSⅡ617 为中国移动通信光缆、中国联通通信光缆)影响,为了确保过河光缆的安全并保证一定的安全距离,该段航道未有疏浚施工。CSⅡ499 断面的运河过河管道——北方氯碱取水管道上下游两侧各 3 米范围内未有开挖。由于这些管道在边坡处埋置较浅,且过河位置方向没有确切,为确保过河管线和线缆等的安全,该段范围内暂未进行疏浚施工。

16. 京杭运河徐扬段续建二期工程——调整项目航道疏浚项目(大王庙至宿迁段)

(1)项目概况

项目于 2011 年 7 月开工建设,2012 年 1 月建成试运行,2012 年 4 月竣工验收。

项目建设依据:2002 年 11 月,江苏省发展计划委员会《关于京杭运河(徐扬段)航道整治续建二期工程可行性研究报告(含项目建议书)的批复》(苏计基础发〔2002〕1332 号);2006 年 6 月,江苏省发展和改革委员会《关于京杭运河徐扬段航道整治续建二期工程初步设计的批复》(苏发改交能发〔2006〕651 号);2010 年 12 月,江苏省发展和改革委员会《关于京杭运河徐扬段航道整治续建二期工程调整初步设计的批复》(苏发改基础发〔2010〕1663 号);2002 年 8 月,江苏省环保厅《关于对京杭运河徐扬段航道续建二期工程环境影响报告书的批复》(苏环管〔2002〕88 号);2004 年 10 月,江苏省国土资源厅《关于对京杭运河(徐扬段)航道续建二期工程建设用地的预审意见》(苏国土资函〔2004〕549 号)。

为了改善京杭运河徐扬段通航状况,提高整个航道的通航条件,使全线航道均达到二级航道通航标准,2011 年 12 月实施了京杭运河徐扬段续建二期调整项目航道疏浚工程。该项目工程施工地点分别位于宿迁市、邳州市,总整治航道里程 23.96 千米,其中邳州段 16.9 千米(大王庙至徐塘节制闸段 14.79 千米,徐塘节制闸段 2.11 千米),宿迁九龙湾段

2.0千米,宿迁船行S湾段5.06千米。该项目按照国家二级航道通航标准设计建设,设计代表船队为1顶2×2000吨级船队,尺度为推轮25.5米×10.4米×2.25米,驳船67.5米×15.6米×2.8米,船队160.5米×15.6米×2.8米,通航保证率95%。设计航道底宽不小于70米,通航水深不小于4.0米,航道弯曲半径不小于800米。

主要工程内容为4段范围航道疏浚工程、施工区域内航标迁建、部分碍航建筑物拆除等。

大王庙至徐塘节制闸段:疏浚里程全长14.79千米,其中大王庙至徐塘节制闸段11.85千米、张楼段2.94千米。设计最高通航水位27.33米,设计最低通航水位20.33米。设计疏浚水下土方24.78万立方米,其中大王庙至徐塘节制闸段21.71万立方米、张楼段3.07万立方米。

徐塘节制闸段:疏浚里程2.11千米。设计最高通航水位27.33米,设计最低通航水位20.33米。设计疏浚水下土方4.76万立方米。

宿迁九龙湾段:疏浚里程2.0千米。设计最高通航水位23.83米,设计最低通航水位18.33米。设计疏浚水下土方8.44万立方米。

宿迁船行S湾段:疏浚里程5.06千米。设计最高通航水位19.33米,设计最低通航水位17.83米。设计疏浚水下土方21.59万立方米。拆除邳州城区段新航道邳州运河高架桥下航道中央的2个混凝土平台与4根混凝土灌注桩及周围土方工程量,拆除到14.33米(设计航道底高程下2.0米)。将徐塘节制闸西线航道与老航道交汇口上下游2座柱状侧面标迁建于邳州张楼段新航道与老航道交汇口上下游。项目总投资1132.43万元。

(2)项目建设实施情况

项目建设单位为江苏省交通运输厅苏北航务管理处;设计单位为中交第二航务工程勘察设计院有限公司;施工单位为无锡市航道工程有限公司;监理单位为江苏省京杭运河交通工程咨询监理有限公司。

17.京杭运河湖西航道整治一期工程(蔺家坝至房村段)项目

(1)项目概况

项目于2010年5月开工建设,2013年12月建成试运行。

项目建设依据:2009年3月,江苏省发展和改革委员会批复《京杭运河湖西航道整治一期工程项目建议书》(苏发改交通发〔2009〕415号);2010年6月,江苏省发展和改革委员会《关于京杭运河湖西航道整治一期工程可行性研究报告的批复》(苏发改基础发〔2009〕773号);2010年9月,江苏省发展和改革委员会《关于京杭运河湖西航道整治一期工程(蔺家坝至房村段)初步设计的批复》(苏发改基础发〔2010〕1312号);2009年12月,江苏省环保厅《关于对京杭运河湖西航道整治一期工程(蔺家坝至房村段)环境影响报告书的批复》(苏环审〔2009〕219号);2013年8月,江苏省人民政府《关于京杭运河湖西航道整治一期工程建设用地的批复》(苏政地〔2013〕456号)。

项目整治航道里程31.23千米,按二级标准进行建设,航道底宽不小于60米,最小水深4.0米,最小弯曲半径540米。设计代表船队为1顶2×2000吨级船队,设计通航保证率98%。

主要建设内容包括航道工程、船闸工程和桥梁工程,其中航道工程为整治航道里程26.99千米(不含4.24千米蔺家坝复线船闸段),疏浚土方约641万立方米,按航道沿线土质情况,建设重力式护岸约3.6千米、斜坡式护岸约3.8千米、植物护坡约26千米,整合渡口6处。按二级船闸标准新建蔺家坝复线船闸1座,船闸规模为260米×23米×5米;新建河涯口桥、三段桥,改建八一大桥,新、改建的桥梁通航净空满足90米×7米。项目总投资7.32亿元,其中交通运输部水运建设资金3.3亿元,江苏省财政投资2.18亿元,徐州市承担土地使用费1.41亿元,其余资金由江苏省交通运输厅航道局贷款。

(2)项目建设实施情况

项目建设单位为徐州市京杭运河湖西航道整治一期工程建设管理处;设计单位为中交水运规划设计院有限公司、江苏省交通科学研究院股份有限公司、江苏省交通规划设计院有限公司;施工单位为常州市航务工程有限责任公司、江苏捷达交通工程集团有限公司、江苏省交通工程集团有限公司等;监理单位为江苏智科交通工程咨询监理有限公司、安徽中兴工程建设监理所、江阴市博克交通工程咨询监理有限公司;质监单位为江苏省交通运输厅工程质量监督局。

项目建设期间,在施工图设计阶段,在保证航道耐久性的基础上,对初步设计的航道护岸、护坡工程做了进一步优化,调整了部分护岸、护坡的结构形式,细化护岸、护坡段落范围,增加了植物护坡和自然生态护坡段落,节省了工程投资。工程建设中,有约3千米航段位于山东省境内,因山东未同意该段工程用地的征用,该段航道实施时仅在原有河道范围内进行了尽可能的疏浚拓宽,航道底宽达35米以上,未达到二级航道标准。2013年12月30日,江苏省交通运输厅航道局在徐州市主持对工程进行交工验收。

(3)科技创新成果及获奖情况

项目建设期间,建设单位组织开展了船闸混凝土施工期裂缝与应力关系研究,该项目针对船闸大体积混凝土结构的特点,对底板、廊道混凝土施工期裂缝与应力关系进行了实验和研究,为类似工程施工期混凝土裂缝产生的时间和空间位置进行初步预测提供依据,为采取对应的控裂措施提供参考。

项目建设期间,建设单位为进一步做好对湖西航道沿线自然生态环境的保护,组织开展了湖西航道建设原生态保护技术研究,该项目对湖西航道建设中原生态环境保护方案进行了提炼和研究,为湖西航道建设成自然生态航道提供了参考,使工程建设中原生态环境得到了很好的保护。

(4)项目投产后的运营情况

工程建成后,该段航道等级由六级提高到二级,极大改善了湖西航道南段的通航条件,缩短了船舶在该段航道的航行时间,消除了部分瓶颈制约现象,尤其是蔺家坝复线船闸的建成,提高了湖西航道的通行能力,较大程度地吸引了湖东航线的船舶改道湖西航道通行,船舶货运年通过量由建设前的 2500 万吨上升到 6000 多万吨,年通过量翻了约 2.5 倍。工程配套建设的 3 座桥梁,方便了沿线车辆和农用机具的通行,为地方群众农业耕种作业和公路运输提供更多便利,且能够更好地保障人民群众的生命财产安全。同时,航道建设以生态护岸形式为主,既保证了航道边坡的稳定,又维持和改善了湖西航道沿线的生态环境。工程的建成发挥了较大的经济效益和社会效益。

(四)航道的发展成就与经验启示

苏北运河历经一、二期综合整治和实施部分三级航道改二级航道工程建设,至 2010 年,苏北运河全线建成国家二级航道,2000 吨级船舶可全年从徐州直达长江,成为我国内河航道中仅次于长江的等级最高、渠化程度最好、船闸设施最完善的人工航道,是我国南北水运"大动脉",常年担负着沿线地区大宗物资中转集散及能源运输的战略任务。苏北运河的货物通过量由 1988 年的不足 2200 万吨,猛增到 2017 年的 3.1 亿吨,货物周转量 632 亿吨公里,与公路运输相比,年节约社会运输成本 188 亿余元。苏北运河在综合运输体系中的重要作用进一步发挥,展示了全球内河水运繁忙、单位里程通过量最大的行业形象。依水而建、傍河而兴的企业星罗棋布,依靠"前河后路"方便快捷的水、陆、空联运体系,在大运河这条黄金水道的滋润下,持续焕发出勃勃生机。苏北运河航运的发展,不仅促进了人员流动、资源开发和商务交流,同时也降低了运输费用和生产要素成本,成为吸引外来投资和承接产业转移的关键因素,也为流域特别是江苏沿运地区的经济社会发展作出了巨大贡献,是一条名副其实的黄金水道,承载着无尽的财富与希望。

四、京杭运河苏南段航道

(一)河道自然特征

苏南运河地处长江下游,雨量充沛,两岸河湖交错,东北方有长江补充水源,西南方有太湖可作调节,水源丰沛稳定,且沿线各闸口设置了抽引水工程,大旱之年苏南运河仍有足够水量保证航运的水位。

苏南运河镇江段全长 42.57 千米,沿线地形、地貌不尽相同,因属宁镇丘陵地带,丹阳以北的运河两岸为平缓的岗地,时有残丘出现,丹阳以南至常州境内,地势宽广平坦。因长江地表水径流随季节变化,运河水位明显受潮汐作用而波动,受谏壁口门、九曲河引长江水的影响,苏南运河镇江段泥沙淤积也较为明显。

苏南运河常州段起于常州与镇江两市交界处的荷园里,止于常州与无锡两市交界处的直湖港,航道全长48.82千米,由常州西段、市区改线段、常州东段组成。常州属茅山丘陵山系,项目流经区域在地形地貌上属长江下游冲湖积平原工程地质区、太湖水网平原工程地质亚区,地势宽广平坦,地面高程2.5~5.5米,地势略有起伏,微向东倾斜,总体比较平坦。受新孟河和德胜河引长江水的影响,京杭运河常州段泥沙淤积较为明显,航道管理部门每年需要花费较大的人力、财力和物力对航道进行疏浚以保证航道的正常通行。

苏南运河无锡段位于东经119°31′~120°36′,北纬31°07′~32°,北连长江,南抵太湖,北部经锡澄运河、锡十一圩线与长江沟通,西侧有锡溧漕河、锡滆线、苏西线等与芜申线航道相连,形成了水运网络。

苏南运河苏州段位于东经119°55′~121°20′,北纬30°47′~32°02′。运河五七桥至吴江以北地段,一般地面高程为3.0~5.0米,地势平坦,以约万分之一的坡降由西北向东缓倾,地貌属太湖流域堆积平原,湖泊水系发育;吴江以南至鸭子坝则属于低洼湖荡平原,区域内湖荡密集,地面高程为1.0~3.0米,是苏南运河沿线最低部分,接受湖沼相、潟湖相堆积。运河区域内地质构造属于第二巨型隆起带,新华夏系、华夏系和东西向构造在区域内特别发育,区内主要特殊土为软土。

(二)主要航道现状和建设情况

苏南运河北起长江谏壁口门,南至江浙交界的鸭子坝,全长约211.93千米,贯穿经济发达的镇江、常州、无锡、苏州4市,沟通长江、太湖水系,连接苏申内外港线、长湖申线等省际航道,航行船舶的密度超过了德国的莱茵河。

苏南运河在1992—1997年进行大规模整治,基本达到了四级航道通航标准,并成为交通部树立的全国第一条标准化的文明样板航道。随着水运货运量的快速增长、船舶密度的增大和船舶大型化的发展,苏南运河已不能适应水运运输快速发展的要求,主要表现为航道通过能力不足、航道等级偏低、部分航段护岸破损严重、航道配套及航行保障设施不足等问题。为适应水运运输需求,从2007年开始苏南运河苏州段进行升级改造,至2017年底基本达到三级航道通航标准。

苏南运河镇江段北起谏壁入江口门,南至与常州的交界处荷园里,全长42.57千米,入江口有谏壁枢纽1座,含节制闸、谏壁双线船闸和谏壁抽水站。现有桥梁18座,另有1座管线桥,桥型基本为系杆拱桥、连续梁桥和少部分的钢桁架和斜拉桥,其主跨多在90米以上,净高均不低于7米。镇江段过河管线众多,特别是水上过河管线达70道之多,水下过河管线也有5道(其中3道为输油输气管道)。

苏南运河常州段流经奔牛镇、常州市区、横林镇,沿途有新孟河、扁担河、德胜河、藻港河、三山港、西流河等航道汇入,全长48.82千米。有河底管线32道,其中下穿地铁线路2道、天然气管道10道、输油管道2道、输水地涵2道、电力管道5道、自来水和污水管道5道、通信光缆和其他线缆6道;另有跨河管线51道,其中架空电力线42道、架空通信线5道、河底管线4道。常州段开展的航道项目中,京杭运河常州市区段整治工程项目完成桥梁拆四建三(拆政成桥即白家桥、文亨桥即新桥、朝阳桥、西仓桥4座,建政成桥、朝阳桥、西仓桥人行便桥3座),桥梁净空高度为最高通航水位以上7米,梁底高程不低于11.5米,主孔净跨不小于28米;苏南运河常州段整治工程项目改建桥梁9座、复建管道桥4座、输煤桥1座,桥梁通航净宽不小于50米,净高不小于7米;京杭运河常州市区段改线工程项目新、改建桥梁11座;苏南运河常州段三级航道整治工程西段航道新、改建桥梁6座,通航净宽不小于80米,净高不小于7米,东段航道新、改建桥梁6座。

苏南运河无锡段自直湖港口起至丰乐桥,全长39.44千米,航道底宽70米、航宽不小于80米、口宽不小于90米,航道上现有桥梁32座,净高均达到7米,仅4座净宽未达到80米,可通航1000吨级船舶。

苏南运河苏州段穿越苏州相城区、高新区、姑苏区、吴中区和吴江区,沿线水利设施、过河管线、跨河桥梁众多。在苏南运河与望虞河交汇处有望亭水立交枢纽,全线跨河桥梁共49座,大部分满足三级航道通航净空尺度要求,其中何山桥、狮山桥、长桥因建设条件有限,暂缓实施改造,长桥通航孔尺度为50米×7米(净宽×净高)。

(三)航道工程项目

1. 京杭大运河无锡市区段续建工程

(1)项目概况

项目于1984年2月开工建设,1988年12月竣工。

项目建设依据:1983年11月,江苏省交通厅《关于京杭运河苏南段无锡市区段整治工程初步设计的批复》(苏交计〔1983〕95号)。

项目自梁溪河起至外贸仓库,整治航道里程7.2千米。航道等级按四级航道标准施工;设计代表船型500吨级。航道底宽67.2米、设计水深2.5米,设计通航保证率95%。

项目中按四级标准建造桥梁4座,分别为下甸桥、金城桥、金匮桥、红星桥。项目新建块石驳岸575米,其余均为土坡,土方量为148万立方米。项目总投资2503万元,全部来自政府投资。

(2)项目建设实施情况

项目建设单位为无锡市大运河工程指挥部;桥梁设计单位为上海同济大学建筑工程分校;桥梁施工单位为无锡县交通局桥梁工程队(无锡桥梁工程公司)、无锡市市政建设工程公司、无锡县东湖塘乡东元村民委员会;航道设计单位为无锡市市政工程设计院、无锡市交通设计院。

1987年,江苏省交通厅《关于调整无锡市河段整治工程概算的批复》(苏交计〔1987〕75号),项目投资由1400万元调整为2503万元。

2.京杭运河常州市区段整治工程

(1)项目概况

项目于1984年3月开工建设,1988年12月竣工。

项目建设依据:1983年11月,江苏省交通厅《关于京杭运河常州市区段整治工程修改扩初设批复》(苏交计〔1983〕90号)。

项目自西涵洞至三号桥计长8.92千米,按四级航道标准整治。航道设计底宽40米、面宽50米,两岸建直立式浆砌块石驳岸。驳岸底高程+1米(吴淞高程,下同),顶高程不小于+6米,河底高程±0;最低通航水位+2.5米、最高通航水位+5.5米(20年一遇),航道弯曲半径不小于300米。

桥梁拆四建三(拆政成桥即白家桥、文亨桥即新桥、朝阳桥、西仓桥4座,建政成桥、朝阳桥、西仓桥人行便桥3座)。桥梁净空高度为最高通航水位以上7米(近期6米,远期有加高措施)。梁底高程不低于11.5米,主孔净跨不小于28米。桥梁设计荷载等级为汽—20、挂—100。沿线工厂装卸货物较多的单位建设顺岸港池或港湾式停泊区,其宽度自河口内缩10米。完成土方177万立方米,其中水上方完成119.35万立方米、水下方完成57.65万立方米,新建驳岸14.97千米,建成内港池4处、顺岸式港池码头5处、便民码头33处。恢复运河两岸道路7条,全长4819米,结合运河整治恢复河边文物古迹。新建拆迁用房20.72万平方米,计108幢3353户,配套建设勤业三村幼儿园100平方米,扩建西仓小学教室1200平方米。新建延宾亭、乾隆时期的御码头、毗陵驿等。结合政成桥改建,新增政成乐园。项目总投资7144万元,全部来自政府投资,其中中央投资1600万元、地方投资5544万元。

(2)项目建设实施情况

项目建设单位为常州市苏南运河整治工程指挥部;设计单位为常州市运河整治工程指挥部;施工单位为常州市航道管理处。其他参建单位包括:常州市航道管理处,浙江省水利工程队,核工业部华兴五公司、本部车队、民工船队,江苏省武进、金坛、江阴、泰兴等县及浙江省嵊县等县乡办建筑站、队公司,常州市市政工程公司,江苏省建湖县交通局桥工队,金坛县第四建筑工程公司。

京杭运河常州市区段整治工程于1980年经江苏省人民政府正式批准,准备动工,因国民经济调整,决定缓建。1983年3月22日,江苏省计划委员会《关于京杭运河苏南段常州无锡市运河续建工程投资安排的通知》(计基顾字〔1983〕78号)正式批准续建,工程概算核定为3654万元,后经详细勘测设计,编制预算上报审批。工程施工中,考虑到工程数量调整和建筑材料提价等因素,又经江苏省交通厅批准总概算调整为4454万元。

（3）项目投产后的运营情况

项目按照标准化美化工程要求,航道两岸设置了外形美观且醒目的各种提示性、警示性标志标牌,整治后的大运河航道宽畅,航道通过能力提高,因航道狭窄造成的堵档现象已不复存在,"卡脖子"碍航已成为历史。

根据大运河设点观察数据分析,自试运行以来船舶平均吨位逐年上升,大吨位船舶明显增加。据新闸观察点资料显示,1992年过往船舶平均吨位61吨,到1997年平均吨位已达80吨,拖带船通过量占总运量的比例也呈逐年上升趋势。由于河面宽畅,航速也得到提高,长途运输的船只夜间也可正常行驶。

3. 京杭运河苏州市河段改建工程

（1）项目概况

项目于1987年4月开工建设,1992年7月竣工。

项目建设依据:1982年3月,国家计划委员会《关于对〈京杭运河(济宁至杭州)续建工程计划任务书〉的批复》(计交〔1982〕171号);1984年11月,江苏省计划经济委员会、江苏省建设委员会《关于京杭运河苏州市河段改建工程初步设计的批复》(苏建综安〔1984〕347号)。

该工程从苏州市横塘镇北开始,穿越横塘市河,由南折向东,经新郭镇北侧、龙桥镇南侧,直插宝带桥北堍与老运河相接,按通航500吨级船舶的四级航道标准改建9.3千米航道,航道底宽50米、水深不小于2.5米、最小弯曲半径600米(其中宝带桥连接运河段弯曲半径暂按460米),跨河桥梁净空不低于7米,设计通航保证率98%。

项目征地1217.23亩、房屋拆迁5.03万平方米、管线迁移27条,土方工程248.95万立方米、护岸工程14.53千米、纤道桥8座、绿化8千米,项目包括十苏王公路改线工程和跨河桥梁7座(长桥、新郭桥、新家桥、新塘桥、晋源桥、亭子桥、彩云桥),航标、纪念碑、纪念亭各1座,以及市镇道路等。项目总投资7667.6万元,其中交通部水运建设资金3100万元、地方投资4567.6万元。

（2）项目建设实施情况

项目建设单位为苏州市大运河工程指挥部;设计单位为江苏省交通规划设计院、上海城建学院设计所、江苏省交通科学研究院等;施工单位为铁道部第四工程局二处三段、镇江市路桥工程公司、昆山市水利建筑安装公司等;监理单位为由苏州市建委、市政建设管理处和航道处工程技术人员施行内部监理。

1992年7月14日,江苏省交通厅会同交通部工程管理司在苏州召开竣工验收会议,确认该工程质量为优良等级,同意竣工验收,交付使用。并分别交由苏州市航道管理处、公路管理处等单位接管。由于濒台湖区已发展为吴县新区，湖区正在规划、建设。因此，湖区内2.97千米护岸及4座纤道桥予以缓建。1986年，根据《江苏省苏南运河苏州市河整治工程协议书》批准，概（预）算为5000万元；1990年，江苏省建设委员会、江苏省交通厅以苏交计〔1990〕146号文批复调整总投资为7575.1万元；1991年，江苏省交通厅印发《关于增补京杭运河苏州市河段改建工程经费的批复》（苏交建〔1991〕43号），追加晋源桥补贴经费100万元。

（3）项目投产后的运营情况

原航道有4个弯，且弯道半径很小，航道水面宽仅30~40米，洪水时水流湍急，船舶航行不畅，枯水时水浅底窄。又有部分航道通过苏州市区环城河，碍航的吴门桥桥孔跨径仅13.5米，洪水时桥孔流速达1米/秒，较大船队通过困难。船队多、密度大、交会困难，常发生塞档与水上交通事故。该段航道通过量已达到6000余万吨，白天不允许排筏通过，船队通过市区平均航速仅5千米/小时，且市区噪声、废气污染较严重。

改建的航道按可通过500吨级驳船施工，达到四级标准，底宽50米、口宽70米，弯道比老航道减少2个，且弯道半径大，建造的跨河桥梁通航净高均达到7米，跨径不小于50米。陆上结合当地规划修建了二级标准公路。改建后的航道顺直，水流平稳，航程比改建前缩短1千米多，船队航速提高至7千米/小时以上，排筏白天也可以通过，船舶通过能力增加一倍以上，通航条件大为改善。1991年特大洪水，由于改建后的航道增大了泄洪能力，减轻了洪水对苏州市区的压力，对保护古城起了积极的作用，同时也发挥了水资源利用等综合效益。

十苏王公路改线工程和跨河桥梁的建设，对改善水路交通条件、沟通城乡经济创造了有利条件，并对苏州新区、吴县新区开发，以及苏州市的经济发展起了很大的促进作用，同时开辟了一条新的水上旅游线，为发展苏州旅游事业作出了积极贡献。

4.苏南运河无锡段卡脖子应急工程

（1）项目概况

项目于1990年2月开工建设，1992年9月竣工。

项目建设依据：江苏省交通厅航道局《关于苏南运河卡脖子段应急工程（无锡市段）施工设计图的批复》（交航道〔1990〕78号）；1990年12月，无锡市土地管理局《关于批准江苏省无锡市航道管理处征用土地的通知》（锡地建〔1990〕112号）。

项目自高桥起至双河尖，整治航道里程2.84千米，按四级航道标准施工；航道设计底宽67.2米、水深2.5米；设计代表船型、船队为500吨、300吨级拖带船队及自航机动船；设计通航保证率95%。

项目新建块石驳岸2373米，土方量为28.05万立方米。项目总投资488.83万元，全部来自政府投资。

（2）项目建设实施情况

项目建设单位为无锡市航道管理处；设计单位为江苏省交通规划设计院；施工单位为无锡市山北建筑公司、江阴月城建筑公司、武进县交通工程公司；监理单位为江苏省无锡市航道管理处；质监单位为江苏省无锡市航道管理处。

5.苏南运河镇江陵口段整治工程项目

（1）项目概况

项目于1990年2月开工建设，1992年4月建成试运行，1993年12月竣工。

项目建设依据：1987年，江苏省建设委员会批复镇江市交通局由省交通规划设计院编制的苏南运河镇江陵口段整治工程设计文件（苏建综工〔1987〕第188号）；1988年，江苏省交通厅批复镇江市交通局由省交通规划设计院编制的苏南运河镇江陵口段整治工程设计文件（苏交计〔1988〕第168号）。

项目对西起九曲河口、东至吕城砖瓦厂全长17.99千米的陵口段航道按四级标准进行整治，航道底高程为0米（吴淞高程，下同），底宽40米，边坡1∶3，高程6米以下铺砌混凝土预制块，在高程6米段设5米宽的平台，平台内侧设纵向排水沟，堆土区内边坡1∶2.5，用干砌块石拱圈并铺植草皮保坡，堆土区顶部设10米宽的绿化带。设计代表船型为1000吨级；设计通航保证率98%。

项目共完成航道土方635.46万立方米，建成混凝土护坡33.85千米，挡土墙922延米，平台截排水沟33.49千米，涵洞68座，改建电灌站和水闸25座。新建设计荷载等级为汽—20、挂—100的陵口大桥1座，改建人行桥1座。总投资7144.64万元，其中国际组织投资600万元。

（2）项目建设实施情况

项目建设单位为镇江市大运河工程指挥部；设计单位为江苏省交通规划设计院；施工单位为江苏省泰兴县第四建筑公司、镇江市水利工程处、南京水利机械工程处等；施行内部监理制度，质监单位为江苏省交通厅工程质量监督站。

建设期间重大事项：项目采用筑坝断航方案，于1990年2月15日开工建设；因土质复杂多变，机械无法开挖，堆土区容量又不足，1991年春季遇到历史罕见连续暴雨，施工河段地表水无法导流，支河口的拦河坝和各施工河段的分隔坝不断倒塌，开挖的航道边坡和已铺筑的混凝土护坡、涵洞等工程被冲坍、冲垮，施工全面受阻，决定于1991年5月20日开坝放水。仅九曲河口至丹金溧漕河口2.07千米河段建成达标；1991年冬第二次筑坝抽水，动员乡镇民工进行开挖，于1991年11月14日起突击开挖，同月24日完成。1992年1月25日，陵口段工程全面完成高程6米以下施工任务，开坝放水；1992年4月25日全面建成竣工；1993年7月江苏省建设委员会组成竣工验收委员会验收，评定为优良等级。

（3）科技创新成果及获奖情况

由于陵口段航道是极细粉砂土为主的多种土壤互层的河段,两岸地下水位较高。对夹有粉砂土并含有多层土壤互层,主要采用水平排水并在平台上另加减压井的办法,以降低和控制坡后的地下水位,如陵口镇北岸长达1千米的复杂土层的滑坡河段,在坡面的透水层上,钻设了30组共111个扇形水平钻孔,埋设1500米的排水管,使坡后的水位分别降低0.45~1.10米,迅速疏干和固结坡后的土体,效果明显。这是江苏省内航道史上首次应用的一项新技术。另一个是采用了土工布新材料作为混凝土护坡的滤层,取代了传统的砂石滤层,对以粉沙质土为主的岸坡,发挥了"固坡、透水、保砂"的作用,确保了河道岸坡的稳定。

1994年12月,该项目获省部级江苏省交通厅优质工程一等奖;1995年12月,获国家级交通部水运工程质量奖。

（4）项目投产后的运营情况

陵口段采用斜坡式混凝土预制块护坡,单位造价仅为直立式驳岸的1/3~1/4。工程建成后航道尺度明显提高,过往的船舶通过量明显提升,取得了对江南运河历史上著名难工河段流沙河一举整治成功的胜利硕果。

但自建成交工通航后,由于航道等级的提高、船舶向大型化发展的趋势,以及陵口段土质为极细粉质砂土等内部原因,使得船型波对两岸的护坡常年冲刷,造成混凝土预制块护坡损坏逐年加剧,从局部坍塌发展到大面积坍塌损坏。至2005年,陵口段混凝土护坡损坏达58%,高程6米处,5米宽的二级平台已尽坍入河中,河底高程0米处底宽从40米已缩窄至20米左右。

6.苏南运河无锡段整治工程

（1）项目概况

项目于1992年8月开工建设,1997年10月竣工。

项目建设依据:1992年3月,江苏省建设委员会、江苏省交通厅《关于苏南运河整治工程高桥至五七桥段初步设计的批复》(苏交计〔1992〕44号);1993年10月,江苏省建设委员会、江苏省交通厅《关于苏南运河整治工程直湖港至高桥段初步设计的批复》(苏建重〔1993〕432号、苏交计〔1993〕189号);1995年2月,无锡县土地管理局《关于批转省、市土管局同意县运河整治工程办公室征用土地的批复》(锡土管〔1995〕25号);1994年12月,江苏省土地管理局《征用土地批准通知》(苏地管〔1994〕512号);1994年12月,无锡市土地管理局《征用土地批准通知》(锡地建〔1994〕147号);1992年3月,无锡市土地管理局《关于批准无锡市苏南运河整治工程指挥部征用土地的通知》(锡地建〔1994〕15号);1992年8月,无锡市土地管理局《关于批转省、市土管局同意县运河整治工程办公室征用土地的批复》(锡土管〔1992〕230号);1992年12月,无锡市土地管理局《关于批准市苏南运河(无锡段)整治工程指挥部拨用土地的通知》(锡地建〔1992〕169号)。

项目航道整治长度为24.94千米,分东西两段进行,东段(高桥至五七桥段)11.57千米,西段(直湖港至高桥段)13.37千米。按四级航道标准设计,最小通航水深2.5米,航道底宽40米,口宽不小于60米,桥梁净宽不小于50米,弯曲半径不小于330米;设计代表船型为500吨级;设计通航保证率95%。

项目改建桥梁13座,净高7米(吴桥、高桥、新虹桥、新安北桥、新安南桥、硕放桥、五七桥、向化桥、洛社大桥、东方红大桥、石塘湾大桥、煤石大桥、向化二号桥);新建护岸40千米;疏浚土方531.47万立方米;新建衡重式护岸40.21千米;设立各类标志标牌104块,其中指向牌15块、地名牌13块、桥梁提示牌39块、管线标志牌28块、分界牌3块、地点距离牌2块、港口锚地预告牌4块;东段新建停泊锚地和1座战备码头,西段新建停泊锚地5处(洛社化肥厂锚地1.2万平方米,花渡桥锚地1.09万平方米,东方红锚地1.5万平方米,石塘湾锚地3000平方米,市煤石公司锚地8700平方米)。项目总投资3.71亿元,全部来自政府投资。

(2)项目建设实施情况

项目建设单位为无锡市苏南运河(无锡段)整治工程指挥部;设计单位为江苏省交通规划设计院、江苏省交通科学研究所等;施工单位为无锡市航道工程公司、锡山航道工程公司、宜兴航务公司等;监理单位为无锡市苏南运河(无锡段)整治工程指挥部;质监单位为江苏省交通厅工程质量监督站。

项目建设期间,根据1992年、1993年高桥至五七桥(东段)、直湖港至高桥(西段)的初步设计批复,东段改建驳岸3.41千米,西段改建驳岸护坡9.37千米,东段疏浚土方107.35万立方米,西段疏浚土方246.67万立方米。根据交航道〔1996〕266号文件批复,东段新增衡重式驳岸8.04千米,疏浚土方30万立方米,西段新增衡重式驳岸5.09千米,疏浚土方30万立方米;根据交航道〔1997〕6号文件批复,增加衡重式护岸9.77千米,疏浚土方70万立方米;根据1998年交航世行〔1998〕235号文件批复,增加护岸2.5千米。1997年10月,江苏省交通厅工程质量监督站对苏南运河整治工程质量等级综合评定为优良级。

7.苏南运河镇江段航道整治工程项目

(1)项目概况

项目于1992年8月开工建设,1997年10月试运行,1998年12月竣工。

项目建设依据:1992年3月,江苏省建设委员会、江苏省交通厅《关于苏南运河整治工程吕城砖瓦厂至荷园里段初步设计的批复》(苏交计〔1992〕45号);1993年8月,江苏省交通厅、江苏省建设委员会《关于苏南运河整治工程辛丰镇西至泰山湾东段初步设计的批复》(苏交计〔1993〕160号、苏建重〔1993〕353号);1993年10月,江苏省建设委员会、江苏省交通厅《关于苏南运河整治工程丹阳西老运河口至新九曲河段初步设计的批复》（苏建重〔1993〕434 号、苏交计〔1993〕187 号）;1994 年 5 月,江苏省建设委员会《关于苏南运河整治工程越河口至辛丰镇西、泰山湾东至丹阳西老运河口段初步设计的批复》（苏建重〔1994〕147 号、苏交计〔1994〕90 号）。

航道按四级航道标准整治,整治里程 23.11 千米。护坡段,底宽大于等于 40 米,河底高程为 0(吴淞,下同),边坡为 1∶2.5 至 1∶3.0,在高程 6.0 米处设 10 米平台,平台以上土坡为 1∶2.5。驳岸段,底宽大于等于 40 米,河底高程为 0～0.2 米(同上),口宽大于等于 60 米。在最低通航水位时,水深为 2.5 米。最小弯曲半径一般为大于等于 600 米,弯道起讫点离桥位不少于 300 米。项目新建年吞吐量 100 万吨级的内河港口 1 座。按桥下净空大于 50 米、在最高通航水位时净高大于等于 7.0 米要求整治桥梁 5 座。以 1 拖 4×500 吨级船队为最大设计船型,其他设计船型为 1 拖 6×300 吨级、1 拖 11×100 吨级、1 拖 12×60 吨级等拖带船队,且可通航 1 顶 2×500 吨级顶推船队。航道设计通航保证率 98%。

航道中心线循原河槽定位,仅对辛丰段进行裁弯,共开挖土方 1346 万立方米,新建护岸 48.55 千米(其中:驳岸 8.77 千米、混凝土护坡 39.78 千米),护岸主要为 4 种结构形式:直立式浆砌块石驳岸、浆砌块石护坡、混凝土预制块护坡、土工布模袋混凝土护坡,新建辛丰公路桥、辛丰人行桥、丹阳北二环桥、吕城公路桥、吕城人行桥跨河桥梁 5 座,建成百万吨级的内河港口 1 座、小型客货码头 19 座、停泊锚地 5 个(7.42 万平方米),设置航道标志牌 174 块,栽种各类树木 8 万余株、铺设草皮 148 万平方米)。项目总投资 3 亿元,资金来源以省级资金为主,地方承担部分资金。

（2）项目建设实施情况

项目建设单位为江苏省交通厅航道局。苏南运河整治工程开工前,江苏省交通厅决定省里不专门成立工程指挥部,建设管理工作由厅航道局负责。为了更好承担苏南运河整治工程监理工作,经厅批准,由航道局成立总监理工程师办公室,镇江航道管理处处长担任总监理工程师代表,相应成立总监代表办公室,下设桥梁、航道监理组。设计单位为江苏省交通规划设计院;施工单位为镇江市港航工程公司、镇江市路桥工程公司、镇江市水利建设总承包公司;内部监理制度,质监单位为江苏省交通厅工程质量监督站。

（3）科技创新成果及获奖情况

一是苏南运河整治工程中,镇江丹阳境内部分地段,粉砂土层比较厚,土方开挖十分困难,当使用了井点排水技术后,效果非常明显。二是苏南运河整治工程中,镇江护岸采用了斜坡式护坡,其面层为 9～11 厘米的水泥混凝土预制块,垫层采用无纺布,不仅价格低、效果好、施工方便,更主要的是节省了大量的黄沙和石子。三是苏南运河整治工程中,镇江有 0.96 千米护岸,如按航道现有线形设置驳岸,即增加费用又影响线形,最后选择了法布护坡,先用挖泥船修坡,再用混凝土泵灌细石混凝土,较好地解决了上述矛盾。

（4）项目投产后的运营情况

苏南运河镇江段经过整治彻底改变了原来航道窄、弯、水浅、碍航桥梁多等情况,航道条件明显改善,行船事故明显减少,运河防洪泄洪能力大大提高。由于对原航道进行了拓宽和裁弯取直,增加了航道的过水断面,改变了水流流势,整治后水流平稳,流速比过去明显减小,船舶航行视线好,确保了航行安全。整治过程中设置了一定数量的锚地、拆除了沿河的违章建筑物,改善船舶运行和停靠的秩序,船舶挤占航道水域的情况得到明显改善,为大吨位船舶和船队航行提供了良好的条件。具体如下:一是整治后的苏南运河的通过能力大大提高。从谏壁船闸的船舶通过量增长来看,整治前的 1992 年全年总通过量为 1314.4 万吨、过闸货物量为 814.2 万吨,整治后的 1997 年全年总通过量为 2402.32 万吨（其中 1—4 月筑坝断航）。此外,整治后也缩短了航程,提高了安全因素,节约了运费。二是整治后,可常年通过 500 吨级驳船,由苏北运河从六圩出口到无锡、上海的船队无需绕道航行,既避免了长江航行 100 千米的风险,确保了航行安全,又缩短了航程 35 千米,加快了船舶周转。据谏壁船闸 1997 年 9 月上半月流量观测资料分析,该闸上行至上海、无锡方向和从上海、无锡下行至长江的每天通过量达 1.46 万吨,全年通过量 533.3 万吨,按江苏省 1996 年《水运货物运价规定》,计划年节约经费达 1120 万元。后由于航道条件逐步变好,大吨位船舶逐渐增大,致使四级航道无法满足航运需求,需要提高航道等级,进行三级航道改建。

8. 苏南运河苏州段整治工程

（1）项目概况

项目于 1993 年 3 月开工建设,1997 年 10 月试运行,1998 年 10 月竣工。

项目建设依据:1982 年 3 月,国家计划委员会《对〈京杭运河（济宁至杭州）续建工程计划任务书〉的批复》;1992 年 3 月,江苏省建设委员会、江苏省交通厅《关于苏南运河整治工程五七桥至横塘段初步设计的批复》（苏交计〔1992〕43 号）;1993 年 10 月,江苏省建设委员会、江苏省交通厅《关于苏南运河整治工程吴江三里桥段初步设计的批复》（苏交计〔1993〕190 号）;1995 年 6 月,江苏省建设委员会、江苏省交通厅《关于苏南运河整治工程苏州宝带桥—鸭子坝段（航道工程部分）初步设计的批复》（苏交计〔1995〕85 号）;1996 年 12 月,江苏省建设委员会、江苏省交通厅《关于苏南运河（江苏段）护岸完善工程初步设计的批复》（苏建重〔1996〕559 号）。

苏南运河苏州段整治工程按四级航道标准实施,可通航 500 吨级船队。航道口宽不小于 60 米,底宽 40 米、水深 2.5 米,桥梁通航净高 7 米、净宽 50 米,最小弯曲半径 600 米（仅吴江平望以南两个弯道按 1990 年《内河通航标准》设计为 330 米）,两反向曲线间直线段不小于 200 米。航道设计通航保证率 98%。

运河两岸全部为直立式浆砌块石,驳岸顶高程根据地形变化和水利防洪要求,从吴淞高程4.5~5.5米不等。该工程包括72.98千米的航道整治,完成航道土方疏浚966.06万立方米,新建浆砌块石驳岸85.23千米,改建跨运河桥梁12座,改建支河中小桥9座,新建停泊锚地6处。项目总投资5.71亿元,其中交通部水运建设资金1.58亿元,地方投资4.13亿元。

(2)项目建设实施情况

项目建设单位为苏州市苏南运河整治工程指挥部;设计单位为江苏省交通规划设计院、上海城建学院勘察设计所、杭州市城建设计院等;施工单位为湖州市航管处航道大队、盐城市交通工程处、湖州市镇西桥梁工程队等;监理单位为苏南运河苏州段整治工程总监办公室;质监单位为江苏省交通厅工程质量监督站。

1997年10月,江苏省交通厅组织对苏南运河全线进行交工验收。1998年10月,江苏省交通厅组织对苏南运河全线进行竣工验收。1992年,江苏省建设委员会、江苏省交通厅《关于苏南运河整治工程五七桥至横塘段初步设计的批复》(苏交计〔1992〕43号),概算金额为8531.96万元。1994年,江苏省建设委员会、江苏省交通厅批复调整总投资为1.39万元。苏南运河苏州段整治工程分五个阶段实施。第一阶段为五七桥至横塘段24.26千米整治工程,于1993年开工,1995年12月竣工;第二阶段为吴江三里桥段3.86千米裁弯取直工程,于1994年6月开工,1996年9月竣工;第三阶段为宝带桥至吴江试剂厂及吴江加油站至平望草荡口30.9千米整治工程,于1995年5月开工,1996年12月竣工;第四阶段为五七桥至平望草荡口67.8千米的完善工程和标准化、美化工程,于1997年2月开工,1997年8月竣工;第五阶段为平望草荡口段,由于边界水利矛盾影响,该段为尾留工程,于1997年2月开工,1998年9月完工。

(3)科技创新成果及获奖情况

为了省市县桥梁施工不断航,首先在北津桥采用桥梁转体施工新技术、新工艺,并获得成功,开创了江苏建桥史上的先例,成为京杭运河上第一座转体施工桥梁。而后,该技术再次应用到云梨桥和坛丘桥中,从而使桥梁转体施工工艺完全趋向成熟。这种新工艺具有结构合理、工艺简单、施工方便、安全可靠、工期短、经费省、社会效益高的优点,有很大的推广价值。为寻求更加经济合理的驳岸结构,指挥部进行了短木桩、抛石基础等3种不同结构形式的驳岸试验,通过试验观测、分析和计算,最终确定采用以短木桩为基础的浆砌块石结构,这是当时淤泥层地质条件下比较经济合理的驳岸结构形式,解决了多年未能解决的技术难题,为今后的驳岸设计和施工提供了可靠依据,也为国家节省了工程经费。项目于1997年12月获得省部级科技进步三等奖。

(4)项目投产后的运营情况

运河整治极大地改善和提高了通航条件,整治后的苏南运河全线达到四级通航标准,航道宽阔,安全畅通,通过能力大大提高。从浒关流量观测点资料分析,1992 年该点通过量为 5104 万吨/113.1 万艘,平均吨位 45 吨/艘,1997 年通过量为 5672 万吨/75.6 万艘,平均吨位 75 吨/艘。整治前运河一直处于超负荷运行状态,不时出现航道堵塞的情况,整治后航道条件改善,各种航运事故减少到了最低程度,苏州处 1992 年打捞沉船 1.88 万吨/858 艘,1997 年打捞沉船 9423 吨/365 艘。另一方面由于航道畅通无阻,使船舶平均航速从原来的 6 千米/小时提高到 10 千米/小时,大大加快了运输货物的周转速度,提高了运输效率,也减轻了路上交通的压力。运河整治带动和促进了沿线经济带的开发建设。运河整治扩大了过水断面,加大了行洪流量,提高了沿线农田的防洪、排涝能力。运河整治保护和改善了沿线古文物。运河整治也促进了旅游业的发展,改善和促进了小城镇建设。由于土方的大量综合利用,复耕土地 2000 多亩,减少因基建和公路用土挖废农田 1000 多亩,减少压废土地 5000 多亩。总之,苏南运河的全面整治,效益不仅体现在航运本身,更体现在水资源的综合利用、城市建设、经济区的开发、土地保护、旅游发展、环境改善和文物保护等诸多方面。

9. 苏南运河常州段整治工程项目

(1)项目概况

项目于 1993 年 8 月开工建设,1997 年 9 月试运行,1997 年 9 月竣工。

项目建设依据:1993 年 4 月,江苏省建设委员会、江苏省交通厅《关于苏南运河整治工程三号桥至直湖港段初步设计的批复》(苏交计〔1993〕54 号);1993 年 4 月,江苏省建设委员会、江苏省交通厅《关于苏南运河整治工程荷园里至新孟河段初步设计的批复》(苏交计〔1993〕55 号);1993 年 10 月,江苏省建设委员会、江苏省交通厅《关于苏南运河整治工程新孟河至西涵洞段初步设计的批复》(苏建重〔1993〕号、苏交计〔1993〕188 号);1994 年 9 月,江苏省建设委员会、江苏省交通厅《关于苏南运河整治工程概算调整的批复》(苏建重〔1994〕337 号、苏交计〔1994〕151 号);1994 年 3 月,江苏省交通厅《关于对苏南运河整治工程吴江三里桥段、无锡直湖港至高桥段、常州新孟河至西涵洞段和丹阳西老运河口至新九曲河段征地、拆迁数量的批复》(苏交计〔1994〕39 号)。

苏南运河常州市县郊段整治工程,全长 35.57 千米,航道建设等级为四级,工程西起与丹阳交界的荷园里,东至直湖港与无锡相连。其中郊县西段荷园里至西涵洞 19.71 千米,东段三号桥至直湖港 15.86 千米。按 1963 年部颁四级航道标准进行整治。整治后航道底宽 40 米、口宽 60 米(其中改线段内口宽大于等于 50 米)、最小通航水深 2.5 米。设计代表船型尺度为 45 米×10.8 米×1.6 米,3 种设计代表船队的尺度分别为 160 米×21.6 米×1.6 米、112 米×21.6 米×1.6 米、109 米×21.6 米×1.6 米。跨运河 18 座桥梁,有下承式、中承式系杆拱桥、享氏桁架桥、箱形连续梁桥、单塔斜拉桥等 12 种桥型。桥梁通航净宽不小于 50 米,净高不小于 7 米(改线段内桥梁净高大于等于 6 米),弯曲半径等其他技术标准参照 1990 年部颁标准执行。航道设计通航保证率 98%。

工程开挖土方 1008.3 万立方米，砌筑护岸 58.19 千米，维修老驳岸 14.63 千米，新改建桥梁 11 座，包括横林人行桥、横林公路桥、卫东桥、工农桥、同济立交桥、五星桥、奔牛公路桥（又名金牛大桥）、奔牛人行桥、九里桥、同安桥、奔牛西桥。新建内港池和停泊锚地 14 处，新建拆迁居民安置房 12 幢 3 万平方米，拆除吊机 66 座，拆除管道桥 6 座、输煤拱桥 1 座，复建管道桥 4 座、输煤拱桥 1 座，设置航道标志牌 114 块、里程牌 90 块，绿化植物 7.4 万棵，种植里程 72 千米。项目总投资 5.27 亿元，其中交通部水运建设资金 1.53 亿元，地方投资 3.75 亿元。

（2）项目建设实施情况

项目建设单位为常州市苏南运河整治工程指挥部；设计单位为江苏省交通规划设计院有限公司；施工单位为扬州路桥公司、武进交通建设工程总公司、常州市航务工程有限责任公司等；监理单位为常州市苏南运河整治工程指挥部。

项目新建了一个 12 幢 3 万平方米的河苑西村住宅小区，妥善安置了拆迁户。1994 年 10 月 7 日，江苏省交通厅航道局和常州市苏南运河整治工程指挥部签订了《苏南运河常州段整治工程投资包干协议书》，确定了常州市苏南运河整治工程指挥部依据批准的初步设计文件所确定的工程建设规模、标准、工程建设调整概算费用，在确定的工期内，对江苏省交通厅航道局实行建设总承包。

（3）项目投产后的运营情况

苏南运河常州段经过全面整治，航道顺直，河面宽畅，驳岸齐整，桥梁雄伟壮观，两岸绿树成荫，能通过 500 吨级驳船，且增强了防洪、泄洪能力，改善了水质，改善了常州的投资环境，为常州经济发展又增加了新动力，使千年古运河又焕发了青春。京杭运河常州市区段整治后，过水断面骤增，通过能力成倍增长，为常州地方经济的发展带来新的机遇。比如戚墅堰发电厂，自 1994 年起，发电能力从 8 万千瓦增加到 48 万千瓦，年发电量达到 22 亿千瓦，为常州创造年产值 170 多亿元。常州炼焦制气厂在选址时就看好整治后大运河的运输能力，日产 16 万立方米焦炉放射性煤气工程于 1994 年建成投产后，生产的煤气除可供 10 万户居民使用外，还可满足部分工厂用气需要，生产的焦炭一半以上利用运河外运，较公路运输全年可节约运费约 50 万元。

京杭运河常州市区段的整治，按照美化要求拆除了沿河而建的吊机、小码头。重新规划选址，在五星桥畔建造的常州西港于 1997 年 7 月 28 日全面投入使用，总投资 900 余万元，占地 62 亩，货场 2 万多平方米，年吞吐量达百万吨。西港的投入使用使常州港口的设置布局更趋合理，并从根本上改变了过去城西无港口的不平衡局面。常州市 18 个重点推进利用外资项目及 24 个重点推进招商引资项目中，大部分分布在运河两岸。运河水运以其运量大、吨位大、成本低的优势，为促进中外合资合作提供了水路运输保证。

　　京杭运河常州市区段的整治结合旅游资源的开发，改造了城市景观，形成了绿化景点，成为市民休闲的好去处。运河整治在水质提高、环境保护、防洪能力增强、乡镇工业发展水运工具改革、人民生活质量提高、古运河保护与发展等方面产生的效益和影响是深远的。

　　10.京杭运河常州市区段改线工程项目

　　（1）项目概况

　　项目于2004年12月开工建设，2008年1月试运行，2009年6月竣工。

　　项目建设依据：2003年10月，江苏省发展和改革委员会《关于京杭运河常州市区改线工程可行性研究报告（含项目建议书）的批复》（苏计基础发〔2003〕1269号）；2004年12月，江苏省发展和改革委员会《关于京杭运河常州市区改线工程初步设计的批复》（苏发改交能发〔2004〕978号）；2004年9月，江苏省环保厅《关于对京杭运河常州市区段改线工程项目环境影响报告书的批复》（苏环管〔2004〕176号）。

　　该项目西起德胜河口连江桥，经施河桥、大通河、夏乘桥，东止戚区丁堰横塔村汇入大运河，整治航道里程25.76千米，永久性水工建筑物按三级航道标准建设，现阶段航道底宽及水深按四级标准实施，航道口宽90米、底宽45米（远期60米）、水深2.5米（远期3.2米）、最小弯曲半径480米。设计代表船队为1顶+2×1000吨级船队。航道设计通航保证率98%。

　　航道沿线设置2个停泊锚地，其中，重力式砌石护岸段长30.94千米，重力式部分混凝土贴面段长2.68千米，衡重式砌石部分花岗岩贴面护岸段长4.98千米，悬臂式钢筋混凝土护岸段长9.94千米，扶壁式钢筋混凝土护岸段长2.68千米；航道土方开挖1853万立方米；标志标牌89座；运河沿线两岸绿化面积126.45万平方米。沿线新、改建桥梁11座，分别是平陵大桥、常金大桥、钟楼大桥、湖滨大桥、新龙大桥、武进大桥、龙城大桥、阳湖大桥、青洋大桥、天宁大桥、东方大桥。桥梁主跨跨径为108~120米，除湖滨大桥为双向四车道外，其余均为双向六车道。跨河桥梁均采用一跨过河方式，通航净宽不小于70米、净高不小于7米，满足内河三级航道通航要求。项目总投资29.78亿元，其中交通部水运建设资金7.9亿元，地方投资19.53亿元，其他银行贷款2.35亿元。

　　（2）项目建设实施情况

　　项目建设单位为常州市京杭运河工程建设指挥部办公室；设计单位为江苏省交通规划设计院有限公司、同济大学建筑设计研究院市政分院、中交公路规划设计院和无锡市科佳工程设计有限公司等；施工单位为江苏恒基路桥总公司、杭州港航工程公司、常州市航务工程有限责任公司等；监理单位为常州市交通建设监理咨询有限公司、镇江润通交通工程监理咨询有限公司、江苏育通监理咨询公司等；质监单位为江苏省交通运输厅工程质量监督局。

2005年10月26日,江苏省发展和改革委员会印发《关于京杭运河常州市区段改线工程概算调整的批复》(苏发改交能发[2005]1015号),将该工程原先的总概算22.74亿元调整为29.97亿元,核增7.23亿元。其中航道工程概算调整为16.8亿元,核增6.21亿元;桥梁工程概算调整为13.17亿元,核增1.02亿元。

(3)科技创新成果及获奖情况

①在YH-H2标段西港管井施工中把传统的混凝土透水管改为聚氯乙烯(PVC)塑料管代替,取得了良好的施工效果(成孔效率高、排水效果好、施工方便、安全系数高、成本节约等)。

②在YH-H11标段东港护岸基础超挖地基处理采取水泥土施工方式,节约了施工成本。

③把镶条石贴面形式护岸改为在花岗岩砌面施工,不仅创新了护岸结构形式,同时也加快了施工进度。

④钢混组合连续梁桥高强砂浆及群钉承载力试验研究。江苏省常州市航道管理处、同济大学采用高强砂浆填充群钉剪力连接件结构形式,提出了群钉剪力连接件的刚度、极限承载力和变形性能,成功地配制了具有补偿收缩功能的自密实、低成本、高强(60米)填充砂浆,基于焊钉荷载—滑移曲线拟合分析,提出了近似表达式和焊钉弹性工作取值,为实际工程施工提供了有力的技术支撑。

⑤特殊结构桥梁质量检验评定标准研究。江苏省常州市航道管理处、长安大学结合运河11座桥梁的特色,通过系统的特征分析,与交通部《公路工程质量检验评定评定标准》对比,编制与每桥特征相适用的质量检验评定的专项标准,相应程序使分项评定用表能够实现自动计算功能。形成的专项质量检验评定标准,对质量检评及交竣工验收、强化管理、促进协调等方面有重要意义。

⑥自锚式悬索与斜拉组合结构体系桥梁受力性能与安全评价。江苏省常州市航道管理处、长安大学以理论分析为基础,数值仿真为手段,首次提出了空间主缆倾斜吊杆自锚式悬索与斜拉组合结构体系的吊索一次张拉技术。研究换索时的受力性能及几何变化规律,得出施工阶段与营运阶段受力性能及空间主缆线形变化规律,总结出施工阶段的主要风险模式和风险因素,建立了相应的结构极限状态方程,提出了基于BP网络的失效概率法和灰色理论的安全评价方法。

⑦钢拱塔锚箱受力性能试验研究。江苏省常州市航道管理处、同济大学采用数值分析方法,进行实桥结构和局部足尺模型对比分析,详细研究了足尺局部模型试件边界条件对实桥结构受力的影响,模型试件设计合理,能够模拟拱塔异形锚箱结构的受力,解决了局部模型试验中如何确定边界条件的难题。采用自平衡式对称锚箱试验模型设计和穿心式加载体系,解决了偏心倾角超过15°的钢拱塔异形锚箱模型试验中采用大

吨位(1290吨)加载技术难题。

⑧龙城大桥主梁双向钢混组合工艺研究。江苏省常州市航道管理处、同济大学建筑设计研究院针对钢混结合段使用中存在的问题,对扁平钢—混凝土结合梁成型过程控制性关键因素进行了研究,首次提出了前连接箱、PBL剪力连接件与剪力钉等综合连接方式,保证了结构安全。对高流动性微膨胀混凝土进行了研究,用于指导现场施工。

⑨龙城大桥主塔竖转及主缆体系工艺研究。江苏省常州市航道管理处、路桥华南工程有限公司利用主缆在主梁上锚固点作为竖转牵引索的锚点,主塔上设置三角钢架作为牵引点的竖转体系,完成了主塔的竖转,成功研制出国内最大平行钢丝索股(ϕ7米×397丝)的空间扭转式主缆体系,首次采用6组千斤顶一次同步张拉人字形斜吊杆,达到设计要求。避免了高空作业及减少大型起重设备的投入,便于拼装与焊接,加快了施工进度。

⑩青洋大桥脊背结构钢拱桥施工技术研究。江苏省常州市航道管理处、中铁二十四局集团有限公司采取地基加固、支架变形控制及预拱度设置等一系列技术措施,在厚壁钢管(30毫米)加工中,成功地采用中频弯管热煨成型工艺,提出小件组装和大件拼装,两组联动龙门安装拱肋,保证了施工安全和精度;八字斜吊杆采用两阶段对称张拉,确保施工中钢管拱的面外稳定及线形,攻克了异形拱座施工中的技术难题。

⑪长大节段支架现浇箱梁工艺研究。江苏省常州市航道管理处、中交三航局第三工程有限公司在PC变截面连续箱梁悬浇施工中,首次提出长大节段(长10.5~22米)支架现浇工艺,确保了施工过程中的桥梁线形和结构安全,加快了进度,降低了成本。有效控制了PC长大节段变截面连续箱梁支架现浇收缩、徐变产生的裂缝。提出了C60高强度超缓凝混凝土配合比设计方法,在该桥施工中得到成功应用。

⑫碱渣和废混凝土改性淤泥质土用于路基填筑技术及示范。江苏省常州市航道管理处、南京航空航天大学成功研制了利用碱渣和废混凝土等改性淤泥质土用于路基填筑的改性剂。研究了改性剂对筑路材料中重金属浸出的稳定性影响,为淤泥质土的安全使用提供依据,具有广阔的推广前景。

⑬京杭运河常州市区段改线工程项目土方综合利用及其效益评价研究。江苏省常州市航道管理处、河海大学结合改线工程土方综合利用的实际情况,对部分社会效益与生态效益科学量化,为综合效益评价提供重要依据。对土方综合利用综合评价时,将逻辑框架法与模糊综合评价法相结合,给出土方综合利用综合效益的评判。具体提出在工程项目协调机制、土方综合利用运作模式、循环经济、组织管理模式等推广建议。

项目获奖情况详见表10-3-1。

项目获奖情况表   表 10-3-1

奖项分类	奖项级别	奖项名称	获奖年月	颁奖机构
技术进步	省部	2008 年度江苏省科学技术进步奖三等奖	2009 年 1 月	江苏省人民政府
工程设计	省部	2009 年度教育部优秀市政公用工程设计二等奖	2009 年 11 月	中华人民共和国教育部
工程质量	省部	2009 年度交通运输水运工程质量奖	2009 年 12 月	中华人民共和国交通运输部
特殊奖项	詹天佑奖	第九届中国土木工程詹天佑奖	2010 年 3 月	中国土木工程学会、北京詹天佑土木工程科学技术发展基金会
技术进步	省部	2009 年度江苏省科学技术进步奖三等奖	2010 年 1 月	江苏省人民政府
工程质量	国家	国家优质工程银质奖	2010 年 12 月	国家工程建设质量奖审定委员会
技术进步	省部	中国航海学会科学技术奖三等奖	2011 年 11 月	中国航海学会
特殊奖项	詹天佑奖	中国土木工程学会"百年百项杰出土木工程称号"	2011 年 11 月	中国土木工程学会、北京詹天佑土木工程科学技术发展基金会

(4)项目投产后的运营情况

京杭运河常州市区段改线工程项目竣工通航,实现了国家级水运主通道升级换代,解决了市区段航道原有的狭窄和堵航问题,航道通行能力由原来的 500 吨级船舶双向航行提升到 1000 吨级船舶三线航行。集中归并后形成的两个年吞吐能力为 1200 万吨的东、西港区进一步提升了水上运输的集散能力,使常州市的综合运输体系得到进一步优化。

土方综合利用取得了巨大的经济效益和社会效益。用有无土方综合利用为对比,分析土方施工费用(包括征地、拆迁,以及挖土、运土和弃土等费用),可得出运河项目的直接财务效益。经计算,京杭运河常州市区段改线工程项目直接财务效益为 1.5 亿元。仍采用有无对比法,按照土地的影子价格对项目的土方综合经济效益进行分析,经计算,京杭运河常州市区段改线工程项目国民经济效益为 4.84 亿元。计算表明,运河土方综合利用所产生的国民经济效益是十分显著的。

城市区域交通状况得到空前改善。26 千米的常州改线段有 11 座大桥,平均为 2.3 千米一座桥,中心城区段每座间距仅为 1.37 千米。众多大桥横空而起,使原有的干线路网全面恢复,极大地方便了交通出行。11 座运河大桥除湖滨大桥的主桥宽为 27 米双向四车道加人行、非机动车道外,其余 10 座均为 35 米左右双向六车道加人行、非机动车道,极大地改善了城市交通状况。新运河大桥与新 312 国道个部采用分离式全立交或互通式立交,避免了城市交通与过境交通的相互干扰,确保了快速和安全。

常州市区段改线工程直接带动了沿河地区的地块升值。新运河的开凿没有成为常武的隔离带和分界线,恰恰相反,亮丽恢宏的新运河大桥成为常武一体化的新纽带,成为新运河地区经济开发的新支点。由于交通状况的极大改善,由于 11 座运河大桥组成"小型桥梁博物馆"的声誉鹊起,由于高密度的绿化生态效应,新运河地区从原有的"脏、乱、差"转变为现在"畅、绿、美","三不管地带"变成"抢手货"。

新运河的开通,不仅使太湖流域重要的防洪工程——武宜运河全线贯通,节约土地800 多亩,节省建设费用 6000 多万元,而且使常州市规划已久的城市防洪大包围圈全面形成,新运河成为中心城区最大的蓄洪泄洪通道,城市防洪能力显著提高。

新运河的开通,使常州老运河的文物保护和环境整治得以及时开展,同时,新、老运河沿线的原有污染企业也正随着整治保护工作陆续进行搬迁,为运河申遗工作做出积极的努力。

11. 苏南运河苏州市区段三级航道整治工程

(1)项目概况

项目于 2007 年 7 月开工建设。

项目建设依据:2008 年 3 月,江苏省发展和改革委员会《关于苏南运河苏州段三级航道整治工程可行性研究报告的批复》(苏发改交通发〔2008〕283 号);2008 年 7 月,江苏省发展和改革委员会《关于苏南运河苏州市区段三级航道整治工程初步设计的批复》(苏发改交通发〔2008〕748 号);2007 年 7 月,江苏省环保厅《关于对苏南运河三级航道整治工程环境影响报告书的批复》(苏环管〔2007〕155 号);2007 年,江苏省国土资源厅《关于苏南运河三级航道整治工程项目用地的预审意见》(苏国土资函〔2007〕1080 号);2018 年,江苏省人民政府《关于苏南运河苏州市区段三级航道整治工程建设用地的批复》(苏政地〔2018〕636 号)。

苏南运河苏州市区段按三级航道标准进行建设。建设航道底宽不小于 70 米,最小水深 3.2 米,口宽不小于 90 米,航宽不小于 80 米,最小弯曲半径 480 米;设计代表船队为 1 顶 +2×1000 吨级船队;改建桥梁通航净高 7 米、净宽 80 米,主跨采用一孔跨过通航水域。航道设计通航保证率 98%。

项目整治航道 40 千米。新建护岸 38.27 千米,加固护岸 4.45 千米,修复护岸31 千米,开挖水上方 475.8 万立方米、水下方 346.9 万立方米,建设服务区 2 座、航道管理锚地 1 座、信息化工程 1 项,以及航道标志标牌及环保、绿化等配套工程。改建桥梁 15座,分别为工农桥、望亭桥、望亭南桥、苏钢大桥、北津桥、浒关桥、竹青桥、南津桥、兴贤桥、何山桥、狮山桥、晋源桥、新郭桥、新塘桥、长桥。项目总投资 9.38 亿元,其中交通运输部水运建设资金 4.95 亿元,地方投资 4.43 亿元。

（2）项目建设实施情况

项目建设单位为苏州市水运工程建设指挥部;设计单位为江苏省交通规划设计院股份有限公司、江苏省交通科学研究院股份有限公司、中交公路规划设计院有限公司;施工单位为江苏天舜交通工程有限公司、昆山市交通航务工程公司、常州市航务工程有限责任公司等;监理单位为苏州市路达工程监理咨询有限公司、江苏科兴项目管理有限公司、江苏交通工程咨询监理有限公司;质监单位为江苏省交通运输厅工程质量监督局。

（3）科技创新成果及获奖情况

结合老桥拆除发明强力脆断法,这是一种运用于碍航桥梁水中桩基拆除的新型施工方法。在项目管理上采用信息化手段,自主研发了苏南运河疏浚工程船舶监控管理系统,通过 GPS 轨迹跟踪、视频监控等措施,对疏浚施工进行全方位全天候的管控,有效地规范了弃土管理,保护了航道整治成果。

2016 年,项目获得江苏省交通建设优质工程奖。

（4）项目投产后的运营情况

该工程新建护岸广泛采用二级墙形式,大量使用自锁块、箱式挡墙、仿木桩等柔性二级墙护岸,以及格宾形式的生态护岸,丰富视觉形态,新型护岸结构的使用不仅提升了航道通行条件,而且极大地改善了运河沿线的生态环境。整治后的苏南运河线形顺适,弯段圆顺,桥梁美观,已成为苏州城市形象的一张名片。锚地和服务区配备船舶停靠、维修、接电、加油加水、船员休息等功能。运营期间增加防污减排措施,在服务区建立生活污水处理站、垃圾收集点,为船员提供岸电接入,通过视频监控等信息化手段配合海事部门共同加强对水上危险品运输的管理和监督。

苏南运河苏州市区段整治后,取得了良好的经济效益和社会效益:一是船舶运输成本降低。由于通航标准提高、航行条件改善,运河中大吨位船舶比例逐年提高。以浒关段为例,2007 年通过量为 70 万艘、1.79 亿吨,平均 255 吨/艘;2015 年通过量为 35 万艘、2.07亿吨,平均 585 吨/艘。同时,因航道拥挤度下降,各类船舶速度已逐步达到正常运营速度,500 吨级船队在苏州航段行驶的平均时间能缩短 3 小时,大大降低运输成本。二是防洪防汛功能明显加强。由于航道护岸建设标准提高,大量破损驳岸得到修复或重建,以往每年汛前、汛中抗洪抢险的应急事件明显减少。

12.苏南运河镇江段三级航道整治工程项目

（1）项目概况

项目于 2007 年 8 月开工建设,2014 年 12 月试运行。

项目建设依据:2008 年 3 月,江苏省发展和改革委员会《关于苏南运河镇江段三级航道整治工程可行性研究报告的批复》（苏发改交通发〔2008〕183 号）;2009 年 11 月,江苏省发展和改革委员会《关于苏南运河丹阳市区段三级航道整治工程初步设计的批复》(苏发改交通发〔2009〕1595号);2009年11月,江苏省发展和改革委员会《关于苏南运河镇江市区段三级航道整治工程初步设计的批复》(苏发改交通发〔2009〕1596号);2007年7月,江苏省环保厅《关于对苏南运河三级航道整治工程环境影响报告书的批复》(苏环管〔2007〕155号);2010年12月,江苏省人民政府《关于批准苏南运河镇江段三级航道整治工程(丹阳段)建设用地的通知》(苏政地〔2010〕1230号);2010年12月,江苏省人民政府《关于苏南运河镇江段三级航道整治工程(丹徒段)建设用地的批复》(苏政地〔2011〕141号);2010年12月,江苏省人民政府《关于苏南运河镇江段三级航道整治工程(京口段)建设用地的批复》(苏政地〔2011〕142号)。

苏南运河镇江段按照三级航道标准全面整治,长42.57千米。建设航道底宽不小于70米,最小水深3.2米,口宽不小于90米,航宽不小于80米,最小弯曲半径480米;改建桥梁通航净高不小于7米,净宽不小于80米,主跨采用一孔跨过通航水域。航道设计通航保证率98%。

项目整治航道42.57千米,新建护岸74.62千米,修复护岸4.5千米,开挖水上方1478万立方米、水下方877万立方米,建设停泊服务区1个、锚地4个、航道管理锚地3个、信息化工程1项,以及航道标志标牌及环保、绿化等配套工程。改建桥梁9座,新建桥梁1座。项目总投资20.35亿元,其中交通运输部水运建设资金7.44亿元,地方投资11.24亿元,政策性银行贷款1.66亿元。

(2)项目建设实施情况

项目建设单位为苏南运河镇江段"四改三"工程建设指挥部;设计单位为江苏省交通规划设计院;监理单位为湖南省三湘交通建设监理事务所、黑龙江黑航工程监理咨询有限公司、江苏润通项目管理有限公司等;施工单位为江苏省镇江市天顺交通工程有限公司、常州市航务工程有限责任公司、江苏捷达交通工程集团有限公司等;质监单位为江苏省交通运输厅工程质量监督局。

(3)科技创新成果及获奖情况

一是生态护坡首次采用,保护环境。在2007年开工的缪马村至陵口镇先导段整治中采用生态挡土墙,在镇江乃至江苏航道建设史上都是首次。该结构形式的护岸属于新材料、新技术、新工艺,符合环保、生态理念。新建的护岸根据周围环境,种植多样的植物对其进行绿化,达到植物与护岸和谐统一。

二是由于改造后的航道岸线是直立式驳岸,船行波的反射不易被消减,为使船舶航行更安全,开展内河航道直立式护岸消浪性能研究,在工程整治中对护岸结构形式进行了改进,采用透空式钢筋混凝土重力式结构,新建弧形立面空腔式素混凝土重力式结构,及新建透水钢筋混凝土沉箱式结构,起到良好的消浪效果。

三是开展科技创新,较好遏制流砂土。丹阳陵口先导段地质复杂,属于流砂土质,再结实的坡岸,在水流的不断冲刷下,也会因为地下流沙的流动性而逐步坍塌。针对陵口先导段航道地下水位高和极细粉砂土产生液化、涌沙等特点,在尚无成熟经验和标准的情况下,指挥部与南京水利科学研究院共同合作,开展科研技术攻关,采用了粉质砂土地下连续墙锚杆加固技术,较好地遏制了流砂土质。

2014年4月,该项目被江苏省交通运输厅评为2013年度江苏省交通建设优质工程;2016年2月,获得2014年度江苏省"扬子杯"优质工程奖。

(4)项目投产后的运营情况

本次航道整治取得了以下成效:

一是航行条件得到极大改善。苏南运河镇江段"四改三"工程航道尺度一期疏浚为底宽45米、水深2.5米,二期疏浚结束后航道将达到口宽90米、底宽60米、最小水深3.2米的超三级标准。交工通航后,船舶航行视线良好,通航水域宽阔,船舶能在高速状态、航行安全距离下相向交会或同向追越,各类标志标牌牌面清晰、内容指示明确,交叉河口及圆弧段航道的弯曲半径能满足船舶安全转向的要求;空腔护岸段船行波波高减小,消能效果较为明显。该工程的投运极大地改善了镇江段运河的航行条件,提高了通行船舶等级,为千吨级大型货船跨流域运输创造了条件。

二是单船总吨位明显增大、船舶通过量大幅提升。自2009年航道逐段完工投运以来,由于航道尺度的提高,通行于苏南运河单船的总吨位值越来越大,货物及船舶年通过量也逐年提升。分析谏壁船闸船舶通行数据后发现,航道逐段完工后,货船单船总吨位在提高,多数为200~500总吨,甚至出现900多总吨的大船,以前常见的200总吨以下的货船已极少,一个(套)闸次货船数量也由过去的40多条逐步减少到8条;开工建设前的2006年,船舶通过量为1.03亿吨,交工验收时的2014年,其船舶通过量达到1.40亿吨,总增长率35.8%。"十一五"期间(2006—2010年)船舶通过总量为5.26亿吨,"十二五"期间(2011—2015年)船舶通过总量为6.52亿吨,增长24%。苏南运河三级航道建成,航道尺度的提升也促使船舶向大型化、标准化、航次快捷化发展,这是苏南运河镇江段船舶通过量得以提高的重要因素。

三是防洪灌溉综合能力得到提升。苏南运河镇江段既是国家长三角地区高等级航道网的组成部分,也是太湖流域湖西引排工程中南北引排骨干河道,建成后的苏南运河镇江段排洪引水能力大大提高,4.1米以下的过水断面面积比原四级航道增大164%,江苏省水利厅在2014年对谏壁节制闸进行专项改造,将节制闸的引排水流量分别提升到每秒400~600立方米。2015年6—7月,苏南地区遭遇到百年一遇的连续降雨,由于苏南运河镇江段等骨干航道的建成及其排洪能力的增强,湖西地区未造成大的洪涝,丹阳水文站汛期6月27日最高水位时仅5.28米,经使用该站35年水位资料推算约为25年一遇的高水值,远小于历史上相同雨量时洪水位值。运河航运功能提升的同时,排涝、灌溉综合能力也得到增强。

13.苏南运河无锡段三级航道整治工程项目

(1)项目概况

项目于 2007 年 12 月开工建设,2011 年 5 月试运行,2015 年 12 月竣工。

项目建设依据:2008 年 1 月,江苏省发展和改革委员会《关于苏南运河无锡段三级航道整治工程可行性研究报告的批复》(苏发改交通发〔2008〕6 号);2008 年 4 月,江苏省发展和改革委员会《关于苏南运河无锡段三级航道整治工程环境影响报告书的批复》(苏改交通发〔2008〕382 号);2007 年 7 月,江苏省环保厅《关于对苏南运河三级航道整治工程环境影响报告书的批复》(苏环管〔2007〕155 号);2007 年 10 月,江苏省国土资源厅《关于苏南运河无锡段航道整治工程项目用地的预审意见》(苏国土资函〔2007〕869 号)。

苏南运河无锡段按照三级航道标准全面整治,建设航道里程 39.28 千米。建设航道底宽不小于 70 米,最小水深 3.2 米,口宽不小于 90 米,航宽不小于 80 米,最小弯曲半径 480 米;设计代表船型为 2×1000 吨级顶推船队和 1×1000 吨级货船。航道设计通航保证率 98%。

项目新建桥梁 9 座,按公路等级三级,主跨跨径不小于 90 米、通航净宽不小于 60 米、通航净空不小于 7 米建设;新建护岸 24.4 千米,加固老护岸 24.7 千米,改建桥梁 8 座;疏浚土方 431 万立方米。新建护岸采用灌砌块石 + 混凝土贴面重力式结构,另有部分采用钢筋混凝土悬臂式护岸;为保护原有建筑、减少拆迁,局部地方新建护岸结构采用钢筋混凝土钻孔灌注桩排桩 + 摆喷桩挡墙形式。老护岸加固采用混凝土小方桩 + 水下混凝土 + 混凝土贴面结构;共设置航标 4 座,其中侧面标 2 座、左右通航标 2 座;设置标牌 72 个,其中指向牌 5 个、地点距离牌 2 个、分界牌 2 个、宣传牌 13 个、提示牌 6 个、专用标牌 6 个、里程牌 38 个;共新建服务区 2 个、停泊锚地 1 个、航道管理锚地 2 个。服务区设置在苏南运河无锡先导段新安段和苏南运河无锡先导段洛社段范围内,规模为 400 米 ×50 米;停泊锚地设在航道右岸,规模为 500 米 ×50 米;航道管理锚地设在市区航道管理站附近,规模为 100 米 ×50 米。项目总投资 15.68 亿元,其中交通运输部水运建设资金 4.48 亿元,地方投资 11.2 亿元。

(2)项目建设实施情况

项目建设单位为无锡市苏南运河航道整治工程建设指挥部办公室,具体负责工程建设的组织和实施;设计单位为江苏省交通规划设计院、中交第二航务工程勘察设计院有限公司;施工单位为江苏中路交通工程有限公司、南京航务工程有限公司、江苏省路港建设工程有限公司等;监理单位为江苏科兴工程建设监理公司、江苏润通交通工程监理咨询有限公司、江苏中设工程咨询集团有限公司等;质监单位为江苏省交通运输厅工程质量监督局。

项目实施过程中重大变更:①因与地方规划冲突,调整洛社段服务区与锚地的建设位置;②配合城市道路改建变更沿线护岸结构并新增部分护岸。

(3)科技创新成果及获奖情况

建设单位在项目管理过程中高度重视生态环保施工工艺研究和工程实用技术研究,分别进行了苏南水网地区生态航道关键技术研究、内河航道护岸加固水下混凝土施工工艺研究和通航条件下桥梁拆除工艺及监控预警技术研究。其中,通航条件下桥梁拆除工艺及监控预警技术研究在 2013 年获得了中国公路学会科学技术奖二等奖。苏南运河无锡段"感知航道"信息化项目,是 2010 年无锡市政府推广的 14 个物联网示范项目之一,是"感知交通"的重要组成部分。该项目中"思创物联网感知航道解决方案 V1.0"软件在 2011 年获得第十五届中国国际软件博览会金奖。项目获得江苏省交通运输厅 2011 年颁发的五大环境友好典型工程奖项、中国通信企业协会通信工程建设分会 2015 年度颁发的 2014 年度全国优质通信工程项目二等奖、江苏省交通运输厅 2015 年颁发的江苏省交通建设优质工程奖及江苏省住房和城乡建设厅 2016 年颁发的"扬子杯"优质工程奖。

(4)项目投产后的运营情况

苏南运河无锡段整治工程是苏南水运建设的重大举措,无锡段的率先整治开启了苏南运河治理的先河,其整治工程和整治效果具有先导性和借鉴示范意义。工程拓宽浚深航道、增加跨河建筑物净空,重新规划建设了港口、锚地、服务区,提高了航道通过能力,提高了管理服务水平,提高了航运经济效益,使苏南航道网结构更趋合理。苏南运河无锡段整治工程改善了区域综合运输条件,突显了无锡交通枢纽地位,航道最大可通航 1000 吨级船舶,船舶数量稳定在 50 多万艘,通过量稳定在 2 亿多吨。另外,工程还优化了沿河土地利用,整合了岸线资源,重组了综合物流运输,推动了沿河产业带的发展和新型企业的诞生。由此带来的水运区位优势,为产业转型提供了支撑,增强了无锡的城市竞争力。项目工程对无锡的社会生活影响巨大,惠及民生。通过重新规划建设运河周边道路与跨河交通,改善了两岸的交通条件,顺畅衔接了无锡市各主要干道,顺应了无锡城市发展的交通需求。在环境营造上实现了多功能、高标准要求,注重历史文化传承。

14.苏南运河常州段三级航道整治工程

(1)项目概况

项目于 2009 年 10 月开工建设。

项目建设依据:2007 年 2 月,江苏省发展和改革委员会《关于苏南运河常州段航道整治工程项目建议书的批复》(苏发改交通发〔2007〕148 号);2008 年 3 月,江苏省发展和改革委员会《关于苏南运河常州段三级航道整治工程可行性研究报告的批复》(苏发改交通发〔2008〕182 号);2018 年 7 月,江苏省发展和改革委员会《关于苏南运河常州段三级航道整治工程可行性研究报告的批复》(苏发改交通发〔2008〕749号);2007年7月,江苏省环保厅《关于对苏南运河三级航道整治工程环境影响报告书的批复》(苏环管〔2007〕155号);2010年3月,江苏省国土资源厅《关于下达2010年度第一批省及省以下独立选址建设项目新增建设用地计划的通知》(苏国土资发〔2010〕64号);2011年9月,国土资源部《关于苏南运河常州段三级航道整治工程建设用地的批复》(国土资函〔2011〕646号)。

苏南运河常州段三级航道整治工程,设计代表船队为1顶2×1000吨级船队,整治后航道底宽不小于70米、最小通航水深3.2米、最小弯曲半径480米,设计通航保证率98%。改建桥梁通航净高7米、净宽80米,主跨采用一孔跨过通航水域。

项目整治航道里程23.06千米,工程分为常州西段和常州东段两个航段,其中,常州西段起于镇江交界处荷园里,止于德胜河口连江桥,航道整治长度12.28千米;常州东段起于戚墅堰区,止于无锡直湖港,航道整治长度10.78千米。该项目建设停泊锚地3个、航道管理锚地1个、信息化工程1项,以及航道标志标牌、绿化等配套工程。新、改建桥梁13座。项目总投资28.15亿元,其中交通运输部水运建设资金4.86亿元,地方投资23.07亿元,其他银行贷款2188.6万元。

(2)项目建设实施情况

项目建设单位为常州市三级航道网整治工程建设指挥部办公室。运河横林段由武进区交通运输局成立了二级指挥部办公室,履行该段航道整治工程的现场管理职能。设计单位为江苏省交通规划设计院股份有限公司(航道)、中交第二航务工程勘察设计有限公司(桥梁);施工单位为南京航务工程有限公司(西段航道1标)、中交一航局第三工程有限公司(西段航道2标)、江苏中路交通工程有限公司(西段航道3标、标志标牌)、常州市航务工程有限责任公司(疏浚1标、西段航道5标、东段中天钢铁段和西段完善)、江苏舜通路桥工程有限公司(西段桥梁1标、东段桥梁4标)、中建筑港集团有限公司(东段航道4标)、南京港航建设工程有限公司(东段横林航道)、无锡市航道工程有限公司(疏浚2标);监理单位为常福建陆海建设监理所(西段航道)、苏州市路达工程监理咨询有限公司(标志标牌、西段桥梁、西段航道5标、东段航道)、江苏科兴项目管理有限公司(疏浚);质监单位为江苏省交通运输厅工程质量监督局。

常州西段及横林段航道分别于2009年10月和2014年5月正式开工,2014年12月通过交工验收。戚墅堰段航道于2016年3月正式开工,2016年12月通过交工验收。

(3)科技创新成果及获奖情况

冷弯钢板桩在内河航道护岸中的应用研究。江苏省交通运输厅航道局、江苏省常州市航道管理处、江苏省交通规划设计院股份有限公司有针对性地开展冷弯钢板桩护岸的应用研究,提出分区防腐措施及各施工方法的适用性,实现更为经济合理的分区防腐。冷弯钢板桩的应用与发展不仅能提高工程建设领域的技术发展,构建和谐环保、节能减排的内河运输环境,同时也能带动相关产业链的发展,产生良好的社会经济效益。

长节段钢管拱肋与系梁劲性骨架整体安装施工技术研究。江苏省常州市航道管理处、中铁四局集团有限公司、上海市公路工程质量检测中心、中交第二航务工程勘察设计院经过详细研究、反复论证,戚墅堰大桥主桥跨河部分采用半跨骨架拼装成型整体吊装的施工工艺,提出长节段钢管拱肋与系梁劲性骨架整体吊装施工技术和水平力平衡技术。长节段钢管拱肋与系梁劲性骨架整体组装在地面进行,施工操作相对简单,精度控制相对容易,同时可缩短施工周期。

常州市干线航道淤积机理及其对策研究。常州市航道管理处和河海大学以德胜河与苏南运河常州段交汇水域为重点研究对象,得到淤积体的空间分布规律,并通过工程措施调整淤积部位,结合沉沙池方案,优化了水资源调度模式,缓解航道交汇水域泥沙淤积强度,提高航道的通过能力,保障航行安全;提高清淤效率,降低成本。探索合适时机引江冲淤,提高了水资源综合效益。

2016年3月,此项目获得2015年度江苏省交通建设优质工程奖;2017年,"冷弯钢板桩在内河航道护岸中的应用研究"课题获得2017年度中国航海学会科学技术奖三等奖。

(4)项目投产后的运营情况

该项目已完工航段建成投产后,航道等级提升到三级,设计通航船舶吨级提高一倍,最小通航水深增加到3.2米,大大改善了通航条件。航道上的船舶流量明显增加,水运企业经济效益大幅提升。同时,由于通航条件的改善与沿线标志标牌的规范设置,船舶在航道行驶过程中的事故发生率降低,行船安全性明显提高。在防洪防汛方面,该项目成效显著。常州经济开发区(原戚墅堰区)位于常州运河段的最下游,是每年梅雨季节受灾最严重的地区,容易出现大面积积水、受涝、受淹。苏南运河常州段三级航道整治工程实施后,破坏损毁的驳岸得到修复和重建,并增设了防洪墙,极大地保障了经济开发区安全度汛。在绿化方面,该项目实施后,航道两岸绿化面积扩大,植物品种呈现多样化,提升了市容市貌,也为船民的航运旅途和周边居民的日常生活增加了乐趣。

15.苏南运河吴江段三级航道整治工程

(1)项目概况

项目于2010年1月开工建设,2018年1月试运行。

项目建设依据:2008年3月,江苏省发展和改革委员会《关于苏南运河苏州段三级航道整治工程可行性研究报告的批复》(苏发改交通发〔2008〕283号);2008年7月,江苏省发展和改革委员会《关于苏南运河吴江段三级航道整治工程初步设计的批复》(苏发改交通发〔2008〕747号);2007年7月,江苏省环保厅《关于对苏南运河三级航道整治工程环境影响报告书的批复》(苏环管〔2007〕155号);2007年,江苏省国土资源厅《关于苏南运河三级航道整治工程项目用地的预审意见》(苏国土资函〔2007〕1080号);2014年,国土资源部《关于苏南运河吴江段三级航道整治工程建设用地的批复》(国土资函〔2014〕268号)。

项目整治航道里程41.46千米,航道建设等级为三级。航道设计尺度为航道底宽不小于70米、最小水深3.2米、口宽不小于90米、航宽不小于80米、最小弯曲半径480米。设计代表船队为1顶+2×1000吨级船队。航道设计通航保证率98%。

项目改建桥梁6座,改建桥梁通航净高7米、净宽80米,主跨采用一孔跨过通航水域。疏浚河段长41.46千米;开挖水上方586.7万立方米、水下方385.3万立方米,合计972.0万立方米;新建护岸45.24千米,加固护岸7.9千米,修复护岸32千米;信息化工程1项;建设航道管理锚地1座、停泊锚地3个。项目总投资11.8亿元,其中交通运输部水运建设资金4.95亿元,地方投资6.85亿元。

(2)项目建设实施情况

项目建设单位为苏州市水运工程建设指挥部;设计单位为江苏省交通规划设计院股份有限公司、江苏省交通科学研究院股份有限公司、中交公路规划设计院有限公司;施工单位为江苏天舜交通工程有限公司、昆山市交通航务工程公司、常州市航务工程有限责任公司等;监理单位为苏州市路达工程监理咨询有限公司、江苏科兴项目管理有限公司、江苏交通工程咨询监理有限公司;质监单位为江苏省交通规划设计院股份有限公司、上海港湾工程质量检测有限公司、江苏省交通科学研究院股份有限公司。

(3)科技创新成果及获奖情况

苏南运河吴江段云梨桥为主跨100米斜靠式钢箱系杆拱桥,钢结构部分总重2700吨。原设计采用水中支架现场拼装施工工艺,为了不影响水上交通,提出了无支架施工的浮拖工艺,各项指标均创国内纪录。在项目管理上采用信息化手段,自主研发了苏南运河疏浚工程船舶监控管理系统,通过GPS轨迹跟踪、视频监控等措施,对疏浚施工进行全方位全天候的管控,有效地规范了弃土管理,保护了航道整治成果。

2016年12月,项目获江苏省交通运输厅颁发的江苏省交通建设优质工程奖。

(4)项目投产后的运营情况

苏南运河整治后,取得了良好的经济效益和社会效益:一是船舶运输成本降低。由于通航标准提高、航行条件改善,运河中大吨位船舶比例逐年提高。以平望段为例,2007年通过量为66万艘、2.29亿吨,平均347吨/艘;2015年通过量为41万艘、2.26亿吨,平均551吨/艘。

(四)航道的发展成就与经验启示

整治后的苏南运河线形流畅、水面开阔、水深加大、驳岸坚固,全线可通行千吨级船舶,有效改善了水运通航条件,从根本上改变了以前该航道船舶频繁堵档的局面,实现了国家级水运主通道升级换代,有效促进了苏南运河的水运发展,刺激了沿线城市经济的进一步提高,同时为沿线百姓安居乐业提供了保障,成为支撑无锡城市建设乃至长三角一体化发展的水运经济命脉。在取得了巨大的经济效益和社会效益的同时,在建设过程中也获得了一些经验启示。

优化施工设计,提升综合效益。工程实施过程中,对于部分拆迁特别困难的航段,在保持建设标准不降低的前提下,对施工图设计进行优化,通过缩减口宽、采用排桩结构、钢板桩结构等方式,略微增加工程投资,大幅减少拆迁经费,促进了工程建设的顺利开展。

灵活运用航道桥梁科技项目,采用新工艺、新技术助推航道建设发展。航道桥梁的科技创新以项目建设的理念创新为纲领,结合地方相应的科技应用水平和建设能力,有组织、有目标、有计划地围绕项目建设总要求,开展好科技创新的各项具体工作。同时,在创新项目的具体实施过程中要坚持"里脑"和"外脑"的结合、"专家指导"与"群众路线"的结合,达到科技创新的合理、高效的目的。另外,注重桥梁转体施工、斜靠拱偏心拖拉、小木桩地基处理等工艺,以及老桥基础强力脆断法、项目管理系统、疏浚船舶 GPS 定位系统、多波束测深系统等新技术和管理方法在苏南运河建设的发挥。

拓展整治内涵,提高建设品位。一是将运河整治与水环境治理相结合。运河整治过程中十分注重水环境的改善,着力加强航道生态文明建设,追求航道与自然的和谐发展。二是将运河整治与城市化进程相结合。如洛社镇在整治完成的航道边规划了一条洛社景观带,结合航道拓宽后的滨水环境,打造市民文化广场、市民休闲广场和生态湿地公园等。

运河整治与历史文化传承相结合。建设中高度重视历史文化的传承与弘扬,积极做好方案策划和文化遗产的保护工作。如在市区段运河整治中充分挖掘运河周边丰富深厚的历史文化资源,沿河景观带中增设了文化景观墙、运河碑刻、特色雕塑、浮雕小品等文化元素,在混凝土墙面上做出网格形状,以模拟古城墙效果,同时在配以江苏航道标记、玉飞凤、阿福阿喜等富有行业特色和无锡地方特色的花岗岩雕刻,塑造了运河文化与现代文明交相辉映的城市人文观光走廊。水运建设和城市建设和谐发展、科学发展。对于水运工程的合理线位与城市建设在客观上存在"交集"的项目,在城市建设拓展的规划时期和项目的规划阶段,将水运工程规划与区域城市规划、旧城改造、产业布局调整等有效结合,调动地方政府参与水运工程建设的积极性,解决困扰航道建设"一头热"的问题,切实推进水运事业又好又快发展。

加强"智慧航道"建设。"智慧航道"包括了 ETC 系统、船联网技术、GIS 平台、电子航道图及视频监控系统四个部分。"智慧航道"在苏南段的应用让航道管养护工作标准化、规范化、透明可视化,让船舶更能感受到服务的快速方便。

五、京杭运河浙江段航道

(一)河道自然特征

京杭运河浙江段从江浙交界的鸭子坝起,途经乌镇、练市、含山、新市、塘栖等城镇至杭州的三堡船闸,全长 100 千米。京杭运河浙江段航道穿越太湖流域的杭嘉湖平原,属于平原河流,其河床的纵比降级小,水面基本水平,水位变幅小,水流速度缓,河床冲淤变化较小。河岸宽一般为 40 ~ 70 米,最窄为 25 ~ 35 米,水深一般 2.5 米以上,最浅处 2.0 米左右,航道弯曲半径一般大于 400 米,最小处 80 ~ 100 米。河床底质一般为硬泥、淤泥。地面高程(吴淞)在 4 ~ 6 米之间。

京杭运河浙江段位于杭嘉湖平原水网区,区内湖、漾众多,河、港、汊纵横,地表水十分丰富。河道比降小,水流平缓,流向顺逆不定;洪水期水流由杭州市区、余杭街道、闲林镇、獐山镇方向流经塘栖,然后转入嘉兴、湖州或自武林头转入德清雷甸方向,枯水期可获得太湖水调节、补充,水流方向由嘉兴、湖州或德清方向流向杭州,常水位期基本无流速,常水位期约占全年的 2/3。水位变幅小,历年水位变幅在 2 ~ 3 米。该区水域面积大,地表植被好,暴雨期由径流带入河道的泥沙很少,河流沿程冲淤变化甚微,河道断面稳定。但在局部水浅、河窄、无护岸河段,船行波对河岸有一定冲刷,岸坡破损、塌岸等会使少量泥沙落淤航槽。随着河道(航道)的全面治理,拓宽浚深和护岸后,减少了水流对河岸的冲刷,进入河道的泥沙将会减少。京杭运河嘉兴段属杭嘉湖冲湖积平原,地形平坦,路线经过地区为堤岸、绿化地、水稻田、菜地、旱地等,部分分布村庄、道路等,一般高处为旱地(桑地),低处为水稻田和池塘(养殖场)。

(二)主要航道现状和建设情况

京杭运河浙江段,从江浙交界的鸭子坝起,至杭州的三堡船闸,其中杭州段 38.7 千米,湖州段 43.95 千米,嘉兴段 17.35 千米。京杭运河与区域内的长湖申线、杭申线、乍嘉苏线、六平申线受杭湖锡线、钱塘江等互相贯通,上达安徽,下通江苏、上海及长江沿线,共同构成浙北航道网,承担了建材和非金属矿等大宗货物运出和煤炭等运入的繁重任务,在浙江省经济发展中发挥了极其重要的作用。但由于历史原因,运河大部分河段仍处于自然状况,航道等级低、通航条件差、通过能力小。为改变这一局面,1982 年国家计委批复了《京杭运河(济宁至杭州)续建工程计划任务书》,1985 年国家计委又下发了《关于改造宁沪杭内河航运问题的复函》。浙江省人民政府本着"水陆并举"和"宜水则水、宜陆则陆"的原则,在交通部的大力支持下,从"六五"期开始,按五级航道标准实施了京杭运河与钱塘江沟通工程,新开航道 6.97 千米,在运河终点三堡建成了一线船闸,使京杭运河与钱塘江和浙东水系相连。整治了杭州市河 10 千米及新市、练市、塘栖、韶村等瓶颈航段，大大提高了通过能力。

从"八五"期开始，在改造瓶颈航段的基础上，对运河按五级航道标准进行全线整治，并在运河终点三堡建成了二线船闸。1995 年，根据全国内河航运建设工作会议精神，对京杭运河浙江段规划进行调整，将航道改造的标准从五级提高到四级。从 1996 年开始，京杭运河(除杭州市区段外)按四级航道标准进行全面改造。该项目被列为浙江省重点工程之一，也是浙江省首次利用世界银行贷款进行建设的内河航道项目。项目由浙江省交通规划设计研究院设计，由杭州、湖州、嘉兴三市交通部门组织实施。其中杭州段(邵家村至北星桥)航道全长 21.98 千米，属于世界银行第三合同段，航段内塘栖镇河道虽于 1991 年已按五级航道标准进行了改造，如要满足四级航道标准仍需拆除大量的房屋，且两个反向弯道间的直线距离无法达到四级航道标准，加之碧天光明桥属于省级文物保护单位不宜拆迁，故对塘栖市河进行了改线，全长 3.64 千米。塘栖市河改线工程为世界银行第十七合同段，其中属于京杭运河部分长 2.4 千米，属于杭申线部分长 1.24 千米。北星桥至三堡船闸 16.72 千米作为杭州市区段维持五级航道标准。

(三)航道工程项目

1. 京杭运河航道改造工程嘉兴段

(1)项目概况

项目于 1994 年 12 月开工建设，1999 年 9 月试运行，2000 年 10 月竣工。

项目建设依据：1993 年 11 月，浙江省计划与经济委员会《关于京杭运河浙境段改造工程可行性研究报告的批复》(浙计经建〔1993〕1186 号)；1994 年 4 月，浙江省计划经济委员会批复《京杭运河(浙境段)航道改造工程初步设计》(浙计经建〔1994〕31 号)；1995 年 12 月，浙江省计划与经济委员会批复《京杭运河(浙境段)航道工程修改初步设计》(浙计经建〔1995〕75 号)；1996 年 12 月，浙江省计划与经济委员会《关于京杭运河(浙境段)护岸完善工程初步设计的批复》(浙计经建〔1996〕78 号)；1998 年 11 月，浙江省交通厅《关于京杭运河(浙境段)航道标志工程初步设计的批复》(浙交复〔1998〕1295 号)。

项目整治航道里程 17.35 千米，航道建设等级为四级。航道底宽 40 米，面宽不小于 60 米，设计水深 2.5 米，最小弯曲半径 330 米。设计代表船型(船队)及尺度：船型 500 吨级船，尺度 53.0 米×9.0 米×1.75 米；船队 1 拖 4×500 吨级，尺度 247 米×9 米×1.85 米。航道设计通航保证率 98%。

项目整治航道 17.35 千米，开挖土方 172.33 万立方米，新建护岸 37.78 千米，按四级通航标准建设思古桥、太史桥、幸福桥3座桥梁,通航净高7.0米、净宽55米。项目疏浚量为162.75万立方米。项目总投资1.33亿元,实际完成投资约1.25亿元,其中部省拨款8474万元,世界银行贷款285万美元,其余为地方自筹。

(2)项目建设实施情况

项目建设单位为嘉兴市内河航道改造工程指挥部;设计单位为浙江省交通规划设计研究院;施工单位为温岭市第三建筑工程公司、苏州大通工程建设集团公司、桐乡市交通工程公司等;监理单位为杭嘉湖内河航道网改造工程项目监理办乌镇监理组、苏南运河整治工程总监代表办公室、嘉兴市港航管理处监理组等;质监单位为浙江省交通厅工程质量监督站。

(3)项目投产后的运营情况

京杭运河浙江段经过全线改造,提高了航道等级,从而改善了通航条件,航道的通过能力和船舶平均吨位增大。据不完全统计,1990年京杭运河浙江段货运量为1606万吨,1997年达到了3797万吨。1990年通过船舶平均吨位为35吨,1995年加大到55吨。据推算,京杭运河浙江段改造后一艘300吨级自航驳船一年可节约运输成本5万～7万元。

京杭运河浙江段航道改造工程的顺利完工,使浙江省境内京杭运河除杭州市区段外基本达到四级航道标准,提高了航道的通过能力,改善了航运条件,降低了航道维护成本和船舶营运成本;从长江到浙江的长途运输船队顺水而下,山东的运煤船队将北煤南调。同时它在防洪、排涝、水土保持、环境保护等方面也起着重要作用;特别是京杭运河两岸高标准高质量的护岸,抵御了1999年百年一遇的6·30特大洪水的袭击,保护了良田与人民生命财产的安全。按文明样板航道建成的京杭运河,还成了一条亮丽的风景旅游线。它的建成对促进浙江省乃至整个长江三角洲地区的经济和社会发展都有着显著作用和重要意义。

2. 京杭运河浙境段改造工程湖州段

(1)项目概况

项目于1994年12月开工建设,1999年8月试运行,2000年8月竣工。

项目整治航道里程83.28千米,从省界鸭子坝至杭州北星桥,全线按四级航道标准改造,其中嘉兴段(鸭子坝至通河桥)长17.35千米,湖州段(通河桥至邵家村)长43.95千米,杭州段(邵家村至北星桥)长21.98千米。航道设计尺度为宽度60米、水深2.5米、最小弯曲半径330米。

项目改建桥梁20座,同时对全线航道实施护岸完善工程,即航道两岸全部砌筑护岸,并全线两岸绿化、设置航道标志。该工程批准概算5.62亿元,其中四级航道改造工程原批准概算 4.46 亿元,后调整为 3.32 亿元,护岸完善工程 1.99 亿元,绿化 2233 万元,航道标志 847 万元。交通部投资 1.89 亿元,省筹 1.35 亿元,世界银行贷款 538.3 万美元(折合人民币 4518.6 万元),其余由杭州、湖州、嘉兴三市自筹。

(2)项目建设实施情况

项目建设单位为湖州市港运管理处;设计单位为浙江省交通规划设计研究院。

3. 京杭运河航道改造工程杭州段

(1)项目概况

项目于 1994 年 5 月开工建设,1996 年 12 月试运行,2000 年 10 月竣工。

项目建设依据:1993 年 11 月,浙江省计划与经济委员会《关于京杭运河浙境段改造工程可行性研究报告的批复》(浙计经建〔1993〕1186 号);1994 年 4 月,浙江省计划与经济委员会《关于京杭运河(浙境段)航道改造工程初步设计的批复》(浙计经建〔1994〕31 号);1995 年 12 月,浙江省计划与经济委员会《关于京杭运河(浙境段)航道工程修改初步设计的批复》(浙计经建〔1995〕75 号);1993 年 12 月,浙江省环境保护局《关于京杭运河航道改造工程、长湖申线航道改造工程、杭州港内河散货作业区工程三个环境影响评价报告书的审批意见的复函》(浙环管〔1993〕259 号)。

项目整治航道里程 31.98 千米,航道建设等级为四级。航道设计底宽 40 米、水深 2.5 米、最小弯曲半径 330 米。设计代表船型(船队)包括:船型 1 拖 4×500 吨级船队及 500 吨级自航驳船;船队 1 拖 4×300 吨级、1 拖 6×300 吨级、1 拖 10×100 吨级、1 拖 12×100 吨级等拖带船队。航道设计通航保证率 98%。

项目疏浚河段长 20.08 千米,疏浚土方 32.29 万立方米。新建护岸 0.95 千米,护岸结构形式为仰斜式浆砌块石护岸。项目总投资 1968 万元,其中部省拨款 1372 万元,其余地方自筹 596 万元。

(2)项目建设实施情况

项目建设单位为京杭运河杭州段改造工程处;设计单位为浙江省交通规划设计研究院;施工单位为杭州航道工程公司;监理单位为浙江省内河航道网改造工程项目监理办塘栖监理组;质监单位为浙江省交通厅工程质量监督站。

(3)项目投产后的运营情况

工程实施后,京杭运河杭州段(邵家村至北星桥)航道达到内河四级航道标准,航道通航条件得到极大改善,通航船舶吨级由 100 吨级提升到了 300~500 吨级,船舶流量明显增加,货运量大幅增长,促进了沿线和腹地经济的发展。运河的渠化、航道的标准化和绿化起到了防止水土流失、改善水质、净化空气的功能,有利于生态环境的保护。运河沿线的大量人文古迹为开拓以运河为依托的旅游业创造了条件。

4. 京杭运河杭州段护岸完善工程

（1）项目概况

项目于 1997 年 8 月开工建设，1999 年 7 月试运行，2000 年 10 月竣工。

项目建设依据：1993 年 11 月，浙江省计划与经济委员会《关于京杭运河浙境段改造工程可行性研究报告的批复》（浙计经建〔1993〕1186 号）；1996 年 12 月，浙江省计划与经济委员会《关于京杭运河（浙境段）护岸完善工程初步设计的批复》（浙计经建〔1996〕78 号）；1993 年 12 月，浙江省环境保护局《关于京杭运河航道改造工程、长湖申线航道改造工程、杭州港内河散货作业区工程三个环境影响评价报告书的审批意见的复函》（浙环管〔1993〕259 号）。

项目整治航道里程 30.11 千米，航道建设等级为四级。航道设计底宽 40 米、水深 2.5 米、最小弯曲半径 330 米。设计代表船型（船队）包括：船型 1 拖 4×500 吨级船队及 500 吨级自航驳船；船队 1 拖 4×300 吨级、1 拖 6×300 吨级、1 拖 10×100 吨级、1 拖 12×100 吨级等拖带船队。航道设计通航保证率 98%。

项目疏浚河段长 30.11 千米，工程土方 48.87 万立方米（其中疏浚土方 35.42 万立方米，陆上土方 13.45 万立方米）。新建护岸 34.01 千米，修复护岸 5.34 千米，护岸结构形式：邵家村至北星桥为一阶仰斜直立式浆砌块石挡墙；北星桥至中河立交桥（市河段）根据工程地形特征及工程所在位置又分为一阶和二阶浆砌块石挡墙。项目总投资 8319 万元，其中部省拨款 4775 万元，其余地方自筹 3544 万元。

（2）项目建设实施情况

项目建设单位为京杭运河杭州段护岸完善工程处；设计单位为浙江省交通规划设计研究院；施工单位为杭州港口建设开发公司航务工程分公司、浙江省新兴建筑公司、浙江省第三建筑工程公司等；监理单位为京杭运河杭州段护岸完善工程监理组；质监单位为浙江省交通厅工程质量监督站。

（3）项目投产后的运营情况

工程实施后，通航条件得到极大的改善，常年可通行 500 吨级船舶，船舶流量和货运量大幅增长，运河的渠化、航道的标准化和绿化保护了航道沿线的农田，减少了水土流失和航道淤积，改善了水质，美化了航道环境，降低了航道维护成本，促进了沿线和腹地经济的发展。市区段沿线的大量人文古迹为开拓以运河为依托的旅游业创造了条件。

5. 京杭运河塘栖市河改线工程

（1）项目概况

项目于 1998 年 7 月开工建设，1999 年 8 月试运行，2000 年 10 月竣工。

项目建设依据：1993 年 11 月，浙江省计划与经济委员会《关于京杭运河浙境段改造工程可行性研究报告的批复》(浙计经建〔1993〕1186号);1994年4月,浙江省计划与经济委员会《关于京杭运河(浙境段)航道改造工程初步设计的批复》(浙计经建〔1994〕31号);1993年12月,浙江省环境保护局《关于京杭运河航道改造工程、长湖申线航道改造工程、杭州港内河散货作业区工程三个环境影响评价报告书的审批意见的复函》(浙环管〔1993〕259号)。

项目整治航道里程2.36千米,航道建设等级为四级。航道设计底宽40米、水深2.5米、最小弯曲半径260米。设计代表船型(船队)包括:船型1拖4×500吨级船队及500吨级自航驳船;船队1拖4×300吨级、1拖6×300吨级、1拖10×100吨级、1拖12×50吨级等拖带船队。航道设计通航保证率98%。

项目疏浚河段长2.36千米,工程土方66.09万立方米(其中疏浚土方3.89万立方米,陆上土方62.2万立方米)。新建护岸5.22千米,结构形式为仰斜直立式浆砌块石护岸。塘栖新桥为下承式预应力简支桁架梁桥,通航净高7.0米。项目总投资5384万元,其中部省拨款2200万元,地方自筹3184万元。

(2)项目建设实施情况

项目建设单位为京杭运河杭州段改造工程处;设计单位为浙江省交通规划设计研究院;施工单位为杭州港口建设开发公司航务工程分公司、湖州镇西桥梁工程公司联合体;监理单位为浙江省内河航道网改造工程监理办公室塘栖监理组;质监单位为浙江省交通厅工程质量监督站。

(3)项目投产后的运营情况

工程实施后,省级文物石拱桥碧天广济桥得以保存,航道通航条件得到极大的改善,达到内河四级航道标准,可常年通航500吨级船舶。

(四)航道的发展成就与经验启示

京杭运河作为全国高等级航道网"两横一纵两网"的"一纵",是唯一贯穿中国南北的航运主通道,经过历次大规模的整治改造,通航条件和通过能力得到了极大的提高,常年可通行500吨级船舶,船舶流量和货运量大幅增长,降低了京杭运河及其支流沿线地区物流成本,改善了沿线地区投资环境,提升了交通运输条件,促进了生产力合理布局,实现了引导产业集聚并带动地区经济社会发展。随着京杭运河杭州段三级航道整治工程的开工建设,京杭运河航道等级达到三级,将实现与杭甬运河和钱塘江中上游航道的对接,使浙北、浙东及浙中西部的航道完全贯通成高等级的内河水运网,嘉兴、杭州、绍兴、宁波等杭州湾地区连成一片,杭州作为浙江乃至华东地区物流集散中心的地位越发凸显。

浙江省人民政府成立了杭嘉湖内河航道网改造工程项目领导小组,多次召开会议研究解决有关问题。京杭运河浙江段改造工程投资大,为确保资金及时到位,积极探索"以航养航"和"服务社会,取之于社会"的新方式,深化了投资体制改造。除积极争取国家一定的投入外,浙江省人民政府制定了一系列优惠政策,先后开征了水路货运附加费、内河航道建设费,同时将公路客货运附加费调剂一部分用于水运基础建设。积极利用外资,京杭运河浙江段与浙北航道网中长湖申线、杭申线、乍嘉苏线等干线航道和杭州、嘉兴、湖州3个内河港口建设作为浙江省杭嘉湖内河航道网改造项目,是我国首批利用世界银行贷款建设的内河航运项目,利用世界银行贷款 4000 万美元,为我国利用国际金融组织资金开拓了新的领域。

京杭运河浙江段经过改造,彻底改变了原来航道窄、弯、浅、碍航桥梁多等情况,航道条件明显改善,行船事故明显减少,船舶堵航事故几乎杜绝。运河防汛泄洪能力大大提高,经受住了百年一遇(1999 年 6 月 30 日)的特大洪水的考验,保护了良田,保护了人民生命财产安全。

第四节 淮河、沙颍河航道

一、淮河航道

(一)河道自然特征

淮河干流发源于河南省桐柏山,向东流经河南省信阳市,在三河尖进入安徽省,经阜阳、六安、淮南、蚌埠、滁州等市,于红山头入江苏省洪泽湖,在三江营入长江,全长 1000 千米,平均比降 0.2‰,流域面积 19 万平方公里。淮河干流洪河口以上为上游,长 360 千米,平均比降 4.9‰;洪河口至洪泽湖出口中渡为中游,长 490 千米,平均比降 0.03‰;中渡至三江营为下游(入江水道),长 150 千米,平均比降 0.05‰。

淮河中、上游支流众多,两岸支流呈不对称分布。右岸支流发源于大别山区及江淮丘陵区,源短流急,主要有史灌河、淠河、东淝河、池河等;左岸支流大多自河南省流入安徽省,源远流长,主要有洪汝河、沙颍河、西淝河、涡河、浍河、新汴河等;茨淮新河、怀洪新河、新汴河是人工开挖河道,具有行洪、灌溉、航运等功能。

1. 淮河干流河南段

淮河干流河南段长 417 千米,河床比降 1/7000,河宽 2000 米,河槽为典型 U 形。流域地处北亚热带向温带过渡的气候区,气候温和,四季分明,雨量充沛,水热条件好,属大陆性季风气候,多年平均降雨量 1050 毫米,降雨多集中于夏季,6—8 月降雨量占年降雨量的 45%,全年无霜期 220 天。淮河位于平原地带,水位过程呈陡涨陡落态势,

6—9月进入汛期,水位随降雨量变化而变化,变化幅度可达12米,其他时间为枯水期,历时较长。

2.淮河干流安徽段

淮河干流安徽段三河尖至红山头,长378千米,河道滩宽槽窄,洪水期水位高于两岸地面,枯水期水流归槽,两岸地势低平、比降平缓,是防洪重点河段。洪泽湖现为一座特大型平原调蓄水库,有三河闸、高良涧闸、二河闸3个出口,分别由入江水道、灌溉总渠、入海水道入江入海。20世纪50年代初,高良涧和三河两枢纽建成,控制了洪泽湖的水位,回水至蚌埠;20世纪60年代初,蚌埠枢纽建成,回水至正阳关;2005年临淮岗水利枢纽工程建成,回水至河南淮滨。淮河干流安徽段河道基本渠化。

(二)主要航道现状和建设情况

1.淮河干流河南段

河南省淮河航道规划里程176千米,航道规划等级为四级,其中淮河淮滨至三河尖(豫皖省界)航道76千米已于"十二五"初期按照四级航道标准建成通航。"十三五"期间,正在实施淮河淮滨至息县航运工程淮滨段,计划2020年建成通航。项目建成后,河南省淮河四级航道通航里程将达到124千米。

2.淮河干流安徽段

淮河安徽段航道由豫皖交界的三河尖至苏皖交界的红山头,全长378千米,其中三河尖至临淮岗73千米航道现状等级为四级,规划等级为三级,该航段建有临淮岗枢纽,配套建设了一座500吨级船闸;临淮岗至红山头305千米航道现状等级为四级、三级,规划等级为二级,该航段建有蚌埠枢纽,配套建设了2座1000吨级船闸。沿线航道设置航标433座、发光标志320座,其余为专用标志和各类标志牌等。

为进一步改善淮河安徽段航道通航条件,安徽省港航建设投资集团有限公司开展淮河干流航道整治工程前期工作,拟对三河尖至临淮岗段62千米按三级航道标准建设,临淮岗至蚌埠闸段159千米按二级航道标准建设,淮河干流航道(蚌埠闸至红山头段)整治工程全长146千米,按天然和渠化二级航道标准建设,工程主要内容包括航道疏浚、护岸工程、服务区、锚地、航标及桥梁防撞等。工程估算总投资18.48亿元。

(三)航道工程项目

1.淮河淮滨至润河集段航道治理工程

(1)项目概况

项目于1997年7月开工建设,2000年4月试运行,2001年10月竣工。

项目建设依据:1996 年,河南省计划委员会以豫计交通〔1996〕614 号文出具工可批复;1996 年,河南省计划委员会以豫计设计〔1996〕756 号文出具初设批复;2006 年,河南省环境保护局以豫环审〔2006〕231 号文出具环评批复。

项目整治航道里程 98 千米,航道建设等级为五级,航道设计尺度为宽度 40 米、水深1.5 米、弯曲半径 260 米。设计代表船型尺度 35 米 × 9 米 × 1.5 米,设计代表船队尺度143 米 × 9.2 米 × 1.4 米。航道设计通航保证率 90%。

项目疏浚河段全长 26.4 千米,疏浚量 51.45 万立方米。治理浅滩 20 处,整治建筑物形式为实体丁坝,结构以丙纶沙袋为主,局部做浆砌石护面。任小店浅滩筑坝 720 米,吴寨浅滩筑坝 1660 米,金河脑浅滩筑坝 440 米,苗埠口浅滩筑坝 410 米,新庄子浅滩筑坝720 米,望岗浅滩筑坝 1250 米,青泥滩筑坝 310 米,陈村汊道筑坝 640 米,南照集上滩筑坝370 米,南照集下滩筑坝 300 米,六里台浅滩筑坝 480 米,王截流浅滩筑坝 400 米。护滩工程共 12 个,采用 D1 形排,护滩工程量 39.37 万立方米;护岸工程结构以丙纶沙袋为主,部分采用抛填块石作为护脚,护脚以上为块石护坡,坡度一般为 1∶2.5 ~ 1∶3.5,护岸工程量为 4110 延米。航标 210 个,通视能见标为连续 3 个标志,在航道转弯处设置岸标,在港口码头处设置锚地、港池等标志,一般情况下设置为浮标。总投资 5292 万元,其中交通部水运建设资金 2646 万元,地方投资 2646 万元。

(2)项目建设实施情况

项目建设单位为淮河淮滨至润河集段航道治理工程指挥部,具体负责工程建设的组织和实施;设计单位为河南省交通厅航运管理局港航勘测设计队;施工单位为河南省信阳市陆港工程总公司、安徽省机械疏浚工程公司、安徽省颍上县水利建筑安装工程公司;监理单位为河南省水运工程建设监理事务所;质监单位为信阳市交通工程质量检测监督站。

(3)项目投产后的运营情况

该项目实施后,淮河干流淮滨(河南省信阳市)至润河集(安徽省阜阳市)航道全线贯通,使沿线区域交通运输布局更趋合理,与干线公路、京九铁路一起,形成公、铁、水相互补充、联运的综合运输体系,使本地区矿产品、农副产品通过水路直达华东、沿海等广大地区,提高了产品的出口创汇和竞争能力,对推动信阳革命老区脱贫致富及贫困地区经济发展起到了积极作用。

2. 淮河淮滨至三河尖(豫皖界)航运基础设施建设工程

(1)项目概况

项目于 2008 年 11 月开工建设,2010 年 11 月试运行。

项目建设依据:2007 年 9 月,河南省发展和改革委员会《关于淮河淮滨至三河尖(豫皖界)航运基础设施建设工程可行性研究报告的批复》(豫发改交通〔2007〕1484 号);2007 年 10 月,河南省发展和改革委员会《关于淮河淮滨至三河尖(豫皖界)航运基础设施建设工程初步设计的批复》(豫发改设计〔2007〕1831 号);2006 年 10 月,河南省环境保护局《关于淮河淮滨至三河尖(豫皖界)航运基础设施建设工程环境影响报告书的批复》(豫环审〔2006〕231 号);2009 年 9 月,河南省人民政府《关于淮河淮滨至三河尖(豫皖界)航运基础设施建设工程淮滨饮马港码头建设用地的批复》(豫政土〔2009〕671 号);2008 年 1月,水利部淮河水利委员会《关于淮河淮滨至三河尖(豫皖界)航运基础设施工程建设项目的审查意见》(淮委建管〔2007〕508 号)。

项目建设航道里程 76 千米,航道建设等级为四级,航道设计尺度为宽度 40 米、水深1.8 米、弯曲半径 330 米。设计代表船型尺度 111 米 × 10.8 米 × 1.6 米,设计代表船队尺度 55 米 × 8.6 米 × 1.3 米。航道设计通航保证率 90%。

疏浚河段总长 22.5 千米,疏浚工程量 190.68 万立方米。整治滩险 13 处。护滩工程共 12 个,采用 D1 形排,护滩工程量 39.37 万立方米;护岸工程结构以丙纶沙袋为主,部分采用抛填块石作为护脚,护脚以上为块石护坡,坡度一般为 1∶2.5 ~ 1∶3.5,护岸工程量为 4110 延米。航标 190 个,通视能见标为连续 3 个标志,在航道转弯处设置岸标,在港口码头处设置锚地、港池等标志,一般情况下设置为浮标。500 吨级港口泊位 2 个,300 吨级港口泊位 5 个,港口吞吐能力 195 万吨。总投资 1.5 亿元,其中交通运输部水运建设资金4230 万元,地方投资 1.1 亿元。

(2)项目建设实施情况

项目建设单位为信阳市航务管理局,具体负责工程建设的组织和实施;设计单位为交通部天津水运工程科学研究院;施工单位为河南省水利第一工程局、河南省水利第二工程局;监理单位为河南省水运工程建设监理事务所;质监单位为信阳市交通基本建设质量检测监督定额站。

(3)项目投产后的运营情况

淮河淮滨至三河尖(豫皖界)航运基础设施建设工程的实施,进一步提升了淮河干流航道河南段的通航能力,使淮河航道 76 千米按照《全国内河航道与港口布局规划》规划等级达标,港口吞吐能力进一步提高,根本扭转了淮河航运及流域腹地货物运输的紧张局面,节约了运输成本,改善了投资环境,促进了腹地内农村贫困地区经济的发展。

(四)航道的发展成就与经验启示

淮河航道是《全国内河航道与港口布局规划》规划的国家高等级航道之一。为充分发挥航运效益,河南省先后实施了淮河淮滨至润河集段航道治理工程、淮河淮滨至三河尖(豫皖界)航运基础设施建设工程,分期、逐步提升了航道通航等级,为大别山革命老区打通了一条通江达海的水上通道,为当地经济发展和脱贫致富提供了有力支撑。同时,实施淮河航道建设,也为河南省开展内河航道建设特别是省际内河航道开发建设积累了宝贵经验,锻炼了骨干力量,为河南省后续开展沙颍河、涡河、沱浍河等跨省航道建设打下了坚实基础。

二、沙颍河航道

(一)河道自然特征

沙颍河是淮河左岸最大的支流,其上游为沙河,发源于河南省伏牛山山脉,流经河南省平顶山、漯河、周口,于周口市与颍河合流而称沙颍河,后经河南省周口市与安徽省界首、太和、阜阳、颍上等县市,于安徽省颍上县沫河口处汇入淮河。河道全长 620 千米,其中河南省境内 414 千米,安徽省境内 206 千米,流域面积 3.67 万平方公里,其中河南省和安徽省境内分别为 3.25 万平方公里和 4112 平方公里。

沙颍河属淮河水系,由西北向东南注入淮河,淮河的汛期与雨季一致,5—9 月为丰水期,11 月至次年 2 月为枯水期。流域内地表水位及流量的变化与降水有密切关系,夏季雨量充沛,水位高,流量大;冬季降雨稀少,水位低,流量小。河道最高水位多发生在 7—8 月,最低水位多发生在每年的 11 月至次年 2 月。

流域内多年降水量 852.2 毫米,其中汛期 5—9 月降水占 68.4%,流域内降水空间分布不均,由东南向西北递减,降水量年际变化也较大,年最大降水量一般为多年平均降水量的 1.63~1.82 倍,年最大最小降水量的比值为 3.19~4.23。

沙颍河洪水主要由暴雨形成,漯河以西沙河干流、北汝河、澧河上游是沙颍河流域暴雨中心多发地区。沙颍河上游山区流域坡度陡,集流快,汛期径流量往往占总径流量的70%~80%。

周口站 1974—1988 年多年平均含沙量为 1.52 千克/立方米,最大平均含沙量达 2.74 千克/立方米,含沙量年际变化较大;界首站 1964—1973 年多年平均含沙量为 1.38 千克/立方米;阜阳站 1990—1999 年多年平均含沙量为 0.38 千克/立方米。沙颍河的主要泥沙来源于周口以上流域,随着下游河道断面的增大、流速的变缓,大部分泥沙逐渐沉积,经周口向下约 200 千米至颍上闸,含沙量已较小。

(二)主要航道现状和建设情况

新中国成立初期,河道枯水流量 25~40 立方米/秒,可供 20~30 吨级的木帆船(对槽船)由漯河顺沙颍河至沫河口入淮河,淮河船只可上溯通航至京广铁路漯河站。随着沿岸工农业的发展和用水量的增大,河道航运供水日益减少,为进一步解决豫西南地方煤炭水运东送问题,在流域航运规划的基础上,于“六五”(1981—1985 年)期间,对沙颍河航运建设问题进行了补充规划,并对建设方案进行了工程可行性研究。研究提出五级航道标准,建设梯级渠化沙颍河、漯河至沫河口段长 340 千米航道。规划运输船队标准尺度为长 91.0 米、宽 9.2 米、吃水 1.3 米,航道标准尺度为航宽 40 米、水深 1.3 ~ 1.6 米、弯曲半径 270 米,船闸闸室有效尺度为长 120 米、宽 12 米、槛上水深 2.5 米。同期改建了阜阳船闸。"七五"期间建成沈丘通航梯级,船闸标准五级,并建成刘湾煤港,开始接汽车来煤东运。

"八五"期间,建周口至郑埠口复航工程,建成郑埠口通航梯级船闸标准五级,并建成年吞吐能力 80 万吨的周口港,此后又陆续兴建了太和(耿楼)、颍上通航梯级。"十二五"期间,重点建设了周口至漯河段航道,总投资 17.5 亿元。到此,沙颍河五级航道全线贯通,由周口港发出的货船,可由沙颍河顺水而下至阜阳,过颍上船闸,出沫河口入淮河,或由阜阳进入航宽 125 米、水深 1.5 米、弯曲半径大于 1200 米,通航船闸为五级的茨淮新河,航程 135 千米,由怀远驶入淮河干流航道。

规划通航里程 378 千米,其中,河南段漯河至省界常胜沟长 172 千米,规划航道等级为五 ~ 四级,安徽段省界常胜沟至沫河口长 206 千米,规划航道等级为四级。

沙颍河航道(河南段)规划里程 272 千米,规划等级为四级。其中漯河至周口段航道 83 千米已于"十二五"期间按照四级航道标准建成通航。周口至豫皖省界 89 航道航道等级为五级,"十三五"期间正在实施沙颍河周口至省界航道升级改造工程(五级升四级)和沙河漯河至平顶山航运工程。项目建成后,将使河南省沙颍河航道 272 千米全部达到四级航道标准。

截至 2015 年,沙颍河漯河至豫皖省界航道上建有船闸 5 座,均位于周口市,其中大路李船闸、葫芦湾船闸、周口船闸为 500 吨级,郑埠口船闸、沈丘船闸为 300 吨级。2016 年,位于上游的漯河船闸开工建设。

沙颍河航道(安徽段)由豫皖省界常胜沟至沫河口沿线建有耿楼、阜阳和颍上 3 个枢纽,均配套建设了 500 吨级船闸,此外颍上枢纽配套建设 500 吨级兼顾 1000 吨级复线船闸。2012 年 6 月起,安徽省港航建设投资集团有限公司按照四级航道标准对沙颍河安徽段航道进行整治;截至 2015 年,航道主体工程已完成交工验收,锚地及桥梁改造工程正在实施。

(三)航道工程项目

1. 沙颍河周口至逍遥段航运开发工程

(1)项目概况

项目于 2012 年 12 月开工建设,2018 年 6 月试运行。

项目建设依据:2011 年 4 月,河南省发展和改革委员会《关于河南省沙颍河周口至漯河段航运开发工程可行性研究报告的批复》(豫发改基础〔2011〕423 号);2011 年 10 月,河南省发展和改革委员会《关于河南省沙颍河周口至漯河段航运开发工程周口至逍遥段初步设计的批复》（豫发改设计〔2011〕1658号）；2010年11月，河南省环境保护厅《关于河南省沙颍河周口至漯河段航运开发工程环境影响报告书的批复》（豫环审〔2010〕252号）；2011年10月，水利部淮河水利委员会《关于河南省沙颍河周口至漯河段航运工程建设方案的审查意见》（淮委许可〔2011〕87号）。

项目建设航道里程56千米，航道建设等级为四级，航道设计尺度为宽度50米、水深2.3米、弯曲半径330米。设计代表船型尺度111米×10.8米×1.6米，设计代表船队尺度92米×8.8米×2米。航道设计通航保证率95%。

项目包括建设500吨级船闸1座、通航枢纽1座、500吨级港口泊位5个。建设大庆路大桥、八一路大桥2座，净空高度8米。护岸采用浆砌混凝土预制块，护岸工程量为1.25万立方米。项目总投资10亿元，其中交通运输部水运建设资金3.14亿元，地方投资6.86亿元。

（2）项目建设实施情况

项目建设单位为周口市交通运输局航务管理处，具体负责工程建设的组织和实施；设计单位为湖北省交通规划设计院；施工单位为湖南省水利水电第一工程有限公司、江苏淮阴水利建设有限公司、河南中原水利水电工程集团有限公司、淮河水利水电开发总公司、中铁五局（集团）有限公司、中国水利水电第十一工程局有限公司等；监理单位为河南省水运工程建设监理事务所、河南天地工程咨询有限公司、河南卓越工程咨询有限公司；质监单位为周口市交通基本建设工程质量监督管理站。

（3）科技创新成果及获奖情况

依托项目建设，河南省交通运输厅航务局、交通运输部天津水运工程科学研究院开展的《沙颍河周口至漯河段航运工程关键技术研究》解决了平原河流渠化枢纽通航问题，为平原河流航道建设提供技术支持，从而产生更大的社会效益与经济效益。该研究于2015年获得河南省人民政府科技进步二等奖。

（4）项目投产后的运营情况

沙颍河周口至逍遥段航运开发工程完工后，沙颍河国家高等级航道进一步向上游延伸，进一步改善了沙颍河沿线交通运输结构，大大缓解腹地铁路、公路运输压力；同时可促进腹地水陆运输成网的发展，形成腹地内完备的运输体系。此外，项目的建设完工对促进周口市的建设与发展、拉动腹地经济具有十分重要的意义。

2. 沙颍河逍遥至漯河段航运开发工程

（1）项目概况

项目于2012年12月开工建设，2018年6月试运行。

项目建设依据：2011年4月，河南省发展和改革委员会《关于河南省沙颍河周口至漯河段航运开发工程可行性研究报告的批复》（豫发改基础〔2011〕423号）；2011年10月，河南省发展和改革委员会《关于沙颍河周口至漯河段航运开发工程逍遥至漯河段初步设计的批复》(豫发改设计〔2011〕1659 号);2010 年 11 月,河南省环境保护厅《关于河南省沙颍河周口至漯河段航运开发工程环境影响报告书的批复》(豫环审〔2010〕252 号)。

项目建设航道里程 28 千米,航道建设等级为四级,航道设计尺度为宽度 50 米、水深 2.3 米、弯曲半径 330 米。设计代表船型尺度 111 米×10.8 米×1.6 米,设计代表船队尺度 92 米×8.8 米×2 米。航道设计通航保证率 95%。

项目包括建设通航枢纽 1 座、500 吨级港口泊位 12 个。护岸采用浆砌混凝土预制块,护岸工程量为 1500 米。项目总投资 7.52 亿元,其中交通运输部水运建设资金 3.16 亿元,地方投资 4.36 亿元。

(2)项目建设实施情况

项目建设单位为漯河市地方海事局,具体负责工程建设的组织和实施;设计单位为湖北省交通规划设计院;施工单位为上海大润港务建设集团有限公司、河南派普建设工程有限公司、河南大河水利工程有限公司、安阳市建设工程有限公司、上海东海华庆工程有限公司、河南省神华建安工程有限责任公司;监理单位为河南省水运工程建设监理事务所;质监单位为漯河市交通工程质量监督站。

(3)科技创新成果及获奖情况

依托项目建设,河南省交通运输厅航务局、交通运输部天津水运工程科学研究院开展的《沙颍河周口至漯河段航运工程关键技术研究》解决了平原河流渠化枢纽通航问题,为平原河流航道建设提供技术支持,从而产生更大的社会效益与经济效益。该研究于 2015年获得河南省人民政府科技进步二等奖。

(4)项目投产后的运营情况

本工程项目的实施,不仅可使沙颍河漯河至沫河口航线全线复航,大大缓解腹地铁路、公路运输压力,同时可促进腹地水陆运输成网的发展,形成腹地内完备的运输体系。此外,项目的建设完工对促进漯河市、周口市的建设与发展、拉动腹地经济具有十分重要的意义。

3. 沙颍河(安徽段)航道整治工程

(1)项目概况

项目于 2012 年 6 月开工建设,截至 2018 年底仍然在建。

项目建设依据:2010 年 9 月,安徽省发展和改革委员会《关于沙颍河安徽段航道整治工程工程可行性研究报告的批复》(皖发改外资函〔2010〕792 号);2011 年 11 月,安徽省发展和改革委员会《关于沙颍河航道省界至阜阳市北京路桥段整治工程初步设计的批复》(皖发改设计函〔2011〕1128 号);2008 年 9 月,安徽省环境保护局《关于沙颍河安徽段航道整治工程环境影响评价报告书的批复》(环评函〔2008〕1018 号)。

项目按照四级双线航道标准疏浚整治界首市常胜沟至颍上县沫河口航道,总里程206.2 千米,航道设计底宽 50 米、水深 2.8 米、弯曲半径 330 米;按照通航净宽不小于 90 米、净高不小于 7 米的标准改建界首市裕民桥、界首沙颍河大桥、太和颍河一桥与太和县颍河二桥 4 座桥梁;建设航标、锚地和服务等配套工程,开展水上交通管理和应急服务系统、船闸综合管理系统的研究及开发利用。航道设计代表船型包括:500 吨级机动驳船,尺度 46 米 × 9.2 米 × 2.0 米;分节驳顶推 1 顶 2 × 500 吨,尺度 106 米 × 9.2 米 × 2.0 米;一列式拖带 4 ~ 7 × 500 吨级拖队,尺度 194 ~ 320 米 × 9.2 米 × 2.0 米。航道设计通航保证率 95%。

根据建设时序,该工程分为沙颍河省界至阜阳市北京路桥段和沙颍河阜阳市北京路桥至沫河口段两个项目进行。沙颍河省界至阜阳市北京路桥段疏浚航道 79.6 千米,疏浚土方 254.5 万立方米;岸坡防护 23.5 千米;设置界首、耿楼(上、下)、太和、阜阳 5 处锚地;改建桥梁 4 座。沙颍河阜阳市北京路桥至沫河口段疏浚航道 126.6 千米,疏浚土方 1113.5 万立方米;岸坡防护 32.8 千米;退建外护圩堤防 4 处,合计 1400 米;设置三十里铺 1 处服务区,阜阳闸下、颍上闸上、闸下 3 处锚地。两个项目沿线进行航标配布、信息化及交叉工程,共设置各类标志标牌 297 座。项目总批复概算 19.8 亿元,其中利用世界银行贷款 1 亿美元,交通运输部水运建设资金 6.75 亿元,其他资金由地方配套(2.75 亿元)和法人单位自筹(4 亿元)。

(2)项目建设实施情况

项目建设单位为安徽省港航建设投资集团;项目设计单位为安徽省交通勘察设计院;施工单位为中国水利水电第六工程局有限公司、江苏盐城水利建设有限公司、山东黄河工程集团有限公司等;监理单位为安徽中兴工程建设监理所、浙江公路水运工程有限公司、广州港工程管理有限公司等;质监单位为安徽省交通工程质量监督局。

(3)项目投产后的运营情况

沙颍河航道整治工程的建设打开了豫东南的水运大门,形成了一条北煤南运经济合理的水运通道,减轻了陇海、京广等铁路的运输压力,便于豫东南、皖北地区与长三角地区的物资交流。航道通过能力的提高,将缓解腹地运输压力,完善腹地综合运输体系。沙颍河航道整治工程必将在扩大中部对内对外开放、东中部区域交流、东部与中部产业转移、中部能源与资源向东部输出中进一步发挥作用。

(四)航道的发展成就与经验启示

经过建设,河南省沙颍河漯河以下航道已实现全年通航,并可通江达海。沙颍河漯河以下已具备常年通航 500 吨级单船、万吨船舶拖队的能力。沙颍河航道的开通,使水路运输迅猛发展。沙颍河周口以下 2009 年实现常年通航后,港口吞吐(装卸)量持续保持较大幅度的增长,从 2009 年的 50 万吨达到 2016 年的 722 万吨。水路运输在区域综合运输体系中的占比逐年增加,助推区域经济社会发展的作用日益显现。为适应内河水运的快速发展,河南省在实施内河水运建设过程中,根据国家内河航道的全国布局与河南省内河水运发展的长远期规划,对船闸、节制闸、改建桥梁等固定建筑物均采取相对于航道技术等级高一等级的标准进行设计和施工,减少了重复施工,为下一步提高航道通航能力预留了空间、节约了成本。

1. 采用公众参与的设计决策方式,提升设计标准的适应性

在项目前期决策阶段,通过发放调查问卷了解运输船舶驾驶人员对航道尺度、服务区设置距离、航标布设等方面的诉求;分别在颍上县、阜阳市、界首市召开公众参与座谈会,邀请辖区内货主单位、航运公司、港航管理单位、海事管理单位代表对设计方案、标准、规模进行座谈,充分听取有关方面意见,对设计方案进行优化设计。

2. 采用数理统计方法,精准确定碍航桥梁改建

在项目前期决策阶段,沙颍河航道上有跨河桥梁 18 座,其中碍航桥梁 10 座,碍航桥梁全部改建资金缺口较大,碍航桥梁部分改建,航道通航时间不能保证,航道运输效益不能发挥。通过调取界首、耿楼闸、阜阳闸、颍上闸、正阳关水位站建站以来水位观测资料,并对比进行统计分析,绘制水位过程线,根据设计代表船舶空载高度,分析计算出每一座碍航桥梁的碍航时间,确定 5 ~ 10 天为可承受影响碍航时间,选定碍航严重的 4 座桥梁进行改建,其他不改建桥梁采取增加防船撞措施,保证了航道通航时间和船舶航行安全,降低了工程投资。

3. 推进疏浚弃土资源化利用

航道整治工程中,疏浚土方的处理往往是个大难题。设计中,经过充分调研,选择低洼地、不便于耕作的荒地及水利部门填筑堤防形成的取土坑作为抛泥区,进行疏浚弃土资源化利用,采取科学的复耕措施,使沿线新增耕地约 4500 亩(约 300 万平方米)。由于抛泥区临时占用的土地为坑塘和低洼的耕地,疏浚工程产生的弃土可以提高这些土地的高程,防止雨水季节淹没土地,并且经环评单位确认,肥沃的河底弃土可以提高土地肥力,临时占用结束后农户可以直接在土地上耕种、植树。

4. 采用柔性护坡结构,使河道岸坡防冲与地下水交换有机结合

设计航道水下及水位变动区选用钢丝网石笼的护岸形式。该护岸结构适应变形能力强,既能充分维护岸坡稳定,也能在水位变动区生长绿色植物,美化航道环境,水下维持地下水自然交换,并为水生动植物栖息和繁殖提供了优良场所。

5. 体现共享理念,建设服务型航道

为解决船民生产、生活需要,沿线设置 1 处服务区、7 处锚地,服务区和锚地接入生活

用水、电及垃圾回收设备,满足船舶停靠,方便船民生活和海事管理。各级政府组织卓有成效的协调机制,保证了项目的顺利完成。

6.建立有效的协调机制

在工程建设期间,建立起了省、市、县(区)、乡(镇)与建设单位间的协调机制。省政府每季度召开一次水运重点工程调度会;相应地市政府根据工程需要每季度或每月召开一次调度会,并根据阶段工作需要召开专门事项协调会;县(区)、乡(镇)根据工程进展需要,进行专门事项协调;建设单位和地方政府分别指定专人对接协调。

7.严格执行首件工程认可制和首件两会制度

沙颍河(安徽段)航道整治工程涉及航道疏浚、圩堤退建、护岸护坡、锚地服务区、桥梁、航标、桥梁防撞等诸多工程项目。首件工程制度是保证工程质量的一项重要制度,在本项目中监理工程师通过坚持推行首件工程认可制、首件准备会和首件总结会制度,总结推广稳定的施工工艺和质量通病控制措施,确保工程质量。

第五节　长江三角洲高等级航道网

一、综述

(一)航道网自然特征

长江三角洲的地理顶点在江苏省扬州市仪征市真州镇附近。在六七千年以前,该处是一个三角形港湾,长江河口好似一只向东张口的喇叭,水面辽阔,潮汐作用显著。在海水的顶托下,长江每年带来的4.7亿吨泥沙大部分沉积下来,在南、北两岸各堆积成一条沙堤。

北岸沙堤大致从扬州附近向东延伸至如东附近,沙堤以北主要是由黄河、淮河冲积成的里下河平原,另外还有江口沙群依次并入北岸冲积成陆的江海平原(即南通平原)。里下河平原面积约1.4万平方公里,为一碟形洼地。洼地中心湖荡连片,主要有射阳湖、大纵湖等。

南岸沙堤从江阴附近开始向东南延伸,直至上海市金山区漕泾镇附近,并与钱塘江北岸沙堤相连接,形成了太湖平原。太湖平原是长江三角洲的主体。该平原以太湖为中心,状如一只大盘碟,地形呈四周高中间低。这样的地形特点使这里上有长江和太湖上游来的洪水,下有海潮倒灌,夏秋季节又常遭台风暴雨袭击,洪涝灾害频繁。当地人民为抵御自然灾害,大力开挖河渠,排除积水,修圩建闸,逐步形成了沟沟相通、渠渠相连的稠密水网。

长江三角洲地势低平,海拔基本在10米以下,零星散布着一些孤山残丘。河网密布,长江干线横穿东西,京杭运河纵贯南北,水运资源十分丰富,发展内河航运的条件得天独厚,是我国内河航运最为发达的地区之一。长江三角洲平均每平方公里河网长度达4.8~6.7千米,是中国河网密度最高的地区,除淮河、长江、钱塘江、京杭大运河、通榆河等重要河流以外,还有江苏的秦淮河、苏北灌溉总渠、新沭河、通扬运河,浙江的瓯江、灵江、苕溪、南江、飞云江、鳌江、曹娥江等水系。平原上共有湖泊200多个,主要有江浙交界的太湖,江苏的洪泽湖、高邮湖、骆马湖、邵伯湖和浙江的杭州西湖、绍兴东湖、嘉兴南湖、鄞州区东钱湖等。

长江三角洲河川纵横,湖荡棋布,农业发达,人口稠密,城市众多,在中国经济社会发展中占有重要地位。由于地势低洼,历史上洪涝灾害异常严重。新中国成立后,为了改变这种状况,国家投资兴修水利工程,西治淮水,东挡海潮,开挖运河,增强排灌能力,使这个十年九涝的多灾区变成江淮流域的重要粮食生产基地。

(二)航道现状和建设情况

改革开放以来,江苏、浙江、上海两省一市内河航运基础设施建设稳步推进并取得显著成效,货运量平稳增长,船舶逐步大型化,航运效益明显提高。内河航运在促进长江三角洲地区经济社会协调发展、推动产业沿江河布局、保障城市建设、改善生态环境、缓解城市陆路交通压力等方面均发挥了不可替代的重要作用。

改革开放的初期,江苏省对苏北运河进行了续建整治,建成了404千米二、三级航道和8座复线船闸,形成我国北煤南运的水上运输大通道。

"八五"与"九五"期间(1991—2000年),交通部于1995年、1998年在江苏、浙江召开两次全国内河航运建设会议,时任国务院副总理邹家华出席并讲话。在这两次会议推动下,江苏省对苏南运河208千米航道进行了系统整治,基本达到了四级航道标准,成为我国内河航道建设的样板;淮河干线初步按照三级航道标准建成,为两淮煤炭、矿建材料运输提供了便捷的对外运输通道。在这十年间,浙江省相继改造了京杭运河、杭申线、长湖申线、六平申线、乍嘉苏线5条浙北地区主干航道410千米,较大程度地改善了主要航道的通航条件。

1999年开始,尤其是进入21世纪后,江苏省实施全省航道"三改二工程",对京杭运河船闸实施改扩建,对连申线、长湖申线、苏申内港线、苏申外港线、芜申线、申张线等干线航道进行改造升级。并在"十一五"和"十二五"期间(2006—2015年)对干线航道建设投资约457亿元,按照生态航道的要求,重点对京杭运河、连申线和苏南干线航道网进行了整治达标。这一时期,浙江省相继新建了杭甬运河四级、湖嘉申线湖州段三级航道约250千米。内河船舶平均净载重量由1995年的不足30吨提高到2007年的近200吨;京杭运河、杭申线、长湖申线等骨干航道的平均载重量接近 400 吨。上海市重点建设"一环十射"高等级航道网,在 21 世纪建设完成浦东国际机场建材运输内河配套航道改造扩能工程、平申线(上海段)航道整治工程、浦东运河(南汇段)航道整治一期工程、苏申外港线(上海段)航道整治工程等主体工程。

经过多年建设,以上海为中心,以长江干线、淮河和芜申运河为躯干,以京杭运河及其延伸线为两翼,以三级航道通航千吨级船舶为主体,沟通江、河、湖、海,贯通浙江、江苏、上海、山东、安徽等省(直辖市)的长江三角洲地区"两纵六横"高等级航道网基本形成,成为上海国际航运中心建设的内河航运支撑体系。

"两纵"之一为京杭运河—杭甬运河,包含锡澄运河、丹金溧漕河、锡溧漕河、乍嘉苏线。

"两纵"之二为连申线,北起连云港港口,接盐河、通榆运河,由南通地区过长江,连通苏州地区至上海,建成为京杭运河以东滨海区域,沟通海港、连通内河、纵贯南北的海滨三级航运大通道。

"六横"为长江干线(南京以下),淮河出海航道—盐河,通扬线,芜申线—苏申外港线(含苏申内港线),长湖申线—黄浦江—大浦线、赵家沟—大芦线(含湖嘉申线),钱塘江—杭申线(含杭平申线)。

按照 2007 年国务院批准的交通部《全国内河航道与港口布局规划》,在长三角地区的"两纵六横"布局将用 20 年左右时间建设形成高等级航道网,总里程 4200 千米,其中三级以上航道里程 3400 千米,四级航道里程 800 千米。具体布局方案见表 10-5-1。

长江三角洲高等级航道网规划布局方案表　　　　表 10-5-1

航道名称	起讫点	里程(千米)	现状	规划	备注
两纵					
1. 京杭运河—杭甬运河(含锡澄运河、丹金溧漕河、锡溧漕河、乍嘉苏线)	京杭运河:苏北运河—江南运河	800.2	五~二级	三~二级	苏北运河(含湖西航道)二级,江南运河三级
	杭甬运河:三堡—甬江口	238.0	六级、四级	四级	—
	锡澄运河:黄田港—皋桥	37.0	五级	三级	—
	丹金溧漕河:七里桥—溧阳	66.5	六级、五级	三级	—
	锡溧漕河:宜城—洛社	55.0	五级	三级	—
	乍嘉苏线:乍浦—平望	72.2	五级	四级	—
2. 连申线(含杨林塘)	连申线:盐河—灌河—通榆河—射阳河—通榆河—通扬运河—如泰运河—焦港河—申张线—苏申内港线	604.7	七~三级	三级	—
	杨林塘:巴城—杨林口	40.8	七级	三级	—

续上表

航道名称	起讫点	里程(千米)	现状	规划	备注
六横					
1.长江干线	长江干线:南京—长江口	437.0	一级	一级	通航5万吨级及以上海船
2.淮河出海航道—盐河	淮河出海航道:洪泽湖南线—灌溉总渠—淮河入海水道—通榆河—灌河	278.5	五~三级	三级	—
	盐河:杨庄—武障河闸	95.0	七级、六级	四级	—
3.通扬线	通扬线:高东线—建口线—通扬运河—通吕运河	299.0	七~五级	三级	—
4.芜申线—苏申外港线(含苏申内港线)	芜申线:芜太运河—太湖航线—太浦河	297.0	七~五级	三级	—
	苏申外港线:宝带桥—分水龙王庙	64.7	六级、五级	三级	—
	苏申内港线:瓜泾口—宝钢支线铁路桥	111.0	五级	三级	—
5.长湖申线—黄浦江—大浦线、赵家沟—大芦线(含湖嘉申线)	长湖申线:小浦—西泖河口	143.2	五级、四级	四~三级	—
	黄浦江:分水龙王庙—吴淞口	91.7	三级、一级	一级	—
	大浦线、赵家沟:赵家沟—大治河;随塘河—黄浦江	51.5	七级	三级	—
	大芦线:内河集装箱港区—黄浦江	46.1	七级、五级	三级	—
	湖嘉申线:闸西—红旗塘	104.0	六~四级	三级	—
6.钱塘江—杭申线(含杭平申线)	钱塘江:衢州—赭山	296.0	五级、四级	四级	—
	杭申线:塘栖—分水龙王庙	123.0	五级、四级	三级	—
	杭平申线:新市—竖漊泾	138.0	六级、五级	四级	—
合计	规划航道里程4330千米,其中三级及以上航道3400千米,四级航道930千米				

这一布局的实施,把浙东杭甬运河作为京杭运河的延伸线,以三级航道标准,沟通浙东航道网及宁波—舟山港等沿海港口;把皖中地区的合裕线与江淮运河作为芜申运河的延伸线,以二级航道标准,沟通长江与淮河,连通两淮煤炭基地;再加鲁西南南四湖地区京杭运河梁济运河、洙水河航道的建成,以三级航道进一步贯通了南四湖周边和梁山地区的煤炭矿区及水铁联运港口。这一布局的实施,有效促进了泛长三角区域内矿产资源与国土开发和沿江河产业带的形成,沟通了地级以上主要城市、重要工矿基地和主要港口,拓展了内河航运的服务范围和空间,推进了长江黄金水道国家战略的实施,是航运强国、交通

强国的基础。

二、连申线

（一）河道自然特征

连申线航道作为江苏第二条"京杭大运河"，是江苏省第二条南北向千吨级水运大通道。连申线是交通运输部批准的长江三角洲高等级航道网和江苏省干线航道网的重要一纵，北起连云港港，纵贯江苏省连云港、盐城、南通、苏州与上海市，全长558千米，连接灌河、通榆河、盐河、京杭大运河和长江等，航道规划等级为三级。

连申线南通段航道起点为通榆河盐城与南通交汇处，终点为焦港船闸上引航道，由通榆运河、新通扬运河、如海运河、如泰运河、焦港河组成，全长66.28千米。连申线航道以通扬公路为界，东台至海安船闸为淮河流域的里下河地区，海安船闸至焦港闸为长江流域的通南沿江地区。里下河为典型的河网地区，区域内外河水位受降雨径流、调蓄库容、圩区抽排动力的影响。由于里下河腹部碟形洼地的地形特点，一般降雨后形成的径流先"四水投塘"，水位逼高后再缓慢下泄。距焦港河入江口3.1千米处，设有焦港节制闸1座，建于1957年7月，水闸共7孔，闸孔净宽4.0米，以排涝、挡潮和灌溉功能为主，通航为辅。设计最大引水流量158.2立方米/秒，设计最大排水流量242.8立方米/秒。焦港河经焦港船闸与长江相通，受海潮的顶托，水流方向不定，经常做往返流动。焦港河从长江引水，除为海安县南、如皋市生产生活用水和抗旱期间提供大量水源外，还为如东县沿海闸口排咸冲淡。长江引水量受焦港节制闸控制，航道整治建设后，当航道断面增大后，阻力系数变小，引水量会有所增加，而水位基本不变。连申线航道外来的含沙量不大，河床淤积主要为航道自身的冲淤变化。沿线航道工程地质以浅层软土、松散状粉土、粉砂为主。

（二）主要航道现状和建设情况

连申线是江苏省"十二五"交通重点工程，为构建沟通江苏省南北的"水上主动脉"，江苏省决定对连申线全线按三级航道标准进行分期整治。

连申线南通段航道整治前，通榆运河河道航宽20～28米、水深2.3米，航道等级为六～七级。新通扬运河段从海安城区穿过，河道航宽约45米、水深1.8～2.8米，航道等级为五～六级。如海运河是如皋县城主要饮用水源地，河宽20～60米，航道等级为六级。如泰运河沿河两岸为广阔平原，渠道纵横，水网交错，并与如海运河、通扬运河、丁堡河、姜黄河、焦港河等河道相沟通，为六级航道，河宽而直，面宽40～50米、水深2.5米。焦港河沟通了通扬运河、如泰运河、西司马港等东西流向的河流，部分等级为五级，航道航宽大于

40米、面宽约80米、水深2.5~4.0米,部分等级为六级,航道航宽约25米、面宽约50米、水深2.0~3.0米。

截至2013年,连申线南通段航道已按照三级航道标准建设,途经海安县(今海安市)、如皋市。在南通市海安县主城区内,拆除老船闸新建海安双线船闸1座。全线新(改)建跨河桥梁39座,最低净空高度60米×7米。海安大桥、凤山桥、丹凤桥、朝阳桥、古贲桥、集西桥、丁沟桥、海田桥、黄蒲大桥、八角井大桥、谢甸桥、倪桥、搬经桥、薄湾大桥、叶庄大桥、大贲桥、江安大桥、赵庄桥、千禧大桥、向阳桥、加力桥、S334省道桥、红旗大桥、鄂岱东桥、邹岱桥、北园桥由南通市连申线航道整治工程建设指挥部建设;团结桥、黄河路大桥、仁桥大桥、江海西大桥、黄海路西大桥、皋袁桥、塔园桥、张庄桥、薛窑桥由地方包干建设,均已建成通车;严桥根据地方规划已归并,宁通高速公路焦港大桥因地方政府规划调整,将由高速公路部门实施;邵庄桥由如皋市政府包干建设,尚未改建;新长铁路如海河中桥由铁路部门实施,尚未改建。

疏港航道北接连云港港,南连灌河、通榆河,西接京杭大运河,既是长江三角洲高等级航道网"两纵三横"和江苏省干线航道网"两纵四横"的主要干线——连申线的重要组成部分,也是连云港港集疏运系统中重要的内河水运通道。疏港航道主要利用烧香河、云善河、善后河、盐河原有航道,从2007年7月开始进行综合整治,新建善后河、新沂河4座三级船闸,船闸尺度均为230米×23米×4米,改建、新建桥梁19座,整治三级航道里程71.36千米,2010年12月全线建成通航。全线共有过河建筑物107个、临河建筑物183个、标牌122个、航标34个、服务区1座,航段水深3.2米。

(三)航道工程项目

1.连申线南通段航道整治工程

(1)项目概况

项目于2011年7月开工建设,2013年12月建成试运行。

项目建设依据:2009年3月,江苏省发展和改革委员会批复《连申线(东台—长江段)航道整治工程项目建议书》(苏发改交通发〔2009〕337号);2010年8月,江苏省发展和改革委批复《连申线(东台—长江段)航道整治工程可行性研究报告》(苏发改基础发〔2010〕1133号);2010年11月,江苏省发展和改革委员会批复《连申线如皋北段航道整治工程初步设计》(苏发改基础发〔2010〕1601号)、《连申线如皋南段航道整治工程初步设计》(苏发改基础发〔2010〕1602号);2010年12月,江苏省发展和改革委员会批复《连申线海安北段航道整治工程初步设计》(苏发改基础发〔2010〕1676号)、《连申线海安南段航道整治工程初步设计》(苏发改基础发〔2010〕1677号);2010年1月,江苏省环保厅批复《连申线(东台—长江段)航道整治工程环境影响报告书》(苏环审〔2010〕17号);

2015 年 12 月，国土资源部批复《关于连申线航道整治工程(东台—长江段)建设用地事项的请示》(国土资函〔2010〕893 号)。

项目整治航道里程 66.28 千米(包含海安船闸段 5.15 千米)，航道建设等级为三级，航道设计尺度为底宽 60 米、水深 3.2 米、弯曲半径 480 米。设计代表船型(船队)包括：1 顶 +2×1000 吨级，船舶尺度 64.5(67.5)米×10.8 米×2.0 米，船队尺度 160.0 米×10.8 米×2.0 米。航道设计通航保证率 98%。

项目改(新)建桥梁 39 座，通航净空 60 米×7 米。新建驳岸 128 千米(含海安船闸上下游护岸 5 千米)，航道线路尽量利用原有河道，单边或双边拓宽，局部裁弯取直，海安城区段利用平地开河进行航道改线。整治起点为通榆河盐城与南通交汇处，终点为焦港船闸上游引航道。护岸高程根据常水位加上超高确定，采取二级挡墙或护坡的形式与原地面衔接。护岸主要采用半直立式与斜坡式组合的形式，一级挡墙主要采用夹石混凝土重力式、钢筋混凝土悬臂式、带翼方桩等结构形式，并因地制宜采用生态护岸形式，二级护岸采用箱式绿化挡墙、生态袋、自嵌块、铰接式护坡、仿木桩等结构形式。疏浚航道 66 千米，疏浚土方 1392 万立方米。配布航标 4 座，为岸标、遥感遥测、实体标；配布船闸靠船段指示牌 4 块、服务区地名牌 1 块、分界牌 4 块、宣传牌 9 块、锚地预告牌 1 块、锚地地名牌 1 块、服务区预告牌 1 块、船闸指向牌 2 块、桥梁限高指示牌 10 块、指向牌 10 块、可变情报板牌 1 块、里程牌 67 个，并设钢制侧面标 1 套、停泊标志 2 块、地名标志 2 块、停泊锚地告示牌 2 块、地方距离标志 4 块。设置如皋停泊锚地长度 560 米，如皋水上服务区 1 个，用地面积约 43.2 亩。项目总投资 30.41 亿元，其中中央投资 15.99 亿元，地方投资 14.42 亿元。

(2)项目建设实施情况

项目建设单位为南通市连申线航道整治工程建设指挥部；设计单位为江苏省交通规划设计院股份有限公司、中交第二航务工程勘察设计院有限公司、中交公路规划设计院有限公司等；施工单位为南通市航务工程有限公司、无锡市航道工程有限公司、常州市航务工程有限责任公司等；监理单位为江苏科兴工程建设监理有限公司、江苏东南交通工程咨询监理有限公司、江苏育通交通工程咨询监理有限责任公司等；质监单位为江苏省交通科学研究院股份有限公司、江苏省交通规划设计院股份有限公司、江苏森淼工程质量检测有限公司。

(3)科技创新成果及获奖情况

2013 年 1 月，获江苏省交通运输厅"平安工地"奖；2014 年 2 月，获江苏省交通运输厅"示范工程"奖；2017 年 7 月，获江苏省交通运输厅"十二五"江苏交通建设十大"品牌工程"奖；2016 年 2 月，获 2015 年度江苏省优质工程奖"扬子杯"；2013 年 5 月，获省部级"平安工地"奖，颁奖机构为交通运输部。

（4）项目投产后的运营情况

①增加南通内外互联互通，彰显南通区域优势。该工程是江苏区域内一条重要的连江通道，是一条与苏锡常、上海、浙江等地沟通的便捷通道，较好地完成了南通生产所需煤炭、建材、石油、粮食、原材料等大宗商品物资的调入任务，增强了南通对外的联系，改善了南通地区的投资环境，带动了沿河产业带的形成，对南通经济的发展起到了重要作用。该工程同时也对整个苏北地区的经济发展起着非常重要的作用，加强了苏北与苏南地区的沟通，有利于苏北地区接受苏南地区的产业转移，促进苏北地区经济快速发展。

②改善通航条件，降低单位船舶运输成本。连申线原有航道等级低，通航能力差，制约了水运事业及区域经济的发展，建成后的连申线航道达到三级通航标准，可通行1000吨级船舶，极大地改善了通航条件，航道拥挤度下降，船舶航速提高，缩短了途中时间，加快了货物流通速度，船舶的单位运输经济成本由原来的每千吨公里178.51元降低到78.86元，极大地降低了单位船舶运输经济成本。

③适应现代化综合交通体系，形成多极化发展，与其他交通运输方式互补。该工程的建成标志着南通交通物流由原来的以陆为主的运输方式转变为水陆并举。据统计，公路的运输每千吨公里成本为416元，而水运的运输每千吨公里成本仅为78.86元。随着经济的发展，到"十三五"期末南通交通枢纽的地位将得到显现，货物吞吐量将大幅上涨，加之公路交通的拥堵，航运优势将充分彰显，届时可以极大地缓解道路的拥堵、减小超载对公路的破坏等。水运将与公路、铁路、航空等运输方式互补，促进综合运输体系的协调发展和现代化建设。

④充分发挥了水资源综合利用优势。南通市南濒长江、东临黄海，区域河网密布，是防洪和生态建设重点地区。该工程在改善航运条件的同时，也提高了航道流水断面，加大了航道行洪能力，加强了项目区域内部水系与长江的沟通，提高了水质自我净化能力，改善了水环境，同时海安、如皋城镇段结合航道整治进行了景观建设，改造了城市景观，提升了城市形象。该工程除了带来以上诸多显性社会与经济效益外，还具有较大的水利、环保、城市发展等综合的社会隐性效益。

2. 连云港港疏港航道整治工程

（1）项目概况

项目于2007年12月开工建设，2011年1月试运行，2012年11月竣工。

2006年7月，江苏省发展和改革委员会《关于连云港港疏港航道工程项目建议书的批复》（苏发改交能发〔2006〕777号）；2007年8月，江苏省发展和改革委员会《关于连云港港疏港航道工程可行性研究报告的批复》（苏发改交能发〔2007〕846号）；2008年1月，江苏省发展和改革委员会《关于连云港港疏港航道整治工程航道工程初步设计的批复》（苏发改交通发〔2008〕46号）；2007年6月，江苏省环保厅《关于对连云港港疏港航道工程环境影响报告书的批复》（苏环管〔2007〕138 号）；2007 年 7 月，灌云县水利局《关于连云港港疏港航道穿越善后河枢纽工程防洪评价报告的批复》；2007 年 8 月，江苏省国土资源厅《关于连云港港疏港航道整治工程项目用地的批复》（苏国土资函〔2007〕569 号）；2007 年 12 月，水利部淮河水利委员会《关于连云港港疏港航道新沂河枢纽工程建设项目的审查意见》（淮委建管〔2007〕449 号）。

疏港航道全线按三级航道标准进行建设，最大设计通航船舶等级为 1000 吨级，航道底宽不小于 45 米、航宽不小于 60 米、最小水深 3.2 米。

项目建设桥梁 23 座，通航净高 7 米。疏浚 54.1 千米航道，疏浚土方共计 1446 万立方米。对 105 千米航道的护岸进行新建，新建善后河船闸 2 座、新沂河船闸 2 座。全段航道共设置航标 11 座、各类标志标牌 181 套。项目总投资 31.16 亿元，全为政府财政资金。

（2）项目建设实施情况

项目建设单位为连云港港疏港航道工程现场指挥部；设计单位为中交第二航务工程勘察设计院有限公司、中交水运规划设计院有限公司和江苏省交通规划设计院；施工单位为江苏海通建设工程有限公司、中交第三航务工程局有限公司、江苏捷达交通工程集团有限公司等；监理单位为江苏科兴工程建设监理有限公司、安徽中兴工程建设监理所；质监单位为江苏省交通运输厅工程质量监督局。

疏港航道整治工程于 2007 年 12 月 9 日开工建设，2010 年 12 月 26 日通过江苏省交通运输厅组织的交工验收。2012 年 1 月通过江苏省交通运输厅工程质量监督局组织的竣工质量鉴定。江苏省审计厅对疏港航道工程进行了工程审计，审计调整后项目总投资为 31.16 亿元，相比概算节约投资 3.4 亿元。2012 年 11 月 14 日，连云港港疏港航道工程通过了江苏省发展和改革委员会组织的竣工验收。

（3）科技创新成果及获奖情况

疏港航道工程在质量管理方面取得了许多成绩，项目办致力于工程创新，努力建设绿色航道、可持续发展航道，共形成论文 27 篇，涵盖工程现场管理、管理标准化、监理管理、新型护岸等各个方面，全面总结了疏港航道的建设成果，形成了一整套可供推广应用的标准、经验，对江苏省今后内河航道建设具有重要的示范作用和应用推广价值。

连云港港疏港航道整治工程先后获得 2013 年度江苏省交通建设优质工程奖、2013 年度江苏省优质工程奖"扬子杯"、"十二五"江苏交通建设十大"品牌工程"奖、2013 年度水运交通优秀设计一等奖、2014 年度水运交通优质工程奖和 2014—2015 年度国家优质工程奖。连云港港疏港航道整治工程被交通运输部评为全国交通建设项目档案管理示范工程（第一批）。新型生态护岸研究获得 2012 年度中国水运建设行业协会科学技术三等奖。船闸建设中总结形成的"移动模板混凝土墙体施工工法"被评定为交通运输部水运工程一级工法。善南船闸 QC 小组、沂北船闸混凝土墙新型模板系统 QC 小组获得全国优秀 QC 小组一等奖,沂北船闸钢筋保护层厚度控制 QC 小组获得广东省工程建设优秀 QC 小组二等奖,沂南船闸闸室墙一次性浇筑工艺获得镇江市优秀 QC 小组成果三等奖。YJ 监理部参与研究的《以创建内河一流水运工程监理企业为目标的品牌战略管理》获得 2012 年中国交通企业管理现代化创新成果二等奖。航道 2 标工程还获得 2012 年度连云港市"玉女峰杯"优质工程奖。

疏港航道工程现场指挥部项目管理办公室先后荣获 2009 年"江苏省五一劳动奖状"表彰、江苏省交通运输行业 2010 年"双百双先"活动先进堡垒党支部称号、江苏省交通运输厅 2010 年度交通建设工程混凝土质量通病治理和"两创三比"活动"质量创新工作十大成果"称号,曾在 2010 年江苏省财政厅组织的全省重大项目绩效考核中排名第一。

连云港港疏港航道整治工程获奖情况详见表 10-5-2。

连云港港疏港航道整治工程获奖情况 表 10-5-2

奖项分类	奖项级别	奖 项 名 称	获 奖 年 月	颁 奖 机 构
工程质量	国家级	2014—2015 年度国家优质工程奖	2015 年 11 月 18 日	中国施工企业管理协会
质量管理	国家级	2010 年度全国工程建设优秀质量管理小组一等奖	2013 年 7 月 15 日	国家工程建设质量奖审定委员会
质量管理	国家级	2013 年度全国工程建设优秀质量管理小组一等奖	2013 年 7 月 15 日	国家工程建设质量奖审定委员会
工程质量	部级	2014 年度水运交通优质工程奖	2015 年 12 月 2 日	中国水运建设行业协会
工程设计	部级	2013 年度水运交通优秀设计一等奖	2013 年 10 月 15 日	中国水运建设行业协会
科研创新	部级	2012 年度科学技术三等奖	2012 年 7 月 5 日	中国水运建设行业协会
档案管理	部级	交通建设项目档案管理示范工程(第一批)	2014 年 1 月 6 日	交通运输部
工程质量	省级	2013 年江苏省交通建设优质工程奖	2014 年 4 月 15 日	江苏省交通运输厅
工程质量	省级	江苏省扬子杯优质工程奖	2014 年 4 月 28 日	江苏省住房和城乡建设厅
工程质量	省级	"十二五"江苏交通建设"品牌工程"	2016 年 7 月 22 日	江苏省交通运输厅
质量管理	省级	2013 年度广东省工程建设优秀质量管理小组二等奖	2013 年 5 月 15 日	广东省建筑业协会

（4）项目投产后的运营情况

连云港港疏港航道通航以来，高标准的内河航运集疏运通道加上相对低廉的运输成本，使之成为苏北地区航道网中最重要的出海通道。港口货运在维持传统货源地区的同时，通过疏港通道对接港口，千吨级干线航道将货轮直接送达连云港港口，将业务范围拓展到了淮河以北乃至中原腹地。疏港航道的建成使连云港港口综合集疏运体系得到进一步扩大和提升，根据初步预测，随着船舶大型化、内河集装箱运输的发展以及疏港航道服务条件的不断优化，2020年疏港航道的总货运量将为3600万吨，2030年将为5250万吨，其中疏港航道集疏运量占航道总货运量的70%以上，疏港航道运行前景广阔。

（四）航道的发展成就与经验启示

连申线航道建设过程中始终坚持以科学发展为引领，以优质高效、节约环保为重点，以科技创新为手段，结合实际积极探索，取得了较为显著的成效。

一是工程方案最优化。桥梁设计坚持因地制宜、因需制宜，根据区域功能需求，确定桥梁设计风格和桥型，做到桥梁风格与当地环境融为一体、桥梁功能与当地需求匹配一致。护岸设计，根据地质条件的不同及城镇、农村不同功能需求科学确定结构形式，做到宜林则林、宜岸则岸。农村段保留生态滩地，既生态环保又降低造价，城镇段设置亲水平台和城市景观带，全线共采用10种生态护岸形式。厂矿企业和城镇居住密集段，坚持以人为本理念，采取（钢）板桩护岸结构施工，减少拆迁量约4万平方米，实现工程建设对沿线企业和群众影响最小化。在项目工程可行性研究阶段，专题编制土方综合利用方案，结合地方沟塘填筑及道路、园区工程建设土方需求综合调配，节约临时弃土用地。充分考虑地方经济发展需求，集合内河港口规划，在航道支河口建设挖入式港池，实现港航共建，充分发挥投资效益。针对海安船闸主体与海安大桥施工干扰的特殊情况，优化桥梁施工方案，由满堂式支架调整为梁柱式支架，由先闸后桥调整为桥闸同建，有效缩短施工工期，缓解水陆交通压力，降低综合成本。

二是通病防治有效化。认真贯彻交通运输部《关于印发公路水运工程混凝土质量通病治理活动实施方案的通知》精神，积极主动地组织施工、监理单位开展技术攻关和质量通病防治活动，并取得了明显效果。首先是加强混凝土裂缝防治，优化配合比设计，根据大体积混凝土施工部位和施工季节，开展多种配合比试配，最终比选确定最佳配合比。根据不同季节、不同构件，采用不同养护方式，春冬秋采用保温保湿方式，夏季采用喷淋保湿的方式。已完成的承台、底板混凝土未出现结构性裂缝。其次是提高混凝土外观质量。对混凝土斜面气泡难以消除的问题，采用透水模板布满贴，倒角混凝土侧面基本消除表面气泡。再次是加强钢筋保护层厚度控制。加强底板钢筋定位和支撑，在不同部位使用不同规格的标准保护层垫块，严格控制垫块放置的密度和位置。浇筑至顶部30厘米前再对钢筋保护层及面层高程进行复核,经检测,钢筋保护层合格率达90%以上。

三是施工管理精细化。在降排水方面,海安船闸部分土质条件较差,采用加密深井和轻型井点相结合的方式,既满足施工条件,又消除了对周边建筑沉降位移的影响。在底板浇筑方面,严格控制分层厚度,及时清除表面浮浆和泌水。在航道护岸施工上,全线采用混凝土集中拌和,有效保障了混凝土的稳定性和均匀性。在成品半成品保护方面,混凝土凿毛采用专用设备与人工凿毛相结合的方式,预留钢筋采用砌砖、砂浆钢筋保护或涂刷防锈剂处理,有效保护了成品半成品的质量。底层混凝土采用人工平仓,并下至底部进行振捣,严禁采用振捣棒;泵管移位时采用蛇皮袋套住泵管口,防止混凝土污染钢筋等。

四是科技创新成果化。检验标准方面,在全省率先编制出台了《护岸工程质量检验补充标准》,对新型挡墙和护坡结构建设中的新材料、新工艺检测标准首次予以明确,弥补了《水运工程质量检验标准》的空白,获江苏省交通运输厅质监局核准,在连申线全线推广使用。施工工艺方面,根据航道护岸工程运输特点,探索建造组合式水上混凝土搅拌和运输船,减少便道临时用地,降低陆路交通影响;全线推广使用整体移动钢模,提高混凝土护岸墙身浇筑质量,探索使用墙身模板无拉杆施工工艺。科研攻关方面,探索建立双线船闸同步施工监控、监测体系,联合科研院校,组织开展船闸主体结构的地基应力、基坑和岸坡稳定、大体积混凝土浇筑全过程中温度和采用冷却水管后内部温度变化、船闸主体结构应力及建筑物沉降位移的监控、监测,为同类工程施工设计创造经验;联合江苏省交通规划设计院、河海大学,开展"土基上船闸结构优化设计和质量通病防控技术研究"科研活动,获省厅批准立项;与江苏交通科学研究院合作,全面开展连申线航道整治工程安全管理评价指标体系研究,加强连申线安全管理的预控监控,建立健全水运工程安全管理防控体系。

三、刘大线

(一)河道自然特征

刘大线航道位于盐城市大丰区,是江苏省干线航道网规划"两纵四横"中的"二纵"连申线的组成部分。刘大线航道西起大丰区刘庄镇通榆河,东至大丰港内港池,里程55.7千米,是盐城港大丰港区的疏港航道。

(二)主要航道现状和建设情况

刘大线工程是江苏省水运重点工程,按四级航道标准建设。新建护岸106.7千米,新建停泊锚地1处、水上服务区1处、新团船闸1座、桥梁16座。

(三)航道工程项目

刘大线航道整治工程

(1)项目概况

项目于2011年12月开工建设,2012年12月试运行。

项目建设依据:2008年2月,江苏省发展和改革委员会批复《刘大线航道整治工程项目建议书》(苏发改交通发〔2008〕124号);2008年11月,江苏省发展和改革委员会批复《刘大线航道整治工程可行性研究报告》(苏发改交通发〔2008〕1589号);2010年12月,江苏省交通运输厅批复刘大线航道整治船闸、航道、桥梁工程的施工图设计(苏交建〔2010〕23号、苏交建〔2010〕24号);2008年11月,江苏省环保厅《关于对刘大线航道整治工程环境影响报告书的批复》(苏环管〔2008〕294号);2011年6月,国土资源部《关于刘大线航道整治工程建设用地的批复》(国土资函〔2011〕336号)。

项目整治航道里程55.69千米,全线按照四级航道标准建设,设计最大船舶吨级为500吨。航道设计底宽不小于40米、口宽不小于60米、最小水深2.5米,最小弯曲半径320米。设计代表船型根据远近结合的原则,采用多种混合船型:500吨级货船,尺度47米×8.4米×2.6米,吃水2.0~2.1米;1拖5×500吨级货船,尺度231米×8.2米×2.3米,吃水1.9~2.1米;300吨级货船,尺度38米×7.3米×2.3米,吃水1.9~2.1米;1+2×500吨级顶推船队,尺度108米×9.2米×2.6米,吃水1.9米;30TEU集装箱船,尺度45米×9.6米×3.0米,吃水2.2米。航道设计通航保证率98%。

项目新建新团船闸由船闸和通航孔组成,船闸和通航孔均为三级通航建筑物,船闸规模为120米×18米×4米;通航孔口宽18米;导航墙、靠船墩、护岸为四级水工建筑物。

项目新建护岸106.7千米(因地方港口规划预留岸线3.5千米,暂未实施),开挖土方1097万立方米,新建停泊锚地、水上服务区各1处;新建新团船闸1座(现更名为刘庄船闸);新建桥梁16座。初步设计批复工程永久征地4316亩,临时用地9685亩,拆迁房屋约12.1万平方米。刘大线航道整治工程概算批复总投资13.19亿元,其中航道工程投资8.06亿元,船闸和节制闸投资1.07亿元,跨河桥梁投资4.06亿元。工程费用由江苏省交通运输厅港航事业发展中心(原省航道局)下拨,征地拆迁资金由大丰区人民政府配套承担(原大丰市人民政府)。

(2)项目建设实施情况

项目建设单位为江苏省交通运输厅港航事业发展中心(原省航道局)、盐城市刘大线航道整治工程建设指挥部项目管理办公室;设计单位为江苏省交通规划设计院有限公司、上海林同炎李国豪土建工程咨询有限公司;施工单位为常州市航务工程有限责任公司、江苏省路港建设工程有限公司、江苏通航建设工程有限公司等;监理单位为江苏科兴工程建设监理有限公司、扬州华建交通工程咨询监理有限公司;质监单位为盐城市交通工程质量监督站。

(3)项目投产后的运营情况

刘大线航道整治工程自试运营以来社会效益明显,为大丰港区的货物集散提供了重要的大宗货物通道,推动了航道沿线经济的发展。根据刘庄船闸的统计,自2012年12月18日试运营至2017年底,累计开放闸次1.8万余次,过闸船舶16万余艘,过闸船舶总吨位约8000万吨,过闸货物量4600余万吨。过闸费征收逐年递增,至2017年底累计征收过闸费达4079.3万元。2018年前8个月开放闸次2290次,过闸船舶2.5万余艘,过闸船舶总吨位1630万吨,过闸货物1000万吨,征收过闸费670万元。

通过对过闸船舶货种的分析,排前四位的依次是矿建(43.82%,含炼钢进口矿砂、建筑材料等)、钢材(32.02%,主要是联鑫特钢及外围企业)、危化品(8.08%,主要是江苏博汇、航道沿线的化工园区等)及粮食(5.73%,主要是服务业集聚区、上海光明工业园等),4种货物通过量占总量的89.65%。过闸船舶重载率为0.63,高于全省0.54的平均水平。刘大线航道发挥水运综合效益、服务区域经济社会发展的作用日趋明显。

(四)航道的发展成就与经验启示

刘大线航道是盐城港大丰港区与苏南、上海等现代化大都市连接的水运通道。该航道的通航,大大降低了货物运输的时间成本与运输成本,对促进地方经济发展发挥着基础性支撑作用,受到了广大船民和地方政府、企业的赞扬。

要保证刘大线航道通航保证率达到98%以上,航道管理部门每年都会组织2次以航道水深、航道护坡、桥涵构造物、航道设施等为主要内容的航道调查工作,及时了解掌握刘大线航道及其设施使用情况,根据巡航、扫床和利用水下测深仪测试,同时搜集过往船舶船民使用航道的情况,对航道通航尺度进行全面体检,确保刘大线航道安全畅通。

今后航道管理部门将进一步加强航政执法管理,严格行政许可,严肃查处违章碍航设施,确实维护刘大线航道航产航权。

四、盐河

(一)河道自然特征

盐河位于江苏省东北部,是淮北平原上的一条通海航道,也是苏北地区的主要水运干线。盐河南起淮阴区京杭大运河与盐河交汇口杨庄,向东北经涟水县,再往北过灌南、灌云,到达连云港市区玉带河,全长约144.8千米。

盐河杨庄至武障河段,现有航道长度95.7千米(整治后里程长度为91.61千米),自武障河向北至善后河段约40千米列入连云港港疏港航道进行整治。

盐河作为江苏省干线航道网中"一横"淮河入海航道的重要组成部分,半个多世纪以来只进行过局部整治,因此除几个城区段外,大多段落的航道处于自然状态,航道水深小、狭弯道多,现有的自然航道水深为1.3～2.0米,河底宽一般在10～25米,沿线弯曲半径在200米以下的弯道多达二三十处,造成航道上航行船舶吨位小、航行速度慢、事故多。总体而言,杨庄至朱码段航道条件稍好,朱码至灌南县城段航道条件更差。

盐河航道于2012年完成整治建设工程,沿线的航道达到三级航道标准,能通过千吨级船舶,两个梯级枢纽杨庄船闸、朱码船闸建成后已极大地提升了船舶通过能力。

（二）主要航道现状和建设情况

盐河淮阴区境内:从杨庄0K+000至32K+568,两岸高程一般为9.0～13.0米,河口宽50～70米,河底高程约为5.0米,最小水深2.0米,河底宽一般为20米,最小仅12米。航道等级现状为六级。沿线现有17座跨河桥梁,其中高速公路桥2座、铁路桥3座(2座为厂区铁路)、闸桥1座;有小型渡口7处、跨河高压电线21条、其他电缆15条;沿线有抽水、电灌站5处;沿河有码头12个,两岸已建驳岸4.76千米。

盐河涟水县境内:从革心河32K+568开始,经朱码船闸至平安河口75K+652,朱码以南的航段情况大致与淮阴区段相同。朱码以北至平安河口,两岸高程一般为3.5～8.5米,河口宽40～60米,河底高程约为0.5米,水深1.7～2.0米,河底宽一般为10～12米。该段航道有弯道十多处,其中半径在150米左右的有7处,有反弯近10处。航道等级现状为六级～等外级。本段有朱码船闸1座、跨河桥梁1座,沿线两岸居民过河多靠渡口,共有渡口7处。有跨河高压线14条、其他电缆15条;沿线有抽水、电灌站18处;沿河有码头4个;大关至陶码段已建驳岸5.5千米。盐河现状不穿越涟水县城,除朱码船闸附近建筑密集外,其他段落房屋建筑很少。

盐河灌南县境内:从平安河口75K+652至武障河口91K+605。两岸高程一般为4.0～5.0米,河口宽40～70米,河底高程为0.0～-1.0米,水深1.5～2.5米。航道等级现状为五级～等外级。灌南县城以南航道弯道多,短短十多千米有大小弯道十多处,河底较窄,一般在10米。本段有跨河桥梁3座(均在新安镇),新安镇以南有人渡2处。沿线有抽水、电灌站3处;沿河有码头1个;有跨河线6道。灌南城区段经过养护工程建设,两岸已建驳岸6千米,基本达到四级标准;灌南县城内及向北河道比较顺直。

（三）航道工程项目

1.盐河航道整治工程

（1）项目概况

项目于2009年9月开工建设,2012年12月试运行。

项目建设依据:2009年6月,江苏省发展和改革委员会《关于盐河(杨庄—武障河)航道整治工程可行性研究报告的批复》(苏发改交通发〔2009〕771号);2009年10月,江苏省发展和改革委员会《关于盐河航道整治工程(杨庄—朱码二线船闸段)初步设计的批复》(苏发改交通发〔2009〕1530号)、《关于盐河航道整治工程(朱码二线船闸—武障河段)初步设计的批复》(苏发改交通发〔2009〕1531号);2008年8月,江苏省环保厅《关于对盐河(杨庄—武障河)航道整治工程环境影响报告书的批复》(苏环管〔2008〕169号);2008年12月,江苏省国土资源厅《关于盐河(杨庄—武障河)航道整治工程项目用地的预审意见》(苏国土资预〔2008〕193号)。

项目整治航道里程91.6千米,其中淮安市境内77.89千米,按三级航道标准进行建设;航道设计尺度为航道底宽不小于45米,航宽不小于60米、口宽不小于70米(老驳岸加固段除外)、最小水深3.2米、最小弯曲半径480米。设计代表船型(船队)及尺度:1000吨级船舶,船队1顶2×1000吨级船队,尺度160米×10.8米×(1.9～2.2)米;1拖6×1000吨级船队,尺度357米×10.8米×2.5米;1000吨级货船(机驳),尺度68米×10.8米×2.6米。航道设计通航保证率98%。

项目新建跨河桥梁7座(杨庄闸桥、华能一期钢管桥、北京路大桥、淮海路大桥、宁连路大桥、朱码闸桥、殷渡桥),梁净高不小于7米、净宽不小于60米。项目疏浚91.6千米;航道挖泥1500万立方米,建设护岸117.9千米,新建钢质侧面标13座、钢质示位标1座,标志标牌总计209套。项目概算投资28.69亿元,淮安市境内25亿元。工程总投资29.93亿元,其中中央投资8.26亿元,地方投资21.67亿元。

（2）项目建设实施情况

项目建设单位为江苏省交通运输厅航道局;设计单位为江苏省交通规划设计院有限公司、中交水运规划设计院有限公司、中交第二航务工程勘察设计有限公司等;施工单位为南京航务工程有限公司、江苏省镇江市天顺交通工程有限公司、淮安市航道工程有限公司等;监理单位为常州市交通建设监理咨询有限公司、黑龙江黑航工程监理咨询有限公司、南京公正工程监理有限公司等;质监单位为江苏省交通运输厅工程质量监督局。

（3）科技创新成果及获奖情况

在盐河航道整治工程中开展《绿色低碳航道评价指标体系研究》,以低碳经济和绿色理念为基础,提出绿色低碳航道指标体系,丰富绿色低碳经济领域的研究成果,并为其他行业向绿色低碳化发展的相关研究提供理论参考。研究具有评价功能和导向功能,成果可用于指导内河航道工程设计、建设及管理,可为制定绿色低碳航道的技术层面政策提供参考,进而使得管理部门与行业的素质得到全面、协调和可持续的提升与发展。所做的实证研究将为这一领域研究提供案例,为航道工程建设与管理提供实践依据。

(4)项目投产后的运营情况

盐河航道整治以后,原先水运"瓶颈"即被打破,将与江苏省干线航道网形成整体衔接和协调发展,疏港航道形成了连云港港内河集疏运通道,将港口的功能穿越盐河、洪泽湖、淮河辐射到安徽、河南的腹地,为沿线地区乃至沿海、东陇海经济带的整体竞争力提供可靠保障。一方面有利于淮安、连云港的经济形成合力,给淮安、安徽与连云港之间的物流交往增加一条便捷的通道,淮安企业物资出海的路程将缩短7成,只有100多千米,运送物资的时间也将大大减少,仅淮钢特钢有限公司原材料运费即可节省2个多亿;另一方面可以将淮安市、安徽省的对外交通引导到沿海港口,连接国外大市场,促进对外贸易的发展。

2. 盐河航道整治工程(连云港)

(1)项目概况

项目于2011年3月开工建设,2012年12月交竣工建成通航。

项目建设依据:2007年10月,江苏省发展和改革委员会《关于盐河(杨庄—武障河)航道整治工程项目建议书的批复》(苏发改交通发〔2007〕1234号);2009年6月,江苏省发展和改革委员会《关于盐河(杨庄—武障河)航道整治工程可行性研究报告的批复》(苏发改交通发〔2009〕771号);2009年10月,江苏省发展和改革委员会《关于盐河航道整治工程(朱码二线船闸—武障河段)初步设计的批复》(苏发改交通发〔2009〕1531号);2008年8月,江苏省环保厅《关于对盐河(杨庄—武障河)航道整治工程环境影响报告书的批复》(苏环管〔2008〕169号);2008年12月,江苏省国土资源厅《关于盐河(杨庄—武障河)航道整治工程项目用地的预审意见》(苏国土资预〔2008〕193号)。

项目整治航道里程15.95千米,航道建设等级为三级,航道设计尺度为宽度45米、水深3.2米、最小弯曲半径480米。设计代表船型为1000吨级货船,尺度67.5米×10.8米×2.4米。航道设计通航保证率98%。

项目建设刘元桥、大胜桥,通航净高7米。疏浚15.95千米航道,疏浚土方共计329万立方米,建设护岸15.8千米。全段航道共设置航标4座,配布各类标志标牌36套。工程总投资3.67亿元,资金来源为交通运输部拨款1.3亿元,江苏省财政拨款1亿元,江苏省交通运输厅拨款500万元,其余资金由江苏省交通运输厅航道局承担。

(2)项目建设实施情况

项目建设单位为江苏省交通运输厅航道局;设计单位为中交第三航务工程勘察设计

院有限公司;施工单位为南京航务工程有限公司、江苏通航建设工程有限公司;监理单位为黑龙江黑航工程监理咨询有限公司;质监单位为江苏省交通运输厅工程质量监督局。

该工程于2011年3月开工建设,2012年12月建成通航,实际工期22个月。2012年12月21日,江苏省交通运输厅工程质量监督局进行了交工质量鉴定;2012年12月28日,江苏省交通运输厅组织了交工验收。

(3)科技创新成果及获奖情况

盐河航道工程是江苏省交通运输厅明确建设的生态航道,在全线15.95千米整治范围内,建设近7.5千米的斜坡式联锁块护坡,保障水生植物正常生长。另一方面,在新型钢板桩护岸后增设排污管网,保证城镇原有排污通道的畅通,避免航道建设导致的环境污染。同时,在全线护岸建设中保护原有下河阶梯,在居民聚居区新建亲水平台,方便生活,美化城市环境。在航道1标新集乡段,根据因地制宜的航道整治原则,保留了300多米的原生态植物护坡,努力到达工程建设和环境的和谐统一。

在航道2标施工图设计阶段,充分考虑传统护岸施工工艺对周边环境的影响,开展科技创新,引入新型护岸形式和施工工艺,最大限度减少施工影响和干扰。一方面在城区段人民桥等处引入静压钢板桩护岸,不仅有效减少征地拆迁工作,也降低了对居民生活和交通出行的干扰,营造了和谐、高效的建设施工环境。另一方面采用引孔法进行沉桩施工,消除沉桩对城区段周围房屋地基的震动作用。

(4)项目投产后的运营情况

盐河整治的建成通航,实现连云港港疏港航道与京杭大运河的连接,促进疏港航道整体效能的进一步发挥,实现连云港港口的经济腹地向南延伸至江苏省江淮地区,进一步奠定连云港港区域性、国际性枢纽港的地位和作用,对促进盐河、灌河流域开发和苏北地区经济社会发展具有重大意义。

(四)航道的发展成就与经验启示

盐河航道整治工程的建成,完善了江苏省"两纵四横"干线航道网的主骨架,为淮安市借港出海、发展"海河经济"翻开了新的一页。

一是保护环境以人为本,建设生态航道。围绕建设"生态航道、景观航道、人文航道"的目标,盐河航道采用了大量的新工艺、新材料和新技术。随着社会的进步和经济的发展,生态环保理念逐渐深入人心,这也对航道整治工程建设提出了新的要求。为此,在保证城市整体水系和盐河航运功能的前提下,盐河航道整治工程在设计和建设中大量采用生态护坡,结构形式多达10余种,里程长约91.3千米(单向),约占全线整治里程的54%。预制混凝土联锁块护坡、镀高尔凡雷诺护垫生态护坡、生态混凝土、空箱、鱼巢等护岸结构形式的设计和建设也都采用了生态环保理念,尽量采用自然的材料,避免二次环境污染,不仅能够满足航道岸坡稳定要求,减少建筑材料使用,节约土地资源,也降低了工程造价,实现社会和经济效益双丰收。

二是依托盐河航道整治工程,积极开展创新科研活动。在朱码二线船闸廊道施工中,在原有廊道防裂技术的基础上,开展了"船闸输水廊道混凝土裂缝防治与自愈合技术"研究,为船闸廊道混凝土防裂增加了一个新的途径。在盐河航道整治工程中开展航道工程中的节能减排问题研究,主要进行航道工程节能减排现状调查与分析、能耗构成分析、研制航道工程能耗分析模型、研究节能减排效果计算模型、节能措施。形成成果,用于国内相关航道工程设计规划、施工及管理,为相关节能减排政策、方案指标的制定提供依据,有助于航道工程朝节约化方向发展。此外,还进行了大体积混凝土防裂等一系列研究。

三是合理组织,节约资源,充分发挥工程的社会效益。①企业码头规划自建模式。对于因水而建的企业,原材料及产品进出均靠水上运输才能实现生产和经营的需求,因而首先对沿线大中型企业进行充分调研,结合企业的发展,进行码头规划设计。建设资金来源为航道补贴护岸和水下方疏浚工程经费、企业配套码头与护岸的差额部分和因岸线后移的征地拆迁经费。②盐河航道沿岸规划与城市发展规划相结合。本次不仅拆除5座小码头、小货场,还规划4座公用码头,全线绿化沿岸和景观配置,美化了居住环境,吸引了商业的投资开发,带动了沿线经济的发展。如今展现在世人面前的是整洁的边坡、整齐的岸线、洁净的水质、规划整齐的绿化风光带、生长繁茂植物的生态段,是集市民休闲、旅游、水上运输、洁净环保快速的绿色水上通道。

在江苏沿海开发的进程中,交通是与区位条件、资源优势和产业基础同样重要的基础性条件,连云港港具有连接南北、沟通东西的独特区位条件,综合集疏运优势非常突出。疏港航道和盐河整治建成后,不仅进一步完善连云港港集疏运体系,提高港口乃至沿海地区的竞争力,同时也填补了连云港地区高等级航道网的空白,形成通江达海的沿海内河运输高等级航道,大大提升了连云港港的集疏运功能,提高港口的吸引力和竞争力,为连云港及周边地区带来了显著的社会与经济效益,翻开了连云港港发展海河联运、实现通江达海的新篇章,使连云港成为全国为数不多具备海河联运优势的国家主枢纽港之一。此外,疏港航道和盐河整治的建成对于完善江苏省干线航道网与长三角地区高等级航道网起着至关重要的作用。水运主通道运输能力的提高,也是实现长三角地区交通运输一体化、经济一体化、密切连云港与长三角地区的联系和对外交流的有利媒介。就连云港市自身而言,依托这样一个贯穿城市南北的综合水运体系,全市的城市供水、防洪、排涝、灌溉等综合体系功能将得到大幅提升。一个"水环城、城依水"的和谐生态环境指日可待。

五、丹金溧漕河

(一)河道自然特征

丹金溧漕河北起丹阳京杭运河七里桥口,南至溧阳市溧城镇凤凰桥,沟通苏南运河和芜申线,是贯通丹阳市、常州市金坛区、溧阳市的重要航线,航道全长65.59千米,由丹阳段、金坛段和溧阳段组成。丹金溧漕河地处长江下游三角洲水网地区,太湖流域西片区域。地面高程变化不大,地势自北向南微缓倾斜,北部地面高程5~6米,南部地面高程3~4米,河内水位在2.0米左右,常年由北向南流动,河道宽度大多数在70~90米之间。地表为冲湖积成因的粉土、粉质黏土。水流平缓,水位变幅不大,河道均为土质河床。河道纵横交错,有一定行洪排水能力要求。该河道除当地发生洪、涝水时有一定的径流量外,其余时段径流量较小。航道外来的含沙量不大,河床淤积主要为航道自身的冲淤变化。特别是镇江丹阳段,由于土质松散,极易受水流的冲刷影响。坍塌土进入航道会出现一些淤浅,对船舶航行带来一定的不利影响。

(二)主要航道现状和建设情况

丹金溧漕河航道于2013年完成改线建设工程,沿线的水利设施主要是金坛区内的丹金船闸和金坛水上服务区。其中:丹金船闸包括1座三级通航标准船闸和带节制闸的通航孔,金坛水上服务区为船民提供航政、海事等便民服务。

金坛段航道:从金塔大桥以北约1.8千米丹阳交界处至庄店大桥以南约1.9千米溧阳交界处,丹金船闸所在处航道里程为5.08千米,丹金溧漕河金坛段航道整治工程(航道26.8千米、桥梁13座)全长31.88千米。通航等级为三级。航道新建、改建桥梁13座,分别为荆溪大桥、金塔大桥、老S241桥(在丹金船闸范围内)、沈渎大桥、南墅大桥、长竹埝大桥、白龙大桥、向阳桥、王母观桥、河西大桥、庄店大桥、指前大桥、金溧河桥。跨河桥梁均采用一跨过河方式,通航净宽不小于60米、净高不小于7米。

溧阳段航道:丹金溧漕河溧阳段航道长15.27千米,南起芜申线的肇庄村,北与溧阳的盖板桥交接,按三级航道标准整治后口宽不小于70米,水深3.2米,桥梁净空7米,新改建桥梁7座,分别是别桥大桥、别桥、姚家桥、金家桥、道成桥、董家舍大桥、新基桥。

丹阳段航道:北起丹阳京杭运河七里桥口,南至与金坛交界处的老丹金闸,全长18.44千米。经过航道整治,航道等级为口宽70米、底宽45米的三级航道。该河流经过丹阳市横塘镇、珥陵镇和导墅镇,全线无拦河建筑物,只有1座位于丹阳与金坛交界处的原水利节制闸——老丹金闸桥,该闸已基本拆除,仅留有门槽和上下游引航道,闸址处兴建了1座人行钢桁架梁桥。全航段有水上跨河线缆6道、水下过河管线4道。有10座跨河桥梁,分别为邓家桥、横塘大桥、南三环大桥、丹金溧河桥、三七站桥、珥陵桥、东方红大桥、黄埝桥、新丹金闸桥、老丹金闸桥。其中邓家桥、横塘大桥、丹金溧河桥、三七站桥、珥陵桥、东方红大桥、黄埝桥、老丹金闸桥为航道工程项目中的改建桥梁,老丹金闸桥待新丹金闸桥建成通车后拆除,建成后的桥梁净空高度多在7米以上。

(三)航道工程项目

1. 丹金溧漕河金坛段航道整治工程

(1)项目概况

项目于2010年9月开工建设,2013年11月试运行,2019年12月竣工。

项目建设依据:2008年5月,江苏省发展和改革委员会《关于丹金溧漕河航道整治工程预可行性研究报告的批复》(苏发改交通发〔2008〕433号);2009年12月,江苏省发展和改革委员会《关于丹金溧漕河航道整治工程可行性研究报告的批复》(苏发改交通发〔2009〕1857号);2010年6月,江苏省发展和改革委员会《关于丹金溧漕河航道整治工程初步设计的批复》(苏发改基础发〔2010〕689号);2009年1月,江苏省环保厅《关于对丹金溧漕河航道整治工程环境影响报告书的批复》(苏环管〔2009〕1号);2011年5月,江苏省国土资源厅《关于丹金溧漕河航道整治工程土地使用的批复》(苏国土资发〔2011〕171号);2013年1月,江苏省国土资源厅《关于丹金溧漕河航道整治工程建设用地的批复》(苏国土资函〔2013〕83号)。

项目整治航道里程26.8千米,航道建设等级为三级,航道设计尺度为宽度45米、水深3.2米、最小弯曲半径480米。设计代表船型为1000吨级货船。航道设计通航保证率95%。

项目建设桥梁13座,采用一跨过河方式,通航净高7米。疏浚土方共计845.3万立方米。航道的护岸工程长13.36千米,主要采用一级护岸+二级护岸(坡)的结构形式,其中:一级护岸采用透水式钢筋混凝土+素混凝土重力式结构1.72千米,采用细石子混凝土灌砌块石重力式结构10.49千米,采用钢筋混凝土悬臂式结构634.3米;二级护岸(坡)采用仿木结构727.8米,生态混凝土护坡3323.4米,生态墙壁植物混凝土2.5千米,箱式绿化挡墙1.9千米,六角预制块草皮护坡3.4千米。航道右岸采用植物护坡509米。全段航道共设置助航标志180块、航标7座。标牌分别为宣传牌9块、指向牌2块、预告牌6块、分界牌4块、提示牌8块、地名牌9块、地点距离牌2块、里程牌54块、桥梁净高提示牌30块、桥涵标56块。项目总投资12.33亿元,其中交通运输部水运建设资金4.68亿元,地方投资5.82亿元,银行贷款420.27万元。

(2)项目建设实施情况

项目建设单位为常州市三级网整治工程建设指挥部办公室;设计单位为江苏省交通

规划设计院有限公司、中交第二航务工程勘察设计有限公司；施工单位为宜兴市交通建设集团有限公司、江苏省交通工程集团有限公司、无锡市航道工程有限公司等；监理单位为常州市交通建设监理咨询有限公司、江苏育通交通工程监理咨询有限责任公司；质监单位为江苏省交通运输厅工程质量监督局。

项目实施中的城区改线段 7.1 千米航道和 4 座桥梁于 2010 年 9 月开工，老河拓宽段19.8 千米航道和 7 座桥梁于 2012 年 2 月开工建设。建设期间，基本按照原施工图设计方案实施，局部因地质变化原因对设计方案进行修改。项目整体于 2013 年 11 月完成交工验收，投入试运行。其中，由于白龙大桥下游 1.1 千米段右侧原设计为生态护岸，因船行波对土质岸坡冲刷较大，改为工业化装配式混凝土护岸设计，于 2017 年 12 月完成施工。

（3）科技创新成果及获奖情况

重要科技创新：

①水上混凝土运泵一体船。江苏省常州市航道管理处、大连理工大学（常州）工程机械研究中心、常熟汇江特种船舶有限公司完成的水上混凝土施工运泵一体化，实现了混凝土岸上生产、水上运输、水上浇筑作业，使作业的效率、安全性、标准化程度大大提高，节能减排效果显著，符合低碳环保的社会效益。同时受天气因素影响较小，工程周期可以缩短近 1/3，产生可观的社会和经济效益。

②微型井点降排水技术。江苏省常州市航道管理处、南通航务工程有限公司根据现场渗水量相对较小、不宜采用喷射井点的情况，采用轻型井点，既避免了基坑开挖后出现渗水而造成的经济损失，又使工程的质量有所提高，还确保在规定工期内完成了施工任务。

③桥梁整体拼装吊装工艺。江苏省常州市航道管理处、中铁四局工程有限公司、江苏舜通路桥有限公司采用桥梁整体拼装吊装工程，在主桥附近利用陆地将钢管拱（或钢桁梁）拼装成整体，再利用大型浮式起重机安装到设计位置。金溧河桥、金塔大桥、王母观大桥实施整体拼装吊装工程，较传统施工工法节约投资 600 多万元。

④玻璃纤维聚合物（FRP）板桩在丹金溧漕河护岸工程中的应用研究。常州市三级航道网整治工程建设指挥部办公室、南京工业大学、江苏博泓新材料科技有限公司形成复合材料板桩的设计和施工方法，提高护岸结构的可靠性、有效性与经济性，促进护岸结构向轻质、高强、耐久、生态方向发展，推动复合材料广泛、安全地应用于海岸和码头的建设和修复工程、水域改造及临江靠海地区的基础建设工程中。

⑤工业化装配式护岸结构关键技术应用研究。江苏省常州市航道管理处、中设设计集团股份有限公司、建华建材（中国）有限公司、江苏交通工程集团有限公司研究出工业化装配式护岸结构关键技术应用。提出了适于替代素混凝土、钢筋混凝土护岸结构的预制装配式结构形式，完成了构件标准化设计，攻克了构件生产、运输、装配施工等难题，完

成了装配式护岸工业化生产、施工的工艺设计。

获奖情况详见表 10-5-3。

丹金溧漕河金坛段航道整治工程获奖情况　　　　　　表 10-5-3

奖项分类	奖项级别	奖项名称	获奖年月	颁奖机构
工程质量	省部	2011 年度江苏省公路水运工程"平安工地"建设活动省级"示范工地"称号	2012 年 3 月	江苏省交通运输厅
工程质量	省部	2012 年度江苏省公路水运工程"平安工地"建设活动省级"示范工地"称号	2013 年 1 月	江苏省交通运输厅
工程质量	省部	丹金溧漕河航道整治工程金坛段南墅大桥、长竹埝大桥为 2013 年度江苏省交通建设优质工程	2014 年 4 月	江苏省交通运输厅
工程质量	省部	2014 年度江苏省交通建设优质工程	2015 年 4 月	江苏省交通运输厅
工程质量	省部	《工业化装配式护岸施工工法》为 2017 年度第一批江苏省工程建设省级工法	2017 年 8 月	江苏省住房和城乡建设厅
工程质量	省部	2017 年度江苏省优质工程奖"扬子杯"	2018 年 4 月	江苏省住房和城乡建设厅
工程质量	省部	"工业化装配式护岸结构关键技术应用研究"集体二等奖	2018 年 5 月	"建华工程奖"奖励委员会

此外，"一种混凝土运输泵送船""新型混凝土运泵一体船"和"一种装配式混凝土空箱挡土结构"获实用新型专利。

（4）项目投产后的运营情况

该项目建成投产后，丹金溧漕河航道通航条件得到显著提升，通航船舶由 300 吨级提升至 1000 吨级，最小通航水深由 2 米提升到 3.2 米，大吨位船舶的比例大幅提高，船舶行驶时间平均缩短约 1.5 小时。据统计，500 吨级通航船舶约占 35%，水运企业经济效益提升明显，船舶货运流量由整治前 2009 年的 3922 万吨增加到 2015 年的 4873 万吨，增长了约 24%。更重要的是，金坛区航道改线后，消除了航运交通对城市生活的干扰；老航道取消航运功能为老城区的改造和发展腾出了空间，新航道的启用又为城市框架的总体规划带来发展机遇，提升了地区产业布局的空间，成为新农村建设的催化剂和城镇化发展的助推器。

2. 丹金溧漕河溧阳段航道整治工程

（1）项目概况

项目于 2013 年 10 月开工建设,2015 年 12 月试运行。

项目建设依据:2008 年 5 月,江苏省发展和改革委员会《关于丹金溧漕河航道整治工程预可行性研究报告的批复》(苏发改交通发〔2008〕433 号);2009 年 12 月,江苏省发展和改革委员会《关于丹金溧漕河航道整治工程可行性研究报告的批复》(苏发改交通发〔2009〕1857 号);2010 年 6 月,江苏省发展和改革委员会《关于丹金溧漕河航道整治工程初步设计的批复》(苏发改基础发〔2010〕689 号);2009 年 1 月,江苏省环保厅《关于对丹金溧漕河航道整治工程环境影响报告书的批复》(苏环管〔2009〕1 号);2015 年 8 月,国土资源部《关于丹金溧漕河航道整治工程建设用地的批复》(国土资函〔2015〕586 号)。

项目整治航道里程 15.23 千米,航道建设等级为三级,航道设计尺度为宽度 45 米、水深 3.2 米、最小弯曲半径 480 米。设计代表船型为 1000 吨级船舶。航道设计通航保证率 98%。

项目建设桥梁 7 座,分别为别桥大桥、别桥、姚家桥、金家桥、道成桥、董家舍大桥及新基桥,通航净高 7 米,采用主跨一孔跨越通航水域形式。疏浚航道土方共计 492.1 万立方米。新建航道护岸工程 25.61 千米,加固护岸 628 米。全段航道共设置航标 45 座,设分界牌 1 块、指向牌 3 块、锚地预告牌 2 块、锚地指示牌 1 块、宣传牌 3 块、航道起讫牌 1 块、桥名牌 16 块、里程牌 18 块。整治航段设置顺岸式停泊锚地 1 处,位于航道右岸,靠泊段长度 350 米,护岸前沿距设计航道中心线 70 米,护岸前沿最小水深与航道设计水深一致,与河底齐平。后方布置管理用地 18.4 亩。项目总投资 8.5 亿元,包括交通运输部水运建设资金 2.68 亿元,地方投资 4.83 亿元。

（2）项目建设实施情况

项目建设单位为常州市三级航道网整治工程建设指挥部办公室、溧阳市三级航道网整治工程指挥部办公室;设计单位为江苏省交通规划设计院股份有限公司、中交公路规划设计院有限公司;施工单位为中交一航局第二工程有限公司、无锡市航道工程有限公司、中铁四局集团第二工程有限公司等;监理单位为江苏科兴工程建设监理有限公司、江苏育通交通工程监理咨询有限责任公司;质监单位为江苏省交通运输厅工程质量监督局。

工程项目中航道工程于 2013 年 12 月 1 日开工建设,老河拓宽段 19.8 千米航道和 7 座桥梁于 2012 年 2 月开工建设。桥梁建设基本按照原施工图设计方案实施,局部因地质变化原因进行了修改;采用设计变更方式增加了对右岸 2 处老驳岸加固工程。项目整体于 2015 年 12 月完成交工验收并投入试运行。

（3）项目投产后的运营情况

丹金溧漕河溧阳段"高速水路"整治工程交工通航后,通航船舶由 300 吨级提高到

1000 吨级,对增强沿线地区防洪、引水和航运等功能、改善沿线生态与航道景观、提升区域交通优势等方面有着积极而深远的影响。

3. 丹金溧漕河丹阳段航道整治工程项目

(1)项目概况

项目于 2014 年 3 月开工建设,2015 年 12 月试运行。

项目建设依据:2009 年 12 月,江苏省发展和改革委员会《关于丹金溧漕河航道整治工程可行性研究报告的批复》(苏发改交通发〔2009〕1857 号);2010 年 6 月,江苏省发展和改革委员会《关于丹金溧漕河丹阳段航道整治工程初步设计的批复》(苏发改基础发〔2010〕690 号);2009 年 1 月,江苏省环保厅《关于对丹金溧漕河航道整治工程环境影响报告书的批复》(苏环审〔2009〕1 号)。

项目整治航道里程 18.44 千米,航道建设等级为三级,航道设计尺度为宽度 45 米、水深 3.2 米、最小弯曲半径 480 米。设计代表船型(船队)包括:1 顶 2×1000 吨级船队,1 拖 3×1000 吨级船队和 1000 吨级货船。航道设计通航保证率 98%。

项目建设桥梁 8 座,分别为邓家桥、横塘大桥、丹金溧河桥、三七站桥、珥陵桥、东方红大桥、黄埝桥、老丹金闸桥,通航净高 7 米,主跨一孔跨过通航水域。疏浚航道土方共计 744.8 万立方米。新建航道护岸工程 32.31 千米,加固老驳岸 2.23 千米。一级护岸结构形式主要采用重力式结构形式、灌注桩和钢板桩排桩结构形式,局部现状护岸良好的航段采用老驳岸加固处理;二级护岸结构形式主要采用素混凝土格埂 + 香根草护坡形式及互嵌块二级挡墙结构形式。项目总投资 9.1 亿元,其中交通运输部水运建设资金 3.7 亿元,地方投资 4.04 亿元,政策性银行贷款 1.37 亿元。

(2)项目建设实施情况

项目建设单位为镇江市干线航道工程建设现场指挥部;设计单位为江苏省交通规划设计院股份有限公司;施工单位为南京航务工程有限公司、苏州大通工程建设有限公司、江苏省镇江市路桥工程总公司等;监理单位为江苏润通交通工程监理咨询有限公司;质监单位为江苏省交通运输厅工程质量监督局。

工程设计变更及额外工程共 59 项。其中较大的设计变更有 3 项:一是珥陵镇区段,因丹阳市考虑到丹阳珥陵镇区工业规划,停泊锚地位置与该镇区建设规划相冲突,取消了丹金溧漕河丹阳珥陵镇区段船舶停泊锚地,变更为 A3 型重力式护岸挡墙。二是因珥陵镇东岸房屋密集度大,原设计方案为混凝土重力式结构,需要拆迁大量居民住宅,由于该村地处集镇,基本没有拆迁安置用地,拆迁难度大,因此需要将重力式结构变更为钢板桩护岸结构,以减少房屋拆迁户数,减轻安置压力,丹阳珥陵镇区段 A4 型 480 米护岸结构变更为 B 型钢板桩 + 囊头扩大段土锚结构。三是珥陵镇区段钢板桩及排桩结构护岸施工图设计中未考虑墙后原排水出口方案,设计单位也不同意在原出水口处的墙身桩体上开孔设置排水口,已完工的钢板桩及排桩墙后原有的雨污出水口全部被堵。因墙后排水不畅、地下水偏高影响护岸墙体安全,采取在镇区段钢板桩及排桩护岸墙后分段设置纵向排水管网,在原排水出口处设置检查井,检查井与纵向排水管道相接,原排水出口集流的雨污水通过纵向排水管道排向支河出口的方式解决遗留安全隐患。

(3)科技创新成果及获奖情况

七里桥口至312国道桥段,自然岸坡条件下的航道岸坡坍塌严重,水土流失严重,导致部分航段河口甚至宽达100米以上。针对这种情况,首次采用膜袋充砂围堰工艺,既保证了粉砂质河床上围堰的稳定,也加快了施工进度,降低了施工成本,节约土地资源。

2018年1月,项目被授予2017年度"江苏交通优质工程"。

(4)项目投产后的运营情况

丹金溧漕河丹阳段航道整治工程交工运行以来,航道尺度规范、岸堤安全稳定,航道条件显著改善,船舶通航拥挤度下降,航道通过能力得到提升。航道尺度的提升促进通行船舶向大型化、标准化方向发展。并且根治了原本河岸两侧水土流失导致坍塌镇江市级A类安全隐患,保障了沿岸群众的生命财产安全。也推动了航道防洪引水能力提升。丹金溧漕河丹阳段既是国家长三角地区高等级航道网的组成部分,也是太湖流域湖西引排工程引排骨干河道,建成后的丹金溧漕河丹阳段过水断面面积比原先增大一倍以上,二级护坡顶高程均在6.0米以上,满足省防汛指丹金溧漕河丹阳段高水高排的工作要求,防洪、引水综合能力也得到增强。建成后的二级护坡采用香根草加混凝土格埂护坡,香根草种植面积达35.8万平方米。航道现场香根草生长良好,呈线状连绵,航道整治工程对改善沿线生态和提升航道景观作用明显,美丽生态航道初见雏形。

(四)航道的发展成就与经验启示

丹金溧漕河航道整治工程建成投产后,航道通航条件得到显著提升,通航船舶由300吨级提升至1000吨级,最小通航水深由2米提升到3.2米,大吨位船舶的比例大幅提高,船舶行驶时间平均缩短约1.5小时。据统计,500吨级通航船舶约占35%,水运企业经济效益提升明显,船舶货运流量由整治前2009年的3922万吨增加到2015年的4873万吨,增长了约24%。

①设计质量与现场管理并重是保证工程质量的基础。在丹金溧漕河工程建设过程中,在强化现场管理力度的同时,加强与设计单位的衔接,强调现场情况与设计验算的互动,使工程建设始终处于有效的受控状态。

②不断创新建设理念是提升工程建设水平的保证。在确保工程建设质量、安全的同时,努力实施工程创新,通过管理创新和技术创新,打造"绿色、循环、低碳"航道建设项

目,走资源节约型、环境友好型发展之路,实现安全发展、绿色发展和可持续发展。

③开展有明确目标的竞赛活动是工程创新创优的有效平台。按照交通运输部、江苏省交通运输厅部署开展的混凝土通病治理活动、创建"平安工地"活动及科研创新等具体活动的开展,丰富工程建设的内涵,使工程质量、安全管理、廉政建设等更上一层楼,有力地促进了工程的全面创优。

④施工工艺标准化。建立了重大技术(安全)方案专家审查制和首件认可制两个重要制度,在实施过程中,严格按照标准工序,标准首件进行推广示范,实现全过程标准化。通过一系列的标准化要求和严格的标准化实施工作,优质高效地完成了江苏省交通运输厅下达的建设高等级航道的目标任务。

六、锡澄运河

(一)河道自然特征

锡澄运河处于太湖流域以北的无锡市,老锡澄运河南起无锡市惠山区高桥,经白荡圩、泗河口、黄昌河口、江阴船闸,止于黄田港入江口,全长约37.4千米,新锡澄运河在黄昌河改道至新夏港河,止于新夏港闸入江口,现全长39.22千米。锡澄运河是太湖流域一条以航运为主,同时兼顾防洪、灌溉功能的综合性河流,沿途沟通京杭运河、锡北线、青祝河、黄昌河、应天河、东横河、长江等多条通航河流,是长三角地区重要的水运主通道之一。该区属湿润性季风气候区,受季风环流影响,雨量充沛,日照充足,无霜期长。年内四季分明,热量充裕,冬天寒冷夏天湿热。降雨年际变化比较大,如江阴青阳站1954年全年降雨量达1457毫米,而1978年全年降雨量仅554毫米;降雨分布也不均匀,5—9月平均降雨量为680毫米,约占全年总量的65%。锡澄运河属于长三角河网水系,河道比降小,水流平缓,地表植被好。暴雨期由径流带入河道的泥沙很少;泥沙来源主要为无护岸河段,船行波会对河岸产生一定冲刷,致使少量泥沙进入水体落淤航槽。该方式进入河道的泥沙亦有限,河道内水体含沙量低。

(二)主要航道现状和建设情况

锡澄运河自高桥起,至新夏港闸入江口止,全长39.22千米,江阴段及惠山段已达三级通航标准;在入江口按三级航道标准设复线船闸1座,航道上现有桥梁33座,建设完成后仅新长铁路桥未达标(不在锡澄运河整治批复范围内),净空尺度为45米×5米。1986年,江苏省交通厅根据交通部杭州、南昌会议确定的"锡澄运河划作京杭运河苏南段的复线予以规划"的意见,采用五级航道标准对江阴西门桥至泗河口进行整治,并新建江阴复线船闸1座。2000年对泗河口至高桥段按五级航道标准进行了改造。2012年启动了锡澄运河航道整治工程,按照三级航道标准进行整治。锡澄运河航道整治工程是江苏省"十二五"水运重点建设项目,也是无锡综合运输体系建设中重要的节点工程。起于锡澄运河与京杭大运河交界处,流经无锡市北塘区(今梁溪区)、惠山区、江阴市,进入江阴境内改线走黄昌河、新夏港河与长江汇合。锡澄运河航道整治工程全线由五级扩容为三级航道。

(三)航道工程项目

锡澄运河航道整治工程

(1)项目概况

项目于2012年11月开工建设,2015年12月建成试运行。

项目建设依据:2011年8月,江苏省发展和改革委员会《关于锡澄运河航道整治工程可行性研究报告的批复》(苏发改基础发〔2011〕1418号);2012年1月,江苏省发展和改革委员会批复江阴北段初步设计方案(苏发改基础发〔2012〕38号);2012年1月,江苏省发展和改革委员会批复江阴南段初步设计方案(苏发改基础发〔2012〕37号);2012年9月,江苏省发展和改革委员会批复无锡市区段初步设计方案(苏发改基础发〔2012〕1345号);2012年8月,上海铁路局《关于锡澄运河航道整治工程配套项目京沪铁路无锡北至无锡段改造工程修改可行性研究审查意见的函》(上铁师函〔2012〕968号);2014年2月,上海铁路局《关于锡澄运河航道整治工程配套项目京沪铁路无锡北至无锡段改造工程初步设计审查意见的函》(上铁师函〔2014〕291号);2011年5月,江苏省环保厅《关于对锡澄运河航道整治工程环境影响修编报告的批复》(苏环审〔2011〕74号);2012年9月,江苏省国土资源厅《关于转发国土资源部关于锡澄运河航道整治工程建设用地的批复》(苏国土资函〔2012〕633号);2012年8月,国土资源部《关于锡澄运河航道整治工程建设用地的批复》(国土资函〔2012〕699号)。

项目整治航道里程39.22千米,航道建设等级为三级,航道设计尺度为底宽不小于45米、水深3.2米、最小弯曲半径480米。设计代表船型(船队)为1顶2×1000吨级顶推船队,其他船型包括1拖3×1000吨级、1拖5×500吨级、1拖8×300吨级拖带船队,1000吨级、500吨级货船及30TEU、60TEU集装箱船。航道设计通航保证率98%。

项目新改建公路桥24座(跨闸公路桥、滨江桥、五星桥、镇澄桥、芙蓉大道夏港河桥、先锋桥、菱塘桥、观山桥、璜观二号桥、青桐南桥、青桐大桥、月城桥、沿山桥、时家村桥、黄昌河三号桥、茶岐桥、凤凰山桥、璜观桥、月城南桥、青阳南桥、黄石大桥、锡宜高速公路桥、杨家圩大桥、石幢桥),改建铁路桥1座,桥梁执行三级航道标准,主跨跨径不小于80米,通航净宽不小于60米,通航净空不小于7米。全线整治航道39.22千米,新建护岸63.07千米,新建三级航道复线船闸1座,建设锚地和服务区3处。完成土方开挖及疏浚约870

万立方米,其中:江阴北段开挖水上方 208.02 万立方米,开挖水下方 41.48 万立方米;江阴南段开挖水上方 332.75 万立方米,开挖水下方 98.08 万立方米;市区段开挖水上方 147.8 万立方米,开挖水下方 36.84 万立方米。江阴北段航道整治里程 5.86 千米,新建护岸 10.93 千米,其中一级护岸采用重力式空箱结构 1.76 千米、混凝土重力式结构 6.39 千米、衡重式混凝土结构 2.78 千米;二级护岸采用铰接式生态护坡块结构 2948 平方米、加筋麦克垫生态护坡 7640 平方米、箱式绿化挡墙 1.09 千米;在航道右岸设置待闸锚地,左岸设置船闸上游服务区及临时停泊区,两岸靠泊长度共计 2.78 千米;锚地及服务区护岸采用衡重式混凝土结构。江阴南段航道整治里程 17.87 千米,新建护岸 33.658 千米,其中一级护岸采用重力式空箱结构 12.66 千米、混凝土重力式结构 18.35 千米、钢板桩结构 2648 米;二级护岸采用铰接式生态护坡块结构 5 万平方米、加筋麦克垫生态护坡 2.58 万平方米、箱式绿化挡墙 6.5 千米、自嵌式景观挡土块 5.26 千米;还建道路 9.79 千米,还建小桥 3 座。市区段航道整治里程 12.75 千米,新建护岸 17.16 千米,C25 混凝土衡重式结构 514 米、钻孔灌注桩排桩加帽梁结构 120 米、钢板桩结构 54 米;二级护岸(坡)采用自嵌式景观挡土块结构 7.06 千米、香根草护坡结构 6.44 千米;该航段加固老驳岸 642 米,采用 PC 管桩加水下混凝土加混凝土贴面结构;布置惠山服务区。项目共新建航标 5 座,增设标识标牌 68 套(靠泊区标志 2 块、指向牌 6 块、地名标志 4 块、服务区地名标志 2 块、停泊锚地告示牌 4 块、分解碑 2 块、地名距离标志 3 块、宣传牌 2 块、桥梁净高提示牌 2 块、里程牌 37 块),航道界桩 370 根。项目总投资 39.62 亿元,其中交通运输部水运建设资金 12.78 亿元,地方投资 26.84 亿元。

（2）项目建设实施情况

项目建设单位为无锡市锡澄运河三级航道整治工程建设指挥部办公室;设计单位为中交第二航务工程勘察设计院有限公司、江苏省交通规划设计院有限公司、中交第二航务工程勘察设计院有限公司等;监理单位为江苏科兴工程建设监理公司、江苏中设工程咨询集团有限公司、江苏润通交通工程监理咨询有限公司等;施工单位为无锡市航道工程有限公司、中建筑港集团有限公司、苏州大通工程建设有限公司等;质监单位为江苏省交通运输厅工程质量监督局。

2014 年 5 月 9 日,无锡市锡澄运河三级航道整治工程建设指挥部办公室组织对五星桥进行交工验收;2015 年 2 月 5 日,无锡市锡澄运河三级航道整治工程建设指挥部办公室组织对江阴南段航道进行交工验收;2015 年 9 月 2 日,无锡市锡澄运河三级航道整治工程建设指挥部办公室组织对观山桥、菱塘桥、璜观桥、时家村桥、月城桥、青桐大桥进行交工验收;2015 年 11 月 18 日,无锡市锡澄运河三级航道整治工程建设指挥部办公室组织对杨家圩大桥进行交工验收;2015 年 12 月 22 日,无锡市锡澄运河三级航道整治工程建设指挥部办公室组织对青桐南桥、凤凰山桥、黄昌河三号桥、璜观二号桥、锡澄运河市区段和江阴北段航道进行交工验收;2016 年 8 月 31 日,无锡市锡澄运河三级航道整治工程建设指挥部办公室组织对石幢桥进行交工验收。

(3)科技创新成果及获奖情况

工程项目开展了"内河限制性航道新型生态岸坡结构与性能试验研究"科研项目,创新地提出了箱体加插板的组合结构;开展了"错位布置双线船闸闸首结构受力机理及变形控制研究"科研项目,通过现场观测及三维有限元数值模拟,分析错位布置双线船闸闸首的应力、沉降、变形规律,提出了相应的变形预控措施;开展了"高性能钢板桩在船闸工程中的应用研究"科研项目,对新夏港船闸在施工中所采用的不同形式钢板桩结构进行有限元分析,并对弯矩及水平位移进行了研究;开展了"废弃构造物混凝土再利用技术研究与航道整治工程应用示范"科研项目,创新地提出了再生集料强度等级分类方法;开展了"内河航道系杆拱桥养护手册研究"科研项目,该项目在国内首次编制了系杆拱桥养护手册。项目于 2015 年 7 月获得"箱体与插板组合型生态护岸结构"发明专利。

(4)项目投产后的运营情况

锡澄运河主要承担着苏南地区与鲁、豫、皖以及长江中上游地区能源、矿建等大宗物资的水运中转任务,也是保障无锡港集疏运、支撑现代物流及江阴沿江港口集疏运的水上交通命脉。锡澄运河升级整治工程,是无锡市水上交通率先现代化的关键工程。锡澄运河升级改造,可进一步优化城市发展布局,进一步提升区域水利防洪能力,并有力推进和谐宜居滨水花园城市建设,有利于城市沿线的综合景观建设。

(四)航道的发展成就与经验启示

1.运用新的理念,创新施工工艺

新夏港船闸在江苏省首次采用了"闸首错位布置、三墙两闸、全钢板桩闸室墙"设计,避免了大面积拆迁,减少土地占用 15 亩,降低工程造价约 600 万元。该船闸闸室采用德国蒂森克虏伯热轧 U 形钢板桩,但由于项目现场土质情况复杂、土层坚硬,施工极为困难。为此,参建各方多次邀请德国、日本和全国钢板桩施工专家现场指导攻关,调整施工工艺,优化改进技术方案并多次召开专题研究会,最终采用"长螺旋预引孔 + 震动锤 + 双层导架 + 水刀辅助沉桩"的施工工艺,高标准严格控制。采用此工艺对成桩后的钢板桩进行检测,垂直度、平面位置均满足设计及规范要求,钢板桩整体线形顺直美观。

2.运用新的手段,创新管理方式

(1)以信息化手段创新工程管理模式

结合锡澄运河航道整治工程,工程上推行江苏省交通工程建设项目管理系统试点,实施全过程信息化管理,实现工程质量、安全与计量支付挂钩,只有在质量、安全资料全面到位的前提下，才能允许进入计量支付程序。从现场管理人员到指挥部领导，所有审查过程及所有人员签署的审查意见都能在网站中反映，并可随时查阅，杜绝暗箱操作。纪检监察部门可随时访问网站，查看任一管理步骤，及时发现管理中的疏漏，努力做到以信息化的手段加规范化的制度进行管理，达到全公开操作、全透明管理、全天候监督的目的，从程序上杜绝腐败问题的发生。

（2）引进第三方咨询制度，创新质量、安全管理方式

在锡澄运河航道整治工程管理过程中，指挥部办公室首次推行了质量、安全第三方咨询机制。一是通过招标引进了5家第三方检测单位，代表指挥部办公室做好工程试验检测管理工作。从原材料比选与采购、配合比验证、实体质量检测、工地试验室管理等方面，实时掌控现场质量状况，定期出具书面检测报告，为工程质量控制提供了真实、及时的第一手数据。二是委托江苏省交通工程集团有限公司作为该项目安全管理咨询单位，由其派出有经验的安全管理专家团队，聘请专家进行培训，指导内业、外业工作开展，协助指挥部办公室开展安全检查，辅导施工、监理单位开展安全应急预案演练，为该项目提供了全方位的安全管理咨询服务。第三方咨询制度的引进，较好地弥补了指挥部办公室人员紧缺、专业力量薄弱的问题，是工程管理上一大探索，也收到了较好的效果。

3. 探索环境监理工作，创新监理理念

锡澄运河航道整治工程项目是江苏省环保厅确定的环境监理试点项目，指挥部根据江苏省环保厅《关于对锡澄运河航道整治工程环境影响修编报告的批复》（苏环审〔2011〕74号）的要求积极开展环境监理工作。一是组织编制了《锡澄运河航道整治工程施工环保手册》，明确了环境监理的工作依据、工作要点及操作事务等，作为项目环境监理工作的基本依据。二是要求各施工单位在施工组织设计中单独设一章编制有关环保工作的措施，要求监理单位编制环境监理规划，用于指导现场管理工作。三是指挥部编制环境监理月报，整理汇总每个阶段环境监理工作内容。以上工作有效地指导和促进了工程实施过程中的环境保护工作，收到了较好的效果。

4. 建设绿化景观，造福沿线百姓

建设中紧密结合城市规划优化航道岸线设计和护岸设计，对沿河地段统一纳入城乡旅游开发规划，特别注重对运河两岸滨水走廊的绿化美化和人文空间的挖掘打造，沿河规划绿化面积约48万平方米，打造6处亲水景观绿地，营造宜居、宜人、宜景的现代化滨水花园美景。

七、锡溧漕河

（一）河道自然特征

锡溧漕河航道东北向与苏南运河相接，西南向与芜申线相接，是苏南一条重要的次干

航道。航道长 48.63 千米,沿线经过宜兴的宜城镇、和桥镇及武进的前黄(运村)、戴溪镇等主要城镇。锡溧漕河曾是南粮北调的主要水上通道之一,是苏西南宜溧山区建材运往无锡、苏州、上海等地的便捷通道,今后将是江苏西南部地区内河集装箱运输通道。统计资料显示,锡溧漕河航道货运量平稳增长,船舶吨位逐年提高,其区域运输网中的作用和地位十分显著,对促进航道沿线乃至整个区域的经济社会发展、水资源综合利用等发挥了重要作用。

锡溧漕河位于涵湖之东、太湖以西,属长江下游水网平原区,区内地势平坦,水系发达,地面高程一般为 3.0~7.0 米(吴淞基准面,下同),航道两侧为人工建筑物及农田、鱼塘,属典型的江南水乡风貌。锡溧漕河所在地区属亚热带季风气候区,四季分明,气候温和湿润,一般从 6 月中旬进入梅雨季节,持续 20~30 天,雨量丰沛。年平均气温为 15.2~15.9 摄氏度,年平均相对湿度为 76%~80%,年平均降水量为 1025~1046 毫米。锡溧漕河常州段属长江下游水网化平原区。勘察揭示区内 20 米以浅土层、黏性土层为主,根据地质钻探资料,护岸基底处的土质变化较大,且大部分地段存在厚薄不均的黏质粉土或砂质粉土,局部地质较差。

(二)主要航道现状和建设情况

锡溧漕河无锡段自宜兴热电厂起,至五牧口止,全长 27.94 千米,根据统计数据四级航道 4.8 千米、五级航道 23.14 千米。实际现状五级实施为 3.72 千米、四级控制五级实施为 1.01 千米、三级控制五级实施为 22.72 千米;航道上现有桥梁 22 座,其中 8 座达标、14 座未达标,碍航最严重的桥为锡宜高速公路桥,净空尺度为 38 米×5 米。锡溧漕河建设最初按照苏计基础发〔2003〕122 号文《关于锡溧漕河锡宜段航道整治工程初步设计的批复》,在实施期间,交通部和江苏省人民政府于 2005 年 8 月联合批复了《江苏省干线航道网规划》,锡溧漕河规划等级由五级提升为三级。2005 年,江苏省交通厅组织编制了锡溧漕河整治工程可行性研究调整报告,2007—2008 年,锡溧漕河三级航道整治工程可行性研究调整报告和初步设计获批,由于期间规划等级调整,锡溧漕河航道现状等级不统一。2000—2005 年,根据 2003 年的初步设计批复,和桥段 2.43 千米和屺亭段 1.3 千米,按四级控制五级实施了安桥段约 1.01 千米;2005—2007 年,按照三级控制五级实施了直湖港段 4.79 千米、宜兴剩余段 17.93 千米,按照三级标准改建桥梁 7 座。2014 年,根据江苏省交通运输厅任务安排对屺亭段 1.3 千米、和桥段 1 千米、安桥段 1 千米,共 3.3 千米按照三级标准进行改造,同时启动锡溧漕河大桥改建工程。

锡溧漕河常州段从五洞桥至欢塘桥东北与无锡交界处,计 21.47 千米(其中设计里程 21.18 千米,桥梁 13 座),航道建设等级为三级,航道设计尺度为底宽不小于 45 米、水深不小于 3.2 米、最小弯曲半径为 480 米(极限弯曲半径为 356 米),能常年通航 1000 吨级船舶。常州市内改建(或新建)桥梁 13 座,分别为蒋庄桥、祝庄桥、改线桥 1(省道 232)、改线桥 2、改线桥 3、改线桥 4、华渡桥、青洋路桥、分庄桥、天井桥、戴溪桥、东尖桥、欢塘桥。跨河桥梁采用一孔跨过通航水域形式,通航净宽不小于 60 米、净高不小于 7 米。锡溧漕河常州段航道整治工程自 2009 年 5 月开工建设,2013 年 11 月完工,2019 年 5 月工程竣工验收。

(三)航道工程项目

1. 锡溧漕河无锡段航道整治工程

(1)项目概况

项目于 2006 年 12 月开工建设。

项目建设依据:2003 年 9 月,江苏省发展计划委员会《关于锡溧漕河锡宜段航道整治工程初步设计的批复》(苏计基础发〔2003〕122 号);2008 年 3 月,江苏省发展和改革委员会《关于锡溧漕河航道整治工程可行性研究调整报告的批复》(苏发改交通发〔2008〕181 号);2008 年 7 月,江苏省发展和改革委员会《关于锡溧漕河无锡段航道整治工程初步设计文件的批复》(苏发改交通发〔2008〕881 号);2006 年 5 月,江苏省环保厅《关于对锡溧漕河航道整治工程环境影响报告书的批复》(苏环管〔2006〕77 号);2007 年 12 月,江苏省国土资源厅《关于锡溧漕河航道整治工程项目用地的预审意见》(苏国土资函〔2007〕1056 号)。

项目整治航道里程 27.47 千米,航道建设等级为三级,航道设计尺度为宽度 60 米、水深 3.2 米、最小弯曲半径 480 米。设计代表船型为 1000 吨级货船。航道设计通航保证率 98%。

项目建设桥梁 14 座,通航净宽 60 米、净高 7 米,主跨采用一孔跨过通航水域形式;新建驳岸 45.83 千米,加固护岸 840 米。疏浚航道土方共计 806 万立方米。新建航道护岸采用重力式挡土墙 46.67 千米,局部地段采用钢板桩新建护岸;老驳岸加固采用混凝土方桩或钢板桩 + 混凝土贴面结构。在宜城镇、屺亭镇、和桥镇各新建停泊锚地 1 处,分别布置于右岸(规模 330×40 米)、左岸(规模 250×20 米)、右岸(规模 240×40 米),驳岸前沿距离航道中心线不小于 70 米。项目总投资 14.43 亿元,其中中央投资 4.48 亿元,其余主要为地方政府投资。

(2)项目建设实施情况

项目建设单位为无锡市航道整治工程建设指挥部办公室;设计单位为江苏省交通规划设计院有限公司、中交公路规划设计院有限公司;施工单位为南通市航务工程有限公司、苏州大通工程建设有限公司、常州市航务工程有限责任公司等;监理单位为江苏科兴工程建设监理公司、江苏中设集团股份有限公司;质监单位为江苏省交通厅工程质量监督站(现为江苏省交通运输厅工程质量监督局)。

锡溧漕河五级航道整治初步设计于2003年获批(苏计基础发〔2003〕122号),在实施期间,交通部和省人民政府于2005年8月联合批复了《江苏省干线航道网规划》,锡溧漕河规划等级由五级提升为三级。2005年,江苏省交通厅组织编制了锡溧漕河整治工程可行性研究调整报告;2007—2008年,锡溧漕河三级航道整治工程可行性研究调整报告和初步设计获批;2010年,省交通运输厅对锡溧漕河五级航道整治工程设计变更及概算调整进行了批复(苏交计〔2010〕55号)。当时在建的无锡和桥段、岯亭段、安桥段按五级标准实施,15座桥梁中7座按照三级通航标准实施,其余按五级通航标准实施,并在2010年11月对上述五级批复内容进行了竣工验收。2008年苏发改交通发〔2008〕881号文件将尚未达到三级标准的航段和桥梁纳入了工程范围。其中宜兴段(热电厂至岯亭公路桥段、草塘河至塘溇桥段、和桥至运村段)17.93千米、直湖港段4.79千米已分别于2008年8月、2008年9月进行了交工验收。2014年,根据省厅任务安排按照三级标准启动对岯亭段1.3千米、和桥段1千米、安桥段1千米,共3.3千米航道进行改造,同时改建锡溧漕河大桥。

(3)项目投产后的运营情况

锡溧漕河大部分航道已按三级控制实施到位,航道条件改善较为明显,航道通过能力也得到了提升。尤其是2008年大部分航道交工验收后,沉船和堵档现象得到了缓解,同时也提高了防汛能力。锡溧漕河水运功能进一步突出,船舶年通过量增长较快,根据宜城观测点统计,1990—2005年,船舶年通过量平均增长率达7%,1990年锡溧漕河船舶货运通过量为1433.11万吨,1995年为2494.94万吨,2000年为3438.18万吨,2005年达6691万吨,船舶平均吨位218吨,主要运输物资有矿建材料和水泥,占地方总运量的70%。

2.锡溧漕河常州段航道整治工程

(1)项目概况

项目于2009年5月开工建设,2013年12月试运行,2019年5月竣工验收。

项目建设依据:2008年3月,江苏省发展和改革委员会《关于锡溧漕河航道整治工程可行性研究调整报告的批复》(苏发改交通发〔2008〕181号);2008年7月,江苏省发展和改革委员会《关于锡溧漕河航道整治工程初步设计的批复》(苏发改交通发〔2008〕790号);2006年5月,江苏省环保厅《关于对锡溧漕河航道整治工程环境影响报告书的批复》(苏环管〔2006〕77号);2010年4月,江苏省国土资源厅《关于锡溧漕河航道整治工程建设土地的批复》(苏国土资发〔2010〕109号)。

项目整治航道里程21.18千米,航道建设等级为三级,航道设计尺度为宽度45米、水深3.2米、最小弯曲半径480米。设计代表船型(船队)及尺度:1000吨级驳船,尺度67.5

米×10.8米×2.0米,船队尺度160.0米×10.8米×2.0米。航道设计通航保证率95%。

项目建设桥梁13座,主跨采用一孔跨过通航水域形式,通航净高7米。全段航道共设置航标41座、界桩420个。标牌分别为指向牌8块、分界牌2块、地名牌3块、锚地预告牌4块、示位标3座、里程牌21块。设置前黄(运村)、华渡2处停泊锚地,陆域高程分别为6.2米、5.5米,基本与原地面平齐。项目总投资11.4亿元,其中交通运输部水运建设资金3.01亿元,地方投资7.45亿元,其他民企资金9420.66万元。

(2)项目建设实施情况

项目建设单位为常州市三级航道网整治工程建设指挥部办公室、常州市武进区航道整治工程建设指挥部办公室;设计单位为江苏省交通规划设计院有限公司;施工单位为苏州大通工程建设有限公司、常州市航务工程有限责任公司、江苏省镇江市天顺交通工程有限公司等;监理单位为苏州市路达工程监理咨询有限公司、江苏东南交通工程咨询监理有限公司;质监单位为常州市交通工程质量监督站。

项目实施过程中,原施工图设计戴溪桥采取原位改建方案,即先在其上游约145米架设临时钢便桥予以满足地方临时交通要求后,拆除老的戴溪桥并在其原位重建新桥。江苏省交通运输厅作出《关于锡溧漕河常州段戴溪桥改建桥位调整的批复》(交航工〔2011〕176号),变更为移位重建新桥方案,将戴溪桥桥位向南移位约500米重建新桥。戴溪桥于2012年8月14日开工建设,2013年11月25日完成施工。

(3)科技创新成果及获奖情况

2013年1月,项目获江苏省住房和城乡建设厅颁发的2012年度江苏省优质工程奖"扬子杯"。

(4)项目投产后的运营情况

该项目建成投产后,锡溧漕河常州段航道通航条件得到显著提升,通航船舶吨级由300吨级提升至1000吨级,水深由2米提升到3.2米,水运企业经济效益提升明显,船舶流量增加明显。更重要的是,锡溧漕河老航道从武进前黄镇祝庄桥至华渡段约7.5千米航道,走向呈V字形,航道两次下穿新长铁路,舍弃原路线拓宽改造方案,采用裁弯取直改线方案,减少船舶航行里程超2千米,按2013年锡溧漕河船舶年通过量计算,每年可节约运输成本近2500万元。

(四)航道的发展成就与经验启示

锡溧漕河上接苏南运河,下连芜申运河,历史上是南粮北调的主要水上通道之一,也是宜兴、溧阳山区建材运往苏锡常、上海等地的便捷通道。锡溧漕河三级航道的建成投运,大大改善了武进、溧阳、宜兴之间水上运输条件,有效沟通了苏南运河和芜申运河两大国省干线航道之间的联系,同时也极大地提升了沿线防洪抗旱能力,对区域经济社会发展具有深远影响。建设过程中,结合地方万顷良田建设、公路建设等,充分利用平地开挖土方,实现双赢。

八、申张线

(一)河道自然特征

申张线即连申线苏南段,属于长江下游太湖流域,上游与苏申内港线沟通,下游在张家港市直接入长江,流经地域属长江三角洲南缘太湖冲积平原,地势由北向东南缓倾。申张线区域水网交织,各河流湖荡均属太湖水系,既有长江补充水源,也有太湖和望虞河调节水位,水源丰沛稳定,即使在枯水季节也有足够的水量保证通航水位。申张线沿线水位受太湖水位变动影响,航道含沙量不大,泥沙来源主要是受水流冲刷引起河岸坍塌,部分航段处于微淤状态。申张线位于长江下游太湖冲积湖积工程地质区湖荡平原亚区,场址区内地势平坦,水网交织,河流、湖荡、沟塘密布。

(二)主要航道现状和建设情况

申张线是国务院《全国内河航道与港口布局规划》中明确的长三角地区一条高等级航道,也是《江苏省干线航道网规划》中的"两纵四横"干线航道网的"第二纵",规划等级为三级,设计最大船舶吨级为1000吨级。申张线南起苏州市昆山市青阳港与苏申内港线交汇处,北至苏州市张家港船闸入江口门处,长约122.66千米,经过的主要城市有昆山、常熟、江阴、张家港4市。

申张线分为4段:张家港至江阴段(简称申张线张澄段)、大义至巴城段(简称申张线大巴段)、杨林塘共线段和青阳港段。至2015年,张澄段48.13千米仍处于建设阶段,其中张家港复线船闸、金港段6千米已建成,凤凰镇段尚未开工;大巴段改线段51.29千米仍处于工可阶段;杨林塘共线段27.86千米已按三级航道建成;青阳港段7.65千米于2018年开工建设。

申张线江阴段自袁家桥至西庄预制厂,全长29.98千米,现状四级控制五级实施6.17千米,三级控制五级实施23.77千米。航道上现有桥梁22座,其中11座达标、11座未达标,碍航最严重的桥为至公大桥,净空尺度为25米×4米。2003—2006年,根据2002年的初步设计批复,按照四级控制五级实施了华西段约3.13千米、新桥段约3.04千米;按照三级控制五级实施了华西续建段约2.44千米;按照五级标准改建了桥梁1座。2006—2012年,根据2007年的初步设计批复,按照三级控制五级实施了周庄段7.6千米、新桥上段8.56千米、新桥下段约5.14千米;按照三级标准改建桥梁7座。

(三)航道工程项目

1. 申张线五级航道整治工程

(1)项目概况

项目于 2000 年 1 月开工建设,2004 年 1 月试运行,2010 年 10 月竣工。

项目建设依据:1997 年 10 月,江苏省计划与经济委员会批准项目立项(苏计经发〔1997〕1886 号);2002 年 11 月,江苏省发展计划委员会《关于申张线航道整治工程初步设计的批复》(苏计基础发〔2002〕1331 号)。

项目建设航道里程 9.78 千米,航道建设等级为五级,航道设计尺度为底宽不小于 34 米、口宽不小于 50 米、最小水深 2.5 米、最小弯曲半径 260 米。设计代表船型及尺度:300 吨级货船,尺度 35 米×9.2 米×1.3 米。航道设计通航保证率 95%。

项目改建桥梁 17 座,桥梁通航净宽不小于 38 米、净高不小于 5 米。项目总投资 2.39 亿元,全部为地方投资。

(2)项目建设实施情况

项目建设单位为苏州市航道管理处;设计单位为江苏省交通规划设计院有限公司、江苏省交通科学研究院有限公司;施工单位为昆山航务工程公司、苏州大通集团公司、中港二航三公司等;监理单位为苏州路达监理公司、上海华申工程建设监理咨询有限公司、南京工苑建设监理咨询有限公司等;质监单位为苏州市交通工程质量监督站、江苏省交通厅工程质量监督站。

2010 年,江苏省交通运输厅航道局以苏交计〔2010〕54 号文批复申张线五级航道整治工程设计变更及概算调整。

(3)项目投产后的运营情况

申张线航道经过整治后,航道条件明显改善,从根本上解决了"瓶颈"航段航行难的问题,改善了工程所在地的环境面貌和跨河交通条件,从而扩充了沿线三市经济和社会可持续发展的基础条件。工程的实施也大大改善了航道的整体形象,为"十五"期间航道事业的加快发展创造了良好的开局。

整治的护岸设计合理、稳定性好,施工质量优良,有效地防止了岸坡的坍塌和水土流失,减少了淤积,确保航道稳定,使航道的尺度保持五级标准。

桥梁设计合理、结构稳定,工程质量优良,没有发现质量和使用方面的问题,确保了河床的过水断面,水势稳定,船舶航行安全。

2. 申张线无锡段航道整治工程

(1)项目概况

项目于 2006 年 3 月开工建设。

项目建设依据:2007年8月,江苏省发展和改革委员会《关于申张线(张家港—江阴段)航道整治工程可行性研究调整报告的批复》(苏发改交能发〔2007〕914号);2007年11月,江苏省发展和改革委员会《关于申张线(张家港—江阴段)航道整治工程初步设计的批复》(苏发改交通发〔2007〕1302号);2007年1月,江苏省环保厅《关于对申张线航道整治工程环境影响报告书的批复》(苏环管〔2007〕17号);2007年7月,江苏省国土资源厅《关于申张线(张澄段)航道整治工程项目用地的预审意见》(苏国土资函〔2007〕485号)。

项目整治航道里程29.94千米,航道建设等级为三级,航道设计尺度为底宽45米、口宽不小于70米、最小水深3.2米、最小弯曲半径480米。设计最大船舶等级为1000吨级。航道设计通航保证率98%。

项目新建桥梁17座,通航净宽60米、净高7米。疏浚长度29.9千米;疏浚工程量534万立方米。新建驳岸约44千米,模袋护坡17.5万平方米;新建护岸采用重力式挡土墙和模袋护坡。项目总投资13.67亿元,其中交通部水运建设资金1.25亿元,地方政府投资12.42亿元。

(2)项目建设实施情况

项目建设单位为无锡市航道整治工程建设指挥部办公室;设计单位为江苏省交通规划设计院有限公司、中交公路规划设计院有限公司、中设设计集团股份有限公司等;施工单位为苏州大通工程建设有限公司、无锡市航道工程有限公司、江苏捷达交通工程集团有限公司等;监理单位为江苏华宁交通工程监理有限公司、江苏科兴工程建设监理有限公司、苏州市路达工程监理咨询有限公司等;质监单位为无锡市交通工程质量监督站。

申张线航道整治工程于2002年获批(苏计基础发〔2002〕1331号),在实施期间,由于交通部和江苏省人民政府于2005年联合批复了《江苏省干线航道网规划》,申张线规划等级由五级提升为三级。2010年,江苏省交通运输厅对申张线五级航道整治工程设计变更及概算调整进行了批复(苏交计〔2010〕54号)。2017年启动对中康桥、新陆家桥、纺织大桥3座桥梁的改建。

(3)项目投产后的运营情况

申张线大部分航道已按三级控制实施到位,航道条件改善较为明显,航道通过能力也得到了提升。尤其是2010年大部分航道交工验收后,沉船和堵档现象得到了缓解,同时也提高了防汛能力。申张线水运功能进一步突出,船舶年通过量增长较快,1995—2015年,船舶年通过量平均增长率达10%,1995年船舶货运通过量为2378万吨,船舶平均吨位70吨,2015年为船舶货运通过量为5489万吨,船舶平均吨位近500吨。

3.申张线(张家港—江阴段)航道整治工程

(1)项目概况

项目于2013年12月开工建设。

项目建设依据:2007 年 8 月,江苏省发展和改革委员会《关于申张线(张家港—江阴段)航道整治工程可行性研究调整报告的批复》(苏发改交能发〔2007〕914 号);2007 年 11 月,江苏省发展和改革委员会《关于申张线(张家港—江阴段)航道整治工程初步设计的批复》(苏发改交通发〔2007〕1302 号);2007 年 1 月,江苏省环保厅《关于对申张线航道整治工程环境影响报告书的批复》(苏环管〔2007〕17 号);2007 年 7 月,江苏省国土资源厅《关于申张线(张澄段)航道整治工程项目用地的预审意见》(苏国土资函〔2007〕485 号)。

项目整治航道里程 48.13 千米(包括船闸 2.88 千米),其中张家港段长约 18.19 千米,江阴段长约 29.94 千米;航道建设等级为三级,航道底宽不小于 45 米、航宽不小于 60 米、最小水深 3.2 米、最小弯曲半径 480 米。设计代表船型为 1 顶 2×1000 吨级船队,尺度 160 米×10.8 米×2 米。航道设计通航保证率 98%。

项目新建、改建桥梁 32 座,净宽不小于 60 米、净高不小于 7 米。新建驳岸 65.2 千米,膜袋护坡 17.5 万平方米,总防护数量 65.2 千米。信息化工程 2 项,布设航道标志标牌及环保、绿化等配套工程;建设停泊锚地 5 处。项目总投资 7.54 亿元,全部为地方政府投资。

(2)项目建设实施情况

项目建设单位为苏州市水运工程建设指挥部和张家港市申张线航道整治工程建设指挥部;设计单位为江苏省交通规划设计院有限公司、苏交科集团股份有限公司;施工单位为江苏港通路桥集团有限公司、江苏省天舜交通工程有限公司;监理单位为江苏交通工程监理咨询有限公司;质监单位为江苏省交通运输厅工程质量监督局。

(3)项目投产后的运营情况

至 2015 年,项目尚未全部投产运营。申张线金港段建成后,将大大改善通航条件,为大宗货物运输提供了便捷、经济、可靠的内河水运条件,对构建整个疏港体系、发挥航道效益起到至关重要的作用。

(四)航道的发展成就与经验启示

航道整治项目中地方包干模式的运用。张家港市交通运输局组建了建设管理机构,负责具体建设管理工作;市水运指(市航道处)履行行业监管职责,定期对项目的实施情况组织检查并通报,按工程进度拨付工程款。该模式充分发挥了县市交通部门的智慧,有利于提高地方政府推进航道工程建设的积极性。同时,县市交通部门的建设力量得到了锻炼和提高。

航道整治分阶段实施。申张线无锡段由于期间规划等级调整,分阶段进行了整治,虽然尚未全线达到三级标准,但经过整治,通航条件得到较大改善。

九、杨林塘

(一)河道自然特征

杨林塘航道地处长江下游太湖流域,起源于阳澄湖,上游在昆山境内巴城镇与申张线连接,下游与长江相连,在口门处建有杨林船闸、节制闸,全长约41千米。

受潮汐影响,杨林船闸下游(长江侧)航道属典型的感潮河段。长江自西北向东南流经杨林口境内,长江南支河段是一个中等强度的潮汐河口,潮汐性质属非正规半日浅海潮,潮流除中泓外均呈往复流,每天两涨两落,一般涨潮历时4小时左右,落潮历时8小时左右,并有较明显日潮不等现象。长江径流有明显的季节变化规律,每年的7—10月为洪水期,径流量占全年的71.7%,11月至次年4月为枯水期;全年流量以7月为最大,2月最小。杨林船闸上游内河航道属平原河网地区,地势平坦,水面比降小,河网密布,互相连通,受降雨中心、河口潮汐及引排水等影响,其流向亦往复不定。同时,人类活动对河道水位和水量交换的影响也较大。

杨林塘航道水位受太湖和长江影响较大,当长江水引入内河时,江水中的泥沙易被带进航道,因杨林塘入江口门处设置了船闸和节制闸,故入江口门段易受长江潮汐影响而有部分淤积,其余航段泥沙含量不大。

(二)主要航道现状和建设情况

杨林塘航道是江苏省干线航道网规划中连申线(连云港至上海)苏南段的重要组成部分,西起申张线,东至长江,途经昆山、太仓两市,连接苏州港太仓港区,沿线与南石头塘、盐铁塘、吴塘河、金鸡河、茜沙塘等支线航道沟通。

截至2015年,杨林塘三级航道整治工程基本完成,处于扫尾阶段,大部分桥梁完成改建,有部分桥梁仍在建。

(三)航道工程项目

1. 杨林塘太仓段航道整治工程

(1)项目概况

项目于2011年9月开工建设,2016年1月试运行。

项目建设依据:2010年11月,江苏省发展和改革委员会《关于杨林塘航道整治工程可行性研究报告的批复》(苏发改基础发〔2010〕1530号);2011年2月,江苏省发展和改革委员会《关于杨林塘太仓段航道整治工程初步设计的批复》(苏发改基础发〔2011〕156号);2008年5月,江苏省环保厅《关于对杨林塘航道整治工程环境影响报告书的批复》

(苏环管[2008]90号);2010年,江苏省国土资源厅《关于杨林塘航道整治工程项目用地预审意见的批复》(苏发改基础发[2010]1530号);2010年5月,江苏省住房和城乡建设局颁发建设项目选址意见书(第320000201000017号)。

项目整治航道里程23.5千米,航道建设等级为三级,航道设计尺度为宽度45米、水深3.2米、最小弯曲半径480米。设计代表船型(船队)及尺度:1顶2×1000吨级船队和1000吨级货船,尺寸分别为160米×10.8米×2米和58米×9.8米×2.9米。航道设计通航保证率98%。

项目建设桥梁9座,通航净高7米;疏浚土方共计805万立方米;新建航道护岸工程45.71千米;建设停泊锚地2处、管理锚地1处,并开展信息化、标志标牌、绿化等配套工程。项目总投资9.11亿元,其中中央政府投资4.97亿元,地方投资4.14亿元。

(2)项目建设实施情况

项目建设单位为苏州市工程建设指挥部;设计单位为江苏省交通规划设计研究院有限公司、江苏纬信工程咨询有限公司、中交公路规划设计院有限公司;施工单位为中建筑港集团有限公司、常州市航务工程有限责任公司、江苏通航建设工程有限公司等;监理单位为黑龙江黑航工程监理咨询有限公司、常州市交通建设监理咨询有限公司、江苏润通交通工程监理咨询有限公司等;质监单位为江苏省交通运输厅工程质量监督局。

2016年1月21日,江苏省交通运输厅航道管理局组织对杨林塘航道工程进行交工验收。因地方规划调整,杨林塘太仓段实际改建桥梁为严林桥、谈家桥、蔡家湾桥、岳王大桥、岳王人行桥、牌楼杨林桥、沪浮瑸公路桥。

(3)项目投产后的运营情况

该项目建成后解决了苏州港太仓港区集疏运方式相对单一的局面,完善了太仓港区集疏运方式,为集装箱内河运输提供便捷的集疏运通道,有利于缓解公路集装箱运输的压力。项目的建成进一步完善了江苏省内河航道网,形成新的苏沪水运通道,也在保护生态环境、促进上海国际航运中心的建设方面发挥了重要作用。

2.杨林塘昆山段航道整治工程

(1)项目概况

项目于2012年4月开工建设,2016年1月试运行。

项目建设依据:2010年11月,江苏省发展和改革委员会《关于杨林塘航道整治工程可行性研究报告的批复》(苏发改基础发[2010]1530号);2011年3月,江苏省发展和改革委员会《关于杨林塘昆山段航道整治工程初步设计的批复》(苏发改基础发[2011]238号);2008年5月,江苏省环保厅《关于对杨林塘航道整治工程环境影响报告书的批复》(苏环管[2018]90号);2010年6月,江苏省国土资源厅《关于杨林塘航道整治工程项目用地的预审意见》(苏国土资预[2010]115号);2010年5月,江苏省住房和城乡建设局颁发建设项目选址意见书(第 320000201000017 号);2010 年,苏州水利局《关于杨林船闸和杨林塘节制闸工程规划同意书的行政许可决定》(苏市水许可〔2010〕218 号)。

项目整治航道里程 16.23 千米,航道建设等级为三级,航道设计尺度为宽度 45 米、水深 3.2 米、最小弯曲半径 480 米。设计代表船型(船队)及尺度:1 顶 2×1000 吨级船队和 1000 吨级货船,尺寸分别为 160 米×10.8 米×2 米和 58 米×9.8 米×2.9 米。航道设计通航保证率 98%。

项目建设桥梁 13 座,分别为大庆桥、杨林港桥、苏州绕城高速公路桥、黄金桥、红扬桥、寰庆桥、新生桥、陆杨公路桥、杨林塘桥、超英桥、金家桥、东杨林塘桥、杨林塘苏昆太高速公路桥,通航净高 7 米。疏浚土方共计 580 万立方米。新建航道护岸工程 29.77 千米。项目总投资 9.36 亿元,全部来自政府投资,其中交通运输部水运建设资金 4.86 亿元,地方投资 4.5 亿元。

(2)项目建设实施情况

项目建设单位为苏州市水运工程建设指挥部和昆山市杨林塘航道整治工程指挥部办公室;设计单位为江苏省交通规划设计研究院有限公司、江苏纬信工程咨询有限公司、中交公路规划设计院有限公司;施工单位为中建筑港集团有限公司、常州市航务工程有限责任公司、江苏通航建设工程有限公司等;监理单位为黑龙江黑航工程监理咨询有限公司、常州市交通建设监理咨询有限公司、江苏润通交通工程监理咨询有限公司等;质监单位为江苏省交通运输厅工程质量监督局。

2016 年 1 月 21 日,江苏省交通运输厅航道管理局组织对杨林塘航道工程进行交工验收。因地方规划调整,杨林塘昆山段实际新改建桥梁为大庆桥、杨林港桥、苏州绕城高速公路桥、黄金桥、陆杨公路桥、陆杨人行桥、长江路桥、新生桥、寰庆桥、杨林塘桥、金家桥、超英桥、东杨林塘桥、杨林塘苏昆太高速公路桥、茆沙塘中桥,其中杨林塘苏昆太高速公路桥计划缓建。2015 年 4 月,杨林塘昆山段黄金桥、陆杨公路桥、陆杨人行桥、新生桥、长江路桥、寰庆桥由昆山地方包干建设。

3. 杨林塘金鸡河吴塘河段航道整治工程

(1)项目概况

项目于 2013 年 3 月开工建设,2016 年 1 月试运行。

项目建设依据:2010 年 11 月,江苏省发展和改革委员会《关于杨林塘航道整治工程可行性研究报告的批复》(苏发改基础发〔2010〕1530 号);2011 年 3 月,江苏省发展和改革委员会《关于杨林塘金鸡河吴塘河段航道整治工程初步设计的批复》(苏发改基础发〔2011〕237 号);2008 年 5 月,江苏省环保厅《关于对杨林塘航道整治工程环境影响报告书的批复》(苏环管〔2018〕90 号);2010 年 6 月,江苏省国土资源厅《关于杨林塘航道整治工程项目用地的预审意见》(苏国土资预〔2010〕115 号)。

项目整治航道里程 21.39 千米,包括金鸡河段整治航道 11.63 千米,吴塘河段整治航道 9.76 千米。金鸡河段航道建设等级为三级,航道设计尺度为宽度 45 米、水深 3.2 米、最小弯曲半径 480 米;设计代表船型(船队)及尺度为 1 顶 2×1000 吨级船队和 1000 吨级货船,尺寸分别为 160 米×10.8 米×2 米和 58 米×9.8 米×2.9 米;航道设计通航保证率 98%。吴塘河按五级航道整治。

项目建设桥梁 18 座,其中跨越金鸡河桥梁 15 座,跨越吴塘河桥梁 3 座,通航净高 7 米;疏浚土方共计 453 万立方米;新建航道护岸工程 35.05 千米;开展信息化、标志标牌、绿化等配套工程建设。项目总投资 9.93 亿元,全部来自政府投资,其中交通运输部水运建设资金 3.61 亿元,地方政府投资 6.32 亿元。

(2)项目建设实施情况

项目建设单位为苏州市水运工程建设指挥部;设计单位为江苏省交通规划设计研究院有限公司、江苏纬信工程咨询有限公司、中交公路规划设计院有限公司;施工单位为中建筑港集团有限公司、常州市航务工程有限责任公司、江苏通航建设工程有限公司等;监理单位为黑龙江黑航工程监理咨询有限公司、常州市交通建设监理咨询有限公司、江苏润通交通工程监理咨询有限公司等;质监单位为江苏省交通运输厅工程质量监督局。

2016 年 1 月 21 日,江苏省交通运输厅航道管理局组织对杨林塘航道工程进行交工验收。根据地方规划调整,取消建设金鸡河新纬路桥,吴塘河增加建设瓯江路桥、弇山路桥和新湖人行桥。

(四)航道的发展成就与经验启示

优化施工设计。工程实施过程中,对于部分拆迁特别困难的航段,在保持建设标准不降低的前提下,对施工图设计进行优化,通过缩减口宽、采用排桩结构、钢板桩结构等方式,略微增加工程投资,大幅减少了拆迁经费,有利于促进工程建设的顺利开展。

创新监管模式。杨林塘昆山段部分桥梁由地方包干实施,杨林塘太仓 3 座桥梁,聘用项目管理公司进行建设管理,市水运指(市航道处)负责行业监管,定期对项目的实施情况组织检查并通报,按工程进度拨付工程款。该模式有利于发挥县市交通运输部门的主动性,有利于征地拆迁和地方矛盾协调工作的开展,同时也弥补了县市交通运输部门现有建设管理力量不足的问题。

十、锡北线(锡十一圩线)

(一)河道自然特征

锡北线(锡十一圩线)地处长江下游水网地区,地貌类型为太湖平原,地势宽广平坦,河道纵横交错,行洪排涝能力较强。航道水流平缓,水位变幅不大。在枯水期,小吨位航舶仍能通行。河道两岸地势平坦,降水充沛补给良好。航道水位变化主要受降水量控制,降雨量集中时,水位迅速上涨。河道泥沙来自两个方面,一是灌溉引水时沙被夹带进河道内,二是暴雨水流或船行波对河床的作用造成自然坍塌,使部分河床处于微淤状态。随着该航道护岸工程及沿线绿化工程的建设,水土流失将大为减少,淤积问题将得到改善。锡北线所在地区属亚热带季风气候区,四季分明,雨量充沛,无霜期长,河流长年不冻结。

(二)主要航道现状和建设情况

锡北线(锡十一圩线)自白荡圩起至东升桥止,全长36.42千米,共分为三段,惠山段长约10.88千米,锡山段长约15.79千米,江阴段长约9.75千米。航道以五级为主,有桥梁29座,8座达到四级标准,11座达到五级标准,剩余10座低于五级标准,碍航最为严重的桥为红旗桥,净空尺度为28.5米×4.3米。锡北线自2000年以来分段分期整治,其中白荡圩段4.2千米、锡山区八士段1.82千米、北国改线段1.42千米按五级航道标准进行整治,昆村桥段3.86千米、张泾段8.87千米、万水桥2.1千米、耕渎桥到芙蓉桥段4.49千米、锡北线剩余段航道包含无锡市惠山段3.44千米和江阴段6.23千米按照四级标准控制五级标准实施。改建、新建桥梁12座,除5号桥由地方结合道路建设正在实施外,其余11座桥梁已完工。

(三)航道工程项目

锡北线(锡十一圩线)航道整治工程

(1)项目概况

项目于2002年8月开工建设,2014年5月建成试运行。

项目建设依据:1996年4月,江苏省计划与经济委员会《关于苏南航道网锡北线整治工程可行性研究报告的批复》(苏计经交〔1996〕793号);2011年4月,江苏省发展和改革委员会《关于锡北线航道整治工程调整初步设计的批复》(苏发基础发〔2011〕476号;2011年7月,江苏省建设厅《关于锡北线航道整治工程初步设计的批复》(苏建重〔2000〕259号)。

项目整治航道里程36.42千米,按照四级标准预留、五级标准实施;设计最大船舶吨级远期为500吨,近期为300吨拖带船队和自航机动船;航道设计通航保证率95%;四级标准航道底宽40米、航宽55米、最小水深2.5米、最小弯曲半径原则上采用320米,五级标准航道底宽35米、航宽45米、最小水深2.5米、最小弯曲半径原则上采用250米。

项目改建、新建桥梁12座,已实施桥梁通航净空满足38米×5米,未实施桥梁通航净空满足55米×7米。新建驳岸55.65千米,加固老驳岸1.55千米。开挖水上土方

293.22 万立方米,疏浚水下土方 235.52 万立方米;新建护岸早期基本采用 C15 细石子混凝土灌砌块石结构,剩余段采用素混凝土重力式结构 + 连排桩树篱生态结构、模袋混凝土护坡 + 混凝土胸墙结构。老驳岸加固混凝土小方桩 + 水下混凝土 + 混凝土贴面结构;沿线设置陆上里程牌 20 块,碍航桥梁考虑设置标志 4 块、宣传牌 2 块。建设停泊锚地 5 个,白荡圩段锚地长 260 米,八土段锚地长 217 米,张泾镇锚地长 160 米,张泾红旗桥锚地长 400 米,江阴段锚地长 400 米。项目总投资 7.02 亿元,其中交通运输部水运建设资金 4640 万元,地方投资 6.56 亿元。

（2）项目建设实施情况

项目建设单位为无锡市航道整治工程建设指挥部办公室;设计单位为江苏省交通规划设计院股份有限公司、东南大学建筑设计研究院、中交公路规划设计院有限公司等;施工单位为无锡市航道工程公司、江阴市交通航务工程有限公司、无锡华东交通工程公司等;监理单位为无锡交通工程咨询监理公司、江苏华宁交通工程咨询监理公司、江苏科兴工程建设监理公司等;质监单位为无锡市交通工程质量监督站。

（3）项目投产后的运营情况

工程的实施极大地改善了锡北线航道的通航条件,促进了水运事业的发展,整治工程前 2011 年通过量为 1845 万吨,2006 年升至 7566 万吨。同时,改变了两岸城镇面貌及投资环境,带动了沿河经济带发展,提高了防洪排涝能力,经济效益和社会效益明显。

（四）航道的发展成就与经验启示

建设单位实行各负其责的项目管理制度,有利于对项目的计划、组织和控制的高效率管理,较好地实现了全过程的动态管理和项目目标的综合协调优化,提高参建人员的技术水平和管理水平。工程的实施提高了航道通行能力,改善了周围环境,工程效益明显。

从现在来看,锡北线的建设还存在一些问题:①由于锡北线批复较早且分期整治,在当时的历史环境下,分段实施符合当时实际情况,但初步设计批复时间较早,整治工程项目分段、分期进行,当时未办理相关土地、规划、环保等手续,又无法按锡北线航道整治工程的名义补办相关手续,影响该项目的竣工验收。②由于项目实施过程中历经规划调整,整条航道建设标准未统一,如要更好地发挥此条航道的优势,需要统一规划建设标准。

十一、芜申线

（一）河道自然特征

芜湖至上海航道习称芜申线航道,经芜太运河、太湖航线、太浦河,接苏申外港线至上海,全长 400 千米,是沟通长江和太湖水系跨越皖、苏、沪的省际航道,《长江三角洲地区高等级航道网规划》将其列为三级航道规划。

1. 芜申运河安徽段

芜申运河安徽段航道位于安徽省芜湖市境内,西连长江黄金水道,东接江苏省太湖水系苏南航道网,主要由青弋江下游、水阳江下游等航道组成,全长约40.9千米,其中青弋江口至丹农砖瓦厂37.78千米,胥溪河定埠段皖苏界河3.12千米。

水阳江、青弋江流域,发源于皖南山区的天目山山脉和黄山山脉的北麓,流域上游属丛山峡谷地区,流域中游属低山丘陵区,下游为濒临长江的平原圩区。流域总的水系走向由南向北,进入下游圩区以后,比降平缓,有黄池—乌溪河、青山河等支汊交错,水系紊乱,形成复杂的河网,主流接近入江口处,由东向西流入长江。洪水组成十分复杂,既受青弋江、水阳江、漳河上游洪水组合影响,又受下游河口潮汐和长江洪水的顶托和倒灌影响。

青弋江、水阳江两流域的来水主要是汇水面积内降水形成的地表径流,两河来沙均来自汇水面积内的水土流失,与径流相应,年变幅较大。流域内受季风影响年降水量相对集中在4—8月,河道来水来沙量也集中在4—8月,含沙量相对较大,常占全年的90%左右,枯水期11月至次年2月含沙量基本为零。流域上游为皖南山区,植被尚好,主要测站所测含沙量较小,青弋江西河镇多年平均含沙量0.1千克/立方米,水阳江宣城站多年平均含沙量0.19千克/立方米,特别是青弋江陈村水库蓄水后,泥沙进一步减少。上游山区山高坡陡,水流比降大,泥沙运动为悬移质、推移质两种复合运动状况,中、下游河道地形平缓,受长江水位顶托影响,水流平缓,泥沙以悬移质运动为主。河流呈自然状态,无枢纽工程。

2. 芜申运河江苏段

芜申线宜兴段位于芜申线(江苏段)中段、溧宜山区北麓,属长江水系太湖支水系。西起溧阳改线段终点潘家坝,沿途经宜兴市徐舍镇入西氿湖,东西向穿越西氿湖,在团氿西湖口转向东北,经洋荡河、宜红河至宜兴热电厂,穿越锡溧漕河接西塘河,沿西塘河入东氿湖,向东穿东氿湖由城东港航道进入太湖,止于芜申线航道与太湖西岸连接处,航道里程全长45.48千米。

芜申线宜兴段航道流经地区属长河三角洲冲积平原,水流平缓,水位变幅不大,沿线均为土质河床。

芜申线宜兴段航道属太湖流域湖西区河流,芜申线在高淳区下坝附近设有茅东节制闸,用以控制长江青弋江、水阳江水系和芜申线高溧段溧阳和宜兴境内河流水位。芜申线宜兴段水源充足,水源大部分来自西部茅山山区、南部溧宜山区降水,其北有洮湖和滆湖对芜申线和苏南运河进行调蓄,东有太湖湖水调节,即使在枯水位,水量亦十分充沛,能够满足常年船舶航行的需要。

芜申线宜兴段由东至西经过湖沼平原、湖积平原和冲湖积平原。湖沼平原主要分布于徐舍、芳庄一带，地势低洼，河流密布，纵横交错，形成明显的网格状水系；湖积平原主要分布在东氿、团氿周围，面积较小、地势低平，水系发育；冲湖积平原分布在周铁—大浦—丁蜀一带，沿太湖西岸呈带状分布，城东港段位于其中，地势平坦，水系发育。

（二）主要航道现状和建设情况

芜申运河从安徽省芜湖市出发，经安徽省芜湖市芜湖县、马鞍山市当涂县、宣城市郎溪县，至江苏省南京市高淳区、溧阳市、宜兴市，入太湖，穿太湖经太浦河口，在苏州市吴江区进入上海，全长295.6千米。

1. 芜申运河安徽段

芜申运河安徽段航道里程约40.9千米，其中，青弋江口至丹农砖瓦厂37.78千米，胥溪河定埠段皖苏界河3.12千米，已按限制性三级航道标准整治完成，航道尺度为底宽45米、水深3.2米、最小弯曲半径480米。

芜申运河安徽段划分为芜湖市区段（青弋江入江口—荆山河口）、清水河段（荆山河口—三里埂）和马宣段（三里埂—丹农砖瓦厂，胥溪河定埠段）三段。

（1）芜湖市区段（青弋江入江口—荆山河口）

本段起点为青弋江入长江口，终点为荆山河口，穿过芜湖市主城区，长7.5千米。本段河道呈顺直微弯状，河槽单一无边滩，河底高程−2.4～−0.3米，河槽底宽20～25米，河槽内无明显深槽和浅滩，两岸均筑有钢筋混凝土防洪墙。

该段共有市政桥6座、铁路桥1座，其中，宁芜上行线大磜坊铁路桥由铁路部门改建，6座公路桥需按三级通航标准改建。

沿线现有2道通信线，1道380伏电力线，水文站水文测量线跨河通航净高不足，航道整治时需抬升。另外，涉及2座市政排污泵站需重建。

（2）清水河段（荆山河口—三里埂）

本段起点位于荆山河口，终点为三里埂，上接芜湖市区段，下接马宣段，航道里程15千米，现状为六级航道。

沿线共有桥梁4座，均需按三级通航标准改建，已先期改建X010荆山公路桥和X028清水公路桥。

沿线现有需抬高的5道高压线路、3道低压线以及2道通信线。2道天然气管道需进行埋深处理。另外有3座水利泵站、2座排涝斗门需重建。

（3）马宣段（三里埂—丹农砖瓦厂，胥溪河定埠段）

本段航道里程共18.34千米，其中，黄池河段三里埂至丹农砖瓦厂15.22千米，现状为六级航道;胥溪河定埠段 3.12 千米,现状为七级航道。

沿线共有桥梁 3 座,即当高公路桥(净高 4.71 米)、定埠人行桥(定埠镇中桥,净高 2.98米)、定埠公路桥(定埠镇下桥,净高 2.78 米),均需按三级通航标准进行改建。

黄池段现有 7 道低压线和通信线需迁移,定埠段共有 4 道沿河低压供电和通信线路因退堤需迁移。

黄池河段退建堤防和削坡涉及水利设施共有 5 处,包括 1 个小型泵站、3 个斗门和 1 个水文站;胥溪河定埠南岸现有 9 处水利设施,包括 3 个泵站、6 个斗门,因退堤均需迁建。

2.芜申运河江苏段

芜申运河江苏段航道里程约 254.7 千米,分为高溧段(高淳至溧阳段)、溧宜段(溧阳至宜兴段)和太湖湖区段三段,其中高溧段整治工程基本完成,其他航段均未达到三级航道标准,正在开展前期工作。

(1)芜太运河

芜太运河始创于春秋时期吴国伍子胥所开胥溪,旨为漕运。西起安徽省芜湖,东经高淳、深阳、宜兴,达宜兴大浦口入太湖。其江苏段情况:

①南京高淳段。起于苏皖交界高淳丹农砖瓦厂,止于高淳与常州溧阳交界的朱家桥,长 61.77 千米,现为等外级航道。1958 年春旱接夏旱,为引水抗旱,经省、地政府部门决定拆除东坝;1989 年底交通部门建成下坝船闸,同时拆除下坝,自此断航 588 年的人工运河得以复航。

②常州溧阳段。起于朱家桥,止于宜溧交界的杨家村,长 44.88 千米,现为五级航道。"九五"期间,省航道部门安排专项工程对溧阳南渡集镇段航道进行重点整治。2000 年,江苏省交通厅同意按五级标准实施溧阳城区段 9.45 千米改线工程,同时对溧阳区段内的 12 座跨河桥梁按五级航道标准进行改建,共完成投资 2.35 亿元。据溧阳长木桥观测点统计资料,该航段 2008 年船舶和货物通过量分别为 1806 万吨和 1076 万吨,2010 年增长到 2736 万吨和 2444 万吨。

③无锡宜兴段。起自宜溧交界杨家村,沿程与锡溧漕河共线,经宜兴市穿越西氿湖、团氿湖和东氿湖,由大浦口入太湖,长 42.36 千米。2003 年,江苏省发展计划委员会批准同意按四级航道标准(三级预留)实施宜兴绕城段和农村段整治工程。2003—2005 年先行开建宜兴绕城段 13.1 千米航道,投资 6.2 亿元,其中地方配套资金 2 亿余元。2005 年 8 月继续实施农村段 32.54 千米航道整治工程,2008 年 5 月主体工程完工,地方配套资金 1.4 亿元。芜申运河宜兴段 45.64 千米四级航道整治工程总投资达 10.03 亿元,其中宜兴市承担征地拆迁及桥梁改建费用 3.4 亿元。

高溧段三级航道建设情况:2009 年 7—8 月,江苏省发展和改革委员会批复芜申线高溧段丹农砖瓦厂—下坝船闸段、下坝船闸—南渡段、南渡—溧阳改线段航道整治工程初步设计,同意按三级航道标准共整治 92.09 千米航道,概算总投资 42.55 亿元,其中航道工程 24.05 亿元、船闸工程 8.02 亿元、桥梁工程 10.48 亿元。2009 年 9 月 27 日,芜申线南京高淳段三级航道整治暨杨家湾船闸工程开工建设。2010 年 4 月,常州溧阳段三级航道整治也相继开工建设。

(2)太湖湖区航道

自宜兴大浦口,穿越太湖到吴江横扇镇(今太湖新城)时家港太湘河口,长 65 千米,芜申线太湖湖区航道现状为自然航道,可通行 500 吨级船舶,待立项整治。

(3)太浦河航道

太浦河是太湖流域综合治理规划的重要泄洪和调水河道,也是沟通太湖、苏南运河、黄浦江的内河航运通道。其中江苏段西起吴江横扇镇太湖时家港口,东至吴江芦墟镇苏沪交界,长 37.81 千米,其平望镇至芦墟镇 23.81 千米与长湖申线航道(江苏段)共线。经 1992—2000 年水利部太湖流域管理局和苏州市、吴江市政府综合治理,太浦河江苏段达到四级航道标准,航道底宽 17 ~ 150 米、口宽大于 170 米、通航水深大于 2.5 米、弯曲半径大于 320 米,跨河桥梁通航净宽 55 米、净空 7 米,可通航 500 吨级船舶。2000 年船舶货物通过量为 803 万吨,2008 年达 5417 万吨。

芜申线航道从溧阳改线段终点到太湖口城东港,接太湖航道,全长 45.48 千米。整条航道除 4 座桥梁净空高度不达标外,其余航道、桥梁均满足四级航道通航标准,航道底宽不小于 40 米(其中东、西汜湖航道底宽不小于 80 米)、最小通航水深不小于 2.5米、最小弯曲半径不小于 330 米;新建桥梁通航净宽不小于 50 米、通航净空不小于 7米;能常年通航 500 吨级船舶;沿线航标按一类航标配布。沿途有徐舍东大桥、S48 高速公路西汜大桥、S342 西汜大桥及新长铁路桥 4 座跨航道桥梁,净空高度为 5 米,达不到四级航道标准。芜申线宜兴段航道整治工程于 2003 年 9 月开工建设,2009 年 8月完工。

从溧阳与高淳交界处至芜线与丹金溧漕河交界处,全长 37.43 千米。芜申线高溧段(溧阳段)航道整治工程整治航道 26.8 千米,建设桥梁 16 座。航道建设等级为三级,航道底宽不小于 45 米、口宽 70 米、最小通航水深不小于 3.2 米、最小弯曲半径不小于 480米。设计最大船舶等级为 1000 吨级。新改建桥梁通航净宽不小于 60 米、净高不小于 7米。项目航道工程自 2010 年 3 月开工建设,桥梁工程自 2011 年 5 月开工,2013 年完成先导段整治建设,2016 年 1 月航道和部分桥梁工程建成并通过交工验收。芜申线溧阳段整治后,有河底管线 29 道,其中燃气管道 5 道、通信光缆 8 道、电力线 9 道、自来水 5 道、输油管道 2 道;另有跨河管线 19 道,其中电力线 15 道、通信缆线 4 道。

(三)航道工程项目

1. 芜申运河马(鞍山)宣(城)段航道整治工程

(1)项目概况

项目于 2009 年 9 月开工建设,2015 年 12 月试运行,2017 年 12 月竣工。

项目建设依据:2007 年,安徽省发展和改革委员会以发改交运〔2007〕1044 号文出具了工可批复;2008 年,安徽省发展和改革委员会以发改设计〔2008〕941 号文出具了初设批复;2007 年,安徽省环境保护局以环评函〔2007〕89 号文出具了环评批复。

项目按限制性三级双线航道标准整治马宣段航道 18.34 千米,航道底宽 45 米,最低通航水位时航道水深 3.2 米,最小弯曲半径 480 米。设计代表船型为 1000 吨级货船,尺度为 67.5 米×10.8 米×2.4 米。航道设计通航保证率 98%。

项目疏浚航道 18.34 千米。退建堤防 4 处,累计退堤长度 7.06 千米,分别为:黄池段南岸联建圩 220 米、当高公路桥南岸月亮圩 870 米、光明村北岸耳朵圩 3.05 千米和定埠镇南岸 2.92 千米。岸坡防护共 11.65 千米,其中黄池河段 11.25 千米、定埠段 400 米。改建桥梁 3 座,即 S239 当高公路桥、定埠人行桥和定埠公路桥;改扩建定埠码头;沿线配布航标 31 个,在黄池镇设锚地 1 处,设置黄池、定埠 2 个管理基地,并与芜湖主城区段和芜马段共同建设航道监控系统。项目概算总投资 8.86 亿元,其中:交通运输部水运建设资金占工程费用的 50%,地方政府配套 10%,省交建资金安排 5%,其余由省港航建设投资集团公司贷款。

(2)项目建设实施情况

项目建设单位为安徽省港航建设投资集团有限公司;设计单位为安徽省交通勘察设计院有限公司;施工单位为安徽省路港工程有限责任公司、江苏省交通工程集团有限公司、路桥华祥国际工程有限公司等;监理单位为安徽中兴工程建设监理所、山东省交通工程监理公司、武汉广益交通科技股份有限公司等;质监单位为安徽省交通建设工程质量监督局。

(3)科技创新成果及获奖情况

建设单位与安徽省交通勘察设计院有限公司、合肥工业大学依托本项目编制完成了省交通科技项目"芜申运河堤坝高边坡支挡结构研究"。

①项目首次基于有限差分数值分析和现场监测综合方法,研究了粉喷桩和抗滑桩加固老堤坝工程在多种耦合不利复杂条件下的堤坝性状、安全系数演化特征及结构物的承载性能和变形规律,为实际堤坝安全评价和施工控制提供了重要依据。

②研究确定了老堤坝支挡结构加固工程的稳定性关键控制参数和潜在危险滑动面,并结合现场监测数据,将反演结果实际应用于老堤坝加固和施工控制。

③研究得出应用粉喷桩加固紧邻河道堤坝坝趾和南岸抗滑桩支挡工程措施可有效提高堤坝安全系数,研究成果为今后此类工程施工与设计起到了指导作用。

(4)项目投产后的运营情况

项目建成后,使皖江及长江中上游地区中小型船舶往返江、浙、沪地区缩短了运距,提高了水运的竞争力和中小型船舶的航行安全,减轻了苏南运河运输的压力。对于促进腹地内社会经济发展、完善综合运输体系等具有十分重要的作用,社会效益显著。

2.芜申运河青弋江入江口至三里埂段航道整治工程

(1)项目概况

项目于2013年9月开工建设,2017年3月试运行。

项目建设依据:2008年,安徽省发展和改革委员会以发改交通〔2008〕824号文批复安徽省交通勘察设计院有限公司编制的《芜申运河青弋江航道(青弋江口至三里埂段)整治工程项目建议书》;2009年,安徽省发展和改革委员会以皖发改基础〔2009〕1128号文出具了工可批复;2010年,安徽省发展和改革委员会以皖发改设计〔2010〕86号文出具了荆山河口至三里埂段航道初设批复;2011年,安徽省发展和改革委员会以皖发改设计函〔2011〕729号文出具了青弋江入江口至荆山河口段航道初设批复;2011年,安徽省发展和改革委员会以皖发改设计函〔2011〕787号文出具了青弋江入江口至荆山河口段航道整治工程(桥梁改建工程)初设批复;2009年,安徽省环境保护厅以环评函〔2009〕331号文出具了环评批复。

项目建设芜申运河青弋江入江口至三里埂段航道22.5千米,航道按限制性三级双线航道标准整治,尺度为底宽45米,最低通航水位时航道水深3.2米,最小弯曲半径480米。设计代表船型为1000吨级货船,尺度为67.5米×10.8米×2.4米。航道设计通航保证率98%。

①芜湖市区段(青弋江入江口—荆山河口)疏浚航道7.5千米,退建芜湖市主城区段南岸防洪墙4.04千米,加固北岸易滑坡段445米,对航道两侧河岸及堤坡进行防护,防护长度共计12.9千米,沿线配布航标46个,退建将军港泵站和大砻坊水文站,官溪河皖苏界河段安徽侧航道疏浚4.8千米,改造桥梁6座。

②清水河段(荆山河口—三里埂段)疏浚航道15.0千米;裁弯取直1处,即荆山镇段,新开航道700米,退建堤防0.96千米;拓宽芜马高速公路桥—清水镇段航道,退建堤防2.69千米;加固三里埂段两侧岸坡1.24万平方米;对航道两侧河岸及堤坡进行防护,防护长度共计25.04千米;沿线配布航标35个,在清水设置服务区和管理基地,并建设航道监控系统。改建荆山公路桥和清水公路桥2座桥梁。项目概算投资34.12亿元,其中芜湖市区段21.23亿元,清水河段12.89亿元,均包含桥梁改建费用。资金来源为申请交通运输部补助资金50%,其余由安徽省港航建设投资集团有限公司自筹。

（2）项目建设实施情况

项目建设单位为安徽省港航建设投资集团有限公司；设计单位为安徽省交通勘察设计院有限公司；施工单位为安徽水利开发股份有限公司、安徽省路港工程有限责任公司、马鞍山金实新型金属材料科技有限公司等；监理单位为安徽省阜阳市聚星水利工程建设监理中心、蚌埠市诚信水利工程监理咨询有限公司、安徽省中兴工程监理有限公司等；质监单位为安徽省交通建设工程质量监督局、芜湖市水利工程质量监督站。

（3）科技创新成果及获奖情况

《芜申运河青弋江入江口至三里埂段航道整治工程可行性研究报告》获中国水运建设行业协会颁发的2010年度水运工程优秀咨询成果一等奖，获中国工程咨询协会颁发的2010年度全国优秀工程咨询成果二等奖。芜申运河（安徽段）航道整治工程获安徽省土木建筑学会颁发的2017年安徽省土木建筑创新奖（交通工程）二等奖。

3. 芜申线（高溧段）航道整治工程（高淳段）项目

（1）项目概况

项目于2009年10月开工建设，2016年1月试运行。

项目建设依据：2006年4月，江苏省发展和改革委员会《关于芜申线高溧段航道整治工程工程项目建议书的批复》（苏发改交通发〔2006〕362号）；2008年10月，江苏省发展和改革委员会《关于芜申线高溧段航道整治工程可行性研究报告的批复》（苏发改交通发〔2008〕1293号）；2009年7—8月，江苏省发展和改革委员会《关于芜申线高溧段（丹农砖瓦厂—下坝船闸段）航道整治工程初步设计批复》《关于芜申线高溧段（下坝船闸—南渡段）航道整治工程初步设计批复》（苏发改交通发〔2009〕1014号、苏发改交通发〔2009〕1085号）；2007年3月，江苏省环境保护厅《关于对芜申线（高溧段）航道整治工程环境影响报告书的批复》（苏环管〔2007〕66号）；2016年9月，国土资源部《关于芜申线高溧段（高淳段）航道整治工程建设用地的批复》（国土资函〔2016〕558号）。

项目按三级标准整治航道61.05千米，航道尺度为底宽45米、口宽70米、水深3.2米、最小弯曲半径480米；设计最大船舶吨级为1000吨级。航道设计通航保证率98%。

纳入工程中的桥梁项目包括杨家湾老闸桥、新襟湖桥、老襟湖桥、固城桥、东坝桥、红卫桥、胥河大桥、定埠桥、中桥、团结桥、史家渡桥等，桥梁通航净空不小于7米；沿河岸布置重力式混凝土护岸挡墙总长20.91千米；疏浚河段长度61.05千米，疏浚量1111.46万立方米；配布浮标13个、左右通航标1个、鸣笛标6个、指向牌7块、地点距离牌3块、分界牌2块、告示牌12块、地名牌1块、预告牌7块、桥梁信息提示牌4块、桥名牌14块、里程牌50块；设置固城锚地422米，取消芮家嘴锚地等。项目总投资21.79亿元，其中交通运输部水运建设资金8.52亿元，地方政府投资13.27亿元。

（2）项目建设实施情况

2008年，成立南京市航道工程建设指挥部办公室组织工程实施；现场指挥部具体负责项目建设和管理工作，配合地方征地拆迁、地方矛盾协调处理。工程可行性研究单位为江苏省交通规划设计院有限公司，初步设计单位为中交水运规划设计院。监理单位为江苏科兴工程建设监理有限公司。施工单位为中交第四航务工程局有限公司、南京航务工程有限公司、江苏省交通工程集团有限公司、江苏晨光盛得液压设备有限公司、南京洛普股份有限公司、江苏建工集团有限公司、常州江天景观工程有限公司、江苏宏达交通工程有限公司（杨家湾船闸）；中建筑港集团有限公司、江苏省水利机械制造有限公司、江都市永坚有限公司、南京洛普股份有限公司、中国江苏国际经济技术合作公司、常州江天景观工程有限公司、江苏宏达交通工程有限公司（下坝复线船闸）；淮安市航道工程有限公司、南通市港航工程有限公司、江苏省路港建设工程有限公司、江苏润港工程集团有限公司（航道工程）；中铁六局集团有限公司、中铁二十局集团第一工程有限公司、南京市路桥工程总公司（桥梁工程）。质监单位为江苏省交通运输厅工程质量监督局。

杨家湾船闸工程于2014年6月16日完成交工验收，下坝复线船闸工程于2015年1月9日完成交工验收，杨家湾老闸桥于2015年4月30日完成交工验收，航道工程（固城湖区段除外）和东坝桥、红卫桥、团结桥于2016年1月13日交工验收，固城桥等尾留工程于2017年6月2日交工验收。杨家湾船闸和下坝船闸之间由于高淳区固城湖水位调控，委托江苏省水利工程科技咨询有限公司和南京市水利规划设计院有限责任公司于2013年9月编制了《芜申运河固城湖段通航特征水位分析报告》，该段航道最高通航水位调整为11.26米，最低通航水位调整为8.0米。

（3）科技创新成果及获奖情况

下坝复线船闸无镇静段集中输水系统，针对中低水头船闸传统的集中输水系统进行了设计创新，创造性地提出了无镇静段集中输水系统形式，改善了闸室内泊稳条件和引航道内水流流态，缩短了船闸输水时间，提高了船闸的通过能力，对类似工程具有较强的推广价值和指导意义。

芜申线东坝段航道地质灾害防治研究提出了膨胀土边坡处置措施的石灰改良膨胀土的施工指导意见，航道整治工程膨胀土边坡治理方案在实际施工中取得了较好效果。

船闸土建工程施工标准化研究依托南京市在建船闸工程，调研省内外船闸工程建设，研究制定了《船闸土建工程工地建设标准化指南和施工标准化指南》。

（4）项目投产后的运营情况

芜申线航道整治工程建设使芜湖至上海的水运航程比绕道长江约缩短85千米，并且可以避开长江航行的风险，有利于船舶航行安全，同时对苏南运河起到一定的分流作用，对安徽东南部地区和江苏西南部地区的经济发展也起到积极的促进作用。芜申线（高淳段)航道整治工程(高淳段)全面实施完成后,工程建筑物总体稳定,航道尺度明显改善,航道水深提高到了3.2米,航道等级由等外级提高到了三级,提高了航道通过能力和航运效益,降低了航道维护成本。

4. 芜申线宜兴段航道整治工程

(1)项目概况

项目于2003年9月开工建设,2006年1月试运行,2010年10月竣工。

项目建设依据:2003年3月,江苏省发展计划委员会《关于芜申线(宜兴段)航道整治工程可行性研究报告(含项目建议书)的批复》(苏计基础发〔2003〕261号);2003年8月,江苏省发展计划委员会《关于芜申线宜兴段航道整治工程初步设计的批复》(苏计基础发〔2003〕1003号);2010年5月,江苏省发展和改革委员会《关于对芜申线宜兴段航道整治工程概算调整的批复》(苏发改基础发〔2010〕528号)。

项目整治前航道里程40.98千米,整治后航道里程45.48千米,按四级航道标准施工,航道底宽不小于40米(其中东、西汜湖航道底宽不小于80米),最小通航水深不小于2.5米,最小弯曲半径不小于330米;设计代表船型,远期为1顶+2×1000吨级船队,近期为500吨级、300吨级拖带船队及自航机动船;设计通航保证率为95%。新建桥梁公路等级三级、设计荷载按公路二级设计,主跨跨径不小于70米,通航净宽不小于45米,通航净空不小于7米。新建护岸5.66万米,加固老护岸346米,新建停泊锚地6处。疏浚航道45.48千米,开挖水上土方611.9万立方米,疏浚水下土方374.8万立方米。共新建重力式护岸5.57万米,麻袋护坡582.9米,金属网箱生态护岸330米,加固老护岸346米。共新(改)建航标24座,全部为遥感遥测航标,增设标识标牌156套(其中岸标13座、水中标11座;指向牌10套、地名牌9套、地点距离牌3套、分界牌1套、里程牌90套、宣传牌7套、桥梁净高提示牌36套),航道界桩144根。共新建锚地6处,其中徐舍锚地835.8米、宜兴城西锚地1022.5米、宜兴城中锚地602.2米、宜兴城东锚地339米、大浦锚地665.7米、太湖避风港锚地526.6米。整个项目共征地3359亩,房屋拆迁19.97万平方米,迁移各类管线710处。项目总投资10.03亿元,其中交通部水运建设资金7.25亿元,地方政府投资2.78亿元。

(2)项目建设实施情况

项目建设单位为宜兴市芜申运河宜兴段建设工程指挥部,具体负责工程建设的组织和实施;设计单位为江苏省交通规划设计院;桥梁设计单位为江苏伟信工程咨询有限公司、无锡市交通工程规划勘察设计院;航道监理单位为江苏科兴工程建设监理公司、江苏润通交通工程监理咨询有限公司;桥梁监理单位为江苏润通交通工程监理咨询有限公司、山东东泰交通建设监理咨询有限公司;航道施工单位为宜兴市交通工程总公司、无锡市正兴航务工程有限公司、江苏海通航务工程有限公司等;桥梁施工单位为中铁四局第四工程有限公司、江苏捷达交通工程集团有限公司、上海建工(集团)总公司等多家单位;航标及标牌施工单位为无锡市正兴航务工程有限公司、宜兴市公路交通设施总厂;质监单位为江苏省交通运输厅工程质量监督局、无锡市交通工程质量监督站(代表省交通运输厅履行政府监督职能)。

(3)科技创新成果及获奖情况

本工程采取了"省市共建、以市为主"的建设管理模式,为加快全省航道建设提供了宝贵的经验。项目获得江苏省建设厅、江苏省建筑工程管理局、江苏省建筑行业协会于2007年颁发的"扬子杯"奖(绕城段)。

(4)项目投产后的运营情况

项目全面实施完成后,工程建筑物总体稳定,航道尺度明显改善。航道等级由五级提高到了四级,即使在枯水期,500吨级的机动船舶及300吨级的船队也能正常通行,提高了航道通过能力和航运效益,降低了航道维护成本,水运优势得到进一步凸显,进一步带动沿线腹地社会经济发展。

5.芜申线高溧段航道整治工程

(1)项目概况

项目于2010年3月开工建设,2016年1月试运行。

项目建设依据:2006年4月,江苏省发展和改革委员会《关于芜申线(高溧段)航道整治工程项目建议书的批复》(苏发改交能发〔2006〕362号);2008年10月,江苏省发展和改革委员会《关于芜申线高溧段航道整治工程可行性研究报告的批复》(发改交通发〔2008〕1293号);2009年7月,江苏省发展和改革委员会《关于芜申线高溧段(南渡—溧阳改线段)航道整治工程初步设计的批复》(苏发改交通发〔2009〕1013号);2009年8月,江苏省发展和改革委员会《关于芜申线高溧段(下坝船闸—南渡段)航道整治工程初步设计的批复》(苏发改交通发〔2009〕1085号);2007年3月,江苏省环保厅《关于对芜申线高溧段航道整治工程环境影响报告书的批复》(苏环管〔2007〕66号);2015年7月,国土资源部《关于芜申线(高溧段)航道整治工程建设用地的批复》(国土资函〔2015〕157号)。

项目按照三级航道标准整治,整治航道里程37.43千米,设计最大船舶等级为1000吨级,航道设计通航保证率为95%。整治后航道底宽不小于45米,口宽70米,航道最小通航水深不小于3.2米,航道最小弯曲半径不小于480米。新建护岸59.65千米,建设水上服务区和锚地各1处,建设的溧阳水上服务区占地面积27.6亩,泊位按1000吨级设计。新(改)建桥梁16座,分别为河定大桥、落蓬大桥、河口大桥、堑口大桥、坝头大桥、南渡西桥、南渡中桥、南渡大桥、南河特大桥、环园西路桥、淦西桥、五谭渡桥、徐葛桥、泓口大桥、花园头桥、蒋笪大桥,跨河桥梁均采用一跨过河方式,通航净宽不小于60米、净高不小于7米,满足内河三级航道通航要求。全线永久征地5789.59亩,临时用地8843.81亩,拆迁房屋59.69万平方米,开挖土方432.55万立方米,新建素混凝土重力式护岸共19.39万米,新建植物生态护岸1373米,新建扶壁式护岸2706米,老驳岸修复343米。工程设置助航标志100套,包括侧面标(含浮标)5套、鸣笛标5套、锚地专用标1套、告示牌9套、地点距离牌1套、桥名牌25套、地名牌2套、预告牌4套、指向牌13套、里程牌35套。项目概算投资20.74亿元,其中银行贷款1200万元。

(2)项目建设实施情况

项目建设单位为常州市三级航道网整治工程建设指挥部办公室;项目实行"二级指挥部"的管理模式,即常州市三级航道网整治工程建设指挥部办公室与溧阳市三级航道网整治工程指挥部办公室签订建设协议,由后者具体负责航道工程现场建设管理任务。常州市三级航道网整治工程建设指挥部办公室负责桥梁工程现场建设管理和行业监管及技术协调管理。勘察、设计单位为江苏省交通规划设计院有限公司、中交第二航务工程勘察设计院有限公司、中交公路规划设计院有限公司和中交水运规划设计院有限公司;监理单位为江苏华宁工程咨询监理有限公司、江苏科兴项目管理有限公司、南京公正工程监理有限公司等;施工单位为南京港航建设工程有限公司、南京航务工程有限公司、苏州大通工程建设有限公司等;质监单位为江苏省交通运输厅工程质量监督局(代表省交通运输厅履行政府监督职能)。

(3)科技创新成果及获奖情况

混凝土自锚式悬索桥吊索张拉控制技术研究:江苏省常州市航道管理处、中铁四局集团有限公司、上海市公路工程质量检测中心、江苏润通交通工程监理咨询有限公司、中交第二航务工程勘察设计院有限公司联合对泓口大桥吊索张拉过程进行了分析,依据吊索张拉方法最优的原则,通过对方案的可行性、安全性及经济性的比较,确定了最优的吊索张拉方案。在选定最优吊索张拉方案的基础上,详细分析了吊索张拉过程中主缆、吊索及主梁的受力及变形特点,确定了混凝土自锚式悬索桥少循环分级张拉吊索的施工方法,将原设计6次张拉优化为3次张拉,较原方案施工工期缩短50天,节约成本150万元。总结吊索张拉施工方法并形成江苏省工程建设省级工法。

(4)项目投产后的运营情况

项目建成投产后,芜申运河高溧段通航条件得到显著提升,通航船舶吨级由300吨级提升至1000吨级,水深由2米提升至3.2米,水运企业经济效益提升明显,船舶流量明显增加。随着芜申线高溧段航道工程的建设,皖南腹地及长江中上游地区的物资可通过芜申线航道直达苏南、上海和浙江等经济发达地区。安徽芜湖至上海的水运航程比绕道长江约缩短85千米,并且可以避开长江航行的风险,有利于船舶航行安全,符合节能减排、绿色发展的要求,同时对苏南运河起到一定的分流作用,对安徽东南部地区和江苏西南部地区的经济发展也起到积极的促进作用,来自安徽和长江中上游地区转移和诱增的运量将增大,全线货运量将有较大幅度的增长。

芜申线高溧段(溧阳段)是常州溧阳的水运主通道,对促进溧阳地方经济发展和产业结构调整起到巨大作用,并有效缓解防洪压力,保护水资源环境。可充分发挥内河水运的优势和潜能,完善长三角地区和江苏省高等级航道网络,促进区域经济社会全面协调可持续发展,改善芜申线通过能力和货运量极不适应的矛盾,进一步提高内河水运的经济效益。

(四)航道的发展成就与经验启示

芜申运河是一条沟通长江和太湖水系跨流域的省际内河航运通道,长江中上游地区船舶通过芜申运河进入上海,将可缩短航程120多千米。实施芜申运河航道整治工程对于建立安徽省和长江中上游地区新的东向水上运输通道、改善中西部地区和长江三角洲地区间的水路运输条件具有重要意义。

十二、苏申外港线

(一)河道自然特征

苏申外港线西起苏南运河,东连黄浦江,全长64.9千米,流经区域属长江水系和太湖水系,历史上曾是太湖流域洪水东泄入海的主要通道之一。区域内河网纵横交错、湖塘星罗棋布,南有南星湖、九里湖、元荡,北有金鸡湖、澄湖、冰庄湖,上游通过苏西线连通太湖,下游经黄浦江、长江东流入海。苏申外港线由天然湖泊串联而成,其自身穿过独墅湖、白蚬湖,并与苏南运河、苏申内港线、长湖申线相交,形成了江、湖、河通江达海的水运网络。水源以降雨径流为主,沿线地下潜水位一般在地面以下1~2米,地下水源较为丰富,枯水期则由太湖等湖泊供水调节,因此苏申外港线通航条件较好。

苏申外港线流经区域为苏南东部水网平原区。地貌分区属太湖流域堆积平原中太湖水网平原亚区,地形平坦,地势微向东倾,地面高程一般为2米,河网稠密。吴淞江以南属低洼湖荡平原,密集分布湖荡,地面高程1~3米。根据环太湖巡测资料分析,苏申外港线航道汛期最大月平均流量为45立方米/秒,下游夏字圩站多年平均流量为91.6立方米/秒,最大流量为188立方米/秒,最小流量为64.4立方米/秒。苏州站历史最高洪水位为2.44米(85国家高程,下同),历史最低水位为0.17米,水位变幅一般在1米左右。江苏段航道水面比降平缓、流速较小,一般为0.1米/秒,下游上海段流速相对较大,夏字圩站实测最大、最小涨落潮流分别为1.5米/秒和1.4米/秒。航道内水流较清澈,含沙量很小,河道冲淤变化不大,下游感潮河段(淀山湖下游)历年河床冲淤变化基本保持平衡。

苏申外港线江苏段位于苏州市境内,西起苏州市吴中区的宝带桥,经吴江区,东至昆山与上海交界处,由高垫湖、九里湖、同里湖、白蚬湖及周庄湖等经人工开挖串联而成,长29.44千米。

苏申外港线上海段位于上海市青浦区和松江区境内,西与苏申外港线江苏段相连,东与黄浦江上游的分水龙王庙处相接,航道全长35.5千米,分别由急水港、淀山湖南航道、拦路港、东泖河、泖河与斜塘航段组成。该段航道为开敞航道,无拦河闸坝设施,且为位于黄浦江上游的支流干线航道,受黄浦江潮汐影响相对较明显,泥沙来源主要为黄浦江涨潮流挟带的泥沙。航道两岸基本已建有较为完整的护岸结构,航道边界基本稳定,航道水深及河床总体处于一个较为稳定的状态。

(二)主要航道现状和建设情况

苏申外港线是《长江三角洲地区高等级航道网规划》和《全国内河航道与港口布局规划》的国家高等级航道,是长江三角洲高等级航道网规划的"两纵六横"中"六横"之一,是江苏与上海之间重要的省际货运通道之一。

苏申外港线江苏段29.44千米航道于2000—2001年按四级标准整治,两岸采用浆砌块石重力立式、衡重式和后仰式驳岸。湖区段河底宽80米,并且每千米布设1根界桩。自2001年苏申外港线整治完成运营以来,沿线驳岸和水中界桩损坏较少,部分河段因船行波或船舶停靠较多,护岸损坏较为严重。该段航道现有跨河桥梁12座,均满足四级航道通航标准,屯村大桥通航尺度为50米×7米,周庄大桥双向通行,每个通航孔尺度为32米×7米。苏申外港线江苏段三级航道整治项目于2018年底开工建设。

苏申外港线上海段自江苏省界经分水龙王庙后汇入黄浦江,长35.5千米。航道原为四级,2008年10月,经上海市发展和改革委员会批复同意,实施苏申外港线(上海段)航道整治工程,根据工程建设方案,按照三级内河通航标准进行建设,2009年整治完成。

(三)航道工程项目

1.苏申外港线(江苏段)航道整治工程

(1)项目概况

项目于1998年8月开工建设,2000年10月试运行,2002年6月竣工。

项目建设依据:1997年2月,江苏省计划与经济委员会《关于苏申外港线江苏段航道整治工程可行性研究报告的批复》(苏计经交发〔1997〕281号);1998年3月,江苏省建设委员会《关于苏申外港线(江苏段)航道整治工程初步设计的批复》(苏建函〔1998〕83号);1998年3月,江苏省环境保护局《关于苏申外港线(江苏段)航道整治工程环境影响报告书的批复》(苏环然〔1998〕47号)。

项目整治航道29.45千米,航道建设等级为四级,一般河段的航道设计河底宽度不小于 40 米、河口宽度不小于 60 米,湖区段航道底宽采用 80 米,水面宽度采用 150 米,水深 2.5 米,最小弯曲半径 480 米。最大设计代表船型为 1 顶 2×500 吨级顶推船队、1 拖 4×500 吨级拖带船队,其他设计船型为 1 拖 6×300 吨级、1 拖 11×100 吨级、1 拖 12×60 吨级拖带船队。航道设计通航保证率 98%。

项目建设桥梁 3 座(屯村桥、高垫桥、郭巷桥),通航净高 7 米;新建航道护岸工程 22.55 千米,对 8.43 千米航道的护岸进行维护;全段航道共设置航标 19 座;新建停泊区 2 处。项目总投资 1.31 亿元,其中交通部水运建设资金 5643 万元,地方政府投资 7489 万元。

(2)项目建设实施情况

项目建设单位为苏申外港线工程指挥部;设计单位为江苏省交通规划设计院、上海同济建筑规划研究总院市政工程设计研究分院;施工单位为苏州大通工程建设集团公司、无锡航道工程公司、昆山交通工程公司等;监理单位为江苏交通工程咨询监理总公司水运分公司;质监单位江苏省交通厅工程质量监督站。

(3)项目投产后的运营情况

苏申外港线(江苏段)航道经过整治改变了原来航道浅、窄、多弯、碍航桥梁多等情况,航道条件改善明显,沉船事故锐减。航道内各类交通标志醒目,指挥船舶通过顺利,从未发生堵塞事故,为航运安全畅通提供了良好的条件。湖泊区设置界桩后,避免了渔网、渔簖侵占航道的现象,达到了航槽内无障碍设施,使通航水域开阔,航行畅通无阻,航道两岸绿化初显成效。

2. 苏申外港线(上海段)航道整治工程

(1)项目概况

项目于 2009 年 2 月开工建设,2009 年 12 月试运行,2016 年 12 月竣工。

项目建设依据:2007 年 6 月,上海市发展和改革委员会以沪发改城〔2007〕176 号文批复项目建议书;2008 年 10 月,上海市发展和改革委员会以沪发改投〔2008〕193 号文批复工程可行性研究报告;2008 年 10 月,上海市城乡建设和交通委员会以沪建交〔2008〕840 号文批复工程初步设计;2008 年 7 月,上海市环境保护局以沪环保许管〔2008〕769 号文对工程环境影响报告书完成了审批。

项目整治航道里程 35.5 千米,包括急水港航段、淀山湖湖区航道、拦路港航段、泖河航段、东泖河航段、西泖河航段、斜塘航段等。航道建设等级为三级,航道设计尺度为宽度 45 米、水深 4 米、最小弯曲半径 500 米。设计代表船型为 1000 吨级 90TEU 集装箱船。

主要工程内容包括水深未达标准的航段疏浚,挖土方约 109.6 万立方米;修复破损护岸,改建急水港港监站,改扩建既有急水港船舶停泊区、增设服务区,新增 11 处桥梁防撞设施,新建6座航标灯(淀山湖),全航段设置交通安全标志牌及船舶交通管理系统等。项目总投资 2.35 亿元,其中交通运输部水运建设资金 7300 万元、地方投资 1.20 亿元、企业投资 4263 万元。

(2)项目建设实施情况

项目建设单位为上海城投航道建设有限公司;设计单位为中交上海航道勘察设计研究院有限公司;施工单位为中国水利水电第五工程局有限公司、中交上航局航道建设有限公司、上海三航奔腾建设工程有限公司等;监理单位为上海东华工程咨询公司、上海东华建设管理有限公司、上海宏波工程咨询管理有限公司。

(3)项目投产后的运营情况

苏申外港线(上海段)航道整治工程为实现上海与江浙等地区内河水运与沿海港口的有效对接,满足水上运输的发展需求,提供了重要途径。航道整治工程大幅度改善了通航条件,达到了预期效果。

(四)航道的发展成就与经验启示

航道整治工程试运行期间,航道通航吨级、通航能力明显扩大,运输船舶数量和货运量明显增加;通航安全条件明显改善,运输船舶安全事故明显降低;航道服务设施明显增加,服务功能明显完善;航道沿线的景观和环境质量明显改善,达到了预期效果。

十三、苏申内港线

(一)河道自然特征

苏申内港线航道又称吴淞江,属太湖流域水系,位于太湖东部。上游起点为苏州市吴江区瓜泾口(与苏南运河交汇处),流经苏州市吴中区、吴江区、苏州工业园区,昆山市,上海市青浦区、宝山区,汇入黄浦江,在吴淞口入长江,全长 109 千米。其中苏申内港线江苏段航道自瓜泾口起,止于昆山市三江口(上海市交界处),长度约 56.03 千米。

苏申内港线为天然河流,地表水十分丰富。下游受潮汐影响,水源以地面径流为主,沿线地下水源丰富,地下潜水位一般在地面以下 1~2 米,枯水期可由太湖供水调节。河道比降小,水流平缓;水位变幅小,历年年内最大水位变幅仅在 2.0 米左右,水流流向往复变化。一般枯水期流量小,水面平缓,洪水期受太湖排洪影响,流量加大,水面有一定比降。

苏申内港线上游源于太湖,其来沙量较小,河水清澈;且江苏段水源主要来自地面径流,两岸植被完好,其带入的泥沙量也很少,因此对河道淤积影响不大。而下游由于受潮汐的影响,潮水挟带来沙量较多,其河口段(上海蕴东船闸至吴淞口)由于河口宽阔、水深较大,基本保持冲淤平衡状态。自蕴藻浜建闸(蕴东与蕴西船闸)以后,这种平衡遭到破坏,蕴东闸闸下淤积非常严重,闭闸期间大汛涨潮最大含沙量为 0.52 千克/立方米,大汛落潮最大含沙量为 0.44 千克/立方米,冲淤量随潮汐变化的大小而变化,大汛冲淤量大,中汛次之,小汛最小。

（二）主要航道现状和建设情况

苏申内港线航道江苏段起于吴江区瓜泾口,止于昆山市三江口,总里程约 56.03 千米,航道流经苏州市吴江区、吴中区、苏州工业园区和昆山市。苏申内港线吴江区、吴中区、苏州工业园区共 28.55 千米航道已按三级航道标准完成整治,昆山段航道现状等级为五级。苏申内港线江苏段共有跨河桥梁 16 座,其中 6 座不满足三级航道净空尺度要求,最小通航尺度为 33 米 ×5 米(胜浦大桥)。

（三）航道工程项目

苏申内港线(瓜泾口至青阳港段)航道整治工程

（1）项目概况

项目于 2015 年 4 月开工建设。

项目建设依据:2010 年 9 月,江苏省发展和改革委员会《关于苏申内港线(江苏段)航道整治工程项目建议书的批复》(苏发改基础发〔2010〕1160 号);2013 年 12 月,江苏省发展和改革委员会《关于苏申内港线(江苏段)航道整治工程可行性研究报告的批复》(苏发改基础发〔2013〕1977 号);2013 年 12 月,江苏省发展和改革委员会《关于苏申内港线(瓜泾口至青阳港段)航道整治工程初步设计的批复》(苏发改基础发〔2013〕2037 号);2013 年 9 月,江苏省环保厅《关于对苏申内港线(江苏段)航道整治工程环境影响报告书的批复》(苏环审〔2013〕180 号);2013 年 4 月,江苏省国土资源厅《关于苏申内港线(江苏段)航道整治工程项目用地的批复》(苏国土资预〔2013〕36 号);2013 年 4 月,江苏省建设厅《关于苏申内港线(江苏段)航道整治工程项目选址的批复》(苏建规选字第 320000201300038 号);2018 年 12 月,自然资源部《关于苏申内港线(江苏段)航道整治工程建设用地的批复》(自然资函〔2018〕647 号)。

项目整治航道里程 43.5 千米,航道建设等级为三级,航道设计尺度为宽度 45 米、水深 3.2 米、最小弯曲半径 480 米。设计代表船型为 1000 吨级货船,尺度为 60 米 ×11 米 ×3.1 米。航道设计通航保证率 98%。

项目建设桥梁 6 座(苏嘉杭高速公路桥、车坊大桥、斜淞大桥、胜浦大桥、江浦路吴淞江大桥、吴淞江大桥),均一孔跨越通航水域,通航净高 7 米。设置停泊锚地 2 处,并布设航道标志标牌、环保绿化等配套工程。项目总投资 3.36 亿元,其中交通运输部水运建设资金 2.3 亿元,地方投资 1.06 亿元。

(2)项目建设实施情况

项目建设单位为苏州市水运工程建设指挥部;设计单位为中交第二航务工程勘察设计院有限公司、江苏省交通规划设计院股份有限公司、中交公路规划设计研究有限公司;施工单位为南通市港航工程有限公司、江苏通航建设工程有限公司、中铁一局集团有限公司等;监理单位为江苏科兴项目管理有限公司;质检单位为苏州交通工程试验检测中心有限公司、苏交科集团股份有限公司、中交公路规划设计院有限公司。

2015 年,苏申内港线航道整治工程被列为交通运输部水运工程施工标准化示范创建活动试点项目。苏申内港线瓜泾口至青阳港段中瓜泾口至界浦江段于 2018 年 2 月 1 日完成交工验收。2017 年,因水利部门开展吴淞江整治工程前期工作,江苏省人民政府通告停止苏申内港线沿线工程建设,之后苏申内港线航道工程未开工部分处于停工状态,车坊大桥在建。

(3)科技创新成果及获奖情况

第一,项目启用内港线项目管理软件系统,提高工作效率,率先在内港线航道整治工程中探索使用了计算机工程管理软件。项目管理软件利用网络平台进行工程建设全过程信息化管理,可实现工程质量、安全与计量支付的挂钩,倒逼管理流程透明化、管理过程规范化,不断提高各参建单位的工作效率。第二,项目实现整体钢移动滑模无拉杆工艺的运用。第三,项目锚地基础使用模板框架结构。锚地基槽及边缘为流动状淤泥质土,无支撑强度,如采用传统的钢管扣件对拉支撑不能确保模板牢固及稳定。经技术人员讨论研究在前后模板外侧采用增加固定框架作为基础模板的支撑固定件,相当于在模板外侧先做个固定框架,基础模板的高低细微调整可通过小钢筋桁架上的升降螺杆调整。这种加固形式缩短了基础立模固定时间,并有效提高模板的稳定性,在浇筑过程中不胀模、不变形,确保了基础线形顺直、尺寸标准。第四,项目中使用桥梁整体顶升工艺,江浦路吴淞江大桥采用整体顶升工艺。

(4)项目投产后的运营情况

项目尚未全部投产运营。苏申内港线苏州市区段建成后,改善了航道通航条件,为大宗货物运输提供了便捷、经济、可靠的内河水运条件,对发展内河集装箱运输起到重要的作用。

(四)航道的发展成就与经验启示

苏申内港线航道整治工程作为交通运输部水运工程施工标准化示范创建活动试点项目,工程从驻地建设、施工工艺、管理行为三方面开展施工标准化创建工作,建立健全质量、安全管理体系,并在运行过程中进行动态修改、完善,建立长效机制。开发应用航道整治工程项目管理系统、疏浚工程船舶信息化监管系统、二维码信息采集、航道安全 App,总结出适用于该项目的管理制度、办法及经验,取得了良好的效果。

江浦路吴淞江大桥的整体顶升工艺体现了坚持资源节约、环境友好、绿色发展的理念,为航道桥梁升级改造提供了新思路。

十四、长湖申线

(一)河道自然特征

长湖申线是太湖水系一条集航运、防洪、灌溉为一体的综合利用河流,是浙西北矿建材料运往上海的便捷通道,沿途沟通杭湖锡线、东宗线、乍嘉苏线、京杭运河、苏申外港线等航线,是江南水网的重要水运干线。因该线贯通苏、浙、沪三省市,属全国内河水运主通道之一。

长湖申线位于太湖流域水网区,区内湖、漾、潭众多,沿线河、港、汊纵横,地表水十分丰富。河道比降小,水流平缓;水位变幅小,历年最大水位变幅仅 2.0 米左右,水流流向呈往复变化;河道水源以降水径流为主,枯水季节可由太湖调节补充。

该区水域面积大,地表植被好,暴雨期由径流带入河道的泥沙很少,河流沿程冲淤变化甚微,河道断面稳定。但在局部水浅、河窄、无护岸河段,船行波对河岸会有一定冲刷,造成岸坡破损、塌岸等现象,致使少量泥沙落淤航槽。随着河道(航道)的全面治理,拓宽浚深和护岸后,将减少水流对河岸的冲刷,进入河道的泥沙会进一步减少。

(二)主要航道现状和建设情况

长湖申线是长江三角洲地区重要的水运主通道。在原交通部编制的《长江三角洲地区高等级航道网规划》中,长湖申线是由 23 条航道组成的“两纵六横”高等级航道网中骨干航道之一。

长湖申线航道位于经济发达、人口稠密、城市密集的江南水网平原地区,横跨浙江、江苏、上海,航道西起浙江省湖州市长兴县合溪,经湖州市、江苏省苏州市吴江区、上海市青浦区,止于上海市西泖河口,全长 145.48 千米。

长湖申线上游的浙江段航道西起长兴合溪,经镇湾桥、小浦闸、大树下,在画溪桥附近绕过长兴市河段,至帅家村与现有航道汇合,经昌山、北杨树、雪水桥、湖州船闸、八里店、东迁,止于南浔,干线全长约 75.13 千米,另帅家村至长兴铁水中转港区支线航道约 2 千米。2014 年底,长湖申线浙江段 77.1 千米航道交工验收,全线达到三级航道标准。

长湖申线中游的江苏段 51.26 千米,其中的 22.52 千米航道(苏浙省界南浔至大运河汊口)在 2002—2004 年按四级航道标准全面整治;长湖申线与京杭大运河共线的 4.20 千米航道在 2013 年已按三级航道整治实施完工;长湖申线的太浦河段由水利部门治理,除平望大桥、黎里大桥、芦墟大桥、汾湖大桥 4 座桥梁通航净空不满足三级航道通航要求外,其他均达到三级航道通航标准。长湖申线江苏段现有跨河桥梁16座,黎里大桥通航尺度为37.5米×5.4米,汾湖大桥通航尺度为34米×5.5米。2019年,长湖申线(江苏段)三级航道整治项目初步设计阶段启动。

长湖申线下游的上海段14.5千米航道(不包含浙江省夹在上海航道中间的2.62千米航道)拟按三级航道标准整治,该项目已于2016年正式开工建设。

(三)航道工程项目

1. 长湖申线浙境段改造工程

(1)项目概况

项目于1993年6月开工建设,2000年10月试运行,2001年10月竣工。

项目建设依据:1993年,浙江省计划与经济委员会《关于长湖申线航道浙境段改造工程可行性研究报告的批复》(浙计经建〔1993〕1188号);1994年,浙江省计划与经济委员会《关于长湖申线(浙境段)航道改造工程初步设计批复》。

项目整治航道里程50.9千米,航道建设等级为四级,航道设计尺度为宽度60米、水深2.5米、最小弯曲半径330米。设计代表船型为500吨级货船。航道设计通航保证率98%。

项目首先对吕山至雪水桥航段湖州市区段(茆柴园至雪水桥航段)进行改造,随即利用世界银行贷款对旧馆、祜村、东迁市河航段进行了改造。改造总里程50.9千米,其中五级航道6.19千米、四级航道44.71千米,改建桥梁7座。项目总投资1.16亿元,其中部、省投资7113万元,世界银行贷款127.6万美元,折合人民币1056万元,其余由湖州市自筹。

(2)项目建设实施情况

项目建设单位为湖州市航运管理处;设计单位为浙江省交通规划设计研究院;施工单位为湖州市交通工程处、湖州市镇西桥路工程公司;监理单位为湖州市港航重点工程建设处长湖申线监理组。

2. 长湖申线(浙江段)航道扩建工程

(1)项目概况

项目于2008年9月开工建设,2014年12月试运行,2018年1月竣工。

项目建设依据:2004年4月,浙江省发展和改革委员会《关于长湖申线浙境段航道建设工程可行性研究报告的复函》(浙发改函〔2004〕76号);2007年1月,浙江省发展和改革委员会《关于长湖申线(浙江段)航道扩建工程可行性研究调整报告批复的函》(浙发改函〔2007〕1号);2007年11月,浙江省发展和改革委员会《关于长湖申线(浙江段)航道扩建工程初步设计批复的函》(浙发改设计〔2007〕180号);2010年9月,浙江省发展和改革委员会《关于长湖申线(浙江段)航道扩建项目湖州枢纽改建工程设计变更批复的函》(浙发改设计〔2010〕115号);2011年11月,浙江省发展和改革委员会、浙江省交通运输厅《关于长湖申线(浙江段)航道扩建工程蝴蝶大桥等10座桥梁变更设计等相关事宜的函》(浙交函〔2011〕378号);2013年12月,浙江省发展和改革委员会《关于长湖申线(浙江段)航道扩建工程初步设计变更及概算调整批复的函》(浙发改设计〔2013〕222号);2006年11月,浙江省环境保护局《关于长湖申线浙江段航道建设工程环境影响报告审查意见的函》(浙环建〔2006〕75号);2009年1月,国土资源部《关于长湖申线(浙江段)航道扩建工程建设用地的批复》(国土资函〔2009〕57号)。

项目整治航道里程75.13千米,其中三级航道62.6千米,其余为四级航道,航道设计尺度为宽度70米、水深3.2米、最小弯曲半径480米。设计代表船型(船队)及尺度:船型为1000吨级货船,尺度80米×10.8米×2.0米;船队尺度160.0米×10.8米×2.0米。航道设计通航保证率95%。

根据浙江省发展改革委初步设计变更的要求取消镇湾大桥1座,实施路网沟通取消八里店桥1座,铁路部门实施铁路桥1座,新建西王村大桥等10座桥梁,蝴蝶大桥等10座桥梁拼盘给地方建设。新建服务区3座、锚泊区3座、航道管理站1座;全线建设航道标志牌、视频监控、绿化等。三级航道桥梁按净跨不小于60米、净高7.0米标准建设,四级航道桥梁按净跨不小于55米、净高7.0米建设。项目总投资17.73亿元,其中交通运输部水运建设资金5.16亿元,地方投资12.57亿元。

(2)项目建设实施情况

项目建设单位为湖州市港航管理局;设计单位为中交第二航务工程勘察设计院有限公司;施工单位为中交上海航务工程局航道建设有限公司、湖州市交通工程处、浙江省海洋工程有限公司等;监理单位为浙江公路水运工程监理有限公司、江苏科兴项目管理有限公司、浙江港湾工程项目管理有限公司等;质监单位为浙江省交通建设工程监督管理局。

项目实施过程中,湖州枢纽改建工程变更设计,蝴蝶大桥等10座桥梁变更设计,画溪大桥等4座桥梁设计方案变更,南林大桥等4座桥梁及1座水闸建设方案变更。

(3)科技创新成果及获奖情况

①南林大桥整体同步顶升。南林大桥横跨长湖申航道,净高无法满足三级航道的标准。经反复论证,采用了整体同步顶升技术。经过3个月的施工,完成桥梁整体顶升3米、总跨468米、重量1.3万吨。南林大桥的顶升改造,避免了老桥拆除,节约建设资金3000余万元、建设用地30亩(约2万平方米),缩短工期1年多,创造了良好的经济社会效益。

②预制混凝土前趾护岸形式。长湖申航道运输船舶密集,船行波对护岸前沿边坡冲

刷大,而且进行施工围堰难度较大。通过大胆创新,改变传统护岸结构,采用了预制混凝土前趾护岸形式进行修复,不仅减少了土地征用,而且墙体采用技术先进、质量可靠的预制块新材料,大大提高了科技含量,延长了护岸使用寿命。

(4)项目投产后的运营情况

①长湖申线航道改造完成后,使底宽、水深、弯曲半径、桥梁净高满足高等级航道通航标准,船舶通过能力大大提高。护岸设计合理,稳定性较好。从运行来看,护岸经得起船行波和水流冲击,未发现不均匀沉降,有效防止了岸坡坍塌和水土流失。航道拓宽后,增加了航道过水断面,使航道顺直宽阔,船舶航行视线好,确保了航行安全。

②长湖申线航道改造后,沿线乡镇企业特别是本地地板业、纺织业和不锈钢企业等已在规划和实施大宗运输方式的 转变,这为航道沿线地区的经济发展带来更多新的契机和经济增长点。

③长湖申线航道通航条件改善后,增强了水路运输能力,为船舶大型化和标准化建设创造了条件,可降低船舶运输单位油耗。水上服务区的建成提高了船舶油污水和生活垃圾回收能力,环保、节能减排效果明显。

④在长湖申线航道建设中,通过信息化和沿线安全配套设施的设置,有效保障了航道的安全畅通,降低事故发生率。

⑤长湖申线航道改造后,使水资源得到了综合利用,提高了沿线乡镇防洪能力。同时,有效防止了航行波冲刷所造成的水土流失,保护了沿线生态环境。

3. 长湖申线(江苏段)航道整治工程

(1)项目概况

项目于 2002 年 8 月开工建设,2005 年 9 月建成试运行。

项目建设依据:2002 年 2 月,江苏省计划与经济委员会《关于长湖申线(江苏段)航道整治工程可行性研究报告(含项目建议书)的批复》(苏计基础发〔2002〕144 号);2002 年 6 月,江苏省交通厅《关于长湖申线梅堰桥初步设计和航道整治梅堰镇段征地拆迁的批复》(苏交计〔2002〕91 号);2003 年 2 月,江苏省发展计划委员会《关于长湖申线(江苏段)航道整治工程初步设计的批复》(苏计基础发〔2003〕121 号);1999 年 3 月,江苏省环境保护局《关于对长湖申线(江苏段)航道整治工程环境影响评价大纲的审查意见》(苏环函〔1991〕17 号);2004 年 7 月,江苏省国土资源厅《关于长湖申线(江苏段)航道整治工程用地的预审意见》(苏国土资函〔2004〕347 号)。

长湖申线(江苏段)航道整治工程按四级航道标准实施,设计河底宽不小于 40 米、河口宽不小于 60 米、最小通航水深 2.5 米,湖区段航道底宽不小于 80 米、水面宽度不小于 150 米、航道弯曲半径不小于 330 米,跨河桥梁通航孔净宽不小于 45 米、净高不小于 7 米。

项目整治航道里程 22.56 千米,新建护岸 39.48 千米,维修护岸 750 米,开挖土方 310

万立方米,改建桥梁 4 座(梅堰桥、双阳桥、偃月桥、中心桥)。工程疏浚量 310 万立方米,总防护数量 40.23 千米。项目总投资 1.31 亿元,其中交通部水运建设资金 5643 万元,地方投资 7489 万元。

(2)项目建设实施情况

项目建设单位为苏州市航道管理处和长湖申线航道吴江段整治工程指挥部。设计单位为中交水运规划设计院、苏州市政设计院、无锡交通勘察设计院;施工单位为苏州大通工程建设集团公司、浙江宝业交通工程建设集团有限公司、江苏省交通工程平山机修厂等;监理单位为江苏交通工程咨询监理总公司、苏州路达交通工程咨询监理有限公司;质监单位为江苏省交通厅工程质量监督站。

2005 年 9 月,整治工程通过江苏省交通厅组织的交工验收。2005 年,江苏省发展和改革委员会以苏发改交能发〔2005〕436 号文批复长湖申线(江苏段)航道整治工程概算调整,核增 8953.35 万元。

(3)项目投产后的运营情况

长湖申线(江苏段)航道经过整治后,航道条件明显改善。由于对原航道进行了拓宽和裁弯取直,增加了航道的过水断面,改变了水流流势,整治后,水流平稳,流速比过去明显减小,船舶航行视线好,行船事故明显减少,同时航道防汛泄洪能力大大提高。整治的护岸设计合理、稳定性好,施工质量优良。航道全线建造了护岸,有效地防止了岸坡的坍塌和水土流失,减少了淤积,确保航道稳定,使航道的尺度保持四级通航标准。沿河建筑物统一规划、合理布置,整治中设置了一定数量的锚地、拆除了沿河的违章建筑物,改善船舶运行和停靠的秩序,为大吨位船舶和船队航行提供了良好的条件。

(四)航道的发展成就与经验启示

在 2008 年开始的长湖申线浙江段航道扩建工程的建设中,通过理念创新、技术创新和服务创新,贯彻生态、环保、节能、安全、畅通的目标,努力打造民心工程。

①精心设计,理念创新。随着内河航道建设的快速发展,传统工程设计理念已经不能完全适应新形势的需要。主要表现在:工程耐久性不够,后期维护量大,环保意识、安全意识、资源节约意识有待进一步加强。在长湖申线航道扩建工程的设计中,借鉴国内外成功经验,引入了一些创新建设的理念。坚持质量第一,树立全寿命周期成本的理念;坚持人与自然环境相和谐,树立尊重自然、保护环境的理念;坚持以人为本,树立安全至上的理念;坚持合理选用技术标准,树立设计创新的理念。通过理念创新来解决内河航道建设发展中的问题,通过理念创新来指导内河航道建设又好又快发展。

②科学施工,管理创新。随着社会经济的全面、协调、可持续发展,对航道建设过程也提出了越来越高的要求。在满足运输安全的前提下,如何把环境保护和资源节约要求融

入水运基础设施建设中,是航道建设追求的目标。按照"安全、高效、环保、节约、服务"的原则,在长湖申线航道扩建工程的建设中,组织专家和有关设计人员就项目建设进行多方论证,积极探索,依靠技术创新等手段,通过几年科学管理和精心施工,把航道建设成集运输、安全、生态、环保、防洪、人文于一体的优质工程。

③运营养护,服务创新。在运营养护期,通过发挥航道水上服务区功能和港航科技优势,不断提高航道服务水平,加强航道配套维护管理,大力推广绿色交通运输,狠抓船舶和水污染的治理,使航道成为真正体现经济、社会、生态等效益的样板航道。

十五、湖嘉申线

(一)河道自然特征

湖嘉申线位于太湖东南部平原水网地区,连接湖州、嘉兴、上海等城市,是浙北地区一条重要的东西向运输通道。湖嘉申线自湖州船闸西起,向南沿东苕溪,于吴沈门水闸折向东,在倪家溪处进入杭湖锡线,沿杭湖锡线向南,于和孚向东,经双林于日辉桥进入京杭运河;沿京杭运河北上,于石汇头入嘉乌线,东行经新桃线、嘉桃线、新桥港与乍嘉苏航道交汇后,向东新开挖1.5千米航道后入北官荡,北行接上嘉澄线,在嘉兴市秀城区油车港镇与红旗塘相连,终于红旗塘沪浙交界处。湖嘉申线全长90.6千米,作为一条新开辟的高等级航道,沿途和许多航道共线,主要有东苕溪、湖申复线、京杭运河、思旗线、杭申线等。

湖嘉申线位于太湖流域水网区,区内湖、漾、潭众多,河、港、汊纵横,地表水十分丰富。河道比降小,水流平缓;水位变幅小,历年最大水位变幅2.0米左右,水流流向往复变化;河道水源以降水径流为主,枯水季节可由太湖调节补充。湖嘉申线沿线水位站有长期观测资料,但人类活动频繁,多数测站资料系列的一致性受到较大影响。该区水域面积大,地表植被好,暴雨期由径流带入河道的泥沙很少,河流沿程冲淤变化甚微,河道断面稳定。但在局部水浅、河窄、无护岸河段,船行波对河岸有一定冲刷,岸坡破损、塌岸等会使少量泥沙落淤航槽。随着河道(航道)的全面治理,拓宽浚深和护岸后,将减少水流对河岸的冲刷,进入河道的泥沙会进一步减少。

(二)主要航道现状和建设情况

湖嘉申线航道位于经济发达、人口稠密、城市密集的江南水网地区,连接湖州、嘉兴、上海等城市,是沟通杭湖锡线、东宗线、京杭运河、乍嘉苏线、杭申线的主干线航道。其中湖州段起自湖州船闸西三岔口,沿东苕溪向南,从吴沈门往东经和孚、双林,终于练市镇日晖桥,全长43.17千米,已经达到内河限制性三级航道标准。湖州段现有桥梁

26座。

湖嘉申线航道嘉兴段一期工程起点为乍嘉苏航道口,终于杨树浜杭申线交界处,航道全长为14.76千米,可分为两段:乍嘉苏航道口至红旗塘口,长8.16千米,该段航道基本处于自然状态,除局部河段外,航道面宽在23~45米之间,航宽约10米,水深2.5米,沿线跨河桥梁6座。红旗塘口至杨树浜杭申线交界处,长6.6千米,该段航道面宽在90~120米之间,航宽约40米,水深达2.0~3.0米,沿线跨河桥梁4座。

一期工程按三级航道标准改造,于2008年开工建设,2015年完成交工验收。

湖嘉申线航道嘉兴段二期工程起于与京杭运河交汇的石汇头,终于乍嘉苏航道口,途经嘉兴市秀洲区新塍镇、王江泾镇,全长14.92千米。该航道基本达到六级航道标准,航道面宽在30~40米之间,航道水深约2.0米。该航道沿线共有跨河桥梁17座,除乍嘉苏高速公路桥、07省道桥已按三级航道通航标准外,其他大部分跨河桥梁,净跨小于12米,净高一般为2.0~3.0米。

(三)航道工程项目

1. 湖嘉申线湖州段航道建设工程

(1)项目概况

项目于2005年1月开工建设,2007年12月试运行,2009年12月竣工。

项目建设依据:2004年4月,浙江省发展和改革委员会《关于湖嘉申线湖州段航道建设工程可行性研究报告的复函》(浙发改函〔2004〕82号);2004年8月,浙江省发展和改革委员会《关于湖嘉申线湖州段航道建设工程初步设计的函》(浙发改设计〔2004〕231号)。

项目整治航道里程43.2千米,航道建设等级为三级,航道设计尺度为宽度70米、水深3.2米、最小弯曲半径480米。设计代表船型(船队)及尺度:船型为1000吨级货船,尺度80米×10.8米×2.0米;船队尺度160.0米×10.8米×2.0米。航道设计通航保证率98%。

项目新建桥梁19座、水闸1座,建设浙江省内河首个水上综合服务区(和孚水上服务区),同时设置航道标志、视频监控等设施及航道绿化等。项目总投资8.11亿元,建设资金由省、市共同筹措。

(2)项目建设实施情况

项目建设单位为湖州市港航管理局;设计单位为浙江省交通规划设计研究院;施工单位为四川路航建设工程有限公司、四川通程路桥建设有限公司、中港第二航务工程局;监理单位为武汉华通工程建设监理公司、江苏科兴工程建设监理公司;质监单位为浙江省交通运输厅工程质量监督局。

（3）科技创新成果及获奖情况

①桥梁整体顶升。屺风大桥是2002年建成投入使用的一座公路桥,航道按三级通航标准建设后,桥梁的通航净空无法满足航道要求,如果拆除重建,不仅浪费建设资金,而且负面影响也较大。根据屺风大桥结构形式,并参照国内桥梁顶升的成功经验,经论证,对桥梁成功实施顶升施工。经过4个月的施工,4000吨重的桥梁整体一次顶高2.5米,节约用地30亩,节省建设投资近千万元,缩短工期12个月,创造了良好的经济和社会效益。

②预制沉箱式生态型护岸。为克服传统浆砌块石硬性隔断地表水和地下水交换的问题,建设单位引入了亲水性、透水性强的预制混凝土沉箱式护岸形式。该护岸采取墙体箱内填土,强化护岸透水性,再造湿地环境,为水生动植物生长提供了较好条件。挡墙迎水面设计镂空花纹,增强护岸在视觉中的"软效果",既美观又便于水中小生物的吸附,有利于鱼虾的生存。同时,河岸堤坡采用椰丝毯护坡技术,在保证岸坡透水性、抗冲刷的同时,提高了沿线的防洪能力。

③新型劈离块修复护岸。为保护不可再生的石料资源,更好地防止水土流失,在修复护岸中使用了电炉渣等工业废料制作的混凝土劈离块新材料。该材料具有技术先进、质量可靠、可再生利用的特点,既大大降低了建设成本,又减少了对环境的二次破坏。

另外,以项目为依托的《内河桥梁整体顶升成套关键技术研究》《内河航道建设精品工程研究》等多项研究成果为部颁的《水运工程建设指南》提供了技术支撑。

2007年,项目可行性研究报告获交通部优秀水运工程咨询成果二等奖、全国优秀工程咨询成果三等奖;2010年,获交通运输部水运工程优秀设计一等奖;2013年被中国施工企业管理协会授予国家优质工程奖。

（4）项目投产后的运营情况

一是提高航运效益。湖嘉申线湖州段航道按三级通航标准改造完成后,使水深、面宽、桥下通航净空达到了等级航道相关标准,改善了船舶的航行条件,船舶通过能力大大提高,很大程度上缓解了长湖申线航道通过能力不足和大规模堵航现象。同时,全线信息化的建设完成,大大提高了航道管理部门的管理效率。

二是节能减排效益显著。湖嘉申线航道升级改造后,航道通过能力大大提高,为船舶大型化发展创造了条件,航道由过去的通航300吨级船舶提高到1000吨级。船舶更新换代,小吨位、高能耗、污染重、噪声大的钢质挂桨机船逐渐被安全、环保、经济、美观的标准化船舶取代。单船平均吨位提升,节能减排效益凸显,湖州航区普通货船每千吨公里油耗由2004年的9.2千克降至2014年的5.1千克,内河货运单位周转量节约柴油6.1万吨,节约标准煤8.9万吨,减少二氧化碳排放22.3万吨,低碳绿色水运成效明显。

三是降低航道养护成本。湖嘉申线航道建造中充分贯彻全寿命周期成本理念,通过设计创新、管理创新、服务创新融入生态理念,同时节约建设和养护成本。经计算,湖嘉申线湖州段航道每千米每年的养护成本(含护岸及绿化养护)约 3.4 万元,相比湖州市航区骨干航道每千米每年平均养护成本 4.8 万元,有效节省了近 30% 的养护投入。

四是保护沿线生态环境。湖嘉申线湖州段航道改造完成后,标准化的防洪堤和绿化,美化环境,提高沿岸农田水利防洪、灌溉、泄洪和抗旱能力,防止水土流失。

五是加快沿线经济带形成。湖嘉申线湖州段航道建成通航后,沿线乡镇企业特别是本地地板业、纺织业、不锈钢企业逐步规划和实施大宗运输方式的转变,为航道沿线地区的经济发展带来更多新的契机和经济增长点。

六是促进沿线旅游资源开发。航道沿线风景优美,古迹众多,旅游资源丰富,如钱山漾遗址、洪城遗址、南苕胜景、千年古村落、双林姐妹桥等。

七是助推新农村建设。航道沿线乡镇群众工作、生活和交通条件得到改善,加快了新农村建设的步伐。航道弃土综合利用,开挖土方为农田复耕、沿线村民安置等提供了大量用土,社会效益显著。

2. 湖嘉申线嘉兴段航道改造一期工程

(1)项目概况

项目于 2008 年 12 月开工建设,2015 年 11 月试运行。

项目建设依据:2007 年 2 月,浙江省发展和改革委员会批复《湖嘉申线嘉兴段一期工程可行性研究报告》(浙发改函〔2007〕22 号);2007 年 10 月,浙江省发展和改革委员会批复《湖嘉申线嘉兴段一期工程初步设计》(浙发改设〔2007〕128 号);2006 年 10 月,浙江省环境保护局批复《湖嘉申线嘉兴段航道改造一期工程环境影响报告书》(浙环建〔2006〕70 号);2007 年 1 月,浙江省国土资源厅《湖嘉申线嘉兴段航道改造一期工程用地预审》(浙土资预〔2007〕007 号)。

项目整治航道里程 14.78 千米,航道建设等级为三级。航道设计尺度为底宽不小于45 米、面宽不小于 70 米、水深 3.2 米、最小弯曲半径 480 米。设计代表船型为 1000 吨级驳船,尺度 55 米 ×10.8 米 ×2.4 米;船队一列式拖带 368 千瓦 +4 ×1000 吨,尺度 32 米 ×7.2 米 ×2 米。航道设计通航保证率 95%。

项目开挖土方 264.74 万立方米,护岸长度 14.96 千米。项目按三级航道标准拆除新建桥梁 11 座,配套工程包括 9 个水闸、2 个服务区、助航安全设施、环保绿化工程等。项目总投资 6.49 亿元,国家和省市补助资金 5.49 亿元,嘉兴市人民政府筹措配套资金 1亿元。

(2)项目建设实施情况

项目建设单位为嘉兴港航建设开发有限责任公司;设计单位为浙江省交通规划设计研究院;施工单位为江苏省镇江市路桥工程总公司、浙江中威交通建设有限公司、浙江省第一水电建设集团公司等;监理单位为浙江公路水运工程监理有限公司;质监单位为浙江省交通建设工程监督管理局、嘉兴市交通工程质量安全监督站。

(四)航道的发展成就与经验启示

湖嘉申线是浙北地区一条东西走向的重要航道,该航道建成后,湖州、嘉兴、上海三个经济发达地区间又增加了一条水运大通道,能够满足今后相当长时期内日益增长的货运量运输需求,从根本上解决了堵航问题,对发展内河集装箱运输创造了条件,改善了投资环境,为临河产业带的发展、制造业基地的建设、现有产业规模的扩大奠定了运输基础。同时,该航道建设结合水利工程,对沿线的防洪排涝起到积极的作用,能够使沿线两岸的自然环境、生态、水土得到更好的保护,提升环境资源的价值。因此,湖嘉申线航道的建设对促进区域经济的可持续发展具有重要的现实意义。

该项目旨在坚持以人为本、注重科学发展、保护生态环境等方面做了有益的尝试和探索,在生态护岸建设、护岸新材料及桥梁顶升技术应用和人文景观保护等方面有所创新,并有效控制了建设成本,工程质量全优,投产后经济、社会和生态效益显著。项目概括起来主要有以下六个特点:

一是坚持柔性化设计,融入自然景观。在规划设计过程中,综合考虑畅通安全、资源节约、环境友好、可持续发展的理念,深入调查沿线的城镇规划、新农村建设、生态环境等周边情况,认真研究航道线位、护岸形式、桥梁接线等因素,多方案论证比选,选择最优方案。在满足航运要求的前提下,尽可能利用现有航道,减少土地征用和房屋拆迁。

二是建设生态型护岸,保护生态环境。为克服传统浆砌块石硬性隔断地表水和地下水交换的问题,在湖嘉申线航道建设中引入了亲水性、透水性强的预制混凝土沉箱式护岸形式。该护岸采取墙体箱内填土,强化护岸透水性,为水生动植物生长提供了较好条件。该护岸形式河岸堤坡采用椰丝毯护坡技术,在保证岸坡透水性、抗冲刷的同时,提高了航道沿线的防洪能力,椰丝毯可自然分解,属环境友好型材料斜坡。墙体采用了预制混凝土沉箱式护岸形式,预制箱体两面透水孔,可实现墙前后水体交换。同时,在斜坡护面型护岸结构中还引入了预制混凝土联锁块铺面,既能方便快速安装,又能在缝隙处植草,防止水土流失,保护生态、美化环境。

三是推广运用新技术,努力节约资源。2003年建成的屺风大桥,净宽满足要求,净高达不到三级通航标准,如拆除重建需再投资2000万元,同时还要征用大量的土地,造成建了拆、拆了建的社会负面影响。经过反复论证,在桥梁改造中采用了整体顶升这项新技术。经过4个月的施工,成功将4000吨重的桥梁整体顶升了2.5米,整个顶升过程高程偏差控制在20毫米内,顶升后该桥梁已正常投入运行,状况良好。在屺风大桥建设中成功运用该项技术,相比拆桥重建方案,节省建设投资近千万元,节约建设用地30亩,缩短工期12个月,创造了良好的经济和社会效益。

四是保护文物遗产,传承历史文明。项目在航道定线时统筹兼顾征迁、水保、环保、文保,结合新农村建设,通过绕道的方案保护了双林市河段 3 座省级文物保护的清代石拱桥。同时对在航道建设中线路避不开又毁损严重的文物桥梁五谷塘桥,进行异地重建,使文物景观得以重塑。

五是注重人文景观,提升文化品位。湖州是一座文化底蕴深厚、人文景观独特的城市,素有"鱼米之乡、丝绸之府、文化之邦"的美称。在湖嘉申线改造中,十分注重文化的再造、历史的传承。精选重点航段塑造沿河景观,突出地域特色和文化内涵,着重展示江南水乡风光。精选重点桥梁,采用传统石雕图案、灯光、涂装等方法对桥体进行装饰,与从结构上采用新颖美观的桥型相比,同样能够达到很好的效果,又能节约大量投资。通过以水造景,把绿化、景观、美化融入航道建设中,努力营造"船在水上行、人在画中游"的舒适美观的通航环境。

六是坚持以人为本,强化服务理念。坚持航道建设以人为本、注重服务至上的理念,在服务与方便广大船员等方面进行了仔细周全的考虑。投资近 2000 万元,在和孚建设了浙江省内河首个水上综合服务区,设置了供水、供油、维修保养、小超市、生活污水和油污水处理站及医务室等一系列服务设施,沿线还设置了系缆桩、应急锚泊区、电子可变告示牌、垃圾集中回收点,满足广大船员生产生活供给、停泊休息等服务。

十六、黄浦江上游(分水龙王庙—大涨泾河口)航道

(一)河道自然特征

黄浦江上游(分水龙王庙—大涨泾河口)航道是上海市"一环十射"干线航道规划网"一环"中的重要航段,是苏申外港线、长湖申线、杭申线、平申线连接上海内河航道网的咽喉航段。黄浦江上游(分水龙王庙—大涨泾河口)航道弯道、分岔口、支流航道交汇口众多,航道复杂,尤其是位于横潦泾、竖潦泾和大泖港(平申线)分岔口的三里湾弯道,弯曲半径不足 300 米,不满足三级航道的通航要求。

黄浦江上游(分水龙王庙—大涨泾河口)航道为开敞航道,无拦河闸坝设施。航道属于平原河网地区的感潮河段,受潮汐影响,河段呈非正规半日潮型,周期规律明显。航道工程区段内植被好,降雨对地表冲刷较弱,现状两岸有直立式防汛墙,航道两岸水土得以保持,泥沙回淤来源少。航道泥沙主要由涨潮流从长江口以悬沙的形式带入,洪季更甚。

(二)主要航道现状和建设情况

航道等级为三级,无拦河建筑物。根据 2017 年检测资料,黄浦江上游现有 7 座跨航道桥梁。通航净空高度均满足三级航道 7 米的要求。最低的跨航道桥梁是 G1501 高速公

路桥(同三公路大桥),高水位通航净空高度 8.75 米。

2010 年 3 月,为改善黄浦江上游通航环境,经上海市发展和改革委员会批复同意,实施黄浦江上游(分水龙王庙—大涨泾河口)航道整治工程。根据建设方案,工程建设内容包括对三里湾弯道按三级航道标准进行裁凸角整治,修建弯道护岸,对同三国道跨横潦泾大桥按三级航道通航净高要求进行顶升改造,配套设置航标、交通安全标牌等助航设施。2010 年 7 月,整治工程启动建设,经参建各方的共同努力,2011 年 12 月,整治工程基本完工并投入试运行,2016 年 12 月通过竣工验收。

(三)航道工程项目

黄浦江上游(分水龙王庙—大涨泾河口)航道整治工程

(1)项目概况

项目于 2010 年 7 月开工建设,2011 年 12 月试运行,2016 年 12 月竣工。

项目建设依据:2008 年 4 月,上海市发展和改革委员会以沪发改城〔2008〕131 号文批复项目建议书;2010 年 3 月,上海市发展和改革委员会以沪发改投资〔2010〕29 号文批复工程可行性研究报告;2010 年 7 月,上海市城乡建设和交通委员会以沪建交〔2010〕612 号文批复工程初步设计;2009 年 6 月,上海市环境保护局以沪环保许管〔2009〕539 号文对工程环境影响报告书完成审批。

项目整治航道里程 8.68 千米,航道建设等级为三级,航道设计尺度为宽度 158 米、水深 4 米、最小弯曲半径 500 米。设计代表船型为 1000 吨级集装箱船。项目对同三国道跨横潦泾大桥按三级航道通航净高要求进行顶升改造。顶升后高水位通航净空高度达到 8.75 米。对三里湾弯道按三级航道标准进行裁凸角整治,新建护岸 445 米。本工程开挖、疏浚工程量主要集中于三里湾弯道裁凸角处,达 38.67 万平方米,其余航段没有疏浚量。在主要航道交汇处、过河渡口处上下游、三里湾弯道和毛竹港弯道前方、同三国道跨横潦泾大桥等处设置指路牌、鸣笛标、警示标志等。工程中设置了内河交通安全标志 42 块、桥梁警示标志 1 套。项目总投资 1.64 亿元,其中交通运输部水运建设资金 4420 万元,地方投资 6955 万元,业主自有资金 5057 万元。

(2)项目建设实施情况

项目建设单位为上海城投航道建设有限公司;设计单位中,中交上海航道勘察设计研究院有限公司、上海地矿工程勘察有限公司负责航道勘察设计,上海城建(集团)公司及上海市城市建设设计研究院负责桥梁施工设计;施工单位为中交上海航道局有限公司主要负责航道施工,上海城建(集团)公司负责桥梁施工;监理单位为上海同济工程项目管理咨询有限公司负责航道施工监理,上海市市政工程管理咨询有限公司负责桥梁施工监理。

（3）科技创新成果及获奖情况

在桥梁顶升实施过程中运用技术创新，桥梁顶升技术多应用于简支结构和中小桥梁，特大跨径连续梁的顶升仍面临较大困难和未知风险。而本工程横潦泾大桥顶升项目(主跨125米)首次以跨径超百米、总重超万吨的体量和规模创造了桥梁顶升领域的两项世界纪录，诸多专项技术填补了行业空白，取得重大突破，为桥梁顶升改造工程领域提供了实用性强、经济性突出的参考和支持。项目获授权专利21项、申请发明专利6项；获国家二级工法1项、上海市市级工法1项；获得全国优秀设计二等奖、上海市科技进步一等奖、上海市公路学会科学技术一等奖；依托的背景工程获得建设部科技示范工程称号、全国市政金杯示范工程、中国土木工程詹天佑奖。

（4）项目投产后的运营情况

本工程的实施，提升了航道通过能力，1000吨级设计船舶已经由该航道顺利通行。据统计，该航道昼夜年通过船舶数量基本维持在3000艘次左右。工程实施后，提高了大型船舶的通航吨级，改善了通航条件，交通安全标志牌等助航设施设置对通航船舶的安全运行起到了积极的引导作用。根据不完全统计，分水龙王庙段航道和三里湾航段，整治前船舶搁浅碰撞事故频发，2011年前发生搁浅碰撞事故就达50余起，本项目实施后，运输船舶安全事故明显下降。

十七、赵家沟航道

（一）河道自然特征

赵家沟航道位于上海市浦东新区东北部，分为赵家沟航段(浦东运河至黄浦江段)和顾路航段2个部分，全长9.28千米，是黄浦江下游的一条重要支流，与浦东运河、大治河一起构成上海"一环十射"干线航道框架的"东半环"。

赵家沟航道东沟船闸外航道属感潮河段，其水位受航道上游径流和黄浦江潮汐双重影响。黄浦江潮型呈非正规半日潮，潮流界在米市渡以上。闸内航道水位由人为调节控制。

赵家沟东沟船闸区域为船闸引航道段，由于船闸通航的需求该段将维持设计底高程为-3.70米，为人工维护航段。开闸时，航道流速会明显增加，有可能对航道产生一定的冲刷作用；闭闸时，从黄浦江航道或河道进入本工程航段水体的泥沙，会有落淤现象。航道闸内段两岸新建护岸，航道总体形态基本不会改变。且航道所在区域植被好，降雨对地表冲刷较弱，进入航道的泥沙来源少。航道已经过浚深，全线新建护岸，其河床断面稳定性好，也可有效控制进入航道的泥沙量。

(二)主要航道现状和建设情况

已按照三级通航标准疏浚拓宽全线航道,新建护岸、防汛通道和支流桥涵;按 1000 吨级规模改建了东沟船闸;新(改)建跨航道桥梁 8 座(含管线桥 1 座),同期建设了停泊区(包括服务区)、港航管理和助航设施。

赵家沟航道整治工程于 2005 年 12 月开工建设,受动拆迁交地进度影响,建设进度有所滞后。2011 年底(东沟船闸)闸内段航道建设基本完成,建成东沟船闸和 6 座跨航道桥梁,工程进入收尾阶段。2016 年底,工程基本完工。

(三)航道工程项目

赵家沟航道整治工程

(1)项目概况

项目于 2005 年 12 月开工建设,2016 年 12 月竣工。

项目建设依据:2001 年 6 月,上海市发展计划委员会以沪计城〔2001〕252 号文批复项目建议书;2005 年 11 月,上海市发展和改革委员会以沪发改投〔2005〕219 号文批复工程可行性研究报告;2008 年 10 月,上海市发展和改革委员会以沪发改投〔2008〕190 号文批复调整工程建设内容和投资;2006 年 8 月,上海市城乡建设和交通委员会以沪建交〔2006〕550 号文批复工程初步设计;2006 年 11 月,上海市环境保护局以沪环保许管〔2006〕1472 号文对工程环境影响报告书完成审批;2007 年 8 月,上海市人民政府以沪府土〔2007〕300 号文批准赵家沟航道整治工程航道段办理农转用、征收土地和项目工地方案。

项目整治航道里程 9.28 千米,航道建设等级为三级,航道设计尺度为宽度 40 米、水深 4.5 米、最小弯曲半径 600 米。设计代表船型为 1000 吨级货船。主要建设内容包括沿线航道浚深拓宽,疏浚、开挖土方约 433 万立方米。新(改)建桥梁 8 座(含管线),净空高度不小于 7 米、净宽 60 米。新建护岸及防汛通道,改(扩)建东沟船闸,设 2 处停泊区及相应港航管理、生活服务设施,归并、改建现有码头。全段航道共设置航标 89 座。项目总投资 29.16 亿元,包括中央投资 4.62 亿元,地方投资 19.57 亿元,业主自有资金 1.47 亿元,地方债券 3500 万元。

(2)项目建设实施情况

项目建设单位为上海城投航道建设有限公司;主要施工单位有上海港务工程公司、舟山市海军华东工程建设局、广东金东海集团有限公司、中港第三航务工程局、天津振津工程集团有限公司、中铁十八局集团有限公司、腾达建设集团股份有限公司、上海建工桥隧筑港工程有限公司、上海建工(集团)总公司、上海市第四建筑有限公司、上海三航奔腾建设工程有限公司、上海市机械设备成套(集团)有限公司、上海植物园绿化工程有限公司等;主要监理单位有上海宏波工程咨询管理有限公司、上海东华工程咨询公司、上海远东水运工程建设监理咨询公司、上海东华建设监理所、上海市市政工程管理咨询有限公司、上海市静安建设工程监理有限公司、上海市工程设备监理有限公司、上海园鼎园林建设监理有限公司等。

十八、大芦线航道

(一)河道自然特征

大芦线航道位于上海市东南部,起于黄浦江,止于芦潮港内河集装箱港区,是上海市"一环十射"规划干线航道之一,属于长江三角洲地区高等级航道网的主要组成部分,是沟通洋山深水港区和相邻省区的重要国家级集装箱运输主通道。

大芦线航道临港新城段起于大治河,途经渤马河、新开挖团芦港和五尺沟,止于芦潮港内河集装箱港区,全长16.31千米。该航段属于闸控河段,受潮汐影响不明显,通过西部大治河船闸和东侧节制闸人为运行控制水位。航段内水流平缓、流态平稳,河床能保持稳定,地表径流挟带的泥沙会在航道内形成一定量的淤积。

大芦线大治河段从浦星公路桥以西180米到大治河东闸,长36.1千米,是上海水利分片浦东片中部的一条引排河道,贯通上海市闵行区和浦东新区,西端连接黄浦江,东端沟通东海,主要承担着本地区的引水、排涝和航运任务。河段属于闸控河段,受潮汐影响较小,通过大治河船闸带入本航段的泥沙量较少。航段内水位由人为运行控制,水流平缓、流态平稳,无明显的泥沙随水流移动、搬运现象,河床能保持稳定,航槽内淤积量总体来说较小,仅航道边缘由于岸坡坍塌,存在一定的泥沙淤积现象。

(二)主要航道现状和建设情况

大芦线航道一期(临港新城段)航道等级为三级,现有16座跨航道桥梁。通航净空高度较低的是东大公路老桥和施工钢便桥,其高水位通航净空高度仅为3.3米和2.5米。受施工钢便桥高度限制,航道无法贯通。大芦线航道整治一期(临港新城段)工程于2006年5月开工建设,除东大公路老桥和施工钢便桥未拆除外,其余已基本建设完成。

大芦线二期(大治河段)按三级通航标准进行建设,其中,航道整治工程分为闵行浦江段、航头新场段、宣桥段、大团惠南段和老港书院段5个航段。2013—2015年,5个航段相继开展实施航道整治工程;跨航道桥梁改建工程共涉及桥梁27座,其中4座满足通航要求无需改建,1座已拆除,实际拟改建桥梁22座。

(三)航道工程项目

1.大芦线航道整治一期工程(临港新城段)

(1)项目概况

项目于 2006 年 5 月开工建设,2014 年 12 月竣工。

项目建设依据:2004 年 8 月,上海市发展和改革委员会以沪发改城〔2004〕257 号文批复项目建议书;2005 年 11 月,上海市发展和改革委员会以沪发改投〔2005〕220 号文批复工程可行性研究报告;2006 年 10 月,上海市城乡建设和交通委员会以沪建交〔2006〕705 号批复工程初步设计;2009 年 12 月,上海市城乡建设和交通委员会以沪建交〔2009〕1646 号批复服务区、监督站及六个市域检查站工程初步设计;2006 年 11 月,上海市环境保护局以沪环保许管〔2006〕1470 号对工程环境影响报告书完成了审批;2008 年 2 月,国土资源部以国土资函〔2008〕82 号文批复大芦线航道整治一期工程(临港新城段)建设用地,同年 4 月上海市人民政府以沪府土〔2008〕227 号文批转国土资源部同意大芦线航道整治一期工程(临港新城段)建设用地。

项目整治航道里程 16.31 千米,航道建设等级为三级,航道设计尺度为宽度 45 米、水深 5 米、最小弯曲半径 1900 米。设计代表船型为 1000 吨级集装箱船。主要建设内容包括沿线航道浚深拓宽,疏浚、开挖土方约 1198 万立方米,新建桥梁 11 座,建设护岸及防汛通道 32.5 千米,新建 1 处停泊区和相应服务设施,设置港航管理及配套设施;建设泐马河公共服务区和监督站,以及 6 个省际检查站。项目总投资 41.05 亿元,其中交通运输部水运建设资金 3.86 亿元,地方投资 31.08 亿元,业主自有资金 6.1 亿元。

(2)项目建设实施情况

项目建设单位为上海城投航道建设有限公司;施工单位为浙江省第一水电建设有限公司、天津航道局、广西海河水利建设有限责任公司等;监理单位为上海源深工程建设监理有限公司、上海海科工程监理所、上海东华工程咨询公司等。

(3)科技创新成果及获奖情况

本工程在桥梁顶升实施过程中运用技术创新。桥梁顶升技术多应用于简支结构和中小桥梁,特大跨径连续梁的顶升仍面临较大困难和未知风险。而本工程横潦泾大桥顶升项目(主跨 125 米),首次跨径超百米、总重超万吨,体量和规模创造了桥梁顶升领域的两项世界纪录,诸多专项技术填补了行业空白,取得重大突破,为桥梁顶升改造工程领域提供了实用性强、经济性突出的参考和支持。项目获授权专利 21 项、申请发明专利 6 项;获国家二级工法 1 项、上海市市级工法 1 项;获得全国优秀设计二等奖、上海市科技进步一等奖、上海市公路学会科学技术一等奖;依托的背景工程获得建设部科技示范工程称号、全国市政金杯示范工程、中国土木工程詹天佑奖。

2.大芦线航道整治二期工程(闵行浦江段)

(1)项目概况

项目于 2013 年 11 月开工建设。

项目建设依据:2008 年 3 月,上海市发展和改革委员会以沪发改城〔2008〕103 号文批复大芦线航道整治二期工程(大治河段)项目建议书;2012 年 10 月,上海市发展和改革委员会以沪发改投〔2012〕206 号文批复工程可行性研究报告;2013 年 5 月,上海市城乡建设和交通委员会以沪建交〔2013〕541 号文批复工程初步设计;2010 年 5 月,上海市环境保护局对大芦线航道整治二期工程(大治河段)项目环境影响报告表完成审批。

项目整治航道里程 5.69 千米,航道建设等级为三级,航道设计尺度为宽度 64 米、水深 4 米,设计代表船型为 30TEU、60TEU、75TEU、90TEU 集装箱自航驳船,500 吨、1000 吨级机动驳船,500 吨、1000 吨级机动驳船顶推。项目新建浦星公路桥、恒南路桥、三鲁公路桥、新汇路桥、湖北码头桥,拆除既有浦星公路桥、三鲁公路桥、召泰路桥和湖北码头桥,疏浚土方共计 84 万立方米。项目总投资 30.61 亿元,其中交通运输部水运建设资金 4.99 亿元,地方投资 25.62 亿元。

(2)项目建设实施情况

项目建设单位为上海城投航道建设有限公司。施工单位:中交第三航务工程局有限公司负责航道 1 标段工程,上海航道工程总承包有限责任公司负责航道 2 标段工程,上海建工集团股份有限公司负责浦星公路桥工程,上海市政建设有限公司负责恒南路桥工程,上海公路桥梁(集团)有限公司负责新汇路桥工程,中铁上海工程局集团有限公司负责湖北码头桥工程。监理单位:上海宏波工程咨询管理有限公司负责航道 1 标段工程,上海海科工程咨询有限公司负责航道 2 标段工程,上海浦桥工程建设管理有限公司负责浦星公路桥工程和恒南路桥工程,上海华铁工程咨询有限公司负责新汇路桥工程,上海富达工程管理咨询有限公司负责湖北码头桥工程。

3.大芦线航道整治二期工程(航头新场段)

(1)项目概况

项目于 2013 年 11 月开工建设。二期工程一次批复。

项目整治航道里程 8.97 千米,航道建设等级为三级,航道设计尺度为宽度 64 米、水深 4 米。设计代表船型为 30TEU、60TEU、75TEU、90TEU 集装箱自航驳船,500 吨、1000 吨级机动驳船,500 吨、1000 吨级机动驳船顶推。航道设计通航保证率98%。

主要建设内容包括航道疏浚、新建护岸和靠船墙、整治沿线码头,以及同步实施防汛通道(包括道路、支流桥、绿化)、设置交通标志等;原位拆建航塘公路桥、新奉公路桥、航南公路桥、航都路桥、杨辉路桥及有关辅道、雨水排水管道等。疏浚土方共计 165 万立方米。项目总投资 21.18 亿元,其中交通运输部水运建设资金 4.77 亿元,地方投资 16.42 亿元。

（2）项目建设实施情况

项目建设单位为上海城投航道建设有限公司。施工单位:长江南京航道工程局负责航道工程 1 标段,中国水电建设集团港航建设有限公司负责航道工程 2 标段,中海工程建设总局负责航道工程 3 标段,上海市浦东新区建设(集团)有限公司负责航南公路桥工程,上海市政建设有限公司负责航塘公路桥工程,腾达建设集团股份有限公司负责航都路桥工程,上海公成建设发展有限公司负责杨辉路桥工程。监理单位:上海海达工程建设咨询有限公司负责航道工程 1 标段,上海东华工程咨询公司负责航道工程 2 标段,上海东华建设管理有限公司负责航道工程 3 标段,上海华城工程建设管理有限公司负责航南公路桥工程,上海城建工程建设监理有限公司负责航塘公路桥工程,上海上咨建设工程咨询有限公司负责航都路桥工程,上海市市政工程管理咨询有限公司负责杨辉路桥工程。

4. 大芦线航道整治二期工程(宣桥段)

（1）项目概况

项目于 2014 年 9 月开工建设。二期工程一次批复。

项目整治航道里程 5.7 千米,航道建设等级为三级,航道设计尺度为宽度 64 米、水深 4 米。设计代表船型为 30TEU、60TEU、75TEU、90TEU 集装箱自航驳船,500 吨、1000 吨级机动驳船,500 吨、1000 吨级机动驳船顶推。航道设计通航保证率 98%。

工程按三级通航标准整治航道 5.7 千米。主要建设内容包括航道疏浚,新建护岸、船舶停泊服务区(包括靠船停泊码头、加油加水站、综合服务楼及辅助设施)和港航监督站(包括靠船停泊码头、管理用房及辅助设施),整治沿线码头,设置水上交通标志,以及同步实施防汛通道(包括道路、支流桥、绿化)、设置交通标志等;拆除长春桥并按规划新建南叶公路桥,原位拆建南芦公路桥,新建相关桥梁的辅道、雨水排水管道等,设置 S2 跨大治河桥防撞设施。疏浚土方共计 165 万立方米。项目总投资 15.87 亿元,其中中央投资 4.4 亿元,地方投资 11.47 亿元。

（2）项目建设实施情况

项目建设单位为上海城投航道建设有限公司。施工单位:中建港务建设有限公司负责航道 1 标段工程,中交三航局第二工程有限公司负责航道 2 标段工程,上海交通建设总承包有限公司负责航道 3 标段工程,上海城建市政(集团)有限公司负责南叶公路桥、S2防撞工程,上海公路桥梁(集团)有限公司负责南芦公路桥工程,上海盛鑫建设工程有限公司负责服务区、监督站、加油加水站工程。监理单位:上海振南工程咨询监理有限责任公司负责航道 1 标段工程,上海海科工程咨询有限公司负责航道 2、3 标段工程,上海斯美科汇建设工程咨询有限公司负责南叶公路桥、S2 防撞工程,上海市市政工程管理咨询有限公司负责南芦公路桥工程,上海同济工程项目管理咨询有限公司负责服务区、监督站、加油加水站工程。

5.大芦线航道整治二期工程(大团惠南段)

(1)项目概况

项目于2015年1月开工建设。二期工程一次批复。

项目整治航道里程9.21千米,航道建设等级为三级,航道设计尺度为宽度64米、水深4米。设计代表船型为30TEU、60TEU、75TEU、90TEU集装箱自航驳船,500吨、1000吨级机动驳船,500吨、1000吨级机动驳船顶推。航道设计通航保证率98%。

主要建设内容包括航道疏浚拓宽、新建护岸、码头加固、水上交通标志设置,以及同步实施防汛通道(包括道路、支流桥、绿化);拆除徐家桥,新建西乐路桥,拆建川南奉公路桥、二团桥、兴隆桥,新建相关桥梁的辅道、雨水排水管道等,设置G1501跨大治河桥防撞设施。疏浚土方共计124万立方米。项目总投资20.41亿元,其中交通运输部水运建设资金3.56亿元,地方投资15.1亿元,业主自有资金1.75亿元。

(2)项目建设实施情况

项目建设单位为上海城投航道建设有限公司。施工单位:中交第四航务工程局有限公司负责航道1标段工程,中交一航局第一工程有限公司负责航道2标段工程,中交天津航道局有限公司负责航道3标段工程,上海建工四建(集团)有限公司负责西乐路桥工程,上海奉贤建设发展(集团)有限公司负责二团桥工程,宏润建设集团股份有限公司负责兴隆桥工程。监理单位:上海海达工程咨询管理有限公司负责航道1、2标段工程,上海振南工程咨询监理有限责任公司负责航道3标段工程,上海华城工程建设管理有限公司负责西乐路桥工程,上海浦桥工程建设管理有限公司负责二团桥工程,上海同济工程项目管理咨询有限公司负责兴隆桥工程。

6.大芦线航道整治二期工程(老港书院段)

(1)项目概况

项目于2015年7月开工建设。一、二期工程同时间得到批复。

项目整治航道里程6.55千米,航道建设等级为三级,航道设计尺度为宽度64米、水深4米。设计代表船型为30TEU、60TEU、75TEU、90TEU集装箱自航驳船,500吨、1000吨级机动驳船,500吨、1000吨级机动驳船顶推。航道设计通航保证率98%。

主要建设内容包括航道疏浚、新建护岸、整治沿线码头,以及同步实施防汛通道(包括道路、支流桥、绿化);拆除唐港桥并按规划新建老泥公路桥,原位拆除并按规划新建沈港桥、老芦公路桥、南滨公路桥,新建相关桥梁的辅道、雨水排水管道等。项目总投资14.83亿元,其中交通运输部水运建设资金2.93亿元,地方投资11.9亿元。

（2）项目建设实施情况

项目建设单位为上海城投航道建设有限公司。施工单位：上海航道工程总承包有限责任公司负责航道 1 标段工程,中交三航局第二工程有限公司负责航道 2 标段工程,中铁十二局集团有限公司负责老泥公路桥工程,上海浦东路桥建设股份有限公司负责沈港桥工程,上海市浦东新区建设(集团)有限公司负责南滨公路桥工程。监理单位：上海海科工程咨询有限公司负责航道 1、2 标段工程,上海市合流工程监理有限公司负责老泥公路桥工程,上海天佑工程咨询有限公司负责沈港桥工程,上海三凯建设管理咨询有限公司负责南滨公路桥工。

（四）航道的发展成就与经验启示

大治河是当地居民生活用水、农业灌溉、工业生产用水的重要水源,是重要的水上运输通道,对当地社会及经济的发展意义重大。大芦线一期航道由于建设周期较长,尚未全线贯通,航道回淤严重。同时,芦潮港内河集装箱港区建设滞后,港航建设不同步,遗留的施工钢便桥未拆除,船舶不能直达芦潮港内河集装箱港区。且港区仅完成前沿码头岸线的建设,陆域仅作为堆场和仓储使用。大芦线一期航道无法发挥内河水运优势,大芦线二期(大治河段)工程建成后,将承担着繁重的航运任务,船只通过大治河西闸出入。上海浦西 70% 的生活垃圾也要经过大治河运往老港填埋场。航道整治功能定位为防洪除涝、引清调水、内河航运等多重功能。

十九、杭申线

（一）河道自然特征

杭申线浙江段航道起自杭州三堡船闸,止于红旗塘上海市和浙江省省界,全长 141 千米,是长江三角洲两个中心城市上海与杭州之间的水上主通道。

杭申线杭州段自杭州三堡船闸起途经塘栖五杭、博陆等镇,至博陆桐乡交界,全长 48.8 千米,其中杭州三堡船闸至塘栖 34.94 千米与京杭运河重复。杭申线嘉兴段南起杭州余杭的博陆,途经崇福、石门、嘉兴城区、西塘等城镇,至嘉善红旗塘上海市和浙江省省界,全长 92.14 千米。杭申线浙江段航道位于杭嘉湖平原,河流成网地势平坦,由西向东和东南倾斜,呈滨海地貌,沿航线地面高程 4.5 米左右,属河网地区河流,其特点是比降小,水位变化平缓,泄洪缓慢、易淤积,河床土质主要为淤泥质亚黏土,汛期易受洪涝灾害。杭申线与区域内的京杭运河、长湖申线、乍嘉苏线及杭湖锡线、钱塘江等互相贯通,共同构成浙北航道网,承担了杭嘉湖地区建材和非金属矿材等大宗货物运出和煤炭、油品等货物运入的繁重任务,年运量近4000万吨,相当于沪杭单线铁路的运量,在浙江省综合运输体系中占有不可替代的位置。

杭申线上海段起自上海市和浙江省省界,横穿青浦、松江二区,至分水龙王庙,自西而东由大蒸港、园泄泾两个航段组成,全长17.24千米。杭申线(上海段)是上海市"一环十射"干线航道蓝线规划中的一个重要航段。杭申线(上海段)属于平原河网地区,无拦河闸坝,受潮汐影响明显,为黄浦江上游支流,区域内植被良好,降雨对地表冲刷较弱,河道两岸均由挡墙保护,河势稳定,河床冲淤变化较小,下泄径流含沙量很小。

(二)主要航道现状和建设情况

杭申线航道大部分为京杭古运河,始建于春秋末期,距今已有2400多年历史,对我国历代的政治、经济、文化产生过巨大的影响。疏浚整治运河,虽说从古至今没有停止过,但由于历史条件的限制,至20世纪90年代初,杭申线大部分航段仍处于自然状况,桥梁低矮,航道淤浅,航道等级低、通过能力小,特别是多处"瓶颈"航段严重制约了水运的发展。

1993年初,嘉兴航区内频繁发生大规模堵航事故。为了缓解杭嘉湖内河主干线航道航运紧张状况,浙江省人民政府发出了《关于保障杭嘉湖地区干线航运安全畅通的通知》,提出要积极采取措施,加快干线航道特别是"瓶颈"航段的改造。浙江省交通厅、省港航管理局决定先期对杭申线嘉兴段几个突出的"瓶颈"航段实施改造。1994年,桐乡延寿桥航段、东双桥航段、嘉兴秀洲区陡门航段按五级标准进行了改造。在改造"瓶颈"航段的基础上,浙江省委、省政府本着"水陆并举、宜水则水,宜陆则陆"的原则,决定在不断加强浙江省公路建设的同时,加快内河航运整治步伐,逐步构筑起浙江省公路主骨架、水运主通道、港站主枢纽的综合运输体系。浙江省计经委批复同意杭申线全线按五级航道标准改造。其后,完成了五级航道施工图设计、有关招投标、征地拆迁等前期工作。1995年10月,全国首次内河航运建设工作会议召开。根据会议精神,交通部决定对杭申线浙江段的规划进行调整,将航道改造标准从五级提高到四级。该项目被列为浙江省重点建设工程,也是浙江省首次利用世界银行贷款进行建设的内河航道项目,至2002年6月全部工程完工。

2000年杭申线杭州段与嘉兴段一同按四级航道建设标准进行了航道改造,后又按照四级航道建设标准单独进行了杭申线塘栖市河改线工程及杭申线杭州段护岸完善工程。杭申线杭州段与京杭运河杭州段重复的塘栖市河有座石拱桥——碧天广济桥,属于省级文物保护单位。为了保护文物并改善航运条件,1998年,对塘栖市河进行了改线,工程完成改线长3.64千米(其属于杭申线的长度为1.24千米,属于京杭运河的长度为2.4千米)。1999年,杭申线杭州段航道全线达到四级航道标准。但沿线护岸绝大多数岸坡仍处于自然状态,或者是早年水利部门修筑的护岸,在船行波影响下土坡崩塌多,护岸破损严重。为了完善航道设施建设,巩固四级航道建设成果,经浙江省计经委批准,又对杭申线浙境段航道护岸进行了完善。

2009 年 9 月 10 日,杭申线上海段航道整治工程航道部分 4 个标段开工建设,后续启动了桥梁建设工程。2016 年 9 月,杭申线航道整治工程全面建成通航。

(三)航道工程项目

1. 杭申线杭州段航道改造工程

(1)项目概况

项目于 1993 年 11 月开工建设,2000 年 7 月试运行,2002 年 12 月竣工。

项目建设依据:1993 年,浙江省计划与经济委员会《关于杭申线航道浙境段改造工程可行性研究改造的批复》(浙计经建〔1993〕191 号);1994 年,浙江省计划与经济委员会《关于杭申线(浙境段)航道改造工程初步设计的批复》(浙计经〔1994〕17 号);1995 年,浙江省计划与经济委员会《关于杭申线(浙境段)航道改造工程修改初步设计的批复》(浙计经〔1995〕77 号);1994 年,国家环保局《关于杭申线、乍嘉苏浙境航道改造工程环境影响报告书审查意见的复函》(环监〔1994〕534 号)。

项目整治航道里程 12.62 千米,航道建设等级为四级,设计尺度为水深 2.5 米、最小弯曲半径 330 米。设计代表船型(船队):船队 1 拖 4×500 吨级、1 拖 6×300 吨级、1 拖 12×100 吨级、1 拖 12×50 吨级等拖带船队。航道设计通航保证率 98%。

项目疏浚河段长度 12.62 千米,疏浚土方 39.76 万立方米。新建护岸 3.62 千米,护岸结构形式为仰斜直立式浆砌块石护岸。建设桥梁 5 座,通航净高均为 7.0 米,分别是:跨塘桥(人行桥——桁架梁)、龙光桥(机耕桥——桁架梁)、五杭大桥(公路桥——吨构)、博陆西大桥(公路桥——连续箱梁)和博陆东大桥(机耕桥——桁架梁)。项目总投资 5893 万元,其中部省拨款 2748 万元,其余地方自筹 3145 万元。

(2)项目建设实施情况

项目建设单位为京杭运河杭州段改造工程处;设计单位为浙江省交通规划设计研究院;施工单位为浙江航道疏浚工程处;监理单位为浙江公路水运工程咨询监理公司内河工程监理工程师办公室;质监单位为浙江省交通厅工程质量监督站。

(3)项目投产后的运营情况

工程实施后,杭申线杭州段航道由五级提高到四级,航道通航条件得到极大的改善,彻底改变了原来航道窄、弯、浅与碍航桥梁多的状况,航道通过能力大幅度提高,船舶平均等位时间降低,船舶航行事故明显减少,船舶流量明显增加,货运量大幅增长,提高了防洪排涝能力和农田灌溉能力,促进了沿线和腹地经济的发展。

2.杭申线嘉兴段航道改造工程

(1)项目概况

项目于 1994 年 8 月开工建设,2001 年 12 月试运行,2002 年 12 月竣工。

项目建设依据:1993 年 11 月,浙江省计划与经济委员会《关于杭申线航道浙境段改造工程可行性研究报告的批复》(浙计经建〔1993〕1191 号);1994 年 3 月,浙江省计划与经济委员会《关于杭申线(浙境段)航道改造工程初步设计的批复》(浙计经〔1994〕17号);1995 年 12 月,浙江省计划与经济委员会《关于杭申线(浙境段)航道改造工程修改初步设计的批复》(浙计经〔1995〕77 号);1999 年 12 月,浙江省计划与经济委员会《关于杭申线浙境段航道护岸完善工程初步设计的批复》(浙计经〔1999〕131 号);1994 年 10 月,国家环保局《关于杭申线、乍嘉苏线浙境航道改造工程环境影响报告书审批意见的复函》(环监〔1994〕534 号)。

项目整治航道里程 92.18 千米,航道建设等级为四级,航道设计尺度为底宽 40 米、面宽不小于 61 米、水深 2.5 米、最小弯曲半径 330 米(其中石门湾特殊航段采用 260 米)。设计代表船型(船队):船型 500 吨级,船队 1 拖 4×500 吨级船队。航道设计通航保证率 98%。

嘉兴段按四级航道标准改造 92.18 千米,改建桥梁 38 座。同时,对嘉兴段航道实施护岸完善工程,即航道两岸全部砌筑护岸,并全线两岸绿化、设置航道标志。共开挖陆上土方 513.89 万立方米、水下土方 408.52 万立方米,新建护岸 172.12 千米,修复护岸 6.7千米。新建桥梁 35 座,通航净空 7 米。项目总投资 9.13 亿元,其中改造工程浙江省交通厅安排 3.01 亿元(含交通部水运建设资金),争取世界银行贷款 1115 万美元,其余资金由嘉兴市人民政府筹集;护岸完善工程浙江省交通厅安排 6145 万元(含国家资金),嘉兴市人民政府负责筹措其余资金和航道标志工程的 30% 配套资金。此外,浙江省交通厅安排该段航道标志标牌工程建设资金 532 万元。

(2)项目建设实施情况

项目建设单位为嘉兴市内河航道改造工程指挥部;设计单位为浙江省交通规划设计研究院、嘉兴市世纪交通设计所、嘉兴市水利水电勘察设计研究院;施工单位为桐乡水利工程公司、桐乡市交通工程公司、山东省筑港总公司等;监理单位为浙江省内河航道网改造工程项目监理办大麻监理组、浙江省内河航道网改造工程项目监理办崇福监理组、浙江省内河航道网改造工程项目监理办桐乡监理组等;质监单位为浙江省交通厅工程质量监督站。

3.杭申线塘栖市河改线工程

(1)项目概况

项目于1998年6月开工建设,2000年1月试运行,2002年12月竣工。

项目建设依据:1993年,浙江省计划与经济委员会《关于杭申线浙境段改造工程可行性研究改造的批复》(浙计经建〔1993〕191号);1994年,浙江省计划与经济委员会《关于杭申线(浙境段)航道改造工程初步设计的批复》(浙计经〔1994〕17号);1995年,浙江省计划与经济委员会《关于杭申线(浙境段)航道改造工程修改初步设计的批复》(浙计经〔1995〕77号);1994年,国家环保局《关于杭申线、乍嘉苏线浙境航道改造工程环境影响报告书审查意见的复函》(环监〔1994〕534号)。

项目整治航道里程1.2千米,航道建设等级为四级,航道设计尺度为水深2.5米、最小弯曲半径330米。设计代表船型(船队):船队1拖4×500吨级、1拖6×300吨级、1拖12×100吨级、1拖12×50吨级等拖带船队。航道设计通航保证率98%。

项目疏浚河段长度1.2千米,疏浚量32.91万立方米。新建护岸2.31千米,护岸结构形式为仰斜直立式浆砌块石护岸。新建新华大桥(公路桥——混凝土系杆拱),通航净高7.0米。项目总投资2309万元,其中部省拨款1500万元,其余地方自筹809万元。

(2)项目建设实施情况

项目建设单位为京杭运河杭州段改造工程处;设计单位为浙江省交通规划设计研究院;施工单位为杭州港口建设开发公司航务工程分公司、湖州镇西桥梁工程公司联合体;监理单位为浙江公路水运工程咨询监理公司内河工程监理工程师办公室塘栖监理组;质监单位为浙江省交通厅工程质量监督站。

(3)项目投产后的运营情况

工程实施后,省级文物石拱桥碧天广济桥得以保存,航道达到内河四级航道标准,可常年通航500吨级船舶。

4.杭申线杭州段护岸完善工程

(1)项目概况

项目于2000年11月开工建设,2001年7月试运行,2002年12月竣工。

项目建设依据:1995年,浙江省计划与经济委员会《关于杭申线浙境段航道护岸完善工程可行性研究报告的批复》(浙计经〔1995〕1103号);1999年,浙江省计划与经济委员会《关于杭申线浙境段航道护岸完善工程初步设计的批复》(浙计经〔1999〕131号)。

项目整治航道里程13.87千米,航道建设等级为四级,航道设计尺度为水深2.5米、最小弯曲半径330米。设计代表船型(船队):船队1拖4×500吨级、1拖6×300吨级、1拖12×100吨级、1拖12×50吨级等拖带船队。航道设计通航保证率98%。

项目疏浚河段长度 13.87 千米,疏浚量 12.37 万立方米。新建护岸 21.68 千米,修复护岸 1.05 千米。护岸结构形式为仰斜直立式浆砌块石护岸。项目设置各类标志 90 座(其中助航标志 13 座、安全标志 13 座、信息标志 64 座)。项目总投资 3552 万元,其中部省拨款 2230 万元,其余地方自筹 1322 万元。

(2)项目建设实施情况

项目建设单位为杭申线杭州段护岸完善工程处;设计单位为浙江省交通规划设计研究院、嘉兴市世纪交通工程设计有限公司;施工单位为杭州港航工程公司;监理单位为杭州畅顺交通工程监理咨询公司;质监单位为浙江省交通厅工程质量监督站。

(3)项目投产后的运营情况

工程实施后,杭申线杭州段航道沿线的护岸设施得到完善,航道通航条件得到极大的改善,船舶流量和货运量大幅增长,运河的渠化、标准化和绿化保护了航道沿线的农田,减少了水土流失和航道淤积,改善了水质,降低了航道维护成本,促进了沿线和腹地经济的发展,为文明航道创建打下扎实基础。

5. 杭申线(上海段)航道整治工程

(1)项目概况

项目于 2009 年 6 月开工建设,2010 年 7 月试运行,2016 年 9 月竣工。

项目建设依据:2007 年 8 月,上海市发展和改革委员会以沪发改城〔2007〕298 号文批复项目建议书;2009 年 3 月,上海市发展和改革委员会以沪发改投资〔2009〕60 号文批复工程可行性研究报告;2009 年 5 月,上海市城乡建设和交通委员会以沪建交〔2009〕625 号文批复工程初步设计;2008 年 12 月,上海市环境保护局以沪环保许管〔2008〕1326 号文对工程环境影响报告书完成审批;2010 年 10 月,上海市人民政府以沪府土〔2010〕735 号文批准为杭申线航道整治工程沪杭铁路桥工程办理农转用、征收土地和该项目供地方案,2011 年 3 月以沪府土〔2011〕166 号文批准为杭申线航道整治工程沪杭高速公路桥改建工程办理农转用、征收土地和该项目供地方案。

项目整治航道里程 17.24 千米,由大蒸港和圆泄泾两航段组成,航道建设等级为三级,航道设计尺度为宽度 71 米、水深 4 米、最小弯曲半径 500 米。设计代表船型为 1000 吨级集装箱船。主要建设内容包括航道疏浚(土方约 35.5 万立方米),新建和加固既有护岸 23 千米。改建跨航道的沪杭高速公路桥 1 座、沪昆圆泄泾铁路桥 1 座,设置航道交通安全标志和船舶交通管理系统,以及沿线桥梁墩台防撞设施。总投资 14.02 亿元,其中交通运输部水运建设资金 4.2 亿元,地方投资 8.56 亿元,业主自有资金 1.26 亿元。

(2)项目建设实施情况

项目建设单位为上海城投航道建设有限公司;施工单位为上海交通建设总承包有限公司、上海航道工程总承包有限责任公司、中海工程建设总局等;监理单位为上海宏波工程咨询管理有限公司、上海上咨建设工程咨询有限公司、上海远东水运工程建设监理咨询公司等。

（3）项目投产后的运营情况

杭申线航道整治工程完工运营后,1000吨级船舶在航道中能够正常通航,浙江方向驶来的内河集装箱船通过杭申线航道直达上海外港港区。

（四）航道的发展成就与经验启示

杭申线航道是杭州至上海最便捷的高等级航道,主要承担浙北杭嘉湖地区与上海之间的物资水上运输,也是长三角地区内河骨干航道网中非常重要的航道之一。经过历次大规模的整治改造,通航条件和通过能力得到极大的提高,常年可通行500吨级船舶,船舶流量和货运量大幅增长,降低了航道沿线地区物流成本,改善了沿线地区投资环境,提升了交通运输条件,促进了生产力合理布局,实现了引导产业集聚并带动地区经济社会发展。依托新建成的杭申线航道,一条运河经济带正在逐步形成。借助于杭申线航道的改造,嘉兴市于2001年底开通了嘉兴至上海国际集装箱内支线,其运输费用比公路运输低15%,发展势头强劲。此外,杭申线改造在防洪、排涝、水土保持、环境保护、环境美化等方面的重要作用,效益已充分显现。标准化的防洪堤和绿化提高了防洪标准,美化了环境。航道建设促进了沿线城镇改造,减少了噪声和污染。

二十、杭平申线

（一）河道自然特征

杭平申线位于经济发达、人口稠密、城市密集的江南水网平原地区,是沟通浙江与上海之间的跨省市航道,是杭州、嘉兴与上海之间油品、优质石料、煤炭等大宗物资的集输运通道,是嘉兴港河海联运一条主要的水上通道,也是一条集装箱通道,在促进长江三角洲航道网对杭州湾北岸沿线的辐射和区域经济发展中具有重要作用。

杭平申线浙江段流经太湖流域杭嘉湖东部平原水网区,该地区地势低洼平坦,河湖纵横相连,河道总长1.38万千米,水域面积269平方公里,河网率7.9%,河道分布密度每平方公里3.5千米,河道比降小,水流缓慢,且多为感潮河流。杭平申线经过的主要河道有长山河、六平申线等,与杭申线、东宗线、嘉于线、乍嘉苏线等航道交汇,是浙北航道网重要的骨干航道之一。

杭平申线上海段南起上海与浙江省省界,北至黄浦江上游横潦泾航段,航道里程约19.3千米,从浙江省界至黄浦江,包括青浦塘、掘石港、大泖港三个航段,是黄浦江上游三大支流之一,位于典型的感潮平原水网地区。航道两岸植被较好,降雨对地表冲刷较弱。两岸均有直立式挡墙,进入河道的泥沙量较少,但航道河床演变情况非常复杂,曾有河岸坍塌的险情发生。

(二)主要航道现状和建设情况

杭平申线浙江段航道全线共有跨河桥梁93座,其中铁路桥1座、高速公路桥5座、一级和二级公路桥15座、城市主干路桥1座、其他桥梁71座。海盐段部分桥梁(于硖段)已按内河限制性四级航道通航标准改建,海盐段和平湖段中的六平申线段桥梁满足内河限制性五级航道通航标准,其他桥梁大部分为20世纪70—80年代修建,净跨一般为5~20米、净高2.0~4.0米,远不能满足内河限制性三级航道净跨不小于60.0米、净高不小于7.0米的通航净空要求。因此这部分桥梁已经成为碍航的主要建筑物,大大降低航道的通行能力,制约航道的发展。且不少桥梁荷载等级低,建设年份较早,部分桥梁破损严重。杭平申线浙江段改造主线主要由长山河、海宁外环河段、嘉于硖线于硖段、六平申线(盐平界至平沪界)等组成,起自杭平申线长山河段与杭申线交叉口,经桐乡、海宁、秀洲、海盐、平湖至浙江上海交界处泖口,主线全长100.89千米。另有2条支线航道:黄姑塘支线11.92千米,起于平湖六里塘与六平申线平湖市河交界处的南五往泾洋,止于嘉兴港独山港区;海塘线支线3.62千米,起于杭平申线于城斜桥段,途经海盐县武原镇(今武原街道)、海盐县经济开发区,止于海盐港区进港航道交界处。

杭平申线上海段航道是《上海市"十二五"内河高等级航道建设规划》中首批启动建设的一条航道。工程建设内容包括航道工程和跨航道桥梁工程两部分,均按四级航道及通航标准建设。

(三)航道工程项目

1.杭平申线(浙江段)航道改造工程平湖段

(1)项目概况

项目于2013年5月开工建设,2018年2月交工试运行。

项目建设依据:2012年4月,浙江省发展和改革委员会批复《杭平申线(浙江段)航道改造工程可行性研究报告》(浙发改函〔2012〕113号);2012年10月,浙江省发展和改革委员会批复《杭平申线(浙江段)航道改造工程平湖段初步设计》(浙发改设计〔2012〕133号);2012年12月,浙江省环境保护厅《关于杭平申线(浙江段)航道改造工程环境影响报告书的审查意见》(浙环建〔2012〕165号);2011年1月,浙江省国土资源厅《关于杭平申线(浙江段)航道改造工程建设项目用地的预审意见》(浙土资预〔2011〕9号)。

项目整治航道里程31.95千米,航道建设等级为三级,航道设计尺度为底宽45米、面宽60米、水深3.2米、最小弯曲半径480米。设计代表船型(船队)及尺度:1000吨级机动船,尺度 67.5 米 ×10.8 米 ×2.2 米;船队 1 拖 4×1000 吨,尺度 243.0 米 ×10.8 米 ×2.3 米。航道设计通航保证率 98%。

项目扩建航道 31.95 千米,其中改建桥梁 3 座,护岸 60.94 千米,土方工程 264.15 万立方米,新建横塘桥服务区 1 处。工程疏浚量 264.15 万立方米。项目总投资 13 亿元,除部、省资金外,其余由地方财政配套解决。

(2)项目建设实施情况

项目建设单位为嘉兴市港航建设开发有限责任公司;设计单位为浙江省交通规划设计研究院;施工单位为中交天津航道局有限公司、上海三航奔腾建设工程有限公司、中交上航局航道建设有限公司等;监理单位为嘉兴市世纪交通工程咨询监理有限公司;质监单位为浙江省交通运输厅工程质量监督局。

2.杭平申线(浙江段)航道改造工程(五星桥—长生桥)段

(1)项目概况

项目于 2013 年 10 月开工建设,2019 年 12 月交工试运行。

项目建设依据:2012 年 4 月,浙江省发展和改革委员会批复《杭平申线(浙江段)航道改造工程可行性研究报告》(浙发改函〔2012〕113 号);2013 年 7 月,浙江省发展和改革委员会《关于杭平申线(浙江段)航道改造工程(五星桥—长生桥段)初步设计批复的函》(浙发改设〔2013〕105 号);2012 年 12 月,浙江省环境保护厅《关于杭平申线(浙江段)航道改造工程环境影响报告书的审查意见》(浙环建〔2012〕165 号);2011 年 1 月,浙江省国土资源厅《关于杭平申线(浙江段)航道改造工程建设项目用地的预审意见》(浙土资预〔2011〕9 号)。

项目整治航道里程 16.48 千米,航道建设等级为三级,航道设计尺度为底宽 45 米、面宽 60 米、水深 3.2 米、最小弯曲半径 480 米。设计代表船型(船队)及尺度:1000 吨级机动船,尺度 67.5 米 ×10.8 米 ×2.2 米;船队 1 拖 4×1000 吨,尺度 243.0 米 ×10.8 米 ×2.3 米。航道设计通航保证率 98%。

项目扩建航道 16.48 千米,其中改建桥梁 12 座,护岸 34.06 千米,土方工程 515.79 万立方米,新建双山航道服务区 1 处,以及标志标牌、信息、绿化等工程。项目总投资 14.23 亿元,除部、省资金外,其余由地方财政配套解决。

(2)项目建设实施情况

项目建设单位为嘉兴市港航建设开发有限责任公司;设计单位为浙江省交通规划设计研究院;施工单位为浙江巨圣建设有限公司、宁波交通工程建设集团有限公司、浙江海洋工程有限公司等;监理单位为嘉兴市世纪交通工程咨询监理有限公司、浙江华恒交通建设监理有限公司;质监单位为浙江省交通运输厅工程质量监督局。

3. 杭平申线(浙江段)航道改造工程海盐段

(1)项目概况

项目于 2013 年 11 月开工建设,2017 年 9 月交工试运行。

项目建设依据:2012 年 4 月,浙江省发展和改革委员会批复《杭平申线(浙江段)航道改造工程可行性研究报告》(浙发改函〔2012〕113 号);2013 年 4 月,浙江省发展和改革委员会《关于杭平申线(浙江段)航道改造工程海盐段(长生桥—盐平界、海塘支线)初步设计批复的函》(浙发改设计〔2013〕50 号);2012 年 12 月,浙江省环境保护厅《关于杭平申线(浙江段)航道改造工程环境影响报告书的审查意见》(浙环建〔2012〕165 号);2011 年 1 月,浙江省国土资源厅《关于杭平申线(浙江段)航道改造工程建设项目用地的预审意见》(浙土资预〔2011〕9 号)。

项目整治航道里程 35.56 千米,航道建设等级为三级,航道设计尺度为底宽 45 米、面宽 60 米、水深 3.2 米、最小弯曲半径 480 米。设计代表船型(船队)及尺度:1000 吨级机动船,尺度 67.5 米×10.8 米×2.2 米;船队 1 拖 4×1000 吨,尺度 243.0 米×10.8 米×2.3 米。航道设计通航保证率 98%。

项目扩建航道 35.56 千米,改建桥梁 7 座(其中 4 座由海盐县另行立项,本设计按工可费用列入补助费用),护岸 69.65 千米,土方工程 399.19 万立方米,新建白苧服务区 1 处、元通待泊区 1 处。项目总投资 16 亿元,除部、省资金外,其余由地方财政配套解决。

(2)项目建设实施情况

项目建设单位为嘉兴市港航建设开发有限责任公司;设计单位为浙江省交通规划设计研究院;施工单位为浙江巨圣建设有限公司、中交第三航务工程局有限公司、宁波交通工程建设集团有限公司等;监理单位为嘉兴市世纪交通工程咨询监理有限公司、山东省交通工程监理咨询公司、浙江公路水运工程监理有限公司;质监单位为浙江省交通运输厅工程质量监督局。

4. 平申线(上海段)航道整治工程(一期)

(1)项目概况

项目于 2015 年 6 月开工建设。

项目建设依据:2012 年 2 月上海市发展和改革委员会以沪发改城〔2012〕016 号文批复平申线航道(上海段)整治工程项目建议书;2014 年 2 月,上海市发展和改革委员会以沪发改投〔2014〕27 号文批复平申线航道(上海段)整治工程(一期)可行性研究报告;2015 年 2 月,上海市城乡建设和交通委员会以沪建交〔2015〕95 号文批复工程初步设计;2014 年 2 月,上海市环境保护局以沪环保许评〔2014〕46 号文对平申线(上海段)航道(四级)整治工程的环境影响报告进行批复;2016 年 8 月,上海市环境保护局以沪环保许评〔2016〕255 号文对平申线(上海段)航道(四级)整治工程(调整)的环境影响报告进行批复。

项目整治航道里程 19.3 千米,航道建设等级为四级,航道设计尺度为宽度 50 米、水深 3.5 米、最小弯曲半径 480 米。设计代表船型为 30TEU、60TEU 内河集装箱船、500 吨级货船、500 吨级机动驳船、500 吨级自航驳船、500 吨级顶推船队。

主要建设内容包括航道疏浚、新建(或加固)护岸、新建靠船墙(桩),以及同步实施防汛通道(包括道路、支流桥、绿化)、设置交通标志,保留利用大泖港段已建护岸挡墙;原位拆除并按规划新建 G1501 泖港大桥,对朱平公路胥浦塘桥和 S26 亭枫高速公路胥浦塘桥增设水上防撞设施等。

项目总投资 16.5 亿元,其中交通运输部水运建设资金 4.99 亿元,地方投资 11.51 亿元。

(2)项目建设实施情况

项目建设单位为上海城投航道建设有限公司;施工单位为中交三航局第二工程有限公司、上海航道工程总承包有限责任公司、中交第二航务工程局有限公司等;监理单位为上海海科工程咨询有限公司、上海海达工程建设咨询有限公司、上海振南工程咨询监理有限责任公司等。

(四)航道的发展成就与经验启示

平申线航道是沟通浙江与上海的重要省际航道,是平湖、嘉兴、海宁、海盐等地与上海之间的石料、煤炭等大宗物资的运输线。作为长江三角洲的一条主要通道,对于未来发展嘉兴、平湖地区至上海的内河集装箱运输、实现长三角地区内河水运升级将具有显著意义,并为完善上海国际航运中心建设和港口集疏运体系建设奠定基础。该条航道建成后,进一步强化上海国际航运中心对杭州湾北岸区域经济辐射,对区域经济发展具有重要的推动作用。

二十一、杭湖锡线

(一)河道自然特征

杭湖锡线航道位于太湖流域,南起杭州,途经湖州,穿越太湖至江苏省无锡市,是连接江苏、浙江两省经济发达地区和我国著名风景旅游城市的主干线航道。其中浙境段航道起自杭州三堡船闸,止于湖州太湖新港口,全长 106.2 千米。

"八五"计划以来,随着京杭运河、长湖申线、杭申线、乍嘉苏线、六平申线等主干线航道的改造,整个浙北地区通航条件明显改善。2002年以前,作为浙北6条主干线航道之一的杭湖锡线浙境段仍处于自然状态,航运条件差,通航等级低,水土流失严重。特别是乔木山航段河面狭窄、暗礁多、堵航、沉船事故频发,与其干线航道的地位极不适应,不但影响了水运网络整体效益的充分发挥,也影响了支线航道的滚动发展和沿线旅游资源的开发。

(二)主要航道现状和建设情况

2002年2月,浙江省发展计划委员会批准杭湖锡线浙境段按五级航道标准进行改造,除杭州三堡船闸至武林头31.8千米与京杭运河重合,湖州三里桥至雪水桥11.9千米与长湖申线重合,庞儿港至长兜港13.05千米已符合五级航道标准外,该工程航道改造实际从武林头起,经德清雷甸、菱湖至湖州三里桥,另加雪水桥至庞儿港汊口截弯段0.94千米,航道改造总里程为49.45千米。

2004年2月,根据浙江水运强省战略实施和干线航道高等级化要求,为充分发挥杭嘉湖地区连接上海的自然优势,同时考虑到杭湖锡线大部分航段河面宽阔这一有利条件,为有效避免以后航道升级中的征地难题,经浙江省发展计划委员会批准,该工程改按航道四级桥梁暂按五级实施,湖州庞儿港截弯段0.94千米已由湖州市水利部门实施完成,故调整后湖州段改造航道23.79千米。湖州境内已经达到内河限制性四级航道。跨河桥梁共45座。

(三)航道工程项目

杭湖锡线浙境段航道建设工程

(1)项目概况

项目于2003年2月开工建设,2004年10月试运行,2005年12月竣工。

项目建设依据:2001年3月,浙江省发展计划委员会《关于杭湖锡线浙境段航道改造工程可行性研究报告的批复》(浙发改函〔2001〕229号);2002年2月,浙江省发展计划委员会《关于杭湖锡线浙境段航道改造工程初步设计的批复》(浙发改函〔2002〕34号);2004年8月,浙江省发展计划委员会《关于杭湖锡线浙境段航道改造工程调整初步设计的函》(浙发改函〔2004〕371号)。

项目整治航道里程从武林头起,经德清雷甸、菱湖至湖州三里桥计48.51千米,再加雪水桥至庞儿港汊口截弯段0.94千米(已由湖州市水利部门实施完成),航道改造总里程为49.45千米,航道建设等级为四级,按通航500吨级船舶设计,航道设计通航保证率98%。

项目湖州段改造里程 23.79 千米;陆上土方 41.48 万立方米,水下疏浚 64.96 万立方米,石方 0.95 万立方米;完成新砌护岸 2.84 万米;完成征地 14.88 亩,土地借用 128.94 亩,拆迁各类房屋 1.41 万平方米。德清段改造里程 24.67 千米;陆上土方 66.65 万立方米,水下疏浚 68.47 万立方米,完成新砌护岸 25.48 千米;新建桥梁 2 座;完成征地 397.88 亩,土地借用 339.99 亩,拆迁各类房屋 1.93 万平方米,鱼塘损失赔偿 84.07 亩,三线迁移(含高压线铁塔)118 根,渔簖渔网 21.77 千米。杭湖锡线湖州段概算调整后投资为 1.09 亿元,经审计审定为 6883.57 万元。德清段概算调整为 1.26 亿元,经审计审定为 7523.81 万元。项目建设资金由省、市、县共同筹措。

(2)项目建设实施情况

项目建设单位为湖州市港航管理局、德清县交通局;设计单位为浙江省交通规划设计研究院;施工单位为上海航道局第二工程公司、湖州市交通工程处、浙江省海洋工程有限公司等;监理单位为湖州公路水运工程监理咨询有限公司;质监单位为浙江省交通厅工程质量监督局。

(3)项目投产后的运营情况

杭湖锡线航道的建成,不仅提高了航区的运输能力,促进航运事业的发展,同时也改善了湖州的投资环境,亦使沿线环境、生态、水土得到了更好的保护。特别是对沿线"水乡古镇""名人故居""摘桑采菱"等旅游项目和沟通钱塘江、富春江的黄金旅游线的开发创造了良好的前提条件。

(四)航道的发展成就与经验启示

在杭湖锡线湖州段航道建设中,地处典型江南水乡,漾荡密布河港如织,"推门见港、抬头见塘"真实反映了菱湖、和孚两地的自然环境。因此,在护岸施工中遇到鱼塘、汊港特别多,基底土质十分复杂。针对以上情况,建设单位及时请设计人员亲临施工现场进行研究,确定变更设计方案,通过彻底清除淤泥后打木桩、抛块石等措施,来保证护岸基础稳固;针对大范围的粉砂土、贝壳碎屑土质渗水严重等情况,要求施工单位采取井点排水施工工艺进行施工。由于护岸基础处理方案合理,措施得当,从而有效保证了大面积鱼塘段护岸施工的工程质量。和孚镇畔的荻港,临河而建,民居大多保持原有的古色古香风貌,文化底蕴十分深厚,为配合该村创建省级明星示范村,推动沿线旅游经济发展,项目增加了对荻港集镇老护岸的修复工程。菱湖站房建设也力求突出水乡特色,将传统水乡民居特色与时代风格有机组合。同时,项目对生态理念与航道建设的有机结合也进行了有效的尝试,在局部新建护岸边试验栽种了 2 米宽的芦苇,这既为小鱼小虾提供了一个生存空间,也为人类栽下了一片怡人的绿色。

二十二、东宗线

(一)河道自然特征

东宗线起点为东迁,终点为小李桥,全长 42.5 千米,流经湖州、嘉兴两地。其中,东宗线湖州段起点东迁,终于湖州、嘉兴交界处的戴家村,全长 23.7 千米;嘉兴段北起戴家村,沿金牛塘,经宗扬庙,穿过杭申线进入新板桥港,延伸至振兴西路桥,终于杭平申线(长山河),全长 18.98 千米。

东宗线航道地处东部平原地带,地势平坦,水位稳定,水流平稳,泥沙含量低,河道走势长久以来保持稳定,仅在个别防护不好的地方可能会由于船行波的影响,使岸壁坍塌的泥沙在河道落淤,需进行必要的疏浚清淤。总的说来,河道河岸稳定,河床冲淤变幅相对较小,河道走势基本不变。

(二)主要航道现状和建设情况

东宗线航道东迁至灵安港段(湖州段和嘉兴段一期)已达到内河限制性四级航道标准,灵安港至费家里段(嘉兴段二期)为内河限制性六级航道标准,正在按内河限制性四级航道标准改造。

(三)航道工程项目

1. 东宗线湖州段航道改造工程

(1)项目概况

项目于 2001 年 2 月开工建设,2002 年 12 月试运行,2003 年 11 月竣工。

项目建设依据:1999 年,浙江省计划与经济委员会《关于东宗线湖州段航道改造工程可行性研究报告的批复》(浙计经投〔1999〕1504 号);2000 年,浙江省发展计划委员会《关于东宗线湖州段航道改造工程初步设计的批复》(浙发设计〔2000〕21 号)。

项目整治航道里程 23.66 千米,航道建设等级为四级,航道设计尺度为宽度 60 米、水深 2.5 米、最小弯曲半径 330 米。按通航 500 吨级船舶设计,航道设计通航保证率 98%。

项目挖土方 226.49 万立方米,新建护岸 38.91 千米,新建桥梁 7 座和安丰塘桥管理用房 645 平方米。桥梁净高 7.0 米,净跨不小于 55 米。项目工程总投资为 1.17 亿元,项目建设资金由省、市共同筹措。

(2)项目建设实施情况

项目建设单位为湖州市港航管理局;设计单位为浙江省交通规划设计研究院;施工单位为湖州市交通工程处、浙江海洋工程总公司、宁波镇海区交通工程开发公司等;监理单位为湖州市公路水运工程监理咨询有限公司;质监单位为浙江省交通厅工程质量监督局。

(3)科技创新成果及获奖情况

项目获得2006年浙江省建设工程钱江杯。

(4)项目投产后的运营情况

杭嘉湖腹地资源丰富、经济发达,其中水泥、煤炭、建材、粮食、钢铁、木材等物资运输,以及铁路中转物资的疏港疏站任务主要依托长湖申线、京杭运河和杭申线三条主干线航道,而且这三条主干线航道又分别与钱塘江、黄浦江、杭甬运河贯通。作为连接三条主干线的东宗线航道改造通航后,不但使大吨位船舶能干支直达,湖州、嘉兴两地运距明显缩短。同时也进一步完善了浙北航道网,服务半径拓展到了上海、绍兴、宁波及苏南地区,水运网络效益得到了充分发挥。

在东宗线湖州段航道整治改造中,当地乡镇一方面通过房屋拆迁、新建居民住宅区、改建桥梁、道路,使乡镇市容和人民群众工作、生活与交通条件普遍得到了改善;另一方面,结合市建设规划,还加快了小城镇建设步伐。如花林镇、洪塘镇等抓住航道改造契机,从城镇建设和美化、绿化格局进行总体规划,重新调整了镇区商业网点,给企业和民营企业再次创造了新的发展空间。同时随着水运条件改善,沿线新建企业和民营企业不断增多,经济带的雏形已基本形成,从而有力促进了区域经济发展。

2. 东宗线嘉兴段航道一期工程

(1)项目概况

项目于2002年11月开工建设,2007年4月交工试运行,2013年12月竣工。

项目建设依据:2001年11月,浙江省发展计划委员会批复《东宗线嘉兴段航道改造工程可行性研究报告》(浙计基础〔2001〕1000号);2002年3月,浙江省发展计划委员会《关于东宗线航道嘉兴段改造工程初步设计的批复》;2001年1月,浙江省环境保护局《关于东宗线航道嘉兴段改造工程环境影响报告书审查意见》(桐环项建〔2001〕5号);2004年8月,浙江省国土资源厅《关于东宗线嘉兴段航道改造工程(桐乡段)用地的预审意见》(浙土资预〔2004〕109号)。

项目整治航道里程12.59千米,航道建设等级为四级,航道设计尺度为底宽40米、面宽不小于60米、水深2.5米、最小弯曲半径330米。设计代表船型(船队)及尺度:500吨级驳船,尺度53米×9.0米×1.75米;船队一拖四,尺度247米×9.0米×1.85米。航道设计通航保证率95%。

工程完成土方工程243.7万立方米,护岸工程24.5千米,拆除、新建桥梁11座。项目总投资3.46亿元,资金来源除省补拨款外,其余全部由桐乡市人民政府筹措。

(2)项目建设实施情况

项目建设单位为桐乡市东宗线航道改造工程指挥部;设计单位为浙江省交通规划设计研究院;施工单位为浙江海洋工程有限公司、浙江省第一水电建设有限公司、宁波交通工程建设集团有限公司等;监理单位为温州港湾工程咨询监理公司;质监单位为浙江省交通厅工程质量监督局。

(3)项目投产后的运营情况

东宗线嘉兴段航道与着手建设的东宗线湖州段航道共同担负着京杭运河、长湖申线、杭申线三条四级主干航道货物的沟通及分流作用,以确保航道畅通,更好地发挥浙北地区内河航道的网络效益,从而提高浙北地区内河航运网的社会效益、经济效益、环保效益,满足国民经济发展的需要。

3.东宗线航道嘉兴段二期工程

(1)项目概况

项目于2008年4月开工建设,2018年2月交工试运行。

项目建设依据:2006年7月,浙江省发展和改革委员会《关于东宗线航道嘉兴段二期工程可行性研究报告批复的函》(浙发改函〔2006〕188号);2007年6月,浙江省发展和改革委员会《关于东宗线航道嘉兴段二期工程初步设计批复的函》(浙发改设计〔2007〕84号);2004年11月,桐乡市环境保护局《关于东宗线航道嘉兴段二期工程环境影响报告书的审查意见》(桐环管〔2004〕102号);2006年6月,浙江省国土资源厅《关于东宗线航道嘉兴段二期项目用地的预审意见》(浙土资预〔2006〕25号)。

项目整治航道里程6.39千米,航道建设等级为四级,航道设计尺度为底宽40米、面宽不小于60米、水深2.5米、最小弯曲半径330米。设计代表船型(船队)及尺度:500吨级驳船,尺度53米×9.0米×1.75米;船队一拖四,尺度247米×9.0米×1.85米。航道设计通航保证率95%。

项目开挖航道6.39千米,开挖土方约200万立方米,护岸单侧总长度11.86千米,共浆砌块石直立式护岸、劈离块+混凝土直立式护岸两种结构形式。项目按四级航道标准新建桥梁6座,配套工程包括助航安全设施、环保绿化工程等。项目总投资3.89亿元,资金来源除省补拨款外,其余全部由桐乡市人民政府筹措。

(2)项目建设实施情况

项目建设单位为桐乡市交通建设投资集团有限公司;设计单位为嘉兴市世纪交通设计有限公司;施工单位为浙江海洋工程有限公司、浙江宝业交通建设工程有限公司、中铁十六局集团第三工程有限公司等;监理单位为嘉兴市世纪交通工程咨询监理有限公司;质检单位为嘉兴市交通工程质量安全监督站。

2015年11月23日,浙江省发展和改革委员会以浙发改设计〔2015〕110号文对东宗线航道嘉兴段二期工程设计变更及概算调整做出批复。

(四)航道的发展成就与经验启示

东宗线航道工程可以更好地打通浙北地区的部分骨干航道,使水路运输更加通畅快捷,起到很好的分流作用,缓解越来越严重的堵航压力。该工程实施后将进一步完善浙北地区的航道网络,将使浙北地区乃至江苏、山东、上海等地区的物资交换更快捷方便,特别是山东、苏北地区的煤炭沿东宗线嘉兴段可直达桐乡、海宁,可以极大地缓解该地区"缺煤少电"的压力。航道等级的提高必将会促进国民经济更快更好地发展。

二十三、嘉于硖线

(一)河道自然特征

嘉于硖线位于杭嘉湖平原的东部水网地区,两侧地势平坦,河塘密布,交织成网,属钱塘江水系,地面高程在 2.10 ~ 5.60 米之间(吴淞高程),高处为旱地(桑地),低处为水稻田。该区降水充沛,补给条件良好,但潜水含水层透水性差,渗入量小,大部分降水以地表径流方式沿河道排出。河湖水面高程的变化主要受降水量的控制。水源来自降水,枯水期由地下水及河网自身调节和部分太湖水引流,其特性是比降小,水位变化平缓。降水期流速一般在 0.5 米/秒左右,河床土质为淤泥质亚黏土,航道两岸植被较好,泥沙来源较少,主要由船行波及水土保持不当引起的河岸崩坍造成局部航段的淤积。

(二)主要航道现状和建设情况

嘉于硖线从嘉兴市西郊杭申线航道的乍嘉苏高速公路桥起,沿乍嘉苏高速公路东侧南下,穿纵二路(320 国道)、沪杭铁路、长水塘航道与秀洲区王店镇四联村的海盐塘相接,全长 41.6 千米,为全新开挖河道。海盐塘途经嘉兴市秀城区余新镇、海盐县沈荡镇、于城镇,该段航道河面较为开阔,航道等级为六级。在海盐县于城镇进入盐硖乙线,接长山河,止于长山河口,其中盐硖乙线为等外航道,通航条件较差,长山河段为水利部门改造的排涝河道,水域宽阔,通航条件较好。

(三)航道工程项目

嘉于硖线航道改造工程

(1)项目概况

项目于 2005 年 1 月开工建设,2010 年 12 月试运行,2012 年 6 月竣工。

项目建设依据:2000 年 10 月,浙江省发展计划委员会《关于嘉于硖线航道工程可行性研究报告的批复》(浙计投〔2000〕389 号);2003 年 3 月,浙江省发展计划委员会《关于嘉于硖线航道工程可行性研究调整报告的复函》（浙计投〔2003〕40 号）；2009 年 6 月，浙江省发展和改革委员会《关于嘉于硖线航道改造工程可行性研究调整报告的批复》（浙发改函〔2009〕179 号）；2004 年 2 月，浙江省发展和改革委员会《关于嘉于硖线航道改造工程初步设计的复函》（浙计设计〔2004〕29 号）；2009 年 8 月，浙江省发展和改革委员会《关于嘉于硖线航道改造工程调整初步设计的批复》（浙发改设计〔2009〕93 号）；2001 年 2 月，浙江省环境保护局《关于嘉于硖线航道工程嘉于段、于硖段环境影响报告书审查意见的复函》（浙环项建〔2001〕23 号）；2004 年 2 月，浙江省国土资源厅《关于嘉于硖线南郊河西段改造工程用地的预审意见》（浙土资预〔2004〕6 号）。

项目整治航道里程 41.6 千米，航道建设等级为四级，航道设计尺度为底宽 40 米、面宽 60 米、水深 2.5 米、最小弯曲半径 330 米。设计代表船型（船队）及尺度：500 吨级驳船，尺度 53 米×9.0 米×1.75 米；船队一拖四，尺度 247 米×9.0 米×1.85 米。航道设计通航保证率 95%。

项目开挖土方 568.92 万立方米，护岸工程 52.73 千米，新建锚泊服务区 3 个以及配套建设航道标志工程、智能化监控系统和绿化工程。项目共拆除新建桥梁 9 座，其中于硖段涉及 8 座桥梁。因该航段与杭平申线航道重合，故于硖段航道涉及的 8 座桥梁按三级航道标准进行建设，净宽 60 米、净高 7 米；南郊河西段涉及 1 座纵二路桥，按四级航道标准建设，净宽 55 米、净高 5.5 米。项目总投资 8.43 亿元，其中国家和省补助安排 5.12 亿元，地方政府配套 3.31 亿元。

（2）项目建设实施情况

项目建设单位为嘉兴市嘉于硖航道建设发展有限责任公司；设计单位为浙江省交通规划设计研究院、浙江交通勘察设计有限公司、嘉兴市世纪交通设计有限公司等；施工单位为浙江省疏浚工程有限公司、杭州市交通工程集团有限公司、浙江宝业交通建设工程有限公司等；监理单位为嘉兴市世纪交通工程咨询监理有限公司、北京中联环建设工程管理有限公司；质监单位为浙江省交通厅工程质量监督局。

项目根据浙江省发展计划委员会的工程可行性研究报告的批复进行建设，按五级航道通航标准改造，路线全长 48.33 千米；2003 年，为符合嘉兴市城市总体规划，优化浙北内河航道网络，经工可调整，航道等级调整为四级，里程调整为 47.43 千米，线路走向和建设内容相应调整；工程建设至 2009 年，根据《长江三角洲地区高等级航道网规划》，该工程于硖段与规划中的杭平申线航道的一段重合，并且项目实施时间较长，土地、材料等价格变化幅度较大，因此对工可和初步设计又进行了调整，改造里程最终确定为 41.6 千米，建设内容也相应做了变化。

（四）航道的发展成就与经验启示

航道建成后完善了浙北高等级航道网络，沟通了杭中线和杭平中线，完善了区域综合交通运输体系,航道的通过能力和船舶平均吨位明显增大,船舶周转率加快,运输成本降低。航道条件改善后,提高了航行速度,行船事故率显著降低;改善了投资环境,促进了沿河地区经济的发展。航道建成后,沿线水路运输量不断提高,同时也提供了大量优良的建港岸线,依托新建成的航道,促进了工程沿线运输业的发展,各专用码头建设如火如荼,沿岸经济带正逐步形成,为嘉兴市经济发展起到了推动作用。

二十四、衢江航道

(一)河道自然特征

衢江是兰江的主流,集水面积1.15万平方公里,河流全长257.9千米,发源于安徽省休宁县青芝埭尖北坡。源头海拔810米(85国家高程,下同),源头溪流名龙田溪,自西北流入浙江省开化县境称齐溪,开化马金以下称马金溪;南行纳各支流至华埠与池淮溪汇合后称常山港;再下行纳各溪流经常山县城后东流,至衢州市南郊双港口汇合江山港后称衢江。衢江沿东北方向下行,沿途接纳了众多支流,其中较大的有右岸的乌溪江、灵山港和左岸的铜山源、芝溪,先后经樟树潭、龙游、洋港等地,至兰溪市马公滩与金华江汇合后称为兰江。

衢江航道属山溪性浅水河道,自衢州双港口至兰溪马公滩,长约80千米,其中:衢州双港口至金华洋埠约57千米;金华洋埠至兰溪马公滩约23千米。枯水期航道水深一般为0.7~1.2米,航道宽度100~250米,因滩多、水浅,航道较为弯曲,河床比降大,衢州至龙游、龙游至兰溪的落差分别为19米、17米。河床质以砂卵石为主,局部河段有基岩出露。自上游往下游已建有塔底、安仁铺、红船豆、小溪滩四级航电枢纽。

(二)主要航道现状和建设情况

衢江上接常山港、江山港,下连钱塘江,为浙江省内河航道的骨干航道之一,是长江三角洲水网向浙江西部的延伸。该航线是浙西地区的水上运输动脉,承担浙西地区与江苏、上海及浙江省内其他地区的物资交流。

衢江衢州境内航道起自衢州双港口,终于金华洋埠,全长57.45千米,按四级标准建设,由原衢江七级航道提升改造而来。航道上建有4座航电枢纽,分别为塔底、安仁铺、红船豆、小溪滩。航道上有跨航道桥梁14座,自上游往下游依次为衢江大桥(通航净高12.5米)、信安湖景观桥(通航净高8.21米)、西安门大桥(通航净高7.76米)、书院大桥(通航净高7.09米)、浮石二桥(通航净高8.75米)、沈家大桥(通航净高7.04米)、高安大桥(通航净高7.27米)、龙兴殿大桥(通航净高9.31米)、汪船头大桥(通航净高7米)、汀塘圩大桥(通航净高9.02米)、虎头山大桥(通航净高8.32米)、龙游大桥(通航净高

7.9 米）、杨家大桥（通航净高 6.14 米）、桥头江大桥（通航净高 7.3 米）。其中沈家大桥和
汀塘圩大桥在航道建设过程中进行了改造。航道有下穿管线 5 条，其中天然气管道 4 条、
电力缆线 1 条。

衢江金华境内航道原为六级，航道改造工程起自洋埠，终于兰溪市上华街道马公滩，
按四级航道标准建设工程里程 20.62 千米（含游埠船闸和姚家船闸及上下游引航道 3.83
千米），改造里程 16.79 千米。

（三）航道工程项目

1. 钱塘江中上游衢江（衢州段）航运开发工程

（1）项目概况

项目于 2010 年 9 月开工建设，2018 年 10 月试运行。

项目建设依据：2008 年 11 月，浙江省发展和改革委员会《关于钱塘江中上游衢州段
航运开发工程可行性研究报告的批复》（浙发改交通〔2008〕815 号）；2012 年 11 月，浙江
省发展和改革委员会《关于钱塘江中上游衢江（衢州段）航运开发工程航道工程初步设计
批复的函》（浙发改交通〔2012〕9 号）；2007 年 9 月，浙江省环境保护局《关于钱塘江中上
游衢江（衢州段）航运开发工程环境影响报告书审查意见的函》（浙环建〔2007〕76 号）；
2013 年 2 月，浙江省人民政府《浙江省建设用地审批意见书》（浙土字 A〔2012〕-0760）批
准了钱塘江中上游衢江（衢州段）航运开发工程航道工程建设用地。

项目整治衢江双港口至金华洋埠航道长 57.45 千米，航道建设等级为四级，航道设计
尺度为宽度 50 米、水深 2.7 米、最小弯曲半径 330 米。设计代表船型（船队）及尺度：500
吨级货船，尺度 45.8 米×8.6 米×2.1 米；船队 1 拖 6×500 吨驳船，尺度 285.0 米×9.2
米×1.9 米。航道设计通航保证率 96%。

疏浚总方量为 512.8 万立方米，其中小溪滩库区清理方量 91 万立方米，下游河道清
理方量 68 万立方米。建设安仁铺、红船豆 2 座枢纽工程（含船闸），建设塔底、小溪滩船闸
2 座。项目总投资 26.45 亿元，中央政府投资 16.61 亿元，地方政府投资 5.53 亿元，其余
为银行贷款。

（2）项目建设实施情况

项目建设单位为衢州市巨江航运建设开发有限公司；设计单位为浙江省交通规划设
计研究院、浙江省水利水电勘测设计院；施工单位为浙江省第一水电建设集团股份有限公
司、中国水利水电第十二工程局有限公司、上海三航奔腾建设工程有限公司等；监理单位
为浙江中水东方建设工程咨询有限公司、浙江广川工程咨询有限公司、江苏科兴项目管理
有限公司等；质监单位为浙江省交通运输厅工程质量监督局、衢州市交通工程质量监督站
（船闸部分）、衢州市水利工程质量与安全监督站（电站部分）。

（3）科技创新成果及获奖情况

"衢江航道航行安全与梯级枢纽优化调度关键技术研究"通过国家水运建设行业协会鉴定,达国际领先水平,获得2013年水运建设科技一等奖,取得计算机软件著作权一项。"通航梯级枢纽联合调度方法"等3项发明专利申报已被授权。

2.钱塘江中上游衢江(金华段)航运开发工程

（1）项目概况

项目于2014年9月开工建设,2018年5月竣工。

项目建设依据:2013年6月,浙江省发展和改革委员会以浙发改函〔2013〕273号文批复工程可行性研究报告;2014年12月,浙江省发展和改革委员会以浙发改设计〔2014〕180号文批复工程初步设计;2013年1月,浙江省环境保护厅以浙环建〔2013〕23号文批复环境影响评价报告书;2012年10月,浙江省国土资源厅以浙水资预〔2012〕199号文出具《工程建设用地的预审意见》。

项目整治航道里程22.49千米,航道建设等级为四级,航道设计尺度为水深2.7米、最小弯曲半径330米。设计代表船型(船队)及尺度:500吨级单船,尺度45.8米×8.6米×2.1米;船队500吨级驳船,尺度285.0米×9.2米×1.9米。航道设计通航保证率95%。

项目建设疏浚量221.57万立方米,总防护数量3.23万米,建设洋港锚泊服务区、罗埠锚地、游埠应急锚地各1处,建设助航安全设施等配套工程。项目总投资6.74亿元,资金来源为省部级补助和地方政府筹集。

（2）项目建设实施情况

项目建设单位为金华市婺舟航运开发建设有限公司;设计单位为浙江省交通规划设计研究院;施工单位为浙江巨圣建设有限公司、湖州宏强交通建设有限公司、江苏海通建设工程有限公司;监理单位为浙江公路水运工程监理有限公司;质监单位为金华市交通工程质量监督站。

（四）航道的发展成就与经验启示

衢州水运历史悠久,在古代推行食盐商销商运政策,浙盐行销四省,其中赣省广信(今上饶)府七县食盐,均通过衢江水运至常山起岸,转陆运到江西玉山分销。新中国成立初期,水运在输送粮食、木材、柑橘、煤炭、毛竹、柴炭、麦秆等大宗土特产方面,发挥了极为重要的作用。20世纪80年代,随着机动船的发展,先后开辟了衢州直达浙江萧山、绍兴、宁波、杭州、嘉兴、湖州和上海、江苏的内河航线。到20世纪90年代后,由于上游建库及其他人类活动的影响,航道通航能力逐渐萎缩,部分浅滩航段甚至断航。因航道等级的降低,通航吨位小,衢江航运不能发挥其运价低、运量大的优势,经济效益差,各航运公司先后停业、转产。衢江航运开发工程投入运行后，将重新展现百舸争流、欣欣向荣的水上繁忙景象。

二十五、兰江航道

（一）河道自然特征

兰江航道，位于浙江省中西部，下起杭州建德市梅城，上至金华兰溪马公滩，全长45千米，金华市境内下起兰溪将军岩，上至兰溪马公滩，由主流衢江、一级支流金华江在兰溪市区城西南侧汇合，长22.55千米，是钱塘江中上游骨干航道，上接衢江、金华江，下连富春江、钱塘江，经杭州三堡船闸、新坝船闸与浙北内河水系、浙东运河水系沟通，是浙江中西部地区通往杭州、浙江东北部及邻省的唯一水路通道。

兰江属亚热带季风气候区，雨量丰沛，河流含沙量与降雨量关系密切。经观测，兰江多年月平均含沙量最大为0.5千克/立方米，多年平均输沙量为211万吨。兰江河道宽度最大处约1100米，最窄处约370米。兰江航道处地形为剥蚀丘陵区，地势起伏较大。兰江航道属富春江电站回水范围的库区航道，水深情况、工程地质条件良好。

（二）主要航道现状和建设情况

航道现状等级为六级，基本沿河道深槽走向，同时穿过现状桥梁通航孔：从兰江公路大桥起，沿河道右岸下行，过兰江铁路桥、金角大桥，行至灵羊岛右汊，过黄滠大桥后，直行至黄滠滩左侧的河道凹岸，贴近岸深槽航行，过黄滠滩后，航道过渡至右岸，沿张莫滩右侧深槽区域行进，出张莫滩后过河，而后沿礁石滩左侧深槽航行，而后基本贴左岸深槽航行，止于将军岩处，航道里程21.3千米。航道所涉及的水域共有桥梁4座，分别为兰江公路大桥（双幅，双曲拱＋吨梁，后期拼宽）、金千线兰江铁路桥、金角大桥（双幅）、黄滠公路大桥，通航净高不小于7米。

2016年，兰江航道五升四整治改造工程开工建设，工程起于兰江公路大桥，止于将军岩，改造航道里程约21.3千米，全线按内河（天然和渠化河流）四级航道标准整治。

（三）航道工程项目

兰江航道五升四整治改造工程

（1）项目概况

项目于2017年10月开工建设，2019年2月竣工。

项目建设依据：2014年12月，浙江省发展和改革委员会以浙发改函〔2014〕441号文批复工程可行性研究报告；2015年7月，浙江省发展和改革委员会以浙发改设〔2015〕

62 号文批复工程初步设计;2014 年 10 月,浙江省环境保护厅以浙环建〔2014〕64 号文批复环境影响报告书;2014 年 6 月,金华市国土资源局以金预审〔2014〕15 号文出具工程用地预审意见。

项目整治航道里程 21.3 千米,航道建设等级为四级,航道设计尺度为水深 2.7 米、最小弯曲半径 330 米。设计代表船型(船队)及尺度:船型 500 吨级,尺度 45.8 米×8.6 米×2.1 米;船队 500 吨级驳船,尺度 285.0 米×9.2 米×1.9 米。航道设计通航保证率 95%。

项目疏浚土石方约 2.98 万立方米,修建护岸(防洪堤加固)1.67 千米,新建桥梁防撞设施 9 座,建设女埠水上服务区及管理站 1 处,拆除过江管道、悦济人行浮桥,新建人行桥 1 座、航标及标志 56 座,建设助航设施、信息化工程等配套工程。项目总投资 1.64 亿元,补助资金 1.27 亿元,其余由地方安排财政资金解决。

(2)项目建设实施情况

项目建设单位为金华市婺舟航运开发建设有限公司;设计单位为浙江省交通规划设计研究院;施工单位为浙江顺通路桥工程有限公司、浙江正方交通建设有限公司、浙江八咏公路工程有限公司等;监理单位为浙江公路水运工程监理有限公司、浙江鑫润工程管理有限公司;质监单位金华市交通工程质量监督站。

(3)科技创新成果及获奖情况

兰江项目特征水位课题《山区航道枢纽间通航特征水位专题》达到国内先进水平,获中国水运建设协会 2017 年度水运工程优秀咨询成果三等奖。

二十六、浦阳江航道

(一)河道自然特征

浦阳江发源于金华市浦江县花桥乡蛇高陵南麓,在杭州市萧山区闻家堰附近汇入钱塘江,主流长 150 千米,流经义乌、浦江、诸暨、萧山四县市(区)。浦阳江航道地形平坦,东南略高,西北略低,地面高程一般在 5.2～8.7 米之间。陆域部分属萧绍冲海积平原区,因地势低平,河道比降平缓,流速小,易淤积。其上游河流两岸植被较好,水流平稳对河床冲刷较小,泥沙来源较少,下游在汛期受钱塘江洪潮顶托影响较大,属于感潮河段,在新坝船闸上游喇叭口两侧弯道处淤积较为严重。河床底质主要是淤泥质粉质黏土。

(二)主要航道现状和建设情况

浦阳江自南向北纵贯萧山南部,沿江而下经浦阳镇、临浦镇、义桥镇和闻堰镇(今闻堰街道)汇入钱塘江,过三堡船闸进入浙北内河航道网,与京杭运河、杭申线等干线航道联通,过三江口往西北进入富春江,经新坝船闸进入杭甬运河可抵达浙东南绍兴、宁波等地。浦阳江航道宽浅、滩多,河床质为淤泥质粉质黏土,航道基本顺直,仅在蒋村湾河段存在 1 处急弯,弯道最小弯曲半径仅为 70 米。

浦阳江萧山段起于与诸暨交界处的金浦桥,止于闻家堰钱塘江三江口,航道长 28.99 千米,其中从三江口至新坝船闸为杭甬运河浦阳江段 5.83 千米,在杭甬运河建设中已达到天然河流四级航道通航标准;从新坝船闸往上游至金浦桥航道长 23.16 千米,为六级航道。

其上游诸暨境内金浦桥至新亭埠段已经按四级航道标准完成了养护改造,新坝船闸往上游至金浦桥航道长 23.16 千米的六级航道,需按通航 500 吨级船舶标准进行养护改造,使浦阳江整条航道达到天然河流四级航道标准。

浦阳江已建、在建的桥梁有 14 座,其中 2 号尖山铁路桥、1 号尖山铁路桥、老临浦大桥、新临浦大桥、义桥大桥由于建造年份较早,通航净高在 4.5 ~ 5.5 米之间,不满足四级航道通航标准。

(三)航道工程项目

浦阳江航道养护安保工程

(1)项目概况

项目于 2015 年 9 月开工建设,2016 年 1 月试运行,2018 年 1 月竣工。

项目建设依据:2013 年 11 月,杭州市萧山区发展和改革局《关于浦阳江航道养护安保工程项目可行性研究报告的批复》(萧发改投资〔2013〕1053 号);2014 年 7 月,浙江省港航管理局《关于浦阳江航道养护安保工程初步设计的批复》(浙港航〔2014〕105 号);2015 年 1 月,杭州市萧山区发展和改革局《关于调整浦阳江航道养护安保工程项目建设主体的批复》(萧发改投资〔2015〕22 号)。

项目整治航道里程 23.16 千米,航道建设等级为四级,航道设计尺度为水深 2.5 米、最小弯曲半径 330 米。设计代表船型(船队)及尺度:500 吨级驳船,尺度 45.8 米 × 10.8 米 × 1.6 米和 45.8 米 × 8.6 米 × 2.1 米。航道设计通航保证率 98%。

项目疏浚河段长度 23.16 千米,疏浚土方 17 万立方米,合金钢丝石笼 0.7 万立方米,设置各类助航标志 34 座、安全标志 14 座。项目总投资 2605 万元,其中浙江省港航管理局补助资金和萧山地方财政配套资金各占 50%。

(2)项目建设实施情况

项目建设单位为杭州萧山浦阳江建设开发有限公司;设计单位为浙江省交通规划设计研究院;施工单位为杭州港航工程公司;监理单位为湖州市公路水运工程咨询监理有限公司;质监单位为杭州市交通工程质量安全监督局。

(3)项目投产后的运营情况

工程实施后,浦阳江萧山段(金浦桥至新坝船闸上游引航道喇叭口)航道等级由六级提高至四级,浦阳江航道全线达到天然河流四级标准,通航条件得到极大的改善,充分发挥了杭甬运河和萧山、诸暨的水路运输优势,完善了萧山地区的综合交通体系,很好地配合了"三江两岸"整治工程的实施,促进了沿线和腹地经济的发展。

(四)航道的发展成就与经验启示

浦阳江是浙江省20条内河骨干航道之一,是上游义乌、诸暨进入浙北航道网的主要通道,经萧山段养护改造后浦阳江航道的瓶颈段消除,全线航道的通航条件和通过能力有较大的提高,常年可通行500吨级船舶,促进了沿线萧山和诸暨等县市(区)的水运事业,完善了内河航道网,降低了沿线企业的物流成本,缓解了道路运输压力,减少了区域环境的污染。

二十七、杭甬运河

(一)河道自然特征

杭甬运河原名浙东运河,是浙东萧绍宁地区水运枢纽,为京杭运河的延伸,航道西起杭州三堡船闸,溯江而上经萧山临浦峙山闸入西小江,至钱清入绍兴界,再至宁波镇海港止,全长239千米。

杭甬运河西起杭州市滨江区西兴街道,在经过西兴之后进入萧山区,随后进入绍兴市柯桥区钱清镇,与钱清江故道相交。此后运河向东南进入绍兴市越城区,与曹娥江相交。自西兴至曹娥江的运河又名萧绍运河。过曹娥江后,运河进入绍兴市上虞区,分为北、南两支。北侧运河又名虞余运河,从曹娥江东岸上虞百官的上堰头至余姚市曹墅桥连接姚江。南侧运河又名四十里河,自曹娥江至通明坝汇入姚江,另有后新河、十八里河并行。此后主河道进入自然河道,在丈亭镇分出支流称慈江,在宁波市鄞州区高桥镇大西坝分出支流称西塘河。此后干流经姚江与奉化江在宁波三江口汇合成甬江,最后在镇海招宝山东面汇入东海。慈江自西向东,在慈城南面分出支流刹子港,在小西坝连通姚江。慈江干流经过化子闸改称中大河,此后从江北区进入镇海区,最后汇入甬江。西塘河向东到达宁波老城望京门,连接护城河和城内水系,并与奉化江相连。在自然河道形成内外江平行的格局是为了避让外江潮汐并裁弯取直。

运河最初开凿的部分为位于绍兴市的山阴故水道,始建于春秋晚期。此后,经历朝多次整治和疏浚,成为集灌溉、防洪、运输等多种功能于一体的水上大动脉。西晋时,会稽内史贺循主持开挖西兴运河,此后与曹娥江以东运河形成西起钱塘江、东到东海的完整运河。南宋建都临安,杭甬运河成为当时重要的航运航道,历时近一个世纪,对其全线进行一系列大规模的疏浚,通航状况有很大改善。元代至清代,杭甬运河重要性有所下降,但仍然保持畅通。直到近代,在新型交通方式的冲击下,运河作用逐渐被取代。

杭甬运河西段——萧绍运河(旧称西兴运河)为古代人工疏浚、开凿而成;东段利用余姚江天然水道,余姚江在余姚市丈亭镇以下,江宽可达 10～250 米,水深 4～5 米,至宁波市汇入甬江。因运河穿越的钱塘江、曹娥江、甬江的水位高低不一,历史上只能分段航运。

(二)主要航道现状和建设情况

新中国成立后,浙东运河经历了数次整治和疏浚,同时新增附属设施,以便利运输和灌溉。1979 年,浙江省革委会批准开通杭甬运河工程,对航道和过堰设施,按通过 40 吨级船舶的要求进行改造建设。在充分利用原有河道的前提下,工程确定运河路线走向为:从杭州南星桥开始,逆钱塘江上行至萧山闻家堰入浦阳江,过临浦崎山闸,经绍兴钱清,沿杭甬铁路经绍兴城区到曹娥老坝底入曹娥江,再从下游赵家(百官)升船机通向驿亭、五夫、马渚、斗门入姚江,经余姚、宁波姚江闸,抵宁波三江口,全长 216 千米。1980 年杭甬运河工程正式开工,拓浚改善航道约 30 千米,新建 40 吨级升船机 4 座(曹娥老坝底、陡门、西横河、姚江),至 1983 年 7 月 1 日基本通航,沟通钱塘江、曹娥江、甬江 3 个水系。杭甬运河全线有 7 座升船机,除新建 4 座外,尚有驿亭、五夫、赵家 3 座建于 20 世纪 70 年代,过载能力为 30 吨级。1983 年经试压测定仍符合 30 吨级标准,为确保船舶安全过坝,暂定为 25 吨级。20 世纪 80 年代,杭甬运河船舶全线实际通过能力为 25 吨级。1986—1990 年,浙江省内河航道建设集中力量对杭甬运河在内的 3 条航道的"卡脖子"航段进行改造。杭甬运河通过对赵家、驿亭、五夫 3 座升船机和部分航道、桥梁的改造,全线基本达到 40 吨级通航标准。1994 年改建临浦崎山闸,变 5 孔为 3 孔,1995 年基本完工。1997 年浚深杭州段航道。

20 世纪末,重建杭甬运河被提上议事日程。2002 年,针对原有运河堰坝多、通航吨位小、不能应对现代物流需要的缺陷,杭甬运河改建工程启动。改建的杭甬运河以四级航道(通行 500 吨级货轮)为标准,西起钱塘江西岸的三堡船闸,依次流经钱塘江、浦阳江、西小江、曹娥江、四十里河、姚江、甬江,在甬江口注入东海。工程分宁波、绍兴市区、杭州 3 段先后开工建设,杭州段 55.79 千米,绍兴段 89.49 千米,宁波段 93.65 千米。2009 年 9 月,工程全部完成,成为中国大陆历史上单项工程投资规模最大的内河改造建设项目。在完工前的 2007 年 12 月,运河已经部分建成通航,杭州段和绍兴段已经成为繁忙的水道。但宁波段由于姚江上桥梁大都达不到通航要求,改建投资巨大,运河宁波段迟迟未能通航。直至 2016 年 1 月 12 日,宁波市人民政府发布《杭甬运河宁波段通航通告》,宣布自当月16日起,杭甬运河宁波段全线正式通航500吨级船舶,杭甬运河全线实现"真通、畅通、有效通",普通小型内河船可以通过杭甬运河直达宁波—舟山港,实现江海联运。

(三)航道工程项目

1. 杭甬运河宁波段航道工程

(1)项目概况

项目于2000年10月开工建设,2013年12月试通航,2014年12月竣工。

项目建设依据:1999年,宁波市计划委员会《关于杭甬运河宁波段改建一期工程可行性研究报告的批复》(甬计工〔1999〕180号);2001年,宁波市计划委员会《关于杭甬运河宁波段二期工程可行性研究报告的批复》(甬计资〔2001〕431号);2006年,宁波市发展和改革委员会《关于杭甬运河宁波段一、二期工程可行性研究调整报告的批复》(甬发改交通〔2006〕206号);1999年,宁波市计划委员会《关于杭甬运河宁波段改建一期工程初步设计的批复》(甬计投〔1999〕406号);2000年,宁波市计划委员会《关于杭甬运河宁波段二期工程(安家渡—郁浪浦)初步设计的批复》(甬计投〔2002〕457号);2006年,宁波市发展和改革委员会《关于杭甬运河宁波段一、二期工程初步设计调整的复函》(甬发改投资〔2006〕270号);2007年,宁波市发展和改革委员会《关于同意调整杭甬运河宁波段初步设计概算费用类别的复函》(甬发改重点函〔2007〕3号);2008年,宁波市重点工程领导小组办公室《杭甬运河余姚段设计变更协调会议纪要》(甬重领办〔2008〕19号);2009年,宁波市发展和改革委员会《关于同意杭甬运河余姚段明伟1号桥工程重大设计变更的复函》(甬发改重点函〔2009〕21号)。

项目改建四级航道(安家渡至姚江船闸段、三江口至甬江口段)里程88.76千米,改建五级航道(姚江船闸至三江口段)里程5千米;新建500吨级和300吨级船闸各1座;新建改建桥梁15座及航道有关配套设施;新改建护岸工程38.67千米;新建锚泊服务区1个(工程甩尾项目);杭甬运河宁波段共征用土地面积为100.22万平方米,房屋拆迁12.6万平方米等。工程概算总投资18.42亿元。

(2)项目建设实施情况

项目建设单位为杭甬运河宁波段建设工程指挥部、杭甬运河(余姚段)拓宽改造工程指挥部;设计单位为浙江省交通规划设计研究院、宁波市建筑设计研究院、清华大学建筑设计院等;施工单位为宁波交通工程建设集团有限公司、杭州建筑工程公司、中国水利水电第十二工程局等;监理单位为南京港湾工程建设监理事务所、宁波交通工程咨询监理有限公司、余姚交通工程咨询监理有限公司等;质监单位为浙江省交通运输厅工程质量监督局。

建设过程中,初步设计批复中的 500 吨级蜀山船闸由余姚水利局负责实施建设;余姚城区四桥(东旱门桥、最良桥、新西门桥、开丰桥)作为政策处理,由余姚市人民政府负责;明伟 1 号桥、郁浪浦人行桥经宁波市发展改革委、重点办同意,取消工程建设;余姚锚泊服务区作为工程甩尾项目保留。

(3)项目投产后的运营情况

2015 年 1—5 月,姚江船闸至三江口航段通航船舶按载重 300 吨级控制。6 月起进行 500 吨级通航试验,实际载重控制在 480 吨内,通航船舶尺寸控制:总长不大于 45 米,型宽不大于 10.8 米,最大吃水不大于 2.2 米。

2016 年 1 月起,杭甬运河宁波段全线正式通航 500 吨级船舶,突破了通航吨级瓶颈限制,同时也取消了姚江船闸至三江口航段航行时间的限制。

2. 杭甬运河绍兴段改造工程

(1)项目概况

项目于 2002 年 1 月开工建设,2009 年 1 月试通航,2017 年 5 月竣工。

项目建设依据:2000 年 11 月,浙江省发展计划委员会《关于杭甬运河绍兴段航道工程可行性研究报告的批复》(浙计投〔2000〕521 号);2001 年 12 月,浙江省发展计划委员会《关于杭甬运河绍兴段航道工程初步设计的批复》(浙计投〔2001〕215 号);2006 年 4 月,浙江省发展和改革委员会《关于杭甬运河航道改造工程(绍兴段)调整可行性研究报告批复的函》(浙发改函〔2006〕113 号);2006 年 6 月,浙江省发展和改革委员会《关于杭甬运河航道改造工程(绍兴段)调整初步设计批复的函》(浙发改设计〔2006〕63 号)。

项目疏浚土方 1511.28 万立方米(含船闸工程土方量),新建护岸 146.27 千米、1000 吨级船闸 2 座、500 吨级船闸 1 座、桥梁 58 座,另有 2 座桥梁结合城镇建设实施;建设绍兴市养管中心 1 处,服务区、锚泊区共 5 处,总建筑面积为 2.57 万平方米;设置航标 868 座,航道两侧建设绿化 64.54 万平方米;信息化系统工程前端点位 91 处等。杭甬运河绍兴段航道建设工程批准概算总额为 39.3 亿元。

(2)项目建设实施情况

项目建设单位为绍兴市杭甬运河建设管理处;设计单位为浙江省交通规划设计研究院、宁波市交通规划设计研究院有限公司、嘉兴世纪交通设计有限公司等;施工单位为浙江宝业交通建设工程有限公司;监理单位为温州港湾工程咨询监理有限公司;质监单位为浙江省交通运输厅工程质量监督局。

3. 杭甬运河杭州段改造工程

(1)项目概况

项目于 2003 年 9 月开工建设,2009 年 1 月试运行,2017 年 12 月竣工。

项目建设依据:2000年11月,浙江省发展计划委员会《关于杭甬运河杭州段可行性研究报告的批复》(浙计投〔2000〕522号);2006年11月,浙江省发展和改革委员会《关于杭甬运河航道工程杭州段调整可行性研究报告批复的函》(浙发改函〔2006〕266号);2001年12月,浙江省发展计划委员会《关于杭甬运河杭州段航道工程初步设计的批复》(浙计投〔2001〕216号);2006年12月,浙江省发展和改革委员会《关于杭甬运河航道改造工程(杭州段)调整初步设计批复的函》(浙发改设〔2006〕178号);2004年9月,浙江省环境保护局《关于杭甬运河(杭州段)航道改造工程环境影响报告书审查意见的函》(浙环建〔2004〕190号);2009年5月,国土资源部《关于杭甬运河杭州段改造工程建设用地的批复》(国土资源〔2009〕715号)。

项目整治航道里程55.79千米,航道建设等级为四级,航道设计尺度为底宽40米、水深2.5米、最小弯曲半径330米。设计代表船队为500吨级船队一顶二、一拖三,300吨级船队一顶二、一拖四,100吨级船队一拖十二。航道设计通航保证率98%。

项目疏浚河段长28.4千米,航道陆上土方250万立方米,疏浚土方量132万立方米,岩基11.5万立方米,新建航道浆砌块石仰斜式挡墙38.6千米,修复护岸3千米。按三类航标配布设置各类航道标291座,其中助航标志93座、安全标志64座、信息标志134座。项目新建500吨级新坝船闸1座,改造浙赣铁路桥、萧甬铁路桥2座,新建各类跨航道桥梁22座,桥梁通航净高均为7米,新建杨讯锚泊服务区1处及沿线绿化、标志标牌等。项目总投资19.15亿元,其中部省补助资金49%,地方政府资金21%,项目业主自筹30%。

(2)项目建设实施情况

项目建设单位为杭州市杭甬运河工程建设处;设计单位为浙江省交通规划设计研究院、浙江省钱塘江管理局设计院、杭州市交通规划设计研究院等;施工单位为杭州港航工程公司、宁波交通工程建设集团有限公司、浙江登峰集团有限公司等;监理单位为温州港湾工程咨询监理有限公司、上海华申工程建设监理咨询有限公司、浙江公路水运工程监理有限公司等;质监单位为浙江省交通运输厅工程质量监督局。

(四)航道的发展成就与经验启示

杭甬运河作为国家规划建设的长三角地区高等级航道网"二横六纵"的重要组成部分,是国家主干航道建设重点工程和浙江省重点工程,也是浙江省迄今投资最大的单体水运工程项目。

杭甬运河是京杭大运河的延伸,这条运河串起的不仅仅是杭州、绍兴和宁波等浙江经济最发达地区(2012年三市地区生产总值达到1.79万亿元,占浙江省的51.9%和环杭州湾地区3/4以上),它沟通了浙东航道网和浙北航道网乃至全国水运主干网,加强了杭州港、绍兴港与宁波—舟山港联结,实现了"通江达海"。

①作为一项集河海航运、浙东引水、水土保持、农田灌溉于一体的综合工程,杭甬运河贯通钱塘江、曹娥江、姚江、甬江四大水系,使京杭大运河向东延伸出海,使浙江省内河航道网布局由浙北向浙东拓展,开启了江河海联运时代。

②为宁波—舟山港构筑了一条疏港货运大通道,将进一步带动浙江省港口、物流、海运业的发展,产生巨大的经济和社会效益。

杭甬运河的全线通航,标志着这条水运大动脉的打通,对沿河经济的发展带来许多航运红利。

第六节　西江航运干线

一、综述

西江主流南盘江,发源于云南省曲靖市沾益区马雄山东麓,在贵州、广西两省(自治区)边界蔗香与北盘江汇合后,称红水河,东南流 663 千米,到象州石龙附近,与北来的柳江汇合后,称黔江,在桂平与西南来的流长 385 千米的郁江汇合后,称浔江,流程 169 千米,到梧州与西北来的桂江相会,始称西江,西江出广西壮族自治区梧州市即入广东省境内,广西境内的河长只有 13 千米。西江于广东省三水县(现三水区)思贤滘进入珠江三角洲。从桂江河口至思贤滘西口,河长为 208 千米,河道平均坡降 0.086‰。西江干流思贤滘以上河长 2075 千米,流域总面积 35.21 万平方公里,其中广西壮族自治区境内 20.21 万平方公里,占总面积的 57.4%;贵州省境内 6.04 万平方公里,占总面积的 17.1%;云南省境内 5.87 万平方公里,占总面积的 16.7%;广东省境内 1.8 万平方公里,占总面积的 5.1%;湖南省境内 1431 平方公里,占总面积的 0.4%;越南境内 1.16 万平方公里,占总面积的 3.3%。西江入珠江三角洲后与北江等水系混流,其主河道于珠海市磨刀门流入南海,故西江总长度为 2214 千米。

西江的另一源流为右江,源于云南省广南县杨梅山,上游称驮娘江剥隘河,向东南流经广西西林、田林两县,而后流入百色市,与澄碧河汇合后称右江。经田阳、田东与左江汇合后称郁江,干流全长 727 千米,流域面积 4.12 万平方公里。

左江是郁江右岸支流,上游称平而河,发源于越南,在龙州县与水口河汇合后称左江,全长 591 千米,流域面积 3.17 万平方公里。

西江航运干线航道,西起南宁,经由郁江、浔江、西江和广东省三水县思贤滘东平水道,到达广州,全长 854 千米。

新中国成立以来,至改革开放初期,曾先后对各重点河段进行治理,在梧州以上河段,主要采用炸礁、疏浚、改善流态等措施,增加航道尺度。梧州以下河段,主要采用筑坝整治、疏浚浅滩等措施,经多次治理,航道条件稍有改善。

(1)郁江段。南宁至桂平,长 385 千米,平均比降 0.11‰。其中南宁至西津段长 169 千米,1964 年建成西津水利枢纽,水库原设计正常蓄水位 63.00 米,回水至南宁。建成后实际控制水位为 61.00 米,在回水变动段 28 千米航段,仅能维持航宽 20 米、水深 1.1 ~ 1.2 米、弯曲半径 150 米,通航 120 ~ 250 吨级船舶。西津水利枢纽建有三级二线船闸 1 座,上、下级船闸闸室有效尺度为长 190 米、宽 15 米、槛上水深 4.5 米,可通航 1000 吨级驳船队。

西津至贵港段,长 104 千米,滩险较多,礁石林立,航道狭窄,水流紊乱。航道尺度为航宽 15 米、水深 0.8 米、弯曲半径 150 米,枯水期只能单向航行,通航 80 ~ 120 吨级船舶。

贵港至桂平段,长 112 千米,河床稳定,枯水期可维持航道尺度航宽 20 ~ 30 米、水深 1.2 米、可通航 120 吨级船舶。

(2)浔江段。桂平至梧州段,长 169 千米,因汇有红水河、柳江流量由黔江注入,一般河面宽 500 ~ 800 米,枯水期通航流量 800 ~ 1000 立方米/秒,枯水期航道尺度为航宽 20 ~ 30 米、水深 1.3 米、弯曲半径 300 米,通航保证率 98%,可通航 250 吨级船舶组成的驳船队和 300 客位客货轮船。

(3)西江段。梧州至佛山三水思贤滘段,长 224 千米,先后有桂江、贺江汇入,流量进一步增大,除几处浅滩外,般道水深均大于 2.5 米,可通航 500 吨级驳船组成的船队。

(4)东平水道,长 76 千米,有来自西江和北江的流量,水量充沛,航道条件较好,一般航宽 40 米、水深 2.0 ~ 2.5 米、可通行 500 吨级驳船组成的顶推驳船队。

进入 20 世纪 80 年代,在前述航道整治工程基础上,采取渠化与整治相结合的措施,扩建西江航运干线航道。1981 年国家计委以计交〔1981〕258 号文件批复《西江航运建设工程计划任务书》,要求西江航运干线南宁至广州,按国家三级航道标准建设,通行 2×1000 吨级分节驳顶推船队,船队标准尺度为 160 米×10.8 米×2.0 米。南宁至梧州段为航宽 50 米、水深 2.3 米、弯曲半径 500 米,通航保证率 95%。梧州至广州为航宽 60 米、水深 2.5 米、弯曲半径 500 米,通航保证率 98%。新建贵港船闸闸室有效尺度为长 190 米、宽 16 米、槛上水深 3.5 米。桂平船闸闸室有效尺度为长 190 米、宽 23 米、槛上水深 3.5 米。1964 年建成的西津船闸,闸室有效尺度为长 190 米、宽 15 米、槛上水深 4.5 米。

按任务书要求,工程分两期实施。第一期工程为广东段,梧州至思贤滘长 224 千米,对碍航滩鸡笼州、界首、蟠龙、新滩、都乐滩等进行整治。1990 年通过国家正式验收,航道标准尺度达到航宽 80 米、水深 2.5 米、弯曲半径 500 米,可通航千吨级顶推驳船队。东平水道 1990 年通过国家正式验收,航道尺度达到航宽 60 米、水深 2.5 米、弯曲半径 400 米,可通行千吨级顶推驳船队。

第二期工程为广西段,梧州至南宁长 554 千米,采用渠化与整治相结合的措施,兴建桂平和贵港两处航运枢纽,结合原西津水利枢纽,桂平以上航道三级渠化,桂平以下采用筑坝、炸礁、疏浚、裁弯等整治措施,达到通航千吨级顶推驳船队,航道标准达三级。航道尺度为航宽 60~80 米、水深 2.3~2.5 米、弯曲半径 500 米。同时建设贵港市新港,在贵港分流 300~500 吨煤炭,以缓和广东等地煤炭供应紧张状况。工程于 1982 年开工。

桂平至梧州界首 11 个滩和西津库区淹滩的整治工程于 1997 年全部完成,达到三级航道标准要求,同年通过国家验收。

西江航运干线航道,一期、二期工程建成后,桂平船闸建成通航初期,1990 年船舶过闸量为 340 万吨,1993 年猛增至 640 万吨。珠江三角洲货运量从 1982 年的 167.5 万吨增至 1990 年的 487.5 万吨;集装箱运输量达到 11 万 TEU。

长洲水利枢纽位于梧州市上游 12 千米的浔江河段,2007 年 5 月,分别建成可通航 1000 吨级和 2000 吨级驳船队的三级船闸和二级船闸各 1 座,设计两闸年货运通过能力为 3920 万吨,船闸建成通航后的第二年,实际年货运通过量为 3626 万吨,达到设计通过能力的 90% 以上,过闸船舶和船队时有滞航堵塞,给西江航运和西江经济发展造成不良影响。

2009 年,开工建设三线、四线一级通航标准的船闸 2 座,2014 年底建成通航,连同一线、二线船闸,年单向总货运通过能力为 1.27 亿~1.36 亿吨,建设时是我国设计通过能力最大的航运枢纽。

2009—2014 年,贵港至梧州段、西江界首至肇庆段、南宁至贵港段通过整治工程,相继将航道等级由三级提高到二级,2000 吨级船舶可由南宁经贵港直达广州。2013 年东平水道货运通过量超过 1.0 亿吨。

2009 年长州三线、四线一级船闸开工建设后,贵港和桂平二线一级船闸,也分别于 2010 年、2011 年开工建设,后 2015 年又开工建设西津二线一级船闸。同时西江梧州界首至肇庆段 171 千米,通过整治炸礁,使航道水深达到 4.5 米,航道等级由二级扩能升级到一级。2017 年后可通行 3000 吨级船舶和由 3000 吨级驳船组成的顶推船队。2018 年,长洲水利枢纽通过量达到 1.32 亿吨。

随着西津、贵港、桂平和梧州航运梯级一级通航标准船闸的建成和航道整治工程的逐段进展,2009 年 12 月贵港至梧州段,2013 年南宁至贵港段,航道等级标准达到一级,航道最小尺度达到航宽 80 米、水深 3.5 米、弯曲半径 550 米。南宁至广州 854 千米航道,由三级航道标准(通航 2×1000 吨分节驳顶推船队)扩能提升到一级航道标准。2014 年,经广东省发展改革委批准,建设西江航道干线广东省段,界首至肇庆由二级航道扩建为一级航道;界首至江口航道最小尺度达航宽 90 米、水深 4.1 米、弯曲半径 670 米;江口至肇庆航道航宽 130 米、水深 4.5 米、弯曲半径 670 米。

二、郁江航道

（一）河道自然特征

郁江是西江上游的主要干流之一，是广西主要水运干线。郁江由左江、右江于南宁市江南区江西镇宋村汇合而成，两江汇合处称宋村三江口。郁江自宋村三江口起，至桂平三江口止，全长 423.8 千米，流域面积 6.81 万平方公里。西江东流至广东省三水思贤滘后，与北江汇合南流至珠江三角洲河网区，主流由磨刀门出南海。

郁江位于东经 108°06′8″～115°54′23″，北纬 22°36′18″～27°23′54″，其河床海拔范围在 5.13～61.52 米（黄河基准面）之间，属山区性河流，南宁至横县段两岸多为丘陵性安排，该段河谷开阔，两岸土质为砂质黏土，间有风化水成岩，河岸稳定，为单一河床。中段河宽一般在 300～400 米之间，河床多为砂卵石，部分为石灰岩河床。河道干线上的水利枢纽主要有老口枢纽、邕宁水利枢纽、西津水利枢纽、贵港航运枢纽。

（二）主要航道现状和建设情况

郁江航道起自宋村三江口，止于贵港枢纽，里程 313.9 千米，其中宋村三江口至牛湾段全长 84.5 千米为三级航道，牛湾至贵港枢纽段全长 229.4 千米为二级航道，经过重要的城市有南宁市、贵港市；拦河建筑物数量 15 座，名称为豹子头 1～4 号、柳沙娘 1～6 号、三升米洲 1 号、涩滩 1～4 号；有清川大桥、邕江大桥、六景大桥、香江高速桥等 29 座跨河桥梁，电缆 84 条。

（三）航道工程项目

1. 西江航运建设二期工程南宁至西津航道整治工程

（1）项目概况

项目于 1999 年 9 月开工建设，2000 年 6 月竣工。

项目建设依据：1991 年，南宁航道管理处《西江航运建设二期工程初步设计中间检查会议纪要》（交函西江〔1991〕014 号）。

项目建设航道从南宁至西津 169 千米，滩险有竹排坑滩、豹子头至柳沙娘段，青山至打渔村滩段和涩滩，襄衣沙、大冲坑、长塘、上田里、伶俐、道庄村、石洲滩和西津枢纽上、下引航道共 12 处；航道建设等级为三级；设计航道尺度为浅滩最小水深 2.3 米、最小弯曲半径 500 米；设计代表船型为 1 顶 2×1000 吨级分节驳船队，最小航道尺度为航道单线底宽 30 米，双线 60 米；航道设计通航保证率 95%，重现期 5 年一遇。

　　纳入工程中的项目:共修建丁坝 18 座(包括勾头丁坝),其中豹子头 3 座、柳沙娘 10 座、三升米洲 1 座、涩滩 4 座;顺坝 1 座。丁坝间距为其长度的 1~1.5 倍,导流坝设计顶宽 2.0 米,边坡迎水为 1:1,背水为 1:1.5,坝头为 1:3,纵坡为 1%~2%。坝根设上下游护岸,建筑物的材料为块石。整治建筑总长 3555 米,共抛石 445.4 立方米;初步设计共挖槽 16 处(不包括清渣的挖槽),疏浚挖槽总长 5014 米,共挖砂卵石 26.18 万立方米。共设爆破挖槽 15 处,挖槽长度 4234 米,水下炸礁工程量为 25.12 万立方米,水上礁石 2 处,工程量为 677.6 立方米(高于设计水位 0.5 米以上为水上石)。项目总投资 5437.86 万元,资金来源为交通部水运建设资金与广西壮族自治区资金自筹。

　　(2)项目建设实施情况

　　项目建设单位为广西壮族自治区交通厅;设计单位为广西壮族自治区航务管理局综合设计室(初设)、广西港建综合设计所(施设);施工单位为广西壮族自治区航务工程局;监理单位为广西八桂工程监理咨询有限公司;质监单位为广西壮族自治区交通工程质量监督站。

　　工程实施过程中于 2000 年 4 月对涩滩上游浅段水下炸礁工程进行设计修改,设计工程量由原来的水下炸礁 6029 立方米修改为 8963.5 立方米。

　　(3)项目投产后的运营情况

　　经过航道整治,实现南宁至广州通航千吨级轮驳船的航道为国家三级航道,年度货运量达百万吨级。工程的实施对河道两岸及其上游的生态环境、工农业取水及正常泄洪等方面均无妨碍。

　　2. 西江航运干线南宁至贵港二级航道工程项目

　　(1)项目概况

　　项目于 2012 年 2 月开工建设,2013 年 12 月试运行,2014 年 12 月竣工。

　　项目建设依据:2014 年 7 月,广西壮族自治区发展和改革委员会批复同意广东省综合交通勘察设计院有限公司《西江航运干线南宁至贵港二级航道工程可行性研究报告》(桂发改交通〔2011〕845 号);2010 年 12 月,广西壮族自治区环境保护厅《关于南宁至贵港二级航道工程环境影响报告书的批复》(桂环管字改交通〔2010〕151 号)。

　　项目整治由南宁(民生码头)至贵港枢纽河段 273 千米,共整治滩险 42 个;航道建设等级为二级;设计航道尺度为航宽 80 米、水深 3.5 米、最小弯曲半径 550 米;设计代表船型为 2000 吨级内河船舶。航道设计通航保证率 98%。

　　航道主要对豹子头及柳沙娘、良庆至三升米洲、涩滩、鸡儿滩、地伏滩、嘹唠滩、伏波大滩等滩段进行整治,以及对库区航道的零星碍航礁石进行清除,主要建设内容包括疏浚、炸礁、清障、筑坝、航标、水土保持、环保环保及相关配套工程。

　　炸礁工程包括豹子头及柳沙娘、良庆至三升米洲、涩滩、鸡儿滩、地伏滩、嘹唠滩、伏波大滩河段的碍航礁石,南宁至西津枢纽河段22处零星碍航礁石,以及西津至贵港枢纽11处零星碍航礁石,清礁工程量合计为155.84万立方米,清覆盖工程量合计为34.08万立方米。疏浚区域位于南宁至西津枢纽河段的三洲村附近区,属于库区零散浅区,挖槽总长为320米,疏浚面积为2.25万平方米,疏浚工程量为2.5万立方米。

筑坝工程:整治建筑物主要布置在回水变动区河段,其中,豹子头滩新建2座丁坝,修复4座旧丁坝;柳沙娘浅滩修复7座旧丁坝;三升米洲浅滩新建5座丁坝;涩滩新建6座丁坝,修复4座旧丁坝。合计共新建13座丁坝,修复15座旧丁坝,抛石工程量为14.53万立方米,干砌工程量为3.04万立方米,碎石垫层工程量为9979立方米,拆坝工程量为4183立方米。

航标工程:全河段按一类航标配布,新建105座侧面标,拆除177座示位标,移除原有135座侧面标。其中,南宁(民生码头)至西津枢纽共布设示位塔标116座、侧面标66座;西津枢纽至贵港枢纽共布设示位塔标72座、侧面标39座。在未满足通航净高10米要求的桥梁蒲庙大桥上下游各设置一座桥梁净高提示牌,未满足通航净宽要求的桥梁葫铁路桥、邕江一桥和那阳公路桥在桥墩处设置防撞设施,同时抛设侧面浮标。

项目总投资6.86亿元,资金来源为交通运输部水运建设资金与广西壮族自治区资金自筹。

(2)项目建设实施情况

项目建设单位为广西壮族自治区港航管理局南宁至贵港航道工程建设指挥部;设计单位为广东省综合交通勘察设计院有限公司;施工单位为中交一航局第三工程有限公司、葛洲坝集团第五工程有限公司、广东宏大广航工程有限公司等;监理单位为广西八桂工程监理咨询有限公司;质监单位为广西壮族自治区交通工程质量监督站。

(3)项目投产后的运营情况

南宁至贵港河段作为西江"亿吨黄金水道"的重要组成部分,其航道等级的进一步提高与通航条件的不断改善,必将吸引大批企业落户两岸,逐步形成完整的西江产业带,使该段航道在未来的经济发展中起到举足轻重的作用。将有利于广西东、中、西之间实现优势互补、互利共赢、协调发展,并促进区域经济快速发展,同时也将进一步拓展"黄金水道"范围,使"黄金水道"在区域经济发展中的辐射、集聚、拉动作用日益增大。

(四)航道的发展成就与经验启示

南宁至贵港河段是西江航运干线建设的重要组成部分,是国家西部大开发战略实施的其中一部分,其在我国的交通运输和国民经济建设中具有十分重要的作用,为中国—东盟自由贸易区的形成、泛珠三角区域合作的进一步发展起到稳步的推进作用。广西壮族自治区交通主管部门适时提出将南宁至贵港河段航道建设为内河二级航道标准目标,这不仅是广西打造西江"亿吨黄金水道"的重要举措，也是促进西部地区开发和区域经济社会协调发展的需要，更是货运量快速发展及船舶大型化发展的需要，其社会效益和工程效益较大，项目建设是十分必要的。

三、浔江、西江航道

（一）河道自然特征

贵港至梧州河段属西江水系，含郁江、浔江、西江3个河段。左江、右江于南宁上游38.8千米宋村汇合后称郁江，郁江全长423.8千米，于桂平与黔江汇合后称浔江，浔江长173.3千米，流至梧州市桂江汇入后称西江，其中广西境内梧州至界首段长11.7千米。西江东流至广东省三水思贤滘后，与北江汇合南流至珠江三角洲河网区，主流由磨刀门出南海。

郁江是西江水系的一级支流，区间流域面积6.81万平方公里。其中宋村三江口至南宁38.8千米河段处在西津水库变动回水区末端，落差1.72米，平均比降0.04‰，该段河道较宽，一般为300米，最宽达500米以上。南宁至西津、西津至贵港及贵港至桂平段共382.5千米为渠化河流，其中贵港至桂平航运枢纽属郁江下段，长约110千米，宽一般为300~400米。

郁江、浔江、西江自桂平航运枢纽至两广交界处界首河段全长186千米，其中桂平至长洲段为渠化河流。桂平至梧州段主要支流有蒙江、北流河、桂江，该河段两岸为丘陵平原，阶地、台地发育，河道宽阔，一般为600~1000米，最宽达2000米。2007年长洲水利枢纽蓄水后，坝前死水位18.6米时可回水到达鲫鱼滩，鲫鱼滩至桂平船闸约30千米河段为库尾变动回水区段。现桂平船闸至长洲157千米大部分河段水面宽阔、水深大。长洲至界首24千米段维持天然河流，有龙圩水道、洗马滩、鸡笼洲、界首滩4个滩险，枯水落差1.26米，平均比降0.63‰。

桂平至梧州河段河道较为开阔，地势平缓，河岸为土质或由石灰岩、砂岩组成，河岸抗冲能力强，河道横向变形小。河床多为基岩或由砂卵石组成，有些地区有沙层覆盖。水流含沙量不大，河段内的泥沙运动以悬移质为主。据分析，悬沙中参与造床达50%，这部分泥沙在水位消落期以底沙形式向下游输移。洪水期淹没的心洲和不淹没大洲的岔流航道内，洪枯流向不一致，在缓流区发生泥沙淤积。这些泥沙汇集的沙原地区，当水位消落，水流归槽，泥沙在航槽内运动，到航槽扩散地段，流向和航槽不一致地段流速减少，因输沙不平衡而出浅，表现为洪淤枯冲的规律。局部河段河面较宽，水流分散，造成洪水期淤积的泥沙枯水期无法完全冲走而出浅，导致航道水深不足。

整治河段主要特性有以下几个方面：

①贵港至桂平、桂平至长洲段为渠化河流,工程河段内已建有贵港、桂平、长洲 3 座枢纽,受到枢纽的调节控制,水文泥沙条件较为复杂。

②河岸多为黏土质或由石灰岩、砂岩组成,部分河岸基岩裸露,主流的平面摆动受到限制,河岸抗冲能力强,河道横向变形小,河势较稳定。

③2007 年长洲水利枢纽蓄水发电以来,其坝下河段受电站调节运行影响较大,河床冲刷较严重。河段的水资源开发利用主要有水运、发电、生活及工农业生产用水。

(1)水运

贵港至梧州河段历来都是重要的通航河流,西江航运建设一期工程实施后,建设了桂平航运枢纽、贵港中转港,同时整治桂平至梧州航道,1996 年底,航道等级提升为三级,对水运的发展起到了非常重要的作用。1996 年,西江航运建设二期工程贵港航运枢纽开工建设,1998 年,1000 吨级船闸建成通航。2006 年,伴随着长洲水利枢纽的建设,贵港至梧州段按二级航道标准进行整治,2009 年 12 月建成交付使用。为了提高桂平船闸的通过能力,交通部门 2008 年开工建设桂平二线 3000 吨级船闸,已于 2011 年 6 月通过交工验收并投入运行。为了充分利用水运资源,2010 年 3 月,广西壮族自治区人民政府批准实施广西西江黄金水道建设规划,贵港至梧州规划建设为 3000 吨级航道。长洲三线四线 3000 吨级船闸工程已于 2010 年开工建设,2015 年 1 月建成通航,船闸设计年过闸货运量为 9604 万吨(下行)。

(2)发电

河段内相继建成的桂平、贵港航运枢纽及长洲水利枢纽均有发电功能,其装机容量分别为 46.5 兆瓦、120 兆瓦和 630 兆瓦。

(3)其他

沿江城乡有众多抽水泵站、取水口沿河分布,用于灌溉、饮用及工农业生产。沿河及支流尚有小规模的水产养殖(网箱养鱼)等。

(二)主要航道现状和建设情况

(1)航道现状

西江航运干线贵港至梧州航道全长 290.5 千米,其中贵港枢纽至桂平枢纽段长 109.5 千米,桂平枢纽至梧州段长 181 千米。现状航道的技术等级为二级,于 2009 年 12 月建成投入使用,航道设计尺度为航宽 80 米、水深 3.5 米、最小弯曲半径 550 米,设计代表船型为 2 排 1 列式 2000 吨级顶推船队和 2000 吨级单货船,航道通航保证率为 98%。全程按一类助航标志配布及维护,共设置示位标 134 座、侧面标 153 座、桥涵标 66 座、沿岸标 5 座、左右通航标 1 座,浮标会根据水位情况有所增减,船舶可昼夜通航。

贵港至桂平段 109.5 千米现为桂平库区航道,贵港、桂平两枢纽水位衔接,通航条件优良,但是贵港枢纽至龙口角 53.6 千米航段,其水深不能完全满足要求,主要浅段有牛皮滩、白鹤滩、沙岗滩、猫儿山滩、白银滩、罂煲窑、七星滩、东津圩、田辽沙、小壬滩、大壬滩、机捆滩、榄滩等,存在不同程度的碍航情况,碍航特征为水深不足、岸边石角突出、存在暗礁等。龙口角以下 55.9 千米航段存在大王石、南石洲、石门石洲、市村石洲、牙英石、背团石、福山村中石洲及出尾石洲等零星碍航礁石。

桂平至长洲段 157 千米,现为长洲库区航道,但按 3000 吨级航道的标准尚存在不同程度的碍航现象,特别是库尾变动回水区段的东门沙滩、羊栏滩、蓑衣滩、鲫鱼滩以及常年回水段的力江沙滩、三沙姑翁滩、将军滩、盐蛇滩、十二基狗尾划滩、黄石滩等 10 个滩段。此外,过渡段也存在部分暗礁、石角、突咀不满足示位标作用距离的要求,需要实施清障。

长洲至梧州界首段 24 千米,现为长洲坝下近坝天然航道,受长洲电站调度运行影响较大,存在龙圩水道、洗马滩、鸡笼洲、界首滩 4 个滩险,枯水期滩段航道水深较小。受长洲枢纽下泄流量及坝下河床下切的影响,枯水期航道水深没有完全达到二级航道设计要求。

(2)跨河建筑物

贵港至梧州全河段有已建、在建跨河桥梁 26 座,主要有贵港香江圩郁江特大桥、贵港西江大桥、贵港郁江大桥、洛湛铁路石角良浔江特大桥等,最高通航水位时净空高度未达到 13 米的桥梁尚有 12 座。最低通航净空为贵港铁路大桥,只有 6.33 米。

贵港至梧州全河段共有跨河电线、电缆、测流线 44 条;其中通航净高未达到 18 米的线缆为 30 条,包括 110～220 千伏架空电力线 20 条、架空光缆 8 条、测流线 2 条。

贵港船闸至贵港郁江大桥河段有 2 处埋于河底的过河水管,均满足 3000 吨级航道设计底高程的要求。此外,沙岗滩河段砂江电灌站附近分布有贵港石油公司的西南水下过河输油管道,航线做适当调整后可满足要求。

贵港至梧州河段共有各种临河设施 34 处,均不碍航。

(三)航道工程项目

1. 西江航运建设一期工程项目

(1)项目概况

项目于 1992 年 10 月开工建设,1996 年 3 月竣工。

项目建设依据:1984 年,国家计委《关于对西江航运建设第一期工程广西段初步设计审查意见的复函》(计鉴〔1984〕1721 号);1993 年 10 月,交通部《关于西江航运建设第一期桂平至梧州航道整治工程初步设计调整概算的批复》(交工发〔1993〕1022 号);1981 年,国家计委批复《西江航运建设工程设计任务书》(计交〔1981〕358 号);1982 年,国家经委批复《西江一期工程广西段建设方案设计》(经基(82)532 号)。

项目整治航道里程 169 千米,整治滩险 11 处;航道建设等级为三级;航道设计尺度为宽度 50 米、水深 2.3 米、最小弯曲半径 500 米;设计代表船型为 1 顶 2×1000 吨级驳船组成的单列式顶推船队。航道设计通航保证率 95%。

项目筑坝 27.75 万立方米,疏浚 36.2 万立方米,拆旧坝 4296 立方米;水下炸礁 33.25 万立方米;配布航标灯艇 96 艘、航标灯器 400 套(其中太阳能灯器 40 套)、示位(过河)标 3 座。项目总投资 7866.35 万元,资金来源为交通部水运建设资金和广西壮族自治区资金自筹。

(2)项目建设实施情况

项目建设单位为广西壮族自治区水运基建管理局;设计单位为广西壮族自治区航务管理局综合设计室;施工单位为广西壮族自治区航务工程局;监理单位为广西八桂水运工程监理有限责任公司;质监单位为广西壮族自治区交通工程质量监督站。

建设期间,交通部 1993 年《关于西江航运建设第一期桂平至梧州航道整治工程初步设计调整概算的批复》(交工发〔1993〕1022 号)批准重新核定总概算为 7429.68 万元。

(3)项目投产后的运营情况

项目所整治的 11 处滩险,是西江桂平至梧州段 22 处滩险中水深不足 1.8 米的部分。竣工后,航道最窄宽度由 30 米提高到 50 米,航道最小水深由 1.3 米提高到 2.3 米,航道最小弯曲半径由 300 米提高到 500 米,达到了国家三级航道通航标准的要求。此外,航道水面比降、流速、流态明显改善,航运部门反映良好。西江航运建设一期工程桂平至梧州段航道整治工程的竣工和投入使用,已经发挥了其经济效益和社会效益。随着西江二期工程、南昆铁路的建成,我国西南地区将形成良好的水路运输网络。西江是大西南出海最便捷的水上通道,开发和利用西江航道,在经济上、战略上都具有重要的意义。

2.西江航运干线贵港至梧州 2000 吨级航道工程

(1)项目概况

项目于 2006 年 3 月开工建设,2009 年 12 月试运行,2010 年 1 月竣工。

项目建设依据:2005 年 10 月,广西壮族自治区发展和改革委员会《关于西江航运干线贵港至梧州航道工程项目可行性研究报告的批复》(桂发改交通〔2005〕481 号);2006 年 2 月,广西壮族自治区发展和改革委员会《关于西江航运干线贵港至梧州航道工程桂平至梧州段工程初步设计的批复》(桂发改交通〔2006〕51 号);2006 年 9 月,广西壮族自治区发展和改革委员会《关于西江航运干线贵港至梧州航道工程贵港至桂平段工程初步设计的批复》(桂发改交通〔2006〕526 号);2005 年 11 月,广西壮族自治区环保局《关于西江航运干线贵港至梧州航道工程环境影响报告书的批复》(桂环管字〔2005〕262 号)。

项目工程起于贵港航运枢纽,止于梧州界首,航道建设里程 290.5 千米(其中贵港枢纽至桂平枢纽 109.5 千米,桂平枢纽至梧州界首 181.0 千米);航道按内河二级双线航道建设;航道设计尺度为宽度 80 米、水深 3.5 米、最小弯曲半径 550 米,航道纵向流速控制为不大于 2.5 米/秒;设计代表船型(船队)为二排一列式 2000 吨级船队及 2000 吨级单船,航标配布类别为一类,夜间发光,船舶可昼夜航行。航道设计通航保证率98%。

工程共分 11 个施工合同标段,建设内容包括航道整治工程(1 号、2 号、3 号、4 号、5 号合同段、桂平二线船闸下游郁江口及羊栏滩汇流段航道工程)、航道护岸工程(6 号合同段)、航标工程(7 号合同段)、管养基地及站场码头工程(8 号合同段)、管养船舶建造工程(9 号合同段)、过河管道改建工程。其中:

桂平至梧州段:始于桂平航运枢纽船闸下引航道出口,终于梧州市界首,全长 181 千米;主要施工内容有长洲库区及库区末端东门沙滩、羊栏滩、蓑衣滩、鲫鱼滩、三沙姑翁滩、力江沙滩、将军滩、盐蛇滩、外鸭洲、十二基狗尾划、黄石滩 11 个滩险及榄子石、南红石、浪伞石、铜锣石、蛤蚧石、茹良湾、西洲、思礼洲、登洲 9 处局部河段整治,长洲坝下龙圩水道、洗马滩、鸡笼洲、界首滩 4 个滩险的整治;贵港至梧州段全程航标及配套工程;桂平至梧州段浅点清障工程。

贵港至桂平段:起于贵港航运枢纽船闸下引航道出口,下游止于桂平航运枢纽,全长 109.5 千米,主要施工内容有牛皮滩、白鹤滩、沙岗滩、猫儿山港、白银滩、罂煲窑、七星滩、东津圩、田辽沙、小壬滩、大壬滩、机捆滩、榄滩 13 处滩段整治及全程 8 处局部零星炸礁工程;航运新村、东津圩左岸、小壬滩左岸、白沙圩左岸(包括上、下游)、大棉村下游左岸、秀江渡口左岸、仪子塘左岸 8 处护岸及桂平 1 号、2 号、7 号、15 号、24 号、32 号、36 号、39 号、43 号、45 号、50 号、52 号、57 号共 13 处示位标护岸工程;贵港郁江大桥 DN800 过河管道工程;桂平航道管养基地综合楼及附属设施工程。

批准工程总概算 5.96 亿元,其中交通运输部水运建设资金 2.89 亿元,广西壮族自治区水运附加 3.07 亿元;调整后工程总概算投资 5.62 亿元(桂平至梧州段 3.78 亿元、贵港至桂平段 1.84 亿元),至 2013 年 12 月 26 日共完成总投资 4.5 亿元。

(2)项目建设实施情况

项目建设单位为广西壮族自治区港航管理局;设计单位为广西交通规划勘察设计研究院;施工单位为葛洲坝集团第五工程有限公司、长江重庆航道工程局、中交第四航务工程局有限公司等;监理单位为广西八桂工程监理咨询有限公司;质监单位为广西壮族自治区交通工程质量监督站。

项目实施期间,2007 年 2 月 7 日,广东省航道局在广州组织召开西江(界首至肇庆)航道整治工程两广交流会,就两广西江航道整治工程设计分界点等问题达成了共识。与会代表建议以西江右岸省界(大源冲位置,即广西段设计断面桩号 D20 + 120)做垂直右岸的垂线交于左岸,作为西江建设范围两广分界线,分界线以上航道属于广西壮族自治区航道整治工程设计和建设范围,以下航道属于广东省航道整治工程设计和建设范围。因此,由广东省负责建设界首滩广西部分(即广西段设计断面桩号 D20＋120 以下)航道整治工程。助航标志设置及航道、航标管理范围仍维持原来的划分。2008 年 4 月,《广西壮族自治区发展和改革委员会关于西江航运干线贵港至梧州航道工程贵港至桂平段调整部分建设内容等问题的复函》(桂发改交通函〔2008〕323 号),同意贵港至桂平段护岸范围由 13处调整为 8 处,减少因人为捞砂引起坍岸但对航道影响不大的 5 处护岸。护岸工程概算投资由原批复的 6598.37 万元调整为 4143.34 万元。增加西江航运干线贵港至梧州航道工程贵港至桂平段交叉工程即贵港郁江大桥 DN800 过河管道改建工程,相应增加概算投资 725 万元。经上述调整后,西江航运干线贵港至梧州航道工程贵港至桂平段投资概算由原批复的 2.18 亿元调整为 1.84 亿元,核减 3418.34 万元。

(3)科技创新成果及获奖情况

贵港郁江公路一桥桥区航道整治工程、梧州西江大桥桥区航道整治工程都是控制性工程,也是施工的难点。原施工工艺是采用常用的钻机船水下炸礁施工,为确保大桥安全,对桥区航道桥墩边上下游各 50 米范围采用"水下液压分裂"和"大功率冲击锤破碎"的工艺代替"水下钻孔爆破"和"草土围堰干地施工";对桥轴线上下游各 200 米至桥墩边上下游各 50 米范围采用水下控制爆破,并设有爆破监控仪器现场监控。在航道附近有临河、跨河建(构)筑物的河段,也采用水下控制爆破施工。新技术的使用提高了施工效率,降低了工程风险,对公路大桥和市区防洪堤也没有造成影响,有效保证了施工周边环境的安全。

(4)项目投产后的运营情况

贵梧航道工程属于非经营性公益项目,社会效益显著,航道的通航促进了沿江产业带的形成与发展,带动腹地经济蓬勃发展,减少燃料消耗,减轻环境污染。工程实施后,水深不足、航宽不够的问题得到根本解决,本航段经实际观测和实船航行反映水流条件较好,流速较小,无不良流态,航行船舶操控较工程实施前容易,航标标示准确,灯光明亮,颜色鲜明。

(四)航道的发展成就与经验启示

西江是珠江主干流,上接滇黔湘,下连粤港澳,广西处于西江中游。西江是沟通西南地区通江达海的水路运输大通道,其河道运输能力仅次于长江,西江航运干线南宁至广州已全线建成 2000 吨级以上高等级航道,是两广水运交通运输的大动脉,也是我国西南地区与粤港澳地区经济互补、协调发展的纽带。随着广东自贸区的设立、内地与港澳更紧密经贸关系的建立和面向东盟开放合作的加强,珠江—西江经济带将充分发挥开发开放优势,打造"一带一路"倡议枢纽,滇黔桂等珠江—西江中上游地区将充分利用区位优势推动"一带一路"有机衔接,要求珠江水运为促进区域经济陆海双向和对内对外开放合作发挥好重要的支撑作用。

2010年3月1日,广西壮族自治区人民政府印发《关于印发广西西江黄金水道建设规划的通知》(桂政发〔2010〕12号),宣告广西西江黄金水道建设规划正式实施。按照"开放、合作、协调、高效、保护生态"的思路,打造广西西江黄金水道。近期目标为:至2020年,将连接南宁、贵港、梧州、百色、来宾、柳州、崇左七市共1480千米的内河航道全部建成为1000吨级以上高等级航道,其中南宁、来宾以下建成2000吨级航道,贵港以下建成3000吨级航道,形成以"一线三通道"为主骨架,干支畅通、江海直达、设施较为完善的内河航道网;加快内河港口现代化建设,形成以南宁、贵港、梧州主要港口为核心,百色、来宾、柳州、崇左等地区性重要港口为主要组成部分,其他一般港口为补充的布局合理、层次分明、功能明确、设施完善的内河港口体系。

2017年5月,交通运输部印发《珠江水运发展规划纲要》。该纲要指出,为推进"一带一路"实施,深化泛珠江三角区域合作,强化区域内各种运输方式的衔接,构建安全、低碳和便捷的综合交通运输体系,需要进一步加快珠江水运科学发展,努力打造第二条黄金水道。西江航运干线是沟通广西、云南、贵州与广东、港澳地区的重要经济纽带,现为二级航道,规划将南宁至佛山段提高为一级航道,相应扩大沿线西津、贵港等枢纽通航能力。西江航运干线广东段一级航道主体工程已完工,西津二线船闸(一级)、贵港二线船闸(一级)均已开工建设,为满足沿江地区经济发展对水运的需求,广西壮族自治区北部湾港口管理局适时启动本工程,为进一步发挥西江航运干线上通云贵、下接港澳的主轴作用,承接产业转移和珠江—西江经济带建设提供重要支撑。

航道建设的重要性:

①航道的建设,是国家打造海上丝绸之路和"一带一路"倡议布局、加快广西内河港口发展的需要。"一带一路"倡议是上海合作组织、欧亚经济联盟、中国—东盟(10+1)、中日韩自贸区等国际合作的整合升级,也是我国发挥地缘政治优势、推进多边跨境贸易与交流合作的重要平台,将构筑新一轮对外开放的"一轴两翼",在提升向东开放水平的同时加快向西开放步伐,助推内陆沿边地区由对外开放的边缘迈向前沿。西江航运干线贵港至梧州3000吨级航道是西南地区重要的出海通道,云南、贵州、四川等西南广大腹地的自然资源丰富,品种齐全,开发条件好。西南出海大通道的建设,将极大地促进资源开发利用和西南地区经济飞速发展。

②航道是落实中央赋予广西"三大定位"新使命、实现国家西部大开发和发展中国—东盟自由贸易区的需要。西江航运在华南地区综合运输体系中扮演着非常重要的角色,是该地区国民经济的大动脉,为国民经济的发展提供了大运量和环保的运输方式支持,特别是为沿江经济带打造了通江达海的低成本的运输网络。因此,尽快提高西江航运干线

航道等级,提高干线航道的通航和运输能力,可以进一步改善广西的投资环境,主动接受粤、港、澳等地区的经济辐射及产业转移,使广西在泛珠江三角区域经济合作中得到更快发展。

③航道是广西实施北部湾经济区、西江经济带"双核驱动"、构建三区统筹的战略要求。"双核驱动"是广西壮族自治区党委、人民政府着眼新形式新使命提出的重大战略措施,旨在深入落实并主动服务国家战略,倾力打造北部湾经济区、西江经济带这两大核心增长极,使之成为支撑引领全区加快发展的战略引擎。实施"双核驱动"战略,就是要更好地贯彻落实国家关于北部湾经济区和西江经济带进一步开放开发的战略部署,主动参与海上丝绸之路建设,着力打造面向东盟开放发展的新枢纽新门户。要建设以西江航运为核心的综合交通运输大通道,努力打通西江黄金水道经脉,解决碍航问题,提高干支线航道等级,建设现代化港口,打造快速互联互通的交通体系。

④航道的建设是实现西江航运规划目标、适应运输船舶大型化、提高内河航运竞争力的需要。将贵港至梧州航道等级提升为通航 3000 吨级船舶的一级航道可大幅度提高水运在公路、铁路、民航、管道等各种运输方式中完成货运量的比重,优化腹地运输结构,早日实现水运发展规划的目标。

⑤航道的建设是交通运输体系发展对内河航运的需求。本项目建成后将充分发挥内河航运运力大、运输成本低的优势,进行长距离、大宗散货、超大、超长、超重的大件货物和集装箱运输,以及陆路交通不便的沿江河两岸居民出行的短途区间运输。

⑥本航道的建设是落实《国务院关于进一步促进广西经济社会发展的若干意见》的需要。《国务院关于进一步促进广西经济社会发展的若干意见》指出,要"积极打造西江经济带产业集聚优势",并应"加强基础设施建设,增强跨越发展的支撑能力",要"大力发展西江水运,重点支持西江航运干线、柳江黔江、红水河、右江等航道建设,推进百色水利枢纽和龙滩水电站通航设施建设,实施长洲水利枢纽船闸扩建、沿江主要港口扩能等重点工程"。西江航运干线作为重要基础设施,3000 吨级航道的建设,将大大提高通航能力,有利于形成铁路、公路、水路相互衔接、优势互补的综合交通运输体系,有效降低综合物流成本,为产业拓展、提升、集聚提供强有力的支撑,有利于促进西江经济带的形成与发展。

四、西江航运干线广东段

(一)河道自然特征

西江航运干线在广东省境内由封开界首至虎跳门,主航道共计 339 千米。干流至封开县江口镇有贺江汇入,折向东南至德庆县南江口有罗定江汇入,东流至肇庆市新兴江口有新兴江汇入,流至佛山市三水区思贤滘折向东南,流至高明区有高明河汇入,流至新会市天河向左分出容桂水道,西江干流自天河流至江门市北街向右分出江门水道,流向银洲湖,由崖门出海,至百顷头分为两汊,左汊为主流,称磨刀门水道,由磨刀门出海,右汊为支流,称虎跳门水道,由虎跳门出海。

西江思贤滘以下进入珠江三角洲平原河网区,沿岸以高平原和基水地为主,间有丘陵和台地沿河分布,并有零星残丘分布其间。东西两侧地貌截然不同,西缘为基岩山地,东侧则为三角洲平原。西侧间有低山间的高平原沿河分布,东侧太平峄以上为高平原,太平峄以下至百顷头为由面积较大的桑基、鱼塘或蔗地组成的基水地,集中分布在南海、顺德、中山境内。西江肇庆至思贤滘,除羚羊峡为低山峡谷外,两岸基本属低山间的河岸冲积平原和积水洼地,沿岸有零星残丘或台地。西江肇庆以上河段两岸在地貌单元上多为低山丘陵,主要为河流侵蚀堆积地形。

西江下游西岸高明以北主要为晚古生代的石英砂岩、灰岩、白云质灰岩,金利附近为中生代侏罗纪海陆交互相的砾岩、页岩及凝灰岩;高明以南主要为中生代燕山三期的花岗岩。西岸山体岩石多沿走向伸入三角洲构成基底,与三角洲平原上的残丘相连接。

三角洲基底包括西江下游河段两岸呈隆凹相间的构造格局,因而基底埋深相应浅深相间,隆起区一般浅于 25 米,局部在三角洲平原上耸立为孤丘,在河床中裸露为礁石,凹陷区埋深大于 25 米,一般为 30 米,最深可达 80 余米。

西江肇庆上游河段岩层分布主要为古老的沉积岩、寒武系和奥陶系的砂质页岩,并有少量的白垩系的红岩系,以及燕山期的火成岩。长岗圩一带有石英砂岩、砾岩、灰色砂岩、千枚状砂岩的分布,还有燕山期的花岗闪长岩入侵,分化较深,长岗圩在冲积层以上为全风化砂岩,再下为强风化砂岩,其右为花岗闪长岩和砂岩的接触带,小断层较多,岩石破碎,风化较深,全风化层厚达 48 米。该河段在地质构造上为缓慢上升地区,岩石长期受风化剥蚀而形成河床,故河谷多为开阔的 U 形谷。

西江流域径流主要由降雨形成,流域内干、支流的洪、枯水期出现与降雨时空分布具有同一规律性,汛期为 5—10 月,枯水期为 11 月至次年 4 月。根据相关资料统计,西江流域汛期水量约占年总量的 78%,其中 6—8 月最大,约占 51%,枯水期约占年总水量的 22%,其中 1—3 月最枯,约占 9%。

西江干流由磨刀门出海的年径流量为 923 亿立方米,西江流域径流流量年内分配不均,但年际间变化较小,且总体趋势在减小,主要原因是近年来气候变化、上游河段水利水电枢纽的建设及水库的蓄水发电减小下泄流量。

西江流域属于亚热带季风气候区,其洪水多由连续暴雨形成。造成本流域连续暴雨或大暴雨的天气系统主要是由地面冷锋或静止锋、高空切变线、西南低涡和台风等。以上天气系统造成流域降雨历时长、范围广、强度大。

由于西江流域面积大,暴雨频繁,因此其洪水往往由流域多次连续暴雨形成,洪水一般发生于5—9月,集中于6—8月,占全年流量的78%,尤其以7月出现最大。西江洪水具有峰高、量大、历时长的特点,洪水过程线呈多峰或肥胖的单峰形式。西江枯水期一般从11月开始至次年4月,最低水位和最小流量常在12月和1月。枯水期下半段受径流和潮流共同作用,在高要站还存在较大的往复流。

珠江口的潮汐属不规则半日混合潮型,即在一个太阴日内出现两次高潮均不相等,各潮潮差、大小和历时长短亦不一样,月内有朔望大潮和上下弦小潮,径流量和台风对潮位有很大影响,高低潮年际变化不大。潮波进入河道后,受径流、河流平面形态和地貌等影响而发生变形乃至消失。西江潮差不大,沿程自上游至下游有逐渐递增趋势。其历时的特征是落潮平均历时大于涨潮平均历时,落、涨潮历时比自下游至上游有递增的趋势,越往上游,涨潮历时越短,落潮历时越长。潮量的年内变化,涨潮量是汛期小,枯季大;落潮量的年内变化则相反;涨落潮量的年际变化不大,但近年受河床采砂等人类活动影响,纳潮量有增大趋势。西江潮区、潮流界和咸水界的界限随洪枯水及季节而变。

(二)主要航道现状和建设情况

西江在广东省境内由封开界首至虎跳门主航道共计339千米,其中,封开界首至肇庆河段称西江中游,长171千米,内河二级航道,可通航2000吨级内河船舶,并满足通航1000吨级港澳线船舶和2000吨级多用途集装箱船,界首至都城(37千米)航道维护尺度为宽度80米、水深3.5米、最小弯曲半径550米,都城至肇庆(134千米)航道维护尺度为宽度80米、水深4.0米、最小弯曲半径550米;肇庆至虎跳门航道,长168千米,内河一级航道,可双向通航3000吨级海轮,肇庆至百顷头段称西江下游(123千米),航道维护尺度为宽度100米、水深6米、最小弯曲半径650米;百顷头至虎跳门段称虎跳门水道(45千米),航道维护尺度为宽度100米、水深6米、最小弯曲半径580米。均按一类航道维护,航道维护水深年保证率不小于98%,配布一类标,航标维护正常率不小于99.8%。

西江在广东省内流经肇庆、云浮、佛山、江门、中山、珠海6个地级市,省内无拦河建筑物,跨河桥梁共29座,肇庆大桥下游航道跨江桥梁净高均达到22米,满足《内河通航标准》(GB 50139—2014)的要求;肇庆大桥上游航道跨江桥梁除肇庆西江大桥(铁路、公路桥)、德庆西江大桥净高不足以外,其余桥梁均达到《内河通航标准》(GB 50139—2014)的要求。在隧道、管线、电缆电力设施方面,西江过河(跨河)设施超过70处,其中华光顶至狮咀村下输电线、天广输电线马鼻咀至水文站、肇西输电线南蓬山至苏文沙输电线、白沙输电线、大葵角直流架空跨江电线、谷圩沙架空跨江电线为500千伏以上的过河输电线。

1978—2015年,西江航道先后实施了4个航道建设工程。一是西江航运建设广东段航道整治工程,二是西江"四滩"航道完善性整治工程,三是西江下游肇庆至虎跳门航道整治工程,四是西江(界首至肇庆)航道整治工程。

(三)航道工程项目

1.西江航运建设广东段航道整治工程

(1)项目概况

项目于 1985 年开工建设,1990 年 11 月试运行,1990 年 12 月竣工。

项目建设依据:1983 年 12 月,国家计委以计鉴〔1983〕1931 号文出具初步设计批复。

项目按照三级航道标准整治,设计最大船舶等级为 1000 吨级。航道设计通航保证率为 98%。整治后航道底宽 60～80 米、最小通航水深 2.5 米、最小弯曲半径 400 米。

工程整治航道里程 287 千米,新建石坝 330 座,石方总量 58.72 万立方米,其中抛石 51.33 万立方米,浆砌石 4.28 万立方米,干砌石 3.11 万立方米;疏浚挖泥 92 万立方米;裁切东平水道 4 处弯道,新建堤围长度 1412 米,土方 17.76 万立方米,疏浚挖泥 81.93 万立方米,干砌石 2.59 万立方米,抛石 2.81 万立方米,征地 153.66 亩;炸除碍航礁石 6.34 万立方米,其中西江干流 2.96 万立方米,东平水道 3.38 万立方米;东平水道堤围加高培厚长度 39.97 千米,土方 29.64 万立方米。项目总投资 5335 万元,均为交通部水运建设资金与广东省自筹。

(2)项目建设实施情况

项目建设单位为广东省航道建设工程指挥部;设计单位为广东省航道勘测设计科研所;施工单位为广东省肇庆西江航务公司、广东省珠江三角洲航务公司、广西梧州航务工程处。

(3)科技创新成果及获奖情况

该工程被国家验收委员会评为优良工程,在工程建设中采用了当时先进的施工技术,获得交通部科技进步一等奖和国家科技进步奖二等奖。

2.西江"四滩"航道完善性整治工程

(1)项目概况

项目于 1997 年 3 月开工建设,2001 年 4 月试运行,2001 年 5 月竣工。

项目建设依据:1998 年,广东省交通厅《关于西江"四滩"航道完善性整治工程初步设计的批复》(粤交基函〔1998〕914 号)。

项目按照三级航道标准整治,设计最大船舶等级为 1000 吨级。航道设计通航保证率为 98%。整治后航道底宽 80 米、最小通航水深 2.5 米、最小弯曲半径 500 米。

工程整治航道里程 51 千米,整治界首、蟠龙、新滩、都乐 4 个浅滩。整治建筑物的形式为丁坝、锁坝、潜坝、护岸;结构为抛石坝及抛石护岸;工程设置助航标志浮标 10 座。项目总投资 3007.39 万元,全部来自广东省航运基础设施建设基金。

（2）项目建设实施情况

项目建设单位为广东省航道局；设计单位为广东省航道勘测设计科研所；施工单位为肇庆西江航务工程公司；监理单位为广东正方圆咨询监理公司；质监单位广东省交通工程质量监督站。

（3）项目投产后的运营情况

根据2002年肇庆统计年鉴，西江"四滩"航段2002年货运量5507.5万吨，比2001年增长幅度达一成多，比1997年通航船舶吨位增大，船只增多，水运经济逐步发挥其规模效应。

3.西江下游肇庆至虎跳门航道整治工程项目

（1）项目概况

项目于1998年5月开工建设，2006年3月试运行，2009年11月竣工。

项目建设依据：1995年10月，广东省计划委员会《关于西江下游肇庆至虎跳门航道整治工程可行性研究报告的批复》（粤计交〔1995〕655号）；1995年12月，广东省建设委员会《关于西江下游肇庆至虎跳门航道整治工程初步设计的批复》（粤建函〔1995〕369号）；1997年6月，国家环境保护局《关于世行贷款广东省西江下游航道整治工程环境影响报告书审批意见的复函》（环监〔1997〕420号）；2005年10月，广东省环境保护局《关于西江下游肇庆—虎跳门航道整治工程环境影响报告书的批复》（粤环建字〔1995〕41号）。

项目按照一级航道标准整治，设计最大船舶等级为3000吨级。航道设计通航保证率为98%。整治后航道底宽100米、最小通航水深6米、最小弯曲半径650米。

工程整治航道里程168千米，滩险19处，包括墨砚洲、典水沙、庙岗、富湾、太平沙、海寿沙头、海寿沙尾、甘竹滩、天河、潮莲洲、荷塘水、百顷头、石板沙口、四顷、横坑、梅冲、永业围、七姐妹、虎跳门口门。整治建筑物的形式为丁坝、潜坝、锁坝、分水坝，护岸结构为抛石坝及抛石护岸。西江干流肇庆至百顷头段布设航标82座，虎跳门水道百顷头至虎跳门口段布设航标58座、标志牌4座。项目总投资9.76亿元，包括交通部水运建设资金1.38亿元，广东省筹资4.3亿元，世界银行贷款2.79亿元。

（2）项目建设实施情况

项目建设单位为广东省航道局；设计单位为广东省航道勘测设计科研所；施工单位为广东省航盛建设集团有限公司、中交一航局第一工程有限公司、中交广州航道局等；监理单位为广东正方圆工程咨询有限公司；质监单位广东省交通工程质量监督站。

（3）项目投产后的运营情况

2009年11月西江下游肇庆至虎跳门航道整治工程竣工后，进入项目投产阶段，根据西江航道局2010年船舶密度观测数据，肇庆峡口上航全年累计船舶货运量为1025.52万吨，下航全年累计船舶货运量为6347.86万吨，年货运量为7373.38万吨，船舶下航货运量为上航货运量的6.2倍，货物主要从上游流向下游。项目投产后3000吨级海轮可直达肇庆,实现了江海直达。项目投产后充分发挥了水运占地少、运能大、能耗低、运输成本低、投资少、产出多、更安全、更环保的优势,有利于节能减排和降低社会综合物流成本,尤其在危险品运输方面具有优势,适应了船舶标准化、大型化的发展趋势,大大提高了内河航运的社会效益和经济效益。

4.西江(界首至肇庆)航道整治工程

(1)项目概况

项目于 2008 年 12 月开工建设,2014 年 3 月试运行。

项目建设依据:2007 年 2 月,广东省发展和改革委员会《关于西江界首—肇庆航道整治工程可行性研究报告的批复》(粤发改交〔2007〕89 号);2007 年 10 月,广东省交通厅《关于西江界首至肇庆航道整治工程初步设计的批复》(粤交基〔2007〕965 号);2006 年 8 月,广东省环境保护局《关于西江(界首至肇庆)航道整治工程环境影响报告书审批意见的函》(粤环函〔2006〕1140 号);2007 年 1 月,广东省国土资源厅《关于西江(界首—肇庆)航道整治工程配套工程项目用地的预审意见》(粤国土资(预)函〔2007〕1 号)。

项目按照二级航道标准整治,设计最大船舶等级为 2000 吨级。航道设计通航保证率为 98%。其中,界首至都城段(37 千米)设计航道尺度为航道底宽 80 米、最小水深 3.5 米、最小弯曲半径 550 米;都城至肇庆段(134 千米)设计航道尺度为航道底宽 80 米、最小水深 4.0 米、最小弯曲半径 550 米。

工程整治航道里程 171 千米。界首滩共清礁 14 处,清礁 12.93 万立方米;三滩(包括都城以下段)共清礁 19 处,清礁 10.93 万立方米;界首滩筑坝 35.94 万立方米,分布在西江左右两岸,由两广分界线开始至灵龟沙滩,全长 11.6 千米,共实施丁坝 56 座,其中新建丁坝 22 座、旧坝加高加长 10 座、旧坝加高 24 座;三滩筑坝 43.44 万立方米,分布在西江左右两岸由谷圩沙开始至白木沙沙洲,全长约 22.5 千米,共建丁坝 55 座;护岸工程 7.55 万立方米,其中,江口护岸长度 150 米,采用斜坡式抛石护底及混凝土预制块护坡的结构形式;疏浚工程 44.71 万立方米,位于西江三滩(都乐滩、新滩、蟠龙滩)、界首滩两个河段,疏浚设计航道线内水深不足 3.5 米的水域作为疏浚范围,其中,长岗疏浚段 32.98 万立方米,蟠龙疏浚段 3.13 万立方米,开南大桥疏浚段 8.38 万立方米,料塘疏浚段 0.22 万立方米。工程设置助航标志岸标 25 座、水标 50 座、指路牌 4 座、码头工程 2 座、水位计 2 座、航标工作船 2 艘、柴油快艇 3 艘、趸船 1 艘、测量设备 1 套。项目总投资 3.66 亿元,资金来源为交通运输部水运建设资金及广东省自筹。

(2)项目建设实施情况

项目建设单位为广东省西江航道局;设计单位为中铁建港航局集团勘察设计院有限公司(原广东省航道勘测设计研究院有限公司)、广州船舶及海洋工程设计研究院;施工单位为中交天津航道局有限公司、中铁港航工程局有限公司、长江武汉航道工程局等;监理单位为广东正方圆工程咨询有限公司、云浮市永安建设工程监理有限公司、广州鑫泽船舶技术有限公司;质监单位为广东省交通工程质量监督站、封开县建设工程质量监督站、德庆县工程质量监督站。

(3)科技创新成果及获奖情况

西江(界首至肇庆)航道整治工程结合实际采用新工艺和新技术,在确保工程进度与质量的同时,节约成本,提高效率。如在丁坝抛筑方面,除坝面及护坡干砌须用人工完成外,其他筑坝各环节均为机械化施工,坝体抛石采用钩机上船进行抛石代替传统人工抛筑,从而减轻了劳动量,提高了抛筑速度。在清礁、疏浚工程弃渣监控方面,采用 GPS 系统实时监控船舶弃渣施工,防止出现随意弃渣、破坏航道的现象;在清礁工程方面,大部分采用锤击碎岩的工艺代替以往的爆破方法,减少工程施工对水产及环境的影响。

西江(界首至肇庆)航道整治工程界首滩清礁、护岸工程由中交天津航道局有限公司负责实施,该标段在实施过程中采用了新型硬式扫床方式,并申请取得了专利。

(4)项目投产后的运营情况

由于广东省河流纵横交错,发展水运具有得天独厚的自然条件,整治河段是全国内河航道布局规划"两横一纵两网十八线"中的"一横"的组成部分,是国家水运主通道。随着腹地经济的快速增长,水运量呈现持续快速增长趋势,西江(界首至肇庆)货运量 2003 年为 2988 万吨,2008 年为 9089 万吨,2013 年为 1.51 亿吨。经过 10 年的发展,西江航运干线广东段水运量为最初的 5 倍,已经超过西江内河二级航道设计通过能力。这也充分显现了西江"黄金水道"对于促进西江经济带的形成及快速发展的重要作用。

(四)航道的发展成就与经验启示

西江干流经 1978—2015 年将近 40 年的建设,航道通航尺度得到很大的提高,1990 年之前设计水深不足 2.5 米,经整治后 2015 年西江全程设计水深超过 3.5 米,尤其是西江下游航道水深最佳,肇庆大桥以下河段设计水深超过 6 米,实现了江海直达,大大地促进了水运行业和国民经济的发展。就西江干流航道的发展得到的经验启示主要如下:

①航道工程建设宜循序渐进,逐步深入。自 20 世纪 70 年代以来,西江"四滩"的存在是影响西江干流通航能力最大的制约因素,在长达近 50 年的时间里,西江"四滩"河段进行过多次规模大小不一的航道整治工程,各有关单位遵循认识→实践→再认识→再实践的辩证唯物主义思维,将西江"四滩"航道建设不断深入推进,在实践中检验工程措施的科学性、有效性和可持续性,取得了很好的成效。

②在项目筹备阶段,航道部门要与涉水部门做好充分的沟通协调工作,切实加强水资源综合规划,做好水资源的综合利用。航道所处水域的管理涉及多个部门,如水务部门、海事部门、交通部门、环保部门及航道部门,从近 40 年航道工程的建设历史来看,各相关

部门监管日趋规范。在这种情况下，在项目筹备阶段，航道部门就要与其他水资源管理的相关部门做好充分的沟通协调工作，有效形成合力，使各部门拟定的水资源综合规划无冲突，水资源综合利用尽可能达到最优，形成共赢的局面。

③在项目前期工作阶段，需多手段多方案研究制定合理方案。为力争将航道建设工程的决策风险降到最低，须下大力气进行深入调查研究，开展多方案试验论证和理论分析，建议采用现场测验、物理模型试验、数学模型计算、卫星遥感图片分析、室内资料分析研究等手段，对航道建设采用的技术方案进行多方案比选和深入研究。

④在航道工程建设期间须加强现场观测和动态管理。由于工程建设前期很难全面预见工程实施过程中可能出现的新变化，因此，在航道工程实施的过程中，需以稳定河势为中心，以确保稳定获得优良的航道水深为主目标，严密监测整体河势和整治建筑物推进及航槽疏浚过程中河床的局部变化，监测流场及航槽的冲淤变化，及时利用数学、物理模型进行验证和研究，科学、适时地对航道工程作出必要的设计变更，调整实施方案和施工计划，以保证工程整治目标的实现。

⑤参建各方须齐心协力，从政策、资金方面对工程建设及时给予大力扶持。从西江（界首至肇庆）航道整治工程来看，由于各种原因地方政府配套资金落实得较慢，因此参建各方须齐心协力，尤其是要提请地方政府想方设法从政策、资金方面扶持、调动各方的积极性，对工程建设及时大力扶持，使工程建设能顺利推进。

⑥在工程质量管理方面，各参建单位要强化质量意识，完善质量保证体系，严格按规范、设计要求施工，充分熟悉图纸，掌握设计意图，严格遵守上道工序未验收合格，不得进行下一道工序施工的原则，同时，工管部人员要加强工程管理知识的培训学习，以具备相应的管理经验。在工程资料质量方面，施工单位资料员应提高责任心，按有关规定认真做好资料整理工作；监理单位对资料审核要把好关，防止出现如清礁竣工图有浅点误差等错误。

⑦在清礁工程施工方面，清礁工程采用冲击锤击碎岩体的方法代替以往使用的爆破方法，可减少工程施工对水产及环境的影响。该工艺尽管有环保、安全的优点，但对于硬度高的礁石工效较低。对于部分礁石岩性变化大，大部分礁石岩性等级较高，岩石硬度增大，施工难度相应增加，锤击清礁的施工工效受到一定影响。因此，在施工组织方面，要有预见性地处理好施工工效降低造成的施工困难，所投入的船机设备要与施工条件相匹配。同时，清礁工程开工前充分做好前期工作，加强与有关水产、渔业等涉水部门的沟通协调，尽量避免工程建设与有关部门规章、地方法规相冲突，降低索赔、停工风险。

⑧在筑坝工程施工方面，筑坝工程要合理安排施工顺序，避免洪水后坝后的淤沙边坡整理施工困难。施工单位要提高施工组织水平，有预见性地处理好洪水后坝体背水面泥沙淤积造成的施工困难，充分调配施工资源，在洪水前完成坝体主体工程，为后续施工、验

收创造条件。同时,监理单位应做好事前控制工作。

⑨在疏浚工程施工方面,疏浚工程贮泥池、吹填区、卸渣区要严格按设计要求进行设置,采用 GPS 监控系统加强对卸泥船舶的监控,防止乱倒乱卸现象的发生。为确保施工安全,疏浚船舶要严格按规范要求设置施工安全警示、信号标志,及时组织开展应急预案演练,加强事故隐患的监控、整改工作,处理好施工与通航的关系,以确保施工及过往船舶通航安全。

⑩在建设用地使用方面,航标、站房、码头等配套工程选址一般需涉及用地问题,建设用地、青苗补偿等外界干扰往往成为影响工程进度的关键因素。因此,施工前要充分摸清施工用地、工程用地实际情况,及时与当地有关部门协调解决。

⑪在清礁工程礁石测量钎探方面,西江碍航礁石较多,大部分为沙所覆盖,一些小范围的石笋形礁石,测量时较难发现或遗漏,以致影响工程设计效果。针对施工过程中发现礁石遗漏问题,结合礁石探查手段分析,而多波束探测是较先进的方法,可克服传统测量中的测量误差。建议以后类似工程中,可采取多波束测量,进一步摸清河床水深和浅点情况。

第七节　西江主要支流航道

一、左江航道

(一)河道自然特征

左江是西江水系上游支流,其上游是平而河,发源于越南谅山北岭,流经龙州、崇左、扶绥、邕宁 4 个市县,于南宁宋村三江口与右江汇合后流入邕江,在广西境内全长 470 千米,主要支流有平而河、水口河、明江和黑水河。自古以来,左江不仅是沿岸人民赖以生存的母亲河,也是桂西南地区水路运输的大动脉和中越两国人员往来和物资交流的重要通道之一。左江现有干支流里程约 640 千米,等级航道里程约 543 千米。左江航道具有促进流域经济社会发展的重要作用,在综合运输体系占有较重要的地位。

左江崇左至南宁河流长度约 206 千米,为山区天然渠化河道,险滩多、河道弯曲,河床性质较为稳定,河床面层多为鹅卵石、粗砂层,局部有礁石,整治河段来水主要为上游支流明江、平而河、水口河,黑水河,汛期来水迅猛,但处于山秀船闸、老口枢纽库区,流速相对平缓,河道来沙主要为明江,汛期上游洪水冲卸夹带大量泥沙。受限于山秀电站过船设施设计等级仅为 300 吨级船闸,未能实现全线通航 1000 吨级船舶。

左江流域地处低纬度地区,在北回归线以南,属亚热带季风气候。其气候特点是日照时间长,太阳辐射强,光热充足,雨量充沛但分布不均,无霜期长。四季特点是春暖多旱,夏炎偶涝,秋凉而干,冬短微寒。

(1)气温

左江流域内多年平均气温为 21.7 摄氏度,多年月平均最高气温为 7 月份 28 摄氏度,最低月平均气温为 1 月份 13.4 摄氏度。历年极端最高气温为 41.7 摄氏度(2003 年 5 月 7 日出现在宁明),历年极端最低气温为 -2.2 摄氏度(1963 年 1 月 15 日出现在大新)。

(2)降水

左江流域属亚热带季风气候区,年内季节尚分明,流域年降雨量在 1153~1352 厘米之间,平均降雨量 1279 厘米。雨量年内分配不均,一般集中在 4—9 月,约占全年降雨量的 80%~85%,尤其是 6—8 月,降雨量更为集中,占全年降雨量的 50%~55%;11 月至次年 3 月雨量少。

(3)风况

正常年份多东风或偏东风,其次为东南偏东和东北风,再次为西南风。受海洋性季风气候影响,冬夏风交替明显。多年平均风速 1.8 米/秒,频率最大风向为东风,历年最大风速 20 米/秒,风向为北东北和东北,分别发生在 1962 年 8 月和 1980 年 7 月。

(4)雾况

左江流域内出现能见度小于 1000 米的雾日多年平均为 12 天。雾持续时间短,一般出现在清晨日出前,日出即散。

(5)相对湿度

多年平均相对湿度 79%,最小 9%。

(6)水文

左江流域共设有水文观测站 15 个,其中本航道规划范围内主要有平而、鸭水滩、水口、那堪、宁明、龙州、新和与崇左等水文(位)站。左江流域一般在每年 5 月开始进入汛期,11 月至次年 4 月为枯季,枯水期径流总量约占全年的 16%,在濑湍水文站实测最小流量 25.7 立方米/秒,发生在 1975 年 2 月 7 日;崇左水文站实测最小流量 16.1 立方米/秒,发生在 1992 年 5 月 8 日。

(7)泥沙

左江流域大部分系石灰岩地区,岩溶发育,植被覆盖较好,水土流失不严重,属少沙河流。通过左江控制站濑湍的泥沙主要来自上游的平而河与明江,其中平而河鸭水滩输沙量占 41.7%,明江宁明占 20.3%,而支流黑水河新和站仅占 11%,这是因为其岩溶地区所占比例较大之故。左江各河段的输沙量,主要由暴雨洪水特性及下垫面情况等因素决定,季节性明显。输沙量的年内分配,主要集中在 5—10 月,占全年输沙量的 97.2%,其中 6—9 月的输沙量占全年输沙量的 85.46%,11 月至次年的 3 月,河水清澈,多数年份在该段时间里含沙量为零。

(二)主要航道现状和建设情况

航道起点位于广西壮族自治区崇左市江州区冲塘村,即斜塔下游1千米处的左江河道,终点为左、右江汇合处的宋村三江口,航道里程总长约206千米,航道通航技术等级为三级,沿江经过崇左市江州区、扶绥县;主要的拦河建筑物为山秀电站;主要的跨河建筑有驮卢大桥、驮卢至大新驮卢大桥、长沙大桥及扶绥海螺水泥厂的跨江廊道,其中驮卢大桥为老旧桥梁,通航净空尺度仅为五级航道标准,通航净空尺度仅为7.1米;全线涉及跨江线缆共19处,已按三级航道通航技术等级要求提升改造。山秀船闸设计标准仅为300吨级船闸,对当前设计的船型代表限制性较大,在一定程度上影响了三级航道功效的发挥。

(三)航道工程项目

1. 左江崇左至南宁(宋村三江口)三级航道工程

(1)项目概况

项目于2013年12月开工建设,截至2019年12月,项目未竣工。

项目建设依据:2013年1月,广西壮族自治区发展和改革委员会《关于左江崇左至南宁(宋村三江口)三级航道工程可行性研究报告的批复》(桂发改交通〔2013〕53号);2013年3月,广西壮族自治区交通运输厅《关于左江崇左至南宁(宋村三江口)三级航道工程初步设计的批复》(桂交行审〔2013〕24号);2010年11月,广西壮族自治区环境保护厅《关于左江崇左至南宁(宋村三江口)三级航道工程环境影响报告书的批复》(桂环审〔2012〕253号)。

项目整治航道里程206千米,航道建设等级为三级双线航道;航道设计尺度为宽度60米、水深3.0米、最小弯曲半径480米,特殊困难河段最小弯曲半径按不小于200米控制;设计代表船型(船队)为1000吨级货船和1顶2×1000吨级顶推船队。航道设计通航保证率98%。

重点对牛皮滩、农王沙等53处滩险进行整治,主要建设内容为疏浚、炸礁、护岸、航标、水土保持、环保及相关配套工程等。疏浚河段的长度为206千米,疏浚量39.74万立方米;项目炸礁河段主要为山秀库区人头滩至山秀坝址、山秀库区新环作业区至石鬼孖,水下炸礁工程数量为6.41万立方米;本项目护岸整治共15处;航标全线采用岸标形式,共配布示位标209座、鸣笛标65座。项目总投资4.6亿元,资金来源为政府资金。

(2)项目建设实施情况

项目建设单位为广西壮族自治区港航管理局;设计单位为广西壮族自治区交通规划勘察设计研究院;施工单位为中交一航局第三工程有限公司、长江重庆航道工程局、湖南省中源航务有限责任公司、葛洲坝集团第五工程有限公司、广西华硕建设工程有限公司、福建吉星智能科技股份有限公司；监理单位为广西八桂工程监理咨询有限公司；质监单位为广西壮族自治区交通工程质量监督站。

（3）建设项目投产后的运营情况

左江崇左至南宁（宋村三江口）三级航道工程主体工程已完工，并通过实船适航检验，正式实现左江高等级航道零的突破。

（四）航道的发展成就与经验启示

左江是西江黄金水道的一大支流，糖、矿、建材等是崇左的支柱产业，左江三级航道的建成投入试运营，实现了左江高等级航道零的突破，左江沿岸企业生产的白糖、水泥等产品逐步通过水路运往珠三角地区，大大降低了企业的运输成本，有效提升了实体经济的竞争力，沿岸也逐步建起了将军岭作业区、海螺水泥厂专用码头、濑湍作业区等现代化码头，为沿江产业带的形成和工业、产业园区的发展打下了坚实的基础，为左江革命老区的振兴发展提供了优质的水运保障。除山秀船闸设计体量仅为 300 吨级船闸，对当前设计的船型代表限制性较大，部分老旧桥梁通航尺度也不满足三级航道通航技术等级要求，在一定程度上影响了三级航道功效的发挥。

二、右江航道

（一）河道自然特征

右江由剥隘河、澄碧河汇合于百色而成。剥隘河上段称为驮娘江，发源于云南省广南县九龙山，流经广西西林、田林两县，在云南省富宁县剥隘镇与那马河汇合后称剥隘河。剥隘河自西向东流入广西壮族自治区百色市。澄碧河发源于广西壮族自治区百色市凌云县白花村上游罗里太平，在百色市与剥隘河汇合后称为右江。右江是一条山区性河流，流域地势是西北高东南低，主要有百色—田东盆地。百色至田阳那坡镇段，两岸多为丘陵土山，近岸有少部分旱梯田。田阳那坡镇至思林镇段，属平原河谷地带级阶地发育，地势平坦，台面为大片农田，并有较密集居民点分布，河面宽 200～450 米。思林镇至白马圩河段，两岸多为灰岩石山，岸壁陡峭，右江五峡（花定峡、黄茅峡、老虎峡、铜鼓峡、莲子峡）均在此河段。白马圩以下，河道逐渐开阔，两岸地势也较平坦。

右江是一条少沙河流，百色水文站测得历年最大含沙量 1.18 千克/立方米，年平均含沙量 0.52 千克/立方米。

（二）主要航道现状和建设情况

右江自百色市起，由西北向东南流，经田阳、田东、平果、隆安等县，至南宁市江南区江西镇宋村三江口止,全长318.8千米,为三级航道。航道落差47.1米,平均比降0.15‰,流域面积4.02万平方公里;拦河建筑物数量33座,名称为烂庙角1～3号、黄滩1～5号丁坝,下画眉1号丁坝,晚滩1号顺坝,枇杷洲1～7号、9～15号丁坝,平街洲1～9号丁坝;有拉域大桥、田东大桥、思林大桥、金鸡右江大桥等跨河桥梁共29座;有电缆256条。

(三)航道工程项目

1. 那吉航运枢纽库区(那吉至百色澄碧河口段)航道整治工程

(1)项目概况

项目于2007年3月开工建设,2014年6月竣工。

项目建设依据:2003年,国家发展改革委批复《广西壮族自治区计委上报的广西右江航运建设那吉航运枢纽工程可行性研究报告》(发改交运〔2003〕2207号);2004年4月,交通部《关于广西右江航运建设那吉航运枢纽工程初步设计的批复》(交水发〔2004〕161号);2007年,广西壮族自治区交通厅批复《广西右江航运建设那吉枢纽库区那吉航运枢纽至百色澄碧河口段航道整治工程施工图设计及预算》(交基建函〔2007〕605号)。

项目整治航道里程40.6千米,航道建设等级为三级,航道设计尺度为宽度60米、水深2.4米、最小弯曲半径480米;设计代表船型为1000吨级船舶。

项目整治浅滩有公娄滩、荷叶洲、平迈村右岸沙洲、杨屋对岸江心洲、旧航标站上游沙咀、小横榄洲、大横榄左岸沙洲、大横榄右岸沙洲、江坝村对岸石咀、欢喜石,共10个滩。

公娄滩疏浚1.86万立方米、荷叶洲疏浚3万立方米、平迈村右岸沙洲疏浚5357立方米、杨屋对岸江心洲疏浚1.3万立方米、旧航标站上游沙咀疏浚1.23万立方米、小横榄洲疏浚1544立方米、大横榄左岸沙洲疏浚6258立方米、大横榄右岸沙洲疏浚638立方米、江坝村对岸石咀疏浚439立方米、欢喜石疏浚64立方米;航标情况:示位标共40座(其中基础加高9座),鸣笛标共10座(其中基础加高2座),侧面标共2座(1座备用);护岸工程长60米。项目总投资335.45万元,均为政府投资。

(2)项目建设实施情况

项目建设单位为广西西江航运建设发展有限责任公司;设计单位为广西交通规划勘察设计研究院;施工单位为广西新港湾工程有限公司;监理单位为广西八桂工程监理咨询有限公司;质监单位为广西壮族自治区交通工程质量监督站。

项目实施过程中,2007年10月,由于部分示位标与鸣笛标原地面高程达不到设计要求,需要加高基础,估算变更增加10米浆砌片石基础工程量48.34立方米,变更工程款为8789.66元;2007年6月,设计增加江坝村对面石咀陆上炸石工程439立方米,欢喜石陆上炸石64立方米;2007年6月,增加大横榄左岸沙洲开挖设计,该处航道左侧加宽20米,工程量为陆上挖砂卵石6258立方米;2007年4月,设计取消第11、16、21、28号示位标,对示位标重新编号,共计41座;对设置标志位置进行实地确定;增加拉域大桥桥涵标一套。

2. 广西右江鱼梁航运枢纽工程(那吉至鱼梁段航道整治工程)项目

(1)项目概况

项目于2010年10月开工建设,2013年12月竣工。

项目建设依据:2009年,国家发展改革委《关于广西右江鱼梁航运枢纽工程可行性研究报告的批复》(发改基础〔2009〕1750号);2009年11月,交通运输部《关于广西右江鱼梁航运枢纽工程初步设计的批复》(交水发〔2009〕680号);2005年1月,广西壮族自治区人民政府《关于加快右江千吨级航道建设的批复》(桂政函〔2005〕21号);2006年,国家发展改革委批复《广西右江鱼梁航运枢纽工程项目建议书》(发改水运〔2006〕2031号);2011年1月,广西壮族自治区交通运输厅批复《广西右江鱼梁航运枢纽那吉—鱼梁航道工程施工图设计》(桂交水运函〔2011〕58号)。

项目整治航道里程78.7千米,航道建设等级为三级;航道设计尺度为宽度60米、水深2.4米、最小弯曲半径480米;设计代表船型为1000吨级船舶。

项目整治浅滩有副牛步、黄滩、二塘、上画眉、下画眉、那厚、瓦窑村、水塘、晚滩、那坡镇、凿石、田阳水泥厂(南华纸业)、枇杷洲、平街洲、雷公滩、洞帮洲、发疯洲、三门等18个浅滩以及库区常年回水段的拉侧滩、横滩、望西滩、缸瓦滩、赚银滩5个浅滩;完成筑坝4.86万立方米(包括坝体抛筑、干砌坝面、干砌护坡、护脚块石等);疏浚河段总长度18.2千米,陆上挖土方15.94万立方米,挖砂卵石65.38万立方米;炸礁河段长2.3千米,基槽炸礁3.30万立方米;配布侧面标135座,示位标、鸣笛标等44座。项目总投资7801.58万元,均为政府投资。

(2)项目建设实施情况

项目建设单位为广西西江开发投资集团有限公司;设计单位为广西壮族自治区交通规划勘察设计研究院;施工单位为广西新港湾工程有限公司;监理单位为广西八桂工程监理咨询有限公司;质监单位为广西壮族自治区交通工程质量监督站。

3. 广西右江鱼梁航运枢纽工程鱼梁至金鸡滩段航道整治工程项目

(1)项目概况

项目于2011年10月开工建设,2014年6月竣工。

项目建设依据:2009年,国家发展改革委《关于广西右江鱼梁航运枢纽工程可行性研究报告的批复》(发改基础〔2009〕1750号);2009年11月,交通运输部《关于广西右江鱼梁航运枢纽工程初步设计的批复》(交水发〔2009〕680号);2012年10月,广西壮族自治区交通运输厅批复《广西右江鱼梁航运枢纽鱼梁至金鸡滩段航道整治工程施工图设计》(桂交行审〔2012〕67号)。

项目整治航道里程 80.6 千米,航道建设等级为三级;航道设计尺度为宽度 60 米、水深 3.2 米、最小弯曲半径 480 米,航道挖槽水深 3.2 米;设计代表船型为 1000 吨级货船及 1 顶 2×1000 吨级船队。航道设计通航保证率 95%。

项目共整治浅滩 20 个,整治地点分布较为零散,航道挖泥(挖卵石和细砂混淤泥)全河段均有分布,自上而下分别为:林逢洲、泊刀滩、砖板滩、鱼梁滩、六合滩、张拉淫、那黄滩、拉骨滩、洞玲玲滩、百笔滩、坝阳滩、思林滩、镀督滩、花淀洲、犹高滩、独石滩、铜鼓峡、灯笼滩、飞江桥、苦瓜洲,其中挖细砂混淤泥分布在花淀洲,驮高、苦瓜洲等;炸礁主要分部在泊滩至鱼梁滩,花淀洲,独石滩。零星开挖的滩点为:洞玲滩、思林滩、镀督滩、驮高滩、独石滩、铜鼓峡、灯笼滩、飞江桥;疏浚混淤泥 596.45 万立方米,疏浚砂卵石 92.57 万立方米;水下炸礁(含控制爆破)13.23 万立方米;航道标志工程共完成施工 76 座示位标、13 座鸣笛标、51 座侧面浮标(其中抛设 37 座,备用 14 座)和 2 座标志牌。项目总投资 8360.96 万元,均为政府投资。

(2)项目建设实施情况

项目建设单位为广西西江航运建设发展有限公司;设计单位为广西交通规划勘察设计研究院;施工单位为广西新港湾工程有限公司;监理单位为广西八桂工程监理咨询有限公司;质监单位为广西壮族自治区交通工程质量监督站。

项目实施过程中,由于部分滩点的航道设计弯曲半径不能满足航道等级要求,需对原设计做修改调整,于 2012 年 4 月 13 日对鱼梁滩段全线航道整治工程暂停施工,2012 年 11 月 15 日恢复施工。

项目重大变更:航道标志工程原设计 91 座示位标、13 座鸣笛标、48 座侧面浮标(其中抛设 34 座,备用 14 座)和 2 座航行标示牌。变更后航道标志工程共完成施工 76 座示位标、13 座鸣笛标、51 座侧面浮标(其中抛设 37 座,备用 14 座)和 2 座标志牌。

(3)项目投产后的运营情况

项目完善了全国内河高等级航道布局,形成了贯通右江流域与珠江三角洲地区的水运通道,促进了区域经济社会协调发展。项目建成投入使用后,右江航道条件得到较大改善,航道尺度基本达到设计标准;航道运行效果显现,大型船舶航行密度增大,航道通过能力提高,工程的社会效益得到充分发挥。

三、南盘江—北盘江—红水河航道

(一)河道自然特征

南盘江、北盘江、红水河是西江干流上游河段及主要支流。南盘江发源于云南省沾益区马雄山东麓,发源地至两江口全长 914.0 千米,落差 1873.7 米,平均比降 2.05‰,集水面积 5.69 万平方公里;北盘江发源于云南省沾益区马雄山北麓,发源地至两江口全长 444 千米,落差 1243 米,平均比降 2.80‰,集水面积 2.66 万平方公里;南盘江、北盘江在贵州省望谟县蔗香附近两江口汇合后称红水河,两江口至桂平三江口段,长 657 千米,落差 253.6 米,平均比降 0.39‰,集水面积 5.49 万平方公里;其中红水河贵州管辖段蔗香至省界曹渡河口段,长 107 千米。

南盘江地势西北高、北东低,河流自西南流向北东,至贵州省望谟县两江口与北盘江汇合;北盘江地势西北高、东南低,河流自西北流向东南。红水河望谟县两江口至龙滩坝址段,地势由北东向高至低,流入广西,其海拔高程为 700 ~ 1300 米,与河床水面相对高差 300 ~ 700 米。流域内由于受岩性、构造控制,河谷两岸多为山麓地貌,河谷呈 V 字形敞谷区,在山区河流中属比较开阔河段,一般缓坡与峡谷相连,两岸多有台地分布,且均为一级台地,往往形成小的山涧盆地。

南盘江流域夏季因受西南及东南海洋季风影响,湿润多雨,冬季温暖干燥;北盘江流域属亚热带高原季风气候,气候类型比较复杂,流域上游为高寒区,下游为高温区;红水河流域属副热带气候区,温和湿润,气温比较高。南盘江流域多年平均降水约为 1060 毫米,北盘江流域多年平均降水为 1222 毫米,红水河流域各地多年平均降水量为 760 ~ 1860 毫米。南盘江、北盘江、红水河除云贵高原的部分山区较寒冷外,其余地区气候温和,属亚热带气候或副亚热带气候区。

南盘江、北盘江、红水河的流量由降雨形成,故洪水期径流主要是降雨形成,径流的年际变化较平稳,枯水期由地下水补给。南盘江坡脚站多年平均流量为 704 立方米/秒,年来水量 222 亿立方米;北盘江这洞站多年平均流量为 370 立方米/秒,年来水量 117 亿立方米;红水河蔗香站多年平均流量为 1229 立方米/秒,年来水量 395 亿立方米,天峨站多年平均流量为 1610 立方米/秒,年来水量 508 亿立方米。

南盘江天生桥电站坝址多年平均输沙量 1490 万吨,年最大输沙量 2790 万吨,多年平均含沙量 0.75 千克/立方米,最大值 1 千克/立方米,推移质多年平均输沙量约 70 万吨。北盘江这洞站多年平均含沙量 1.95 千克/立方米,多年平均输沙量为 2350 万吨。红水河的含沙量(悬移质)以天峨站最大,多年平均含沙量 1.05 千克/立方米,多年平均输沙量为 5240 万吨;下游迁江站多年平均含沙量 0.67 千克/立方米,多年平均输沙量为 4830 万吨。

(二)主要航道现状和建设情况

1. 航道现状

南盘江、北盘江、红水河位于珠江干流的上游,是滇、黔、桂三省(区)通往粤、港、澳地区的水运通道。南盘江在三江口进入黔桂省界,在望谟县蔗香两江口与北盘江汇合,流入红水河。南盘江贵州境内三江口至两江口长 267 千米,已建有天生桥一级、二级水电站和平班水电站,3 座水电站均未建设通航设施。南盘江的三江口至天生桥一级水电站坝址 96 千米是库区航道,为五级航道;天生桥一级水电站至天生桥二级水电站 7 千米是库区航道,为六级航道;天生桥二级水电站至纳贡 13 千米不通航;纳贡至平班水电站 32 千米为五、六级航道;平班水电站至两江口 119 千米属龙滩水库库区航道,为四级航道。

北盘江在都格流入贵州,在望谟县蔗香两江口与南盘江汇合流入红水河。贵州境内都格至两江口长 296 千米,已建光照、董箐及马马崖一级水电站,2004 年规划的马马崖二级水电站,以及已建的 3 座水电站均未建设通航设施。北盘江的龙头寨至董箐水电站 133 千米为库区航道,为六级航道;董箐水电站至蔗香两江口 103 千米达到四级航道标准。

红水河自两江口沿黔桂边界东流至曹渡河口入广西,在象州石龙三江口与柳江汇合,全长 657 千米,其中贵州段长 107 千米,处于龙滩水电站库区,为四级航道。红水河规划的龙滩、岩滩、大化、百龙滩、乐滩、桥巩 6 座水电站已全部建成发电,其中龙滩水电站未建通航设施,其他水电站都建有通航设施,龙滩水电站以下航道已经全线贯通。濛江是红水河左岸一级支流,干流全长 237.1 千米,其中罗甸县八总至河口 35 千米位于龙滩水电站库区,为四级航道。

南北盘江红水河航道穿越贵州省六盘水、黔西南、安顺、黔南 4 个州(市)的六枝、水城、晴隆、普安、关岭、镇宁、贞丰、安龙、册亨、望谟、罗甸共 11 个县。

跨越北盘江的有河洋公路大桥、一线天公路大桥、关兴公路北盘江特大桥、花江坡公路大桥、望安高速岩架大桥、岩架公路桥、白层大桥、贞望大桥(在建)、沙坝大桥(在建)、惠兴高速北盘江大桥等 10 座。南盘江有南昆铁路八渡大桥、汕昆高速板坝大桥 2 座。红水河有红水河特大桥(在建)、罗天乐大桥 2 座。支流濛江有茂井大桥、八总大桥 2 座。其中新建或在建的桥梁,其净空高度均大于四级航道要求;净宽尺度为 50～220 米,均至少满足四级航道单向通航要求。

2. 航道建设情况

南盘江、北盘江、红水河自 1978 年以来,历经 4 次较大规模整治。第一次是 1985 年至 1991 年开展的"两江一河"复航工程,共整治滩险 85 处,达六级航道标准,可通航 100 吨级船舶;第二次是 1994 年开展的"两江一河"复航二期工程,整治了南北盘江重点 11 处,重点清炸河段 29 千米。第三次是 2000 年至 2004 年开展的西南水运出海中线通道起步工程(贵州段),共整治滩险 118 余处,建成南盘江坡脚至两江口航道 132 千米、北盘江坝草至两江口航道 97 千米、红水河两江口至曹渡河口航道 107 千米,共 336 千米航道,达五级航道标准。

第四次是国家"十一五"跨"十二五"计划期,实施了西南水运出海中线通道(贵州段)航运扩建工程。项目建成四级航道 360 千米;新建及改扩建 8 个码头共 15 个 500 吨级泊位;建设助航、导航及支持保障系统;建设了罗甸、贞丰、望谟和册亨 4 县海事搜救中心。2014 年开工建设了关照水电站区航运建设工程,2016 年开工建设了北盘江董箐水电站库区航运建设工程,建设完成后,两库区航道等级将提升为四级。

(三)航道工程项目

1.西南水运出海中线通道(贵州段)航运扩建工程

(1)项目概况

项目于 2008 年 5 月开工建设,2012 年 5 月试运行,2013 年 12 月竣工验收。

项目建设依据:2007 年,贵州省发展和改革委员会《西南水运出海中线通道(贵州段)航运扩建工程项目建议书》(黔发改交通[2007]55 号);2007 年,贵州省发展和改革委员会《西南水运出海中线通道(贵州段)航运扩建工程可行性研究报告》(黔发改交通[2007]1530 号);2007 年,贵州省交通运输厅《西南水运出海中线通道南北盘江、红水河(贵州段)航运扩建工程初步设计》(黔交建设[2007]168 号);2007 年,贵州省环境保护局《西南水运出海中线通道(贵州段)南盘江、北盘江、红水河航运建设工程项目环境影响报告书》(黔环函[2007]504 号);2007 年,贵州省国土资源厅《关于西南水运出海西南水运出海中线通道南盘江、北盘江、红水河航运建设工程建设项目用地预审申请的复函》(黔国土资预审字[2007]67 号)。

项目整治南盘江、北盘江、红水河 137.1 千米航道,按四级标准整治重点滩险 51 处。其中南盘江板坝码头至白地滩尾 68.6 千米回水变动段,整治重点滩险 25 处,航道设计尺度为宽度 50 米、水深 1.6 米、最小弯曲半径 330 米,设计通航保证率为 95%;北盘江坝草至坝韦滩尾 40.3 千米回水变动段,整治重点滩险 26 处,航道设计尺度:董箐至白层为宽度 30 米、水深 1.6 米、最小弯曲半径 330 米,白层至两江口为宽度 50 米、水深 1.6 米、最小弯曲半径 330 米,设计通航保证率为 90%;支流濛江八总港至濛江河口 28.2 千米河段的零星炸礁,航道尺度为宽度 50 米、水深 1.6 米、最小弯曲半径 330 米,设计通航保证率为 95%。设计代表船型(船队)及其尺度:500 吨机动驳船,尺度 55.0 米×10.8 米×1.6 米,客船(200 客),尺度 30.0 米×6.0 米×1.6 米。

项目完成疏炸总工程量为 90.30 万立方米,筑坝总量为 6.98 万立方米,炸礁工程量为明礁 3.80 万立方米,暗礁 50.98 万立方米,护岸总工程量为 356.50 立方米。项目由交通运输部、贵州省联合投资建设,概算投资 4.29 亿元,基本建设总投资 4.10 亿元。基本建设总支出 4.09 亿元,相对于工程概算结余资金 2017.72 万元,相对于到位资金结余142.99 万元。其中:交通运输部水运建设资金 994.4 万元、港建费 6116 万元;贵州省客货运附加费 3709 万元、成品油消费税 1.02 亿元、移民资金 2060 万元,社会融资法人资本投资 8999.22 万元(包括企业法人自建工程项目投资 4525.88 万元)。

(2)项目建设实施情况

项目建设单位为贵州省航务管理局;设计单位为贵州顺达水运规划勘察设计所、交通部天津水运工程科学研究院;施工单位为贵州远航交通工程有限公司、贵州黔航交通工程有限公司、长江航道局、长江重庆航道工程局等;监理单位为武汉四达工程建设咨询监理有限公司、温州港湾工程咨询监理有限公司、重庆双源建设监理咨询有限公司;质监单位为贵州省水运工程质量监督站。

西南水运出海中线通道(贵州段)航运扩建工程经省交通运输厅批准的建设工期为 4 年,项目于 2008 年 5 月 28 日正式动工,2012 年 5 月项目主体工程全面完工。

(3)科技创新成果及获奖情况

针对本工程山区河流和库区航道的特殊性,委托国内著名科研单位开展了典型滩险整治物理模型试验研究,以及对全航段进行数学模型研究,为施工图设计提供了有力的技术支持。

《西南水运出海中线通道南盘江、北盘江、红水河航运建设工程预可行性研究报告》获中国水运建设行业协会颁发的"2007 年度交通部优秀水运工程咨询成果三等奖",获贵州省发展和改革委员会颁发的"贵州省 2007 年度优秀工程咨询成果二等奖";《西南水运出海中线通道南盘江、北盘江、红水河航运建设工程可行性研究报告》获交通运输部颁发的"2008 年度交通运输部优秀水运工程咨询成果三等奖"。

(4)项目投产后的运营情况

西南水运出海中线通道航运扩建工程以货运为主,兼顾部分客运旅游功能,建成交工验收后即可投入使用。经过一年的试运行,该项目所有单位工程结构安全、满足使用功能,运行状况良好。

西南水运出海中线通道(贵州段)航运扩建工程的建成,工程效益显著,是贵州省建成的第一条国家高等级航道,实现了贵州水运建设的历史性突破,航运带领水运经济发展,工程效益、社会效益均十分显著。航道上已经有 500 吨级、1000 吨级货运船舶在航行,仅库区航运年完成的区间货运量已达 300 多万吨、客运量近 600 万人次;坝草、白层、罗甸八总等码头全部引入社会资本参与建设;依托中线水运通道,已经启动了黔西南州望谟蔗香临港工业园和黔南州罗甸罗妥物流园的建设,带动了沿江工业产业带的发展;随着贵州 1000 吨级运输船舶直抵龙滩水电站坝前,对龙滩水电站通航设施建设起到积极推动作用。

2.北盘江光照电站库区航运建设工程

(1)项目概况

项目于 2014 年 7 月开工建设。

项目建设依据:2014年5月,贵州省发展和改革委员会《光照电站库区航运建设工程可行性研究报告》(黔发改交通〔2014〕861号);2014年6月,贵州省交通运输厅《光照电站库区航运建设工程初步设计》(黔交建设〔2014〕151号);2013年11月,贵州省环境保护厅《贵州省光照库区航运建设工程环境影响报告书》(黔环评〔2013〕171号);2013年6月,贵州省国土资源厅《北盘江光照库区航运建设工程项目用地预审申请》(黔环评〔2013〕49号)。

项目按四级航道标准建设北盘江光照电站库区航道73.2千米,航道设计尺度为宽度30~50米、水深1.6米、最小弯曲半径330米;设计代表船型为500吨级机动驳船,船型尺度为62米×9.2米×1.6米。航道设计通航保证率为95%。

清炸龙头寨至格所河口17千米航道凸咀、零星孤石;重点整治格所河口至老龙场19.3千米及支流格所河以上4.2千米变动回水区的碍航滩险,炸礁6441立方米。配套建设大型停靠点4处、小型停靠点19处;配备界限标、左右岸侧面标、鸣笛标、沿岸标等,共计91座;建设支持保障系统及信息化工程。项目概算总投资1.36亿元,其中交通运输部水运建设资金4260万元、省配套资金4348万元、地方配套资金5034万元。

(2)项目建设实施情况

项目建设单位为贵州省航务管理局,具体负责工程建设组织、实施管理;设计单位为贵州顺达水运规划勘察设计院;施工单位为贵州黔航交通工程有限公司;监理单位为贵州兴航水运工程监理事务所;质监单位为贵州省水运工程质量监督站;试验监测单位为贵州路港交通工程试验检测有限公司。

3.广西西南水运出海通道工程(曹渡河口至桥巩段)

(1)项目概况

项目于2010年10月开工建设,2015年12月试运行,2017年12月竣工。

项目建设依据:1999年6月,广西壮族自治区发展计划委员会《关于西南水运出海通道中线起步工程(广西段)可行性研究报告的批复》(桂计交通〔1999〕230号);2009年9月,广西壮族自治区交通运输厅《关于西南水运出海通道工程(曹渡河口至桥巩段)初步设计的批复》(桂交基建函〔2009〕859号);2000年5月,广西壮族自治区环境保护局《关于西南水运出海通道中线起步工程(红水河广西段)环境影响报告书的批复》(桂环然字〔2000〕43号)。

建设规模:全长450.2千米,航道起于与贵州省交界的曹渡河口,止于来宾市桥巩水电站,航道按四级双线航道标准整治,设计代表船型为500吨级,设计航道尺度为宽度50米、水深2.5米、最小弯曲半径330米,同步建设天峨港、东兰港及30个客圩渡码头,其中天峨港及东兰港各新建1个500吨级泊位,航道工程共整治滩险43个。一类航标配布390座、侧面浮标43艘(含备用)、鸣笛标2座。示位标塔身高度7.5米,侧面标船型长

4.8米,采用发光二极管(LED)光源航标。项目总投资1.04亿元,交通运输部水运建设资金1.01亿元,地方投资300万元。

（2）项目建设实施情况

项目建设单位为广西壮族自治区港航管理局;设计单位为广西壮族自治区交通规划勘察设计研究院;施工单位为广西新港湾工程有限公司、广西壮族自治区航务工程处;监理单位为广西八桂工程监理咨询有限公司;质监单位为广西壮族自治区交通工程质量监督站。

项目实施过程中,由于航道工程初步设计阶段采用的是1990年至2003年测图,施工图设计及实施阶段采用的是2010年测图,根据2010年测图及全线现场调查,共需整治滩险43个,较初步设计增加18个浅滩;从2010年测图来看,岩滩、大化、乐滩等水电站库尾段已建成较多居民房等建筑(构筑)物,为了考虑安全、环保、和谐并尽量减少扰民,参照相关规程调整了施工工艺;居民房较多的岩滩、大化、乐滩等水电站库尾段增加控制爆破工艺;岩滩枢纽下引航道出口靠船墩前沿水域及沿线桥梁下增加了水下液压分裂破碎岩石的工艺,因此产生了工程设计变更,共计产生设计变更33项;原批复航道工程概算为9995.93万元,调整后的工程总概算为1.04亿元,调增量为370.51万元。

（3）项目投产后的运营情况

总体来说,西南水运出海通道工程(曹渡河口至桥巩段)航道条件得到较大改善,航道尺度基本达到设计标准;航道、航标工程试运行情况良好,基本符合设计要求,航运效果显现,大型船舶航行密度增大,航道通过能力提高,工程的社会效益得到充分发挥。

（四）航道的发展成就与经验启示

贵州段:西南水运出海中线通道(贵州段)航运扩建工程的建成,工程效益显著,是贵州省建成的第一条国家高等级航道,实现了贵州水运建设的历史性突破,航运将带领地区经济发展,为周边地区脱贫攻坚作出贡献。北盘江董箐水电站库区航运建设工程和光照水电站库区航运建设工程的建设,为北盘江高等级航道上延打下坚实基础,使高等级航道深入贵州资源腹地六盘水市,将对沿江产业布局的调整和扶贫工作的开展,起到极大的带动作用。

但由于受下游龙滩水电站未同步建设通航设施的影响,北盘江董箐、马马崖、光照电站等闸坝碍航影响,南盘江、北盘江、红水河水运主通道尚未形成,水路运输效益发挥微乎其微,龙滩通航设施已经成为充分发挥红水河通道作用的最为紧要的需要解决瓶颈。

贵州省委、省政府决定打通红水河水运通道,近年来就龙滩水电站通航设施按1000吨级建设问题,积极努力进行多方协调,取得了初步成果,以实现贵州人民多年来"南下珠江"的夙愿。

广西段:西南水运出海通道工程(曹渡河口至桥巩段)建成投入使用后,红水河航道条件得到较大改善,航道尺度基本达到设计标准;航道运行效果显现,大型船舶航行密度增大,航道通过能力提高,工程的社会效益得到充分发挥。

四、柳江航道

(一)河道自然特征

柳江自融江与龙江汇合(柳城县凤山镇)凤山三江口起至与红水河汇合(象州县石龙镇)石龙三江口止。柳江全长202.8千米,枯水落差35.51米,水面平均坡降0.18‰,局部最大坡降3.68‰。柳江沿河两岸丘陵与台地平原相间,河岸地质部分为水成岩,部分为黏土,河岸稳定。河谷较开阔,河床宽200～1000米,宽窄悬殊,较宽的河段形成边滩或江心洲。河床地质为石灰岩或石灰岩上覆盖砂卵石。

柳江水量丰富,柳江航道整治工程河段内有洛清江、罗秀河汇入,设计最小流量165～200立方米/秒。枯水期在10月至次年3月,洪水期在6—8月,滩上最小水深0.8～1.1米、航宽15～20米、弯曲半径100～200米,最大流速3.6米/秒,一般常年可通航120吨级船队,枯水期由于滩浅、航道弯曲须减载航行。柳江是西江的上游主流,属山区河流,河段内有柳州、象州、武宣3个水文(水位)站。流域内雨量充沛,多年平均雨量为1500～1800毫米,雨季集中在5—9月,枯水期在10月至次年3月。柳江黔江水位受降雨影响极大,降雨水涨,洪枯水位变幅大。据柳州水文站资料统计,柳江多年平均含沙量0.10千克/立方米,最大含沙量0.30千克/立方米(1983年),最小含沙量0.01千克/立方米(1960年)。含沙量在年内变化显著,洪大枯小。

西南水运出海北线通道共规划有8个梯级,自上而下分别为都柳江上的梅林、洋溪电站,融江上的麻石、浮石、古顶、大埔电站,柳江上的红花电站和黔江上的大藤峡枢纽。已建的有麻石、浮石、古顶、大埔、红花5个梯级电站,各梯级电站的通航建筑物均为船闸。

红花水电站于2003年动工,2004年12月船闸通航,2006年完工。水库正常挡水位77.5米,可渠化红花上游柳江河道108千米,船闸按通过1000吨级船舶设计,有效尺度为180米×18米×3.0米,引航道宽度按满足通航1000吨级船舶宽度的要求设计与建设,引航道直线段和弯曲半径按满足通航300吨级船队要求设计与建设。

(二)主要航道现状和建设情况

(1)航道现状

柳江航道起点为凤山三江口,航道终点为石龙三江口,全长202.8千米,流经柳城、柳州、柳江、鹿寨、象州等县市。其中凤山三江口至新圩航段长29.2千米,航道技术等级为五级;新圩至红花枢纽航段长 72.4 千米,航道技术等级为二级;红花枢纽至石龙三江口航段长 101.2 千米,航道技术等级为四级。

（2）拦河建筑物

柳江航道上现有拦河建筑 1 座,为红花枢纽。

（3）跨河桥梁

截至 2017 年,柳江航道已建成的跨河桥梁有 25 座。其中净空高度小于 10 米的桥梁有 8 座,分别为螺丝岭大桥、壶西大桥、柳州铁路桥、柳江大桥、文慧桥 1、文慧桥 2、壶东大桥、河东大桥,其中柳州铁路桥最低净空高度为 3.95 米。

（4）跨河管道、线路

截至 2017 年底,柳江航道共有跨河电缆 46 条、通信线 9 条、水文站测流线缆 2 条、过河管道 8 条。

（三）航道工程项目

1. 柳江航道整治工程

（1）项目概况

项目于 2009 年 11 月开工建设,2011 年 6 月至 2012 年 6 月试运行,2016 年 1 月竣工。

项目建设依据:2009 年 5 月,广西壮族自治区发展和改革委员会《关于柳江航道整治工程可行性研究报告的批复》(桂发改交通〔2009〕346 号);2009 年 8 月,广西壮族自治区交通运输厅《关于柳江航道整治工程初步设计的批复》(桂交基建函〔2009〕740 号);2009 年 1 月,广西壮族自治区环境保护局《关于西南水运出海北线通道(柳江黔江)航道整治一期工程环境影响报告书的批复》(桂环管字〔2009〕8 号);2008 年 11 月,广西壮族自治区水利厅《关于西南水运出海北线通道(柳江黔江)航道整治一期工程水土保持方案的函》(桂水水保函〔2008〕118 号);2010 年 3 月,象州县人民政府《关于柳江航道整治工程配套工作船码头选址的批复》(象政函〔2010〕245 号);2011 年 4 月,象州县人民政府《关于同意划拨国有建设用地的批复》(象政函〔2011〕377 号);2011 年 10 月,象州县人民政府《关于同意划拨象州航道站项目用地给柳州航道管理局使用的批复》(象政函〔2011〕1016 号)。

项目整治航道里程约 182.2 千米,共整治滩险 27 个;航道建设等级为四级;航道设计尺度为宽度 40 米、水深 2.0 米、最小弯曲半径 330 米;设计代表船型为 500 吨级船舶。航道设计通航保证率 95%。

整治建筑物的形式、结构、平面布置和数量:小赖滩左岸抛石顺坝 1 座,老婆沙右岸抛石丁坝 1 座,黄茅滩右岸抛石丁坝 1 座,盐祥滩左岸抛石丁坝 1 座;筑坝总工程量 1.35 万立方米;疏浚河段长 101.2 千米,疏浚工程量 96.89 万立方米;整治炸礁滩险 27 个(共 34

个单位工程),自上游往下游分别为小赖滩、横石基、里雍横石基、福林洲、锁匙筒滩、碧廖滩、打鼓滩、酒醉滩、新滩、大麻子滩、小麻子滩、金滩、老婆沙、黄允洲、古才滩、牛角洲、白浪滩、三梗滩、黄茅滩、吧喇滩、双门柱、盐祥滩、担滩、鸡笼洲、良村滩、大清滩、横古才滩,炸礁工程量总计 20.60 万立方米;建造示位标 60 座、桥涵标 2 座、桥柱灯 4 座、航行指路牌 7 座、侧面标 251 座(示位标 7.5 米高,桥涵标 1 米×1 米,指路牌 3 米×6 米,侧面浮标为 4.8 米灯艇,顶标采用国标 2 号),航标配布为一类。项目总投资 1.62 亿元,资金来源为财政补助拨款。

(2)项目建设实施情况

项目建设单位为广西壮族自治区港航管理局;设计单位为广西壮族自治区交通规划勘察设计研究院;施工单位为广东宏大广航工程有限公司、长江重庆航道工程局、广西新港湾工程有限公司等;监理单位为广西八桂监理咨询有限公司;质监单位为广西壮族自治区交通工程质量监督站。

项目重大变更如下所示。柳江航道整治工程施工 1 标段:施工图设计工程量较初步设计减少金额 304.84 万元,竣工工程量较施工图设计共增加金额 105.11 万元,主要为地形地质变更。柳江航道整治工程施工 2 标段:施工图设计工程量较初步设计增加金额 530.95 万元,竣工工程量较施工图设计增加金额 303.86 万元,主要为地形地质变更。柳江航道整治工程施工 3 标段:施工图设计工程量较初步设计增加金额 238.46 万元,竣工工程量较施工图设计增加金额 193.82 万元,主要为地形地质变更。柳江航道整治工程施工 4 标段:发生工程变更次数较多,但均为一般设计变更,较合同累计增加变更金额为 70.9 万元。柳江航道整治工程施工 5 标段 A 标(象州航道站站房):发生工程变更次数较多,但均为一般设计变更,较合同累计增加变更金额为 49.68 亿元。

(3)项目投产后的运营情况

航道整治工程航线总体布置合理,工程设计施工采取的理顺航槽、裁弯取直、布置丁坝与顺坝整治建筑物调整流速流态等措施运用得当,整治后航道满足四级航道标准,达到了整治目的。

2.柳江柳州至石龙三江口二级航道工程

(1)项目概况

项目于 2013 年 6 月开工建设。

项目建设依据:2011 年 10 月,广西壮族自治区发展和改革委员会《关于柳江柳州至石龙三江口二级航道项目可行性研究报告的批复》(桂发改交通〔2011〕1301 号);2012 年 11 月,广西壮族自治区交通运输厅《关于柳江柳州至石龙三江口二级航道工程初步设计的批复》(桂交行审〔2012〕74 号);2011 年 5 月,广西壮族自治区环境保护厅《关于柳江柳州至石龙三江口二级航道工程环境影响报告书的批复》(桂环审〔2011〕100 号)。

项目整治柳州新圩至红花枢纽河段长 71.6 千米航道,共整治滩险 4 处;航道建设等级为二级,航道设计尺度为宽度 80 米、水深 3.5 米、最小弯曲半径 550 米;设计代表船型(船队)为 2000 吨级货船并兼顾 2 排 1 列式 2000 吨级顶推船队。航道设计通航保证率 98%。

项目工程疏浚河段长度 71.6 千米,水下开挖卵石 9424 立方米;共炸礁滩险 4 处,分别是黄滩、韦义洲、河西水厂、萝卜洲,完成水下炸中风化岩工程量共计 1.65 万立方米。项目总投资 1.17 亿元,资金来源为财政补助拨款。

(2)项目建设实施情况

项目建设单位为广西壮族自治区港航管理局柳江柳州至石龙三江口二级航道工程建设指挥部;设计单位为广西交通设计集团有限公司、柳州市城市规划设计研究院;施工单位为广西新港湾工程有限公司、广西华宇建工有限责任公司、嘉兴市造船二厂等;监理单位为广西八桂工程监理咨询有限公司、广西恒大项目管理有限公司;质监单位为广西壮族自治区交通工程质量监督站、柳州市柳东新区建设工程质量监督站。

第八节　珠江三角洲高等级航道网

一、综述

(一)航道网自然特征

珠江三角洲河系地处珠江下游,自然地理范围包括:思贤滘以南的西、北江水系三角洲,石龙以西的东江三角洲,直接注入珠江三角洲的中水河流,以及香港的九龙半岛和澳门地区,总集水面积 2.68 万平方公里,占珠江流域总面积的 5.91%。珠江三角由珠江水系的西江、北江、东江及潭江、沙河、增江、绥福水、流溪河挟带的泥沙冲积而成,属于复合型河口三角,冲积平原占 80%。此外,尚有星罗棋布的海岛残丘及台地。珠江三角洲河道汊道纷繁,纵横交错,密似蛛网,共有大小河流 1360 条,总里程 7885.1 千米。珠江三角洲从东至西的出海口门分别有虎门、蕉门、洪奇门、横门、磨刀门、鸡啼门、虎跳门和崖门八大出海口门,构成三江汇集、八口分流的水系特征。

西江与北江在三水思贤滘水道汇入珠江三角洲河网区后,水道相互沟通,繁殖发育形成一个西、北江三角洲体系。西江主流自思贤滘折向南流,经过马口、甘竹,右岸有高明河、沙坪河汇入,左岸分支甘竹溪与北江下游顺德水道相通;西江流至南华,分为东、西两大支,东支为容桂水道,又称东海水道,西支为主流,又称西海水道,经北街、外海、神湾经珠海磨刀门入海,百顷头以下又称磨刀门水道。西海水道先后在逢源、潮莲分为古镇水道、荷塘水道、北街水道，至外海复又合二为一，南流至百顷头，再次分汊为磨刀门水道、荷麻溪水道、石板沙水道等。分流经鸡啼门、虎跳门出海，西江下游自思贤滘至珠海市磨刀门口流入南海全长 139 千米，磨刀门泄洪流量约占西、北江洪水总量的 26%，为八大口门泄洪量最大的出海口。容桂水道自南华向东经容奇镇至板沙尾与北江下游顺德水道汇合，分由蕉门、洪奇门流入海。容桂水道沿程主要分汊水道有凫洲水道、小榄水道、鸡鸦水道等。小榄水道与鸡鸦水道平行南流，至中山市大南尾合二为一，于张家边中山港又有石岐水道汇入，合流经横门流入南海。

北江自思贤滘以下至西南镇，右岸分流为罗行冲，左岸分流为西南冲，与芦苞冲汇合于官窑，入流白坭水道，至鸦岗汇入流溪河，南流至广州市区，珠江大桥以下至洲头咀称为西河道，洲头咀以下分为东河道和南河道，穿越广州市区，至黄埔港附近汇合，流入狮子洋出虎门，广州以下称为广州水道。虎门、蕉门、洪奇门、横门东四口门出海汇合于伶仃洋大海湾，海湾东侧有香港、西侧有澳门，遥向对峙。

北江下游经过西南、小塘至紫洞分为两汊，左为潭洲水道、右为顺德水道。顺德水道主流经过沙湾水道至八塘尾汇合流入狮子洋，走虎门出海，潭洲水道至登洲头分为两支，左支为平洲水道。经平洲镇，先后与橹尾撬、三尾冲、二尾冲、陈村水道、三枝香水道等沟通，至大尾角，往北由南河道入广州港；往南走沥滘水道至黄埔港。自思贤滘开始，经北江下游、潭洲、平洲水道至广州，统称东平水道。

东江三角洲自成体系，自石龙开始，东江分为南北两大支，北支为东江主流，称为北干流，南支为东莞水道，又称南支流。两支水道之间又有中堂水道相互连接，并一再分流，形成河网，分别由菠萝滘、东江口、麻冲、倒运海等水道流入狮子洋，经虎门入海。

珠江三角洲位于广东省中南部地区，地处北回归线以南，濒临南海，气候上具有热带、亚热带、副热带季候风的特点，同时具有海洋性气候的色彩，夏季台风多。珠江三角洲的平均气温为 21 摄氏度，平均降水量 1000～2500 毫米，三角洲年内降水变化不大，但年内分配不均匀，夏季 5—8 月台风季候降水最多，降水量也最大，约占全年的 60% 以上。珠江三角洲河网每年的洪水期发生在 4—9 月，历年平均最大洪峰流量马口站为 2.91 万立方米/秒，三水站为 8180 立方米/秒。珠江三角洲河网每年汇集珠江流域西江、北江、东江的径流来水总量 3260 亿立方米，分由八大口门流入南海，其中东四口门分流入海占珠江三角洲河网来水总量的 53.4%，西四口门分流入海占珠江三角洲河网来水总量的 46.6%。

珠江三角洲河网的水位除径流来水影响变化外，受南海海洋潮汐影响，河网各水道受不规则半日混合潮影响，日内出现两次高潮和低潮，受潮汐的作用，珠江三角洲河网日内涨、落潮差平均在 0.5～1.0 米。珠江三角洲的第四系沉积层，以西、北江三角洲沉积层的厚度较大，平均为 25.6 米，东江三角洲为 18.8 米，珠江水系各大江河输送的泥沙进入珠江三角洲河网后，一部分沉积于三角洲范围内，其余由八大口门输送出海，珠江三角洲八大口门年输沙量 8870 万吨,西四口门占总输沙量的 52.3%,其中磨刀门占总输沙量的 33%,是西江的输水输沙通道。

珠江三角洲河冲密布,河海相连,河网密度为每平方公里 0.85 千米,具有发展水运的优良自然条件。现有通航水道 823 条,通航里程 5347 千米,其中主要航道 60 条,通航里程 1365 千米,一般水道 763 条,通航里程 3982 千米。维护水深在 1.0 米以上的水道总里程 2887 千米,其中通航 1000 吨级船舶的航道里程 490 千米。

(二)航道现状和建设情况

改革开放以来,广东省在珠江三角洲内河航道实施了潭江、横门、磨刀门、虎跳门、崖门、泥湾门、鸡啼门、东平水道、顺德水道、莲沙容水道、西伶通道、劳龙虎水道、小榄水道、陈村水道、鸡鸦水道、白坭水道、洪奇沥、龙穴南等航道扩能升级工程。

"八五"期间,完成了江门水道、东莞水道、东平水道老鸦洲浅段、北江芦苞浅段和西江崖门出海航道疏浚工程,以及白坭水道整治主体工程,共建设航道 161 千米,完成投资 1.9 亿元。特别是西江崖门出海航道建设后,3000 吨级海轮可满载进入新会港,为江海联运打下基础。1996 年 9 月省人大常委会审议通过了省人民政府《关于省八届人大第二十四次会议〈加快航道建设建设步伐,促进我省航运事业发展议案〉的办理方案报告》,为广东省"九五"航道建设提供了重要的资金来源。

"九五"期广东省以贯彻落实议案为重点,全力开展了莲沙容水道、横门出海航道、小榄水道航道的整治建设。

"十五"期间,按照《广东省内河航道总体布局规划》和《广东省内河航运发展规划(2010—2020 年)》的部署,重点加快了西江主通道、珠江三角洲"三纵三横"骨干航道网及粤北、粤东山区航道建设。通过整治,珠江三角洲"三纵三横"的千吨级骨干航道网已初见雏形。

"十一五"期间,全省航道建设累计完成投资约 62 亿元,整治航道 1252 千米,其中高等级(三级及以上)航道 559 千米。西江干流和珠江三角洲"三纵三横三线"千吨级骨干航道网基本形成。

"十二五"期间,全省累计完成航道建设投资 21.9 亿元,共改善航道里程 1301 千米,其中高等级(三级及以上)航道较"十一五"新增 104 千米,西江干流和珠江三角洲千吨级航道网更为完善。经多年的建设发展,截至 2015 年底,珠江三角洲"三纵三横三线"千吨级骨干航道网基本形成。

广东省航道已形成以西江干线和珠江三角洲"三纵三横三线"高等级航道网为核心,以沟通粤北、粤东的北江干流、东江干流、韩江(含汀江)、梅江和榕江以及珠江三角洲的泥湾门鸡啼门水道、鸡鸦水道、东莞水道、顺德支流、倒运海水道、下横沥(含枕箱水道和龙穴南水道)、甘竹溪共 12 条地区重要航道为依托,以其他航道为基础的沟通西南、江海直达、辐射周边的内河航道体系。

"三纵"是西江下游出海航道、白坭水道—陈村水道—洪奇沥水道、广州港出海航道。

"三横"是东平水道、潭江—劳龙虎水道—莲沙容水道—东江北干流、小榄水道—横门出海航道。

"三线"是崖门水道—崖门出海航道、虎跳门水道、顺德水道。

珠江三角洲"三纵三横三线"高等级航道网规划布局方案如表 10-8-1 所示。

珠江三角洲"三纵三横三线"高等级航道网规划布局方案表　　　表 10-8-1

航道名称	起讫点		里程(千米)	现状	规划	备注
三纵	—		395	—	—	—
1. 西江下游出海航道	西江下游出海航道:思贤滘—百顷头		89	三级	一级	3000 吨级海船
	磨刀门水道:百顷头—挂定角		46	三级		
	磨刀门出海航道	挂定角—横州	28	三级		
		挂定角—九澳	25	四级		
2. 白坭水道—陈村水道—洪奇沥水道	白坭水道:渡槽桥—珠江大桥		44	五~四级	三级	—
	陈村水道:濠滘口—三山口		22	四级		—
	洪奇沥水道:板沙尾—洪奇门		41	四~三级		1000 吨级江海船
3. 广州港出海航道	广州港出海航道	广州—黄埔的前航道	20	一级	一级	1000 吨级海船
		广州—黄埔的后航道	28			5000 吨级海船
		黄埔—虎门	52			5 万吨级海船
三横	—		381	—	—	—
1. 东平水道	东平水道:思贤滘—广州		76	三级	三级	1000 吨级江海船
2. 潭江—劳龙虎水道—莲沙容水道—东江北干流	潭江:三埠—熊海口		58	四级	三级	1000 吨级江海船
	劳龙虎水道:虎坑口—狗尾		16	六级	三级	1000 吨级江海船
	莲沙容水道:南华—莲花山(含均安水道及八塘尾—大沙尾)		108	三级	一级	1000 吨级江海船
	东江北干流:石龙—东江口		42	六级	四~三级	—
3. 小榄水道—横门出海航道	小榄水道	莺歌咀—大南尾	30	四级	三级	1000 吨级江海船
		大南尾—横门口	15	四级	一级	3000 吨级海船
	横门出海航道:横门口—淇澳		36	三级	一级	3000 吨级海船
三线	—		163	—	—	—
1. 崖门水道—崖门出海航道	崖门水道:熊海口—崖门口		25	三级	一级	5000 吨级海船
	崖门出海航道:崖门口—荷包岛		42	三级		5000 吨级海船
2 虎跳门水道	虎跳门水道:百顷头—虎跳门口		46	三级	一级	3000 吨级海船
3. 顺德水道	顺德水道:紫洞口—火烧头		50	四~三级	三级	—
合计	规划三级及以上航道939 千米					

二、西江下游出海航道：思贤滘至百顷头（三纵）

（一）河道自然特征

西江至思贤滘进入珠江三角洲水网，于百顷头分为两汊，左汊为磨刀门、洪湾水道，右汊为虎跳门水道经崖门出海航道注入南海。思贤滘至百顷头 89 千米为一级航道。西江思贤滘以下进入三角洲平原河网区，沿岸以高平原和基水地为主，间有丘陵和台地沿河分布，并有零星残丘分布其间。西江流域径流主要由降雨形成，西江干流由磨刀门出海的年径流量为 923 亿立方米，径流流量年内分配不均，但年际间变化较小，且总体趋势在减小，西江为一条少沙河流。

（二）航道现状和建设情况

西江思贤滘至百顷头段位于西江下游，航道全长 89 千米，现为一级航道。航道维护尺度为航宽 100 米、水深 6 米、弯曲半径 650 米，按一类航道维护，航道维护水深年保证率不小于 98%，配布一类标，航标维护正常率不小于 99.8%，航道可通航 3000 吨级海轮。

1998—2009 年间，该段实施了西江下游肇庆—虎跳门航道整治工程。

（三）航道工程项目

西江下游肇庆至虎跳门航道整治工程项目

（1）项目概况

该项目于 1998 年 5 月动工建设，2006 年 3 月试运行，2009 年 11 月竣工。

项目建设依据：1995 年 3 月 5 日，广东省计划委员会《关于广东西江下游（肇庆至百顷头）航道整治工程建议书的批复》（粤计交〔1995〕382 号）；1995 年 10 月 5 日，广东省计划委员会《关于西江下游肇庆至虎跳门航道整治工程可行性研究报告的批复》（粤计交〔1995〕655 号）；1995 年 12 月 25 日，广东省建设委员会《关于西江下游肇庆至虎跳门航道整治工程初步设计的批复》（粤建函〔1995〕369 号）；1997 年 6 月 26 日，国家环境保护局《关于世行贷款广东省西江下游航道整治工程环境影响报告书审批意见的复函》（环监〔1997〕420 号）；2005 年 10 月，广东省环境保护局《关于西江下游肇庆—虎跳门航道整治工程环境影响报告书的批复》（粤环建字〔1995〕41 号）。

建设航道等级为一级，航道设计尺度为航宽 100 米、水深 6.0 米、弯曲半径 650 米；设计代表船型为 3000 吨级海轮，船型尺度为 99.5 米×13.8 米×5.5 米。航道设计通航保证率 98%。

航道里程 168 千米，滩险 19 处。工程初步设计批复总投资概算 9.76 亿元，包括交通部投资 1.3 亿元,广东省筹资 4.31 亿元,世界银行贷款 2.79 亿元。

(2)项目建设实施情况

项目建设单位为广东省航道局;工可设计单位为广东省航道勘测设计科研所;施工单位为广东省航盛建设集团有限公司、中交一航局第一工程有限公司、中交广州航道局、武汉长江航道局等;监理单位为广东正方圆工程咨询有限公司;质监单位为广东省交通工程质量监督站;研究单位为广东省交通咨询服务中心;咨询单位为广东省咨询监理公司。

(3)项目投产后的运营情况

通过实施西江下游肇庆至虎跳门航道整治工程,完成了西江建设技术难度最大的崖门出海航道建设,将西江建成一条水运大通道,项目投产后 3000 吨级海轮可直达肇庆,实现了江海直达,有利于充分发挥水运优势,带动沿江工农业发展,使西江对流域经济的发展起到很好的纽带作用。同时开辟了西江流域直通东南亚、东北亚地区的对外开放大通道,对西江流域资源开发、流域经济的发展、水运的振兴、航道的建设与发展都有着十分重要的作用。

三、磨刀门水道和磨刀门出海航道(三纵)

(一)河道自然特征

磨刀门是西江主要的泄洪输沙口门,径流作用较强,泄洪流量约占西、北江径流量的四分之一,居八大入海口门之首。由于大量泥沙在河口沉积,口门逐年向外延伸,是珠江八大口门中率先直面大海的口门。磨刀门多年平均径流量为 923 亿立方米,径流量年内分布不均,汛期(4—9 月)约占全年的 75%,枯季(10 月至次年 3 月)只占 25%。径流年际变化较大。洪湾水道分泄磨刀门水道 17% 左右的水量。

磨刀门水道从百顷头至珠海大桥,全长约为 48.4 千米。整个河道呈冲刷趋势,河宽相对稳定,水深增加,水深条件较好,基本在 5.0 米以上,常年可通航 1000 吨级船舶。磨刀门水道在挂定角处又可分为两支出南海,南支称为磨刀门出海航道,从挂定角至横州28 千米为三级航道;东支称为洪湾水道,从挂定角至九澳 25 千米为三级航道。

(二)航道现状和建设情况

磨刀门水道起点珠海大桥,终点百顷头,航道里程 48.4 千米,全线设一类航标,航道维护等级为三级,维护尺度为航宽 80 米、水深 4.0 米、弯曲半径 500 米。现有跨河桥梁 3座,最低净空高度为 22 米。其中:斗门大桥净高 22 米,西部沿海高速磨刀门大桥净高 22米,珠海大桥净高 24 米。架空电缆 12 条,最小净高 26 米。水下过河管道 3 条。

磨刀门出海航道,现状为三级航道;洪湾水道从挂定角至九澳 25 千米现状为三级航道,维护水深4米,可通航1000吨级港澳船。

1978—2015年,磨刀门水道没有进行过较大规模的航道建设工程。磨刀门水道及出海航道整治工程,按内河三级航道,通航1000吨级港澳航线船舶标准建设,航道设计尺度为航宽80米、水深4.0米、弯曲半径500米,于2015年6月30开工建设,2018年完工试运行。

四、白坭水道（三纵）

（一）河道自然特征

白坭水道经过广州市花都区、白云区,起点为珠江大桥东桥,终点为赤坭荷塘,全长共47.7千米,其中:白坭圩至赤坭荷塘河段长6.3千米,白坭水道1（珠江大桥东桥至花都港）29.4千米、白坭水道2（花都港至赤坭荷塘）12千米。河道略微弯曲,河势稳定,水深条件较好,含沙量不大,河床质以细沙为主,局部地段为中砂、淤泥和黏土。

流溪河（文教口至江村铁路桥）,全长7.1千米,河道略微弯曲,呈C字形,河道宽度120~150米。河床底质以粉砂、淤泥为主,局部为细砂、粗砂及黏土。流溪河水流含沙量日益增加,河床加深,泥沙变化完全受人类活动影响,失去天然河道泥沙原有规律。

（二）主要航道现状和建设情况

白坭水道白坭圩至赤坭荷塘河段长6.3千米,按内河五级限制性航道标准建设,航道尺度为航宽35米、水深2.5米、弯曲半径115米;赤坭荷塘至花都港河段长12千米,按内河三级限制性航道标准建设,航道尺度为航宽45米、水深3.2米、弯曲半径275米;花都港至珠江大桥东桥河段长29.4千米,按内河三级港澳线航道标准建设,航道尺度为航宽60米、水深4.0米、弯曲半径275米;流溪河江村铁路桥至文教口河段长7.1千米,按三级港澳线航道标准建设,航道尺度为航宽60米、水深4.0米、弯曲半径275米。

白坭水道航道跨河桥梁共25座,主要有珠江东桥铁路桥（净高7.3米）、金沙洲大桥（净高10米）、武广铁路专线西华海大桥（净高10米）、广和大桥（净高10米）、广珠铁路白坭河特大桥（主航道净高10米）、碘石大桥（净高9.71米）、巴江河大桥（净高6.29米）、广清高速白坭河大桥（净高7.71米）、赤坭大桥（净高7.68米）。架空电线共33条,净高最小4.69米,最大34.8米。过河建筑物共13个,包括过河水管、油气管等。临河建筑物共134个,包括码头、加油站、抽排水站等。

流溪河一跨河桥梁共3座,其中广清高速流溪河大桥（净高11.39米）、广花高速公路桥（净高6米）、武广铁路客运专线流溪河大桥（净高10米）。架空电线共10条,净高最小23.1米,最大28.73米。过河建筑物共16个,包括过河水管、煤气管、天然气管等。临河建筑物共 32 个,包括码头、抽排水站等。

1978—2015 年,进行较大规模的航道建设工程项目有 2 个,为 1997 年 10 月和 2016 年 11 月建成的白坭水道航道建设与整治工程。

(三)航道工程项目

1. 白坭水道航道建设工程

(1)项目概况

项目于 1992 年 12 月开工建设,1997 年 10 月竣工。

项目建设依据:1991 年,广州市计划委员会《关于白坭水道航道整治工程可行性研究报告的批复》(穗计能〔1991〕49 号);1992 年,广州市建设委员会以穗计能〔1992〕28 号文出具初设批复。

工程分 3 段实施,各段整治标准及代表船型如下:白坭水河段赤坭至巴江桥长 15 千米,按内河五级限制性航道标准建设,航道尺度为航宽 35 米、水深 2.0 米、弯曲半径 275 米,代表船型为 300 吨级船舶;白坭水河段巴江桥至珠江大桥东桥长 28 千米,按内河四级限制性航道标准建设,航道尺度为航宽 50 米、水深 2.5 米、弯曲半径 330 米,代表船型为 500 吨级船舶;流溪河龙湖码头至文教口长 5 千米,按内河四级限制性航道标准建设,航道尺度为航宽 40 米、水深 2.0 米、弯曲半径 330 米,代表船型为 500 吨级船舶。

项目完成炸礁工程量 6.71 万立方米,疏浚工程量 19.55 万立方米,裁弯石方 1.25 万立方米,土方 19.3 万立方米,护岸石方 0.45 万立方米。更新改造航标 41 座,新增航标 3 座。项目总投资 2610 万元,其中交通部水运建设资金 870 万元,广东省 650 万元,广州市 870 万元。

(2)项目建设实施情况

项目建设单位为广州市航务管理局;设计单位为广东省航道勘测设计科研所;施工单位为珠江三角洲航务工程公司、花都市公路建设总指挥部、江西省交通厅航务设计所等;监理单位为广东省水运工程咨询监理公司;质监单位为广东省交通厅工程质量监督站。

(3)项目投产后的运营情况

白坭水道航道整治工程实施后,航道条件大大改善,水深优良,航槽稳定,减少了船舶碰撞,消除触礁隐患,堤围更加安全,没有对环境、生态平衡产生不利影响,有利于排洪排涝。

2. 白坭水道航道整治工程

(1)项目概况

项目于 2010 年 8 月开工建设,2016 年 11 月竣工。

项目建设依据:2006年7月,广东省发展和改革委员会《关于对白坭水道航道整治工程可行性研究报告的批复》(粤发改交〔2006〕546号);2006年10月,广东省交通厅《关于白坭水道航道整治工程初步设计的批复》(粤交基〔2006〕950号);2005年7月,交通部《关于对白坭水道航道整治工程环境影响报告书预审意见的函》(交环函〔2005〕83号);2006年4月,广东省环境保护厅《关于白坭水道航道整治工程环境影响报告书审批意见的函》(粤环函〔2006〕499号)。

工程分为4个标段实施。第1标段:白坭圩至赤坭荷塘河段长6.3千米,按内河五级限制性航道标准建设,航道尺度为航宽35米、水深2.5米、弯曲半径115米,代表船型为300吨级机动驳单船。第2标段:赤坭荷塘至花都港河段长12千米,按内河三级限制性航道标准建设,航道尺度为航宽45米、水深3.2米、弯曲半径275米,代表船型为1000吨级机动驳单船。第3标段:花都港至珠江大桥东桥河段长29.4千米,按内河三级港澳线航道标准建设,航道尺度为航宽60米、水深4.0米、弯曲半径275米,代表船型为1000吨级机动驳单船。第4标段:流溪河江村铁路桥至文教口河段长7.1千米,按三级港澳线航道标准建设,航道尺度为航宽60米、水深4.0米、弯曲半径275米,代表船型为1000吨级机动驳单船。

项目完成疏浚工程量154.07万立方米,礁石21.84万立方米,废渣清运267.74万立方米,航标配布为54座钢管标、26座塔标,护岸1918米,航标仓库保养场1座。项目总投资2.11亿元,其中广州市承担总投资的35%,其余部分由广东省解决。

(2)项目建设实施情况

项目建设单位为广州市港务局;设计单位为四川省交通运输厅交通勘察设计研究院;施工单位为中交广州航道局有限公司、中交第四航务工程局有限公司、中国水产广州建港工程公司等;监理单位为深圳海勤工程管理有限公司;质监单位为广州港建设工程质量监督站。

(3)项目投产后的运营情况

白坭水道航道整治工程主体工程完工后改善了航道通航条件,提高了航道等级,航道基本达到了项目批准的工程建设规模及标准,基本满足按国家内河五、三级航道标准建设的要求。

五、陈村水道(三纵)

(一)河道自然特征

陈村水道从三山口至濠滘口全长22千米。陈村水道边界条件极其复杂,除两端直接与顺德水道和东平水道下段平洲水道相连外,水道西侧还有由潭洲水道分来的陈村涌、冬瓜窿冲、平洲水道分来的橹尾撬、南蛇冲，水道东侧分出的汊道（指未建闸控制的汊道）主要有在深冲口附近分向广州后航道的大石河和濠滘口附近分向沙湾水道的紫坭河。

河床性质：陈村水道的床沙质绝大部分是细沙，部分为中砂、粗砂或砾石，边滩为淤泥，沿程无明显的变化趋势。在多处河床底还出现了强风化的杂色黏土和沉积年代较久的硬质淤泥，反映河段内多处近期冲刷较为剧烈，淤泥质边滩为缓流沉积区。本水道的床沙运动以推移质为主，枯水仅有少量运移。

陈村水道是一条连通水道，其维系河道存在的径流主要来自上游北江网河控制站三水站的下泄径流量，洪季除紫坭河口—陈村冲口之间偶尔出现双向流之外，完全受上游径流控制，流向较为单一；中枯水季节受潮流作用，双向水流明显。陈村水道的径流以过境水为主，并主要受上游三水站进入北江河网区的流量和口门地区潮汐动力强弱的影响，年内变化特征基本与三水站一致，但变化幅度相对较小。

陈村水道各断面悬移质输沙具有如下特点：洪水时的含沙量和输沙率均明显要大于枯水期。洪季各断面平均含沙量除紫坭河口—陈村冲口之间含沙量较低之外，其余各断面平均含沙量在 0.30 千克/立方米左右，而枯季各断面涨、落潮平均含沙量仅为 0.03 千克/立方米左右，洪季含沙量是枯季的 10 倍左右。洪、枯季各实测断面平均含沙量相对稳定。

枯季涨潮平均含沙量的变化范围为 0.02 ~ 0.04 千克/立方米，落潮平均含沙量介于 0.02 ~ 0.03 千克/立方米之间。

洪季各河段一个潮周期的冲淤情况：濠滘口至紫坭河口，洪季有较强的淤积量（约 4809.3 吨/潮周期），枯季则处于持续冲刷状态，每个潮周期冲刷量约为 20 吨/潮周期；紫坭河口至陈村冲口，无论洪季还是枯季，河段均呈缓慢淤积趋势；陈村冲至橹尾撬，从实测资料来看，洪季陈村冲口至韦冲码头之间河段冲刷剧烈（约 3000 吨/潮周期），冲刷下来的泥沙大量淤积在韦冲码头至橹尾撬之间的河段；橹尾撬至深冲口，是陈村水道最为稳定、航行条件最好的优良河段；深冲口至三山口，一个全潮周期内河段内竟有 10 个小时出现憩流状态，因此其枯季淤积的趋势也是存在的，其量较之洪季显然较小。

沿岸的堤防工程束水归槽，在保持河道平面形态基本稳定的同时，使水沙集中主槽宣泄，增强河道水动力条件，又使河道断面的输沙过于集中，容易使河槽发生淤积，这是 20 世纪 70 年代之前陈村水道淤积强烈的主要原因之一。20 世纪 90 年代以来，沿线群众河道采沙活动严重影响河段冲淤变化。

（二）主要航道现状和建设情况

陈村水道从三山口至濠滘口全长 22 千米，为三级航道，维护等级为三级。流经的城市有佛山市南海区、顺德区及广州市番禺区。

陈村水道无拦河建筑物,有跨河桥梁 7 座,在建 1 座。典型桥梁为海怡大桥,为单孔双向通行,最低净空高度为 10 米。有架空电线 3 条、过河燃气管 1 条、过河水管 1 条。

1978—2015 年,进行较大规模的航道建设工程项目有 2 个,为 1991 年 10 月竣工的陈村水道扩建整治工程和 2006 年 12 月竣工的陈村水道航道整治工程。

(三)航道工程项目

1. 广东省陈村水道航道整治工程(1986—1991 年)

(1)项目概况

项目于 1986 年 2 月开工建设,1991 年 10 月竣工。

项目建设依据:1984 年 9 月,广东省交通厅以粤交基〔1984〕799 号文出具初步设计批复。

项目按照四级航道标准整治航道里程 22 千米,设计最大船舶等级为 500 吨级。航道通航保证率为 98%。整治后航道底宽 50 米、最小通航水深 2 米、最小弯曲半径 280 米。

项目建设抛筑丁坝 3 条、潜丁坝 2 条,总长 330.72 米,石方 1.27 万立方米;疏浚航道13.15 千米,疏浚土方 30.5 万立方米;炸除礁石 1550 立方米;新建土堤 2980 米,退堤 4580米,一个切滩护岸工程;新建航标 13 座。项目总投资 1321.97 万元,其中中央拨改贷资金290.0 万元,其余为广东省财政资金。

(2)项目建设实施情况

项目建设单位为广东省航道局;设计单位为广东省航道勘测设计科研所;施工单位为广东省航道局疏浚公司、广东省航道局起重打捞公司、广东省粤中航道局等。

(3)项目投产后的运营情况

陈村水道整治后,改善了航行条件,可常年通航 500 吨级一顶二分节驳船队,增加了船舶装载能力,提高了该水道通过能力,又有利于防洪、水利,达到了综合治理的效益。

2. 陈村水道航道整治工程

(1)项目概况

项目于 2004 年 4 月开工建设,2006 年 12 月竣工。

项目建设依据:2001 年 9 月,广东省计委以粤计基〔2001〕811 号文出具工可批复;2003 年 8 月,广东省交通厅以粤交基〔2003〕969 号文出具初设批复;2001 年 10 月,广东省环境保护局以粤环函〔2001〕768 号文出具环评批复。

项目按照三级航道标准整治航道里程 22 千米,设计最大船舶等级为 1000 吨级。航道通航保证率为 98%。整治后航道底宽 60 米、最小通航水深 3.2 米、最小弯曲半径330 米。

项目建设丁坝 15 座；疏浚河段长 12.45 千米，工程总量为 66.31 万立方米；炸礁 6 处，工程总量 2.62 万立方米；护岸工程为 9 处，护岸总长 8778.75 米。工程设置助航标志岸标 27 座、浮标 2 座、灯桩 5 座、桥涵标 8 座、管线标 28 座、专用标志 6 座、指路牌 7 座。项目总投资 9110.28 万元，交通部水运建设资金占 50%，其余由省和地方共同筹集解决。

（2）项目建设实施情况

项目建设单位为广东省航道局；设计单位为广东省航道勘测设计院；施工单位为中港第一航务工程局第五工程公司、广东中海工程建设总局、中海工程建设总局等；监理单位为广东正方圆咨询公司；质监单位为广东省交通工程质量监督站。

（四）航道的发展成就与经验启示

陈村水道通过整治提级，满足了千吨船舶通航的要求，与珠江三角洲高等级各航道相通，增加了广东省千吨级航道里程，高效率的运输船舶与长距离运输的航道也提高了综合运输指标。陈村水道通航条件的改善，为广东水运带来更大的发展空间，使水运在综合交通运输中得到同步发展。项目的启示如下：

一是由于设计深度不足及地质变化等原因，本工程个别合同段工程变更较多，拖延了工程实施进度，影响了工程整体整治效果。

二是由于航道建设工程牵涉部门较多，各部门协调配合困难。

六、洪奇沥水道（三纵）

（一）河道自然特征

洪奇沥水道河段地处珠江三角洲东南部，是西、北江主要出海水道的一部分，通过洪奇沥水道与横门水道的汇流水道、蕉门口外的枕箱水道及龙穴南水道直出伶仃洋，沿程流经佛山市顺德区、广州市番禺区、中山市等地。该水道纵贯广州南沙经济技术开发区，在平面上构成两纵一横的格局，不仅是珠江三角洲地区重要的纵向水路运输主要通道，而且也是将来南沙临海工业区港区航道。

南沙区水资源丰富，区内水域面积（未含东涌等三镇）达 188.15 平方公里，主要有虎门、蕉门、洪奇沥 3 条水道，径流量 4.82 亿立方米。多年平均过境流量 1377 亿立方米，其中虎门水道 603 亿立方米、蕉门水道 565 亿立方米、洪奇沥水道 209 亿立方米，分别占珠江年径流总量的 18%、7%、6%，内河涌 116 条，总长 236.3 千米。

（二）航道现状和建设情况

洪奇沥水道（板沙尾至洪奇门与横门的汇合口）全长 41 千米，建设规模为内河三级航道,兼顾1000吨级港澳航线的航道标准,航道尺度为宽度80米、水深4.0米、弯曲半径650米;大岗至龙穴段航道共24.8千米,包括洪奇沥水道大岗至义沙头段3.8千米、下横沥水道义沙头至蕉门口段14千米、枕箱水道南沙口至大角咀段7千米,建设规模为通行1000吨级海轮双向航道,航道尺度为宽度85米、水深4.7米、弯曲半径650米;龙穴南水道蕉门口至旧伶仃8号标24千米,建设规模为内河三级航道,兼顾1000吨级港澳航线的航道标准,航道设计尺度为宽度80米、水深4.0米、弯曲半径650米。

(三)航道工程项目

洪奇沥等四条水道航道整治工程

(1)项目概况

项目于2007年1月开工建设,2015年5月试运行。

项目建设依据:2006年2月,广东省发展和改革委员会以粤发改交〔2006〕134号文出具工可批复;2006年9月,广东省交通厅以粤交基〔2006〕853号文出具初设批复;2005年12月,广东省环保局以粤环函〔2005〕1529号文出具环评批复;2014年5月,水利部珠江水利委员会以珠水规计函〔2014〕261号文出具洪评批复。

项目按照三级航道标准整治,设计最大船舶等级为1000吨级。航道通航保证率分别为:洪奇沥水道95%、下横沥航道95%、枕箱水道90%、龙穴南航道98%。洪奇沥水道全长41千米,航道尺度为宽度80米、水深4.0米、弯曲半径650米;大岗至龙穴段航道共24.8千米,航道尺度为宽度85米、水深4.7米、弯曲半径650米;龙穴南水道全长24千米,航道设计尺度为宽度80米、水深4.0米、弯曲半径650米。

本项目主要由炸礁、疏浚、站房、码头、航标、水位站、船舶建造及配套设施工程等组成。枕箱水道疏浚工程量20.4万立方米,大岗至龙穴航道疏浚工程量46.61万立方米,清散石1.3万立方米,龙穴南水道疏浚工程量161.95万立方米。清礁工程清挖覆盖层1.02万立方米,水下清礁石方6.03万立方米。维修车间建筑面积1208平方米,设备楼建筑面积162平方米。工程设置助航标志岸标12座、浮标21座、水中塔标1座、指路牌1座、桥涵标2座。项目总投资1.56亿元,全部来自政府投资。

(2)项目建设实施情况

项目建设单位为广东省航道局;设计单位为中铁建港航局集团勘察设计院有限公司;施工单位为广东省航盛建设集团有限公司、中国水产广州建港工程公司、金中天集团建设有限公司等;监理单位为广东正方圆工程咨询有限公司、广东南港工程监理咨询公司。

(3)项目投产后的运营情况

洪奇沥等四条水道航道整治工程实施后,整治效果满足设计需求,航道航槽稳定;航标及配套设施齐全,能满足现阶段的航道通航标准。

(四)航道的发展成就与经验启示

洪奇沥等四条水道航道整治工程的建设促进了珠江三角洲综合运输网络结构的合理调整,大型船舶可直达运输,降低运输成本,提高企业效益。同时,增加区域进出口贸易的竞争力,促进沿海、沿江生产力布局的展开,加快沿江经济走廊的形成。

七、广州港出海航道(三纵)

(一)河道自然特征

广州港出海航道自广州市洲头咀客运站始,经南、北河道、沥滘水道、狮子洋至虎门入伶仃洋,全长 100 千米,上游经东平水道与西、北江相接,东面有东江汇入,西南是航道交错的珠江三角洲水网,水运疏运条件优越。广州港出港航道较长,疏浚段多,地质条件以容易开挖的淤泥、松散沙、软黏土为主。

(二)航道现状和建设情况

广州港出海航道是珠江三角洲地区通往香港的高等级航道之一,是广州港的生命线。规划广州港出海航道分为 3 段,其中广州至黄埔前航段 20 千米,后航段 28 千米,黄埔至虎门 52 千米。广州港按照一级航道维护,广州港出海航道南段水深 17 米,主航道为 10 万吨级集装箱船不乘潮单向通航、5 万吨级集装箱船不乘潮双向通航、兼顾 12 万吨级散货船乘潮单向通航,广州港出海航道北段主航道水深 13 米,可为 5 万吨级船舶乘潮通航。

广州港于 1989 年开始进行 3.5 万吨级航道工程的规划实施,自 1996 年 6 月至 1997 年 12 月完成了预备工程(底高程 -10.5 米)的施工,从 1998 年 11 月开始一期工程(底宽 160 米,底高程 -11.5 米)的施工,到 2000 年 8 月,该航道已按设计水深全线贯通。

广州港出海航道二期工程从桂山岛引航锚地至黄埔港区西基调头区,全长 115 千米,主要对航道浚深拓宽,出海航道由已有的底高程 -11.5 米、底宽 160 米、通航 3.5 万吨级的船舶乘潮进港的通航等级,浚深到底高程 -13.0 米、底宽 160 米、通航 5 万吨级的船舶。2004—2005 年,广州港出海航道中的伶仃航道南段已浚深至 -13.0 米,可通航 5 万吨级海轮。

广州港出海航道三期工程建设标准按 10 万吨级集装箱船不乘潮单向通航、兼顾 12 万吨级散货船乘潮单向通航、5 万吨级集装箱船不乘潮双向通航的标准建设,航道设计底高程 -17 米,有效宽度 243 米。各标段已于 2013 年 5 月完工。

广州港出海航道的建成,大幅度提高了广州港出海航道的通航能力和国家水上运输系统能力,节约了散货船型增大后海上运输费用、集装箱船型增大后运输费用、转运费用及船舶减载进港过驳费用。

八、东平水道(三纵)

(一)河道自然特征

东平水道是西江航运干线的下游段,西起佛山市三水区思贤滘,流经佛山的河口、西南、小塘、紫洞、石湾、澜石、平洲,至广州大尾角,进入广州内港,全长68千米。东平水道地处珠江三角洲河网区,沿程分汊众多,水道四通八达。水文特性不仅受西江、北江径流作用控制,还受珠江口潮汐作用的影响,水流动力条件非常复杂,动力差异大。东平水道河床主要为沙质,间有石质礁石,两岸设有堤防,河势比较稳定。东平水道已形成了一个较完善的防洪体系,较有影响力的堤围是位于老鸦洲至狮山水闸段右岸的北江大堤段,防洪标准为100年一遇,为一级堤防,长63.34千米,保护耕地65.24万亩、人口70万人。

(二)航道现状和建设情况

东平水道自大尾角(广州)至思贤滘西口(西江)全程68千米,为二级航道(维护等级为二级),流经的城市有佛山市三水区、禅城区及广州市。

东平水道无拦河建筑物,共有跨河桥梁24座(完工投入使用),在建1座。典型桥梁有贵广铁路跨北江(东平水道)特大桥及旧五斗大桥。前者为高速铁路桥,在东平水道最上游思贤滘跨越东平水道,为单孔双向通航桥梁,通航净高为12米;后者为单孔双向通航桥梁,通航净高为7.6米,未达到10米标准。有过河隧道1条、架空电线14条、过河燃气管3条、过河水管6条、过河通信电缆1条。

(三)航道工程项目

东平水道航道整治工程

(1)项目概况

项目于2009年8月开工建设,2012年7月试运行,2016年12月竣工。

项目建设依据:2007年2月,广东省发展和改革委员会以粤发改交〔2007〕92号文出具工可批复;2007年10月,广东省交通厅以粤交基〔2007〕964号文出具初设批复;2016年7月,广东省环境保护局以粤环函〔2016〕1029号文出具环评批复。

项目按照二级航道标准整治航道里程68千米,设计最大船舶等级为2000吨级。航道通航保证率为98%。整治后航道底宽80米、最小通航水深4米、最小弯曲半径400米。

项目完成工程疏浚7处,工程总量24.86万立方米;炸礁14处,工程总量22.96万立方米,其中清除礁石工程量17.21万立方米,覆盖层5.76万立方米;护岸工程为4段塔标护岸,总长 314 米。工程设置助航标志,新建塔标 5 座、浮标 42 座。项目总投资 9061.1 万元,其中佛山市承担工程资金的 35%,其余资金由省统筹安排解决。

(2)项目建设实施情况

项目建设单位为广东省佛山航道局;设计单位为江西省航务勘察设计研究院、广东省综合交通勘察设计院有限公司;施工单位为广东省航盛建设集团有限公司、汕头市达濠建筑总公司、广州兴华造船有限公司等;监理单位为广东正方圆工程咨询有限公司。

九、潭江水道(三横)

(一)河道自然特征

潭江发源于广东省阳春市与恩平市之间的乌丰顶,全长 248 千米,集水面积 5068 平方公里,平均坡降 0.45%。

潭江整治河段从三埠开平大桥至熊海口,全长 57 千米,河面较宽阔,水深富裕,弯道平缓,滩险不多,属潭江下游河段,水流受径流与潮流共同作用,属弱径流、强潮流河段。该河段河床底质从上游往下游逐渐趋细,概括依次为中细沙、沙泥质,至上部为沙泥质、下部以淤泥为主。潭江河床演变与珠江三角洲内其他河道相比,河床较稳定,淤积量少,演变总趋势是淤浅的,但因早年人为大量采挖河沙,对增加河床水深、减缓淤浅趋势起到一定作用。

(二)主要航道现状和建设情况

潭江河段全长 57 千米,已按内河三级航道进行整治,后因崖门水道整治工程的开展,对该河段下游 6 千米再次进行升级,现潭江河段分潭江 1 和潭江 2 水道两段进行维护。

潭江 1 起于熊海口,止于双水电厂,维护里程 6 千米,规划等级为一级,现按内河一级航道维护,设一类航标,维护尺度为宽度 90 米、水深 7.2 米、弯曲半径 840 米。该河段上无拦河建筑物,暂无桥梁,河道上的过河管线电缆等设施均按规定设置,满足相关规定要求。

潭江 2 起于双水电厂,止于三埠(开平大桥),维护里程 51 千米,规划等级为三级,现按内河三级航道维护,设一类航标,维护尺度为宽度 80 米、水深 4 米、弯曲半径 480 米。该河段上无拦河建筑物,有 9 座桥梁,分别为小冈大桥(旧桥)、小冈大桥(新桥)、七堡大桥(旧桥)、七堡大桥(新桥)、深茂铁路潭江特大桥、牛湾大桥、公益大桥、东环大桥(在建)、开平大桥,河道上的过河管线电缆等设施均按规定设置,满足相关规定要求。

(三)航道工程项目

潭江航道整治工程

(1)项目概况

项目于 2003 年 5 月开工建设,2004 年 12 月试运行,2005 年 12 月竣工。

项目建设依据:2001 年 8 月,广东省发展计划委员会以粤计交〔2001〕739 号文出具工可批复;2002 年 7 月,广东省交通厅以粤交基〔2002〕1108 号文出具初设批复;2000 年 8 月,广东省环境保护局以粤环建字〔2000〕115 号文出具环评批复。

项目整治航道里程 57 千米,共有 6 处滩险。整治后航道底宽 80 米、最小通航水深 4 米、最小弯曲半径 480 米。设计最大船舶等级为 1000 吨级。航道通航保证率 98%。

本工程的整治建筑物分两种,一是丁坝,二是锁坝。在刘樟洲浅段右汊近尾洲抛筑锁坝 1 座,左岸布设 5 条丁坝,整治建筑物基本采用抛石结构。疏浚主要位于刘樟洲浅段,共有 3 处浅段,长度分别为 360 米、165 米、134 米,总疏浚工程量为 4.27 万立方米。护岸布设共有 5 段,位置在牛湾大桥下段、台山市中央直属粮库下游段、12 号标段、大江涌段、沙皇洲尾段,护岸长度 3860 米,护岸结构形式均为斜坡式抛石护脚并加干砌护岸。工程设置岸标(混凝土塔标)9 座、水标(钢管标)20 座、水标(浮鼓)3 座,并安装遥测遥控系统。项目总投资 4139.4 万元,其中交通部水运建设资金 1460 万元,省投资 2679.4 万元。

(2)项目建设实施情况

项目建设单位为广东省航道局;设计单位为广东省航道测绘设计科研所;施工单位为广东省航盛工程有限公司;监理单位为广州港水运工程咨询监理公司;质监单位为广东省交通厅工程质量监督站。

(3)项目投产后的运营情况

潭江航道整治前,航行条件较差,绞网碰船沉船事故时有发生,整治后,加快了开平市、台山市港口的建设。潭江航道可通航 1000 吨级内河船。据潭江航道观测,通航船舶的吨位增大,1000 吨的船舶数量增多,个别有 2000 吨的船舶;同时,1000 吨船舶可直达三埠港,其经济和社会效益显著,对流域范围的工农业生产发挥越来越大的作用。

(四)航道的发展成就与经验启示

航道作为船舶航行通道,需要足够的通航尺寸以满足日益大型船舶的通航,航道整治工程是提升航道等级的唯一手段,而航道整治工程属于大型基建项目,整个项目需投入大量的资金、人力及机械,因此航道整治必须依靠国家,依靠政府的支持。同时由于航道的特殊性,维护难度较大,维护需安排专门人员及专用资金对航道进行定期维护,以保证航道达到船舶通航的需要。航道的规划发展要满足当地的城市发展和产业布局,使得航道务于当地,使航道发挥最大的效益。

十、劳龙虎水道(三横)

(一)河道自然特征

西江至百顷头分流为两汊,主汊为磨刀门水道,支汊为虎跳门水道,虎跳门水道至狗尾山分出一条支汊,称为劳劳溪,与龙泉海、八宝水道及虎坑水道连成劳龙虎水道,在虎坑口汇入银洲湖,全长15.5千米。劳龙虎水道沿程分流汇流的水道较多,入口受西江径流的影响,在蟹洲沙附近通过劳劳溪水道下段与虎跳门水道再次连通,在劳龙虎水道中下段的北岸,沿程分别有八宝水道上段、虎坑水道上段汇入,在南岸也有横文海等小河涌,使得劳龙虎水道水流条件极其复杂。虎跳门水道所挟带的径流来沙,加上河道水流沿程冲刷河槽河岸所产生的泥沙,在与河流水动力条件的相互作用下,使工程河段内除虎坑水道外,其余河段基本处于冲刷状态。历史时期劳龙虎水道各汊河的发育演变过程是极其缓慢的,而近代尤其是新中国成立后,大规模的人类活动,如围垦或大规模的联围筑闸,特别是北街水闸、睦洲水闸的兴建等加大了洪季西干流与银洲湖之间的水位差,大大加速了河道的演变。总的来说是促进了河面的缩窄、河系的简化及河汊平面形态的稳定。

(二)主要航道现状和建设情况

劳龙虎水道全长近16千米,流经江门市新会区大鳌、睦洲、三江等镇,是珠江三角洲区域内一条横向连通虎跳门水道和银州湖的重要汊道。劳龙虎水道现由虎坑水道、八宝水道、龙泉海及劳劳溪组成,规划等级为内河三级航道,现按珠江三角洲限制三级航道维护,设一类航标,维护尺度为宽度50米、水深4米、弯曲半径330米。该河段上无拦河建筑物,有6座桥,河道上的过河管线电缆等设施均按规定设置,满足相关规定要求。

(三)航道工程项目

劳龙虎水道航道整治工程

(1)项目概况

项目于2005年10月开工建设,2009年5月试运行,2012年6月竣工。

项目建设依据:2003年,广东省发展计划委员会以粤计基函〔2003〕139号文出具工可批复;2003年12月,广东省交通厅以粤交基〔2003〕1322号文出具初设批复;2002年9月,国家环境保护局以环审〔2002〕247号文出具环评批复。

项目整治航道里程15.5千米,整治后航道底宽50米、最小通航水深4米、最小弯曲半径330米。设计最大船舶等级为1000吨级。航道通航保证率为98%。

本工程包括三角围裁弯工程、河南砖厂南堤段拓宽工程、网山石场南堤段拓宽工程;共有20处疏浚区域(包括清散石),疏浚总工程量77.65立方米;有1处炸礁工程,炸礁工程量为5356.8立方米;5处护岸工程,分别为三角围南岸护岸、龙马桥上游护岸、网山石下游护岸、劳劳溪左岸护岸、八宝水道左岸护岸,均采用模袋混凝土护岸形式。工程共设置航标16座,其中塔标10座、HF1.8型钢质浮鼓6座,并安装遥测遥控系统和4座指路牌。

改造莲腰桥和龙马桥,由新会区交通局负责,未纳入本项目。

项目总投资1.59亿元,其中交通部水运建设资金占1/3,利用世界银行贷款1050万美元,其余不足部分由省市自筹解决。

(2)项目建设实施情况

项目建设单位为江门航道局;设计单位为广东省航道勘察设计院有限公司;施工单位为中海工程建设总局;监理单位为广东省正方圆工程咨询有限公司;质监单位为广东省交通厅工程质量监督站。

(3)项目投产后的运营情况

劳龙虎水道航道整治工程全面竣工后进入维护阶段。江门航道部门为全面了解劳龙虎水道船舶通航情况,对劳龙虎水道进行船舶密度观测,观测数据如下:2014年,对崖门水道、劳龙虎水道进行船舶密度观测。观测地点设在虎坑口,按三汊河口要求进行观测。从船舶的数量上看,在崖门水道上游与劳龙虎水道之间往来的船舶比较密集,船舶吨位介于500~1000吨级之间的居多。劳龙虎水道方向来往船舶密度为6.03万艘次/年,年货运量为4069.66万吨。劳龙虎水道经过整治工程后,由原来的只能通航100吨级及以下小船直接提升到能通航1000吨级货轮。因江门市城市规划,江门水道航道等级不能进一步提高,由潭江直达西江的千吨货轮只能选择劳龙虎水道或虎跳门水道,经劳龙虎水道直达西江比虎跳门水道快将近3个小时,这预示着劳龙虎水道将成为继江门水道后又一条连接潭江水域及西江下游的经济航道。

十一、莲沙容水道(三横)

(一)河道自然特征

莲沙容水道规划全长108千米,包含浮莲岗水道、沙湾水道和容桂水道。其中容桂水道又分为南华至火烧头(49千米)和南华至板沙尾(39千米)。

浮莲岗水道(八塘尾至莲花山段)全长17千米,河道整体走向顺直,河床较为稳定,以中细沙和淤泥、黏土为主,平均河面宽500米,来沙主要是洪水推移。两岸河涌口均建设水闸,较大水闸有石楼河下游的新砺江水闸;沿岸建有船厂、化工码头、客运码头、渔港码头。20 世纪 90 年代建设海鸥大桥连接石楼和海鸥岛。

沙湾水道(八塘尾至火烧头段)全长 24 千米,河道整体走向顺直,河床较为稳定,以中细沙和淤泥、黏土为主,来沙主要是洪水推移。两岸河涌口均建设水闸,现有码头以建材为主,有预制件、砂石码头等,沙湾水道主要功能为通航。

容桂水道(火烧头至南华段)全长 49 千米。容桂水道位于珠江三角洲河网区,是西江下游的主要分汊河流。该水道左岸有顺德支流、桂畔海汇入,右岸有小榄水道、鸡鸦水道、洪奇沥水道。该水道自南华至西马宁后由海心沙分为两汊,左汊为容桂水道,右汊为均安水道,并于莺歌咀汇合。容奇至板沙尾段有两个江心洲(顺风岛和大汕岛)将河段分为三汊,中汊已淤浅,左右两汊基本稳定。容桂水道既受径流影响,也受潮汐影响。沿岸筑堤围垦人为地改变河道平面形态并导致冲刷,而 20 世纪 90 年代大规模的挖沙对河床影响更大。大规模的挖沙破坏了原有的输沙平衡,导致各河道普遍冲刷。

(二)航道现状和建设情况

浮莲岗水道经过广州市番禺区,起点为八塘尾,终点为莲花山,全长 17 千米,航道维护等级为三级。浮莲岗水道有跨河桥梁 1 座,即海鸥大桥,桥梁净高 18.4 米;有架空电线 3 条,其中 220 千伏输电线净高 41.78 米,沙江乙线(500 千伏)净高 48.55 米,沙江甲线(500 千伏)净高 43.87 米;有过河建筑物 5 个,分别为南派河段过河水管,莲花山水底电缆,莲花山、上横沥、下横沥水底通信电缆,水下过河 10 千伏电缆及南派河段过河水道;有临河建筑物 31 个,包括码头、船厂、抽排水站等。

沙湾水道经过广州市番禺区,起点为八塘尾,终点为火烧头,全长 24 千米,航道维护等级为三级。沙湾水道有跨河桥梁 7 座,其中地铁 4 号线沙湾大桥净高 18 米,京珠高速公路沙湾大桥净高 18.2 米,南沙港快速路沙湾大桥净高 21.1 米,沙湾大桥净高 17 米,北斗大桥净高 18.3 米,广深港沙湾大桥净高 27 米,东新高速公路沙湾大桥净高 18.6 米;有架空电线 18 条,净高最小 26.88 米,最大 41.99 米;有过河建筑物 8 个,包括过河水管、油管、燃气管道等;有临河建筑物 28 个,包括码头、抽排水站等。

容桂水道(火烧头至南华)全长 49 千米,位于珠江三角洲河网区,是西江下游的主要分汊河流。航道维护等级为三级,通航 1000 吨级船舶。

(三)航道工程项目

莲沙容水道航道整治工程

(1)项目概况

项目于 1999 年 5 月开工建设,2006 年 3 月试运行,2009 年 11 月竣工。

项目建设依据:1996 年 10 月,广东省计划委员会《关于莲花山—沙湾—容桂航道整治工程可行性研究报告的批复》(粤计交〔1996〕786 号);1996 年 12 月,广东省建设委员会《关于莲沙容水道航道整治工程初步设计的批复》(粤建函〔1996〕451 号);1997 年 6 月,国家环保总局《关于世行贷款广东省西江下游航道整治工程环境影响报告书审批意见的复函》(环监〔1997〕420 号)。

工程规模为浮莲岗的莲花山至大沙尾 17 千米,沙湾水道的八塘尾至火烧头 24 千米,容桂水道的火烧头至南华 49 千米,全长 90 千米,航道尺度为航宽 80 米、水深 4.0 米、弯曲半径 500 米。航道设计最大船舶等级为 1000 吨级。

工程完成疏浚工程 195.7 万立方米,炸礁工程 8.13 万立方米,护岸砌石 18.32 万立方米,切咀(重力式护岸)300 米;布设航标 49 座,其中岸标 27 座、水标 22 座,设指路牌 4 处;修建站场 6693.8 平方米,工作船码头 2 座等。项目总投资 2.73 亿元,其中交通部出资 1838 万元,由省筹集资金 1.16 亿元,世行贷款 8206.59 万元。

(2)项目建设实施情况

项目建设单位为广东省航道利用外资项目管理办公室;设计单位为广东省航道勘测设计科研所;施工单位为中交广州航道局、中国水产广州建港工程公司;监理单位为广东正方圆咨询公司;质监单位为广东省交通工程质量监督站。

(3)项目投产后的运营情况

莲沙容水道航道整治工程改善了航道条件和水运基础设施,充分发挥了水运优势;调整了交通运输结构,缓解公路运输压力;节约了土地资源,减少土地污染。

(四)航道的发展成就与经验启示

莲沙容水道航道整治工程的主要价值是为社会服务,随着社会经济的不断发展,其经济效益也在逐步提高。整治工程对于区域农业、渔业乃至整个经济的发展都产生了积极的推动作用,同时对于整个区域的环境综合治理能力、抵御自然灾害能力的提升也起到了不可忽视的作用。

十二、东江北干流

(一)河道自然特征

东江干流在东莞市石龙镇分为两支,北支为东江北干流,长 42 千米;南支为东莞水道。东江北干流水道由石龙经新塘、麻冲入狮子洋。东江北干流属感潮河段,河面宽 300~500 米,以沙质河床为主。东江北干流两岸经济发达,航运繁忙,是东莞、惠州、河源等市沟通广州港、珠江三角洲等地的主要经济航道,规划为内河三级航道。

(二)主要航道现状和建设情况

东江北干流航道现状维护等级为三级,航道维护尺度为宽度 70 米、水深 3.2 米、最小弯曲半径 480 米,航道维护水深年保证率不低于 95%,配布一类航标。东江北干流有跨河桥梁 9 座,其通航净高均小于 10 米。

十三、小榄水道(三横)

(一)河道自然特征

小榄水道位于河网十分发育的西北江三角洲,此处河网密度为每平方公里 0.9 千米。小榄水道在两岸堤围约束下,河道较顺直规则。河面宽 140 ~ 300 米,水深在 4.0 米以上,河槽呈 U 形,无江心洲,边滩不发育,河流比降 0.01‰。小榄水道多年平均潮差 0.62 米,最大潮差 1.82 米,具有比降小、水位落差小、河槽稳定的特点。

(二)主要航道现状和建设情况

小榄水道起点为中山港大桥,终点为莺歌咀,全长 33 千米,现状航道等级为一级。

小榄水道现有跨河桥梁 9 座,其中沙口大桥旧桥净高 12 米,为最低净空桥梁;有跨河电缆 10 条,最小净高 23.3 米;有天然气过河管道 2 条。

1978—2015 年,小榄水道进行一次较大规模的航道建设工程,即为 2005 年建成的珠江三角洲小榄水道航道整治工程。该工程包含均安水道和小榄水道 2 条水道,工程从顺德均安镇的七滘渡口至中山市的中山港大桥止,整治里程 51 千米,整治标准为通航 1000 吨级江海轮。

(三)航道工程项目

珠江三角洲小榄水道航道整治工程

(1)项目概况

项目于 2001 年 12 月开工建设,2004 年 6 月试运行,2005 年 12 月竣工。

项目建设依据:1998 年 8 月,广东省计划委员会以粤计交〔2000〕56 号文出具工可批复;2000 年 10 月,广东省交通厅以粤交基函〔2000〕2989 号文出具初设批复;1999 年,广东省环保局《关于珠江三角洲小榄水道航道整治工程环境影响报告的批复》(粤环建字〔2000〕51 号)。

项目整治航道里程 51 千米,航道建设等级为一级,整治后航道底宽 80 米、最小通航水深 4 米、最小弯曲半径 480 米。设计最大船舶等级为 1000 吨级。航道通航保证率 98%。

项目完成疏浚工程量 1.25 万立方米,切滩疏浚工程量 1.91 万立方米,炸礁工程量 4706 立方米;对西横渡至沿海水闸段护岸和前进砖厂至二埒西段护岸采用抛块石护脚、沙枕护脚、干砌石护坡和抛石理平护坡;对莺歌咀入口石龙水闸处弯段进行抛石护脚和护坡,对海心沙洲头抛块石护脚和干砌护坡进行保护;对上南水闸段护岸和8号标段护岸进行抛石护脚和护岸干砌,对小榄水道阜沙镇弯段受冲刷较严重的岸坡进行工程保护。工程设置航行标志41座,其中钢筋混凝土塔标23座、钢管标2座、浮标2座、指路牌8座、桥涵标6处。项目总投资8687.99万元,其中交通部水运建设资金2980万元,广东省筹集5708万元。

(2)项目建设实施情况

项目建设单位为广东省航道局;设计单位为广东省航道勘测设计研究院有限公司;施工单位为中港第四航务工程局、梅州市怡通航务工程有限公司、广东省航盛工程有限公司等;监理单位为广东正方圆咨询公司(原广东省水运工程咨询监理公司);质监单位为广东省交通工程质量监督站。

(3)项目投产后的运营情况

均安、小榄水道从七滘渡口至中山港整治前航道的维护尺度为底宽40米、水深2.5米、最小弯曲半径300米,全年通航500吨级船舶。经整治后,航道尺度变为航宽80米、航深4.0米、最小弯曲半径480米,通航1000吨级江海轮。多年来,航道稳定,水深条件良好,促进了水运的发展。

(四)航道的发展成就与经验启示

小榄水道整治后,促进了水运的发展,位于小榄水道的小榄港吞吐量增长迅速,先后进行两次码头扩建;整治后,其经济和社会效益显著,对流域范围的工农业生产发挥越来越大的作用。

存在问题:位于小榄水道中上游的沙口大桥旧桥,净高12米,原计划在整治后一定时限内拆除重建,后未实施,制约大型船舶通达,不能充分发挥航道整治后的社会和经济效益,建议尽快按航道通航要求改建沙口大桥旧桥,促进水运发展。

十四、横门水道(三横)

(一)河道自然特征及主要航道现状、建设情况

横门水道为珠江三角洲八大口门之一的横门经境内出海水道,历年平均年径流量365亿立方米,历年平均年输沙量925万吨。

横门水道东起横门口,西至中山港大桥,全长12千米,属于横门出海航道的上游段,该段设置一类航标,航道按珠江三角洲至港澳线三级航道维护,通航保证率98%。水道流经区域地势低平,在两岸堤围约束下,河道规则顺直,呈东西向,水深,障碍物少,河面宽300~800米,接近横门岛时,河道宽度增大至近千米。现无跨河桥梁,有架空电缆2条,

最小净高 34 米。

1978—2015 年,横门水道没有进行较大规模的航道建设工程。但横门出海口,从中山港至伶仃国际航道 3 号、4 号航标处共长 48 千米,进行了一次较大规模的整治工程,为 2006 年建成的横门出海航道整治工程。

(二)航道工程项目

横门出海航道整治工程

(1)项目概况

项目于 1999 年 11 月开工建设,2005 年 11 月试运行,2006 年 11 月竣工。

项目建设依据:1998 年 8 月,广东省计划委员会以粤计交〔1998〕553 号文出具工可批复;1999 年 3 月,广东省交通厅以粤交基函〔1999〕747 号文出具初设批复;1997 年,广东省环保局《关于珠江横门出海航道整治工程环境影响报告的批复》(粤环建字〔1997〕2 号)。

项目整治航道里程 48 千米,整治后航道底宽 120 米、最小通航水深 6 米、最小弯曲半径 580 米。航道设计最大船舶等级为 5000 吨级。航道设计通航保证率 95%。

项目完成疏浚工程 1160.14 万立方米;对二茅浅段处礁石进行炸除,炸礁工程量为 0.3 万立方米;导堤工程 3374.6 米,土工布反滤层 13.3 万平方米,抛块石 6.64 万立方米。工程设置助航标志水上灯桩 4 座、塔标 1 座、导标 1 对、浮标 11 座,并安装遥测遥控系统。项目总投资 1.98 亿元,其中交通部水运建设资金、广东省、中山市各承担 1/3。

(2)项目建设实施情况

项目建设单位为广东省航道局(现为广东省航道事务中心);设计单位为广东省航道勘测设计研究院有限公司;施工单位为江门市港江航务工程有限公司、中山市航务工程有限公司、广东省航盛工程有限公司等;监理单位为广东省交通工程质量监督站;质监单位为广东省交通工程质量监督站。

项目实施过程中,因初步设计与施工图设计相隔时间较长,口门内段改变航槽轴线,增加了 2435 米的浅滩疏浚。由于自然条件发生变化,设计单位对二茅段、淇澳段航槽轴线进行了调整;导堤工程主要变化为初步设计一期堤顶高程为 1.20 米,而施工设计堤顶高程为 1.50 米;断面边坡初步设计时边坡坡度分别为 1:2(内坡)和 1:2.5(外坡),而施工图设计边坡为 1:2。

(3)项目投产后的运营情况

横门出海航道整治完成后,据 2017 年横门口段面船舶密度观测数据,全年船舶通过量达 4.62 万艘次。2010 年前,横门东水道烂山、二茅和淇澳出现不同程度的回淤,由于经费问题,没有按航道整治标准进行航道养护。

(三)航道的发展成就与经验启示

横门出海航道上游接小榄水道,下游与横门东出海航道相连,整治工程竣工后,航槽基本稳定。中山港区位于该航道南岸,是中山市最重要的枢纽港,设有客运和货运码头。客运码头由中山港客运联营有限公司经营,货运码头主要包括港航企业集团中山港码头和中山外运码头。中山市成品油库区主要集中该航道北岸民众镇,现已投入营运中石油民众油库、粤宏民众油库。横门水道是珠江三角洲骨架航道网"三纵三横"中一横的一部分,是一条沟通香港、澳门的既经济又安全的快捷航线,常年可通航 1000 吨级船型,乘潮可通航 3000 吨级船舶,是中山市最繁忙的航道之一。

工程整治后,横门出海航道临海沿江产业发展迅速。中山在横门水道左岸民众镇建设中山市能源化工基地,现已投入营运中石油民众油库、粤宏民众油库、众裕能源、盛宏石化等 5000 吨级石油化工码头。2005 年,中山以横门东水道西侧马鞍岛的临海工业园为启动点,大力发展临海现代装备制造业。现在,马鞍岛成为中山的投资热点,广船国际船舶生产基地项目和广新海、重工有限公司中山造船基地、中铁南方基地等大型装备制造项目纷纷落户。2013 年,为适应翠亨新区发展需要,中山市实施港口东移,在马鞍岛建设马鞍港区。马鞍港区的性质定位为:是中山港未来发展的重点港区,是中山市发展外向型经济的载体,是翠亨新区发展高端现代服务业的重要平台和支持临港工业产业发展的重要基础设施。

其中存在问题:

①省级航道维护资金不足,虽然中山市人民政府和企业大力支持,但至今未能形成航道维护资金稳定来源,建议进一步探索省、市、企业共同出资维护航道的长效机制。

②原航道整治标准已不能满足中山现代装备制造业发展和中山马鞍港区规划发展的要求,需要开展横门东水道万吨级海轮航道整治建设。

十五、崖门水道(三线)

(一)河道自然特征

崖门水道为南北走向,全长约 26.2 千米,面积约 60 平方公里,河宽 1.0 ~ 2.0 千米,一般水深约 7.0 米,最大水深 21 米,为潮汐作用明显河道。银洲湖属于强潮汐弱淤积型河口湾,其泥沙来源主要有两部分,一部分来自上游潭江及部分西江支流,另一部分是来自黄茅海的悬浮泥沙。由于崖门水道上游来水将继续保持较低含沙量的状态,自然演变情况下,河床冲刷程度会有所减弱,河床演变可保持冲淤平衡的状态,同时,由于广东省水利厅于 2008 年开始将珠江三角洲省管河道全部列为禁采区,崖门水道自此不再允许采沙,人为挖沙能得到有效控制或限制,采砂对河道影响将大为减少,河床演变可保持较为稳定的状态。

(二)主要航道现状和建设情况

崖门水道(银洲湖)位于珠江三角洲西南部,地处广东省江门市新会区中南部,流经新会区的小冈、双水、会城、三江、古井、崖西、崖南七镇。崖门水道起于崖门口(崖南镇),止于熊海口,维护里程25千米,规划等级为一级,现按内河一级航道维护,设一类航标,维护尺度为宽度90米、水深7.2米、弯曲半径840米。该河段上无拦河建筑物,有1座桥梁,即西部沿海高速公路崖门大桥,河道上的过河管线电缆等设施均按规定设置,满足相关规定要求。

(三)航道工程项目

崖门水道(含上延段)航道整治工程

(1)项目概况

项目于2010年2月开工建设,2012年5月试运行,2013年10月竣工。

项目建设依据:2007年,广东省发展和改革委员会以粤发改交〔2007〕991号文出具工可批复;2008年11月,广东省交通厅以粤交基〔2008〕1127号文出具初设批复;2006年8月,广东省环境保护局以粤环审〔2007〕253号文出具环评批复。

项目整治航道里程33千米,整治滩险8处,整治后航道底宽90米、最小通航水深7.9米、最小弯曲半径840米。航道设计最大船舶等级为1万吨级。航道设计通航保证率98%。

本工程共有8处疏浚区域,疏浚总工程量166.04万立方米;设置助航标志28座,其中7米塔标2座、过河灯桩2座、沿海灯浮标24座,并安装遥测遥控系统。项目总投资8309.3万元,其中江门市出资35%,其余部分由广东省筹措解决。

(2)项目建设实施情况

项目建设单位为新会区交通建设管理办公室;设计单位为广东省综合交通勘察设计院有限公司;施工单位为中交广州航道局有限公司、广东省航盛建设集团有限公司、中海工程建设总局;监理单位为广东省正方圆工程咨询有限公司;质监单位为广东省交通厅工程质量监督站。

(3)科技创新成果及获奖情况

本工程项目管理部从管理制度和管理手段方面加强对施工单位的管理,在主要的施工船只上安装了GPS,通过这个系统,管理人员可以随时通过网上的电子地图掌握船只所在的位置和航行轨迹、施工情况,使业主能对施工船只实行24小时动态管理,防止施工船只违规抛泥,提高了施工管理水平,有效控制工程质量。

(4)项目投产后的运营情况

江门航道部门为全面了解崖门水道船舶通航情况,多次对崖门水道进行船舶密度观测,观测数据如下:2011年,对虎坑水道、崖门水道进行船舶密度观测。观测地点设在虎坑口,按三汊河口要求进行观测。从船舶的数量上看,在崖门水道上、下游之间往来的船舶比较密集,船舶吨位介于500~1000吨级之间的居多。崖门水道上游的船舶密度为4.15万艘次/年,崖门水道下游方向来往船舶密度为4.24万艘次/年,崖门水道上游方向的年货运量为2017.99万吨,崖门水道下游方向的年货运量为2029.27万吨。2017年,对崖门水道下游、崖门水道上游、劳龙虎水道进行船舶密度观测。观测地点设在虎坑口,按三汊河口要求进行观测。从船舶的数量上看,在崖门水道上游与劳龙虎水道之间往来的船舶比较密集,船舶吨位介于500~1000吨级之间的居多。崖门水道下游方向的船舶密度为3.21万艘次/年,年货运量为1544.40万吨,崖门水道上游方向来往船舶密度为5.52万艘次/年,年货运量为2416.75万吨。从观测数据可以看出,通航船舶密度增加,运载货物量也增加,其经济和社会效益显著,对流域范围的工农业生产发挥越来越大的作用。

十六、崖门出海航道(三线)

(一)河道自然特征

崖门出海航道位于黄茅海,北起新会区崖南镇的崖门与虎跳门水道交汇处,南至荷包岛东侧出海口,全长42千米,是西江下游的重要出海口之一,也是潭江的出海口。黄茅海是珠江三角洲西部的一个河口湾,北起崖门口,邻接新会区,南至大襟岛—荷包岛贯通南海,东连珠海市斗门区高栏港,西至台山市赤溪半岛角嘴山。

(二)航道现状和建设情况

崖门5000吨级出海航道自崖门大桥经黄茅海三角山和大杧岛之间东汊向口外延伸至荷包岛北侧,现按一级航道维护,通航宽度90米、深度7.2米,设计深度7.7米(理论基面)。

2005年5月—2006年11月完成基建疏浚,2007年11月完成试通航期维护,其后又进行了多次台风淤积的维护疏浚。

十七、虎跳门水道(三线)

(一)河道自然特征

虎跳门水道是西江下游主要出海口门航道之一,北起百顷头,流至虎跳门口与崖门出海航道汇流后，注入黄茅海，全长45千米。百顷头以下的虎跳门水道，由于经多次分流多次汇合，河床断面面积相应亦在变化。江新联围建闸后，例如江门河水闸及睦洲水闸等，在一般洪水情况下，并不分洪，从而增加了虎跳门水道的分流流量，有利于维持虎跳门航道的稳定。

（二）航道现状和建设情况

虎跳门水道为一级航道，航道维护尺度为宽度100米、水深6米、弯曲半径580米，航道维护水深年保证率在98%以上，设一类航标，可通行3000吨级海船。西江下游航道整治工程虎跳门水道试验段工程于1996年12月开始施工，西江下游主体工程于1997年初开工，至2005年6月，西江下游航道整治工程的炸礁、筑坝、护岸和疏浚等主体工程的施工基本完成。

十八、顺德水道（三线）

（一）河道自然特征

顺德水道从紫洞口至火烧头全长50千米。顺德水道可分为两段，其中紫洞口至三槽口为上段，以淤积为主，沿程淤积变幅较大，且淤积量沿程趋于变小，局部出现轻微冲刷，虽然沿程局部有冲刷现象，据满槽容积，河道总体上是淤积的。三槽口至火烧头为下段。三槽口至濠滘口河段沿程冲淤变幅较大，断面间河段冲淤变幅较大，河段沿程以冲刷为主，就整个河道而言处于冲刷状态。1999—2004年三槽口至濠滘口河段河床继续冲刷，但冲淤量与1995—1999年相比大为减少，且河床冲刷幅度明显小于紫洞口至三槽口河段，河床趋于稳定。

顺德水道为北江干流行洪河道中的一段，其两边的堤围共有6处，西面为南鼎围、樵桑联围；东北面为罗格围、南顺第二联围、群力围；南面为第一联围。在顺德水道附近的水闸、船闸共有41座。随着经济的发展，人类的生产活动如兴建水利工程、围垦滩地、河道整治、挖采河沙等对河网区的河道水文泥沙条件、河床演变等造成了较大影响，其中又以联围筑闸、挖采河沙的影响最为明显。

（二）航道现状和建设情况

顺德水道自火烧头至紫洞口全程50千米，为三级航道，维护等级为三级。流经的城市有佛山市禅城区、高明区、南海区、顺德区。

顺德水道无拦河建筑物。至2015年，共有跨河桥梁15座（完工投入使用），在建2座。典型桥梁有黄龙大桥及旧西樵大桥，黄龙大桥为双孔单向通航桥梁，通航净高为10

米;旧西樵大桥为单孔双向通航桥梁,通航净高为 6.9 米,未达到 10 米标准。顺德水道有架空电线 13 条、过河燃气管 3 条。

(三)航道工程项目

顺德水道和甘竹溪水道航道整治工程

(1)项目概况

项目于 2007 年 7 月开工建设,2011 年 8 月试运行,2011 年 12 月竣工。

项目建设依据:2006 年 2 月,广东省发展和改革委员会以粤发改交〔2006〕133 号文出具工可批复;2006 年 10 月,广东省交通厅以粤交基〔2006〕960 号文出具初设批复;2005 年 12 月,广东省环境保护局以粤环函〔2005〕1402 号文出具环评批复;2005 年 12 月,广东省国土资源厅《关于顺德水道和甘竹溪水道用地预审意见》(粤国土资(预)函〔2005〕207 号)。

项目整治顺德水道从火烧头至紫洞口全程 50 千米(本项目建设里程从濠滘口至紫洞口 46 千米),甘竹溪水道从三槽口至甘竹滩船闸全程 15 千米;按照顺德水道内河三级,甘竹溪水道内河四级航道标准整治;设计最大船舶等级为顺德水道 1000 吨级、甘竹溪水道 500 吨级;航道设计通航保证率为 98%。整治后顺德水道航道尺度为宽度 80 米、水深 4.0 米、弯曲半径 500 米,甘竹溪水道航道尺度为顺德支流口至甘竹船闸宽度 55 米、水深 3.5 米、弯曲半径 270 米,三槽口至顺德支流口宽度 35 米、水深 2.54 米、弯曲半径 90 米。

项目完成疏浚工程量 1.99 万立方米;顺德水道鲤鱼洲干砌石护岸工程 1620 米,潭洲水道干砌石护岸工程 680 米,三江船厂护岸工程、5 号标护岸工程、槎涌水闸护岸工程,主要工程量:桩基钢筋 642 吨,桩基 C30 混凝土 3084 立方米,胸墙 C25 混凝土 456 立方米,旋喷桩 1883.05 米,拆除浆砌块石 3874.15 立方米,拆除混凝土 1199.77 立方米,回填砂(土)1334.39 立方米,挖土方 1.58 万立方米,块石铺面 266 立方米,抛石 1621 立方米,碎石垫层 379.12 立方米,路面 C20 混凝土 285.91 立方米。工程设置 H7 米塔标 12 座、H5 米塔标 14 座、H7.5 米水中灯桩 4 座、H5.5 米水中灯桩 1 座、HF1.8 米浮标 6 座(2 座备用)、三面指路牌 5 座、桥梁净高水尺 8 块、鸣笛标 4 座、警示标牌 2 套。项目总投资 7351.02 万元,其中佛山市承担工程资金的 35%,其余资金由省统筹安排解决。

(2)项目建设实施情况

项目建设单位为广东省佛山航道局;设计单位为广东正方圆工程咨询有限公司;施工单位为上海大润航道建设有限公司、江西路港工程有限公司、广州兴华造船有限公司等;监理单位为广东正方圆工程咨询有限公司。

(3)项目投产后的运营情况

顺德水道和甘竹溪水道航道整治工程主体工程已完成并达到设计的航道尺度,船舶大型化的趋势已逐步显现。

十九、东莞水道

（一）河道自然特征

东莞水道，又称东江南支流，是东莞的"母亲河"，位于东江三角洲东南部，是东江进入三角洲河网区的两条主干水道之一。北起东莞石龙，流经东莞市的石碣、莞城、万江、道滘、厚街和沙田等镇，在沙田坭尾处汇入狮子洋。坭尾至石龙头全长42千米，中间分汊为中堂水道、大汾北水道、南丫水道、厚街水道，水路四通八达。东莞水道上通东莞、惠州、博罗、河源、龙川等市（县），下出狮子洋可达广州、深圳、珠海以及香港、澳门等地。东莞水道属于潮汐河流，两岸均筑有堤防。

（二）航道现状和建设情况

航道维护尺度：坭尾至杨公洲中段8千米，航宽50米、水深2.5米、弯曲半径330米，航道设计通航保证率98%，设一类航标；杨公洲中至万江桥段18千米，航宽40米、水深2.5米、弯曲半径275米，航道设计通航保证率98%，设一类航标；万江桥至石龙头段16千米，航宽50米、水深2.0米、弯曲半径330米，航道设计通航保证率98%，设一类航标。东莞水道全线42千米规划航道技术等级为国家内河三级航道，通航内河1000吨级船舶。

1995年完成东莞水道全线航道整治工程。

（三）航道工程项目

东莞水道全线航道整治工程

（1）项目概况

项目于1991年10月开工建设，1995年6月竣工。

项目建设依据：1990年6月，广东省交通厅以粤交计〔1990〕566号文出具工可批复；1990年11月，广东省交通厅以粤交道〔1990〕873号文出具初设批复。

项目按照四级航道标准整治，设计最大船舶等级为500吨级。航道通航保证率为95%。整治后石龙至东莞（万江桥）段16千米，航宽50米、水深2.0米、弯曲半径330米；东莞（万江桥）至杨公洲段18千米，航宽40米、水深2.5米、弯曲半径330米（275米道滘湾）；杨公洲以下8千米，航宽50米、水深2.5米、弯曲半径330米。

整治内容包括4处浅滩：水南乡浅滩，初设以整治为主、疏浚为辅，在左右岸布置4条正挑丁坝，并疏深航槽，实际未筑坝；刘屋村浅滩，初设以炸礁为主，并结合整治，于右岸布置丁坝1座，左岸布置丁坝2座，在左槽建锁坝1座，实际未筑坝；清水凹浅段，初设在右岸布置正挑丁坝6座，在左岸布置正挑短丁坝8座，实际未筑坝，改为顺岸护岸；南丫冲口浅段,在右岸布置3座丁坝,并筑一鱼咀,在左岸布置4座丁坝。

疏浚河段情况为马嘶大桥疏浚工程3.48万立方米,道滘烟花爆竹厂疏浚工程1.01万立方米,厚街客运站疏浚工程2.07万立方米,厚街水道口疏浚工程2.96万立方米,共计9.52万立方米。炸礁河段情况为刘屋村炸礁工程,工程量8125.59立方米;大王洲至梨川洲炸礁工程,工程量4.73万立方米;石碣大桥、横滘、船厂炸礁工程,工程量6360.47立方米;东莞水道万江桥以下炸礁工程,工程量4113.25立方米;东莞水道零星炸礁工程,工程量1863.63立方米;东莞水道散石工程量2.05万立方米。护岸工程有4处,共长857米,工程抛石3754立方米、砌石2939立方米:龙湾村段3号护岸,采用斜坡式护岸,长度120米,工程抛石590立方米、砌石370立方米;烟花厂前期5号护岸,采用斜坡式护岸,长度147米,工程抛石617立方米、砌石615立方米;清水凹村前6号护岸,采用斜坡式护岸,长度220米,工程抛石1001立方米、砌石740立方米;道滘烟花爆竹厂9号护岸,采用斜坡式护岸,长度370米,工程抛石1546立方米、砌石1214立方米。工程设置助航标志43座。项目总投资2905万元,其中交通部水运建设资金1120万元,省计委预算内资金补助50万元,省航道局300万元,东莞市1435.53万元。

（2）项目建设实施情况

项目建设单位为东莞水道建设工程指挥部(东莞市地方航道管理总站、广东省东江航道局、东莞市交通局);设计单位为广东省航道勘测设计科研所;施工单位为广西梧州航务工程处、广西柳州航务工程处、阳江市江城埠场航务工程处等;监理单位为广东省航道局、广东省航道建设开发公司。

（四）航道的发展成就与经验启示

东莞水道作为东江三角洲的重要骨干航道,航道通航条件优良,水运价值巨大。"八五"期间,中央、省、市三方共同出资对东莞水道全线进行航道整治。通过炸礁、筑坝、疏浚等航道整治工程措施,东莞水道全线42千米航道已达到四级航道标准(受桥梁净空不足的限制,洪水期为五级)。东莞拥有国家一类口岸东莞港(东莞港原来称为东莞市虎门港,2017年经国务院批准正式更名为东莞港),为广东省地区性重要亿吨港口,全港共有码头105座,泊位212个,其中万吨级及以上深水泊位29个,全港年设计通过能力达1.04亿吨。2016年港口货物吞吐量为1.46亿吨,集装箱吞吐量为364.23万TEU。东莞市共有营业运船舶419艘共计107.59万吨,运力规模位居广东省第四。航道建设为水运发展发挥了基础性推动作用。

二十、江门水道

（一）河道自然特征

江门水道位于珠江三角洲中部西端,是西江下游的一条分汊河流,为沟通西江和潭江水系的重要经济航道。起点为熊海口,终点为北街水闸,里程 25 千米。北街水闸至上浅河段为上游河段,全长 9 千米,河床多为沙、泥质,河道穿越江门市区,将江门市分为南、北两岸,沿河码头密布,工厂建筑密集,是运输、装卸比较便利、来往船舶密度最大的河段;上浅至烂大船河段为中游河段,长度约 8 千米,河床为沙、泥质,两岸为堤围所控制,沿岸多为鱼塘和河滩池,葵树较多,护岸工程和临河建筑物较少;烂大船至熊海口河段为下游河段,长约 8 千米,河床为淤泥质,含贝壳较多,河道比较宽阔顺直,呈喇叭状,下游段航道较上、中游端航道条件好。

（二）主要航道现状和建设情况

江门水道全长 25 千米,现分两段维护,分别为江门水道 1 和江门水道 2。江门水道于 1992 年开始进行整治,整治规模全程按四级航道建设,随后为满足江门市城市发展和产业布局调整和功能定位,根据《交通部关于同意调整江门水道航道规划标准的函》(交函规划〔2007〕181 号)文件精神,同意将江门水道北街水闸至烂大船 17 千米航道规划标准由四级调整为六级,江门水道烂大船至熊海口 8 千米航道规划标准由四级调整为三级。

江门水道 1 起止点为熊海口与烂大船,维护里程 8 千米,规划等级为三级,现按四级航道维护;设一类航标,维护尺度为宽度 50 米、水深 2 米、弯曲半径 330 米。江门水道 1 主要流经江门市新会区,该河段暂无拦河建筑物,河段上共有大洞旧桥、大洞新桥和广珠铁路江门水道特大桥 3 座,最低通航净高为 9.5 米,河道上的过河管线电缆等设施均按规定设置,满足相关规定要求。

江门水道 2 起止点为烂大船与北街水闸,维护里程 17 千米,规划等级为六级,现按六级航道维护;设一类航标,维护尺度为宽度 40 米、水深 2.0 米、弯曲半径 220 米。江门水道 2 主要流经江门市区,该河段有一处通航建筑物——北街水闸,河段上共有 11 座桥梁,最低通航净高 6 米,河道上的过河管线电缆等设施均按规定设置,满足相关规定要求。

1994 年完成江门水道航道整治工程。

（三）航道工程项目

江门水道航道整治工程

（1）项目概况

项目于 1992 年 2 月开工建设,1993 年 12 月试运行,1994 年 12 月竣工。

项目建设依据:1990 年 11 月,广东省交通厅以粤交道〔1990〕874 号文出具初设批复。

项目按照四级航道标准整治航道 25 千米,设计最大船舶等级为 500 吨级。航道通航保证率为 98%。整治后航道底宽 40～50 米、水深 2.0～2.5 米(除熊海口至烂大船 8 千米河段的航道底宽 50 米、水深 2.0 米外,其余河段航道底宽 40 米、水深 2.5 米),航道的弯曲半径则根据各弯道所具条件分别拟定为:东炮台河段、甘竹环弯道,$R=275$ 米;江礼桥弯道,$R=220$ 米;下浅、闪滘、三眼弯道,$R=330$ 米。各弯曲航道适当加宽。

该工程 6 处采用弯道切咀以改善航道通航条件,分别为:①东炮台弯道切咀:筑堤 330 米,浆砌石挡土墙 280 米,开挖土方 14.3 万立方米,护岸 600 米,干砌石挡土墙 300 米;②江礼桥弯道切咀:挖泥 1.66 万立方米,干砌石挡土墙 300 米;③下浅弯道切咀:挖泥 7.42 万立方米,护岸 460 米;④闪滘弯道切咀:挖泥 7.42 万立方米,筑堤 280 米,护岸 460 米,抛潜坝 2 座;⑤三眼弯道切咀:挖泥 3.8 万立方米,护岸 270 米,筑堤 205 米;⑥甘竹环弯道取直:挖泥 25.3 万立方米,筑堤 660 米,挡土墙 910 米,护岸 1100 米,筑坝 2 座。完成工程疏浚量约 66.7 万立方米(包含施工期回淤量);完成炸礁河段共 3 处,分别是虎头山炸礁 8.9 万立方米,钓台石炸礁 900 立方米,竹排头炸礁 508 立方米。护岸结构多为浆砌石挡土墙和干砌石挡土墙,多用在弯道切咀处。共计更新标志 22 座(其中 6 座备用)。项目总投资 2694 万元,由交通部、广东省和江门市人民政府共同投资,其中交通部水运建设资金 880 万元,广东省投资 1141 万元,江门市人民政府投资 673 万元。

(2)项目建设实施情况

项目建设单位为广东省航道局;设计单位为广东省航道勘察设计科研所;施工单位为广东省粤中航道局、粤中航道局珠江三角洲航务工程公司、江门航道分局等;监理单位为广东省航道建设开发公司。

(3)项目投产后的运营情况

江门水道是沟通西江与潭江的三条通道之一,由北街船闸算起,到潭江,走江门水道比睦洲水道近 33 千米、比虎跳门水道近 71 千米,故江门水道为沟通西江和潭江水系的一条经济航道。江门水道航道整治工程实施后,促进了江门水道沿线工业的发展,江门水道沿河有江门船厂舾装码头(现已升级改造)、高沙港江咀内河作业码头、盐业公司码头、新会电厂码头以及其他小型码头,码头主要集中在江礼桥至广珠城际轻轨江门水道特大桥之间的航段。随着经济的不断发展,为满足江门市城市发展和产业布局调整的需要,综合考虑江门水道的航道条件、运输需求和功能定位,以及劳龙虎水道三级航道建设,2007 年经交通部同意将江门水道北街水闸至烂大船的 17 千米航道规划标准由四级调整为六级,江门水道烂大船至熊海口的 8 千米航道规划标准由四级调整为三级。随后,江门水道沿河的江门船厂舾装码头(现已升级改造)、盐业公司码头等部分码头失去原有功能,改作他用。

二十一、均安水道

(一)河道自然特征

均安水道从莺歌咀至七滘大桥全长 16 千米。均安水道与小榄水道连接构成珠江三角洲规划"三纵三横"中的"一横"，航道按内河三级航道标准维护（宽度80米、水深4.0米、弯曲半径480米），通航1000吨级船舶。该水道与容桂水道位于珠江三角洲河网区，是西江下游的主要分汊河流。该水道自南华至西马宁后由海心沙分为两汊，左汊为容桂水道，右汊为均安水道，并于莺歌咀汇合。该水道与容桂水道一样既受径流影响，也受潮汐影响。

（二）航道现状

均安水道从莺歌咀至七滘大桥全长16千米，为二级航道，维护等级为三级，流经佛山市顺德区，无拦河建筑物，有跨河桥梁1座，在建桥梁2座。典型桥梁为南沙大桥，为单孔双向通行，最低净空高度为8米。有架空电线6条、过河水管2条、过河电缆1条（河底电话线）。

二十二、顺德支流

（一）河道自然特征

顺德支流从容奇至勒流（西安亭）全长21千米。该水道是顺德水道支流，航道按内河四级航道标准维护（宽度50米、水深3.2米、弯曲半径360米），通航500吨级船舶。该水道水深河宽，自然条件优良。

（二）航道现状

顺德支流从容奇至勒流（西安亭）全长21千米，为四级航道，维护等级为四级，流经佛山市顺德区，无拦河建筑物，有跨河桥梁7座。典型桥梁为安利大桥，为单孔双向通行，最低净空高度为8米。有架空电线10条、过河燃气管1条、过河水管2条。

二十三、黄沙沥水道

（一）河道自然特征

黄沙沥水道西接鸡鸦水道中段，东连洪奇沥水道中段，是沟通洪奇沥水道和鸡鸦水道的便捷通道，也是沟通广州港南沙港区、中山港黄圃港区和中山港中山港区的便捷内河通道，是中山港及广州港的重要内河集疏运通道，是珠江三角洲高等级航道网的组成部分。

黄沙沥水道位于珠江三角洲河网区，鸡鸦水道中游，是鸡鸦水道主要汊道之一；西接鸡鸦水道中段，东连洪奇沥水道中段，自乌沙至四星口，全长10千米，河面宽100～200米，水深基本在4米以上。河道单一、顺直，水深较深，河床呈窄深型发展，水流含沙量较小。

（二）航道现状

黄沙沥水道起点为乌沙，终点为四星口，全长 10 千米，航道维护等级为四级。现有黄沙沥大桥，最低净高 12.5 米。现有架空电线 3 条，最小净高 22 米；有过河管道 1 条。

二十四、鸡鸦水道

（一）河道自然特征

鸡鸦水道位于珠江三角洲河网区，上接容桂水道，下与小榄水道汇合，通横门水道，从蛇头至大南尾，全长 33 千米。该河段河面宽一般为 180～530 米，河道顺直，水深基本在 4.5 米以上，水流平缓，受潮汐影响，汊道较多，主要有桂洲水道、黄圃水道、黄沙沥水道，主要的沙洲有新沙、沙仔。河道较为顺直，水深较深，河床呈窄深型发展，水流含沙量较小。

（二）航道现状

鸡鸦水道起点为大南尾，终点为蛇头，全长 33 千米，航道维护等级为四级。

鸡鸦水道现有桥梁 7 座，其中细滘旧大桥净高 7.8 米，系净高最低者；现有架空电线 10 条，最小净高 29.5 米；有过河管道 2 条。

实施鸡鸦水道（含黄沙沥）航道整治工程，工程概况为：整治鸡鸦水道蛇头至大南尾 33 千米河段，按内河三级标准、通航 1000 吨级港澳线船舶航道标准建设，航道尺度为宽度 80 米、水深 4.0 米、弯曲半径 480 米；黄沙沥水道为四星口至乌沙 10 千米河段按内河三级标准、通航 1000 吨级港澳线船舶航道标准建设，航道维护尺度为宽度 70 米、水深 4.0 米、弯曲半径 480 米。

二十五、鸡啼门水道

（一）河道自然特征

鸡啼门水道起于小木芲，止于泥湾门口，全长 19 千米，为受潮汐影响明显的平原航道，常年通航。其设计最低通航水位在小木芲采用 −0.68 米，在泥湾门口采用 −0.44 米。根据 2013 年船舶密度观测结果，该航道年货运量约 240 万吨。

（二）航道现状

鸡啼门水道现状航道维护等级为四级，通航 500 吨级内河船舶，维护尺度为宽度 50 米、水深 2.0 米、弯曲半径 330 米，航标配布为一类标、发光，设标里程为 19 千米。

航道上已建桥梁 4 座：尖峰大桥，净空高度为 9 米；双湖桥，净空高度为 10 米；机场高速公路特大桥，净空高度为 10 米；鸡啼门大桥，净空高度为 10 米。有跨河电缆 3 条，净高均为 22 米。鸡啼门航道的航道尺度一直保持良好，但该航道位于口门的地方回淤较大，一直没有直通大海。

二十六、泥湾门水道

（一）河道自然特征

泥湾门水道起于泥湾门口，止于竹洲头，全长 25 千米，为主要受径流影响的平原航道，常年通航。其设计最低通航水位在泥湾门口采用 −0.44 米，在竹洲头采用 0.13 米。根据 2011 年船舶密度观测结果，该航道年货运量约 383 万吨。

（二）航道现状

泥湾门水道全长 25 千米，航道现状维护等级为四级，通航 500 吨级内河船，维护尺度为宽度 50 米、水深 2.0 米、弯曲半径 330 米；年度计划指标为维护水深年保证率 95%、航标维护正常率 99.8%，航标配布为一类标、发光，设标里程为 25 千米，维护类别为一类。

航道上已建桥梁 4 座：井岸大桥，净空高度为 9 米；井岸二桥，净空高度为 10 米；黄场大桥，净空高度为 10 米；三门海大桥，净空高度为 10 米。有跨河电缆 9 条，净高最低 16 米，最高 29.4 米。

1978—2015 年，泥湾门水道没有进行过较大规模的航道建设工程。本航道的航道尺度一直保持良好，多年来只是对航道上的航标进行了调整。

二十七、赤粉水道

（一）河道自然特征

赤粉水道下通泥湾门水道经鸡啼门水道出海，上连虎跳门水道，是斗门区沟通新会（今江门市新会区）、江门的水运要道，且水上运输十分频繁。赤粉水道北起横坑水道东端，南至泥湾门水道鳖鱼沙，全长 6 千米。河道顺直较宽阔，无明显弯道，水深条件较好，平均水深在 2.5 米以上。河槽最浅处在横坑东口，为 2.7 米，最深处在大赤坎码头，为 5.9 米；河宽最大 365 米，最小 135 米。

（二）航道现状

赤粉水道现状航道维护等级为四级，设有一类航标 3 座，维护尺宽为宽度 50 米、水深 2 米、弯曲半径 270 米。通航 500~1000 吨级船舶，航道通航保证率为 95%，年通过量 30

万吨。

现有跨河桥梁 1 座,即莲溪大桥,净高 10 米、净宽 40 米;建有 110 千伏横六线架空电线 1 条,净高 16 米;建有临河建筑物 7 座。赤粉水道的航道尺度一直保持良好。

二十八、大九沥水道

(一)河道自然特征

大九沥水道(大龙口至草河尾)全长 1 千米,连接市桥水道和沙湾水道,河道顺直,河床稳定,以中砂和淤泥为主,来沙主要是洪水推移。下游大龙口左岸有一冲刷坑,深约 11 米。

(二)主要航道现状和建设情况

大九沥水道起点为大龙口,终点为草河尾,全长 1 千米,流经广州市番禺区,航道技术等级为四级。

大九沥水道上有跨河桥梁 1 座,即德怡大桥,净高 8 米;有架空电线 1 条,即 110 千伏输电线,净高 25.64 米;无过河建筑物;有临河建筑物 1 个,即位于右岸的石碁自来水公司蓄水塘蓄水工程取水头。

二十九、市桥水道

(一)河道自然特征

市桥水道航道维护等级四级以上的为市桥水道 1(观音沙尾至地铁 4 号线,3 千米)、市桥水道 2(地铁 4 号线至雁洲水闸 7 千米)、市桥水道 3(雁洲水闸至市桥大桥,6 千米),全长共 16 千米,河道较为顺直,河床稳定,以细沙和淤泥为主,来沙主要是洪水推移。雁洲水闸下游段通航率较高,雁洲水闸上游段船闸可通航 500 吨级船舶,有通道桥,可通车,行驶船舶较少。

(二)航道现状

市桥水道 1~3 经过广州市番禺区,起点为观音沙尾,终点为市桥大桥,全长 16 千米,航道技术等级为四级。

市桥水道共有跨河桥梁 12 座,分别是:地铁 4 号线市桥大桥,净高 8.2 米;京珠高速公路市桥水道大桥,净高 8 米;南沙港快速路市桥大桥,净高 8.7 米;市桥二桥,净高 7 米;德兴大桥,净高 5.4 米;市桥大桥,净高 5.1 米;西丽大桥,净高 5.8 米;市桥三桥,净高 5.1 米;景观大桥,净高 8 米;广深港龙湾涌大桥,净高 10.1 米;东新高速公路龙湾涌大桥,净高6.3米;龙湾大桥,净高6米。有架空电线6条;过河建筑物24个,包括过河水管、油管、燃气管道等;临河建筑物33个,包括码头、船厂、抽排水站等。

三十、紫坭河

(一)河道自然特征

紫坭河(三善尾至紫坭口)全长5千米,河道较为顺直,河床稳定,以细沙和淤泥为主,来沙主要是洪水推移,主要用于过往船舶通航。

(二)航道现状

紫坭河经过广州市番禺区,起点为三善尾,终点为紫坭口,全长5千米,航道技术等级为五级,维护等级为三级。

紫坭河有跨河桥梁2座,紫坭大桥,净高4.8米,广深港紫坭大桥,净高11.4米;有架空电线7条;过河建筑物3个;临河建筑物10个,包括码头、抽排水站等。

三十一、大石水道

(一)河道自然特征

大石水道(大石河口至深冲),全长6千米,河道略微弯曲,河床底质以粉沙、淤泥为主,局部为细沙、粗砂及黏土。

(二)航道现状

大石水道经过广州市番禺区,起点为大石河口,终点为深冲,全长6千米,航道技术等级为五级,维护等级为四级。

大石水道有跨河桥梁2座,东新高速公路桥,净高8米,南浦三桥,净高8米;有架空电线8条,包括广州日立电梯厂高压线净高19.72米;番禺东乡水厂过河管线(一)净高3.34米,番禺东乡水厂过河管线(二)净高4.64米,广花甲乙线220千伏净高23.17米,广芳甲乙线220千伏净高27.09米,芳中线220千伏净高31.01米,浦官坑线CF21净高19.72米;过河建筑物3个,包括过河管线、燃气管道等;临河建筑物2个,为大石水文站和东乡水厂抽水站。

三十二、雅瑶水道

(一)河道自然特征

雅瑶水道全河道从珠江大桥西桥(芳村)至大涌全程104千米,位于佛山市南海区,发源于南海区松岗镇。其中下游珠江大桥西桥（芳村）至北村船闸全长 4 千米为雅瑶水道 1，为雅瑶水道下游河段（该河段为四级航道，维护等级为四级），河道宽直，河宽一般不小于 250 米，水量充裕，水深条件优良，可通航 500 吨级内河船舶，属感潮河段，受不规则半日潮汐影响，平均潮差 0.8～1.3 米。雅瑶水道水位差较小，上部砂层水力联系密切，下伏淤质黏土与全泥质砂岩，透水性较差，属弱～微透水性，河势稳定，河床冲淤变化不大。水道天然径流来自芦苞涌、西南涌和白坭河、流溪河，而芦苞涌、西南涌和白坭河主要受北江影响。根据实测资料统计，径流的年际变化较大，径流的年内变化与流域降雨的时空变化大体一致，分配极不均匀。泥沙同样主要受北江影响，由于有西南水闸、芦苞水闸与北江干流分隔，含沙量较小，泥沙淤积问题较小。有影响的水利设施是北村船闸枢纽及河道两岸的堤围。由于有水闸的调节及两岸堤围的约束，雅瑶水道河势稳定，河道冲淤变化较小。

（二）航道现状

雅瑶水道 1 从珠江大桥西桥（芳村）至北村船闸全长 4 千米，为四级航道，维护等级为限制性四级。流经的城镇有佛山市南海区松岗、大沥、里水、黄岐等镇。雅瑶水道 1 有 1 座拦河建筑物，为北村船闸枢纽；有 3 座跨河桥梁，典型桥梁为黄竹岐大桥（西环桥），为单孔双向通行，最低净空高度为 8 米；无隧道，有架空电线 2 条、过河水管 1 条、过河电缆 1 条。

三十三、白沙河

（一）河道自然特征

白沙河是沟通雅瑶水道与白坭水道的唯一通道，从滘口至沙贝全长 5 千米，于沙贝与白坭水道相通，在滘口与雅瑶水道相连。该河段枯水期河宽 60～450 米，航道水深均大于 3 米，航道条件良好，按四级航道维护（宽度 50 米、水深 2.5 米、弯曲半径 330 米），通航 500 吨级船舶。因受珠江西桥通航净空尺度限制，白沙河又是南海区北村、滘口两岸通往香港、澳门的必经之路，战略位置非常重要。

白沙河位于珠江三角洲北端，其上游主支流国泰水发源于清远坑尾，副支流九曲河发源于芦苞涌，通过芦苞水闸沟通北江。国泰水和九曲河在白坭圩汇合后始称白坭水道，白坭水道由西北向东南，沿程左汇新街水、流溪河、石井水，右纳南海区的西南涌，至珠江大桥流入白鹅潭，再分别经广州东、南河道由黄埔、虎门出海。

白沙河的河床质一般以砂、中砂、细沙为主，在中泓线两侧，则有黏土质砂或黏土质粉沙。两岸基本为平原，筑有大堤。白沙河处于珠江三角洲北部边缘地区，属感潮平原河流,枯水比降0.004‰,具有比降小、水位落差小、水流平缓、河槽稳定的特点;白沙河源近流短,且受芦苞水闸、西南水闸控制,径流量及来沙量少。水利设施为两岸筑有的堤围,此外,1991—1997年全河段大量采沙,尤其是下游采沙更为剧烈。

（二）航道现状

白沙河从滘口至沙贝全长5千米,为四级航道,维护等级为四级。流经清远市、佛山市南海区与广州市花都区、白云区。白沙河无拦河建筑物,有跨河桥梁1座,即广州地铁6号线跨白沙河大桥,单孔双向通航,最低净空高度为8米;有架空电线3条、过河电缆1条。

第九节　黑龙江、松花江航道

一、黑龙江航道

（一）河道自然特征

黑龙江是世界十大河流之一,也是我国最长的国界河流,地跨中国、俄罗斯和蒙古三国。黑龙江有两源,额尔古纳河和石勒喀河。石勒喀河流经俄罗斯境内,额尔古纳河为中俄国界河流,两河在恩和哈达汇流后始称黑龙江。

黑龙江从西流向东,上起恩和哈达,下至尼古拉耶夫斯克(庙街),注入鄂霍次克海峡,全长2865千米。黑龙江流域包括我国东北地区、俄罗斯远东地区的大部和蒙古的东部,流域面积为187×104平方公里。其中,我国境内流域面积89.6×104平方公里。黑龙江水系支流众多,流域面积在5×104平方公里以上的有额尔古纳河、石勒喀河、结雅河、布列亚河、松花江、乌苏里江和阿穆贡河等。

黑龙江流域大部分地区都是山区或多山地区,流域内有许多山脉,如大兴安岭、小兴安岭、张广才岭、完达山脉及外兴安岭等,山脉分隔着它的干支流,流域内的平原和低地多分布在黑龙江中游、下游、支流两岸及汇流三角洲地带,如三江平原、松嫩平原及黑龙江下游沿岸低地等。

根据河道特征,将黑龙江分为3段:两河汇流处(恩和哈达)至黑河河段为黑龙江上游,长894千米;黑河至哈巴罗夫斯克(伯力)河段为黑龙江中游,长996千米;哈巴罗夫斯克(伯力)至入海口河段为黑龙江下游,长975千米。黑龙江上游与中游总长1890千米,其中恩和哈达至黑龙江中游29千米处河段为中俄界河,长1861千米;黑龙江中游29千米处至入海口河段为俄罗斯境内河流,长1004千米。

黑龙江上游河道穿行于花岗岩、砂岩、玄武岩山地中。连鉴以上,江面狭窄、水流较急;连鉴以下,江面逐渐开阔、水流渐缓。黑龙江上游为山区河流,但河流纵向比降相对其他山区河流要小,流态也较平稳。河床底质一般为卵石和粗砂,局部地段有石质与礁石。整个河段水流基本在狭窄的山谷中流动,流速较大。在河底礁石众多的河段,有涡流现象。河宽400~1000米,平均比降0.2‰。平均流速枯水期为1.5~2.0米/秒,洪水期为1.8~2.5米/秒。

黑龙江中游除嘉荫县、萝北县、同江市境内有一部分山区外,其余均为平原。由于黑河市对岸俄罗斯境内有结雅河汇入,常家屯(黑龙江中游717千米)对岸俄罗斯境内有布列亚河汇入,同江市有松花江汇入,黑龙江中游流量显著增加。嘉荫以上河宽1500米左右,江中多岛屿、沙洲,俄罗斯境内有结雅—布列亚低地。嘉荫至兴东100余千米的河段河谷狭窄,河宽700米左右。江水出山谷后进入三江平原,河面展宽,河宽为2000米左右。黑龙江中游水面比降相对黑龙江上游较缓,平均比降0.083%,平均流速1.0~1.3米/秒,河床底质为中、粗砂,个别河段为卵石、礁石,河床相对稳定。

(二)主要航道现状和建设情况

黑龙江我国境内航道通航起点位于恩和哈达,通航终点位于黑龙江中游29千米处,通航里程1861千米,其中二级航道840千米,三级航道708千米,四级航道304千米,航道维护类别为一类。

黑龙江上游航道:从恩和哈达至黑河市,航道里程894千米。航道维护尺度为:额尔古纳河口至北极67千米为自然水深,北极至黑河827千米为宽度45米、水深1.4米、弯曲半径450米。

黑龙江中游航道:从黑河市至黑龙江中游29千米处,航道里程967千米。枯水期航深2.2米以上,严重碍航的兴东浅滩航深约1.8米。航道维护尺度为:黑河至同江726千米为宽度60米、水深1.9米、弯曲半径500米,同江至黑龙江中游29千米处长241千米,为宽度60米、水深2.5米、弯曲半径500米。

黑龙江航道项目有黑龙江上游鸥浦浅滩整治工程、中俄航联委第42、43、44次例会项目、黑中额图浅滩疏浚工程、抚远水道整治工程,以及全河段航标更新改造工程等,保证了航道维护尺度,满足船艇航行的需要。

(三)航道工程项目

1. 黑龙江界河中游波波夫岛(额图浅滩)疏浚工程

(1)项目概况

项目于1990年6月开工建设,1992年6月竣工。

项目建设依据:1991 年 1 月,交通部《关于对黑龙江界河波波夫岛(额图浅滩)疏浚工程设计任务书的批复》(交计字〔1991〕33 号);1991 年 3 月,交通部《关于黑龙江界河波波夫岛(额图浅滩)疏浚工程初步设计的批复》(交工字〔1991〕162 号)。

额图浅滩长 11 千米,按二级航道标准整治,航道宽度 100 米、水深 4.0 米、弯曲半径 800 米。航道设计通航保证率 95%。

项目治理浅滩 3 处,其中:198 号标槽长 3100 米,疏浚量 122 万立方米;192 号标槽长 1200 米,疏浚量 16 万立方米。工程总投资 800 万元,全部为中央财政资金。

(2)项目建设实施情况

项目建设单位为黑龙江省航道局;设计单位为黑龙江省航道局规划设计室;施工单位为黑龙江省航道局。

(3)项目投产后的运营情况

工程竣工后,198 号标航道在勤得利设计水位 40.40 米时,已达航宽 100 米、航深 4.0 米、弯曲半径 800 米。通过疏浚挖泥和抛泥区的导流作用,增加额图水道进口流量,促进额图水道持续发展,有力保证了中方领土领水的完整。

2.黑瞎子岛航道管理主权接管抚远水道测量、航标及航道整治工程

(1)项目概况

项目于 2011 年 5 月开工建设。

项目建设依据:2009 年 11 月,黑龙江省发展改革委《关于黑瞎子岛航道管理主权接管抚远水道测量、航标及航道整治工程可行性研究报告的批复》(黑发改交通〔2009〕1633 号);2009 年 11 月,黑龙江省交通运输厅《关于黑瞎子岛航道管理主权接管抚远水道测量航标及航道整治工程初步设计的批复》(黑交发〔2009〕318 号);2012 年 7 月,黑龙江省交通运输厅《关于黑瞎子岛航道管理主权接管抚远水道测量航标及航道整治工程后续工程初步设计的批复》(黑交发〔2012〕387 号)。

项目建设抚远水道 35 千米,按四级航道标准整治,航道宽度 55 米、水深 1.8 米、弯曲半径 410 米。设计代表船型(船队)为 198 千瓦推轮和 2 艘 600 吨级分节驳组成的 1 顶 2 单列式船队,船队尺度 137.9 米×11 米×1.4 米。航道设计通航保证率 95%。

项目治理浅滩 3 处;疏浚挖槽 9 处,槽长 9336 米,挖泥量 107.84 万立方米;切咀 3 处,切咀土方量 183.22 万立方米。整治建筑物 22 座,其中丁坝 11 座、锁坝 9 座、顺坝 1 座、潜坝 1 座;整治丁坝 11 座,长 3361 米,锁坝 9 座,长 1211 米,顺坝 1 座,长 1330 米,潜坝 1 座,长 260 米;抛石量 14.85 万立方米。平顺式护岸 36 处。一类航标配布 50 座,其中岸标 36 座、浮标 14 座。基地 1 处,趸船式管理码头 1 处,建航标站房、航道管理用房、水位站房及配套设施,建筑物总面积 5147 平方米,道路 2000 延米。初步设计概算批复 3.97 亿元,其中交通运输部水运建设资金 1.75 亿元,地方自筹 2.22 亿元。

（2）项目建设实施情况

项目建设单位为黑龙江省航务管理局；设计单位为黑龙江中北航务勘察设计有限公司；施工单位为黑龙江龙航工程总承包有限责任公司；监理单位为黑龙江黑航工程监理咨询有限公司；质监单位为黑龙江省水运工程质量监督站。

（3）项目投产后的运营情况

按照四级航道标准建设，整治抚远水道航道35千米。护岸工程、整治工程、疏浚工程和航标工程都达到了建设标准，符合设计要求，即航宽55米、航深1.8米、弯曲半径大于410米，通航保证率95%，满足航区船舶航行的需要。

3. 黑龙江上游鸥浦等浅滩航道建设工程

（1）项目概况

项目于2012年7月开工建设，2014年10月试运行，2016年7月竣工。

项目建设依据：2011年12月，黑龙江省发展和改革委员会《关于黑龙江上游鸥浦等浅滩航道建设工程可行性研究报告的批复》（黑发改交通〔2011〕1702号）；2011年12月，黑龙江省交通运输厅《关于黑龙江上游鸥浦等浅滩航道建设工程初步设计的批复》（黑交发〔2011〕605号）；2011年11月，黑龙江省环境保护厅《关于黑龙江上游鸥浦等浅滩航道建设工程环境影响报告书的批复》（黑环审〔2011〕315号）。

项目整治航道里程44千米，按三级航道标准整治，航道宽度70米、水深1.8米、最小弯曲半径500米。设计代表船型（船队）为485千瓦推轮和4艘1000级分节驳船组成的2排2列顶推船队，船型尺度167米×26米×1.6米。航道设计通航保证率95%。

项目治理黑龙江上游355千米至795千米6处浅滩，疏浚河段长度7236米，疏浚量51.22万立方米。建设斜坡式护岸1200米；船舶越冬锚地，总面积1.68万平方米，进锚地航道长862米，新建工作船码头泊位1个，码头长度40米，新建护岸1200米，上岛路60米；管理区建筑面积9954平方米，航标站房、救助站房、航道站房和船员宿舍总建筑面积1751平方米，同时配套建设相应的附属设施。工程总投资9436万元，其中交通运输部水运建设资金6800万元，地方2636万元。

（2）项目建设实施情况

项目建设单位为黑龙江省航道局黑龙江上游鸥浦等浅滩航道建设工程指挥部；设计单位为黑龙江中北航务勘察设计有限公司；施工单位为黑龙江龙航工程总承包有限责任公司；监理单位为黑龙江黑航工程监理咨询有限公司；质监单位为黑龙江省水运工程质量监督站。

（3）项目投产后的运营情况

工程于2014年9月交工验收，工程完工后达到三级航道通航标准，航道尺度达到了70米×1.8米×500米，整治效果明显，枯水期浅滩严重碍航的问题基本得到解决，通航条件得到了明显改善,码头的实际靠泊能力符合实际需求,船舶越冬锚地为界河船舶冬季卧坞提供了安全保障。

4.中俄界河黑龙江上游航标更新工程

(1)项目概况

项目于 2010 年 10 月开工建设,2012 年 5 月试运行,2013 年 12 月竣工。

项目建设依据:2008 年 6 月,黑龙江省交通厅《关于中俄界河黑龙江上游航标更新工程可行性研究报告的批复》(黑交通发〔2008〕270 号);2008 年 11 月,黑龙江省交通厅《关于中俄界河黑龙江上游航标更新工程初步设计的批复》(黑交发〔2008〕405 号)。

项目所处航道为三级航道,航道宽度 70 米、水深 1.8 米、弯曲半径 500 米。设计代表船型(船队)以通航 1000 吨级分节驳顶推船队为主,通航保证率 90%。项目更新岸标 577 座,其中导标 454 座、首尾导标 21 座、过渡导标 82 座、沿岸标 7 座、过河标 13 座;更新浮标 24 座。工程总投资 980 万元,全部为交通运输部水运建设资金。

(2)项目建设实施情况

项目建设单位为黑龙江省航务管理局中俄界河工程建设指挥部;设计单位为黑龙江省航务勘察设计院;施工单位为黑龙江省航道局、佳木斯宏远航道船舶修造厂、黑河航道船舶器材维修中心;监理单位为黑龙江黑航工程监理咨询有限公司;质监单位为黑龙江省水运工程质量监督站。

(3)项目投产后的运营情况

更新后的航标视距良好,通透性增强,加大了航标助航效果,更好地满足了黑龙江上游运输船舶及边防巡逻航行需要。

5.黑瞎子岛航道主权接管黑龙江航标和航标站房库房工程

(1)项目概况

项目于 2012 年 5 月开工建设,2014 年 8 月试运行,2017 年 6 月竣工。

项目建设依据:2010 年 9 月,交通运输部《关于黑瞎子岛航道主权接管黑龙江航标和航标站房库房工程可行性研究报告的批复》(交规划发〔2010〕279 号);2011 年 11 月,交通运输部《关于黑瞎子岛航道主权接管黑龙江航标和航标站房库房工程初步设计的批复》(交水发〔2011〕430 号);2010 年 2 月,黑龙江省环保厅《关于黑瞎子岛航道主权接管黑龙江航标和航标站房库房工程环评批复》(黑环审〔2010〕53 号);2009 年 8 月,黑龙江省国土资源厅《关于黑瞎子岛航道主权接管黑龙江航标和航标站房库房工程项目建设用地初审的批复》(黑国土资函〔2009〕458 号);2010 年 2 月,水利部松辽水利委员会《关于黑瞎子岛航道主权接管黑龙江航标和航标站房库房工程水行政许可的批复》(松辽许可〔2010〕36 号)。黑龙江省交通运输厅《关于黑瞎子岛航道主权接管黑龙江航标和航标站房库房工程施工图设计批复》(黑交发〔2013〕359号)。

项目建设护岸1处,总长85米。配布一类航标20座,其中岸标16座、浮标4座。建航标站房1座,建筑面积2273平方米;建消防泵房1座,建筑面积174平方米;建设管理码头1座,长40米;趸船1艘,配套建设道路、供水及供电等工程。进基地道路461米。总投资2958万元,全部为中央财政资金。

(2)项目建设实施情况

项目建设单位为黑瞎子岛航务工程建设指挥部;设计单位为黑龙江中北航务勘察设计有限公司;施工单位为黑龙江龙航工程总承包有限责任公司、黑河航道器材维修中心;监理单位为黑龙江黑航工程监理咨询有限公司;质监单位为黑龙江省水运工程质量监督站。

项目实施过程中,国家发展改革委以发改东北〔2011〕2915号文批复了《黑瞎子岛保护与开放开发总体规划》;黑龙江省人民政府黑瞎子岛建设和管理委员会《关于建设"黑瞎子岛航标站房、库房工程"有关意见的函》;交通运输部以厅水字〔2013〕204号文对设计变更进行了批复;交通运输部以厅水字〔2013〕204号文对工程的设计变更及动用预留费进行了批复;黑龙江省交通运输厅以黑交发〔2013〕359号文对施工图设计及预算进行了批复。

由于遭遇2013年特大洪水,致使工程未能按期完工,根据工程建设情况,调整了年度计划,2014年8月交工试运行。2017年6月,黑龙江省交通运输厅组织相关单位进行了竣工验收。

(3)项目投产后的运营情况

航标助航效果良好,满足了界河运输船舶及边防巡逻航行需要;管理码头完全满足靠泊船舶的需要;航标站房及其库房使用正常,符合实际需求。

6.中俄界河黑龙江和乌苏里江航标、测量、疏浚工程(中俄航联委第42次航行例会工程)

(1)项目概况

项目于2000年5月开工建设,2001年5月试运行,2003年8月竣工。

项目建设依据:2000年1月,交通部《关于中俄界河黑龙江和乌苏里江航标、测量、疏浚工程可行性研究报告的批复》(交规划发〔2000〕569号);2001年,交通部《关于中俄界河黑龙江和乌苏里江航标、测量、疏浚工程初步设计的批复》(交水发〔2001〕313号)。

项目整治航道里程1422千米,其中黑龙江中游967千米,乌苏里江455千米;黑龙江黑河以上为三级航道,黑河至抚远为二级航道,乌苏里江抚远水道下口至饶河为四级航道,饶河至菅明山为五级航道。黑龙江黑河以上航道尺度为宽度50米、水深1.7米、弯曲半径500米;黑河至同江通航尺度为宽度70米、水深2.5米、弯曲半径700米;同江至抚远通航尺度为宽度70米、水深3.5米、弯曲半径700米;乌苏里江通航尺度为宽度30米、水深

1.4 米、弯曲半径 400 米。设计代表船型（船队）及其尺度为二级航道 2 列 2 排千吨级；通航海轮航道为江海联运船舶；三级航道 2 驳双排一列式，137.9 米×11.0 米；四级航道货、驳一列式，87.65 米×10.0 米；五级航道单船，50.0 米×10.0 米。航道通航保证率：黑龙江黑河以上 85%，黑龙江同江至抚远 90%，乌苏里江 85%。

项目疏浚浅滩 9 处，其中黑龙江上游疏浚浅滩 2 处、黑龙江中游疏浚浅滩 5 处、乌苏里江疏浚浅滩 2 处，疏浚量 201.12 万立方米。建设移动岸标 45 座，撤销岸标 59 座，增设岸标 35 座，增设浮标 102 座，共计增加 182 座、撤销 59 座；按一类航标配布。总投资 6280 万元，全部来自中央财政。

（2）项目建设实施情况

项目建设单位为黑龙江省航道局；设计单位为黑龙江省航务勘察设计院；施工单位为黑龙江省航道局黑河航道分局、黑龙江省航道局佳木斯航道分局；监理单位为黑龙江黑航工程建设监理有限公司、长航监理有限责任公司；质监单位为黑龙江省水运工程质量监督站。

（3）项目投产后的运营情况

依照交通部《疏浚工程质量检验评定标准》（JTJ 324—96）、《水运工程测量规范（JTJ 203—2001）》及《内河助航标志的主要外形尺寸》（GB 5864—1993），黑龙江省水运工程质量监督站对 12 个单位工程进行了质量评定，工程质量全部合格，合格率 100%。疏浚后的浅滩航槽稳定，保持了主航道的正确走向。同时，航标工程的实施，将黑龙江部分陈旧的航标按照中俄界河航标管理规则进行了更新，解决了一些历史遗留问题。

7. 中俄界河黑龙江和乌苏里江航标、疏浚工程（中俄航联委第 43、44 次航行例会工程）

（1）项目概况

项目于 2003 年 10 月开工建设，2008 年 5 月试运行，2011 年 3 月竣工。

项目建设依据：2003 年 3 月，交通部《关于中俄界河黑龙江和乌苏里江航标及疏浚工程可行性研究报告的批复》（交规划发〔2003〕316 号）；2003 年 10 月，交通部《关于中俄界河黑龙江和乌苏里江航标、疏浚工程（中俄航联委第 43、44 次例会项目）初步设计的批复》（交水发〔2003〕521 号）。

项目整治航道里程 1422 千米，其中黑龙江中游 967 千米，乌苏里江 455 千米；黑龙江黑河以上为三级航道，黑河至抚远为二级航道，乌苏里江抚远水道下口至饶河为四级航道，饶河至菅明山为五级航道。黑龙江黑河以上航道尺度为宽度 50 米、水深 1.7 米、弯曲半径 500 米；黑河至同江通航尺度为宽度 70 米、水深 2.5 米、弯曲半径 700 米；同江至抚远通航尺度为宽度 70 米、水深 3.5 米、弯曲半径 700 米；乌苏里江通航尺度为宽度 30 米、水深 1.4 米、弯曲半径 400 米。设计代表船型（船队）及其尺度为二级航道 2 列 2 排千吨级；通航海轮航道为江海联运船舶；三级航道 2 驳双排一列式，137.9 米×11.0 米；四级航道货、驳一列式，87.65 米×10.0 米；五级航道单船，50.0 米×10.0 米。航道通航保证率：

黑龙江黑河以上85%,黑龙江同江至抚远90%,乌苏里江85%。

项目疏浚浅滩11处,其中黑龙江上游疏浚浅滩6处、黑龙江中游疏浚浅滩3处、乌苏里江疏浚浅滩2处。挖槽总长11.56千米,疏浚挖泥量66.97万立方米,碎石量2.73万立方米。建设移动岸标17座,撤销岸标43座,变更标号4座,增设岸标47座,增设浮标107座,共计增加或变更175座、撤销43座。总投资4506万元,全部来自中央财政。

(2)项目建设实施情况

项目建设单位为黑龙江省航务管理局中俄界河工程建设指挥部;设计单位为黑龙江省航务勘察设计院;施工单位为黑龙江省航道局;监理单位为黑龙江黑航工程建设监理咨询有限公司;质监单位为黑龙江省水运工程质量监督站。

交通运输部办公厅《关于中俄界河黑龙江和乌苏里江航标、疏浚工程(中俄航联委第43、44次例会项目)动用预留费用的批复》(厅水字〔2008〕23号);兴东浅滩因俄罗斯不同意在界江使用爆破施工,经研究采用铣削船进行铣削施工。

(3)项目投产后的运营情况

工程实施效果良好,改善了中俄界河黑龙江和乌苏里江通航条件,对实现主航道中心线走向与国界线大体保持一致、加强中俄界河主航道的控制和管理等具有重要意义。

8. 中俄界河黑龙江中游航标更新工程

(1)项目概况

项目于2009年3月开工建设,2010年5月试运行,2012年2月竣工。

项目建设依据:2006年2月,黑龙江省交通厅《关于中俄界河黑龙江中游航标更新工程可行性研究报告的批复》(黑交发〔2006〕392号);2007年1月,黑龙江省交通厅《关于中俄界河黑龙江中游航标更新工程初步设计的批复》(黑交发〔2007〕93号)。

项目更新岸标414座,更新浮标21座,岸标包括导标407座、首尾导标1座、过渡导标4座、沿岸标1座、过河标1座;航标按一类航标配布。投资618万元,全部来自中央财政。

(2)项目建设实施情况

项目建设单位为黑龙江省航务管理局;设计单位为黑龙江省航务勘察设计院;施工单位为黑龙江省航道局;监理单位为黑龙江黑航工程监理有限公司;质监单位为黑龙江省水运工程质量监督站。

(3)项目投产后的运营情况

更新后的航标视线优良,色彩鲜明、灯光明亮,完全满足船舶航行安全需要。

9. 中俄界河黑龙江、乌苏里江航标分管工程

(1)项目概况

项目于1992年5月开工建设,1995年12月试运行,1996年9月竣工。

项目建设依据:1992 年 5 月,国家计委印发《〈关于中俄界河实行航标分管前期准备工作有关问题处理意见的请示〉的通知》(计交通〔1992〕263 号);1992 年 5 月,交通部《关于中俄界河黑龙江、乌苏里江航标分管工程初步设计的批复》(交工发〔1992〕761 号);1994 年 4 月,交通部《关于追加中俄界河航标分管工程总投资的批复》(交基发〔1994〕556 号)。

项目建造浮标 813 座、岸标 298 座;建航标库房 1200 平方米、航标员宿舍 4100 平方米。总投资 2588 万元,全部来自中央财政。

(2)项目建设实施情况

项目建设单位为黑龙江省航道局;设计单位为黑龙江水运规划设计院、黑龙江省航道局勘测设计研究所;施工单位为哈尔滨航道器材厂、佳木斯船舶修造厂、黑河航道分局船舶修造厂;监理单位为黑龙江航运监理公司;质监单位为黑龙江省水运工程质量监督站。

(3)项目投产后的运营情况

界江航标分管工程实施后,中方岸标、浮标维护数量增加,界江 10 个航道段各段平均维护里程从 163 千米减少至 99 千米,增加了巡航次数和查灯频率,提高了航标正常率;航标的规格和性能得到科学合理的改进与优化,全面改善了航标的通视效果和发光性能,受到了运输船舶的好评;航标储备工作得到落实;界江新装备的航标艇和补给船,极大地改善了界江船艇现状,补给能力得到提高;促使界江航道养护标准进一步健全。

(四)航道的发展成就与经验启示

①界河航道承载着国防、外交、通航、边境管理以及领土领水主权和航行权益等国家核心利益,界河航道的管理和养护工作直接关系国家形象。黑龙江航道经过多年的建设,已经形成了较成熟的建设、管理和养护模式。航道条件不断改善,航道功能得到了充分发挥,对保证我国主权和领土领水及巩固国防建设等都起到了积极的作用。

②黑龙江是季节性冰冻河流,而且是国境河流,有其特殊性,在对黑龙江航道进行建设管理和养护过程中,积累了丰富的设计、施工和建管养经验,这些不但为季节性冰冻河流的航道发展提供了参考,也为国内其他区域界河的建设和养护提供了借鉴。

③通过对黑龙江江海联运的开发研究和实践,为沿江地区进一步发展外向型经济创造了条件。

二、松花江航道

(一)河道自然特征

松花江是黑龙江右岸最大的支流,流经黑龙江省、内蒙古自治区、吉林省和辽宁省,流域面积为 56.12 万平方公里。松花江有南北两源,第二松花江与嫩江在三岔河汇合后称松花江。主要支流有拉林河、阿什河、呼兰河、蚂蚁河、牡丹江、倭肯河、汤旺河、梧桐河、嘟噜河。黑龙江省内的流域面积为 26.95 万平方公里,流经肇源、扶余、哈尔滨、佳木斯、富锦、同江等市县,年均径流量为 762 亿立方米。

(二)主要航道现状和建设情况

松花江航道通航起点位于三岔河,通航终点位于同江,通航里程 928 千米,其中三级航道 561 千米,四级航道 367 千米,航道维护类别为一类。航道维护标准为:三岔河至肇源 42 千米为宽度 50 米、水深 1.3 米、弯曲半径 450 米,肇源至哈尔滨 190 千米为宽度 50 米、水深 1.4 米、弯曲半径 450 米,哈尔滨至沙河子 297 千米为宽度 50 米、水深 1.5 米、弯曲半径 500 米,沙河子至依兰 36 千米为宽度 50 米、水深 1.7 米、弯曲半径 500 米,依兰至佳木斯 110 千米为宽度 50 米、水深 1.5 米、弯曲半径 500 米,佳木斯至同江 253 千米为宽度 50 米、水深 1.6 米、弯曲半径 500 米。

松花江干流航道自 1983 年以来先后实施了多次区域性整治,包括哈沙线、沙依线、依佳线、佳同线、富同线、三姓浅滩一期和二期等航道整治工程,逐步改善了航道条件,为水运船舶提供了良好的航行条件。

(三)航道工程项目

1. 松花江三姓浅滩整治工程一期工程

(1)项目概况

项目于 1983 年 1 月开工建设,1985 年 10 月试运行,1986 年 8 月竣工。

项目建设依据:1982 年 11 月,黑龙江省《关于三姓浅滩整治工程计划任务书的批复》(黑计字〔1982〕198 号);1983 年 2 月,黑龙江省航运管理局《关于 1983—1985 年三姓浅滩整治工程初步设计的批复》(黑航字〔1983〕34 号)。

项目建设松花江中游方正县沙河子至依兰县牡丹江河口航道 35 千米,清河林业码头副航道 9 千米,按三级航道标准整治,航道宽度 60 米、水深 1.5 米、弯曲半径 800 米。设计代表船型(船队)为枯水期 600 吨级船队满载航行,中等船队可以双向航行,500 ~ 1000 马力推(拖)轮推(拖)2 ~ 3 艘 1000 吨级驳船队可以单向安全航行。航道设计通航保证率 95%。

项目疏浚河段 22.3 千米,疏浚量 67.9 万立方米;爆破石方量 9.7 万立方米;整治建筑物 46 座,丁坝 40 座,长 10.89 千米,锁坝 6 座,长 1153 米。项目护岸 12 处,长度 11.25 千米。项目总投资 931 万元,其中交通部水运建设资金 470 万元,地方自筹 461 万元。

(2)项目建设实施情况

项目建设单位为黑龙江省航道局;设计单位为黑龙江省航道局航道科;施工单位为黑

龙江省航道局哈尔滨水工队;监理单位为黑龙江航运监理公司;质监单位为黑龙江省水运工程质量监督站。

(3)项目投产后的运营情况

项目完成后枯水期水面壅高,航宽、航深及弯曲半径增加,解决了三姓浅滩在枯水期停航、半停航的问题,大幅度提高了船舶营运效益;提高了船舶装载率,600吨级船舶全航期满载航行。

2.松花江佳木斯至同江河段航道整治工程

(1)项目概况

项目于1989年7月开工建设,1994年8月试运行,1995年9月竣工。

项目建设依据:1987年11月,交通部《关于松花江(三岔河至同江)航运建设工程可行性研究报告审查意见的通知》(交计字〔1987〕548号);1987年11月,交通部《松花江佳木斯至同江河段航道整治工程设计计划任务书的批复》(交计字〔1987〕798号);1988年6月,交通部《关于松花江佳木斯至同江河段航道整治工程初步设计的批复》(交基字〔1988〕433号)。

项目位于松花江444千米至696千米处,全长252千米,按三级航道标准整治,航道宽度70米、水深1.7米、弯曲半径500米。设计代表船队为通行2排2列1000吨级顶推船队。航道设计通航保证率95%。

项目整治浅滩23个,疏浚挖槽52处,挖泥量405.38万立方米。建设整治建筑物90座,长度33.93千米;护岸25处。新建岸标60座、浮标57座,按一类航标配布。总投资8753万元,全部为交通部水运建设资金。

(2)项目建设实施情况

项目建设单位为黑龙江省航道局;设计单位为黑龙江省航道局勘察设计研究所;施工单位为黑龙江省航道局航道建设工程处、黑龙江省航道局佳木斯分局、黑龙江省航道局测量大队;监理单位为黑龙江航运监理公司;质监单位为黑龙江省水运工程质量监督站。

(3)科技创新成果及获奖情况

佳同线航道整治工程主体工程为水工工程,坝体为梯形断面,为防止冰排对坝体的破坏,在坝体的坝身、坝头部位采取铁丝笼、网罩等措施,取得了良好的效果。同时积极推广土工布在整治工程中的应用,用无纺布代替柴排,并研究出了一套行之有效的施工工艺,为今后整治工程的代用材料创出新路。

(4)项目投产后的运营情况

佳同段航道整治工程,经过7年的建设,于1995年竣工。工程达到了设计航道尺度,即航宽70米、航深1.7米、弯曲半径500米,符合三级航道通航标准。工程完工后,航槽稳定,整治线内流量增加,流速加大,维护性挖泥量明显减少,枯水期航标移动也相应减少,航道条件显著地得到了改善。

3. 松花江中游浓浓河至三站浅滩航道整治工程

（1）项目概况

项目于 2015 年 10 月开工建设,2017 年 8 月试运行,2019 年 10 月竣工。

项目建设依据:2012 年 11 月,黑龙江省发展和改革委员会《关于松花江中游浓浓河至三站浅滩航道整治工程可行性研究报告的批复》(黑发改交通〔2012〕1496 号);2013 年 9 月,黑龙江省交通运输厅《关于松花江浓浓河至三站浅滩航道整治工程初步设计的批复》(黑交发〔2013〕340 号);2012 年 9 月,黑龙江省环境保护厅《关于松花江中游浓浓河至三姓浅滩航道整治工程环境影响报告书的批复》(黑环审〔2012〕298 号);2012 年 9 月,黑龙江省水利厅准予水行政许可(黑河方案许可〔2012〕18 号);2017 年 1 月,黑龙江省水利厅准予水保许可(黑水保许可〔2017〕4 号)。

项目位于松花江中游 185 千米至 240 千米处,全长 55 千米,按三级航道标准整治,航道宽度 70 米、水深 1.6 米、弯曲半径 500 米。设计代表船型(船队)为 485 千瓦推轮和 4 艘 1000 吨级分节驳组成的 1 顶 4 双排双列式顶推船队,船队尺度为 167 米×26 米×1.6 米。航道设计通航保证率 95%。

项目治理浅滩 4 处,挖槽 12 处,长度 13.48 千米,挖泥量 97.52 万立方米。建设整治建筑物 12 座(处),其中丁坝 3 座,长 500 米,锁坝 5 座,长 1280 米,潜坝 3 座,长 1154 米,分流鱼咀 1 座,长 1150 米。采用抛石护岸,钢丝网格护面,絮凝砂浆灌注防冰,护岸 13 处,总长 11.41 千米。配布一类岸标 31 座。总投资约 1.32 亿元,其中交通运输部水运建设资金 7650 万元,地方 5505 万元。

（2）项目建设实施情况

项目建设单位为黑龙江省航道局;设计单位为黑龙江中北航务勘察设计有限公司;施工单位为黑龙江龙航工程总承包有限责任公司;监理单位为黑龙江黑航工程监理咨询有限公司;质监单位为黑龙江省水运工程质量监督站。

（3）项目投产后的运营情况

航道工程的整治,改善了松花江中游主要碍航浅滩的航道条件,航道尺度得到提高,航道通过能力得到加强,为水运船舶提供安全、便捷的航行条件。

4. 松花江三姓浅滩二期航道整治工程

（1）项目概况

项目于 1992 年 4 月开工建设,1997 年 5 月试运行,1999 年 9 月竣工。

项目建设依据:1991 年 6 月,交通部《关于印发〈松花江三姓浅滩二期航道整治工程建设方案审查意见〉的通知》(交函计字〔1991〕431 号);1991 年 8 月,交通部《关于对〈松花江三姓浅滩二期航道整治工程设计划任务书〉的批复》(交函计字〔1991〕619号);1992年1月,交通部《关于对〈松花江三姓浅滩二期航道整治工程初步设计〉的批复》(交工发〔1992〕13号);1996年4月,交通部基建管理司《关于对〈松花江三姓浅滩二期航道整治工程部分工程修改设计〉的批复》(基内字〔1996〕263号)。

项目位于松花江中游沙河子(291千米)至依兰(332千米)段,全长41千米,按三级航道标准整治,航道宽度60米、水深1.8米、弯曲半径500米。设计代表船队为1000吨级分节驳组成的1顶2单列式船队,船队尺度为167米×26米×1.6米。航道设计通航保证率85%。

项目疏浚河段18处,工程量72.99万立方米;炸礁9处,工程量22.11万立方米。建有整治建筑物92座,其中丁坝79座、锁坝6座、分流坝2座、顺坝3座、护岸2处,计1.92万延米;补修坝体71座。新建一类航标166座,其中岸标113座、浮标45座、避让标8座。基地综合业务用房801平方米。总投资9713万元,全部为交通部水运建设资金。

(2)项目建设实施情况

项目建设单位为黑龙江省航道局;设计单位为黑龙江省航道局勘测设计研究所;施工单位为黑龙江省航道局航道建设工程处、黑龙江省航道局疏浚大队、黑龙江省航道局测量大队、黑龙江省航道局哈尔滨航道分局依兰航道段、黑龙江航运建筑工程公司;监理单位为黑龙江水运工程监理公司;质监单位为黑龙江航运管理局基本建设工程质量监督站。

项目实施过程中,交通部基建管理司印发《关于对松花江三姓浅滩二期航道整治工程概算调整的批复》(基内字〔1997〕25号);交通部水运司印发《关于黑龙江航运局1998年水毁修复工程项目及预算的批复》(水运航道字〔1998〕239号)。

(3)科技创新成果及获奖情况

建造了黑龙江水系的第一艘爆破船,该船钻孔效率高,爆破安全可靠,对保证三姓浅滩二期工程的施工起到了关键作用。该工程被评为交通部优质工程,获交通部2001年度水运工程质量奖、交通部1997年度优秀工程设计二等奖。

(4)项目投产后的运营情况

1999年三姓浅滩二期航道整治工程完工后,航道达到三级航道的建设标准,即航宽60米、航深1.8米、弯曲半径大于500米,满足1000吨级船舶丰水期满载航行的需要,为水运企业创造了良好的经济效益,提高了航道服务社会的社会公益效益。

5.松花江依兰至佳木斯河段航道整治工程

(1)项目概况

项目于2002年9月开工建设。

项目建设依据:1996年3月,交通部《关于松花江依兰至佳木斯河段航道整治工程可行性研究报告的批复》;2002年8月,黑龙江省发展计划委员会《关于松花江依兰至佳木斯河段航道整治工程初步设计的批复》（黑计建字〔2002〕809号）。

项目位于松花江哈尔滨宾洲桥以下332千米至444千米河段，全长112千米，按三级航道标准整治，航道宽度70米、水深1.8米、弯曲半径500米。设计代表船型（船队）为485千瓦推轮和2艘千吨驳组成的1顶2单列式顶推船队，船队尺度为167米×26米×1.6米。航道设计通航保证率95%。

项目治理浅滩7处；疏浚挖槽11处，长度8105米，挖泥量88.6万立方米；爆破工程2处，爆破量9.83万立方米；整治建筑物20座，其中丁坝11座、锁坝6座、顺坝2座、长度5830米，护岸1处，长度1500米。增设浮标30座，改造岸标80座，按一类航标布设。航标站房等总建筑面积840平方米。总投资9196万元，全部为交通部水运建设资金。

（2）项目建设实施情况

项目建设单位为黑龙江省航务管理局；设计单位为黑龙江中北航务勘察设计有限公司；施工单位为黑龙江龙航工程总承包有限责任公司；监理单位为黑龙江黑航工程监理咨询有限公司；质监单位为黑龙江省水运工程质量监督站。

（3）项目投产后的运营情况

项目投产后，航道尺度加大，达到航宽70米、航深1.8米、弯曲半径大于500米，改善了航行条件，扭转了枯水期600吨级、1000吨级驳船需减载航行，中洪水期船队需解队航行的局面，为水运企业创造更多的经济效益。

6.松花江下游佳木斯至同江河段富锦绥东浅滩航道整治工程

（1）项目概况

项目于2011年8月开工建设，2014年7月试运行，2016年10月竣工。

项目建设依据：2010年11月，黑龙江省发展和改革委员会《关于松花江下游佳木斯至同江河段富锦绥东浅滩航道整治工程可行性研究报告的批复》（黑发改交通〔2010〕1759号）；2010年10月28日，黑龙江省交通运输厅《关于松花江下游佳木斯至同江段富锦绥东浅滩航道整治工程初步设计的批复》（黑交发〔2010〕321号）；2013年5月，黑龙江省环保厅《关于松花江下游佳木斯至同江河段富锦、绥东浅滩航道整治工程环境影响报告书的批复》（黑环审〔2012〕170号）；2011年6月，黑龙江省水利厅《关于松花江下游佳木斯至同江河段富锦、绥东浅滩航道整治工程水土保持方案的批复》（黑水发〔2011〕283号）；2012年5月，黑龙江省水利厅《关于松花江下游佳木斯至同江河段富锦绥东浅滩航道整治工程河道管理范围内建设项目工程建设方案予水许可决定书》（黑河方案许可〔2012〕10号）。

项目位于松花江下游佳木斯至同江620千米至643千米河段，治理航道23千米，按三级航道标准整治，航道宽度70米、水深1.7米、弯曲半径大于500米。设计代表船型（船队）为485千瓦推轮和4艘千吨级分节驳船组成的1顶4双排双列式顶推船队，船队尺度为 167 米 × 26 米 × 1.6 米。航道设计通航保证率 95%。

项目整治浅滩 2 处，疏浚挖槽 5 处，长度 4753 米，疏浚量 30.35 万立方米；建设丁坝、锁坝共 15 座，长度 4712 米；护岸 8 处，长度 8825 米；疏浚碍航浅区 5 处，建设航标 8 座，其中导标 6 座、过渡导标 1 座、首尾导标 1 座，按一类航标配布。总投资 9788 万元，其中交通运输部水运建设资金 5380 万元，地方投资 4408 万元。

（2）项目建设实施情况

项目建设单位为黑龙江省航道局；设计单位为黑龙江中北航务勘察设计有限公司；施工单位为黑龙江龙航工程总承包有限责任公司；监理单位为黑龙江黑航工程监理咨询有限公司；质监单位为黑龙江省水运工程质量监督站。

（3）项目投产后的运营情况

建设项目投产后，工程达到了设计要求，航道尺度达到了三级航道标准，航宽 70 米以上，航深 1.7 米以上，弯曲半径大于 500 米，通航保证率达到 95%，完全满足船舶安全航行需要。

(四) 航道的发展成就与经验启示

①松花江航道整治理念有了突破和提升。一是在整治时机的把握上，应对拟整治的浅滩河段进行详细的分析，选择合适的时机利用航道水流条件较好的时期进行航道整治。如果利用这个时期及时采取整治措施，稳定有利的滩槽形势，不仅易于布置工程方案，耗资少，而且对河势的影响较小，可以收到事半功倍的效果。二是对于两岸不稳定的复杂分汊性河道的整治，要以控制中洪水河势为主要目标，并以此为基础考虑航道条件的改善方案。在对多汊道河段布置工程时必须慎重，不宜只从局部利益出发，片面地采用强堵支汊、塞支强干的措施，必须综合考虑河段的演变规律与趋势、上下游河段的河势变化和水沙条件等因素，从而达到理想的整治效果。

②实践证明，对浅滩河段必须进行系统整治，施以足够的控制工程才能达到预期的效果。三姓浅滩二期工程竣工后持续发挥作用，每年疏浚维护量很少，航道尺度满足三级航道标准，船舶航行顺畅。

③新材料、新结构、新工艺的开发和应用效果显著。新工程材料在整治工程中得到创造性的应用。土工织物、絮凝剂砂浆灌注坝体防冰等新材料、新工艺在航道整治工程中得到广泛应用，雷诺护垫、格宾挡墙、耐特龙边坡等新结构在护岸工程中得到应用，加上先进的检测、定位设备如 GPS 定位、多波速测深系统在整治工程中的应用，大大提高了施工精度和效率，为松花江航道整治工程的实施奠定了基础。

④航道整治技术和手段有了长足进步。对平原河流浅滩演变的研究方法发展较快，数值模拟和物理模型已经被广泛应用，通过精确模拟和理论分析能较准确地分析判断出

河床演变规律和发展趋势。通过调研、原型观测、资料分析、理论研究、数模计算、实体模型试验、现场试验等综合手段,积累了大量的冰冻河流航道治理经验。

⑤冬季施工技术得到广泛的应用。松花江属季节性冰冻河流,冬季施工是有别于南方河流的最显著特点。为了保证工程按期完工,对水工整治建筑物采用冬季施工的方法。冬季施工具有施工简单不受船只数量和施工人数限制、工程进度快、计量准确、成本低及不受水位变化影响等优点。具体做法是:在冰冻期,打冰眼测定各建筑物所在位置的河床情况,按设计绘制冰上施工码方图,然后按图将块石码筑在冰面上,待春季冰融后,冰上建筑物将靠自重沉入河底,从而完成主体工程。在工程建设过程中,根据水位变化情况,利用冬、夏两季连续施工方式,不同季节采用不同的施工工序。冬季着重施工远离航道的浅滩区的工程项目,夏季注重施工工程护底的工程项目,采取"冬建夏平,夏建冬补"的施工方针,对不同时期遗留的工程问题交替解决,既加快了工程进度,又保证了工程质量。

第十节 闽江航道

(一)河道自然特征

闽江是福建省最大的河流,北源建溪发源于仙霞岭,中源富屯溪和南源沙溪均发源于武夷山脉,在南平附近汇合后称为闽江。在沙溪口纳富屯溪后为干流,长231千米。水系总长6107千米,主要流经三明、南平、宁德、福州等36个县市(部分支流分布于龙岩、泉州市)。航道总里程2147.94千米,通航里程1956.8千米,竹岐站平均流量1690.48立方米/秒,流域面积6.08万平方公里,占全省土地面积的一半。水系分上、中、下游3段,上游包括建溪、富屯溪、沙溪(主流)三大主支流;中游区干流为南平至安仁溪口段(又称剑溪),支流为尤溪、古田溪;下游区干流为安仁溪口以下至长门口段,支流为大樟溪、梅溪。

福建河流属山地性河流,受地形和气候影响,上游山区支分流航道河段的河床比降在0.5‰以上,险滩流速一般都在3米/秒左右,枯水河面宽在100米以下,河床为石质,平均每千米就有大小险滩1个或1个以上。下游平原干流河段的河床比降在0.3‰以下,流速在1米/秒以下,枯水河面宽150~500米,河床多为沙质,善淤易变。由于福建省5—6月雨量集中,占年雨量的15%~20%,12月雨量最小,只占年雨量的1.5%~3%,洪枯水位变化幅度大,且枯水期较长,一般为每年10月至次年3月。丰富的水资源,众多纵横密布的溪河,形成了得天独厚的水运自然条件。

（二）主要航道现状和建设情况

1. 闽江干流整治

福建航道开发治理历史悠久。但是,由于技术落后、劳动工具简陋,航道治理仅局限于零星凿石与随挖随航等原始施工方式,无法从根本上改变航道滩多水险的状况。到1949年前夕,全省航道基本还处于自然状态。

1950—1953年,在经济条件十分困难的情况下,福建省航管部门组织力量对闽江干流航道进行了全面勘察。并于1954年开始有计划、有步骤、有重点地对闽江的干流和建溪、沙溪、富屯溪、尤溪、金溪、大田溪、白莲溪、大樟溪、崇溪,九龙江的北溪和西溪,晋江东西溪及汀江的黄潭河等主要河段的航道碍航浅滩进行局部分段的治理。经过一段时间较为系统、全面的整治,闽江干流改变了过去"三里一抛锚,五里一搁浅"的状况,提高了通航能力。1955年3月16日,闽江水口至莪洋段首次夜航成功。1956年11月16日凌晨1时25分,福建省航管局4艘货轮经过7小时25分钟航行,安全通过秤钩滩等十大险滩,首创福州至南平夜航纪录,实现了干流分段夜航,大大提高了当时的运输能力,同时也为后期修建鹰厦、外福铁路所需的大批筑路物资用品等运输任务的圆满完成发挥了重要作用。相应地,福建全省内河通航里程迅速增加,至1961年达5141千米,其中通轮船里程1000千米,分别比1950年增加1600千米和440千米。这是福建省历史上内河通航里程最长的一年。

1979年以后,随着改革开放的逐步深入,福建沿海港口建设力度不断加强,但依然十分重视内河的航道建设。自1980年开始,闽江马尾至外沙50千米通海航道,经过一期、二期及增深工程整治取得显著的整治效果,航道水深大幅度提高,由原来只能乘潮通航5000吨级海轮提高到乘潮通航2万吨级海轮。1988年完成闽江流域航运规划,提出了强化沿海经济带海上南北大通道,以闽江、九龙江水系为重点,相应开发闽江干流及沙溪、富屯溪、建溪和九龙江西溪内河航道,逐步形成沿海与闽江、九龙江"Ⅱ"型水运通道,建成以四级航道为骨架,五级航道为基础、干支直达、海河相连、水陆联运的水运体系。

1990—2005年,福建全省内河航道建设项目有5个,其中闽江流域3个,晋江、汀江流域各1个,总建设里程455.2千米,总投资2.78亿元。这5个工程的建成,增加通航里程221.2千米,改善通航里程234千米,闽江流域2×500吨级顶推船队可以从福州直达南平,2×300吨级顶推船队可以直达三明市区。其中,闽江航道实施有三大航运工程。

①高砂电站坝下至福州航运工程。该工程上起三明市沙县高砂镇高砂电站坝下,经沙溪口水电站、南平市、水口水电站、闽清和闽侯,下至福州市区解放大桥,全长221千米。其中高砂电站坝下至南平延福门长57千米,按内河五级航道设计,通航2×300吨级顶推船队;南平延福门至解放大桥164千米,按内河四级航道设计,通航2×500吨级顶推

船队。

②沙溪河高砂坝上至三明航道工程。位于三明市辖区，是交通部"九五"计划项目。工程按五级航道标准建设，通航 2×300 吨级船队，航道里程 46.9 千米。工程建设主要有沙县城关船闸、斑竹船闸、三明梅列 300 吨级码头、航道整治与航标等工程项目。

③富屯溪航道整治工程。位于南平市顺昌县境内，航道里程 60 千米，航道整治规模按航行 30 吨级机动船设计。

2. 闽江支流整治

在公路不发达、铁路未建之前，福建众多的内河支流航道一直是沟通城乡、山海经济联系的天然纽带，但大多自然条件恶劣。20 世纪 50 年代中期，城乡物资交流增长较快，支流航运条件已不能适应形势发展的需求。为此，福建省航管局会同各有关县、市地方政府针对闽江、九龙江、晋江等水系的一些主要支流航道的重点碍航河段进行了局部的初步治理。

1956—1957 年，福建省航管局对闽江上游建溪南平至建瓯航段，包括暗淡滩、梨滩、报恩滩等进行重点整治。全段经整治后，枯水期通过船舶载重量提高 20%～30%，载重 7 吨的木帆船可畅行无阻，航行时间也大为缩短，并能季节性通航 50 吨级浅水轮船。俗称"上下三十六滩，滩滩都是难关"的建溪自此险情大减，方便船民进行内河运输。1956 年 10—12 月，福建省航管局还对闽江支流尤溪、大樟溪的重点碍航河段进行整治。经炸滩、疏浚、筑坝等一系列整治后，西洋（现为西滨）至尤溪口河段木帆船增载 10.75 吨，可通行 20 吨级浅水小汽船，改变了过去只通木帆船的历史；大樟溪塘前至葛岭河段，水位保证率 90%，木帆船可直达，中途无须再盘浅过滩。1985 年，作为建瓯县"七五"重点项目，由福建省省长基金和地方财政拨给建瓯县 100 万元，由建瓯县交通局实施，对建瓯至南平航道进行分期整治。

3. 航运枢纽

从 20 世纪 60 年代中期至 70 年代末，福建省内河开始实施小水电、泵站建设，在南平地区闽江支流航道上先后建设 38 座水利工程拦河闸坝，其中在建溪干支流上建设 29 座、富屯溪干支流上建设 9 座。这些闸坝始建时大部分都建有供小型船舶、排筏通航设施，后因失修渐失去通航功能。

至 20 世纪 90 年代始，电力部门在福州市辖区闽江干流建设大型水利枢纽——水口水电站，该电站过船建筑物按四级航道标准建有船闸和垂直升船机。在南平市辖区闽江干流西溪建设沙溪口水电站，该电站过船建筑物按五级航道标准建有船闸；之后，南平市辖区内的富屯溪自下而上沿程分别建有照口水电站、峡阳水电站、洋口水电站 3 座水电站，因沙溪口船闸通航不正常，均预留有建设五级船闸位置。随着沙溪口水电站的建设，三明市人民政府依据省人民政府批准的《闽江流域综合规划报告》,在闽江主流沙溪河的沙溪口至永安河段按 7 个梯级进行航电综合开发。按五级航道标准先后建造了官蟹、安砂、沙县城关、斑竹 4 座水电站船闸,可通航一顶二驳 300 吨级船队。由于受水口水电站和沙溪口水电站过船设施不能正常通航的影响,这 4 座水电站船闸未能运转。

第十一节　其他内河主要航道

一、贵州—四川赤水河航道

(一)河道自然特征

赤水河为长江一级支流,沿途接纳二道河、桐梓河、梅江、习水等众多支流,流域面积超过 300 平方公里的一级支流有 11 条,超过 1000 平方公里的有 5 条。赤水河位于川江南岸,河源在云南省昭通市镇雄县北部,于四川省泸州市合江县注入长江,干流全长 436.5 千米,平均比降 3.38‰,流域面积 2.04 万平方公里。上段三岔至二郎镇河谷狭窄,两岸山势陡峻,平均比降 2.2‰;中段二郎镇至复兴场段河谷较宽,太平渡以上岩溶发育,沿岸有台地分布,平均坡降约 0.9‰;复兴场以下为四川盆地区,平均坡降约 0.4‰。赤水河流域沿河属大陆性气候,冬季干寒,夏季湿热。流域内降水分布不均匀,年降水量较少,主要集中在夏季的 6—9 月,上游降水量 900～1000 毫米,中、下游降水量 1000～1500 毫米。

赤水河二郎坝水文站以上流域的年径流深为 470 毫米,年径流系数为 0.45 左右。赤水河为雨源型山区河流,枯水径流靠地下水补给,水位流量稳定,洪水由降雨形成。每年 5 月进入雨季,以 6—7 月为甚,其间水位涨落频繁,洪峰尖瘦、峰高量小。赤水水文站多年平均输沙量 831 万吨,最大为 1954 年 3600 万吨,最小为 1971 年 223 万吨;多年平均含沙量 0.93 千克/立方米,最大为 1972 年 2.71 千克/立方米,最小为 1965 年 0.32 千克/立方米。

(二)主要航道现状和建设情况

赤水河白杨坪至合江 248 千米属通航河段,按照习惯分为上、中、下 3 段,其中白杨坪至岔角为上段,岔角至狗狮子为中段,狗狮子至合江为下段。上段白杨坪至岔角河道长约 89 千米,有滩险 100 余处,仅局部通行 8 吨以下船舶,大多航段从 1983 年起停航。中段岔角至狗狮子河道长约 81 千米,航道为六级,航道尺度为航宽 20 米、航深 0.8～1.0 米、弯曲半径 150 米,可常年通行 100 吨级船舶。下段狗狮子至合江河道长约 78 千米,航道为五级,航道尺度为航宽 22 米、航深 1.1～1.3 米、弯曲半径 250 米,可常年通航 300 吨级船舶。

　　赤水河历来就是川、黔间大宗货物运输的重要水道,航运早兴。新中国成立之后,国家先后对赤水河进行过4次大规模整治。第一次是20世纪50年代中期,打通了中游吴公岩断航滩险,结束了千百年来茅台以下分段通航的历史,同时在下游赤水河至合江段开辟了贵州第一条机动船航道。第二次是1974—1976年,为赤水天然气化肥厂大件设备运进和产品输出的需要,整治滩险22处,赤水至合江54千米达六级航道标准。第三次是1983—1987年,对中游二郎至赤水段53处滩险进行重点整治,消除了中游4座绞滩站,航道达七级航道标准。第四次是2002—2006年,是最系统的一次整治工程。工程完工后,中游岔角至狗狮子80.9千米航道已由原来的七级提升为六级,可通航100~200吨级船舶;下游狗狮子至合江77.9千米航道已由原来的六级提升为五级,可通航300吨级船舶。

(三)航道工程项目

赤水河(岔角—合江)航运建设工程

(1)项目概况

　　项目于2002年11月开工建设,2005年12月试运行,2016年12月竣工验收。

　　项目建设依据:2000年,贵州省发展计划委员会批复《赤水河(岔角—合江)航运建设工程项目建议书》(黔计交能〔2000〕783号);2001年,贵州省环境保护局批复《赤水河(岔角—合江)航运建设工程环境影响报告书》(黔环函〔2001〕145号);2001年,贵州省发展计划委员会批复《赤水河(岔角—合江)航运建设工程可行性研究报告》(黔计基础〔2001〕1380号);2002年,贵州省发展计划委员会批复《赤水河(岔角—合江)航运建设工程初步设计》(黔计建设〔2002〕1046号);2002年,贵州省发展计划委员会批复《赤水河(岔角—合江)航运建设工程开工报告》(黔计投资〔2002〕1250号)。

　　项目整治赤水河(岔角—合江)158.8千米航道,整治重点滩险65处。其中上段岔角至狗狮子80.9千米,按六级标准整治重点滩险38处,航道尺度为航宽20米、航深0.8~1.0米、弯曲半径150米;船型尺度(水线长×型宽×变吃水,下同)为小机驳30米×6米×(1.0~1.2)米,大机驳32米×6米×(1.0~1.2)米。下段狗狮子至合江77.9千米,按五级标准整治重点滩险27处,治理河口段淤沙23千米(重点滩险15处),航道尺度为航宽22米、航深1.1~1.3米、弯曲半径250米;船型尺度为驳船40米×9.5米×(1.3~1.5)米,机船42.5米×9.5米×(1.3~1.5)米。设计通航保证率85%。

　　项目完成疏炸总工程量为15.2万立方米;筑坝总量为28.25万立方米;炸礁工程量为明礁6.40万立方米、暗礁29.21万立方米;护岸总工程量为2126.8立方米。全河段建成先市航标站和实录、黄岩、庄斗湾信号台及土城航道段站房,建筑面积2435平方米。岔角至合江158.8千米整治河段内,配置助导航标志129座,其中固定标志64座、浮标65座。工程总投资约 1.72 亿元,其中交通部水运建设资金 8070 万元,贵州省自筹 9110 万元。

(2)项目建设实施情况

项目建设单位为贵州省航务管理局,具体负责工程建设组织、实施管理;设计单位主要为贵州顺达水运规划勘察设计所和中交水运规划设计院;监理单位为贵州兴航水运工程监理事务所、四川水运监理事务所;施工单位主要有贵州省赤水河航道处、贵州省乌江航道处、黔航交通建设有限公司、兴义南下交通建设公司、黔东南交通建设工程公司、长江重庆航道工程局、遵义市建筑安装工程公司等;质量监督单位为贵州省水运工程质量监督站;科研单位有天津水运工程科学研究所、重庆交通学院、交通部水运科学研究所、西南水运工程科学研究所。

在项目实施期间的 2004 年 5 月,由于投资 30 多亿元、年产 20 万吨的黔北纸浆厂项目经国务院批准动工,对鲢鱼溪码头货物吞吐能力提出了新的要求的实际情况,贵州省交通厅《关于调整赤水河码头建设规模的函》请求调整码头建设规模。2004 年 7 月,贵州省发展改革委《关于赤水河码头建设工程调整的复函》批准了调整项目。2006 年 8 月,贵州省交通厅《关于赤水河(岔角—合江)航运建设工程项目概算调整的函》请求调整概算。2006 年 11 月,贵州省发展改革委《关于赤水河(岔角—合江)航运工程调整概算的批复》批准了调整概算。

2016 年 12 月,由贵州省发展改革委主持完成竣工验收。

(3)科技创新成果及获奖情况

赤水河(岔角—合江)航运建设工程的实施,进行了大量的试验研究和科技创新工作,有效解决了河口段 23 千米淤沙航道及复杂滩险整治难题。赤水河河口段航道维护设备、技术手段及成套施工船机,达到了国内水运工程系统建设先进水平,大大提升了贵州省工程建设的实力,节约了工程投资。

《赤水河(岔角—合江)航运建设工程可行性研究》获贵州省发展计划委员会"贵州省2002 年度优秀工程咨询成果三等奖";《赤水河(岔角—合江)航运建设工程测量》获交通部"2007 年度交通部水运工程优秀勘察三等奖";《赤水河(岔角—合江)航运建设工程初步设计》获交通部"2007 年度交通部水运工程优秀设计三等奖";"赤水河狗狮子—香炉滩段百梭滩、鲁班滩航道整治施工"获贵州省建筑业协会"2003 至 2004 年贵州省度优质施工奖";《赤水河航运建设关键技术研究》获贵州省人民政府"2014 年度科学技术进步奖二等奖";"赤水河(岔角—合江)航运建设工程"获交通部"2009 年水运工程质量奖";"赤水河(岔角—合江)航运建设工程"获国家工程建设质量奖审定委员会"2010 年国家优质工程银质奖"。

(4)项目投产后的运营情况

赤水河航运建设工程的完工投入使用,工程效益与社会效益显著。上段航道由动工前的七级提升为六级,通航船舶由 50 吨级提高到 100 吨级,下段航道由动工前的六级提升为五级,通航船舶由 150 吨级提高到 300 吨级。项目建成后,航道条件改善,有效地保障了水上运输安全,激活了赤水河船舶建造市场和运输市场的繁荣,有效带动了沿江工业的合理布局和沿江经济的发展。

(四)航道的发展成就与经验启示

赤水河(岔角—合江)航运工程建设实施过程中,注重生态环保,坚守生态和发展两条底线的理念,为绿色水运发展积累了宝贵经验。工程完成后,航道标准提升,促进了全流域水运的发展,800 多艘运输船舶川流不息,使赤水河航道成为贵州最繁忙的航道。

赤水河航道为贵州省第一条"全国文明样板航道",也是我国西部地区内河航道第一条"全国文明样板航道"。

二、四川—重庆嘉陵江支流渠江航道

(一)河道自然特征

渠江位于四川盆地东北部,发源于巴中市南江县大巴山南麓,是嘉陵江左岸的最大支流。渠江上游主流巴河与州河两大水系,在渠县三汇镇汇合后称渠江。渠江从源头流经南江、巴中、平昌、三汇、渠县、广安、罗渡等城镇,在重庆市合川区上游 8 千米的渠河咀汇入嘉陵江。源头映水坝至三汇镇 364 千米,三汇镇至渠河咀 304 千米,干流全长 668 千米,流域面积 3.88 万平方公里,水位天然落差 1410 米,平均比降 1.96‰。渠江干流三汇镇以下系丘陵地区,河道较为开阔,两岸台地向河心成平缓斜坡,河床中多厚层砂岩,覆盖较薄,枯水岩石露出水,约 80% 的滩险为石质滩险,卵石滩很少。滩沱水深差别很大,枯水期滩上水深不足 0.8 米,而沱内深达 20 ~ 40 米。河道落差大部集中在滩上,一般为 0.8 ~ 2.5 米。枯水期河宽一般为 150 ~ 350 米,石滩上束窄到 10 ~ 20 米。河道水源主要来自降雨,流域内年均降雨量约为 1000 毫米。雨量对水位涨落影响甚大,三汇镇以上河道束窄陡峻,水源易于集中,下泄迅速,洪水陡涨陡落。洪枯水位变幅 10 ~ 25 米。一般洪水期为 4 个月,洪水历时 3 ~ 5 天,枯水期约 8 个月,无明显的中水期。根据罗渡水文站记载,最大流量为 2.69 万立方米/秒,最小流量为 28.9 立方米/秒。多年平均含沙量为 1.16 千克/立方米,多年平均输沙率为 874 千克/秒,多年平均输沙 3392 万吨,侵蚀模数 715 吨/平方公里。

巴河多绕行于崇山峻岭中,河流深切,比降较大。在巴中的两河口、通江以上,位于大巴山区,属侵蚀构造中低山地形,河谷底宽 100 ~ 200 米,水面宽 20 ~ 40 米。巴中以下进入盆地,属构造剥蚀丘陵和低丘陵区。干流石梯以上河谷较开阔,一般水面宽 100 ~ 200 米,河床中多砂岩形成的浅滩,水流湍急。石梯至三汇为低丘地形,河谷开阔,水面宽 200～500 米。州河系渠江的支流,发源于重庆市城口县碑梁子西侧,处于大巴山南麓,属山区河流。宣汉以上山势较险,河谷深切,谷坡陡峭,河道迂回曲折,蜿蜒于深山峡谷之中。宣汉以下属丘陵区,河床纵坡趋于平坦,河面逐渐增宽,一般枯水期河面宽 50～100 米,洪水期河面宽 250～300 米。

（二）主要航道现状和建设情况

渠江流域主要支流有大通江、小通江、恩阳河、巴河、州河、流江河等,分属四川省巴中市、达州市、广安市和重庆市管辖。全流域共有通航里程 1646.7 千米,其中广安辖区 131.2 千米,巴中辖区 649.7 千米(含水库航道 184.9 千米),达州辖区 865.8 千米(含水库航道 104.2 千米)。

渠江干流航道上起于四川省达州市通川区南门口,下至重庆市合川区渠河咀,全长约 360 千米,其中,从起点到广安市岳池县丹溪口,四川境内长达 283.2 千米。达州南门口至南阳滩枢纽大坝 88 千米,已建成金盘子、舵石鼓和南阳滩 3 个航电枢纽,实现梯级渠化,航道尺度为航宽 80 米、航深 1.8 米、弯曲半径 340 米,达四级航道标准。其中,金盘子枢纽建成于 20 世纪 90 年代,通航建筑物为四级船闸,舵石鼓和南阳滩枢纽均有 20 世纪 60—70 年代修建的广式船闸,只能通航 300 吨级船舶,未达到四级船闸标准。南阳滩至瓦窑滩有 26 千米天然航道,仅达七级标准,枯水期航道尺度航宽 25 米、航深 0.8 米、弯曲半径 180 米。瓦窑滩至丹溪口航道里程 169 千米,已建成凉滩、四九滩和富流滩 3 个航电枢纽,各枢纽建设有四级船闸,实现全段渠化,渠化后航道达到四级标准,航道尺度为航宽 80 米、航深 1.8 米、弯曲半径 340 米。

2016 年,四川省启动了渠江航运发展规划研究,已形成《渠江(达州—广安段)航运发展规划报告》(中间成果)。根据此报告,拟对渠江航道现有船闸进行升级改造,实现全江通过渠化,建设成为三级航道。拟将建设金盘子(271.0 米) + 舵石鼓(252.8 米) + 风洞子(243.0 米) + 凉滩(231.4 米) + 四九滩(222.40 米) + 富流滩(213.8 米)六级航电枢纽,各枢纽均建设三级船闸,有效尺度为长 200 米、宽 23 米、槛上水深 4.2 米。

2012 年 12 月,四川省启动了渠江广安(四九滩—丹溪口)航运建设工程航道整治工程,拟先期将四九滩到丹溪口 70.9 千米建设成三级航道,航道尺度为航宽 60 米、航深 2.4 米、弯曲半径 480 米。工程将整治主要滩险 12 处,按一类标准配布航标,并启动富流滩船闸改扩建工程。富流滩船闸改扩建工程在渠江左岸新建船闸 1 座,为三级船闸,最大工作水头 11.8 米,有效尺度为长 200.0 米、宽 23.0 米、槛上水深 4.2 米,设计通行 1000 吨级船舶,年过闸货运量可达近 1400 万吨。截至 2018 年,工程建设仍在进行之中。

重庆境内渠江起于丹溪口,止于嘉陵江入汇口渠河咀,长74千米,属于下游河段。流域面积779平方公里,两岸台地广布、河漫滩发育,河床多为卵石,平均比降0.17‰。重庆境内渠江段系嘉陵江草街枢纽的回水区,航道等级达到三级标准,配布重点航标,实行二类维护。

(三)航道建设项目

渠江广安(四九滩—丹溪口)航运建设工程航道整治工程

(1)项目概况

项目于2012年12月开工建设。

项目建设依据:2010年11月,四川省交通运输厅《关于渠江广安(四九滩—丹溪口)航运建设工程可行性研究报告审查意见的函》(川交函〔2010〕792号);2011年5月,四川省交通运输厅发函出具《关于渠江广安(四九滩—丹溪口)航运建设工程初步设计的批复》(川交函〔2011〕249号);2010年11月,四川省环境保护厅《关于渠江广安(四九滩—丹溪口)航运建设工程环境影响报告书的批复》(川环审批〔2010〕617号);2010年11月,四川省水利厅发函出具《关于渠江广安航运建设工程行洪论证与河势稳定评价报告的批复》(川水函〔2010〕1382号)。

项目整治渠江干流四九滩至丹溪口70.9千米河段,按内河三级航道标准,航道设计尺度为航宽60米、航深2.4米、弯曲半径480米,按照内河一类标准配布航标。

整治工程共疏浚挖槽4处,拆除旧坝5处,整治礁石滩险15处,炸除碍航孤礁7处。布设45座塔标、24座浮标、15座鸣笛标及4组桥涵标和1块指路牌。航道初步设计批复项目总投资概算为2.42亿元,其中交通运输部水运建设资金1.06亿元,其他资金由地方人民政府配套。

(2)项目建设实施情况

建设单位为四川广安承平港务有限公司;建设单位主管部门为四川省交通运输厅航务管理局;质监单位为广安市交通建设质量监督管理站、四川省交通运输厅工程质量监督局;设计单位为四川省交通运输厅交通勘察设计研究院;监理单位为四川水运工程监理事务所;施工单位为中交第四航务工程局有限公司。

2013年3月,国务院印发《关于核定并公布第七批全国重点文物保护单位的通知》(国发〔2013〕13号),核定公布广安白塔为第七批全国重点文物保护单位;2013年5月,广安市文物专家提出了至少在距广安白塔方圆1千米内禁止爆破作业,经锤击试验后决定将白塔附近航道的炸礁作业改为锤击作业。2016年6月3日,四川省交通运输厅航务管理局以川交航函港〔2016〕73号文批准了渠江广安航运建设工程航道整治工程明月滩变更设计;2017年6月27日,四川省交通运输厅航务管理局以川交航函港〔2017〕80号文批准了渠江四九滩—丹溪口航道整治工程白塔段 2 号、3 号礁石爆破施工工艺设计变更，核定增加投资 3926 万元。施工工艺变更后的工程内容已于 2016 年内基本完工。

（四）航道的发展成就与经验启示

渠江航道是四川省最先实施梯级建设的航道，20 世纪 60—70 年代修建的梯级建筑只有通航建筑，没有发电设施和功能，不存在通航与发电的用水矛盾。通航建筑物由交通运输部门投资建设，建成后也由交通运输部门负责运行和维护，能够切实从水上运输船舶通行出发，保证船舶随到随通行。这种模式虽然在水资源的综合利用方面产生的效益要差些，但是能够集中发展水路运输，促进水运发展。

三、贵州—湖南沅水上游清水江航道

（一）河道自然特征

清水江是长江支流沅水的上游，发源于贵州省贵定、麻江、都匀三县（市）间的云雾山，沿途接纳重安江、巴拉河、南哨河、瑶光河、六洞河等主要支流，于分水溪进入湖南，在常德注入洞庭湖，于城陵矶汇入长江。贵州境内长 459 千米，平均比降 2.8‰，流域面积 1.71 万平方公里，流经贵州都匀、凯里、剑河、锦屏、天注等 15 个县（市）。

清水江锦屏以上属高山峡谷，河谷较窄，呈 V 形，一般河谷宽约 100 米；锦屏以下峡谷与丘陵相间，河谷较开阔，宽 100～300 米，两岸间有台地。区域内地貌类型以剥蚀侵蚀中山、低中山和丘陵为主，侵蚀河谷盆地、侵蚀断陷盆地也占有显著地位，岩溶丘陵、洼地和槽谷只在局部地区出现，呈星点状分布。河道内多覆盖有砂卵砾石层，部分坡段见有基岩出露；下伏基岩为前震旦系板溪群拉揽组第四段长石石英砂岩、粉砂质板岩，粉砂岩夹条带状粉砂质板岩、砂板岩。场地岩体风化与岩性、地质构造、分布高程、出露情况、地下水及地表水的活动密切相关，主要为面状风化，总体上具有两岸风化较深、河床风化浅的特征。

清水江为山区型河流，白市以上河段的径流补给主要来源于降水。每年的 4—8 月为传统汛期，径流量占全年流量的 69% 以上，其余月份为中枯水期，径流量不足全年流量的 31%。据统计，最小月平均流量 121 立方米/秒，最大月平均流量 814 立方米/秒。清水江径流年际变化小，多年平均流量 364 立方米/秒，多年平均径流量 114.8 亿立方米，最大、最小年平均流量分别为多年平均流量的 1.53 倍和 0.6 倍。清水江自古以水清著名，水流挟带泥沙量较低，泥沙中值粒径 0.02 毫米，上游三板溪库区和挂治电站蓄水运行后，原有泥沙基本被拦蓄在两库区之中，下泄以清水为主；白市库区形成前，该段河道平均比降约为 2‰，由于泥沙启动流速较小，水流速度较快，泥沙基本随水流向下游推移，泥沙落淤量低,河道主要以冲刷为主。据白市水电站设计单位测算,白市坝址断面多年平均输沙量约232万吨,平均含沙量0.22千克/立方米,最大年输沙量964万吨(1970年),最小年输沙量49.5万吨(1989年)。

清水江贵州境内在建和已建的水利枢纽依次为三板溪、挂治、白市。由于诸多原因,三板溪和挂治水电枢纽未能同步建设通航设施,白市水利枢纽建有50吨级升船机。

(二)主要航道现状和建设情况

清水江凯里至分水溪311千米河段现为分段通航,其中凯里至剑河91千米为七级航道,剑河至三板溪106千米为三板溪库区航道,三板溪至分水溪段114千米中,白市库区56千米已建成四级航道,航道尺度为航宽50米、航深1.9米、弯曲半径330米,其余为六级航道,航道尺度航宽15米、航深1.0米、弯曲半径80~100米,可常年通行100吨级船舶。该河段流经都匀市、麻江县、凯里市、台江县、剑河县、锦屏县,在天柱县流出贵州省境。

干流施洞以下规划有革东、三板溪、挂治、白市、托口、洪江、安江、铜湾、清水塘、大洑潭、鱼潭、五强溪、凌津滩、桃源14个水利枢纽,其中贵州省境内建有革东、三板溪、挂治、白市4个水利枢纽;湖南省境内建有水利枢纽10座。在革东至凯里河段规划有廖洞(505米)、施洞(521米)、平寨(543米)、旁海(567米)4个水利枢纽开发方案。

锦屏县县城至白市水电站大坝段,航道里程为56千米,跨越该段航道的桥梁有锦屏县清水江风雨桥、锦屏清水江大桥、锦屏清水江二桥、垒处大桥、远口大桥,以上桥梁的通航净空尺度均满足四级航道标准的通航净空要求。

(三)航道工程项目

清水江(锦屏—白市)高等级航道建设工程

(1)项目概况

项目于2014年11月开工建设,2016年12月交工验收。

项目建设依据:2014年3月,贵州省发展和改革委员会批复《清水江(锦屏—白市)高等级航道建设工程可行性研究报告》(黔发改交通〔2014〕340号);2014年4月,贵州省交通运输厅批复《清水江(锦屏—白市)高等级航道初步设计》(黔交建设〔2014〕70号)。2013年4月,黔东南州城乡规划局批复《清水江高等级航道白市库区段航运建设工程项目选址意见书》(选字第520000201308581号);2013年6月,贵州省国土资源厅《关于清水江(锦屏—白市)高等级航道建设项目用地预审的复函》(黔国土资预审字〔2013〕50号);2013年9月,贵州省环境保护厅《关于白市库区航运建设工程环境影响报告书的批复》(黔环审〔2013〕149号)。

项目按四级航道标准建设锦屏至白市 56 千米航道,重点整治烂龙滩 1.89 千米;航道尺度为航宽 50 米、航深 1.9 米、弯曲半径 330 米;设计代表船型为 500 吨级机动船,船型尺度为 55 米×10.6 米×1.6 米;设计通航保证率 100%;全线按三类航标配布。

项目建设排洞、茅坪、垒处、远口、绠硐 5 处大型停靠点和兴隆、大溪口等 33 处小型停靠点,大型停靠点分别建设 500 吨级货运泊位和 50 客位客运泊位各 1 个。同步配套建设锦屏、天柱两县相应的航务海事安全监管、海事搜救一体化、信息化等支持保障系统。对局部礁石进行炸除,拓宽拓深航道,炸礁工程量为 5502 立方米。项目配布专用标 10 处,桥涵标 4 处,界限标布设库尾段及 5 处锚地,每处锚地均设 500 吨级机动船锚位 1 个、50 座客船锚位 3 个,每个锚地面积 3600 平方米。项目总投资 1.26 亿元。资金来源为地方人民政府自筹 70%,交通运输部水运建设资金 30%。

(2)项目建设实施情况

项目建设单位为黔东南州交通运输局;设计单位为贵州省交通规划勘察设计研究院股份有限公司;施工单位为重庆伟航建设工程有限公司、贵州远航交通工程有限公司、贵州省赤水轮船有限公司、嘉兴市禾东船业有限责任公司、贵州三星建设有限责任公司、贵州建天下建筑工程有限公司、冠林电子有限公司;监理单位为贵州兴航水运工程监理事务所;质监单位为贵州省水运工程质量监督站。

(3)项目投产后的运营情况

白市库区段航运建设工程属公益性基础设施项目,项目实施后,极大改善白市库区落后的水运交通状况,提升了该段航道的等级和通过能力,为贵州省清水江水运通道的形成打下了基础,同时为库区群众安全、快捷出行提供了条件,对于库区旅游资源的开发及改变库区落后的经济面貌将起到积极的作用,将有效节约运输成本和能耗。

(四)航道的发展成就与经验启示

白市库区段航运建设工程的实施,在清水江(贵州段)上建成了首段四级航道,是贵州推进国家高等级航道规划中十八支线建设和实现"北入长江"的重要步骤,是充分发挥贵州水运资源优势,补齐水运在综合交通运输体系的短板,为贵州经济发展和人民美好生活提升提供有效的交通运输供给的重要举措。项目的建成,对沿江经济发展和脱贫攻坚工作起到了重要的促进和带动作用。

但是,由于历史遗留"闸坝碍航"问题尚未解决,清水江尚处于电站大坝间的区间通航,白市电站通航设施仅为 50 吨干式升船机,上游挂治、三板溪均未建设通航设施,清水江水运通道尚未真正形成,水运优势仍未形成。

对于"闸坝碍航"的问题已引起贵州省委省政府的高度重视,研究出台了《贵州省水运发展规划(2012—2030)》《贵州省人民政府关于加快水运发展的意见》等系列政策文件,提出了"以航为主,以电养航,综合利用,循环发展"的理念,把水运上升为省级层面战略进行部署,贵州省交通运输厅已积极开展下游白市水电站通航设施建设和下游航道建设前期工作,并积极协调下游湖南省境内的通航枢纽及航道同步开展。相信在不远的将来,贵州人民通过清水江"北入长江"的夙愿将得以实现。

四、三峡库区(重庆市)长江支流航道

(一)河道自然特征

三峡库区重庆市境内支流航道众多,呈叶脉状向长江干流汇集。成库前,全市通航河流65条,通航里程2963.84千米,其中流域面积在3000平方公里以上的有18条。但由于这些支流航道两岸地形较为险峻,河床深切,航道弯曲狭窄,加之河流水量主要由降雨补给,造成洪水暴涨暴落,洪枯流量变化明显,水位变幅大,具有典型山区河流的特性。因此,这些支流航道的主要特点是水浅、滩多、流急、礁石多,河槽变化大,大多支流属等外级航道或季节性航道。

长江三峡成为库区以后,库内支流航道变深、变宽,水流变缓,同时以前一些溪沟蓄水后也变成了支流。一般支小河流可通行500~3000吨级自航船,最大的可通行5000吨级船舶。三峡水库按135米蓄水后,重庆市新增支流航道51条,新增通航里程111.32千米。三峡水库按156米蓄水后,库区支流航道里程在135米的基础上新增约435千米,其中各支流各河口段常年回水区航道里程达280多千米。三峡工程175米试验性蓄水以来,库区支流航道里程在156米的基础上新增300余千米。

大宁河位于重庆市东部,发源于重庆市巫溪县西宁区与城口县交界处的碑梁子,有龙滩河、汤家坝河两源,两河在中良乡龙头咀汇合,在巫山城东注入长江,全长165千米,流域面积4200平方公里。大宁河流域属亚热带暖湿季风气候区,气候温和,水量充沛,日照充足,年平均降水量800~1000毫米,一般5—10月为洪水期,径流主要来自降水,少量地下水补给。11月至次年3月为枯水期,最枯期为1—3月。成库前大宁河属山区河流,受流域降水影响很大,沿途地形、地貌差异较大,峡谷与宽谷交替出现,宽阔河段河面宽300~600米,峡谷河面宽120~200米,河床多为卵石河床,枯水河面宽50~80米。巫溪以上为上游,巫溪至大昌镇33千米为中游,大昌镇至巫山河口41千米为下游。

梅溪河属于长江的重要支流,发源于巫溪县的万家沟,流经巫溪县和奉节县,干流全长161千米,主要以短途客货运为主。

抱龙河为三峡库区长江右岸一级支流,位于巫山县东南部,发源于湖北省建始县铜岩子,由南向北流经湖北建始、巫山两县,进入县境,经天竹坝、十二洞,在抱龙镇无夺桥注入长江,全长22.3千米。

（二）主要航道现状和建设情况

从 2003 年开始,为促进沿江经济社会发展,为老百姓提供更多就业机会和帮助人民群众脱贫致富,重庆市启动三峡库区重要支流航道维护清障工程及系统整治工作,拟投入 20 亿元对大宁河、梅溪河、小江、抱龙河等支流共计 20 条进行整治,形成四级以上航道约 600 千米。截至 2015 年底,先后完成了大宁河、抱龙河、梅溪河、小江等支流航道整治工作,正在实施东溪河、汤溪河、磨刀溪等支流航道整治工作,鳊鱼溪、黛溪河等支流正在开展前期工作。

（三）航道工程项目

1. 大宁河航道整治工程

（1）项目概况

项目于 2009 年 2 月开工建设,2009 年 12 月完成交工验收。

项目建设依据:2007 年 11 月,重庆市交委《关于三峡工程重庆库区支流综合治理试点示范大宁河航道整治利用工程可行性研究报告的批复》（渝交委计〔2007〕151 号）;2008 年 3 月,重庆市交委《关于重庆市交通规划勘察设计院编制的初步设计报告的批复》（渝交委港〔2008〕9 号）。

项目整治航道里程 42 千米,航道建设等级为三级,航道设计尺度为宽度 60 米、水深 3 米、最小弯曲半径 280 米。设计代表船型为 1000 吨级货船。航道设计通航保证率 98%。

项目建设主要为支持保障系统,包括助航设施建设（航标建设、交通标志牌建设、水尺建设等）、VHF 通信系统建设、视频监控系统建设和航标及紧急救援基地建设等内容。助航设施:建设岸标 57 座、困难标 11 座、塔标 1 座、交通安全标志 38 块、水尺 1 把、地牛 24 座,为船舶停泊和夜航提供了必要条件。VHF 通信系统建设:建设大昌、双龙基站与巫山县航务处控制中心,并利用长江巫山通信管理站 VHF 基站。工程建成后,实现了大宁河水口至河口航段 VHF 无线电船岸通信系统覆盖率 95%,为航道管理人员对船舶管理提供了有效手段。视频监控系统建设:4 个前端视频监控点和 2 个监控指挥室;对重要河段实施远程监控,减少了事故的发生。航标及紧急救援基地建设:在大昌建设基地 1 处,为日常航标维护及紧急救援提供保障。项目总投资 4333.27 万元。

（2）项目建设实施情况

项目建设单位为重庆市港航管理局;设计单位为重庆市交通规划勘察设计院;施工单位为重庆航源建筑工程有限公司;监理单位为重庆西科水运工程咨询中心;质监单位为重庆市交通基本建设工程质量监督站。

（3）科技创新及成果获奖情况

该项目首创三峡库区干支流航道信息共享技术,为建立三峡库区通信系统的覆盖奠定了基础。蓄水前,大宁河为等外级航道,蓄水后,航道条件得到根本改善,但整治河段通信信号覆盖率低,在此次设计大宁河 VHF 通信系统时,在大宁河与长江交汇处,借鉴长江成熟的 VHF 通信系统经验,利用已建的长江巫山通信管理站作为大宁河的一个通信基站,不仅解决了大宁河通信问题,避免重复建站的浪费,节省投资约 80 万元,同时实现了长江与大宁河的信息共享、通信技术的联网,为其他支流与长江干支联动提供了参考的模式,为建立三峡库区通信系统的覆盖奠定了基础。

该项目解决了三峡库区峡谷型河段通航技术问题,为三峡库区支流定级提供了技术支撑。大宁河为典型的峡谷型河段,整个河段航道条件较好,但在大宁河马渡河航道(距河口 24 千米),弯曲半径仅 120 米,通视条件差,且两岸为悬崖陡壁,地势险峻,根据《内河通航标准》(GB 50139—2014)的有关规定,不能满足三级航道通航要求,如进行整治,不仅工程难度极大,且对该处古栈道、悬棺等自然景观造成破坏,故该航段成为整个整治河段的瓶颈。设计时,结合该航道前后航道顺直,且蓄水后流速减缓、水深加深等因素,将该航道设为困难河段,单线双向通行,降低航速,采用 VHF 通信系统、视频监控系统等手段,对该航段进行有效监控,满足三级航道通航要求,从而为三峡库区支流定级提供了技术支撑。

（4）项目投产后的运营情况

经过大宁河支持保障系统的建设,大宁河实现了昼夜通航,白天旅游观光,夜晚实行货运,有效地解决了大宁河旅游和矿产资源运输之间的矛盾,为当地资源开发作出贡献。

大宁河的建设对于充分发挥三峡工程的航运效益、开发库区客货资源、发展库区移民经济、服务库区客货流通具有重要意义。

2.梅溪河航道整治工程

（1）项目概况

项目于 2014 年 6 月开工建设,2015 年 8 月竣工。

项目建设依据:2013 年 4 月,重庆市发展和改革委员会《关于三峡库区重庆重要支流梅溪河航道整治利用工程可行性研究报告的批复》(渝发改地〔2013〕456 号);2013 年 4 月,重庆市移民局《关于三峡库区梅溪河航道整治利用工程初步设计报告的批复》(渝移发规字〔2013〕176 号);2013 年 5 月,重庆市发展和改革委员会《关于三峡库区重庆重要支流梅溪河航道整治利用工程投资概算的批复》(渝发改地〔2013〕761 号)。

项目整治康乐镇至河口 18 千米航道,航道建设等级为二级,航道设计尺度为宽度 75 米、水深 4.5 米、最小弯曲半径 550 米。航道设计通航保证率 98%。

项目疏浚、炸礁 2 处;建设航行标志 128 座、水上交通标志 13 块、VHF 通信系统 1 套、视频监控点 10 处、停泊区 1 处;建设航道维护设施及水上救援基地 1 处;设置航道测量控制网。项目总投资为 3212 万元,资金来源为交通运输部水运建设资金和市级交通专项资金。

(2)项目建设实施情况

项目建设单位为重庆航运建设发展有限公司,具体负责工程的建设和实施;勘察设计单位为重庆市交通规划勘察设计院;监理单位为黑龙江黑航工程监理咨询有限公司。航道整治工程施工单位为重庆市渝航交通工程有限公司;航标(岸标)及交通安全标志工程施工单位为长江重庆航道工程局,浮标工程施工单位为重庆友邦船务有限公司。

(3)项目投产后的运营情况

航道整治工程完成后移交给地方海事部分进行巡查维护,梅溪河康乐镇至河口 18 千米航道达到内河二级航道标准,通航 2000 吨级船舶,航运条件显著改善,保障能力明显提高,形成与长江高等级航道干支直达,基本实现河口至康乐镇夜航运输的功能,对区域经济发展起到了重要的带动作用。

3. 抱龙河航道整治工程

(1)项目概况

项目于 2014 年 6 月开工建设,2015 年 7 月竣工。

项目建设依据:2013 年 4 月,重庆市发展和改革委员会《关于三峡库区重庆重要支流抱龙河航道整治利用工程可行性研究报告的批复》(渝发改地〔2013〕450 号文件);2013 年 4 月,重庆市移民局《关于三峡库区抱龙河航道整治利用工程初步设计报告的批复》(渝移发规字〔2013〕175 号);2013 年 5 月,重庆市发展和改革委员会《关于三峡库区重庆重要支流抱龙河航道整治利用工程投资概算的批复》(渝发改地〔2013〕762 号);2014 年 4 月,重庆市交委《关于三峡库区重庆重要支流抱龙河航道整治利用工程(航道整治部分)施工图设计的批复》(渝交委港〔2014〕12 号)。

项目整治航道里程 7.8 千米,航道建设等级为三级,航道设计尺度为宽度 45 米、水深 3.2 米、最小弯曲半径 480 米(航道双线航尺度为宽度 60 米、水深 3.0 米、最小弯曲半径 190 米;单线尺度为宽度 30 米、水深 3.0 米、最小弯曲半径 190 米)。航道设计通航保证率为 98%。航标配布等级为内河一类。

项目疏浚、炸礁 5 处,配布航标 58 座、安全标志 15 块、航行水尺 1 个,建设 VHF 通信系统 1 套、基地码头 1 座、30 米趸船 1 艘、维护艇和巡航艇各 1 艘。工程审核总概算为 5122 万元,资金来源为三峡后续专项资金、地方自筹,其中三峡后续专项资金补助 2336 万元,地方自筹 2786 万元。

(2)项目建设实施情况

项目建设单位为重庆航运建设发展有限公司;设计单位为重庆市交通规划勘察设计

院;施工单位为重庆市渝航交通工程有限公司、长江重庆航道工程局、重庆友邦船务有限公司;监理单位为黑龙江黑航工程监理咨询有限公司。

(3)项目投产后的运营情况

航道整治工程完成后移交给地方海事部分进行巡查维护,抱龙河摸钱洞至河口 7.8 千米航道达到内河三级航道标准,通航 1000 吨级船舶,航运条件显著改善,保障能力明显提高,形成与长江高等级航道干支直达,对区域经济发展起到了重要的带动作用。

4. 小江航道整治工程

(1)项目概况

项目于 2014 年 5 月开工建设,2016 年 12 月竣工验收。

项目建设依据:2013 年 4 月,重庆市发展和改革委员会《关于三峡库区重庆重要支流小江航道整治利用工程可行性研究报告的批复》(渝发改地〔2013〕451 号文件);2013 年 4 月,重庆市移民局《关于三峡库区小江航道整治利用工程初步设计报告的批复》(渝移发规字〔2013〕174 号);2013 年 5 月,重庆市发展和改革委员会《关于三峡库区重庆重要支流小江航道整治利用工程投资概算的批复》(渝发改地〔2013〕760 号);2014 年 4 月,重庆市交委《关于三峡库区重庆重要支流小江航道整治利用工程(航道整治部分)施工图设计的批复》(渝交委港〔2014〕13 号)。

项目整治航道里程为小江白家溪至河口 51 千米航道,航道建设等级为三级,航道设计尺度为宽度 60 米、水深 3 米、最小弯曲半径 480 米。航道设计通航保证率 98%。

项目建设整治滩险共 4 处,分别为白家溪滩、张家咀、李家坝滩、刀背碛滩;配布助航设施航标 255 座(不含备品),配布交通安全标志 46 块;在小江双江大桥处建设水尺 1 把;在高阳和白家溪建设航标维护及紧急救援基地各 1 处,同时在该处设置临时停泊区;配备绞吸式挖泥船 1 艘、泥驳 2 艘;在云阳黄石、云阳渠马各修建 VHF 通信基站 1 处,建设云阳县港航管理处办公大楼指挥监控中心 1 个,云阳县港航管理处小江河趸船监控室 1 个,白家溪分监控中心 1 个,建设航道前端视频监控点 18 个。项目总投资 1.36 亿元,资金来源为交通运输部水运建设资金和市级交通专项资金。

(2)项目建设实施情况

项目建设单位为重庆航运建设发展有限公司;设计单位为重庆市交通规划勘察设计院;施工单位为中交天津航道局有限公司、重庆航源建筑工程有限公司、重庆长航东风船舶工业公司;监理单位为黑龙江黑航工程监理咨询有限公司。

(3)项目投产后的运营情况

航道整治工程完成后移交给地方海事部分进行巡查维护,小江白家溪至河口 51 千米道达到内河三级航道标准,通航 1000 吨级船舶,航运条件显著改善,保障能力明显提高,形成与长江高等级航道干支直达,对区域经济发展起到了重要的带动作用。

五、三峡库区(湖北省)长江支流航道

(一)基本概述

三峡库区湖北省境内支流航道众多,呈叶脉状向长江干流汇集。由于这些支流航道两岸地形较为险峻,河床深切,航道弯曲狭窄,加之河流水量主要由降雨补给,造成洪水暴涨暴落,洪枯流量变化明显,水位变幅大,具有典型山区河流的特性。因此,这些支流航道的主要特点是水浅、滩多、流急、礁石多,河槽变化大,大多支流航道等级低。

长江三峡成为库区以后,随着水位的增高,河面宽阔平缓,为长江三峡的水运事业带来了前所未有的黄金时期。三峡水库蓄水至156米水位后,库区不少长江支流具备通航条件,促进了支流航运业的快速发展。156米水位蓄水后,三峡库区湖北省新增长江通航支流5条。湖北宜昌库区支流香溪河和童庄河是矿产资源运输的主要通道,是三峡库区蓄水初期最早整治的两条通航支流,之后开始对青干河、九畹溪、咤溪河航道以及沿渡河、小溪河进行全面整治,提升航道等级。

(二)航道工程项目

1. 三峡库区湖北省支流(青干河、九畹溪、咤溪河航道)航道整治工程

(1)河道自然特征

青干河位于湖北省秭归县西南部,为长江南岸一条支流,河口距三峡大坝45千米,发源于巴东县绿葱坡镇,由季家村进入秭归县,再由西南向东北流经梅家河乡谭家岭村、沙镇溪镇马家山、李家河、陕西营至沙镇溪注入长江。青干河为典型山区性河流,上游河段平均坡度12‰~15‰,中游河段平均坡度6‰~10‰,下游河段平均坡度4.5‰~7.5‰。天然条件下中下游河段常年流速1.5~2.0米/秒,洪水期流速可达3.5~4.0米/秒,干流河床质一般由卵石组成。干流河谷深切,两岸河岸坡一般在35°~50°,局部地段55°~60°。工程河段河谷平面形态主要表现为急弯较多,白洋坪、千将坪、观战坪等河段弯曲半径较小。青干河内回水达到黄金坝,回水里程18.8千米,水面宽60~540米。在防洪限制水位143.22米时,回水至唐家山,回水里程11.6千米,水面宽180~360米。青干河主干上修建升坪(两级两期)、黄岩和观音堂三级电站,均已建成投产。升坪水库二期正常蓄水位为495.0~470.0米,坝后尾水位为443.6米;升坪二级电站前池水位为442.15~441.05米,尾水位为337.30米;黄岩电站渠首处水位高程为337.30米,下游尾水位为240.08米;观音堂水库正常蓄水位为240.00米,坝址(观音堂)相应下游正常尾水位为176.00米,三级电站均位于工程河段的上游。

九畹溪位于长江南岸,秭归新县城(茅坪)西部,河口距三峡大坝20千米。发源于云

台荒南麓,杨林桥镇朱溪荒西北,依河段为三渡河、林家河、老林河、九畹溪河,统称九畹溪。溪流全长42.3千米,流域面积514.5平方公里,干流基本呈南北流向,河谷两岸山势陡峻,工程河段均为峡谷型弯曲河道,河岸多为悬岩,河床质为块石。三峡水库在173.22米正常蓄水水位时,回水达到车溪沟,回水里程9.7千米,水面宽130～260米;在防洪限制水位143.22米时,回水至九畹溪电站,回水里程8.7千米,水面宽60～110米。九畹溪在老屋场附近有黑龙潭水电站,九畹溪上游防洪限制水位回水终点处有九畹溪水电站。

咤溪河地处长江西陵峡北侧,发源于兴山县高桥乡海拔2229米的关门山,由北向南流经兴山县的高桥、秭归县的水田坝和归州3个乡镇,于归州的胜利街注入长江,全长60.4千米,其中兴山县境内32.4千米,秭归县境内28千米。河口距三峡大坝39.4千米,地理位置介于东经110°24′～110°43′,北纬30°59′～31°18′之间。河流全长60.4千米,总落差2080米,平均纵坡27.5‰,流域面积193.7平方公里。咤溪河可分为3段,高桥以上为上游,处秦巴山脉高山区,该河段为峡谷河段,河床呈V字形,河床质为大小间杂块石河床;高桥至水田坝为中游,为中高山区,河床仍呈V字形,但较上游河段有所展宽;水田坝以下为下游,属于构造侵蚀削蚀中低山峡谷地貌,河床仍拓展成U字形,河床质为砂砾河床,除卡子湾河段弯道曲率较小外,其他河段均较平顺。三峡水库在173.22米正常蓄水水位时,回水达到咤溪河的屈家坪,回水里程11.2千米,水面宽40～650米;在防洪限制水位143.22米时,回水至水田坝,回水里程7千米,水面宽180～360米。

(2)主要航道现状和建设情况

2013年,青干河河口至沙镇溪3千米为通航河段,可通航1000吨级的川江系列船型,沙镇溪以上河段因千将坪滑坡堵塞航道未能通航;九畹溪河口至下溪沟1.2千米河段可通航长89米以下客船,下溪沟至九畹溪电站河段主要通航旅游景区的龙舟;咤溪河河口至水田坝河段可以通航1000吨级的川江系列船型。

2014年9月,长江三峡库区湖北省支流(青干河、九畹溪、咤溪河)航道整治工程开工建设,整治青干河航道建设里程为18.8千米,九畹溪建设里程为8.7千米,咤溪河航道建设里程9千米。

(3)项目基本信息

项目于2014年9月开工建设,2019年12月交工验收。

项目建设依据:2012年8月,宜昌市发展和改革委员会《关于长江三峡库区宜昌市支流(青干河、九畹溪、咤溪河)航道整治工程可行性研究报告的批复》(宜发改审批〔2012〕338号);2012年9月,宜昌市发展和改革委员会《关于长江三峡库区宜昌市支流(青干河、九畹溪、咤溪河)航道整治工程初步设计的批复》(宜发改审批〔2012〕563号);2009年9月,湖北省环境保护厅《关于长江三峡库区宜昌市支流航道整治工程环境影响报告书的批复》(鄂环函〔2009〕241号)。

青干河航道建设里程为 18.8 千米。其中河口至李家河 9.8 千米按三级航道标准建设,全年通航 1000 吨级货船,设计代表船型尺度为 67.5 米 × 10.8 米 × 2.8 米,兼顾船型尺度为 87 米 × 14 米 × 2.8 米,航道设计尺度为宽度 60 米、水深 3.3 米、最小弯曲半径 350 米。李家河至黄金坝 9 千米按四级航道标准建设,通航 500 吨级货船,设计代表船型尺度为 55.5 米 × 8.2 米 × 2.3 米,航道设计尺度为宽度 50 米、水深 2.9 米、最小弯曲半径 220 米,其中李家河至刘家坡通航保证率为 62.5%,刘家坡至黄金坝通航保证率为 42%。

九畹溪建设里程为 8.7 千米。九畹溪河口聚集坊至下溪沟段 1.2 千米航道建设标准为三级,全年通航 200 ~ 240 客位客船,设计代表船型尺度为 65.8 米 × 11.2 米 × 2.1 米,航道尺度为宽度 50 米、水深 2.6 米、最小弯曲半径 270 米。下溪沟至车溪沟 7.5 千米河段航道建设标准为四级,通航 330 客位的短途客运船舶,设计代表船型尺度为 45 米 × 8.2 米 × 1.4 米,航道尺度为宽度 50 米、水深 1.9 米、最小弯曲半径 180 米,通航保证率为 98%。

咤溪河航道建设里程为 9 千米,河口胜利街至袁水河桥段 9 千米航道按三级航道标准建设,通航 1000 吨级货船,设计代表船型尺度为 67.5 米 × 10.8 米 × 2.8 米,设计航道尺度为宽度 60 米、水深 3.3 米、最小弯曲半径 270 米,其中河口胜利街至水田坝 7.0 千米航道通航保证率为 98%,水田坝至袁水河桥 2 千米通航保证率为 42%。

项目建设航道里程合计 36.5 千米。建设内容主要为航道疏挖工程、炸礁工程、护岸工程、航标工程及航标艇专用码头。其中,疏浚工程 30.4 万立方米,炸礁及清渣工程 17.92 万立方米,护岸工程 4803.61 平方米,配套建设航标 106 座、海巡搜救基地 1 处、航标艇码头 1 处,项目总投资 8057.94 万元,三峡后续规划资金 3410 万元,省交通运输厅资金 3900 万元,地方配套及单位自筹资金 747.94 万元。

项目建设单位为宜昌市港航局;设计单位为湖北省港路勘测设计咨询有限公司;施工单位为长江宜昌航道局、湖北省航道工程有限公司;监理单位为武汉四达工程建设咨询监理有限公司;质监单位为宜昌市交通综合执法支队。

2. 长江三峡库区童庄河航道整治工程

(1)河道自然特征

童庄河位于湖北省西部的秭归县南部。童庄河发源于宜昌市长阳县与秭归县交界的云台荒东麓杨家湾和北麓罗家坪桃树淌一带,由南向北流经罗家坪、庙垭、文化、王家岭、牛岭、头道河等集镇与村落,沿途汇纳了小河子溪、金溪、玄武洞河、龙潭河等支流,至郭家坝镇西侧的卜庄河处注入长江,全长 36.6 千米。龙潭河为童庄河的主要支流,于观音阁处从右岸汇入,长 8.5 千米。

童庄河地形受九畹溪断裂构造控制,较为复杂,文化以上源地深沟窄谷,高程在 600 ~ 1700 米,峰峦起伏,地形陡峻,平睦河河段水石坪以下 13.2 千米河谷落差达 400 米,纵向坡降平均达 33‰。自文化起形成童庄河主流,上段文化至上和坪长 6.4 千米,河底纵坡平均为 12.6‰,两侧地形高程平均为 400～1200 米,局部山峰为 1500 米左右,属峡谷地形。上和坪至桐树湾为中游河段,河谷渐宽,为宽谷河段,桐树湾以下为下游河段,河道较为顺直,河谷宽度在 100～350 米之间,中下游段河床平均纵坡为 9‰～12‰。

童庄河为典型的山区河流,上游也没有水库,河流来水主要由降水形成。童庄河腹地降雨量年内分配不均,降水量一般集中在 5—9 月,童庄河丰水期,河道内流量相对较大,其中 7 月降水量最多,时常有暴雨发生,为童庄河洪水期。童庄河洪水期具有山区河流特性,流量大,历时短,暴涨暴落。其余月份童庄河降水量较少,为枯水期,其中 1 月降水量最少,河道内流量最小,有时会出现断流现象。童庄河河床主要由卵石组成,含泥沙量非常少,河流来水中含沙量非常小,仅洪水期含沙量相对较大。

(2)主要航道现状和建设情况

三峡工程蓄水以前,童庄河为一条溪流小河。三峡大坝蓄水后,童庄河干流通航条件较为优越,干流可回水达金家坝,回水里程 7.5 千米,除王家咀处存在碍航山咀外,其余河段通航条件较好,可实现全年通航。在三峡水库正常蓄水位 173.22 米时,干流可回水至桐树湾,回水里程 10.7 千米。为进一步改善通航条件,2008—2014 年实施了童庄河航道整治工程,由航道起点卜庄河至航道终点桐树湾,通航里程共计 10.7 千米。

(3)项目基本信息

项目于 2008 年 12 月开工建设,2009 年 10 月试运行,2014 年 2 月竣工。

项目建设依据:2008 年 8 月,湖北省发展和改革委员会《关于长江三峡库区童庄河航道整治工程可行性研究报告的批复》(鄂交计〔2008〕553 号);2008 年 10 月,湖北省港航管理局《关于长江三峡库区童庄河航道整治工程初步设计的批复》(鄂交港航基〔2008〕163 号);2008 年 7 月,湖北省环保局《关于长江三峡库区童庄河航道整治工程环境影响报告表审查意见的复函》(鄂环函〔2008〕436 号)。

项目建设航道全长 9.7 千米,其中,童庄河干流卜庄河至金家坝 7.5 千米,支流龙潭河观音阁至彩虹桥 2.2 千米,按全年通航 1000 吨级一顶二驳船队的三(3)级航道标准建设,航道设计尺度为宽度 60 米、水深 3.0 米、最小弯曲半径 480 米,设计代表船型尺度为 67.5 米×10.8 米×2.6 米,通航保证率 100%。

工程建设内容主要包括:炸礁、清渣及护岸工程、航标工程和配套工程。完成炸礁清礁工程 4.28 万立方米,其中水上炸礁清礁工程 2.69 万立方米、水下炸礁清礁工程 1.59 万立方米;锚喷支护工程量 367 立方米;共配布助航标志航标 16 座,包括侧面浮标 10 艘、示位标 2 座、鸣笛标 2 座、界限标 2 座。项目原批准总概算 2295.3 万元,设计变更后总概算 1650.5 万元,其中国务院三峡工程建设委员会办公室、交通运输部、湖北省交通运输厅投资 1000 万元,其余由地方自筹。

（4）项目建设实施情况

项目建设单位为宜昌市港航管理局；设计单位为湖北省港路勘测设计咨询有限公司；施工单位为长江宜昌航道局船舶修造厂、湖北省港路交通工程有限公司；监理单位为湖北省水运工程咨询监理有限公司；质监单位为宜昌市交通工程质量监督局。

（5）项目投产后的运营情况

童庄河航道经过整治后，山区百姓出行、学生上学、脐橙等农产品外运更便利、更安全。通过水路出行，时间至少缩短60%，解决了当地百姓众多实际困难。航道整治后，童庄河沿岸及周边地区的石灰石、页岩、煤炭，加上水泥、柑橘等，进出口物资年超过220万吨。同时也为库区铁矿、煤矿等矿产资源的开发利用提供了一条便利、安全、经济的水运通道，这将有力促进腹地综合运输结构协调发展。

3. 香溪河航道建设一期、二期工程

（1）河道自然特征

香溪河是三峡库区内较大的支流之一，地处长江西陵峡北侧，跨兴山、秭归两县。干流自北向南流经兴山县的高阳镇、平邑口镇、峡口镇，于游家河处进入秭归县境内，经贾家店、官庄坪、向家店等集镇，在香溪镇东侧杨家沱注入长江，干流响滩至河口全长37千米。三峡水库137.22米水位时回水至干流平邑口处，平邑口以下27千米河段已成为库区，173.22米正常蓄水位可回至响滩以上。香溪河枯水期水面宽度为5~20米，水深1.0~1.5米，平均比降3.4‰，干流河床为卵石和砾石所覆盖。

香溪河左岸有建阳河与七里峡两支流汇入。建阳河又名高岚河，位于兴山县东南部，是香溪河干流上的最大支流。建阳河发源于树空坪，自东向西流经水月寺、高岚、建阳坪等集镇，于峡口镇左岸汇入香溪河，长52.6千米，汇入口距香溪河河口19.1千米。三峡水库形成后，173.22米正常蓄水位可回水至建阳坪镇，回水里程长7千米，从平面形态上来看，建阳河呈宽窄相间莲藕状分布，进口及燕子洞隧道处河道较窄，宽度在45~90米之间，其他河道较宽，一般为150~250米，建阳坪处最宽宽度达350米，河床比降大，纵坡达7.8‰，河床质为卵石和砾石。七里峡地处秭归县境内，发源于宜昌市大老岭林场，流经屈原镇鲁家河、凤凰溪、乐坪里，于游家河左岸七里峡峡口汇入香溪河，全长22千米，汇入口距香溪河河口16.7千米。七里峡地形十分陡峻，为深沟峡谷型河道，宽度较窄，一般为25~30米，河床极陡，纵坡为25‰。三峡水库173.22米正常蓄水位可回水至雷劈石处，回水里程长2.2千米。

（2）主要航道现状和建设情况

2003年，随着三峡工程前期蓄水，宜昌市港航局负责组织实施了香溪河航道一期整治工程建设。该工程于2003年4月正式开工，2005年工程交工验收，完成投资1079万元。工程实施后，香溪河河口至峡口20千米达到三级航道标准，峡口至响滩17千米和建阳河峡口至建阳坪7千米航道达到四级航道标准。

三峡水库175－155－145米水位运行后，干流河口至平邑口段27千米河段为常年回水段，水域宽阔，可通航1000吨级及以上船舶，航道维护等级三级。平邑口至响滩（昭君故里）10千米为回水变动段，结合工程河段的运量需求及航道状况，香溪河航道建设（二期）工程对此段航道进行了整治，于2006年3月开工建设，2006年11月竣工，工程完成后，航道维护等级为四级，可通航500吨级船舶。

（3）项目基本信息

一期项目于2003年4月开工建设，2007年1月竣工；二期项目于2006年3月开工建设，2008年3月试运行，2014年12月竣工。

项目建设依据：

香溪河航道建设（一期）工程批复文件：2001年11月，湖北省交通厅《关于香溪河、沿渡河航道工程可行性研究报告的批复》（鄂交计〔2001〕669号）；2002年7月，湖北省交通厅《关于香溪河航道工程初步设计的批复》（鄂交基〔2002〕366号）；2006年12月，湖北省港航管理局《关于香溪河航道建设工程概算调整的批复》（鄂交港航基〔2006〕262号）。

香溪河航道建设（二期）工程批复文件：2005年10月，湖北省发展和改革委员会《关于香溪河航道建设（二期）工程可行性研究报告的批复》（鄂发改交通〔2005〕911号）；2005年12月，湖北省发展和改革委员会、湖北省交通厅《关于印发〈香溪河航道建设（二期）工程初步设计审查意见〉的通知》（鄂发改重点〔2005〕1053号）；2005年10月，宜昌市环境保护研究所编制的《香溪河航道建设（二期）工程建设项目环境影响报告表》获批。

香溪河航道建设（一期）工程：河口至峡口20千米按三级航道，通航1000吨级1顶4驳船队标准建设，航道设计尺度为宽度90米、水深2.5米、最小弯曲半径500米；峡口至响滩17千米按四级航道，通航500吨级1顶2驳船队标准建设，航道尺度为宽度50米、水深2.0米、最小弯曲半径330米；建阳河峡口二桥至建阳坪7千米按五级航道，通航300吨级机驳标准建设，航道尺度为宽度40米、水深2.5米、最小弯曲半径150米。

香溪河航道建设（一期）工程的主要工程内容包括：炸礁及清渣工程、护岸工程、航标工程、临时工程及其他配套工程。项目炸礁工程7.75万立方米，清渣工程10.28万立方米，护坡2287立方米，浮标20座，建设航道管理基地1座（含航标艇1艘），航道专用码头1座（含趸船1艘）；航道专用码头1座，含土建工程和平台绿化共完成土石方爆破开挖5015立方米，浆砌石挡墙及基础1205立方米；混凝土工程量355立方米，栏杆安装214米，系船柱（环）20个，新增凉亭1座，形成停车场422平方米，绿化面积850平方米；航道站房1185平方米；航标20座；购置航标艇及趸船各1艘。项目总投资1079万元，其中交通运输部投资760万元，省投资280万元，地方自筹39万元。

香溪河航道建设（二期）工程：香溪河干流平邑口至高阳6.1千米按四级航道，通航

500 吨级双排单列 1 顶 2 驳标准建设,设计代表船队尺度为 111 米 × 10.8 米 × 1.6 米,航道设计尺度为宽度 50 米、水深 2.0 米、最小弯曲半径 330 米,通航保证率为 95%;高阳至响滩 3.9 千米按四级航道、通航 500 吨级客船标准建设,设计船型尺度为 45 米 × 8.2 米 × 1.6 米,航道尺度为宽度 50 米、水深 2.0 米、最小弯曲半径 330 米,通航保证率为 42%;支流建阳河龙王咀至建阳坪 4.4 千米按四级航道、通航 500 吨级货船标准建设,设计船型尺度为 45 米 × 7.3 米 × 1.9 米,航道尺度为宽度 40 米、水深 2.5 米、最小弯曲半径 180 米,通航保证率为 62.5%;支流七里峡峡口至雷劈石 2.2 千米按七级航道、通航 50 吨级客船标准建设,设计船型尺度为 32.5 米 × 5.5 米 × 0.7 米,航道尺度为宽度 24 米、水深 1.0 米、最小弯曲半径 130 米,通航保证率为 45%。

香溪河航道建设(二期)工程的主要工程内容包括:航道疏挖工程、炸礁及清渣工程、护岸工程、航标工程等,其中航道疏挖工程 140.61 万立方米,护坡工程 5.04 万立方米,浆砌块石挡土墙 4519 立方米,弃渣土石方碾压 7.05 万立方米,抛石护腿 1.68 立方米,浆砌块石护面墙 448 立方米,混凝土护坡 594 立方米,爆破清渣工程 4.72 万立方米,航道助航标志 100 座,建设航道艇 1 艘、趸船 1 艘、航道管理码头和管理站房各 1 处、旅游码头 1 座(合建)。批复概算总投资 8201.7 万元,其中交通部补助投资 2860 万元,湖北省交通厅 2000 万元,其余资金由地方自筹。

(4)项目建设实施情况

香溪河航道建设(一期)工程建设单位为宜昌市香溪河航道建设工程管理处;设计单位为湖北省港路勘测设计咨询有限公司;施工单位为湖北省航道工程公司;监理单位为湖北省水运工程咨询监理公司;质监单位为宜昌市交通基本建设质量监督站。

香溪河航道建设(二期)工程建设单位为宜昌市香溪河航道建设(二期)工程管理处;设计单位为湖北省港路勘测设计咨询有限公司;施工单位为福建省港口工程公司、江西省航务管理局、长江武汉航道局、湖北省航道工程公司;监理单位为湖北省水运工程咨询监理公司;质监单位为宜昌市交通工程质量监督局。

(5)项目投产后的运营情况

香溪河航道经过一期、二期整治后,使兴山县拥有 21.2 千米的香溪河"黄金水道"和 10.54 千米的"黄金岸线",通航条件得到显著改善,当蓄水位于 175 米时,峡口镇航道深度达到 55 米,宽度介于 120 ~ 300 米间,通航能力得到极大提高,为香溪河沿岸腹地旅游和磷矿资源开发打通了水运通道,使旅游团队乘船经香溪河直抵昭君村,进出兴山的货物在高阳、平邑口、峡口等港直接装船起运,减少仓储和转运。极大地改善了香溪河通航条件,为腹地经济发展、社会进步起到了巨大的推动作用。

①带来了航运经济的空前发展,促进了区域资源开发和工矿企业的发展。香溪河通航后,港口经济发展迅猛,形成了贾家店、峡口、高阳 3 个主要作业区。特别是为兴山县的

支柱企业——兴发集团的发展带来了新的空间。由于水路运输具有安全、便捷、经济的特点，化工企业的原材料、产成品、磷矿从水路运输，节约了运输成本。2011年兴山县水路运输货物吞吐量313.93万吨，2013年兴山县水路运输货物吞吐量达到650万吨，2015年兴山县水路运输货物吞吐量达到731.51万吨，得到较快增长。

②极大缓解了流域内群众的出行难问题。航道的建成，极大地方便了沿岸群众的就近出行。渡口达标工程有效保障了渡运安全，解决了库区群众过渡问题。同时在库区突发交通应急事件的情况下，水路有效解决了人流、物流分流转移问题。2007年，因修建高峡公路，实行客货分流，香溪河航道担负起水路运输责任。2007年1月1日—5月30日，客船"青龙号"和"凤凰号"在辖区峡口至高阳段从事水路旅客运输工作，安全运送旅客3.5万人次。2007年，兴山县高阳至峡口陆路交通水毁十分严重，一度中断，磷矿运输难的问题更加突出。该县临时开通了峡口至平邑口的汽渡运输，保证了兴发集团刘草坡分厂和高阳镇群众的出行。

③开通了香溪水上旅游航线。香溪河位于神农架风景区、武当山、兴山昭君故里风景区、长江三峡风景区、三峡大坝风景区的交会处，旅游资源极为丰富，是湖北省实施"两山一江"旅游精品必经之地，香溪河航道整治以来，通过水上进出神农架和兴山昭君故里等风景区的游客达150万人次。

4.黄柏河航道整治工程

（1）河道自然特征

黄柏河又名长江溪，为长江北岸的一条支流，因上游河段生长黄柏树而得名。黄柏河有东西两源，东支名黄柏河，发源于宜昌市夷陵区与兴山县交界处的黑良山东麓，自西向东流入远安县后，折转南下流经望家、荀家垭，再入夷陵区分乡，流进两河口；西支名雾渡河，发源于夷陵区殷家坪武郎寨，由北向南流经殷家坪、雾渡河、晓峰等乡镇，于两河口与东支汇流；东西两支合流后形成黄柏河干流，流经夷陵区城区，于葛洲坝上游约1千米处三江航道前注入长江。

黄柏河大致呈南北走向，流域地势北高南低，南北长约88千米，东西宽约22千米，流域面积1937.5平方公里；东、西两源河谷深切，滩多流急，溪涧众多，东支为黄柏河主脉，河长126千米，河道平均坡度6.0‰，建有以水力发电、农业灌溉为主综合利用的玄庙观、天福庙、西北口、尚家河4座大中型水库。西支雾渡河，河长70千米，河道平均坡度10‰。两河口以下为黄柏河干流，全长31.8千米，河道蜿蜒曲折，河道平均坡度1.9‰，河床为卵石质，年均径流量9.5亿立方米。

黄柏河河口距葛洲坝坝址上游约1千米，葛洲坝水库回水可到达夷陵区晓溪塔大桥，回水里程9.4千米，其中黄柏河干流自丁家坝以下8.2千米为通航河段。因黄柏河航道属库区航道，河床基岩稳定，抗冲性强，河流摆动甚微，河床冲淤变化幅度较小。近年来，由于三峡库区水土保持工作的开展及山区小水电的建设，黄柏河支流河道上建有以水力发电、农业灌溉为主综合利用的玄庙观、天福庙、西北口、尚家河4座大中型水库多级水电站，阻止了大量泥沙流入干流。根据统计资料，黄柏河最大含沙量2.62千克/立方米，丰水期含沙量1.01千克/立方米，中水期含沙量0.44千克/立方米，枯水期含沙量0.19千克/立方米，处于河道下游的工程河段没有大的泥沙来源，因此，在三峡工程建成一段时期内，该工程河段受泥沙淤积影响较小。

（2）主要航道现状和建设情况

黄柏河航道河口至小溪塔大桥全长9.4千米，1997年航道定级为五（1）级航道。但河口至黄柏河二桥3.6千米，水域辽阔，水深较大，除黄柏河一桥单跨净宽68米限制外，该段现状能达到三级航道标准要求。黄柏河二桥至小溪塔大桥段，跨河桥梁单孔净宽和航道弯曲半径不够，仅能满足五级航道标准要求。2011年12月，童庄河航道整治工程开工建设，项目建设河口至丁家坝段8.2千米，按三级航道标准建设。

（3）项目基本信息

项目于2011年12月开工建设，2018年6月试运行。

项目建设依据：2009年10月，湖北省发展和改革委员会《关于黄柏河航道整治工程可行性研究报告的批复》（鄂发改交通〔2009〕1362号）；2010年7月，湖北省发展和改革委员会《关于长江三峡库区黄柏河航道整治工程初步设计的批复》（鄂发改交通〔2010〕750号）；2009年9月，湖北省环境保护厅《关于黄柏河航道整治工程环境影响报告书的批复》（鄂环函〔2009〕240号）；2009年4月，夷陵区国土资源局《关于宜昌市夷陵区交通局黄柏河航道整治建设项目用地踏勘意见》（夷土资函〔2009〕8号）；2013年12月，夷陵区水利局《关于河道管理范围工程建设审查通知书》（夷水建字〔2013〕9号）。

项目建设航道里程8.2千米，其中河口至虾子沟段（总长2.6千米）航道按通航47车位滚装船的三级航道标准建设，设计船型尺度为96.35米×15.5米×2.8米，航道尺度为宽度90米、水深3.3米、最小弯曲半径500米，设计最低通航水位保证率为98%；虾子沟至神仙湾段（总长4.7千米）航道按通航1000吨级货船的三级航道标准建设，设计船型尺度为67.5米×10.8米×2.8米，航道尺度为宽度60米、水深3.3米、最小弯曲半径270米，设计最低通航水位保证率为98%；神仙湾至丁家坝段（总长0.9千米）航道按通航240客位客船的三级航道标准建设，设计船型尺度为65.8米×11.2米×2.1米，航道尺度为宽度50米、水深2.6米、最小弯曲半径270米，设计最低通航水位保证率为98%。

主要工程内容包括疏挖工程、炸礁及清渣工程、护岸工程、航标工程、配套建设锚泊趸船2艘及航道管理站房、航道维护专用码头等工程。项目疏浚长度3235米，疏浚量65.42万立方米；炸礁1处，长度1600米，炸礁及清渣量9.99万立方米；原设计布置护岸1处，总长650米，后变更到曹家坊码头，护岸前沿采用重力式挡土墙结构，墙高2.7米，墙顶宽

1米,墙背坡比1:0.2,挡墙设2排孔径10厘米的排水孔,排水孔向外坡度5%;共配布岸标16座、副标20座、桥涵标6座,全部为发光标志;锚地设置在夜明珠锚泊区。项目总投资8807.7万元,其中交通运输部补助资金3200万元,三峡后续规划补助资金2784万元,地方政府配套2823.7万元。

(4)项目建设实施情况

项目建设单位为夷陵港航管理局;设计单位为湖北省港路勘测设计咨询有限公司;施工单位为湖北省航道工程公司、湖北宜昌航道工程公司、湖北航兴港航工程有限公司、长信建设有限公司;监理单位为湖北省水运工程咨询监理公司、湖北楚元工程建设咨询公司;质监单位为宜昌市交通工程质监局。

(三)航道的发展成就与经验启示

随着三峡枢纽工程的建成,位于宜昌市境内的青干河、九畹溪、咤溪河、童庄河、香溪河、黄柏河水位随之提高,航道条件得以改善。这六条航道整治工程的实施,对提高航道的通行能力,充分发挥长江"黄金水道"的作用,打造长江三峡国际旅游品牌,加快鄂西生态文化旅游圈和宜昌综合交通枢纽建设,适应三峡库区经济社会发展及运输量增长的需要,具有重要意义。

六、湖北省三峡大坝以下航道

(一)基本概述

湖北省三峡大坝以下支流航道众多,形成以长江、汉江为主干,连接众多支流、大小湖泊的水系网络。湖北省三峡大坝以下航道基本分为两种类型,第一类是兼具山区、丘陵、平原河流性质的航道,其中位于平原区的河段通航条件相对较好,航道等级相对较高,大多数航道可通江达海,而位于丘陵以上的航段,则通航条件相对较差,航道等级低;第二类为平原(湖泊)型航道,这类型航道受河流和人为控制的影响,有一部分航道成为季节性航道。据2003年航道普查勘测核定,湖北省库区以下通航河流198条,通航航道里程7647.01千米。

三峡大坝以下的部分通航河流通过航道整治,改善了通航条件,降低了水路运输成本,加快腹地与长江沿线中心城市乃至沿海发达地区的物资交流与经济交流。

(二)航道工程项目

1.清江水布垭至恩施段航道工程

(1)河道自然特征

清江流域位于东经108°35′~111°35′,北纬29°33′~30°50′之间,东临江汉平原,南与澧水、西与乌江水系毗连。清江是长江中上游的第二大支流(仅次于汉江),有"八百里清江美如画""土家族的母亲河"的盛誉。清江发源于利川市齐岳山与福宝山麓凉风垭龙洞沟上十庙溶洞,干流自西向东蜿蜒流经利川、咸丰、恩施、宣恩、建始、巴东、鹤峰、五峰、长阳、宜都 10 个县(市),于宜都市陆城镇汇入长江,全长 423 千米,总落差 1430 米。流域面积约 1.67 万平方公里,其中州内流域面积 1.1 万平方公里,占恩施州土地面积的 46.1%,州内河流长 280 千米。清江干流在恩施州海拔最高 1250 米,最低 185.3 米,境内落差 1064.7 米。

　　清江干流按河谷形态和流态划分为上、中、下三段:河源至恩施小渡船 153 千米为上游,落差 1070 米,占干流总落差的 75%,河床比降 7‰;恩施至资丘 160 千米为中游,落差 280 米,河床比降 1.8‰;资丘至河口 110 千米为下游,落差 80 米,河床比降 0.73‰。清江上游段,水利部门先后建成三渡峡(1964 年 10 月建成)、雪照河、大河碥、天楼地枕、车坝河、大龙潭等水利枢纽。中游段水布垭水利枢纽工程(距河口 154.5 千米)已建成,正常蓄水位时的库面面积为 66 平方公里。下游段建有隔河岩水利枢纽工程(距河口 62.8 千米)和高坝洲水利枢纽工程(距河口 12.5 千米)。

　　清江河口至水布垭段共有水利枢纽 3 座,分别为水布垭、隔河岩、高坝洲水利枢纽。

　　水布垭枢纽距河口 153 千米,也是清江水电梯级滚动开发的龙头工程,于 2002 年年初开工,当年 10 月截流,2007 年开始蓄水,2009 年 6 月竣工。其坝前正常蓄水位为 398.22 米(400 米),防洪限制水位为 390.02 米(391.80 米),坝前死水位为 348.22 米(350 米)。水布垭水利枢纽坝型为混凝土面板碾压堆石坝,坝顶高程 403.22 米(黄海高程系统,下同),坝长 620 米,装机 4 台,装机容量 184 万千瓦,设计年均发电量 40.88 亿千瓦时,正常蓄水位 398.22 米,总库容量 51.4 亿立方米,设计死水位 348.22 米,可调节库容 29.6 亿立方米,为多年调节水库。该枢纽的通航建筑物为三级垂直升船机,设计承船厢有效尺寸为 42 米 × 10.2 米 × 1.7 米(长 × 宽 × 吃水,下同),但该升船机已确定缓建,做预留处理。

　　隔河岩水利枢纽位于清江下游,长阳上游约 8.6 千米处,距水布垭 91.7 千米,其坝型为混凝土重力拱坝,坝顶高程 204.22 米,坝长 648 米,装机 4 台,装机容量 120 万千瓦,设计年均发电量 34.33 亿千瓦时,正常蓄水位 198.22 米,总库容量 37.7 亿立方米,设计死水位近期 158.22 米,最终联合运转 178.22 米,可调节库容 13 亿立方米,为年调节水库,它担负着华中电网调峰的任务。该枢纽于 1987 年截流,1993 年 5 月、12 月,一、二台机组先后并网发电,1994 年 12 月 4 台机组全部并网发电。该枢纽的通航建筑物为二级垂直升船机,设计承船厢有效尺寸为 42 米 × 10.2 米 × 1.7 米,尚在建设之中。由于过坝船队受升船机承船厢的限制,需解编过坝,因此需由升船机建设单位在升船机上下游引航道设置等待过坝的停泊区和解编船队的水域,并设置进出承船厢的牵引设备。

　　高坝洲水利枢纽位于清江下游,宜都上游约 12.5 千米处,是隔河岩的反调节枢纽,高坝洲库区长 50.1 千米,其坝型为混凝土重力坝,坝顶高程 81.22 米,坝长 440 米,装机 3 台,装机容量 25.2 万千瓦,设计年均发电量 10.39 亿千瓦时,正常蓄水位 80.00 米,总库容量 4.3 亿立方米,设计死水位 76.22 米,可调节库容 0.54 亿立方米,为日调节水库。该枢纽于 1998 年 10 月 26 日截流,1999 年 6 月底开始蓄水第一台机组发电,2001 年正式投入运行。高坝洲枢纽通航建筑物为一级垂直升船机,设计承船厢有效尺寸与隔河岩枢纽相同,同样需由升船机建设单位在上下游引航道设置等待过坝的停泊区和解编船队的水域,并设置进出承船厢的牵引设备。

（2）主要航道现状和建设情况

清江航道从河口至水布垭段共分 9 个航段,其中宜都境内分两个航段。第一航段起于陆城清江河口,止于高坝洲水利枢纽,航段里程 12.5 千米,最高通航水位 47.53 米,最低通航水位 35.45 米,航道设计尺度为宽度 40 米、水深 1.8 米、最小弯曲半径 260 米,通航保证率达 95%;航段内有两处浅滩(风暴滩、牛肚滩),2000—2002 年通过整治达到五级航道标准,维护类别为二类,年养护工程量约 2000 立方米。第二航段起于高坝洲水利枢纽,止于下溪口,航段里程 6.8 千米,最高通航水位 78.22 米,最低通航水位 76.22 米,航段为高坝洲水库航道,航道尺度均满足通航 300 吨级船舶要求,通航保证率为 95%,维护类别为二类。长阳县境内分为 5 个航段,第一航段起点为下溪口,终点为隔河岩水利枢纽,通航里程为 43.30 千米;第二航段起点为隔河岩水利枢纽,终点为资坵,通航里程为 46.20 千米;第三航段起点为资坵,终点为石板溪,通航里程为 31.80 千米;第四航段起点为石板溪,终点为盐池,通航里程为 10.09 千米;第五航段起点为盐池,终点为水布垭水利枢纽,通航里程为 3.61 千米。所有航段现均为五级航道。其中第一航段设计最低通航水位 76.23 米,通航保证率为 95%,航道尺度为最小航宽 40 米、最小航深 1.8 米、最小弯曲半径 260 米;第二航段至第三航段在隔河岩库区,设计最低通航水位 178.22 米时通航,通航保证率为 90%,航道尺度为最小航宽 40 米、最小航深 1.8 米、最小弯曲半径 220 米;第四至第五航段在隔河岩库区,设计最高通航水位 198.22 米时才能通航,通航保证率为 45%,属库区尾水段,只能季节性通航。五个航段航道维护类别为二类维护。清江水布垭至恩施段航道已于 2014 年完成 110 千米干流航道整治,并已组织交工验收。清江水布垭至恩施段航道养护社会化里程为 110 千米。水布垭至汾水 76 千米,属于三级航道,通航 1000 吨级船舶,通航保证率 100%,养护类别为一类。汾水至纸厂湾 17 千米(包括单线航道里程 4 千米),属于五(3)级航道,通航 300 吨级船舶,通航保证率 90%,养护类别为二类。纸厂湾至恩施 17 千米,属于限制性五(3)级航道,通航 300 吨级船舶,通航保证率 75%,养护类别为二类。

（3）项目基本信息

项目于 2012 年 6 月开工建设,2014 年 4 月试运行。

　　项目建设依据:2010年10月,湖北省发展和改革委员会《关于清江水布垭至恩施段航道工程可行性研究报告的批复》(鄂发改交通〔2010〕1369号);2010年11月,湖北省发展和改革委员会《关于清江水布垭至恩施段航道工程初步设计的批复》(鄂发改交通〔2010〕1474号);2010年10月,湖北省水利厅《关于清江水布垭至恩施段航道工程水土保持方案的批复》(鄂水利保复〔2010〕321号);2010年10月,湖北省环境保护厅《关于清江水布垭至恩施段航道工程环境影响报告书的批复》(鄂环函〔2010〕685号)。

　　项目起点为巴东水布垭,止点为恩施城,全长110千米。水布垭至汾水76千米航道按四(3)级航道标准建设,设计代表船型为500吨级滚装船(16)车位,船型尺度为68.0米×12.0米×2.0米,航道尺度为宽度50米、水深2.5米、弯曲半径270米,全年通航;汾水至纸厂湾17千米航道按五(3)级航道标准建设,设计代表船型为300吨级滚装船(10)车位,船型尺度为56.0米×8.0米×1.9米,航道尺度为宽度40米、水深2.5米、最小弯曲半径220米,通航保证率为90%;纸厂湾至恩施17千米航道按限制性五(3)级航道标准建设,设计代表船型为300吨级滚装船(10)车位,船型尺度为56.0米×8.0米×1.9米,航道尺度为宽度35米、水深2.5米、弯曲半径220米,通航保证率为75%。

　　项目疏浚土方共计13.86万立方米,有1处炸礁,共设锚地、服务区3处。项目总投资1.46亿元,其中6190万元为中央财政资金。

　　(4)项目建设实施情况

　　建设单位为恩施土家族苗族自治州港航管理局;设计单位为湖北省港路勘测设计咨询有限公司等;施工单位为湖北省航道工程公司、上海长通疏浚工程有限公司、湖北航兴港航工程有限公司等;监理单位为湖北省公路水运工程咨询监理公司、武汉实为信息技术股份有限公司、宜昌平湖工程建设监理有限责任公司;质监单位为恩施土家族苗族自治州交通基本建设质量监督站。

　　(5)项目投产后的运营情况

　　"好过七十二条滩,难过清江鬼门关。"全长423千米的清江水,落差高达1430米,其中清江水布垭至恩施段航道全长110千米,航道险滩多达30余处,船只航行举步维艰。加之过去进行水电开发导致清江航道被"拦腰斩断",无法与长江首尾相接,画廊清江被完全"梗阻"。清江水布垭至恩施段航道整治工程的实施,清江水、清江船进入长江,水上运输成本减少三分之二。经过航道工程整治,清江内的水布垭港区、景阳港区、汾水港区加快发展,也促进了旅游业的蓬勃发展。2015年,通过水上进出运输游客达34万人次。

　　2.陆水河口至节堤枢纽段航道工程

　　(1)河道自然特征

　　陆水为长江中游右岸的一条支流,发源于湘、鄂、赣三省交界的幕阜山脉,流经通城、崇阳、嘉鱼、赤壁三县一市,于武汉市上游约157千米的红庙流入长江。陆水干流全长

183 千米,流域面积 3950 平方公里,位于东经 113°40′~143°10′,北纬 29°05′~29°50′之间,东临富水,东南以幕阜山脉与江西的修水分界,南邻汨罗江,西接洞庭湖水系的新墙河,北靠长江及金水。地势东南高、西北低,上游通城以上为山区,通城至崇阳为盆地,石龟至陆水桂家畈大坝之间又是山区,赤壁市区至车埠镇之间为丘陵,车埠镇以下为围垦的湖泊、洼地。陆水主河道自通城至红庙 148 千米,落差 75 米,平均坡降为 0.5‰。流域平均海拔高程为 222 米。流域内有大小支流 98 条,较大支流有沙堆港、石城港、青山港和高堤港等。

陆水属雨洪河流,由于季风环流影响,夏季雨多,其中 4—8 月雨量占全年雨量的 68%,大洪水多发生在 5—7 月,常由梅雨期暴雨形成。陆水流域有大小支流 98 条,其中集水面积 50 平方公里以上者有 21 条,河网密度 0.4 千米/平方公里。全流域水能蕴藏量达 8 万多千瓦,大部分集中在通城县和崇阳县。流域水利化程度较高,现已建有大型水库 2 座(赤壁陆水水库、崇阳县青山水库)、中型水库 11 座、小型水库 100 多座,各类水库总蓄水量为 13 亿立方米。流域气候温和,多年平均气温为 15.5 摄氏度,极端最高气温 40.7 摄氏度,极端最低气温 -17 摄氏度,多年平均降水量 1550 毫米,年平均蒸发量为 1200 毫米。

(2)主要航道现状和建设情况

自 1959 年陆水桂家畈大坝建成后,陆水河被截断。从此,下游陆水大坝至长江红庙 46 千米航道要靠长江水位顶托,才能通航 300~500 吨级船舶,且为季节性通航,属五级航道。为了更好地发挥和利用陆水水道资源,改善通航条件,提高通航能力,赤壁市人民政府通过招商引资,利用民间投资兴建陆水河节堤航电枢纽工程,该项目于 2007 年 2 月 15 日通过湖北省发展改革委核准,于 2008 年 12 月 16 日动工,工期 3 年。枢纽建成后,节堤上游 31.5 千米航道条件得到改善,能满足 500 吨级船舶通航,但节堤以下至长江红庙 14.5 千米航道,将制约整个航道的通航能力,与节堤航电枢纽坝上游航道等级不相配套,枢纽以下航道成为瓶颈。因此,对节堤以下至长江红庙 14.5 千米航道进行整治,改善通航条件与能力显得十分必要。陆水河口至节堤枢纽段航道工程于 2012 年开工,2014 年试运行,航道建设标准为四级。

(3)项目基本信息

项目于 2012 年 8 月开工建设,2014 年 8 月试运行。

项目建设依据:2010 年 10 月,湖北省交通运输厅《关于陆水河口至节堤枢纽段航道工程可行性研究报告的批复》(鄂交计〔2010〕530 号);2010 年 12 月,湖北省交通运输厅港航管理局《关于陆水河口至节堤枢纽段航道工程初步设计的批复》(鄂交港航基〔2010〕420 号);2010 年 1 月,赤壁市环境保护局《关于赤壁市陆水河口至节堤枢纽段航道工程项目环境影响评价意见的批复》(赤环函〔2010〕03 号);2010 年,湖北省水利厅《关于赤壁市陆水河至节堤枢纽段航道整治工程建设方案涉及河道管理有关事宜的批复》（鄂水利堤复〔2010〕582号）。

项目建设航道里程14.5千米，陆水河口至节堤枢纽河段按四级航道标准建设，航道尺度为宽度40米、水深2.5米、最小弯曲半径320米。设计代表船型（船队）包括：500吨级驳船和500吨级1顶2驳船队，设计代表船型尺度为45米×9.2米×1.8米，设计代表船队尺度为108.0米×9.2米×1.9米。航道设计通航保证率95%。

工程主要建设内容包括疏浚工程、切咀工程、临时工程、航标工程、配套工程。疏浚工程量112.5万立方米，切咀工程量为5万立方米，围堰长度16.75千米，施工便道1.75万立方米，航标48座，改扩建及维修原有车埠航管站，在车埠汽渡下游修建航道维护码头1座，配趸船及航标艇各1艘。项目总投资4834.6万元，其中省补助资金额度1650万，剩余资金由建设单位自筹。

（4）项目建设实施情况

项目建设单位为赤壁市港航管理局；设计单位为湖北省港路勘测设计咨询有限公司；施工单位为湖北省航道工程公司；监理单位为湖北省水运工程咨询监理公司；质监单位为咸宁市交通基本建设质量监督站。

（5）项目投产后的运营情况

项目建成至2016年试运行，每天船舶通行量20艘次、货物通过量1.5万吨，年船舶通行量6000艘次、年货物通过量300万吨，对赤壁经济发展作出了贡献，缓解了赤壁市长江码头全部取缔后，工业、企业原材料改由长江通过陆路进城区无通道的矛盾，减少了陆路运输对环境的污染和对干线公路的损坏。

3. 巴河河口至京九铁路桥段航道工程

（1）河道自然特征

巴河位于湖北省东南部，地处黄冈市境内，居鄂东三水（巴水、浠水、蕲水）之首，是长江北岸的一条支流，发源于大别山南麓笔架山，自北向南流经麻城、罗田、团风、黄州、浠水等五个县（市、区），于巴河口注入长江，干流全长151千米，总面积5900平方公里。巴河属典型的山区性河流，河道弯曲，流域狭长，支流较多。5千米以上支流148条，15千米以上支流8条，最长支流长78千米，支流里程总计254千米。巴水三里畈以上的上游山区，河宽200~300米，河床由粗砂、卵石组成；三里畈至上巴河37千米为中游丘陵区，河宽300~1000米，河床由中细砂组成；上巴河至巴河口32.5千米为下游滨江平原区，河宽500~2500米，河床由中细砂组成。

（2）主要航道现状和建设情况

巴河仅巴河口至上巴河镇32.5千米航段为四（3）级航道标准，其中巴河口至上巴河铁路桥24千米航道受长江水位顶托可季节通航，上巴河铁路桥至上巴河镇8.5千米为天然航道。巴河口至上巴河铁路桥航段航宽 50 米、航深 1.9 米、最小弯曲半径 330 米,年平均通航天数为 270 天,通航保证率为 75%;而上巴河铁路桥至上巴河镇航段,其航道宽度为 50 米,航道水深为 1.6 米,曲率半径为 1000 米以上,通航保证率为 12%。中、洪水季节,上巴河铁路桥至河口段,水面宽 100~2500 米,航宽 80~500 米,水深 3~9 米,可航行500~2000 吨级船舶,枯水期因河口出现吊坎而断航。

巴水航道在"七五计划"时期进行过疏浚整治河口段 4.2 千米航道,并裁弯取直 1 千米,疏浚后航道缩短 3 千米,通航保证率由 50% 提高到 75%,通航条件得到改善,但由于黄沙开采处于一种无序开采的局势,致使航道形成一些浅滩、弯道,使通航能力降低,制约航道运输发展。在"八五"计划和"九五"计划时期,巴水航道仅在河口出现碍航情况时进行间断性维护疏浚,其每次养护工程量为 2 万~3 万立方米不等,按二类维护。历史上,巴河由于上游修建水库,拦截水源,中下游自然淤积河床抬高,使通航里程逐年减少,截至2006 年,仅上巴河以下河段受长江水位顶托可季节性通航,枯水期河枯水浅,浅滩露出而断航。2007 年对巴河 23.2 千米航道按照三级航道标准建设,通航 1000 吨级双排单列1 顶2 驳船队,设计代表船队尺度为 160 米×10.8 米×2.0 米,航道尺度为宽度 60 米、水深 2.4 米、最小弯曲半径 480 米。其中河口至叶家湾 21.6 千米通航保证率为 98%,叶家湾至京九铁路桥 1.5 千米通航保证率为 50%,2013 年竣工验收。

(3)项目基本信息

项目于 2007 年 6 月开工建设,2013 年 6 月试运行,2013 年 12 月竣工。

项目建设依据:2006 年 9 月,湖北省交通厅《关于巴河河口至京九铁路桥段航道工程可行性研究报告的批复》(鄂交计〔2006〕407 号);2006 年 10 月,湖北省交通厅港航管理局《关于对巴河河口至京九铁路桥段航道工程初步设计的批复》(鄂交港航基〔2006〕209 号)。

项目建设航道里程 23 千米,河口至京九铁路桥段按三级航道标准建设,航道尺度为宽度 60 米、水深 2.4 米、最小弯曲半径 480 米。设计代表船型(船队)及其尺度:1000 吨级货船,船型尺度为 67.5 米×10.8 米×2 米;船队 1 顶 2 驳,船队尺度为 160 米×10.8 米×2.0 米。航道设计通航保证率 98%。

工程主要建设内容包括疏浚工程、航标工程。项目疏浚 23.2 千米航道,疏浚土方共计 178.6 万立方米,其中对巴河河口至叶家湾段航道进行水下疏浚,疏浚长度 21.52 千米,疏浚工程量为 137.5 万立方米;对巴河叶家湾至京九铁路桥上游 670 米段航道进行陆上疏挖并增设回旋水域,疏挖长度 1669.8 米,疏挖工程量为 41.1 万立方米;全段航道共设置航标 60 座,按一类航标配布,其中航行标志 50 座(示位标 1 座、沿岸标 3 座、侧面浮标42 座、桥涵标 4 座)、信号标志 4 座(鸣笛标 4 座)、专用标志 6 座(架空管线标 6 座)。项目总投资 3887 万元,其中中央政府投资 1888 万元,地方政府投资 2007 万元。

(4)项目建设实施情况

项目建设单位为黄冈市港航管理局;设计单位为湖北省港路勘测设计咨询有限公司;施工单位为湖北省航道工程公司、湖北省港路交通工程有限公司等;监理单位为湖北省水运工程咨询监理公司;质监单位为黄冈市交通基本建设质量监督站。

(5)项目投产后的运营情况

巴河(河口至京九铁路桥段)航道工程完成后,改善了通航条件,降低了水路运输成本。巴水流域的资源开发主要是以黄沙开发为主,生产的黄沙输送到武汉、芜湖、上海、黄石、汉江流域。流域内资源有铁、磷、石墨、金红石、大理石及金、银、铜、锌、萤石、水晶、石英石、花岗石等。航道整治完成后,2013年巴河完成货物吞吐量597万吨,2014年完成货物吞吐量715万吨,2015年完成货物吞吐量730万吨,得到较快增长。

(三)航道的发展成就与经验启示

湖北省三峡库区以下清江、陆水河、巴河航道整治工程完成后,均改善了通航条件,提高了航道等级。清江水布垭至恩施段航道整治后,通航能力显著提升,进一步提高了清江的旅游区位优势,并整合腹地内旅游资源,有力促进腹地内旅游事业的发展,对沿岸的经济发展具有重要意义。陆水河航道整治工程的实施,降低了水路运输成本,至此该河段可常年通航500吨级船舶,中高水期能通航1000吨级船舶,加快腹地与长江沿线中心城市乃至沿海发达地区的物资交流与经济交流,形成了长江干支贯通、水陆联运、江海直达的航运网络,为腹地货物的进出口提供一条便捷、安全、经济、环保的水运通道,对腹地矿产资源的开发利用及经济发展起到极为重要的作用。巴河航道整治工程的实施,对规模开采巴河黄沙,加快腹地与长江沿线中心城市乃至沿海发达地区的物质交流与经济交流,促进国民经济发展起到积极的推动作用,随着黄沙资源的大规模开发并运销各地,水路交通运输网络实现与长江的干支直达,对振兴湖北的水运事业具有重要意义。

七、湖南省支流航道

(一)河道自然特征

淞虎—澧资航道位于湖南省澧水中下游。澧水,因上游"绿水六十里,水成靛澧色"而得名,又因屈原"沅有芷兮澧有兰"诗名曰兰江,地理位置在北纬29°30′~30°12′,东经109°30′~112°0′之间。澧水流经湖南省西北部,南以武陵山脉与沅江分界,西北以湘鄂丛山与清江分流,有南、中、北三源,向以出自桑植县杉木界的北源为主源。三源在桑植界南岔竿塔汇合后称澧水。澧水经桑植县城,转东北经永顺、大庸(今张家界市)至慈利纳溇水,至石门纳渫水,经临澧至澧县纳道水、涔水,流至津市小渡口注入西洞庭七里湖。自杉木界至小渡口全长 388 千米,总落差 621 米,平均比降 1.83‰,流域面积 1.85 万平方公里,湖南省内流域面积 1.56 万平方公里,占整个澧水的 84.3%;多年平均径流量 165 亿立方米,湖南省内为 131 亿立方米,占 79.4%。澧水流域处于湘鄂丛山地带,北、西、南三面地势较高,南侧缘武陵山脉北麓为一北东向大断裂带,地势自北向东南倾斜,故干流大部分适应构造线偏于流域之南。主要支流多来自左岸的西北坡,形成不对称的梳状水系。澧水是湖南省四大河流中最小的一条,河长不及湘江长度的一半,流域面积仅及湘江的 1/5,但由于中上游与长江三峡属同一暴雨区,降水量特多,径流模数居湖南全省之冠,并以洪水涨落迅速而闻名。

资江,长江支流,为湖南四水之一,全长 653 千米,流域面积 2.81 万平方公里,总落差 492 米,河道弯曲系数 2.16。左源赧水发源于城步苗族自治县北青山,右源夫夷水发源于广西资源县越城岭,两水于邵阳县双江口汇合称资江,流经邵阳、新化、安化、桃江、益阳等市县,于益阳市甘溪港注入洞庭湖。资水径流主要来源于降水,流域内降水量南少北多,多年平均降水量为 1452 毫米。径流与降水的关系极为密切,年际变化大,年内分配不均匀。据桃江站 1975—1994 年资料统计,多年平均径流量为 228 亿立方米,汛期 4—8 月径流量约占年径流量的 66%;最大年径流量为 321 亿立方米,最小年径流量为 135 亿立方米,相差约 2.4 倍;最大洪水流量为 1.53 万立方米/秒,最小洪水流量为 24.3 立方米/秒,流量变幅高达约 630 倍;最高水位为 41.16 米,最低水位为 29.51 米,变幅为 11.65 米。资水属少沙河流,据桃江站资料统计,多年平均含沙量为 0.09 千克/立方米,多年平均输沙量为 200 万吨,泥沙主要集中在洪水期,中、枯水时,河水清澈如镜。

(二)主要航道现状和建设情况

澧水干流航道里程 407 千米。1978 年按五级航道标准疏浚,全年可通 100~200 吨级轮驳。此后,由于经常养护,至 1995 年变化不大。

津茅航线:1983—1989 年,湖南省航道局对其进行重点开发整治,张家渡—沙河口—罗家湾实现双向通航,至 1995 年达到五级航道标准。

淞虎航道:1995 年调查统计,黄山头至白蚌口仅余 41 千米为季节性通航河段。

澧湘航线:1990 年全线整治竣工,累计完成工程量为疏浚 430 万立方米,筑坝工程量 2.62 万立方米,护坡 3.45 万立方米,切咀移堤土方 27.39 万立方米,总投资为 2629 万元。

澧水干流航道整治情况:1996—2003 年,湖南省累计投资 85.6 万元,先后对午口子至安乡 43 千米航段进行整治,重点整治七星堆滩。整治后的淞虎航道午口子至安乡航段为五级航道,通航保证率 95%,可常年通航 300 吨级船舶。

益芦航线自桃江县五步滩至湘阴县临资口,全长 78 千米,其中三级航道 57 千米,四级航道 21 千米。航道沿途经过桃江县、益阳市、湘阴县。河岸开阔平坦,两岸多为近代冲积台地和丘陵。航道上无拦河建筑物,有跨河建筑物 9 处。

(三)航道工程项目

1.洞庭湖区澧县、安乡至茅草街航道建设工程

(1)项目概况

项目于 2016 年 3 月开工建设。

项目建设依据:2015 年 7 月,湖南省发展和改革委员会《关于洞庭湖区澧县、安乡至茅草街航道建设工程可行性研究报告的批复》(湘发改基础〔2015〕595 号);2015 年 11 月,湖南省交通运输厅《关于洞庭湖区澧县、安乡至茅草街航道建设工程初步设计的批复》(湘交办函〔2015〕698 号);2014 年 9 月,湖南省环境保护厅《关于洞庭湖区澧县至茅草街航道建设工程环境影响报告书的批复》(省环保厅湘环评〔2014〕100 号);2015 年 1 月,湖南省国土资源厅《关于澧县至茅草街航道建设工程项目用地预审意见》(湘国土资预审字〔2015〕4 号);2014 年 1 月,水利部长江水利委员会《关于洞庭湖区澧县至茅草街航道建设工程澧水澧县—张泮渡口段工程涉河建设方案的批复》(长许可〔2014〕21 号);2014 年 1 月,水利部长江水利委员会《关于洞庭湖区澧县至茅草街航道建设工程澧水张泮渡口—蒿子港段工程涉河建设方案的批复》(长许可〔2014〕22 号);2014 年 1 月,水利部长江水利委员会《关于洞庭湖区澧县至茅草街航道建设工程澧水沙河口—窑湾滩段工程涉河建设方案的批复》(长许可〔2014〕23 号);2014 年 1 月,水利部长江水利委员会《关于洞庭湖区澧县至茅草街航道建设工程淞虎洪道安乡—茅草街段工程涉河建设方案的批复》(长许可〔2014〕24 号)。

项目整治航道里程 151 千米,航道建设等级为三级,航道设计尺度为宽度 60 米、水深 2.0 米、最小弯曲半径 480 米。设计代表船型及尺度:1000 吨级机动货船,尺度 85 米×10.8 米×2.0 米;500 吨级机动货船,尺度 67.5 米×10.8 米×1.6 米;船队 1 顶 2×1000 吨驳船队,尺度 160 米×10.8 米×2.0 米;船队 1 顶 2×500 吨驳船队,尺度 111 米×10.8 米× 1.6 米。航道通航保证率澧水澧县至午口子取 95%,淞虎航线安乡至茅草街取 98%。

跨河建筑物通航净高 10 米、单向通航孔净宽 55 米、双向通航孔净宽 110 米。整治 151 千米航道,31 个滩险。工程段按一类航标并根据航道边界条件和航槽位置进行配布,浅滩河段以侧面浮标为主,优良深水河段配布岸标。共配布浮标 440 座(含备品 103 座),其中 HF6.7 米单船标 408 座(备品 95 座)、HD1.1 米防撞浮鼓 32 座(备品 8 座),岸标 27 座,锚地标牌 2 块,宣传牌、警示牌 36 块,桥涵标 3 组,桥梁通航净高指示牌 3 组。项目河段拟在窑坡渡和茅草街附近各布置 1 处航道避险锚地,专供航行于航道中的船舶作为遭遇船舶机械异常、燃料及物资补给、遇异常气候及水情等情况时就近停泊的航道避险水域,并设置锚地管理区。对宋家渡大桥和津市公路桥通航孔桥墩采用防护桩进行保护。

项目概算总投资为7.78亿元,除申请交通运输部内河水运建设资金和国家发展改革委中央预算内资金补助外,其余在省级交通建设资金中安排。如中央资金不能足额到位,缺口资金由省级交通建设资金补齐。

(2)项目建设实施情况

项目建设单位为湖南省水运建设投资集团有限公司三湘航道建设分公司;设计单位为湖南省航务勘察设计研究院;施工单位为湖南省航务工程公司、江西省路港工程有限公司、湖南省中源航务工程有限责任公司等;监理单位为湖南省三湘交通建设监理有限公司;质监单位为湖南省航务勘察设计研究院公路水运工程试验检测中心。

2018年3月,湖南三湘航道建设开发有限公司更名为湖南省水运建设投资集团有限公司三湘航道建设分公司。

(3)项目投产后的运营情况

项目实施后,洞庭湖区澧县、安乡至茅草街河段全年通航1000吨级船舶,航道条件大为改善。该项整治工程的建设,是适应船舶大型化、有效降低货物运输成本的需要,也是进一步发挥洞庭湖区水运干支直达、江海联运优势,构建沿江地区对外物资交流的快速水上通道的需要。

2. 洞庭湖区益阳至芦林潭航运建设工程

(1)项目概况

项目于2006年12月开工建设,2010年12月试运行,2010年12月竣工。

项目建设依据:2005年,湖南省发展和改革委员会《关于洞庭湖益阳至芦林潭航运建设工程工程可行性研究报告的批复》(湘发改交能〔2005〕786号);2006年,湖南省交通厅《关于洞庭湖区益阳至芦林潭航运建设工程初步设计的批复》(湘交计统字〔2006〕76号);2005年,湖南省环境保护局《关于洞庭湖区益阳至芦林潭航运建设工程环境影响报告书的批复》(湘环评〔2005〕128号);2006年,湖南省水利厅《关于洞庭湖区益阳至芦林潭航运建设工程方案涉及河道管理事项审查同意书》(湘水许〔2006〕36号)。

项目整治主线益阳至芦林潭及濠河口90千米航道,建设等级为三级,支线桃江至益阳26千米航道,建设等级为四级;航道设计尺度为主线宽度60米、水深2米、最小弯曲半径480米,支线宽度50米、水深1.6米、最小弯曲半径330米。设计代表船型(船队)包括:主线船型1000吨级机动货船、集装箱船,船队1顶2×1000吨级;支线船型500吨级机动货船。航道设计通航保证率98%。

项目共整治滩险23处、疏浚土方160.74万立方米、筑坝19座(筑坝石方3.17万立方米)、炸礁8.32万立方米、砂卵石垫层0.55万立方米、块石护坡1.06万立方米、抛石护坡底2.63万立方米、浆砌石护坡0.77万立方米、雷诺护垫护坡2.4万平方米。切咀2处,陆上土方开挖50.87立方米,粉喷桩7.12万米,护坡1.75万立方米,抛石护脚4.5万立方米,浆砌石拆除 1.1 万立方米,结碎石路面 4075 立方米。

益阳至临资口按三级航道标准建设,整治航道里程 57 千米,浅滩 10 处,自上而下有鸡屎洲滩、刘公滩、巴茅滩、陈婆洲滩、挽口子滩、阎王滩、油麻潭滩、八字哨滩、西林港滩、白马寺滩 10 处浅滩,挖槽总长度 8939 米,共计完成疏浚工程量 50.36 万立方米;筑坝 11 座,工程量 1.43 万立方米;砂卵石垫层 5350.44 立方米,块石护坡 1.01 万立方米,雷诺护垫护坡 2.4 万平方米,油麻潭滩 1 米厚 M10 浆砌片石护坡 7668 立方米,油麻潭滩水下抛石护坡 1228.27 立方米,筑围堰 8000 立方米等其他工程。完成工程投资 2026.34 万元。

濠河口至芦林潭按三级航道标准整治航道里程 33 千米,滩险 4 处,自上往下为濠河口滩、刘家坝滩、关门滩、扫把滩。挖槽总长度 7740 米,共计完成疏浚工程量 56.81 万立方米;筑坝 4 座,工程量 7090.36 立方米;块石护底抛石工程量 2.3 万立方米;清除混凝土路面及块石 2016 立方米,切咀树木补偿 6.5 万元,筑围堰 4000 立方米。完成工程投资 1407.14 万元。

毛角口与焦潭湾 2 处滩险整治分水下挖泥与陆上土石方工程,水下疏浚按三级航道标准整治航道,挖槽总长度 987 米,共计完成疏浚工程量 25.57 万立方米,清方 1.8 万立方米,航道疏浚工程完成产值 628.81 万元。

益阳至桃江 26 千米四级航道整治工程,自上至下有五步滩、索子滩、新桥河滩、洪家港滩、罗公桥滩、龙尾滩和青龙滩 7 处碍航浅滩,共完成疏浚工程量 28.07 万立方米;炸礁工程量 8.32 万立方米;筑坝 4 座,工程量 1.03 万立方米;砂卵石垫层 188 立方米,块石护坡 476 立方米,抛石护坡 2000 立方米。完成工程投资 2443.44 万元。新建益阳中心站,面积 5441 平方米,购买毛角口中心站、益阳海事综合楼,维修改建老站房湘阴、白马寺、益阳航道段共 6 处站房;新建 6 艘航标艇,其中 44.2 千瓦航标艇 3 艘,88.4 千瓦航标艇 2 艘,220.6 千瓦航标艇 1 艘,于 2009 年 9 月验收并交付使用。新建防撞浮标(1.1 米钢质) 143 座、单船标(6.7 米钢质)136 座、单船标(6.7 米 PE 材料)93 座;建造 1 座示位标、24 座过河标、12 座沿岸标、5 座鸣笛标、4 块指向牌、6 块宣传牌、2 块安全警示牌、14 块桥梁净高提示牌。项目总投资 2.90 亿元。资金来源为交通部水运建设资金 6270 万元,港口征地拆迁费 654.70 万元由当地人民政府负责,其余由省交通厅自筹。

（2）项目建设实施情况

项目建设单位为湖南益芦航运建设开发有限公司;设计单位为湖南省航务勘察设计研究院;施工单位为湖南省航务工程公司岳阳市交通公路工程建设总公司、湖南省益阳工程公司;监理单位为湖南三湘交通建设监理事务所;质监单位为长沙理工大学公路工程试验检测中心。

项目实施过程中航道工程变更:①由河床地形发生变化引起的变更。施工前的测量资料表明,由于挖沙船乱采乱挖影响,部分设计挖槽处有的地方原来的水深满足要求,却出现了碍航浅滩,少数坝址处河床大幅度挖深,因而需要重新核算工程量或对工程方案稍做调整。如陈婆洲滩左 1 号、2 号丁坝坝根部分被挖成比较大的串沟,要将其堵塞,工程量非常大。因此,不对陈婆洲滩左 1 号、2 号坝进行维修,仅维修右岸丁坝,其平面布置及坝头高程与原设计相同,不做调整,按新的测量资料计算筑坝工程量。对陈婆洲滩航段内的几处浅滩要一并清除;鸡屎洲滩设计修改增加疏浚工程量 3.48 万立方米;巴茅滩取消筑坝、护坡 4.17 万立方米,设计修改增加疏浚工程量 4.5 万立方米。②有的浅滩在整治前,对其河床进行详细钎探,发现与施工图设计的资料差别较大,需对工程方案做进一步优化。如桃江至益阳河段五步滩、罗公桥、索子滩等部分滩险河床质详钎后均为礁石,故根据最新测图对其进行优化设计,重新计算工程量。③毛角口与焦潭湾移堤项目受当地村民和水利部分强烈要求,新堤基础换新填土和粉喷桩加固。

（3）科技创新成果及获奖情况

"滨湖连续弯道通航条件及整治方法研究"被列为交通部西部建设项目科技攻关课题。

航道工程拟全线配备湖南省具有自主知识产权的新型 PE 航标。建设单位联合重庆交通大学展开"基于相对差分的 GPS 定位浮标遥测遥报系统研发"科研项目的研究。把航标遥测技术产品化、系列化,待产品优化完善后争取建立专门工厂进行批量生产,在全省乃至全国航道部门,特别是中小河流推广普及,推动航道现代化建设。

《洞庭湖区益阳至芦林潭航运工程可行性研究报告》获 2007 年度"湖南省优秀工程咨询成果三等奖"。

（4）项目投产后的运营情况

整治工程实施后,航道通过能力和港口吞吐量显著增加。资水位于湖南省中部,干流长度 653 千米,是湖南省的重要通航河流,腹地内的煤炭、锰、磷、石膏、大理石等矿产资源丰富,其中煤质优良,储量约 8.5 亿吨,石膏储量约 5.35 亿吨;益芦工程航道建设,使资水航道航运能力明显上升一个台阶,桃江至益阳航道航运能力大为改善,益芦航线货物运输量明显增长,2010 年通过益芦航道的货物运输量为 545.21 亿吨,较工程前的 1998 年提高了 76.5%。

工程投资省、效益高。整治工程平均投资约 247 万元/千米,仅相当于调整公路每千米投资的 1/10。工程完工后,干支直达航线的必要运费率和单位运输成本可降低 15.1% 和 14.3%,经济内部收益率 14.76%,港口营运设施内部收益率 12.69%,经济净现值 1.1 亿元,投资回收期 10.11 年。

优化运输结构,改善交通条件。益芦航线建成千吨级航道后,与常鲇千吨级航道直贯长江,通过常德、岳阳枢纽港与长石、京广等铁路相连,形成一条干支直达、江海联运、实现铁水分流的水运主通道,从而缩小各地区间航道的等级差距,使湖南内河运输的发展上一个新台阶。

工程的环境效益好。益芦工程建设后,美化了沿线风貌,改善了两岸环境,促进当地经济、水产养殖、旅游事业的进一步发展。

经济效益方面,船舶大型化趋势加快,使运输船舶燃油消耗降低。益芦工程港口的配套建设,使企业积极淘汰小型高能耗船舶,改造和新建设备先进、自动化程度高、油耗低的大中型船舶,千吨级船舶数量增长迅速,使运输船舶燃油消耗降低。据 2005—2007 年该航线益阳地区运输船舶燃油消耗资料统计,平均航行千瓦小时与平均千吨公里燃油消耗量,分别由 170.1 升和 6.3 升下降到 122.3 升和 4.0 升,平均航行千瓦小时与平均千吨公里燃油消耗量年平均分别下降 16.4% 与 20.01%,节能减排效果显著。

此外,沿河产业布局不断优化,许多大中型骨干企业开始在沿河建厂,越来越看好和依赖益芦航道,充分利用水运运量大、运价低的优势,优先选择水路运输方式来承运其货物特别是大宗货物。湘阴县规划在湘阴漕溪港下游建设 2 个 2000 吨级泊位码头及物流中心,桃江核电站计划在桃江配套建设业主码头。湘阴、益阳许多厂矿企业规划沿河建厂。

益芦航道提高到千吨级以后,有利于实现与长江的干支直达、江海联运,对湖南省充分利用长江"黄金水道"加速融入长江经济带发展的步伐和扩大对外开放水平具有重要意义。

总之,益芦工程建设符合国家关于发展综合运输体系的要求和加快中西部地区基础设施建设的方针,有利于湖南省特别是洞庭湖区的经济腾飞,优化运输结构,振兴内河航运。该工程投入使用以来,深受各级地方政府、管理使用单位和广大用户欢迎,取得了理想的工程效果和良好的经济、社会效益。

(四)航道的发展成就与经验启示

在淞虎—澧资航道建设中获得以下经验:一是加强对整治河段采砂作业的监督与管理,并对规划采区采砂方案进行调整优化。二是艳洲枢纽下泄流量对通航水深影响较大,应加强电站下泄流量调度,确保通航所需流量。三是因无序采砂及下游航道整治的影响,澧水津市以上河段建设条件复杂,应加强施工图设计及实施阶段的航道观测,做到动态管理。四是该项目津市以上航段整治受澧水石门至澧县航道整治方案影响,宜于项目后期再开展设计与施工。

资江航道上的益阳至芦林潭航运工程是湖南省"十一五"重点交通建设项目,对构筑湖南省"一纵(湘江)两横(常鲇、益芦)"高等级水运主干线,促进腹地资源开发、沿岸产业带的形成和区域经济发展有重要意义。

八、安徽省支流航道

(一)河道自然特征

石门湖(皖河口—石门湖港)航道共分为两段,下段从皖河口至张家港约 3.6 千米是皖河入江口段,上段从张家港至石门湖港约 10 千米属于石门湖湖区。石门湖属皖河水系支流,位于皖河下游,紧靠长江,从安庆市西门上游约 2 千米进入,下游注入皖河,与长江自然相通,受长江水位影响,洪水时湖面宽阔,枯水期湖滩外露,仅有一条几十米宽的河槽蜿蜒穿过湖滩,流入皖河,汇入长江。皖河流域属于北亚热带向中亚热带过渡季风湿润气候区,多年平均气温 16.5 摄氏度,多年平均降水量 1389.2 毫米,年平均风速 3.2 米/秒,历年最高水位 21.13 米(1983 年),最大洪峰流量 4700 立方米/秒(1983 年),历年最低水位 12.68 米(2006 年),多年平均水位 12.46 米。石门湖航道所在河流为自然河流,随着降雨量的变化,河水流速变化较大,地层为典型河床相沉积,以淤泥质粉质黏土和青灰色粉细沙为主。

店埠河为南淝河最大支流,位于肥东县西南部,上游建有众兴水库。店埠河由秧八河、于湾河汇集而成,主要河道由北向南流经元疃镇、众兴乡、店埠镇、撮镇、长乐乡,在三汊河口流入南淝河同巢湖连接。河流全长 50.4 千米,其中店埠以上 33 千米,店埠通济桥至合裕公路桥 9 千米,撮镇合裕公路桥至三汊河口 8.4 千米。两岸有元疃河、宇湾河等 7 条河流,流域面积 557 平方公里。店埠河属季节性河流,汛期与雨季一致,5—9 月为丰水期,主要受流域降雨影响,同时受巢湖水位顶托,洪水过程消退缓慢;11 月至次年 2 月为枯水期,流域内天然径流较小,其水位主要受巢湖的回水影响。流域内地表水位及流量的变化与降水有密切关系,夏季雨量充沛,降雨最多占全年的 70.5% 以上,冬季降雨稀少,占全年的 15.5%,河道最高水位多出现在 7—8 月,最低水位多出现在 11 月至次年 2 月。店埠河所在区域没有泥沙实测资料,两岸滩地普遍存在垦荒种植,水土流失较严重;洪水期受巢湖水位顶托,水流流速减小,致使河道淤积。根据 1976 年河道治理断面和 2011 年测图对比,河床呈逐年抬高趋势。

派河是巢湖流域支流之一,发源于合肥市肥西县江淮分水岭枣林岗及紫蓬山脉北麓,东南流向,自枣林岗经城西桥、三官庙、上派镇、中派河后,于下派河注入巢湖,河道全长 60 千米,流域面积 584 平方公里。三官庙以上为高丘区,地面高程 25~65 米,三官庙以下为低丘区,地面高程 15~25 米,沿河两岸为一狭长的平畈圩区,地面高程 7.5~15.0 米。上派镇至入巢湖口,河道经 1987 年整治后,已由原长 25.3 千米缩短为 19.32 千米,老大桥以上河底宽 30 米,老大桥以下河底宽 40 米,河底高程 5.0 米,比降 2‰,两岸堤顶高程均为 15.0~13.5 米,顶宽 5~6 米。

（二）主要航道现状和建设情况

石门湖航道北从石门湖与月山镇交界的石门湖港起，经石门湖湖区，过皖河大桥后由皖河口进入长江，航道总里程13.72千米。1988—1993年，中国有色金属总公司与安徽省交通厅合资对石门湖航道按六级通航标准进行了大规模整治，整治工程以疏浚为主，疏浚断面底宽20米，边坡1∶4（部分地段1∶3）。石门湖航道有跨河电缆5处、原油管道1处，有跨河桥梁2座，分别为狮子口大桥（整治前净高5.15米）和皖河大桥（整治前净高3.94米）。

店埠河航道自通济桥至三汊河口入南淝河，全长17.4千米，其中通济桥至撮镇合裕公路桥9千米为季节性通航，撮镇合裕公路桥至三汊河口8.4千米为六级航道，沿线建有繁华大道桥、S105大桥、合裕公路桥等桥梁。2008年4月，《安徽省长江流域主要河流航运规划》将店埠河航道合裕公路桥至三汊河口段规划等级列为三级。

派河自上派河至下派河口航道常年通航，航道全长18.2千米，是规划江淮运河中的一段，整治前航道现状等级仅为六级，可通过巢湖、裕溪河入长江，是合肥经济技术开发区和派河新港通江的唯一水运通道。由于航道现状不能满足日益增长的货运量需求，同时为满足合肥经济开发区招商引资重点工程——合肥熔安动力机械有限公司产品船用柴油机水上运输的特定要求，航道标准的提高成为亟待解决的问题之一。因此，派河中下游河道治理工程的主要目标是：提高两岸的防洪标准，对现有河道进行疏浚，提高航道标准，满足熔安动力设计船只通航要求。

（三）航道工程项目

1. 安庆石门湖航道整治工程

（1）项目概况

项目于2012年5月开工建设，2017年4月试运行。

项目建设依据：2008年，安徽省发展和改革委员会以发改交通〔2008〕1295号文出具工可批复；2016年，安庆市发展和改革委员会以安发改办许可〔2016〕2号文对工可进行了调整；2010年，安徽省发展和改革委员会以皖发改设计〔2010〕232号文出具初设批复；2008年，安徽省环境保护局以环评函〔2008〕717号文出具环评批复；2008年，安庆市国土资源局《关于石门湖航道整治工程项目建设用地预审意见的函》（庆国土资函〔2008〕74号）。

项目整治航道里程13.72千米，航道建设等级为限制性三级，航道设计尺度为宽度45米、水深3.2米、最小弯曲半径480米，边坡1∶3。设计代表船型（船队）及其尺度：船型1000吨级货船，尺度45米×9.1米×3.3米，兼顾2000吨级货船，尺度85米×14米×3.0米；船队1顶2×1000吨级分节驳船，尺度161米×10.8米×2.1米。航道设计通航保证率98%。

项目建设皖河大桥通航孔跨径 90 米、通航净高 10 米；建设狮子口大桥通航孔跨径 70 米，通航净高 7 米。疏浚 13.72 千米航道，疏浚土方共计 536.6 万立方米。13.72 千米航道的护岸工程护砌高程从最低通航水位下 0.5 米处护砌到堤顶，其中设计最高通航水位上 0.5 米以下采用干砌块石护坡，以上采用草皮护坡。全段航道共设置航标 22 座，按一类航标配布。在各航道弯顶及其他需标示岸形的地方分别设置杆形侧面标，共 7 座；在下湖区及皖河段设置浮标，共 8 座；在石门湖入皖河口、皖河入长江口分别设置指路牌各 1 座；在皖河入长江口设置示位标 1 座；在狮子口大桥、皖河大桥通航桥孔的上下游桥梁中央设置桥涵标，共 4 座。项目总投资 2.34 亿元（不含皖河大桥投资 1.81 亿元），包括安徽省安庆市石门湖航运综合开发有限公司投入自有资金 5389 万元（省港投占股 20%，以收费权及固定资产入股），车船购置税返还 900 万元，银行贷款 1.24 亿元。

（2）项目建设实施情况

项目建设单位为安庆市石门湖航运综合开发有限公司，该公司于 2010 年 10 月底由安庆发展投资集团公司、怀宁上峰水泥公司、怀宁县发展投资集团公司和安徽省港航投资集团公司出资组建；设计单位为安徽省交通勘察设计院；施工单位为长江南京航道工程局、福建省南平市水利电力工程处；监理单位为中交二航院工程咨询监理有限公司；质监单位为安徽省交通建设工程质量监督局。

2008 年，安徽省发展和改革委员会批复法人单位为安徽省港航建设投资集团有限公司，2009 年变更为安庆市交通投资（集团）有限公司，2010 年变更为安徽省安庆市石门湖航运综合开发有限公司。

（3）项目投产后的运营情况

石门湖航道疏浚整治后，社会效应和经济效益初步体现，有力地促进了地方经济的发展，完成了市、县人民政府对企业航道常年通航的承诺，中等水位 3000 吨级船舶可直达航道顶端石门湖码头，直接降低了企业的物流成本。与公路运输、长江干线港口过泊接泊相比，危化品、矿建、煤炭过泊等选择从石门湖航道运输，运输成本降低了 50 元/吨、10 元/吨、8 元/吨，为企业节约物流成本数亿元；流域港口吞吐量也出现井喷式增长，由 2013 年的 12.36 万吨飙升至 2017 年的 359.08 万吨，预计 2018 年有望突破 500 万吨，发展势头强劲，经济社会效益凸显。2017 年，皖河大桥断面船舶流量达 3020 艘（含危化品运输船舶 640 艘），是 2013 年检测数据的 5 倍多。

2. 店埠河（合裕公路桥—三汊河口段）航道升级改造工程

（1）项目概况

项目于 2013 年 12 月开工建设，2016 年 11 月试运行。

项目建设依据：2010 年 9 月，安徽省发展和改革委员会以皖发改基础函〔2010〕660 号文批复店埠河航道改造工程立项；2011 年 12 月，安徽省发展和改革委员会《关于合裕线店埠河航道改造工程可行性研究报告的批复》（皖发改基础函〔2011〕1280 号）；2012 年 1 月，安徽省发展和改革委员会《关于合裕线店埠河航道升级改造工程初步设计的批复》（皖发改设计函〔2012〕35 号）；2011 年 8 月，安徽省环保厅《关于店埠河航道改造工程环境影响报告书的批复》（环评函〔2011〕772 号）；2011 年 7 月，安徽省国土资源厅《关于店埠河（合裕公路桥—三汊河口段）航道改造工程建设用地预审意见的函》（皖国土资函〔2011〕1435 号）；2011 年 2 月，合肥市水务局《关于店埠河航道升级改造工程建设方案的复函》（合水审批〔2011〕1 号）。

项目对合裕公路桥至三汊河口航段 8.4 千米航道按照限制性三级航道标准进行整治，裁弯取直 2 处。设计航道尺度为宽度 45 米、水深 3.2 米、最小弯曲半径 480 米；设计代表船型（船队）及其尺度：1000 吨级驳船，尺度 67.5 米×10.8 米×2.0 米；1000 吨级货船，尺度 67.5 米×10.8 米×2.6 米；1000 吨级化学品船，尺度 75 米×12.4 米×2.6 米；兼顾船型 2000 吨级货船，尺度 86.5 米×14.2 米×2.8 米；船队 1 顶 2×1000 吨级分节驳船，尺度 160 米×10.8 米×2.0 米。航道设计通航保证率为 98%。

全线疏浚航道 8.4 千米，整治后航道长 7.65 千米，土方约 400 万立方米；堤防退建 8.91 千米；护坡护岸 1.09 万米，水下主要为抛石护坡，岸上为干砌护坡、生态混凝土护坡等形式；配布航标 14 处，包括地名标、沿岸标、管线标、限制航速标志、锚地标及渡口标等；设置锚地 1 处。项目概算总投资 4.17 亿元，其中交通运输部安排水运建设资金 1.12 亿元，安徽省交通运输厅安排 3000 万元，其余由合肥市自筹。

（2）项目建设实施情况

项目建设单位为合肥市合裕线店埠河航道升级改造工程建设管理局；设计单位为安徽省交通勘察设计院有限公司；施工单位为安徽省兴利建设工程有限责任公司、山东大禹工程建设有限公司；监理单位为合肥徽元工程监理有限公司；质监单位为合肥市水利工程质量监督站。

（3）项目投产后的运营情况

该工程建成后，店埠河航道可常年通航 1000 吨级船舶，通航条件明显提升，两岸码头设施也陆续建成，有力地促进了合肥市社会经济发展。同时，整个河道和两岸治污、绿化等综合环境也达到城市水环境改造的标准要求。

3. 派河中下游航道综合治理一期工程

（1）项目概况

项目于 2010 年 1 月开工建设，2011 年 7 月试运行，2011 年 8 月竣工。

项目建设依据：2008 年 11 月，合肥市发展和改革委员会《关于派河中下游航道综合治理一期工程可行性研究报告的批复》（发改农经〔2008〕708 号）；2009 年 6 月，合肥市发展和改革委员会《关于派河中下游航道综合治理一期工程初步设计的批复》（发改投资

〔2009〕356 号〕;2009 年 4 月,合肥市环保局《关于派河一期工程环境影响评价报告书的批复》。

航道整治标准为内河三级,断面以满足熔安动力设计船只单向行驶为主,航道设计尺度为底宽 30 米、水深 4.0 米、最小弯曲半径 280 米。航道设计通航保证率 98% 。

项目对派河新港至河口段 11.8 千米及河口 0.9 千米河道进行疏浚,疏浚土方 110.2 万立方米;左岸经济技术开发区段堤防加高培厚,全线达到一级标准,受航道影响的堤防退建长约 1.63 千米,一次退建到位;右岸大堤按二级堤防标准,为避免重复建设,右岸暂时不动,但为满足熔安动力港池建设要求,在熔安动力港池段局部退建,长约 0.84 千米,最大退距 40 米。堤防填筑土方 51.7 万立方米,堤内填塘 12.7 万立方米,老堤开挖 24.2 万立方米,混凝土预制块护坡 7.7 万平方米,生态混凝土护坡 6.43 万平方米,模袋混凝土护岸 0.8 万平方米,草皮护坡 16.07 万平方米,涵闸接长 3 座,重建涵闸 3 座,泵站重建 1 座,堤顶沥青道路 5.1 千米。项目概算总投资 3.68 亿元,均为合肥市人民政府财政资金。

(2)项目建设实施情况

2008 年 5 月,合肥市人民政府同意组建合肥市派河河道综合治理工程建设管理局,负责派河中下游航道综合治理一期工程。项目设计单位为安徽省水利水电勘测设计院;施工单位为北京金河水务建设有限公司;监理单位为江苏省河海工程建设监理有限公司;质监单位为合肥市水利工程质量监督站。

(3)项目投产后的运营情况

项目完工后,既提高了派河中下游河道的防洪标准,又打开了合肥经济技术开发区相关企业的水路运输通道,同时能满足合肥熔安动力机械有限公司的特殊运输要求。该项工程的建设,对完善区域综合运输体系、促进合肥现代化滨湖城市建设和环湖经济圈发展具有十分重要的意义。

(四)航道的发展成就与经验启示

石门湖航道整治后,社会效应和经济效益初步体现,有力地促进了地方经济的发展,完成了市、县人民政府对企业航道常年通航的承诺;有效扩大泄洪断面,增强防洪排涝及水资源综合利用。整理新增的抛泥区,有利于保护和开发土地资源。长江航道延伸到大观、宜秀、怀宁境内,有利于提升安庆市水路航运综合能力,中等水位 3000 吨级船舶可直达航道顶端石门湖码头,直接降低了企业的物流成本。航道整治工程完工后,大部分穿城货运转走水路,有利于节约能源、减少污染、缓解市区交通压力。

航道建设中的经验:

①航道本身具有公益性属性,将石门湖航道定性为收费性航道,不利于航道工程的建设、维护和管理。

②对于缺少水文资料的地方山区性河流,采取干滩开挖施工时应采取措施,解决上游来水的应急排水问题。

③对于地质条件复杂的山区性河流的航道整治,在勘察阶段应将孔位做加密布置。

④要提前了解当地的施工环境,包括高压线路、管道等的埋设及分布情况,提前与管理单位联系,制订专项施工方案及应急预案。

店埠河航道腹地经济快速发展,适应了南淝河散货货运向两翼发展的趋势及合肥市循环经济示范园和撮镇物流园的建设,港区吞吐量快速增长,循环经济示范园的化工原料及产品、撮镇物流园的原材料及产品、城市建设所需部分矿建材料通过店埠河运输。近年来随着船舶向大型化趋势发展,店埠河航道的建设适应了腹地内运输发展需要。

九、浙江省椒灵江航道

(一)河道自然特征

椒(灵)江由上游的永安溪(144 千米)、中游的灵江(44.7 千米)和下游的椒江(18.8 千米)组成,全长约 208 千米,流域面积 6600 平方公里。永安溪发源于括苍山脉西部海拔 1184 米的天堂尖,流向自西南向东北,穿越仙居县城,在临海市西侧三江村附近与始丰溪交汇,合流后称灵江。灵江横穿临海市而过,继续东流至黄岩三江口与永宁江汇合后称椒江。上游属山溪性河流,河势弯曲,沿程坡降较大,临海以下逐渐平坦,椒江河段河势顺直,平均河宽 1500 米,沿程变化不大,在口门处受牛头颈控制,河宽缩窄到约 970 米,出牛头颈后迅速展宽,注入台州湾,并汇入东海。椒江为天然潮汐河流,灵江为感潮河流,水位以潮位控制为主。根据台州市第二次航道普查资料,以吴淞零点计算,具体的通航水位如下:

设计通航高水位:椒江(海门)6.53 米,临海(西门)10.26 米;设计通航低水位:椒江(海门)0.11 米,临海(西门)0.33 米。

椒江含沙量较高,水体浑浊,一般含沙量为 11～14 千克/立方米,临底部可达 50 千克/立方米,流域来沙 122 万吨/年(多年平均输沙量),石仙妇断面多年平均径流量 163 立方米/秒,流域属温带季风气候,雨量充沛,洪水暴涨暴落,潮差大,潮流强,感潮段长约 61 千米,潮量是塑造椒江河段河床的主要动力,海门断面涨潮平均含沙量为 9.56 千克/立方米,落潮平均含沙量为 6.02 千克/立方米。1962 年长潭水库建成后,对椒江航道和海门港造成较大影响,上游支流永宁江几乎断流,椒江年均径流量减少 32%,纳潮量减少 15.3%,河床断面发生日趋严重的淤积变化。为了改善椒江航道和海门港区水深,实施了椒江口内航道整治,分三期实施,1987 年 4 月开始实施第一期整治工程,至 1990 年完成了 3000 米长顺坝,坝顶高程 2.5 米,投资 384 万元。随后 1993 年永宁江建闸,椒江径流量减少约 17 立方米/秒,纳潮量减少约 10%,对整治工程的效益造成影响,为此重新实施了椒江航道及海门港治理工程（口内补偿工程），分三期实施，至2002年全部完成，整治效果良好，水深得到改善。

（二）航道现状和建设情况

椒（灵）江航道是台州市内河航道网中的主要干线航道，也是浙江省的骨干航道之一。该航道起点为椒江口的松浦闸，终点为临海市永丰镇三江村，全长65.15千米。由于航道沿线水深、宽度及通航条件差异较大，现状以四号码头、红光码头、水银塘码头、临海下桥码头和三江村为节点将该航道划分为6段。其中四级航道52千米，为松浦闸至水银塘码头段，沿途经过椒江区、临海市，具体情况如下。

松浦闸至四号码头段航道位于椒（灵）江下游，是椒江紧靠入海口的一段，航道长8.12千米。该段河势顺直，河床宽浅，平均宽度在1500米以上，最大河流宽度2000多米，水深3~6米，主航道宽度约为500米，航道水深在3.0米以上，基本达到三级航道标准，由于椒（灵）江以往均以四号码头为起点，该段航道一直没有定级。该河段为潮汐河流，为非规则的半日潮河流，潮水涨落明显，河床底质为淤泥质，5000吨级以下海轮基本上可乘潮通行，只是乘潮保证率偏低。

四号码头至红光码头段航道位于椒江上游、灵江下游，航道长13.55千米。该段河道与松浦闸至四号码头段河道情况相似，河面宽度在850~1700米之间，主航道宽度在210~300米之间，水深在3.0~3.4米之间，该段航道定级为四级航道，乘潮通航3000吨级海轮。该河段为潮汐河流，河床底质为淤泥质，已完全满足四级航道标准，3000吨级海轮可乘潮通航，但由于椒江大桥通航净空高度为22米，通航船舶的高度受到限制。

红光码头至水银塘码头段航道位于椒（灵）江的灵江段，属椒（灵）江的中游，航道长30.34千米。灵江河势弯曲，河宽变化较大，河道宽度为160~1300米，水深3~8.80米，主航道宽度为75~180米，水深2.70~3.50米，航道定级为四级航道，乘潮通航500吨级海轮。

该航道自西向东途经甬台温高速桥（净空高度18米）、台金高速桥（净空高度21.5米）、椒江大桥（净空高度20米）、椒江二桥（净空高度40米）、沿海高速桥，无其他拦跨河建筑物。

（三）航道工程项目

1.海门港椒江航道整治一期工程

（1）项目概况

项目于1986年4月开工建设，1987年12月竣工。

项目建设依据：1986年，浙江省交通厅《关于海门港椒江口内航道整治工程可行性研究报告的审查意见》（浙交函〔1986〕281号）；1987年3月，浙江省交通厅《关于椒江航道整治一期工程初步设计的批复》(浙交函〔1987〕57 号)。

项目整治海门港的口内航道,设计代表船型为 5000 吨级海轮,航道设计通航保证率 95%。

项目抛填一号长顺坝 1000 米,坝顶高程 1.5 米,坝顶宽 2 米,边坡 1:2,前导堤 86 米,总石方量约 5.9 万立方米;六号短丁坝 150 米,坝顶高程 2.5 米,后因数模计算成果反映效果不理想,暂缓施工。项目总投资 94 万元,资金来源浙江省交通基本建设专项资金。

(2)项目建设实施情况

项目建设单位为浙江省海门港务管理局;设计单位为浙江省交通设计院;施工单位为椒江市栅浦乡三山村。

(3)项目投产后的运营情况

一期工程实施后,为检验工程效益,分别于 1987 年 12 月、1988 年 3 月和 1988 年 5 月进行了 3 次整治河段落潮时固定水文点流速测量;1988 年 10—11 月进行了水下地形检测,并进行了初步分析,专家顾问会议一致认为:一期工程的效果是明显的,束水导流作用不仅仅局限于 1000 余米的坝体段范围,还可影响到坝下 600 ~ 700 米,工程完工后,无论是南汊还是北汊,2 米等深线均表现为向东延伸的趋势,同时横向发展,2 米等深线所包括的范围明显扩大,水深有所增加。

2.海门港椒江航道整治二期工程

(1)项目概况

项目于 1989 年 4 月开工建设,1989 年 12 月竣工。

项目建设依据:1986 年,浙江省交通厅《关于海门港椒江口内航道整治工程可行性研究报告的审查意见》(浙交函〔1986〕281 号);1989 年 3 月,浙江省交通厅《关于椒江航道整治二期工程设计的批复》(浙交复〔1989〕521 号)。

项目整治海门港的口门航道,设计代表船型为 5000 吨级海轮,航道设计通航保证率 95%。

在一期工程已抛筑 1000 米长顺坝的基础上,坝轴线按直线方向继续向下游筑长顺坝 2800 米,坝顶高程 +1.5 米,坝顶宽 2 米,坝两侧坡度为 1:2,坝两侧各设置 10 米宽的护坦。按一期工程布置的平面位置开挖导流槽 3000 米,槽底宽 50 米,槽底高程 -2.5 米,边坡 1:3。后根据 1990 年 7 月顾问专家会议意见和变更批复,暂缓实施 800 米长顺坝,先加高 3000 米(一期 1000 米,二期 2000 米)坝顶高程由 +1.5 米加高至 +2.5 米,导流槽工程取消。加高工程延至三期工程实施。二期工程实际建设内容为 2000 米长顺坝,坝顶高程 +1.5 米,宽 2 米。项目总投资 180 万元,资金来源为浙江省基建资金拨款。

(2)项目建设实施情况

项目建设单位为浙江省海门港务管理局;设计单位为浙江省交通设计院;施工单位为

椒江市栅浦乡三山村、黄岩上研乡芦村。

根据设计安排，坝长抛筑至 2000 米时暂停施工，对整治河段的水下地形检测和水文点水文要素进行观测分析研究。海门港务管理局分别在 1989 年 7 月和 1990 年 4 月设置了若干个测流水文点，于 1989 年 10 月和 1990 年 4 月分别对整治段工程前后地形进行了检测。研究表明，二期工程后，水流的造床作用仍然明显，特别是工程前整治段内水深不足 2 米段已全部贯通，横向距离也达 200 米以上。1990 年 7 月 10—12 日，在椒江市召开椒江航道整治顾问会议，会议认为一期、二期工程实施后，整治效果明显，原计划二期工程余留的 800 米长顺坝，确定该段顺坝走向的依据不足，暂缓实施，先实施三期加高工程，导流槽工程取消。1990 年 12 月 4 日，浙江省交通厅印发《关于椒江航道整治二期工程修正设计的批复》，同意会议意见。

3. 海门港椒江航道整治三期工程

（1）项目概况

项目于 1990 年 9 月开工建设，1992 年 9 月竣工。

项目建设依据：1986 年，浙江省交通厅《关于海门港椒江口内航道整治工程可行性研究报告的审查意见》（浙交函〔1986〕281 号）；1990 年 12 月，浙江省交通厅《关于椒江航道整治二期工程修正设计的批复》（浙交复〔1990〕715 号）。

项目整治海门港的口门航道，设计代表船型为 5000 吨级海轮，航道设计通航保证率 95%。

主要内容为在一、二期工程的基础上加高，长顺坝的轴线位置与一、二期工程相同，仍采用抛石堆坝结构，设计坝顶高程为 +2.5 米，坝顶宽 2 米，坝两侧坡度为 1∶2。项目总投资 121.4 万元，资金来源为浙江省基建资金拨款。

（2）项目建设实施情况

项目建设单位为浙江省海门港务管理局；设计单位为浙江省交通设计院。

（3）项目投产后的运营情况

1993 年 4—8 月水深测量图显示，南槽航道已全线贯通，水深条件获得良好改善，大潮流速增幅为 13% ~23%，小潮为 6% ~48%，调整了河势，取得了良好的效果。

椒江航道整治工程三期全部实施后，有效解决了长潭水库带来的影响，保障了航道正常通行。

4. 椒江航道及海门港整治工程（共三阶段）

（1）项目概况

项目于 1998 年 6 月开工建设，2002 年 8 月竣工。

项目建设依据：1997 年 8 月，浙江省计划与经济委员会《关于椒江航道及海门港整治工程可行性研究报告的批复》(浙计经投〔1997〕662 号);1997 年 9 月,浙江省计划与经济委员会《关于椒江航道及海门港治理工程初步设计的批复》(浙计经投〔1997〕53 号)。

航道建设等级为四级,设计代表船型为 5000 吨级海轮,航道设计通航保证率 95%。

在椒江航道北槽口长顺坝坝头附近布置 1 条潜坝,长度为 740 米,高程为 1 米,边坡为 1:3.5,两侧护岸共 120 米,护岸高程 4.2 米;在现已完成的 3000 米顺坝基础上,再延伸 1300 米坝体,坝顶高程为 2.5 米,宽 2 米,护坦宽度为南北各 16 米;长顺坝北侧设短丁坝 5 条,1 号、5 号长 180 米,2 号、3 号、4 号长 200 米,坝顶宽 2 米,坝根高程 0 米,坝头 −1 米;南槽南侧布设引流挖槽 1 条。其中第一阶段工程新建接原 3000 米长顺坝向海方向延伸 836 米(36 米为原坝头接线段)和新建 740 米潜坝,土石方 19.52 万立方米。第二阶段工程接原 3800 米长顺坝尾向下游续抛 500 米长顺坝、5 座丁坝、原 3000 米长顺坝加高及东方位标(长顺坝东 36 米处),土石方量 19.17 万立方米。第三阶段工程为开挖导流槽 3016 米,底高程 −3.8～−4.4 米,土石方量 22.58 万立方米。总投资 3282.44 万元,资金来源由浙江省交通厅、水利厅、台州市人民政府三家按 50%、20%、30% 的比例分摊。

(2)项目建设实施情况

项目建设单位为椒江航道及海门港整治工程建设指挥部;设计单位为浙江省交通规划设计研究院;施工单位为中国水利水电第一工程局、浙江省水电建筑第一工程处、永嘉县交通工程公司;监理单位为椒江航道及海门港整治工程质量监理小组;质监单位为浙江省交通厅工程质量监督站。

(3)科技创新成果及获奖情况

2014 年 10 月,项目获中国航海学会中国航海科技奖。

(4)项目投产后的运营情况

工程完工一年后,根据浙江省交通规划设计研究院及浙江省台州港务管理局的后评估报告,施工情况正常,并初步取得了良好的效果。南槽航道冲刷明显,使得沿江部分业主码头前沿水深条件有所改善,海门港区前沿能保持 −6 米深槽,港区码头前沿年疏浚量逐年减少,椒江航道及海门港整治工程实施后,有效解决了永宁江建闸带来的影响,保障了航道正常通行。

(四)航道的发展成就与经验启示

椒灵江航道一系列整治工程自 1986 年可研报告起至 2003 年后评估报告止,历时近 20 年,现椒江航道能保持正常通行,达到四级航道的标准,满足 3000～5000 吨级海轮乘潮通行的要求。长潭水库及永宁江建闸所带来的影响已通过整治降到最低。

椒灵江航道 4 个整治工程项目实为一个项目,因航道发展趋势难以把控,在具体实施航道整治过程中,采用分步实施、边观察边研究调整的方式,根据实际整治效果、水文水深实测资料,实时调整方案。因此,工程实施过程中多次召开专家顾问会议,同步安排数模、物模试验,多次暂缓施工或取消部分整治建筑物。事实证明,该方法行之有效,通过实时跟进研究调整,不断优化方案,最终使得椒江航道达到了预期的整治效果。

椒江航道两次整治均是由于上游新建水利设施。第一次整治是长潭水库建成后上游支流几乎断流,航道淤积日趋严重,严重影响船舶航行,按计划实施三期整治工程后,效益明显,水势发展良好,基本能满足航道正常通行。但随后上游又实施了永宁江建闸项目,对整治效益直接造成了影响,椒江航道的正常通行能力受巨大影响,为此地方政府重新组织力量开展了大量工作,实施了第二次整治,即椒江航道及海门港整治工程,恢复了椒江航道的通航能力。

由此可见,上游建设水利设施对航道影响巨大,应提前开展评估工作,吸取相关教训,做好应对措施。

十、广东省支流航道

(一)河道自然特征

1. 东江

东江是珠江三大水系之一,发源于江西省寻乌县桠髻钵山,流经江西的寻乌、安远、定南和广东的龙川、河源、博罗、惠州、东莞等县市,于东莞市石龙镇进入珠江三角洲河网区,干流全长520千米,集雨面积2.70万平方米,占珠江流域面积的5.96%。主要支流有贝岭水、浰江、新丰江、秋香江、公庄水、西枝江、石马河等。东江自发源地至合河坝长138千米,称东江上游。合河坝至观音阁长232千米,称东江中游,一般河宽200～400米。观音阁至石龙头长150千米,称东江下游,一般河宽400～800米,两岸为平原,筑有堤围。石龙以下进入珠江三角洲河网区,自石龙开始河道分南、北两支汇入狮子洋,南支称东莞水道,又称东江南支流,东莞水道长42千米,北支称东江北干流,北支长43千米。南、北两支水道进入东江三角洲后再次进行分汊,纵横交错,密如蛛网,构成自成体系的东江三角洲河口区水网。连接南、北两支的主要水道有倒运海水道、中堂水道、太平水道、麻涌水道、大汾北水道、洪屋涡水道、潢涌水道、南丫水道、大汾南水道等。

东江流域属亚热带季风气候,多年平均降水量1500～2300毫米,4—9月降水量占全年的80%以上。博罗水文站最大流量1.28万立方米/秒,最小流量31.4立方米/秒,多年平均径流量228亿立方米,多年平均含沙量0.1千克/立方米,多年平均输沙量292万吨。

东江径流随降雨而变化,径流年际变化大,年内分配不均,并存在明显的季节性差异。东江泥沙主要来自上游山地和沿河两岸的陆相泥沙。一般而言,丰水年含沙量大,少水年含沙量小;洪水期含沙量大,枯水期含沙量小;上游建水库前含沙量大,建水库后含沙量小。

由于人为过量采砂,潮汐上溯,东江三角洲河网区和博罗至石龙干流河段均受到潮汐的影响。枯季潮汐对河段的水文特性影响较大,洪季较小。东江下游潮汐特性如下:①涨潮、落潮平均潮差,从上游往下游递减。②落潮历时比涨潮历时长,越往上游,涨潮历时越短,落潮历时越长。③从分洪、枯季统计的结果来看,枯季涨潮历时比洪季长,而落潮历时则相反。

东江流域及东江三角洲现有堤防长度2164.7千米,捍卫耕地面积192.24万平方公里、人口2110.02万,其中堤库结合达到20年一遇标准的堤长728.8千米,捍卫耕地面积116.9万平方公里、人口112.3万。主要大堤围集中在干流的中下游和西枝江下游,已建667平方公里以上的堤围36宗,堤长610千米,捍卫耕地面积8.13万平方公里、人口132万。西枝江下游堤围相对较低,一般为5~10年一遇标准,其余较大的堤围已经基本达到或经续建加固后能达到防御20年一遇洪水的标准,有些比较重要的堤围经库堤结合后可达到防御50年或100年一遇的洪水标准。

综合多方面信息,可知东江石龙以下三角洲地区的人为采砂活动基本发生在1988年之前,而在1988年之后,东江三角洲地区沙资源枯竭,东江下游采砂规模逐渐减少,采砂活动逐渐从下游往上游移动。采砂河段河床大幅度降低,导致口门潮汐动力增强,潮区界上移,最终终止于惠州东江水利枢纽。人为采砂活动对整治河段的航道整治工程产生重大影响。

2. 北江

北江1从三水河口至大塘全长37千米;北江2从大塘至西沙洲尾全长8千米。河段河道平缓,平均纵比降0.08‰,两岸为平原地貌,河面宽阔,多堤防,南岸的北江大堤是捍卫广州、佛山两市免遭洪水灾害的重要屏障。本段沿河接纳的主要支流有滃江、滨江、绥江。下游河段已建有清远水利枢纽(该枢纽位置属北江事务中心辖区范围)。

根据北江扩能升级初设资料,北江清远枢纽至三水河口段,河谷宽阔,阶地发育,属河流冲积平原地貌,河床宽900~1550米,河床表面高程2.30~5.20米,枯水期河床出露大片沙滩,由于近年来航道沿线人类活动频繁,特别是河床无序采砂严重,导致河床表面局部高程变化较大,多沙坑分布。航道内河床表面高程-7.90~1.20米(85高程),勘察期间水深0.20~7.30米,靠近坝下段水深较浅。

两岸发育有三级阶地,与河谷紧邻的为一级阶地,阶地地面平坦开阔,地面高程9.8~13.80米(85高程)。

北江流域径流主要由降水形成,径流时空变化与降水时空变化基本一致。径流年内分配不均匀,丰枯流量相差较大,4—9月为流域的丰水期,10月至次年3月为流域的枯水期。根据北江干流马径寮、飞来峡、石角三站资料统计,丰水期4—9月水量占多年平均年水量的 72% ~ 77%，尤以 4—6 月径流量最大，3 个月径流量占年水量的 44% ~ 49%；12 月至次年 1 月径流量最小，仅占年水量的 5.5% ~ 6.9%。径流年际变化较大，多年径流系列中，三站最丰水年是最枯水年径流量的 3.5 ~ 3.7 倍。

北江泥沙输移与来水相适应，即洪水期同时也是泥沙输移较大的时期，沙峰一般伴随洪峰或者稍微滞后，输沙主要集中在汛期。汛期（4—9 月）输沙量约占全年输沙量的 92%，其中 4—6 月甚至可以占到全年输沙量的 75%，非汛期（10 月至次年 3 月）只占全年输沙量的 8% 左右。

北江泥沙以悬移质输移为主，根据原横石站实测资料，其多年平均输沙量和含沙量分别为 480 万吨和 0.14 千克/立方米，年最大输沙量 978 万吨，年最小输沙量 70.9 万吨，最大日输沙量为 62.6 万吨，最小日输沙量接近零。石角站多年平均输沙量和含沙量分别为 572.8 万吨和 0.13 千克/立方米，年最大输沙量 1400 万吨，年最小输沙量 91.14 万吨，最大日输沙量为 57 万吨，最小日输沙量约为零。

北江干流自上游往下，沿程河床沙质粒径逐渐细化。上游多为卵石河床，河床质中值粒径在 18.2 ~ 25.5 毫米之间。白沙腩以下基本为沙质河床，其中白石窑枢纽下游的灵牌石滩至七星岗滩，河床质中值粒径在 0.3 ~ 0.81 毫米之间，芦苞段中值粒径 0.75 毫米左右，黄塘段中值粒径则进一步减小到 0.42 毫米左右。

北江 1、北江 2 河段有影响的水利设施主要是北江大堤。北江大堤位于北江下游左岸的堤防，是广州市防御西江和北江洪水的重要屏障，为国家一级堤防。大堤从北江支流大燕河左岸的骑背岭起，经大燕河河口清远市的石角镇，沿北江左岸而下，再经三水区芦苞镇、三水区西南街道至南海市（今佛山市南海区）的狮山止，干堤全长 63.34 千米。为减轻洪水对北江大堤的压力和控制进入广州的流量，大堤设芦苞、西南两分洪闸，下接芦苞涌和西南涌两条分洪河道。飞来峡水库和北江大堤联合调度，可使北江大堤保护下的 100 万亩农田及广州市的防洪标准提高到 300 年一遇。

人类在河中分散、无系统地进行采沙活动，导致河床下切，河流流态紊乱，河道原有的动态平衡遭到破坏，河床原有的纵横向稳定性减弱，河势稳定性减弱，给航道整治工程建设造成一定的影响。

3. 韩江

韩江是广东省第二大河流，地处广东省东部，流域位于东经 115°13′ ~ 117°09′，北纬 23°17′ ~ 26°05′ 之间，韩江上游的梅江、汀江在三河坝处汇合后始称韩江。韩江从西北向东南流经大埔、丰顺、潮安等县，至潮州市后进入韩江三角洲河网区，向南注入南海。韩江从三河坝至潮州基本属单一河道，经潮州后分为北溪、东溪、西溪三汊，又于下游再分成东里河、莲阳河、外砂河、新津河、梅溪河五条河流分别出海。

韩江流域面积约为 3.01 万平方公里，其中汀江为 1.18 万平方公里，梅江为 1.39 万平方公里,干流(三河坝至潮安)为 3346 平方公里,三角洲(潮安以下)为 1035 平方公里。韩江径流主要由降雨产生,年降水量与年径流量成正比。韩江输沙量不大,输沙集中在洪水期,根据潮安站 1973—2004 年资料统计,洪水期输沙量达 577.3 万吨,占年输沙总量的 86.9%,而枯水期的输沙总量只有 86.7 万吨,占输沙总量的 13.1%。1 月输沙量最小,仅 1.41 万吨,6 月输沙量最大,为 207 万吨。

4. 榕江

榕江属榕江水系,位于广东东翼,是粤东第二大河流,仅次于韩江。榕江水系由榕江南河、北河及大小 21 条支流组成,流域范围为东经 115°37′ ~ 116°45′,北纬 23°18′ ~ 25°53′,流域东西向长 106.5 千米,南北向宽 77 千米,流域集水面积 4408 平方公里,其中集水面积大于 100 平方公里的支流共 11 条,是独流出海体系。南河是榕江的主流,发源于陆河县的凤凰山南麓,在炮台双溪咀与北河汇合,而后在汕头港内的牛田洋注入南海,全长 184 千米;北河是榕江最大的一级支流,发源于丰顺县桐梓洋,全长 92 千米,流至炮台双溪咀汇入榕江。

降雨量是榕江流域地表的唯一来源,属雨水补给型,地表径流的变化与降雨量基本一致,其河川径流的变化与降水存在明显的对应关系。

(二)主要航道现状和建设情况

1. 东江航道

(1)主要航道现状

从惠州东江大桥到东江口,全长 116 千米,其中,惠州东江大桥至石龙,长 76 千米,为内河四级航道,可通航 500 吨级内河船舶,航道维护尺度为宽度 50 米、水深 2.0 米、最小弯曲半径 330 米,通航保证率 95%;石龙至东江口,长 40 千米,为内河三级航道,可通航 1000 吨级内河船舶,航道维护尺度为宽度 70 米、水深 3.2 米、最小弯曲半径 480 米;均按一类航道维护。

(2)建设情况

1978—2015 年,东江主要航道实施了 1 次航道整治工程,即 2011 年建成的东江下游(惠州至东江口)航道整治工程。

2. 北江航道

北江 1 从三水河口至大塘全长 37 千米,北江 2 从大塘至西沙洲尾全长 8 千米,为三级航道(维护等级为三级)。流经的城市有清远市、佛山市三水区。

北江 1、北江 2 河段无拦河建筑物,有跨河桥梁 7 座,典型桥梁为马房公路铁路桥,为双孔单向通行,最低净空高度为 8 米;有架空电线 6 条、过河燃气管 2 条、过河电缆 3 条。

3.韩江航道

韩江(礐石大桥至四码头)河段,航道约 2 千米,航道尺度为宽度 80 米、水深 4.5 米、最小弯曲半径 450 米,可通航 1000 吨级海轮,航标按一类标配布。

韩江(四码头至光华桥)河段,航道约 1 千米,航道尺度为宽度 40 米、水深 1.6 米、最小弯曲半径 170 米,可通航 300 吨级船舶,航标按一类标配布;光华桥至潮州水利枢纽河段,航道约 38 千米,航道尺度为宽度 30 米、水深 1.2 米、最小弯曲半径 180 米,可通航 100 吨级船舶,航标按重点标配布。

韩江(潮州水利枢纽至蔗溪口)河段,航道约 34 千米,航道尺度为宽度 40 米、水深 1.6 米、最小弯曲半径 270 米,可通航 300 吨级船舶,航标按一类标配布。

韩江航道于 2011 年至 2016 年实施了 1 次大规模整治工程,即韩江三河坝至汕头航道整治工程。

4.榕江航道

榕江干流:礐石大桥至双溪咀河段,航道约 39 千米,航道尺度为宽度 145 米、水深 7.7 米、最小弯曲半径 750 米,可常年通航 5000 吨级船舶,航标按一类标配布。

榕江南河:双溪咀至榕华大桥河段,航道约 19 千米,航道尺度为宽度 100 米、水深 6 米、最小弯曲半径 400 米,可常年通航 3000 吨级船舶,航标按一类标配布。

榕江北河:双溪咀至榕东大桥河段,航道约 4 千米,航道尺度为宽度 100 米、水深 6 米、最小弯曲半径 400 米,可通航 3000 吨级船舶;榕东大桥至梅东大桥河段,航道约 10 千米,航道尺度为宽度 60 米、水深 6 米、最小弯曲半径 300 米,可通航 1000 吨级船舶;梅东大桥至北河大桥河段,航道尺度为宽度 50 米、水深 1.8 米、最小弯曲半径 330 米,可通航 500 吨级船舶。该河段航标按一类标配布。

榕江航道于 1997 年至 2003 年实施了榕江航道整治工程(一期工程),整治范围自汕头西堤汽车渡口码头经双溪咀至榕江南河的榕华大桥,共整治航道里程 57 千米。

(三)航道工程项目

1.东江下游(惠州至东江口)航道整治工程

(1)项目概况

项目于 2006 年 5 月开工建设,2010 年 11 月试运行,2011 年 9 月竣工。

项目建设依据:2005 年 6 月,广东省发展和改革委员会以粤发改交〔2005〕412 号文出具工可批复;2006 年 1 月,广东省交通厅以粤交基〔2006〕43 号文出具初设批复;2004 年 8 月,广东省环境保护厅以粤环函〔2004〕709 号文出具环评批复。

项目按照惠州东江大桥至石龙 76 千米内河四级,石龙至东江口 40 千米内河三级标准整治,设计最大船舶等级为1000吨级。航道设计通航保证率98%。整治后航道尺度为惠州东江大桥至石龙宽度50米、水深2.0米、最小弯曲半径330米,石龙至东江口宽度70米、水深3.2米、最小弯曲半径480米。清障工程中的炸礁及清散石工程,主要集中在圆洲大桥以下约60千米河段,沿程共需要炸除的礁石共计10处,炸礁工程量为19.74万立方米,清散石工程3处,清散石工程量为10.27万立方米,清除覆盖层6.88万立方米。新建航标工作船码头2座。惠州分局博罗航道站码头平面尺度为100米×10米(长×宽),后方挡土墙长129米;龙城码头平面尺度为50米×10米。新建站房2个。惠州站房建筑面积2300平方米,框架结构,为2层建筑。龙城航道站房工程总建筑面积约994平方米,框架结构,为4层建筑。设航标工作船2艘(2吨起吊能力与3吨起吊能力的各1艘),13.5米航道测量工作艇1艘,103千瓦玻璃钢柴油快艇1艘,135千瓦玻璃钢柴油快艇1艘。工程新建航标共88座,按内河一类标配布。项目总投资9945.53万元,省财政投资85%,沿线地方人民政府配套资金15%。

(2)项目建设实施情况

项目建设单位为广东省航道局;设计单位为广东省综合交通勘察设计院有限公司(现中铁建港航局集团勘察设计院有限公司);施工单位为中国水产广州建港工程公司、福建省港口工程公司、湖南对外建设有限公司等;监理单位为广东正方圆工程咨询有限公司;质监单位为广东省交通运输工程质量监督站。

(3)项目投产后的运营情况

东江(惠州至东江口)航道通过整治,提高了通航船舶的吨级,减少枯水季节对船舶航行的限制,改善了区域运输条件,优化投资环境,促进航道所在地区的经济发展。由于建设更高等级航道,使人才和技术进一步推广扩散,同时对当地就业产生积极影响,整个地区因此大大受益。

2.韩江三河坝至汕头航道整治工程

(1)项目概况

项目于2011年10月开工建设,2016年7月试运行,2017年12月竣工。

项目建设依据:2008年2月,广东省发展和改革委员会《关于韩江三河坝至汕头航道整治工程可行性研究报告的批复》(粤发改交〔2008〕180号);2009年9月,《关于韩江(三河坝至汕头)航道整治工程初步设计方案的批复》(粤水建管〔2009〕384号);2009年9月,广东省交通运输厅《关于韩江三河坝至汕头航道整治工程三河坝至广济桥段、光华桥至出海口段初步设计的批复》(粤交基〔2010〕1264号);2007年11月,广东省环境保护局《关于韩江(三河坝至汕头)航道整治工程环境影响报告书的批复》(粤环审〔2007〕410号)。

项目按照五级航道标准整治韩江三河坝至广济桥111千米河段,航道设计尺度为宽度 40 米、水深 1.6 米、最小弯曲半径 270 米,设计开挖深度为 1.6 米,整治后通航 300 吨级船舶,航道通航保证率为 90%。光华桥至出海口 3 千米河段按 1000 吨级海轮标准建设,航道尺度为宽度 80 米、水深 4.5 米、最小弯曲半径 450 米。

工程疏浚 102.77 万立方米,竣前疏浚 41.99 万立方米,筑坝抛石 21.17 万立方米,护岸工程 60 米,拆坝 0.71 万立方米;共设航标 150 座。项目总投资 1.68 亿元,其中梅州市出资 465 万元,潮州市出资 926 万元,汕头市出资 311 万元,剩余由广东省人民政府安排解决。

(2)项目建设实施情况

项目建设单位为广东省航道局;设计单位为广东正方圆工程咨询有限公司、广东新长安建筑设计院有限公司;施工单位为广州打捞局、广东宏大广航工程有限公司、汕头龙华建筑总公司等;监理单位为广东正方圆工程咨询有限公司、汕头市工程质量监督站;质监单位为广东省交通运输工程质量监督站。

(3)项目投产后的运营情况

该项目建成投产后,韩江航道的通航条件得到显著提升,通航船舶吨级提升至 300 吨,光华桥至出海口河段可通航 1000 吨级海轮,水运经济效益明显提升,促进了韩江流域地区城市建设和区域社会经济发展。

3. 榕江航道整治工程(一期工程)

(1)项目概况

项目于 1997 年 8 月开工建设,2000 年 12 月试运行,2003 年 12 月竣工。

项目建设依据:1995 年,广东省计划委员会《关于榕江航道整治工程可行性研究的批复》(粤计交〔1995〕547 号);1996 年 9 月,广东省建设委员会《关于榕江航道整治工程初步设计的批复》(粤建函〔1996〕209 号)。

项目整治航道里程 57 千米,整治后航道底宽 100 米、最小通航水深 6 米、最小弯曲半径 400 米;航道设计最大船舶等级为 5000 吨级;航道设计通航保证率为 90%。

项目完成航道疏浚工程 106.99 万立方米;完成渔湖、姑嫂 2 处护岸 840 米;炸礁工程 3372.22 万立方米;移设碍航海军锚鼓 12 座,清除碍航渔栅 1287 米;重新配设一类航标 34 座、指路牌 1 座;配置 110 千瓦航标工作船 1 艘、靠船码头 1 座,揭阳分局站场 2982.97 平方米等。项目总投资 6474.46 万元,其中交通部拨付 2800 万元,广东省人民政府安排 2575 万元,揭阳市出资 600 万元,汕头市出资 500 万元。

(2)项目建设实施情况

项目建设单位为广东省航道局;设计单位为广东省航道勘测设计科研所;施工单位为汕头经济特区航业建设总公司、汕头市港口建设总公司、揭阳市水电工程公司等;监理单位为广东正方圆咨询公司;质监单位为广东省交通运输工程质量监督站。

(3)项目投产后的运营情况

榕江航道整治后实现江海联运,随着航道等级和通航能力的提高,通航船舶向大吨位船舶发展,大大降低船舶营运成本,缩短货物在途时间,减少运量转移的运输费用,榕江揭阳港货运吞吐量逐年增加,航运的经济效益明显改善,对粤东沿江经济发展发挥了较大的作用。

十一、广西壮族自治区其他内河支流航道

(一)河道自然特征

1.桂江

桂江位于广西壮族自治区东北部,是珠江水系西江干流的主要支流之一。桂江主源称六洞河(又称华江),发源于广西壮族自治区兴安县和资源县两县交界的广西第一峰猫儿山五背岭,自北向南流经灵川县、桂林市区、阳朔县、平乐县、昭平县、苍梧县,于梧州市汇入西江。桂江(恭城河口至桂江河口)全长220千米,上溯可达平乐、桂林,下行可沿西江干线抵达广西梧州、贵港、南宁、珠三角地区及香港、澳门。桂江作为广西西江黄金水道的重要组成部分,是沟通桂江流域桂林、贺州、梧州与西江干线的重要航运通道。

桂江属山区性河流,天然流量较为充沛,河水含砂量小,河床质以砂卵石为主,部分为石质河床,河岸抗冲能力强,河道纵、横向变形小,河势稳定。

桂江汛期一般为3—8月。桂江洪水具有典型的山区河流特征,流域内大暴雨持续时间一般为1~3天,持续时间短,洪水暴涨暴落。

桂江流域属亚热带季风性湿润气候,无霜期长,四季气候温和,光照充足,雨量充沛。流域地形北高南低,使西南面进入的水气受阻,积存降雨。春季温暖湿润,阴雨连绵,时有倒春寒,夏季温高多雨,秋季秋高气爽,冬季温和干燥。因受季风影响,一年的冷、热、旱、涝变化很大。

根据梧州站气象资料,河段所在区域多年平均气温为21.2摄氏度,多年平均最高气温为26.3摄氏度,多年平均最低气温为17.5摄氏度,极端最高气温为39.9摄氏度(1989年7月17日),极端最低气温为-3.0摄氏度(1957年2月11日)。多年平均风速为1.4米/秒,最大风速为15.0米/秒。桂江流域属于亚热带季风性气候区,气候温和,雨量充沛。桂江流域地形北高南低,东北部为五岭山脉屏蔽,其间有"湘桂走廊"谷底沟通,南北走向的桂江成为南下冷空气的必经之道,锋面活动频繁。流域内降雨分布不均,暴雨主要集中在中上游地区,上游青狮潭、砚田、华江一带是多雨中心。降雨年内分配不均,汛期3—8月雨量约占全年的75%,而枯水期9月至次年2月雨量仅占全年的25%左右。桂江雨季较早,3月进入汛期,比郁江、黔江等提早约2个月。年平均雾日29天,最多48天,最

少 16 天;多年平均相对湿度 79%。

桂江流域以风景优美闻名中外,流域植被较好。流域上游大溶江一带多为页岩及砂页岩分布,桂林至平乐之间大部分为中泥盆系石灰岩,岩溶极为发育,平乐以下为砂页岩地貌,河床多为鹅卵石遍布,常见河水碧清,是广西含沙量较少的河流之一。

平乐站多年平均悬移质含沙量为 0.13 千克/立方米,1986—2008 年最大日均含沙量为 1.34 千克/立方米(1996 年 4 月 20 日),最小日均含沙量接近零,多年平均输沙率为 53 千克/秒,多年平均输沙量为 167 万吨。洪水期 3—8 月输沙量为 163 万吨,占全年输沙量的 97.4%,非汛期 9 月至次年 2 月输沙量为 4.3 万吨,占全年输沙量的2.6%,输沙高峰 5—6 月输沙量达 108 万吨,占全年输沙量的 64.6%,与洪水多发生在 5—6 月相吻合,可见来水与输沙过程是相应的。

桂江河床及河流冲积阶地地貌,河床两岸一级阶地发育对称,地势较开阔、平坦,地面高程一般为 −20 ~ 20 米,两侧岸坡高度通常为 10 ~ 20 米,岸坡大多较陡直,局部地段砾岩、砂岩裸露。河道弯曲,河面较狭窄,宽度 100 ~ 250 米不等,但落差不大,水流平缓,河谷中常有卵石、砂漫滩(洲)分布,河床多有卵石、中砂层覆盖,局部基岩裸露。

2. 漓江

漓江为桂江上游河段,是西江黄金水道的重要组成部分,是广西旅游的精品航道,具有显著的国际影响力。漓江发源于桂林东北兴安县的猫儿山南坡,在梧州市汇入西江,全长 437 千米,其中从兴安县溶江镇至平乐县城 164 千米河段称为漓江,平乐县城以下至梧州 220 千米称桂江。

漓江浅滩多,水流急,弯曲大。漓江桂林至阳朔段有 66 处浅滩,平均每 2 千米一处;阳朔至平乐段有 13 处浅滩,平均 1.3 千米一处。黄牛甲滩高 2 米,长 1000 米;螺丝岩滩高 2.5 米,长 1500 米,是桂江有名的高滩。

平乐至昭平段为渠化河流,已建有巴江口 1 座枢纽,受到枢纽的调节控制,水文泥沙条件较为复杂。河岸多由砂岩、紫红砂岩、页岩、泥灰质页岩组成,部分河岸基岩裸露,主流的平面摆动受到限制,河岸抗冲能力强,河道横向变形小,河势较稳定。2006 年,巴江口水利枢纽蓄水发电以后,其坝下河段受电站调节运行影响较大,河床冲刷较严重。

漓江从虞山大桥至阳朔 89.2 千米河段是桂林旅游的黄金水道,漓江景区是国家AAAAA 级旅游景区。受自然条件影响,航道技术等级为七级,通航 50 吨级船舶。阳朔以下是未经整治的天然河道,航道技术等级也是七级。漓江是一条旅游航道,旅游客运量是漓江的主要运量。河段内巴江口水利枢纽有发电功能,其装机容量为 90 兆瓦。沿江城乡有众多抽水泵站、取水口沿河分布,用于灌溉、饮用及工农业生产;沿河及支流尚有小规模的水产养殖(网箱养鱼)等。

3. 贺江

贺江航道是珠江(西江)水系衔接湘粤桂三省区的重要省际航道。贺江发源于湘桂交界处,干支水系较多,支流主要有大平河、东安江、大宁河等。贺江干流经广西壮族自治区贺州市的富川县、钟山县、八步区,在八步区铺门镇扶隆村进入广东省肇庆市封开县南丰镇,至江口镇注入西江,全长351千米,其中广西境内236千米,广东境内115千米。贺江河道平均坡降为0.58‰,河流天然落差417.0米,流域形状呈羽毛形,流域面积1.16万平方公里,其中,广西8371平方公里,占72.2%;广东3063平方公里,占26.4%;湖南165平方公里,占1.4%。贺江流域信都水文站多年平均流量为216立方米/秒,历年最大流量为4490立方米/秒,历年最小流量为20.2立方米/秒,多年平均年径流量67.8亿立方米。贺江具有山区河流的特性,枯洪水位及流量的变幅较大,洪枯季节明显,夏涝冬枯。因地形错综复杂,暖湿气流易受抬升作用及台风入侵,雨量较充沛,大洪水基本是由于热带气压、高空低槽、低涡切变影响造成。贺江洪水的特点是峰高、历时短,一次洪水历时一般为1~3天。洪水多发生在4—9月,较大洪水多出现在4—7月;枯水季节一般发生在10月至次年2月。一般每年9月进入后汛期,到10月下旬汛期基本结束。流域两岸为中低山地形,山前为侵蚀构造的中低山丘陵地带。上游植被覆盖较好,水流常清,下游段植被覆盖稍差,流域内水土流失较轻,因此河流含沙量总体来说不大。贺江是广西含沙量较少的河流之一。信都水文站多年平均含沙量为0.24千克/立方米(1965—1979年)。

贺州地属亚热带季风性气候区,总的气候特征是冬短、夏长,冬无严寒,夏无酷热,春秋温暖,无霜期长,春季多低温阴雨,多年平均气温19.9摄氏度。历年平均降水量为1555毫米,降雨量在年内分配不均匀。

（二）主要航道现状和建设情况

1. 桂江

桂江航道梧州航道管理局辖区航道起点是昭平电站下至桂江河口共150.8千米。莲花大桥至桂江河口段长8.3千米,经过桂江航道(莲花大桥至桂江河口)工程升级改造,现为三级航道,航道设计尺度为宽度60米、水深3.0米、最小弯曲半径480米,配布一类助航标志,航道维护类别为一类。莲花大桥至昭平电站河段长142.5千米,航道规划等级为四级,现为七级航道,航道维护尺度分枯水期和洪水期,枯水期为宽度12米、水深0.6米、最小弯曲半径80米,洪水期为宽度12米、水深0.6米、最小弯曲半径80米,配布三类助航标志,全部为不发光标志,航道维护类别为二类。此河段只进行了航道日常维护,没有大的工程建设项目。

梧州航道管理局辖区内建有昭平船闸、下福船闸、金牛坪船闸、京南船闸、旺村船闸5

座水利枢纽工程,对河流进行了渠化,增加了航道水深,降低了水流流速,优化了航道的通航条件;有鸳江大桥、桂江一桥、桂江二桥、紫竹大桥、莲花大桥、马梧高速公路大坡桂江大桥、洛湛铁路桂江特大桥、京南大桥、昭平大桥、马江浮桥10座桥梁;有水泵房上220千伏电力线、梧州电厂下220千伏电力线、二砖厂110千伏电力线、龙山脚110千伏电力线等20条线缆。

2.漓江

(1)航道现状

桂林虞山大桥至阳朔大桥89.2千米,航道等级为七级,属一类维护航道。该河段属典型山区性河流,洪水暴涨暴落,降雨一般集中在4—8月,年均降雨量达1800毫米。桂林虞山大桥至桂林水文站段航道尺度达到宽度12米、水深0.75米、最小弯曲半径150米,桂林水文站至阳朔大桥段航道尺度达到宽度15米、水深0.75米、最小弯曲半径150米。该航段浅滩60余处,多为砂卵石浅滩,经常性维护浅滩约30个,部分浅滩每年要进行多次维护疏浚,特别在枯水时,无法保障该航段全线通航;每年9月至次年3月为枯水期,4—8月为汛期。河段按重点标配布,设置侧面浮标80座、示位标19座、桥涵标18座、标灯139盏。

阳朔大桥至昭平电站101.3千米,属二类维护航道。其中,阳朔大桥至横石段17.5千米,有浅滩11个,多为砂卵石浅滩,横石为礁石滩,全段为自然航道,没有进行过航道整治,属七级航道,航道尺度为宽度10米、水深0.6米、最小弯曲半径80米;横石至巴江电站段56.2千米,为巴江库区航道,巴江电站于2006年建成蓄水(船闸有效尺寸8米×1.5米×80米),当蓄水到正常水位97.6米时,该航段成为库区段,规划将由七级航道提升为四级航道,尺度由宽度10米、水深0.6米、最小弯曲半径80米提升为宽度35米、水深1.5米、最小弯曲半径280米;巴江电站至昭平电站段27.6千米,为昭平库区航道,昭平电站于1995年建成蓄水,正常蓄水水位71.6米时,库尾与巴江电站衔接段有巴江角浅滩1个。该河段标志按三类标配布,设置侧面浮标44座、示位标44座、桥涵标4座、标灯28盏。

(2)跨河建筑物

桂林至平乐全河段有已建、在建跨河桥梁11座,主要有南洲大桥、虞山大桥、解放桥、漓江大桥、净瓶山大桥、港建大桥、石家渡大桥、阳朔公路大桥、平乐一桥等;全河段共有跨河电线、电缆线87条;有7处埋于河底的过河水管,均满足航道设计底高程的要求;有6处旅游码头,各种临河设施,均不碍航。

3.贺江

贺江规划通航里程234千米,其中广西段119千米(八步至省界),广东段115千米。

贺江航道通航等级为六级,可通航 100 吨级船舶,丰水期最大通航单船为 120 吨级船舶。2009 年 12 月国务院《关于进一步促进广西经济社会发展的若干意见》(国发〔2009〕42号)明确提出"两区一带"的区域发展总体布局,强调"要加快西江黄金水道开发,提高通航能力,形成铁路、公路、水路相互衔接、优势互补的综合交通运输体系,有效降低综合物流成本"。2010 年,桂江、贺江纳入广西壮族自治区西江亿吨级黄金水道建设规划。2013年,国务院以国函〔2013〕37 号批复了《珠江流域综合规划(2012—2030 年)》,明确了桂江、贺江为珠江流域区域重要航道,贺江贺州至广东江口 234 千米航道 2012—2020 年按四级航道标准规划建设。2014 年,珠江—西江经济带发展规划正式上升为国家战略,给西江黄金水道建设带来新的发展机遇。2014 年 11 月,广西壮族自治区人民政府正式颁布《珠江—西江经济带发展规划广西实施意见》(桂政发〔2014〕65 号),贺江、桂江列入项目计划。2016 年,广西壮族自治区人民政府《研究西江水系"一干七支"过船设施改扩建项目前期工作的纪要》(桂政阅〔2016〕39 号)和自治区发展和改革委员会、自治区交通运输厅联合下发的《关于印发广西内河过船设施改扩建设项目前期工作推进方案的通知》(桂交水运发〔2016〕63 号)重新明确了贺江八步至省界航道建设标准为四级航道兼顾通航 1000 吨级单船标准。

(三)航道工程项目

1. 桂江航道(莲花大桥至桂江河口)工程

(1)项目概况

项目于 2014 年 12 月开工建设,2016 年 12 月试运行,2018 年 12 月竣工。

项目建设依据:2014 年 4 月,广西壮族自治区发展和改革委员会《关于桂江航道(莲花大桥至桂江河口)工程可行性研究报告的批复》(桂发改交通〔2014〕410 号);2014 年 7月,广西壮族自治区交通运输厅《关于桂江航道(莲花大桥至桂江河口)工程初步设计的批复》(桂交行审〔2014〕42 号);2013 年 12 月,广西壮族自治区环境保护厅《关于桂江航道工程(莲花大桥至桂江河口)环境影响报告书的批复》(桂环审〔2013〕299 号);2013 年9 月,广西壮族自治区水产畜牧兽医局《关于实施桂江(平乐至莲花大桥)(莲花大桥至桂江河口)航道整治工程有关意见的函》(桂渔牧函〔2013〕481 号)。

项目工程河段为桂江莲花大桥至桂江河口河段,整治航道里程约 8.3 千米,整治滩险5 处;航道建设等级为三级双线航道;推荐方案设计航道尺度为宽度 60 米、水深 3.0 米、弯曲半径 480 米;设计代表船型为 1000 吨级货船和 1000 吨级多用途集装箱船,推荐方案船型尺度为 49 米×10.8 米×3.0 米;航道设计通航保证率 98%。

航道整治疏浚工程量 7.74 万立方米,控制爆破 1.43 万立方米,水下液压破碎锤破碎岩石 782 立方米;按一类航标配布,包括示位标 6 座、侧面浮标 5 座、左右通航浮标 1 座、桥涵标8座、桥柱灯16套、通航净空倒立水尺8把、备用侧面浮标3座、备用左右通航浮标1座、备用灯器35盏、备用电源19套。项目总投资3158万元，为交通运输部水运建设资金及广西壮族自治区自筹。

（2）项目建设实施情况

项目建设单位为广西壮族自治区北部湾港口管理局；设计单位为广西壮族自治区交通规划勘察设计研究院；施工单位为中交二航局第三工程有限公司、广西新港湾工程有限公司；监理单位为广西八桂监理咨询有限公司；质监单位为广西壮族自治区交通工程质量安全监督站。

项目实施过程中，2014年12月，广西壮族自治区交通运输厅印发《关于同意调整2014年水运交通建设责任投资目标的批复》（桂交建管函〔2014〕559号），概算投资调整为3158万元。

航道整治工程：开工时间2014年12月4日；交工验收时间2015年4月28日；2015年4月14日变更增加工程量4293立方米，变更增加工程费用16.49万元。

航标配布及工作船码头工程：开工时间2015年8月3日；交工验收时间2017年5月10日；2016年9月12日由于码头征地困难，取消工作船码头建设，变更减少226.18万元；由于1号示位标选址与市区防洪堤规划冲突且作用不大，取消建设，变更减少12.57万元；其他工程变更增加8.25万元。

工作船舶及趸船设计与建造工程：开工时间2015年11月11日；交工验收时间2016年6月14日；2016年6月14日变更趸船优化增补项目，变更增加费用8.11万元；2016年3月6日变更发电机，变更增加费用2.12万元。

（3）项目投产后的运营情况

①工程监测分析结果。

本次航道整治工程航线总体布置合理，航标配布符合实际航行需求，工程设计施工采取的炸礁、疏浚措施运用得当，船舶配备合适，信息化建设紧跟时代发展，工程完成后满足设计要求，达到提高航道等级标准的目的。

航道经过整治，航道水深条件得到保证，水深均在3米以上，且河床较为稳定，达到设计要求。

②工程试运行。

该项目的试运行期自2016年12月28日起，至2017年12月27日。主要运行内容包括航道工程、航标工程、信息化系统工程等。试运行单位为广西壮族自治区梧州航道管理局。总体来说，桂江航道（莲花大桥至桂江河口）工程的航道、航标、信息化系统工程试运行情况良好，基本符合设计要求，达到预期效果。

项目投产后，1000吨级船舶直达莲花大桥，提高了梧州市富民作业区码头和梧州港大利口码头的吞吐量,促进了梧州市万秀区旺甫工业园发展,降低了船舶运输成本,增加了营运效益。桂江是西江干流的重要支流之一,此航道的建成投入使用,将进一步提高西江航运干线的通过能力,进一步改善广西的投资环境,主动接受粤、港、澳等地区的经济辐射及产业转移,使广西在泛珠江三角区域经济合作中得到更快发展。

2.漓江旅游补水、整治工程项目

（1）项目概况

项目于 1986 年 12 月开工建设,1989 年 3 月竣工。

项目建设依据:1985 年 12 月,广西壮族自治区计划委员会下达《桂林漓江补水工程可行性研究任务》(桂计规字〔1985〕361 号);1986 年 11 月,广西壮族自治区计划委员会《关于桂林漓江旅游通航(近期)整治工程设计任务书的批复》(桂计基字〔1986〕第 354 号);1987 年 6 月,广西壮族自治区交通厅航道局批复《漓江旅游通航(近期)整治工程扩初设计工作》。

航道建设标准和规模按国家旅游局和广西壮族自治区建委的要求,航道建设等级为七级,在枯水期补水到桂林水文站瞬时流量 30 立方米/秒时,水深保持 0.75 米以上,月保证率在 90% ～92% 之间。航道整治河段 90 千米(桂林市新码头至阳朔大桥),以疏浚为主、导治为辅,整治滩险 62 处,疏浚卵石、水下炸礁工程的挖掘总长度为 3.44 万延米。修筑整治建筑丁坝 77 座、锁坝 3 座,6259.9 延米,工程量 3.92 万立方米;疏浚卵石工程 24.34 万立方米,水下炸礁工程 2.09 万立方米。航标配布里程 90 千米,其中发光 48 千米(桂林至草坪),标志设立安装共 109 座,航标管理设施新设无线电通信。

桂林水文站以上航道设计尺度为宽度 12 米、水深 0.8 米、弯曲半径 150 米,水文站以下航道设计尺度为宽度 15 米、水深 0.8 米、弯曲半径 150 米;航道边坡卵石滩为 1:3、礁石滩为 1:5;航道断面系数大于 5;船型和吃水深以漓江现有 84 客位的旅游船为计算依据,其主要尺度:总长 28 米、总宽 5.5 米、型深 0.95 米、净吃水 0.61 米。桂林基本水文站(三站)的设计流量补水后确定为 30 立方米/秒,设计水位为 140.86 米(珠基)。航道整治工程包括筑坝、水下炸礁、疏浚、助航标志建设。航道整治工程投资 999.73 万元。

为保证项目的科学性,在项目实施过程中,做了大量试验论证工作。黄牛峡滩是漓江著名的滩险,初步设计对该滩有 2 个整治方案:第一方案为左槽现行航道,将其拓宽浚深,在滩尾右岸建 2 座丁坝堵塞下深潭沱口,集中水流以稳定航槽。该方案需保留现有信号台,控制船舶过滩。第二方案为右槽改道方案。该方案洪、枯水位流向交角小,弯曲半径较大,通视良好,可撤销信号台,但测量资料不全,计算难度大,为使整治效果有把握,需通过河工模型试验,然后确定。

黄牛峡模型试验委托交通部水运工程科学研究所进行。1988 年 9 月,该所提供《漓江黄牛峡滩型试验主要成果简介》,对右槽方案(改道方案)的结论性意见是"开挖右槽,事倍功半,得不偿失,随着流量的增大,船只仍需要从左汊旧航道中航行,单为小流量时走右汊而花费的代价太大,在技术和经济上都不合理","开挖右汊弊大于利,而且上游降水得不到解决,我们认为右槽方案不可取"。对左槽方案(现航道)的结论性意见是"整治左汊航道能较好地改善航行条件,基本上能达到设计通航要求,工程量比开挖右汊方案近一半,并且开挖后水位降落小,对上游浅滩影响不大,我们认为整治左汊航道为宜。但由于左汊航道弯曲,通视不良。因此,原有的信号台仍需保留"。

1988年10月8日,广西壮族自治区航务局在天科所试验成果的基础上,召开黄牛峡航道整治意见方案讨论会,经过技术和经济进一步分析论证,基本同意天科所推荐方案,确定整治左汊航道。

漓江航道整治后的航道水深是根据既定30立方米/秒流量来确定的。对现有的旅游船型富裕水深不足,特别在流量小于30立方米/秒时,卵石底航道容易被船舶旋桨水流扰动破坏,河床底部形成卵石堆。船模试验选用漓江84客位旅游船型资料,目的在于探讨漓江卵石河床在船舶航行时的航道破坏临界水深值,为航道维护和航行管理提供科学依据。

(2)项目建设实施情况

项目建设单位为国家旅游局;设计单位为广西壮族自治区水电厅、广西壮族自治区交通厅航道局;施工单位为梧州、柳州、桂林航道工程区和广西壮族自治区航务工程处;质监单位为广西壮族自治区交通工程质量质监站。

(3)科技创新成果及获奖情况

整治工程共分52个设计单元,经逐个进行自检、初验、阶段验,全部符合建设标准。其中44个被评为优良工程,8个被评为合格工程。

(4)项目投产后的运营情况

在青狮潭补水给漓江,桂林水文站流量达到30立方米/秒时,航道最小尺度为桂林水文站以上宽度12米、水深0.8米、弯曲半径150米,桂林水文站以下宽度15米、水深0.8米、弯曲半径150米,完全符合国家旅游局、广西计委、建委对航道整治后枯水期航道水深0.75米以上、使现有船型顺利通航的要求。船舶航行条件得到了根本改善,实现枯水期桂林至阳朔全线通航,过去航行困难的几个滩险,经整治后困难程度大为缩小。

3.漓江航道侧面浮标技术改造项目

(1)项目概况

项目于2010年8月开工建设,2010年11月试运行,2011年12月验收。

根据广西壮族自治区交通运输厅《关于下达2010年度广西交通科技项目计划的通知》(桂交综合发〔2010〕109号),由桂林航道管理局承担漓江航道侧面浮标技术改造项目研究。

漓江桂林至阳朔段航道长89.2千米,是桂林市旅游的黄金水道,是桂林山水的精华,是首批国家 AAAA 级旅游景区,是举世闻名的旅游胜地。漓江属山区性河流,船舶航行密度大,航道等级低,仅为七级,航道尺度为宽度 12～15 米、水深 0.75 米、最小弯曲半径 150 米,最小水深 0.4～0.5 米,最小航宽 8～12 米。设计代表船型为 128 客位游船,船型尺度 32 米×5.8 米×0.54 米。

漓江航道属一类维护航道,航标按重点标配布,漓江航道使用的侧面浮标为:简易竹竿浮标(由铁丝系绞片石)、钢质杆形浮标(由铁链及卸扣锚系混凝土沉块)两种,标志抛设装卸烦琐,消耗人力较多,特别是因洪水突发来不及撤标,常被洪水冲走,还易被垃圾和树枝缠绕裹走或没入水中被船打坏。漓江枯水期航道狭窄弯曲,因简易竹竿浮标和钢质杆形浮标目标较小,视距短,经常被船舶压到船底而被螺旋桨打坏,水深较浅或受垃圾水草缠绕时不能与水面产生有效角度,从而不能充分发挥作用,严重影响船舶航行安全,同时,由于漓江游船多,航行密度大,这给航标维护带来很大困难,航标维护工作量大,已不能适应社会经济的发展。随着漓江旅游专用航道及桂林世界旅游城建设的开展,漓江航道航标建设更显重要,而漓江航道航标建设要适应桂林旅游的发展,并与漓江旅游专用航道自然景观相协调,航道侧面浮标改造势在必行。该科研项目经费 30 万元,全部由广西壮族自治区交通运输厅补助。

(2)项目建设实施情况

项目施工单位为桂林航道管理局。

(3)科技创新及成果获奖情况

新型 PE 材料浮标具有抗冲击强度高、抗腐蚀能力强、颜色鲜艳、不需铲油漆、寿命长、维护成本低等特点。新型航标标体采用抛设混凝土沉块的锚系方式,这种锚固方式的混凝土沉块具有更好的抗拖曳能力,一般情况下标体不易发生移位现象,靠日常航标维护船舶自身力量能自由进行调标;锚系方法上,采用 ϕ20 链条及 ϕ20 卸扣,锚系牢固,有更强的抗拉力及耐磨性。操作简便,可操作性强,人工消耗低。

(4)项目投产后的运营情况

内河航标是船舶在内河安全航行的重要助航设施,其主要功能是标示内河航道的方向、界限与碍航物,揭示有关航道信息,为船舶航行指出安全、经济的航道。本项目以科学发展观为指导,从实用、实效角度出发,根据漓江特有的航行条件,结合本航道及船舶航行特点,在分析研究现有侧面浮标优缺点的基础上,对漓江航道侧面浮标航行标志进行了科学合理的配布,对辖区航道漓江河段侧面浮标,从形式、材料、锚固方式等方面进行技术革新改造,目的是使航标与漓江旅游专用航道相协调,并具有防碰撞和避打能力,具有很好的稳定性,提高其使用寿命;使航标维护操作简单,所需人力少,降低维护费用;使航标在洪水来临之前能及时迅速收标,洪水过后又能及时恢复,以确保标体不流失或不被船打坏;改善船舶航行条件,避免船舶安全事故的发生。

本次漓江航道侧面浮标技术改造后,结合漓江旅游专用航道建设,将全面提升漓江航道档次,进一步提升航标管理水平,提高航标维护质量及工作效率,降低航标维护成本,使航道航标建设步伐健康稳步发展,创建安全、畅通、优良的航道,为船舶航行提供更加安全、便捷、优质的服务。

(5)发展成就与经验启示

①打造桂林国际旅游名城。

桂林是中国最早开展接待国际旅游者的地区之一,凭借"桂林山水甲天下"的美誉,从1973年开始,由国家正式批准对外开放,被列为欧美等远程旅游者在中国境内必游的少数旅游城市之一,和北京故宫、西安兵马俑、杭州西湖等并列的能够感知中国古老文化和人文气息的旅游胜地,特别是在2000年之后,一系列的影响力较大的活动成为世界旅游组织推荐的著名旅游城市。统计资料显示,近些年来漓江旅游在全国出入境旅游所占市场比例整体呈下降趋势。随着对外开放、深化改革的推进,国家政策对于旅游的主导作用逐步减弱,而新型的旅游城市又迅速崛起,桂林旅游市场发展相对缓慢。

漓江是桂林旅游的龙头产业,是国外游客游览的比选线路,作为国家AAAAA级景区,漓江旅游发展直接影响到桂林旅游的发展,是桂林提升自身旅游品质,打造国际旅游名城的需要。

②打造漓江精品旅游项目。

漓江航道阳朔以上为旅游专用航道,船舶营运全部为客运旅游船。据近年统计,漓江从事旅游客运的旅游船(40客位以上)200余艘,总计约2万客位,年接待旅客达700余万人次。由于漓江枯水水量很少,为适应航道条件,漓江游船为减小吃水,多为宽浅船体,船型相对单一,船上设施简陋,对于吸引二次旅游能力明显不足。

高等级游船要求航道等级条件较高,航道条件不能满足漓江游船升级改造的需要,因此,提升航道等级,增加航道水深条件可以有效促进漓江游船升级改造进度,加快提高漓江旅游产品的质量,为游客多次游览创造必要条件。

③确保桂林旅游持续发展。

漓江具有典型山区河流特性,水位暴涨暴落,水量受上游降雨的影响非常大,一般洪峰历时仅1~2天。枯水期约占5个月,历时非常长,实测最小枯水流量仅为10.7立方米/秒,流量小。桂林(三)站统计资料分析结果显示,年内流量小于30立方米/秒的平均天数为73.5天,约占20.1%。2001年最长达到109天,其中超过90天的有8年,占34.8%,1991年最少达到16天,其中小于30天的共有3年,占13.0%。年内流量小于20立方米/秒的平均天数为37.9天,占10.4%。其中超过60天的共有4年,占17.4%;超过30天的共有14年,占60.9%。

漓江旅游受水量的影响非常严重,最枯水年漓江旅游长度由43千米降至10千米,严重降低了漓江的旅游产品质量,降低了漓江旅游的品牌价值,影响桂林旅游的发展。旅游最大的特点是要具有持续性,恢复一条旅游线路的难度远远大于维护线路的难度。本项目的实施可以大幅度提高漓江航道条件,有效提高通航保证率,确保漓江旅游航道的畅通,促进桂林旅游的持续发展。

4.贺江复航工程

(1)项目概况

项目于 1988 年 11 月开工建设,1993 年 10 月竣工。

项目建设依据:1987 年 12 月,广西壮族自治区计划委员会《关于贺江复航工程项目建议书的批复》(计委〔1987〕594 号);1988 年 4 月,广西壮族自治区计划委员会《关于贺江复航第一期工程设计任务书的批复》(计委规字〔1988〕137 号);1987 年 9 月,广西壮族自治区航道管理局呈报《贺江碍航闸坝复航第一期工程可行性研究报告》(桂道字〔1987〕285 号);1988 年 11 月,广西壮族自治区建设委员会、水利电力厅《关于广西梧州合面狮电站通航建筑复航工程初步设计(50 吨干运高低轮升船机)的批复》(桂建设字〔1988〕108 号、桂水电技字〔1988〕77 号联合批文);1990 年,广西壮族自治区建设委员会《关于贺江复航第一期工程初步设计的批复》(桂建设字〔1990〕45 号)。

按六级船闸尺度 80 米×8 米×1.5 米建设厦岛、云腾、龙江 3 座船闸。按七级航道尺度,航宽 12~15 米,设计水深炸礁 1 米、疏浚 0.7 米,最小弯曲半径 90 米整治航道;八步港按设计年吞吐量 30 万吨建设。

工程建设主要内容:贺江复航工程(广西段八步至省界)实际完成厦岛、云腾、龙江 3 座船闸工程;船闸土方开挖土石方 2.01 万立方米,浆砌石 3.12 万立方米,混凝土 5045 立方米;管理站房 3 座,645 平方米;制作安装闸阀门钢结构 114 吨;安装闸、阀门启闭系统、电气控制工程;厦岛船闸农灌渠扩建工程;龙江船闸砂卵石基础灌浆处理工程,拦河坝加固及农灌渠恢复工程。航道整治工程整治浅滩 28 处,整治航道里程 70 千米,完成水下炸礁 2067 立方米,挖砂卵石 5.22 万立方米,抛坝 1.43 万立方米,坝砌面 1.08 万平方米。项目概算 1400 万元。项目总投资 1800 多万元,均为政府投资。

(2)项目建设实施情况

项目建设单位为梧州地区贺江复航工程指挥部;设计单位为广西壮族自治区航务管理局;施工单位为湖南省道县清溪区建筑工程队、梧州水利电力建筑工程队、中国水利电力对外公司广西分公司;质监单位为广西壮族自治区交通厅安全质量检查组。

(3)项目投产后的运营情况

复航后的贺江成为梧州地区北部特别是贺县(今贺州市)的运输大动脉,为贺县的经济发展发挥巨大作用。

十二、广西壮族自治区国际河流航道

(一)河道自然特征

1. 水口河国际航道

水口河发源于越南北达,经越南的克都、高平流入广西壮族自治区龙州县内水口关,向东南流经下灶、八角山、孔西、下冻、七里滩、楞巧、小连城、公母山、黄家村、娄园角,在龙州城西南洗马滩与平而河汇合,注入左江,广西境内长54.3千米。

水口河是一条国际性河流,其中中国与越南边界河段长约1.2千米,自945号界标至944(3)号界标。水口河流域面积5532平方公里,集雨面积5188平方公里。水口河谷为U字形,河段地势西北向东南倾斜,河床蜿蜒曲折,比降大,流急。河床切割较深,岸坡陡直。岸边多原生基岩裸露,两岸为长条状开阔、平坦的地台和丘陵。石灰岩地质为主,溶洞漏斗较发育,表土多为砂砾壤土,渗透力强。台地的西南面有天青山余脉小青山,下冻镇以上地势高峻,石灰岩裸露,下冻镇以下属台地,东北面多土质丘陵和裸露石山。

水口河流域大部分系石灰岩地区,岩溶发育,植被覆盖较好,水土流失不严重,属少沙河流。左江各河段的输沙量,主要由暴雨洪水特性及河床地质情况诸因素决定,季节性明显。输沙量的年内分配,主要集中在5—10月,占全年输沙量的97.2%,其中6—9月的输沙量占全年输沙量的85.46%,11月至次年3月,河水清澈,多数年份在该段时间里含沙量为零。水口河及区间的输沙量约占左江控制站泥沙总量的27.04%。流域内还有4条地下河。水口河常年水质澄清碧绿,故得"青龙"之称。集雨面积约5188平方公里,平均流量109立方米/秒,最大流量5400立方米/秒,最小流量14平方米/秒,年径流量34.4亿立方米。天然落差21米,水能蕴藏量1.37万千瓦,可开发利用0.82万千瓦。

水口河主要有1条支流,即峒桂河。峒桂河干流全长约87千米,流域面积984平方公里。

水口河水口至龙州段航道里程54.3千米。1962年以后在水口河修建了八角山、七里滩、小连城3座小水电站,其距离河口里程分别为47.2千米、22.4千米和5.2千米。由于均没有建设过船设施,水口河只能区间通航。

据不完全统计,水口河上有运输船舶50余艘,年水路货运量约5万吨。随着中越双方边贸工作的推进及中越双方友好关系的加深,水口口岸边境贸易逐年攀升,从越南进口的货物也呈直线增长,货物品种主要为新鲜果蔬、坚果等农副产品,通过小吨位铁皮船从越南运往中越界河附近的简易码头。

水口河有3座水电站:水口水电站(又名八角山电站)、七星滩电站和小连城电站。水口水电站坝址以上集雨面积约4502平方公里。水口大桥至水口水电站河段位于水口河上游,长约 6.10 千米,仅能河段通航。水口水电站为水口河规划开发的第一级水电站,是一座以发电为主日调节型的河床式水电站,位于水口镇埂宜村附近,上游距国家一级口岸水口关约 6 千米,下游距龙州县城约 30 千米。

水口水电站于 1978 年 8 月在原有八角山轮泵站小型坝首基础建成,1983 年 2 月第一台机组投入发电,1984 年 8 月全部机组投产发电。电站设计水头 8 米,引用流量 80 立方米/秒,电站总装机容量 31×250+1×800 千瓦,设计年平均发电量 1950 万千瓦。电站工程建筑主要有发电厂房、拦河大坝和交通桥。引水坝高程 132 米(黄海高程),长 80 米。交通桥连接左右两岸,跨径 110 米。电站水库正常蓄水位 132.00 米(黄海高程),相应库容 321 万立方米,死水位 131.50 米(黄海高程),相应库容 231 万立方米,有效库容 90 万立方米,设计洪水位 140.9 米,校核洪水位 141.9 米(黄海高程),总库容 1100 万立方米。

2. 平而河国际航道

平而河古称松吉河,属珠江水系左江干流上游河段。发源于越南谅山省与中国广西壮族自治区宁明县交界的枯隆山西侧,越南境内河段称奇穷河,流经谅山,在凭祥市平而关进入我国后称平而河,至龙州县城与水口河合成丽江后汇入左江。平而河流域面积 7066 平方公里,其中越南境内 6469 平方公里,中国广西境内 597 平方公里。

平而河段自西向北流,沿岸山势蜿蜒,地形起伏。开阔地带发育成一级阶地,地势相对平缓,河床冲蚀切割较深,成 U 形谷状,部分河段河岸即为丘陵坡麓,岩石局部出露,岩石质软,表层岩石受河水冲刷及风化作用,多崩解,呈鳞片状、碎石状,手用力可掰断。部分河段由于地势相对开阔平缓,发育形成冲积阶地,土质岸坡上一般种植农作物,靠河边缘则生长竹林、灌木林,郁郁葱葱。

河段主要特性有以下几个方面:

①平而河上有 2 座水电站:龙州一级电站(又名鸭水滩水电站)和龙州二级水电站,因规划设计时对航道考虑欠周全,造成平而河全线断航,仅能区间通航。

②平而河段所在区域以南北向断裂构造为主,未发现对通航有影响的活动断裂构造,区域地质构造稳定。

(1)航运

平而河段规划为内河五级航道,近期综合考虑涉及国际水域、投资及河道条件等的限制,平而河龙州一级电站坝址至凭祥河口河段按内河五级双线航道标准建设,平而河凭祥河口至平而河大桥河段按内河四级双线航道标准建设。

(2)发电

河段内相继建成龙州一级电站(又名鸭水滩水电站)、龙州二级电站。

3. 北仑河国际航道

中国广西的东兴市与越南的芒街市遥相对应,现河面边贸渡运相当繁忙。北仑河自西北向东南流。北仑河是中越国境边界的一条河流,发源于防城港市防城区与宁明县交界的防城区巴哭山一带,流经板八、板蒙、北仑、那洞、东兴,至竹山入海,属界河航道的41.3千米,自国境1350(2)号界碑(防城滩散)始至1374号界碑(东兴竹山)止,北仑河界河航道为自然河流,多年来没有加以疏浚,通航里程约为10千米,通航20吨级左右小型船舶,养护等级为六级,按三类标准维护,现有旧航标6座。

北仑河穿流于崇山峻岭之间,历史上是一条重要水上交通线,故历来均列入干流河道进行维护,设有航道管理机构。随着公路运输的发展,那洞以上30千米航段1974年断航。东兴至竹山航道段长10千米,低潮水深在0.5米左右,航道宽10~20米,弯曲半径80米。北仑河主要碍航滩险有灯笼滩、牛握滩、横江滩、那巴头滩等。流入北仑河的主要支流中集水面积50平方公里以上的有5条,即罗浮河、滩散河、旺关河、那良河、板蒙河。因输沙不平衡而出浅,表现为洪淤枯冲的规律。局部河段河面较宽,水流分散,造成洪水期淤积的泥沙枯水期无法完全冲走而出浅,导致航道水深不足。

(二)主要航道现状和建设情况

1. 水口河国际航道

(1)航道规划实施情况

根据广西纳海交通设计咨询有限公司编制的《中越界河平而河、水口河航道养护工作方案设计》,水口河按照五级双线航道设计,设计尺度为航宽40米、水深2.1米、弯曲半径270米(近期为150米)。

(2)跨河建筑物

水口河到龙州河段建有水口大桥一座,另有共宜大桥在建,规划建设有水口二桥。据资料显示,共宜大桥为单跨桥梁,两桥墩均位于岸上,净跨9米,满足5年一遇洪水通航标准,桥梁的建设不影响现有的通航标准。水口河河段涉及炸礁的河段主要是零星岛礁石及水口大桥桥区的废弃桥墩。水口大桥桥下废弃桥墩为混凝土桥墩且高出水面,因在水口大桥桥区须采用液压破铲方法进行清除;水口河共有已建跨河线缆13处(含1处水文钢缆),其中有4条跨河通信线、5条过河高压电缆(1处220伏,4处10千伏)不满足规范5年一遇洪水通航净高的标准要求。

2. 平而河国际航道

(1)航道规划实施情况

根据广西纳海交通设计咨询有限公司编制的《中越界河平而河、水口河航道养护工作方案设计》,平而河按照五级双线航道设计,设计为尺度为水深2.1米,航宽40米,弯曲半径270米(近期为150米)。

（2）跨河建筑物

平而河全河段有已建、在建跨河桥梁2座，分别为上渣大桥和平而大桥，上渣大桥净空高度0.6米，不满足五级通航；平而大桥净空高度8.32米，满足四级单孔单项通航。平而河全河段共有跨河线缆16条（含1条水文站钢缆），其中通信线4条、高压线11条；其中通航净高未达标的线缆为12条，包括通信线2条、高压线10条。

3. 北仑河国际航道

防城港市北仑河自国境1350（2）号界碑（防城滩散）始至1374号界碑（东兴竹山）止，航道全长41.3千米，航道等级为六级。

竹山至滩散全河段有桥梁3座，分别为北仑河中越二桥、北仑河友谊大桥、北仑河界河临时附属设施（浮桥）。河段原设有8座灯桩，低潮水深在0.5米左右，航道宽20～30米，曾由东兴航道站维护，1979年对越自卫还击保卫边疆作战后停止维护，由于多年没有维护，北仑河航道已变窄变浅，航道处于自然状态。有些灯桩已倒塌，为方便船只进出竹山港，竹山港务公司曾拟在黄蚝墩原灯桩旧址修建一座灯桩，但因边境纠纷而中途停建。一般船只只能乘潮航行。

东兴至竹山段航道有摸捻滩、磨谷滩、滑滩、黄蚝墩等几个主要滩险碍航。其中黄蚝墩处于入海口，该滩航道狭窄，航道一边为浅滩，一边为礁石，时有船舶触礁事件发生，亟需恢复灯桩导航。摸捻滩位于东兴以下约2千米处，该滩为石质滩，滩长200米，航道狭窄弯曲，最窄处宽度只有6米左右，水流湍急，乱石、暗礁丛生，船舶航行困难。若全线通航则需要对该段航道上的碍航滩险进行航道整治及恢复航标布设。

（三）航道工程项目

1. 水口河国际航道

2007年，广西壮族自治区人民政府印发《广西壮族自治区内河水运发展规划》（桂政发〔2007〕39号），将水口河定位为一般性航道，规划水口河水口至龙州54千米为内河六级航道。2011年，广西壮族自治区港航管理局与交通运输部水运科学研究院编制完成《左江国际水运通道战略研究》，调整该航道规划为内河五级航道。2013年1月，珠江水利委员会编制完成《珠江流域综合规划（2012—2030年）》，其中航道及港口规划内容采纳了珠江航务管理局于2009年编制完成的《珠江水系航运规划报告》中的规划成果。该规划将水口河水口至龙州54千米定为内河五级航道。2018年5月，崇左市交通运输局委托广西纳海交通设计咨询有限公司编制完成了《中越界河平而河、水口河航道养护工作方案设计》。

水口河河段现状为等外级航道，河床质主要为泥沙或者砂卵石覆盖的基岩河床，河床质粗化程度较高,航槽稳定性较好。河段处于区间通航状态,一直以来由地方交通运输主管部门设置的航道管理机构负责管理,没有设置专业的队伍进行维护管理,航道管理养护能力薄弱。

2.平而河国际航道

2007 年,广西壮族自治区人民政府印发《广西壮族自治区内河水运发展规划》(桂政发〔2007〕39 号),将平而河定位为一般性航道,规划平而河平而至龙州 47 千米为内河六级航道。2011 年,广西壮族自治区港航管理局与交通运输部水运科学研究院编制完成《左江国际水运通道战略研究》,调整该航道规划为内河五级航道。2013 年 1 月,珠江水利委员会编制完成《珠江流域综合规划(2012—2030 年)》,其中航道及港口规划内容采纳了珠江航务管理局于 2009 年编制完成的《珠江水系航运规划报告》中的规划成果。该规划将平而河平而至龙州 47 千米定为内河五级航道。2018 年 5 月,崇左市交通运输局委托广西纳海交通设计咨询有限公司编制完成了《中越界河平而河、水口河航道养护工作方案设计》。

平而河河段现状为等外级航道,河床质主要为泥沙或者砂卵石覆盖的基岩河床,河床质粗化程度较高,航槽稳定性较好,一直以来由地方交通运输主管部门设置的航道管理机构负责管理,没有设置专业的队伍进行维护管理,处于区间通航状态。

十三、澜沧江—湄公河航道

(一)河道自然特征

澜沧江—湄公河是世界上第六大国际河流,发源于青藏高原的唐古拉山(青海玉树),流经中国、缅甸、老挝、泰国、柬埔寨和越南六国,全长 4880 千米,在越南胡志明市附近注入南中国海,全河段落差 5060 米,平均比降 1.04‰,入海口平均流量 1.51 万立方米/秒。

澜沧江—湄公河在中国境内叫澜沧江,出境后称湄公河。澜沧江流经我国青海、西藏、云南,在云南省西双版纳傣族自治州勐腊县境内中缅 243 号界碑进入中缅界河。中国境内长 2130 千米,云南省内长 1247 千米,中缅界河 31 千米,老缅界河 234 千米,老泰界河 976 千米,老挝内河 777 千米,柬埔寨内河 502 千米,越南内河 230 千米。

澜沧江在我国境内流域位于东经 94°~102°,北纬 22°~34°,形状狭长如条带状。自北向南纵跨 12 个纬度,东西跨 8 个经度,平均宽约 80 千米,天然落差 4583 米,流域面积 16.74 万平方公里,其中云南省境内落差 1776.4 米,平均比降 1.42‰,流域面积约 8.49 万平方公里,国界处多年平均流量 2180 立方米/秒。流域内地势北高南低,海拔高低相差悬殊,省内高低相差达 6263 米。

澜沧江流域地势北高南低,自北向南呈条带状,上、下游较宽阔,中游则狭窄。流域平均宽度约80米,其中溜筒江至功果桥河段平均宽度仅为36米,流域内地形起伏剧烈,地形复杂。上源北与长江上游通天河相邻;西部与怒江的分水岭为他念他翁山及怒山,其间,梅里雪山海拔高达6740米;东部与金沙江和红河的分水岭为宁静山、云岭及无量山。流域平均高程漫湾以上为4000米。上游属青藏高原,海拔为4000~4500米,山地可达5500~6000米,区域内除高大险峻的雪峰外,山势平缓,河谷平浅。中游属高山峡谷区,河谷深切于横断山脉之间,山高谷深,两岸高山对峙,山峰高出水面3000多米,河谷比较狭窄,河床坡度大,形成陡峻的坡状地形。下游分水岭显著降低,一般在2500米以下,地势趋平缓,河道呈束放状,出中国境后河道开阔平缓。

(二)主要航道现状和建设情况

澜沧江是典型的山区河流,以"窄、急、险"而著称,河流大多流经深山峡谷,河谷狭窄,水流湍急,滩险众多,航道自然条件较差,船舶通行困难。自20世纪70年代以来,为改善航道通航条件,国家及云南省多次对澜沧江南德坝以下至中缅界碑243号界桩262千米航道及境外段300千米上湄公河航道进行整治。

1976年,交通部以(76)交计字215号批复小橄榄坝至中缅边境243号界碑段158千米航道作为国防航道进行整治,整治标准为六级航道通行30~50吨级机动船,通航保证率为85%,设计航宽30米、水深1.5米、最小弯曲半径150米,拟整治滩险27处;1976—1978年共投资300万元建设,后因故停建,但由于景洪大沙坝岸线冲刷威胁景洪城的安全,又继续完成景洪大沙坝的整治。至此,尚有11处滩险、3处简易码头未整治。该段航道整治后最小水深(75%通航保证率)1.5米(景洪大沙坝),最小航宽(75%通航保证率)39.0米,最大比降11.23‰(上鹿滩),最大流速4.6米/秒(上鹿滩)。

小橄榄坝至南德坝104千米航道在1988年云南省计委以云计交(88)075号批准立项,按六级航道建设,1989年开工建设,设计通航保证率75%,通行100吨级机动船,设计航宽30米、水深2.0米、最小弯曲半径220米,整治7处主要滩险(蛮垒滩组、老鸦滩、虎跳石滩组、打脑新滩、阿达箐滩、芒帕河口滩),修建4个停靠点,总概算1775万元,1995年5月竣工。整治后最小水深(80%通航保证率)达到2.0米,最小航宽(80%通航保证率)30.0米,最大比降7.2‰(蛮垒上滩),最大流速5.0米/秒(蛮垒上滩),最小弯曲半径250.0米(打脑新滩)。

景洪至中缅243号界碑71千米航道在1991年云南省计委以云计能交(91)512号批准立项建设,1992年开工建设,设计通航保证率90%,六级航道通行100吨级机动船,设计航宽30米、水深1.5米、最小弯曲半径200米,整治10处主要滩险(二溜子滩、曼厅大沙坝浅滩、三道拐滩、贺宽下滩、梭罗滩、西瓜滩、绣花滩、勐宋滩、大翻水滩、小哈滩),修建2个码头(停靠点),总概算1746.81万元(曼厅大沙坝整治投资另列),1997年11月竣工。整治后最小水深(90% 通航保证率)1.5 米,最小航宽(90% 通航保证率)30.0 米,最大比降 10.0‰(梭罗滩),最大流速 7.2 米/秒(大翻水滩),最小弯曲半径 200.0 米(三道拐滩)。

1996—2005 年,对澜沧江景洪下游 30 千米的曼厅大沙坝进行了整治,该浅滩河床演变剧烈,滩情复杂,整治技术难度大,是澜沧江通往湄公河航运的瓶颈河段,经过枯水期和中水期二级整治,每年通航期已由整治前的 6 个月增加到 11 个月。

2002—2004 年,为保证上湄公河四国商船航行安全,对澜沧江境外段航道内的 11 处滩险、10 处礁石实施清障排除,使上湄公河航道条件得到了一定的改善,实现了可常年通航 150 吨级船舶、季节性通航 300 吨级船舶的目标。

2004—2007 年,为实现澜沧江—湄公河上下游航道配套,发挥境外段工程的投资效益,实现思茅港至中缅边境 243 号界碑段 158 千米河段按五级航道进行整治第一期工程,即景洪港至 243 号界碑段 71 千米航道整治。2011 年澜沧江五级航道第二期工程(思茅港至景洪港)开工建设,对景洪电站库尾 22 千米航道和电站下游 3.65 千米航道进行整治,做航标建设及航段内 2 处航道维护基地建设。

2013 年底,开工建设了澜沧江—湄公河中缅界河 31 千米五级航道建设工程,已经完工。澜沧江中缅界河 31 千米五级航道建设工程航道尺度为底宽 40 米、水深 2.0 米、最小弯曲半径 300.0 米,设计最低通航水位保证率 95%。设计船型:设计标准船舶采用 300 吨机驳船,尺度为 47.8 米×7.8 米×1.6 米;或 300 吨集装箱机驳船,尺度为 47.8 米×8.0 米×1.6 米。整治内容包括水文站滩、关累滩、灰拉滩、江心岛滩、旱泉滩及南腊河口滩 6 处滩险的航道整治工程、关累航道维护基地的建设工程及按照三类航标配布建设的航标工程。

澜沧江航道各航段通航条件明细状况见表 10-11-1。

澜沧江航道各航段通航条件明细状况 表 10-11-1

序号	起点名称	终点名称	里程(千米)	技术等级	航段属性	航道尺度(米)			是否通航	最低通航保证率(%)	航道维护类别
						航道水深	航道宽度	弯曲半径			
1	南腊河口	南阿河口	31.25	五级航道	山区急流河段航道	2.0	40	300	是	95%	三类维护
2	南阿河口	大橄榄坝	42.30	五级航道	山区急流河段航道	2.0	40	300	是	95%	三类维护
3	大橄榄坝	景洪港	30.50	五级航道	山区急流河段航道	2.0	40	300	是	95%	三类维护
4	景洪港	南果河口	45.55	五级航道	5 千米以上景洪库区	2.0	40	300	是	95%	三类维护

续上表

序号	起点名称	终点名称	里程(千米)	技术等级	航段属性	航道尺度(米)			是否通航	最低通航保证率(%)	航道维护类别
						航道水深	航道宽度	弯曲半径			
5	南果河口	思茅港	38.50	六级航道	景洪库区	2.0	40	300	是	95%	三类维护
6	思茅港	糯扎渡大坝	23.10	六级航道	山区急流河段航道	2.0	40	300	是	95%	三类维护
7	糯扎渡大坝	糯扎渡翻坝码头	4	四级航道	糯扎渡库区	2.5	50	330	是	95%	三类维护
8	糯扎渡翻坝码头	香竹林码头	28.25	四级航道	山区急流河段航道	2.5	50	330	是	95%	三类维护
9	香竹林码头	南德坝	46.25	四级航道	山区急流河段航道	2.5	50	330	是	95%	三类维护

澜沧江—湄公河开发于1989年正式提上云南省重要议事日程后,中国与老挝两国分别于1990年5月、10月联合开展了景洪至老挝琅勃拉邦的实船考察和景洪至老挝万象的载货试航考察,并在两次考察的基础上,于1991年8月、12月开展了从景洪到老挝会晒4个航次的边贸运输。1993年2月,中国、老挝、缅甸、泰国四国联合对上湄公河361千米航道进行了为期83天的枯水期通航技术性考察,完成了考察河段的逐滩测设及调查研究工作。2000年4月20日,中国、老挝、缅甸、泰国四国交通部长在缅甸大其力签署了《澜沧江—湄公河商船通航协定》,并于2001年6月26日在中国西双版纳景洪市举行了上湄公河商船正式通航典礼,标志着澜沧江—湄公河国际航运进入了新阶段。

随着几代航务人的努力,景洪大沙坝、小橄榄坝至南德坝104千米六级航道、景洪至中缅243号界碑71千米六级航道、曼厅大沙坝滩险整治、五级航道工程一期工程、五级航道工程二期工程、中缅界河31千米五级航道、244号界碑至临沧港四级航道、上湄公河航道改善工程等项目实施,航道条件不断改善;思茅港、景洪港、关累码头建成,港口作业条件不断提高,为航运发展发挥了重要作用。

(三)航道工程项目

1. 澜沧江思茅港至中缅243号界碑五级航道建设一期工程

(1)项目概况

项目于2003年12月开工建设,2007年9月建设完成,2010年12月竣工。

项目建设依据:2002年9月9日,云南省发展计划委员会《关于澜沧江五级航道工程可行性研究报告的批复》(云计基础〔2002〕1077号);2003年9月,云南省发展计划委员会《关于对澜沧江思茅港—中缅243号界碑五级航道建设第一期工程初步设计的批复》

(云计基础〔2003〕968号);2004年,云南省环境保护局《关于澜沧江小橄榄坝—中缅边境243号界碑段五级航道建设工程环境影响报告书审批意见的复函》(云环审〔2004〕78号)。

项目建设景洪港至243号界碑段71千米航道,按照《内河通航标准》(GB 50139—2004)五级航道标准建设,航道设计尺度为净宽40米、水深2.0米、弯曲半径300米。设计代表船型包括:100吨机动驳船,尺度35.9米×6.0米×0.9米;300吨机动驳船,尺度47.8米×7.8米×1.6米;300吨级机驳船,尺度47.8米×8.0米×1.6米;300吨驳船,尺度41.0米×8.7米×1.6米。航道通航保证率95%。

主要建设内容包括:航道整治工程和航道维护管理工程两个单项工程,其中航道整治工程为景洪大沙坝、阿克寨滩、团山寨滩、小翻水滩、二溜子滩、大旋水滩、一溜子滩、三道拐、官木上滩、贺宽上滩、贺宽下滩、南班河口滩、梭罗滩、西瓜滩、无名滩、绣花滩、勐宋滩、大翻水滩、小哈滩、界碑滩20个严重碍航滩险及零星孤礁,配置助航标志295座。航道维护及管理工程为橄榄坝航道维护基地,建设规模为300吨级的垂岸斜坡工作码头1个,岸线长度31米,陆域形成岸线长度244米,建设综合用房、箱式变电站、门卫房等辅助生产建筑物,建筑面积为2250平方米,并配置炸礁船1艘、泥驳船2艘、带缆艇1艘,同时配置测量设备等设施。航道整治工程批准概算为8181.11万元,航道维护及管理工程1177.81万元,总概算投资为9358.92万元,其中交通部补助资金4750万元,云南省交通厅补助4200万元。

(2)项目建设实施情况

项目建设单位为澜沧江航道工程建设指挥部;设计单位为交通部第二航务工程勘察设计院、云南水运规划勘察设计院;主要施工单位为云南路港工程公司;主要监理单位为云南水运建设监理咨询有限公司;质监单位云南省交通运输厅工程质量监督站水运分站。

为确保滩险整治效果的同时控制投资,对三道拐滩、西瓜滩、无名滩、绣花滩、勐宋滩、贺宽上滩、贺宽下滩进行了河工模型试验研究或数学模型研究,对原设计方案进行了优化。2007年8月工程全部完成,共完成水上炸礁9.26万立方米,水下炸礁28.60万立方米,抛筑块石9.15万立方米,完成了19个滩险的整治,溪沟治理2处,设航标137座、绞滩桩5座、航行水尺3把、遥测遥报固定水尺3把,建设橄榄坝航道维护基地的工作码头、综合楼、道路堆场、室外构筑物等及相关辅助设施,以及4艘工程船。实际投资为8950万元,节约投资408.92万元。2010年12月,云南省交通运输厅主持对项目进行竣工验收。

(3)项目科技创新及成果获奖情况

通过项目实施开发的适航试验航行同步观测系统,使航迹线及航迹线上水深、航迹线沿程比降、船舶运行姿态、航迹线沿程流速、对岸航速及其过程、用车情况及其过程、舵角舵向、漂角艏向角及其过程等测试内容同步进行,达到了真正意义上的同步,提高了试验的精度,实现了自动观测,大幅提高了工作效率,同时也将各项测试内容的技术人员由至少10人降为2人;开发的水位遥测遥报系统,实现了水位的远程自动观测、观测资料的自动整理,提高观测精度和准确度,并确保安全生产(特别是在夜间观测时),同时可根据需要方便地调整观读的时间间隔。《澜沧江国际边境河流急流滩通航水力指标研究》获得的澜沧江国际边境河流急流滩消滩水力指标等,结束了澜沧江—湄公河国际河流没有通航水力指标等规范技术性标准的历史,为澜沧江国际边境河流急流滩整治提供了明确的技术参考标准,为云南省及国内其他类似河道提供可靠的经验参考。《澜沧江—湄公河助航保障设施技术开发研究》《澜沧江五级航道碍航浅滩及礁群整治技术研究》两科研项目获云南省科学技术进步二等奖。

(4)建设项目投产后的运营情况

项目建成后,滩险碍航情况大大降低,航行条件得到了极大改善,航行船舶的吨位已由以前的100吨级提高到300吨级,随着航行条件的进一步改善,极大地提高了澜沧江航道的通过能力,货运量也由2001年的21.2万吨增加至2007年的39.6万吨,客运量由2001年的2.12万人次增加至2009年的8.35万人次,航道条件的改善为当地的边贸发展和经济建设作出了重要贡献,极大地加强了澜沧江—湄公河作为我国与东南亚各国政治、经济、文化交流的纽带作用,对我国与东南亚各国的合作具有重要意义。

2.澜沧江思茅港至中缅243号界碑五级航道建设工程第二期工程项目

(1)项目概况

项目于2011年11月开工建设,2018年8月完工。

项目建设依据:2002年,云南发展计划委员会《关于澜沧江五级航道工程可行性研究报告的批复》(云计基础〔2002〕1077号);2010年,云南省发展和改革委员会《关于澜沧江思茅港至中缅243界碑五级航道建设工程第二期工程初步设计的批复》(云发改基础〔2010〕2141号)。

项目按五级航道标准建设,航道设计尺度为航宽40米、水深2.0米、弯曲半径300米,通航保证率95%,按规划等级四级预留发展空间。整治航道长108千米,整治滩险6处(老鸦滩、蛮垒上滩、蛮垒中滩、蛮垒下滩、勐况砂坝、小白塔滩),另有一些零星的碍航礁石,整治滩险长度7千米。工程建设五级航道的思茅港上游20千米处的糯扎渡坝下至景洪布设助航标志。工程配置助航标志84座(含地名牌、浮标、过河标、沿岸标、桥涵标等),并设置思茅、景洪两个航道维护基地。

项目总投资1.09亿元,其中交通运输部补助资金6320万元,其余资金由地方自筹。

(2)项目建设实施情况

项目建设单位为澜沧江水运工程建设指挥部;设计单位为中交第二航务工程勘察设计院有限公司;施工单位为海南中航天建筑工程有限公司、中交二航局三公司、云南路港工程公司;监理单位为黑龙江黑航工程监理咨询有限公司、云南交通基建工程监理有限公司、云南水运建设监理咨询有限公司;质监单位为云南省交通运输厅工程质量监督站水运分站。

航道整治工程和航标工程于2013年交工验收,思茅航道维护基地工程于2016年交工验收,景洪航道维护基地工程于2018年8月全部建设完成。

（3）项目投产后的运营情况

工程实施后,航道通航条件得到进一步改善,水运比较优势得到进一步凸显,无论是在推动各民族社会经济的发展、加快边疆地区人民脱贫致富步伐,还是在稳定边疆、巩固国防方面都有重大经济意义和战略意义,同时具有巨大的社会效益,将进一步带动沿线腹地社会经济发展。

3.澜沧江曼厅大沙坝航道整治工程

（1）项目概况

项目于1995年12月开工建设,2012年竣工。

项目建设依据:1991年,云南省计划委员会《关于澜沧江景洪至243号国界桩航道续建工程计划任务书的批复》(云计能交〔91〕512号);1995年,云南省交通厅《关于对澜沧江曼厅大沙坝航运工程可行性研究报告的批复》(云交计字〔95〕288号);1995年5月,云南省计划委员会、云南省交通厅《关于对〈澜沧江曼厅大沙坝初步设计〉的批复》(云计能交〔95〕289号);1996年,云南省计划委员会《关于澜沧江航道工程修订概算的批复》(云计能交〔96〕8号);1998年,云南省计划委员会《关于澜沧江曼厅大沙坝航道新增工程报告批复》(云计能交〔98〕1050号)。

项目整治范围从勐罕渡口至下游麻疯寨河道里程长9千米,总体呈S形,根据河道形态、水沙特性及碍航原因等划分为3个河段,上段从勐罕渡口到曼厅洲头(曼哈洲头)整治线宽度按320米控制,中段从曼厅洲头到曼龙嘴整治线宽度由320米过渡到280米,下段曼龙嘴至麻疯寨整治线宽度由280米过渡到200米进入麻疯寨—三道拐峡谷。项目按五级航道标准设计建设,航道尺度为底宽40米、水深2.0米、弯曲半径500米,航道通航保证率95%,相应设计最枯流量508立方米/秒,设计通航300吨级船舶。

澜沧江曼厅大沙坝浅滩整治项目属于典型的散流型游荡性河段,沙洲、岸线、河槽变化频繁,项目通过长期大量的测量、观测分析并借助数模、物模的模拟试验研究,在施工建设过程中不断优化完善,通过封堵右汊、淤塞左汊、束水归槽、稳固边滩等整治工程措施。澜沧江曼厅大沙坝浅滩整治工程共完成抛坝工程30座、护岸工程1座、炸礁工程3处、疏浚工程2处、坝体拆除工程1处,共计37个单位工程。累计完成筑坝工程量43.32万立方米、护岸工程3020立方米、疏浚工程1.7万立方米,钢筋串石护坝串石总长近10千米约合1600立方米,炸礁工程1.8万立方米,坝体拆除1920立方米。项目总投资6360

万元,其中交通部补助资金 3127 万元,其余由省级财政资金承担。

（2）项目建设实施情况

项目建设单位为澜沧江航运工程建设指挥部;设计单位为云南水运规划勘察设计院;试验研究单位为重庆交通大学河海学院、中国水利水电科学研究院;监理单位为云南水运建设监理咨询有限公司;施工单位为云南路港工程公司、昭通地区航道养护队、西双版纳州航道工程养航队;质监单位为云南省交通运输厅质量监督局水运分站。

曼厅大沙坝浅滩长约 9 千米,上段（进口）河面逐渐放宽,下段（出口）河面逐渐缩窄,中段河面突然放宽,呈倒葫芦形大肚子,最大河面宽度达到 2500 米。滩中河段放宽造成洪淤枯冲,受上下游水沙条件差异影响,使河槽分左右两汊,左、中、右三槽,沙洲游荡不定,河槽水深仅在 0.3 ~ 0.6 米之间,全年碍航时段长达 8 个月。

工程自 1995 年 12 月开工以来,按照"因势利导""控制节点""稳固边滩"的建设思路实施节点工程,随着曼厅大沙坝浅滩 1 号、2 号、3 号、7 号、8 号、9 号坝整治建筑物节点工程的实施,左、中两槽逐渐淤积形成稳定坝田,水流按设计整治线逐渐归槽;随着稳定岸线、稳固边滩的丁坝、顺坝和护岸工程的实施,整治工程进一步稳固,河道边滩逐步稳定,单一航槽形成,航道水深增加。在 2006 年工程结束后,通过几年的持续观测测量,该整治浅滩河段通航条件已达到五级航道整治目标;同时有效地保护近 13 千米岸线,并淤造田地近万亩供沿岸村寨耕种。2012 年 4 月 10 日,云南省交通运输厅主持对澜沧江曼厅大沙坝浅滩整治工程项目进行竣工验收。

（3）项目科技创新成果及获奖情况

澜沧江曼厅大沙坝浅滩滩情复杂,滩情随各年的水位、流量、来水来沙等条件的不同而变化,因此,在施工过程中加强科研、试验研究,取得了四个方面的重大突破。

①云南省"九五"科技攻关项目《澜沧江曼厅大沙坝河道整治优化方案研究》荣获 2000 年云南省科学技术进步二等奖。

②新结构、新工艺的创新项目《钢筋串石护坝技术的试验研究》属世界航道整治首创项目。

③新材料的推广应用项目——交通部重点推广项目《土工织物在曼厅大沙坝整治工程中推广应用》研究。

④科技创新项目《山区河流航道整治抛坝冲刷坑设计计算研究》。

（4）项目投产后的运营情况

澜沧江曼厅大沙坝浅滩整治工程项目投产后,通行能力、通航条件明显提升,航道整治效果良好,边滩稳固、河槽稳定,达到国家五级航道通航要求,常年可通行 300 吨级船舶,同时有效保护近 13 千米岸线,淤造田地近万亩供沿岸村寨耕种,社会和经济效益显著。

4. 澜沧江中缅界河 31 千米五级航道建设工程

(1)项目概况

项目于 2014 年 4 月开工建设,2018 年 8 月完工。

项目建设依据:2011 年,云南省发展和改革委员会《关于澜沧江中缅界河 31 公里五级航道建设工程可行性研究报告的批复》(云发改基础〔2011〕2922 号);2012 年 2 月,云南省发展和改革委员会《关于澜沧江中缅界河 31 公里五级航道建设工程初步设计的批复》(云发改基础〔2012〕185 号)。

航道按五级航道标准建设,航道尺度为航宽 40 米、水深 2.0 米、弯曲半径 300 米,航道通航保证率为 95%。航道整治上游起点为 243 号界碑,下游终点为 244 号界碑,整治大小滩险 6 处,即水文站滩、关累滩、灰拉滩、江心岛滩、旱泉滩、南腊河口滩,6 处滩险均为自然河流滩险。项目对碍航段进行炸礁整治,在满足航道尺度的条件下,尽量使航道线形顺直。航段共设置各类标志标牌 95 块,设置关累航道养护基地。项目总投资 7166.44 万元。

(2)项目建设实施情况

项目建设单位为澜沧江水运工程建设指挥部;设计单位为云南水运规划设计研究院;勘察单位为西南有色昆明勘测设计院;施工单位为云南路港工程公司;监理单位为云南水运建设监理咨询有限公司;质监单位为云南省交通运输厅工程质量监督局。

航道整治工程和航标工程于 2015 年 12 月实施完成。关累航道养护基地经优化设计方案后,于 2018 年 8 月建设完成。

(3)项目投产后的运营情况

项目建成投产后,航道通航条件得到显著改善,水运企业经济效益明显提升,船舶流量明显增加,货运量大幅增长,推动澜沧江下游航运业的发展,为大湄公河流域资源开发、次区域经济发展及我国和东盟各国贸易、投资和文化交流与合作提供交通基础设施支撑。

长江水系航道图

青海　宁夏　甘肃　陕西　四川　西藏　云南　重庆　贵州　广西

西宁　海东　白银　兰州　定西　固原　庆阳　延安　甘泉　洛川
玛沁　玛曲　迭部　舟曲　陇南　天水　宝鸡　咸阳　渭南　西安　商洛　潼关　铜川　平凉
达日　久治　若尔盖　阿坝　红原　松潘　平武　广元　苍溪　阆中　南江　巴中　通江　镇巴　安康　石泉　旬阳　白河　竹山　镇坪　神农架　汉中　镇安　郿县　凤县
班玛　壤塘　马尔康　都江堰　绵阳　德阳　三台　盐亭　南部　蓬安　达州　宣汉　开州　奉节　巫山
德格　甘孜　炉霍　道孚　新龙　成都　金堂　射洪　遂宁　南充　渠县　广安　万州　云阳　利川　恩施
巴塘　雅江　新津　彭山　眉山　简阳　资阳　潼南　武胜　合川　长寿　忠县　石柱
稻城　石棉　雅安　洪雅　峨眉山　乐山　内江　自贡　富顺　重庆　涪陵　丰都　彭水　保靖
得荣　九龙　汉源　峨边　犍为　南溪　泸州　江津　江安　武隆
德钦　冕宁　木里　西昌　屏山　宜宾　合江　綦江　正安　务川　沿河
香格里拉　宁蒗　昭觉　永善　水富　珙县　叙永　习水　遵义　思南　铜仁　怀化
丽江　盐边　攀枝花　金阳　昭通　巧家　会泽　赫章　毕节　修文　瓮安　锦屏　剑河　洪江
鹤庆　永仁　元谋　禄劝　六盘水　六枝特　安顺　贵阳　凯里　黎平　城步
大理　昆明　安宁　宜良　陆良　曲靖　晴隆　册亨　望谟　罗甸　都安　榕江　从江　三江　桂林
保山　云县　景东　玉溪　弥勒　隆林　天峨　南丹　融安　柳城　宜州　忻城　象州　武宣　桂平
临沧　双江　镇沅　景谷　开远　蒙自　元江　文山　麻栗坡　屏边　百色　田东　田阳　大化　合山　来宾　柳州　河池
西盟　思茅　元阳　越南　南宁　贵港　横县

越南

图　例

一级航道
二级航道
三级航道
四级航道
五级航道
六级航道
七级航道
等外航道
一般河流

注：图中所标航道等级情况截至2015年

京杭运河航道图

内蒙古

乌兰察布

丰宁

隆化

怀安 张家口

北京

怀来

官厅水库

大同

蔚县

北京 ★

河北

山西

灵丘

涿源

廊坊

天津

定

天津

塘沽

皇平

河北

保定

沧州

静海

黄壁庄水库

滹沱河

无棣

阳泉

石家庄

衡水

滨

邢台

南宫

德州

禹城

济南

沙河

威县

临清

邯郸

聊城

黄

泰安

莱芜

安阳

新泰

鹤壁

濮阳

河

嘉祥

济宁

邹城

费县

新乡

菏泽

金乡

滕州

武陟

鱼台

枣庄

郑州

开封

兰考

徐州

商丘

柘城

永城

淮北

河南

许昌

太康

亳州

宿州

泗县

漯河

周口

鹿邑

涡阳

五河

项城

界首

太和

蒙城

利辛

蚌埠

驻马店

临泉

阜阳

凤台

淮南

寿县

新蔡

阜南

颍上

霍邱

安徽

息县

淮滨

潢川

合肥

信阳

金寨

六安

巢湖

大悟

霍山

无为

安陆

孝昌

麻城

桐城

铜陵

孝感

湖北

岳西

池州

新洲

青阳

武汉

黄冈

浠水

安庆

鄂州

黄石

蕲春

太湖

石台

大冶

武穴

望江

咸宁

长

湖口

赤壁

富

九江

庐山

江西

德安

景德镇

武宁

图 例
一级航道
二级航道
三级航道
四级航道
五级航道
六级航道
七级航道
等外航道
一般河流
注:图中所标航道等级情况截至2015年
内蒙古
辽宁
锦州
建昌
葫芦岛
辽东湾
觉华岛
绥中
潘家口水库
秦皇岛
滦州
唐山
大连
渤海
庙岛列岛
龙口
烟台
威海
东营
广饶
淄博
潍坊
莱阳
峡山水库
安丘
胶州
青岛
山东
诸城
沂水
莒县
日照
莒南
临沂
海州湾
黄海
连云港
灌云
响水
沭阳
滨海
宿迁
泗阳
涟水
阜宁
射阳
淮安
洪泽湖
建湖
盐城
洪泽
宝应
大丰
盱眙
兴化
东台
高邮
江苏
天长
海安
扬州
泰州
仪征
如皋
川腰港
镇江
泰兴
南京
南通
丹阳
江阴
张家港
启东
常州
常熟
崇明岛
马鞍山
无锡
芜湖
高淳
溧阳
宜兴
昆山
太湖
苏州
上海
湾沚
郎溪
南漪湖
长兴
宣城
湖州
嘉善
泾县
宁国
安吉
嘉兴
平湖
嵊泗列岛
海盐
杭州湾
舟山群岛
东海
旌德
杭州
钱塘江
临安
上虞
余姚
镇海
舟山
富阳
绍兴
歙县
宁波
桐庐
诸暨
奉化
淳安
嵊州
新安江水库
建德
浙江
义乌

珠江水系航道图

图例

线型	名称
	一级航道
	二级航道
	三级航道
	四级航道
	五级航道
	六级航道
	七级航道
	等外航道
	一般河流

注:图中所标航道等级情况截至2015年

铜仁　怀化　洪江　锦屏　㵲水　沅水　资水　冷水江　湘乡　株洲　宜春　萍乡　峡江

邵阳　邵阳　衡山　衡东　衡阳　衡阳　湖南　吉安　吉水　泰和　江西

永州　祁阳　常宁　耒阳　永兴　桂东　万安　于都

郴州　姿兴　崇义　上犹　赣州　会昌

嘉禾　汝城　信丰

融安　融水　永福　桂林　阳朔　平乐　贺州　昭平　连州　乐昌　阳山　韶关　乳源

柳城　鹿寨　柳州　英德　北江　佛冈　河源

来宾　象州　武宣　平南　梧州　清远　从化　广东

贵港　桂平　藤县　封开　四会　增城　博罗

横县　容县　北流　玉林　云浮　德庆　郁南　三水　佛山　顺德　广州　东莞　惠州　汕尾

新兴　鹤山　江门　中山　深圳

开平　珠海　香港　香港

阳江　恩平　澳门　澳门　万山群岛

茂名　川山群岛

北海　湛江　雷州　雷州湾

徐闻　海口　海南　文昌

南　海

黑龙江、松辽水系航道图

俄罗斯

额
尔
古
纳
河

额尔古纳

根河

海
拉
尔
河

牙克石

满洲里

呼伦贝尔

伊
敏
河

新巴尔虎右旗

新巴尔虎左旗

扎兰

安

蒙古

贝尔湖

阿尔山

扎赉特

岭

乌兰浩特

乌
尔
逊
河

乌兰盖义壁

霍林郭勒

内蒙古

科尔沁右翼中旗

东乌珠穆沁旗

西乌珠穆沁旗

锡
林
郭
勒

锡林浩特

通辽

二连浩特

查干诺尔

西
拉
木
伦
河

达来诺尔

克什克腾旗

老
哈
河

红山水库

苏尼特右旗

镶黄旗

赤峰

阜新

新民

达尔罕茂明
安联合旗

滦
河

朝阳

辽宁

盘锦

呼和浩特

乌兰察布

河北

承德

锦州

凉城

张家口

北京

葫芦岛

托克托

山西

俄罗斯

大

小

兴

安

岭

黑龙江岭

吉林

朝鲜

漠河
塔河
呼玛
黑河
鄂伦春自治旗
嫩江
莫力达瓦旗
讷河
甘南
富裕
五大连池
五大连池
伊春
鹤岗
嘉荫
逊克
梅里斯
齐齐哈尔
大庆
望奎
绥化
佳木斯
绥滨
富锦
同江
抚远
桦川
双鸭山
兰西
呼兰
通河
依兰
汤原
宝清
饶河
白城
大安
肇源
哈尔滨
木兰
方正
七台河
虎林
乾安
松原
五常
宾县
鸡西
长春
吉林
蛟河
牡丹江
宁安
绥芬河
东宁
四平
辽源
桦甸
图们
珲春
铁岭
靖宇
抚松
沈阳
抚顺
白山
临江
长白
辽阳
通化
鞍山
本溪
集安

图 例

一级航道
二级航道
三级航道
四级航道
五级航道
六级航道
七级航道
等外航道
一般河流

注：图中所标航道等级情况截至 2015 年